FLORES, VOTOS E BALAS

ANGELA ALONSO

Flores, votos e balas
O movimento abolicionista brasileiro (1868-88)

3ª reimpressão

Copyright © 2015 by Angela Alonso

Grafia atualizada segundo o Acordo Ortográfico da Língua Portuguesa de 1990, que entrou em vigor no Brasil em 2009.

Capa
Raul Loureiro

Foto de capa
Detalhe da obra de José Irineu de Sousa, *Fortaleza liberta*, óleo sobre tela, 40 x 30 cm

Mapas
Sônia Vaz, com base em *Atlas do Império do Brasil*, de Cândido Mendes

Preparação
Cláudia Cantarin

Índice remissivo
Luciano Marchiori

Revisão
Ana Maria Barbosa
Jane Pessoa

Dados Internacionais de Catalogação na Publicação (CIP)
(Câmara Brasileira do Livro, SP, Brasil)

Alonso, Angela
    Flores, votos e balas : o movimento abolicionista brasileiro (1868-88) / Angela Alonso. — 1ª ed. — São Paulo : Companhia das Letras, 2015.

    ISBN 978-85-359-2661-3

    1. Brasil – História – Abolição da escravidão, 1888 2. Escravos – Brasil – Emancipação I. Título.

15-09326   CDD-981.04

Índices para catálogo sistemático:
1. Abolição da escravidão : Brasil : História 981.04
2. Escravidão : Abolição : Brasil : História 981.04

[2022]
Todos os direitos desta edição reservados à
EDITORA SCHWARCZ S.A.
Rua Bandeira Paulista, 702, cj. 32
04532-002 — São Paulo — SP
Telefone: (11) 3707-3500
www.companhiadasletras.com.br
www.blogdacompanhia.com.br
facebook.com/companhiadasletras
instagram.com/companhiadasletras
twitter.com/cialetras

Para Maria do Carmo Soler e Felix Alonso Garcia
in memoriam

Sumário

Siglas 9
Apresentação 13

1. Abolicionismo de elite 23
2. Escravismo de circunstância 51
3. O repertório moral do abolicionismo 85
4. A teatralização da política 113
5. Expansão 152
6. Abolicionismo de resultados 186
7. Votos: a aliança movimento-governo 236
8. Balas: movimento e contramovimento 280
9. A marcha da vitória 330
O futuro do pretérito 361

Agradecimentos 371
Notas 373

ANEXOS

Tabelas 428
Mapas..431
Associações abolicionistas brasileiras (1850-88) 435
Bibliografia...447
Sobre as fontes 481
Cronologia...489
Créditos das imagens...503
Índice remissivo...505

Siglas

ACD — Anais da Câmara dos Srs. Deputados
ACE — Associação Central Emancipadora
Acei — Atas do Conselho de Estado do Império
AMI — Arquivo do Museu Imperial
OA — *O Abolicionista: Órgão da Sociedade Brasileira contra a Escravidão.*
AR — *A Redempção*
ASI — Anais do Senado do Império
BFASS — British Foreign and Anti-Slavery Society
BN — Biblioteca Nacional
CA — Confederação Abolicionista
CAI — *Joaquim Nabuco: cartas a amigos.* Org. de Carolina Nabuco. (São Paulo: Instituto Progresso Editorial, 1949. v. I.)
CAII — *Joaquim Nabuco: cartas a amigos.* Org. de Carolina Nabuco. (São Paulo: Instituto Progresso Editorial, 1949. v. II.)
CCE — Comissão Central Emancipadora

CIJN — Cartas inéditas de e para Joaquim Nabuco. (Recife: Arquivo da Fundação Joaquim Nabuco, Fundaj.)
Cirb — Cartas inéditas de ou para Rui Barbosa. (Rio de Janeiro: Acervo da Casa de Rui Barbosa.)
Cird — Cartas inéditas de ou para Rodolfo Dantas. (Rio de Janeiro: Acervo da Casa de Rui Barbosa.)
CPRB — Cartas publicadas de Rui Barbosa. (Rio de Janeiro: Acervo da Casa de Rui Barbosa, 1962.)
CR — *Cidade do Rio*
Diar — Diários de André Rebouças, inéditos. (Rio de Janeiro: Acervo IHGB.)
DJN — *Diários de Joaquim Nabuco*. Org. de E. C. Mello. (Recife: Bem Te Vi Produções Literárias, Massangana, 2005, v. I e II.)
DRJ — *Diário do Rio de Janeiro*
DNAAR — Diários de André Rebouças, seleta publicada em *Diário e notas autobiográficas de André Rebouças*. Org. de A. Flora e I. J. Veríssimo (Rio de Janeiro: José Olympio, 1938.)
Edear — Excerptos dos Diários do Engenheiro André Rebouças (manuscrito). (Petrópolis: Arquivo do Museu Imperial.)
GN — *Gazeta de Notícias*
GT — *Gazeta da Tarde*
JC — *Jornal do Commercio*
IHGB — Arquivo do Instituto Histórico e Geográfico Brasileiro, Rio de Janeiro
RCAR — André Rebouças. Registro da Correspondência (Recife: Fundaj, v. 1, jun. 1873 a jan. 1891.)
RI — *Revista Ilustrada*
RN — *Rio News*
Sain — Sociedade Auxiliadora da Indústria Nacional
SBCE — Sociedade Brasileira contra a Escravidão

SCL — Sociedade Cearense Libertadora
SCT — Sociedade contra o Tráfico de Africanos e Promotora da Colonização e da Civilização dos Índios

Apresentação

Certa vez, André Rebouças custou tanto a conseguir um teatro que os aceitasse que, ao achá-lo, tivera de varrer ele mesmo o recinto, de par com José do Patrocínio, enquanto o público esperava do lado de fora. Dois abolicionistas negros fazendo serviço de escravos. Em 10 de agosto de 1886 não precisou tanto; era improvável que capangas escravistas perturbassem o espetáculo, pois havia uma prima-dona.

Ao chegar ao Brasil em maio, a soprano russa Nadina Bulicioff nem suspeitava de seu papel naquela noite, no Teatro Lírico do Rio de Janeiro. Viera como membro de uma companhia italiana — arrastaram-na o ofício e a paixão pelo jovem Arturo Toscanini. No périplo pelo país, encarnou *Tosca* e *Giaconda* e conheceu a mobilização abolicionista, que arrebanhava artistas. A cantante, cuja pátria mantivera a servidão até pouco antes, enterneceu-se tanto que, quando admiradores a quiseram homenagear com diamantes, rogou que usassem o montante para alforriar escravos.

A Confederação Abolicionista, de Rebouças, agarrou a oportunidade. Não era a primeira vez. Desde o início da campanha, em 1868, os abolicionistas recorriam às artes, promoviam cerimônias de persuasão da opinião pública, criavam associações e buscavam aliados fora do país, articulando uma rede de sustentação que incluía França, Espanha, Estados Unidos e Inglaterra. Envolveram também a russa, promovida a sócia benemérita da Confederação. Assim foi que o espetáculo no Teatro Lírico virou manifestação antiescravista.

O sonho de Rebouças era encenar *O escravo*, que encomendara a Carlos Gomes em 1884, mas o maestro não aprontou a obra a tempo. Foi preciso pinçar no repertório lírico outra ópera que exprimisse a acepção política do ato. Bulicioff encarnaria *Aida*. Escolha estratégica, pois a obra do popular Verdi atraía multidões e trazia tema alusivo: a moça-título era filha do rei da Etiópia, confinada ao cativeiro no antigo Egito.

Ao pisar no tablado, casa cheia, Bulicioff viu caírem a seus pés as flores que o movimento abolicionista usava como símbolo. Ao fim do primeiro ato, a plateia calou-a com palmas; as manifestações cresceram no segundo e galgaram o clímax na ária de arremate do terceiro. Nessa parte da história, Aida foge do cativeiro, liberdade representada com o acender das novíssimas luzes elétricas.

Foi a deixa para José do Patrocínio, acompanhado pela Banda dos Meninos Desvalidos, subir ao palco. Trazia consigo seis *escravizadas*, como martelavam os abolicionistas, vítimas de uma instituição imoral, injusta, arcaica. As moças trajavam branco, ao passo que Bulicioff vestia roupas de uma escrava dos faraós, assim igualadas. A banda tocou o Hino Nacional. A russa, então, arrebentou suas algemas cenográficas e, diante do público, que de pé agitava lenços, entregou-lhes cartas de liberdade. Abraçou e beijou cada uma das mulheres que, ante os olhos dos espectadores, se metamorfosearam de escravas em livres. Sete Aidas. Choraram elas e o público, em delírio. Houve palmas e vivas, lançaram-se flores, soltaram-se pombos.

Patrocínio ajoelhou-se aos pés da prima-dona e beijou-lhes as mãos. A plateia frenética gritava "Viva a Bulicioff!", "Viva a libertadora!", "Viva a abolição dos escravos!". Em seguida, ovacionaram os líderes do movimento pelo fim da escravidão. Primeiro Patrocínio, orquestrador de tantos espetáculos como o daquele dia, depois João Clapp, presidente da Confederação Abolicionista, e Joaquim Nabuco, líder parlamentar da campanha, ambos acolhidos no palco. Saudou-se, por fim, um senhor que aplaudia do camarote. Era Manuel de Sousa Dantas, aliado do movimento no Partido Liberal, que havia pouco fora derrubado da chefia de governo pelos escravistas. Patrocínio e Clapp, de um lado, Nabuco e Dantas, de outro, exprimiam as estratégias cardeais do movimento até então: propaganda no espaço público e iniciativas nas instituições políticas. Rebouças alinhava a costura entre as metades ali onde se encontrava naquele dia, assim como em toda a campanha: nos bastidores.

Estratégias predominantes até aquele momento porque, em 1886, os abolicionistas aventavam outros rumos. Não estavam no teatro por preferirem ópera à política. Tinham perdido a batalha eleitoral e o novo governo do Partido Conservador declarava-lhes guerra, tachando-os de arruaceiros, desrespeitadores de leis e costumes que havia quatro séculos sustentavam a escravidão no Império do Brasil. A arte era, pois, uma das formas viáveis de política. Outra possibilidade fermentava: afrontar a ordem escravista, instigando os escravos a seguir o exemplo de Aida e fugir. Abolicionistas em São Paulo, Rio de Janeiro e Pernambuco embrenhavam-se nessa vereda. O movimento adentrava a desobediência civil. Mesmo Rebouças e Nabuco, aristocratas pacíficos, dispunham-se às últimas consequências. Patrocínio declarou no jornal: "Os abolicionistas sinceros estão todos preparados para morrer".

No Teatro Lírico, o que parecia festa era batalha. Abolicionistas versus escravistas.

O público, ao aclamar a russa, tomava partido na luta. Era o movimento contra a escravidão que aclamava. Os abolicionistas vinham construindo esse apoio havia duas décadas, primeiro em espetáculos parecidos ao de Bulicioff, coalhados de flores, depois disputando votos nas eleições e, por fim, ameaçando recorrer às balas. Acumulavam força para tanto. Ao longo da campanha tinham passado da meia dúzia de pioneiros, como Rebouças, a uma legião, operando em todas as vinte províncias do Império. Em 1886, eram milhares. Todos dispostos, como Bulicioff, a quebrar algemas.[1]

"Os abolicionistas cresceram entre os ultrajes, todos os sabem", registrou um dos jornais simpáticos à causa no dia da Abolição, travaram luta tida por inglória e em favor de terceiros, os escravos. Contudo, a relevância do movimento abolicionista para o fim da escravidão não foi ainda plenamente reconhecida. Muito já se escreveu sobre abolição, já se discutiram causas econômicas, seu processamento pelas instituições políticas, resistências judiciais e cotidianas, revoltas e fugas de escravos. Trabalho feito e bem-feito.[2] Mas o movimento abolicionista ficou na sombra. Em parte porque o próprio movimento não chamou a si a honra. Paradoxalmente, um de seus líderes, Joaquim Nabuco, atribuiu o feito à magnanimidade da Coroa. A reação a essa versão virou avalanche no centenário da Lei Áurea, em 1988. Estudiosos e ativistas do movimento negro contestaram a relevância da casa imperial e ressaltaram a resistência dos escravos. Trocou-se mesmo de ícone e de data comemorativa da liberdade africana no Brasil — de 13 de maio para 20 de novembro, da liderança da dinastia ao protagonismo dos cativos, de Isabel a Zumbi.

O deslocamento de relevância da herdeira do trono imperial para o líder de revolta escrava solapou um fenômeno que não foi nem obra de escravos, nem graça de princesa — o movimento pela abolição da escravidão. Este livro conta sua história. Reconstrói a trajetória da grande, estruturada e duradoura rede de ativistas, associações e manifestações públicas antiescravistas que, a exemplo de outros países, conformou um movimento social nacional — o primeiro no Brasil de seu gênero.

O movimento figura aqui como vértice incompreensível sem os outros dois que fecham o triângulo, Estado e contramovimento. A mobilização coletiva nacional antiescravidão é recontada do ângulo da sociologia política, em sua relação com as respostas que suscitou das instituições políticas e em sua tensão com a reação escravista politicamente organizada.

O movimento abolicionista demorou a se configurar no Brasil. Sempre houve gente de inclinação antiescravista, mas pensamento é diferente de ação. Para existir, um movimento social precisa organizar associações e eventos públicos, materializar-se como mobilização coletiva, o que só ocorre em conjunturas políticas que facilitam o uso do espaço público para exprimir reivindicações. Tal situação se configurou no Brasil no fim dos anos 1860, graças a três mudanças. Uma foi de cena internacional. Um ciclo de abolições se iniciou no século XVIII e, nos anos 1860, atingiu os dois outros grandes escravismos do continente, Estados Unidos e Cuba. Ao se mirarem nesse espelho, os brasileiros se viram prestes a restar como último escravismo do Ocidente. A experiência estrangeira funcionou como um repertório político que orientou ações acerca da escravidão no Brasil, com modelos a seguir e exemplos a evitar. Outra transformação produziu-se com a aceleração da urbanização, que propiciou um incipiente espaço público no qual se discutiram assuntos de interesse coletivo, como a modernização do país, e se disseminou um novo padrão de sensibilidade, que redefiniu a escravidão de natural em abominável. A terceira mudança foi de conjuntura política. Em 1868, o Partido Liberal usou o espaço público para contestar a supremacia adversária no sistema político. O governo do Partido Conservador respondeu com modernização: ampliou o acesso ao ensino superior, reduziu os custos da imprensa e propôs uma Lei do Ventre Livre. Tais iniciativas produziram uma crise política intraelite e o ingresso de novos atores no debate político. Essa mudança de oportunidades políticas propiciou as condições para o primeiro ciclo de mobilização abolicionista (capítulo 1).

Sua contraparte foi a organização política dos escravistas. Uma facção do Partido Conservador, a dos Emperrados, resistiu à aprovação da Lei do Ventre Livre, em 1871, entoando, por meio de vozes como a de José de Alencar, uma defesa do statu quo: o fim da escravidão, ante as circunstâncias nacionais, acarretaria bancarrota econômica e anarquia política. As associações abolicionistas que se formavam redarguiram que a abolição seria ato de compaixão, direito, progresso. As duas retóricas, a da reação e a da mudança, duelaram em púlpitos, jornais, panfletos (capítulos 2 e 3).

Para passar do discurso à prática, os abolicionistas se inspiraram no repertório estrangeiro, mas com adaptações ao contexto nacional. Enquanto anglo-americanos tinham difundido o abolicionismo nas capelas, no Brasil a união entre Igreja e Estado escravista obrigou-os a buscar outro espaço para os eventos de persuasão da opinião pública. Apossaram-se dos teatros e, assim, poemas e óperas, como *Aida*, deram o tom da propaganda. Essa teatralização da política acelerou a deslegitimação do cativeiro e atraiu adeptos para o abolicionismo (capítulo 4). Tempo de flores.

As conjunturas políticas são a chave para entender essa e todas as demais táticas abolicionistas. Longe de ancoradas em princípios abstratos, as escolhas abolicionistas foram estratégicas, em resposta aos alinhamentos dominantes nas instituições políticas. Durante os governos do Partido Liberal (1878-84), que toleraram manifestações no espaço público, o abolicionismo deslanchou nas grandes cidades. Multiplicaram-se as associações, diversificou-se o perfil social dos ativistas (capítulos 5 e 6), nacionalizou-se a campanha. O sistema político respondeu, em 1884, com um governo pró-emancipação progressiva — comandado por Dantas, aquele que assistia a Bulicioff do camarote. O movimento o apoiou na imprensa e com candidaturas ao Legislativo. Um tempo de votos (capítulo 7). Então, agigantou-se o contramovimento escravista, que derrubou Dantas e seu projeto. O novo governo, do Partido Conservador, passou a reprimir atividades públicas abolicionistas. Por isso, a Confederação Abolicionista recorreu a Bulicioff, em 1886: a nova conjuntura compeliu o movimento a migrar para a desobediência civil, acirrando o conflito. Foi o tempo das balas (capítulo 8). O desfecho do drama é o assunto do último capítulo.

No conjunto, o livro argumenta que o movimento elegeu retóricas, estratégias e arenas conforme a conjuntura política e em atrito com iniciativas de governos e escravistas, operando sucessivamente com flores (no espaço público), votos (na esfera político-institucional) e balas (na clandestinidade), num jogo de ação e reação de duas décadas (1868-88).

Tudo isso é narrado por meio da trajetória de ativistas nacionais seminais na moldagem de estilos de ativismo e articuladores de vínculos entre facções e arenas: André Rebouças, Abílio Borges, Luís Gama, José do Patrocínio e Joaquim Nabuco — três deles negros. Heróis incompreensíveis sem os vilões. As histórias da abolição têm insistido nas disputas intra-abolicionistas — por liderança, métodos, programa. Contudo, o foco no faccionalismo, típico de movimentos grandes, empana a clivagem crucial, aquela que separa abolicionistas e escravistas. Porque, sim, houve escravismo político no Brasil, aqui representado por seus líderes nacionais, Paulino Soares de Sousa e o barão de Cotegipe. Trazer à cena indivíduos que viveram o conflito dá rosto à enorme teia de ativismo, à tenaz mobilização social de homens e mulheres, brancos e negros, contra a escravidão no Brasil. Ativismo de impacto decisivo. A abolição não se faria por si, pelo desenvolvimento da economia ou por decisão solitária do sistema político, como não se fez por canetada da princesa. É a relevância do movimento abolicionista para o fim da escravidão que aqui se visa ressaltar.

O abolicionismo brasileiro aconteceu quando se inventava o próprio fenômeno *movimento social*. Todavia, a variedade de estratégias, a estruturação em rede e as alianças internacionais denotam sua modernidade. Soa contemporâneo também porque restam heranças suas. O impacto de um movimento transcende sua ocorrência, perdura nas práticas políticas de um país. Entender o abolicionismo, seus antagonistas e o andamento do processo político da abolição importa porque o fim da escravidão dividiu águas em nossa história, e também porque a natureza de seu remate ainda reverbera nas formas contemporâneas da desigualdade no Brasil.

O livro se ampara em seis anos de pesquisa de documentação primária em vários acervos (ver Fontes). Sou grata aos comentários de Ângela de Castro Gomes, Antonio Sérgio Guimarães, José Murilo de Carvalho, Luiz Werneck Vianna e, especialmente, de Brasílio Sallum Jr., quando da apresentação de versão preliminar como tese de livre-docência na Universidade de São Paulo, em dezembro de 2012.

Muito obrigada aos participantes dos seminários nos quais se discutiram trechos de capítulos: The American Counterpoint:

New Approaches to Slavery and Abolition in Brazil, Gilder Lehrman Center, Yale University (2010); II Seminário de Teoria Social Brasileira, UFRJ (2010); Anpuh, São Paulo (2011); Pensamento Social Brasileiro: Perspectivas em Diálogo, GT de Pensamento Social no Brasil da Anpocs/UFRJ (2010); Seminários do Departamento de Ciência Política, USP (2010); Center for Latin American Studies Seminars, Yale (2010); The Bildner Center for Western Hemisphere Studies Seminar, City University of New York (2010); Encontro às Quintas, Casa de Oswaldo Cruz, Rio de Janeiro (2011); Lugares, margens e relações: raça, cor e mestiçagem na experiência afro-americana, USP/Princeton (2011); Classe, cultura e ação coletiva, Departamento de Sociologia, USP (2011); Latin American Association Meeting, San Francisco (2012); Congresso Internacional dos Americanistas, Viena (2012), Sociologia, Política e História, Programa de Pós-Graduação em Sociologia, USP (2010, 2011, 2012); Social Science History Association Meeting, Chicago (2013); Comparative Sociology Seminar, Universidad Carlos III (2014); Seminários Cebrap, São Paulo (2014). As revistas *Tempo Social* e *Sociologias* publicaram partes dos capítulos 1 e 3, em 2012, e a *Novos Estudos Cebrap*, um resumo do argumento em 2015.

Apoios da Fundação Guggenheim (Guggenheim Fellowship, 2008-9), da Fapesp (Novas Fronteiras, 2008-9, Auxílio à Pesquisa, 2012-5) e do CNPq (Produtividade em Pesquisa, 2009-15) viabilizaram a pesquisa, iniciada em pós-doutorado na Universidade Yale (2008-9) e desenvolvida no Departamento de Sociologia da USP e no Cebrap.

Agradeço a assistência de Ana Carolina Andrada e Viviane Brito de Souza no manejo do banco de dados da pesquisa.

Muito obrigada à equipe da Companhia das Letras, em particular a Lilia Schwarcz e Flávio Moura, pela gentileza com que me ajudaram a dar forma final a este texto.

Sob risco de omissão, listo ao final os muitos outros que, de variadas maneiras, me ajudaram neste trabalho, escrito na companhia de Alice, Tomás e Fernando, impossível sem eles, sempre para eles.

Todos os brasileiros somos, de um modo ou de outro, herdeiros do tipo de desfecho que teve a escravidão entre nós. A decisão política, no pós-abolição, de atrair europeus, em vez de incorporar plenamente os ex-escravos à sociedade nacional, trouxe ao país levas de imigrantes, como meus avós Maria do Carmo Soler e Felix Alonso Garcia. Se o desfecho fosse outro, seríamos todos outros. Eles não teriam vindo ao Brasil e eu não teria escrito este livro.

1. Abolicionismo de elite

O ENGENHEIRO DOS DIQUES MÚLTIPLOS

André Rebouças nasceu em meio a uma revolução. Naquele 1838, seu pai depositou esperanças na consolidação do Segundo Reinado, nem ainda parido e já sob risco, qual seu primogênito:

> Para animar a minha boa mãe, que chorava ao ver fugirem de mim, doente de bexigas, os passageiros do barco, que saíam de Cachoeira [Bahia], ameaçada pelos revolucionários da Sabinada, [uma senhora desconhecida] tomou-me nos braços e beijava-me repetindo o incrível feito de santa Isabel, rainha da Hungria.

Medraram ambos, o menino e o Segundo Reinado. Destinos entrelaçados até o desenlace, em meio à nova revolução, quando seria a vez de André se compadecer de outra Isabel, rainha sem trono.

Como o Segundo Reinado, André ganhou viço. Cresceu inapartável do irmão Antônio, que a mãe, filha de comerciante, criou com mais cinco, sob o olho diligente do dr. Antônio Pereira Rebouças. Doutor mesmo sem diploma — embora com dois irmãos formados na Europa, um violista, outro médico. Rebouças pai se fez na vida. Ganhou o direito de advogar por serviços políticos prestados na Independência e na Sabinada e por seu talento para estar no lugar certo na hora certa. Pelas sendas imperiais de ascensão social — talento, educação, patronagem —, virou deputado, provincial e geral, e jurisconsulto, advogando para o Conselho de Estado. Abriu escritório na Corte, quando André fazia sete anos. Coroou o novo status adquirindo um lote de escravos domésticos.

Dr. Rebouças transmitiu a André seu senso de oportunidade. Em 1859, matriculou-o, com o irmão, na Escola Central, carreira B do Império. O direito era a trilha A, da elite política. Experiente nas dificuldades da política imperial, encaminhou a prole para a engenharia, via para os negócios. No meio da faculdade, os moços fizeram a clássica viagem de formação pela Europa. André morou em Paris. Passou por Brest, Marselha, Arles, pencas de obras e aulas de engenharia civil. Em Londres, estudou muito, sem faltar às festas da legação brasileira.

Voltou querendo para si um papel misto de engenheiro empreendedor e político reformista. Mas sem diploma de comprovação dos estudos, motivo de dor de cabeça futura. De imediato, afluíram empregos: inspetor de fortalezas, de Santos a Santa Catarina, em 1863. André revelou-se usina de projetos e talento de lobista. Com o pai, fez a via-sacra por chefes do Partido Liberal, então no governo, e assim viabilizou experiência de diques múltiplos. O imperador assistiu e o condecorou.

Estabeleceu-se por talentos complementares. Em tudo empregava a trigonometria, traçava planos e metas, homem sistemático, meticuloso. Cultivava relações, arrodeava autoridades e, por modos macios, avançava pleitos, promoções, salários. Assim trafegou em obras por Maranhão, Minas Gerais, Pará, Ceará. Conheceu potentados, presidentes de província, engenhos de farinha. Deparou com barcos quebrados, batizados, jacarés. Dormiu tanto nas melhores casas quanto ao relento. Engenheiro Rebouças, o industrioso. Por onde passava propunha melhorias. O acanhamento do interior inflamava sua índole modernizadora — e os saraus locais desalentavam seu ouvido de operista. Conviveu com elites dos rincões e com escravos, seus assessores nas obras civis. Observá-los ao trabalho acabou por comovê-lo, como registrou em seu diário, em 1863: "Assim não tivessem os nossos antepassados manchado a Terra de Santa Cruz com o abominável tráfico de africanos!".

Duas notícias quebraram sua toada: o início da guerra do Brasil com o Paraguai e a dos credores com os Rebouças, que os obrigaram a dispor de prataria e brilhantes. Somaram-se adversidades com suas obras e empresas, tidas por utópicas. Foi então em romaria ao imperador e a líderes do Partido Conservador, como o futuro visconde do Rio Branco, e, assim, em 1865, virou primeiro-tenente do corpo de engenheiros do Exército no Paraguai. Na guerra como na paz, planificador: projetos para batalhas, a região, o país, com os quais entupiu generais e o príncipe consorte, de cuja sombra não saía.

A morte da mãe virou essa página. Adoeceu novamente de bexigas. De volta ao Rio de Janeiro, quis ser professor da Escola Central. O périplo: Rio Branco, então diretor da faculdade, Zacarias de Góis e Vasconcelos, que era o chefe de governo, o imperador, lobby democrático por Membros do Partido Liberal e Conservador, cortesãos. Mas os cargos tinham muitos candidatos, e o Império, muitas corriolas. Na espera, leu Stuart Mill e inventou aparelho para reter torpedos. Por fim, ei-lo inspetor da companhia de gás e, depois, gerente das obras da Alfândega, com salário que "excedeu a toda a minha expectativa". A roda girava: André passou a receber pedidos de favores. Aos 29 anos, tinha bolso cheio, trânsito franco por partidos e salões, até no dos príncipes, onde teve a honra de dançar com senhoras da Corte do imperador, inclusive a princesa. Eventos que usava para se entrosar nas rodas masculinas da política e dos negócios.

Em meio a experiências com escafandros, em 1867, recebeu o pedido de um engenheiro, seu subordinado numa das empresas que geria, para que alforriasse o operário Chico, decano das obras hidráulicas. Foi quando sua atenção recaiu sobre o assunto. Libertou o escravo e passou a trabalhar em projeto de lei de impostos sobre a escravatura. A abolição, julgou, era indispensável para o progresso do país. No ano seguinte, em 10 de abril, decidiu pôr no papel ideias sobre a emancipação dos escravos. Mas se viu acusado do contrário. É que, ocupando posições cobiçadas, suscitava inimizades. Em 1868, ao apresentar o projeto de uma Escola de Arar, na Escola Central, onde obtivera cadeira, recebeu em cheio, o imperador presente, a pecha de "esclavagista". Então, alforriou "nossa cria Guilhermina", para honrar sua resposta:

> Sou abolicionista de coração e aproveito esta solene ocasião para declará-lo. Não me acusa a consciência ter deixado uma só ocasião de [...] fazer propaganda para abolição dos escravos, e espero em Deus não morrer sem ter dado ao meu país as mais exuberantes provas da minha dedicação à Santa Causa da Emancipação.[1]

O engenheiro empresário pôs ali seus diques múltiplos a serviço do abolicionismo. Nos vinte anos seguintes, as provas exuberantes as daria todas.

PRUDÊNCIA EM PERSPECTIVA COMPARADA

Naquele 1868, a abolição assombrava o sistema político. A conversa começara antes, com a nação, e quando Rebouças aprendia as primeiras letras, na segunda metade dos anos 1840, o ministro da Justiça, Eusébio de Queirós, e seus companheiros de governo e do Partido Conservador sofreram aperto da Inglaterra para estancar o tráfico negreiro.

O Brasil fora escravista em ampla companhia até o século XVIII, mas na primeira metade do XIX a cena se alterou. Um grande ciclo de abolições começou por São Domingos (Haiti), onde a revolução liderada pelo negro Toussaint-Louverture, em 1791, aboliu a escravidão dos negros, depois de cortar cabeças de brancos de três exércitos imperiais. Em 1807, o Império Britânico e os Estados Unidos acabaram com o tráfico em seus domínios. Em 1815, um congresso em Viena, com a participação de Grã-Bretanha, França, Rússia, Áustria, Suécia e Portugal, declarou ilegal o comércio internacional de escravos. A maioria das colônias espanholas da América fez, no início do século XIX, um dois em um: independência e abolição. Ao longo dos anos 1820, o cativeiro acabou no Peru, Chile, Costa Rica, Honduras, Panamá, Guatemala, Bolívia, México. Na década seguinte, foi a vez da Guiana Inglesa e das ilhas Maurício. É controverso se a razão desse dominó foi econômica, com a expansão de formas capitalistas de produção, que consumiam trabalho livre e requisitavam novos mercados consumidores, ou se se deveu à difusão de nova moralidade humanista, a reclamar extensão de cidadania.[2] Indisputável é que a sequência de abolições criou novo ambiente político internacional, no qual a escravidão quadrava mal.

Desde a Independência, o Brasil recebia demandas do Império Britânico, maior potência mundial, para andar nesse passo. Tratados de proibição do comércio negreiro, em 1826 e 1831, foram o preço inglês para reconhecer a nova nação. A reiteração mostra a pouca vontade nacional de aplicá-los. No sistema político soçobraram as poucas iniciativas para abrir caminho de emancipação progressiva, como a de José Bonifácio de Andrada junto à

Assembleia Constituinte, em 1823. O mesmo se deu na Regência. O tráfico, formalmente extinto, voltou a todo vapor em 1835, e daí até 1850 entraram 600 mil escravos no país. Na virada para os anos 1850, já no Segundo Reinado, a Inglaterra deu o ultimato: policiou embarcações, apreendeu escravos contrabandeados e ameaçou a soberania nacional com navios nas imediações da costa brasileira e rugido de canhoneiras. Sem remédio, o governo do Partido Conservador golpeou sua base social, de proprietários e traficantes de escravos, com lei que levou o nome de Eusébio de Queirós e que encerrou, de novo, o comércio ultramarino de africanos, em 1850. Dessa vez, a Marinha britânica ficou pelas costas brasileiras, conferindo a valia da palavra do país ao sul do Equador.

O governo compensou como pôde: entre a aprovação e a vigência da lei, franqueou os portos para importação massiva de africanos. Depois de 1851 entraram ainda 9309 africanos. Mas, em 1856, o desembarque clandestino de cerca de duzentos em Pernambuco custou ao chefe de governo novo aviso da Inglaterra. Então o tráfico acabou de vez. Corte violento do negócio mais lucrativo de todos, que nutria as famílias de proa e soprava na popa das contas estatais. Foi uma sangria de bolsos, desorganização de negócios, brados de humilhação pátria.

A ninguém ocorreu que assim acabasse a escravidão. Era a pedra angular da economia, de partidos e da sociedade aristocrática desde as origens da nação. Ao longo de cerca de três séculos, o Brasil foi o país que mais importou africanos: 5 848 265, cerca de 500 mil deles no Segundo Reinado.[3] Os escravos se espalharam, mercadoria acessível à maior parte da população. Proprietários de terras, profissionais liberais, o imperador, o grosso dos brasileiros, até ex-escravos tinham cativos. Empregavam-se em negócios e ofícios, no mundo privado e no público, no comércio e no Estado, nas ruas e nas casas. Embora sustentáculo da expansão agrícola, a escravidão não era só negócio de fazendeiro. Disseminada, esparramou-se pela vida social. Base do modo de vida, bom negócio em si e esteio de todos os rentáveis. Pilar da hierarquia social e do estilo de vida do estamento dominante, estava na corrente sanguínea nacional. Alicerçava o sistema político, pois eleitos e eleitorado eram majoritariamente de proprietários de escravos. A escravidão estruturou um modo de vida, definiu identidades, possibilidades e destinos dos membros da sociedade imperial. Daí sua legitimidade tácita, socialmente natural. A nação toda era escravista, o que retardou a conversão do tema em problema na agenda pública.

Quando o tráfico estancou, o escravo virou bem precioso e sua posse se concentrou nos estratos de mais renda e em áreas de agricultura de exportação.[4] Se isso gerou grande contingente de famílias com pouca ou nenhuma escravaria, sem interesse direto em manter a instituição, aumentou, em contraparte, o status dos possuidores. Quanto mais caro o bem, mais prestígio se afere por possuí-lo.

Depois de 1850, a política do escravismo consistiu em garantir o abastecimento da economia agrícola com tráfico de cativos entre as províncias e fazer o assunto girar em ponto morto nas instituições políticas. Por isso, em 1852, quando um deputado cogitou, na Câmara dos Deputados, uma Lei do Ventre Livre, isto é, a libertação dos filhos de escrava que fossem nascendo, para ir gradualmente acabando com a escravatura no Brasil, por conta tanto da artilharia do cruzeiro inglês como em nome da "sã política", ouviu que a instituição se acabaria por meios naturais, pelo declínio vegetativo de uma população que vivia pouco e mal. O projeto nem sequer foi discutido, definido por um dos presentes como um sentimentalismo protestante: "Temos um novo Quaker! (*Risadas*)".[5]

Fazer graça da orientação religiosa do abolicionismo anglo--americano não tornava menos séria a supervisão do governo inglês na efetivação dos tratados antitráfico. Em 1860, William Christie, ministro britânico no Brasil, denunciou a escravização de africanos que considerou livres, porque importados depois do tratado bilateral de 1831. Reclamou da vista grossa do governo brasileiro para a transferência do Norte para o Sul do país de 34 688 escravos por via marítima, o que configuraria comércio atlântico proibido pelos acordos mutuamente firmados. A escaramuça azedou com dois incidentes envolvendo três ingleses presos por autoridades brasileiras, na virada de 1862 para 1863. Christie demandou indenização pecuniária a seus concidadãos. O governo recusou. O inglês então ordenou bloqueio naval do Rio de Janeiro por seis dias e captura de cinco navios brasileiros em águas nacionais. A defesa do tráfico interno foi fraseada como resistência ao ataque à soberania nacional por políticos e pelo imperador. Negociações difíceis liberaram o porto e, ao fim, romperam-se relações diplomáticas por dois anos.[6] O saldo da Questão Christie foi popularidade para o governo e a Coroa, afinal a sociedade era escravista, mas também escancarou que até o tráfico em águas nacionais seria difícil de manter.

O escravismo brasileiro não teve mais sossego. Nova onda abolicionista internacional devastou seus congêneres na Colômbia (1851), no Havaí (1852), na Argentina (1853), na Jamaica e na Venezuela (1854), no Peru e na Moldávia (1855), e a servidão acabou na Índia (1860) e na Rússia (1861). Em 1863, o processo chegou às colônias bávaras e chegaria de vez às portuguesas em 1869. No fim dos anos 1860, o Brasil estava escravista em companhia apenas de nações com as quais fugia de se ombrear: Zanzibar e Madagascar, Gana, Bulgária e o Império Otomano, que respectivamente carregaram o andor escravista até 1876, 1878, 1879 e 1882.

A elite brasileira conhecia, por livros, viagens, visitas de estrangeiros e jornais, os processos abolicionistas pregressos e coetâneos. Essa variedade de experiências funcionou como um *repertório político*,[7] que orientaria discursos e decisões, tanto de abolicionistas como de escravistas, tanto o ativismo social quanto a política de Estado. E deu norte para os brasileiros lidarem com a questão quando ficou impossível escamoteá-la.

Desse repertório extraíram modelos a seguir e exemplos a evitar. O desmonte do escravismo nos impérios inglês, francês, português e holandês pouco servia de parâmetro, pois neles a escravidão fora colonial e de ultramar. Bomba em casa, qual a nossa, quem ainda a tinha eram estadunidenses e cubanos, que, como os brasileiros, receberam massivo aporte de africanos e juntos formavam as maiores economias escravistas do continente. Isso mais a relativa proximidade geográfica fizeram deles nossos espelhos principais. O que corria num reverberava nos outros. Em 1861, a escravidão deu combustível para uma guerra civil nos Estados Unidos, cujo governo, em 1862, selou com a Inglaterra acordo para suprimir o tráfico negreiro e, no primeiro dia de 1863, lançou a *Emancipation Proclamation*, libertando os escravos do país. Ato contínuo, cubanos e porto-riquenhos fundaram a Sociedade Abolicionista Espanhola e o governo de Madri abriu debate sobre legislação antiescravista.[8]

Essa conjuntura internacional decantou, em parte da elite imperial, a convicção da inevitabilidade de medida emancipacionista para o Brasil não sobrar sozinho na praia escravista. Um olho mirou o desfecho indesejável, a Guerra Civil Americana. Temia-se reavivar o conflito entre regiões, traumático na Regência, com o desequilíbrio na distribuição geográfica da escravaria: a economia do café, consolidada no Vale do Paraíba carioca e na Zona da Mata mineira e se expandindo no Oeste Paulista, comprava escravos de negócios menos prósperos do Norte. Outro olho enxergou o andamento mais tranquilo da Espanha, que cogitava alforria de filhos de escravas à medida que nascessem e de escravos com mais de sessenta anos. A *Libertad de Vientres* funcionara em várias partes da América — Chile, Argentina, Venezuela, Peru, Colômbia, Equador, Uruguai, Paraguai — e nas colônias portuguesas.

Esse passado serviu para pensar o futuro brasileiro em livros, artigos e propostas de lei no Brasil, que proliferaram a partir dos anos 1860. Aurélio Cândido Tavares Bastos, membro do Partido Liberal e seguidor atento da cena internacional — correspondia-se com a British and Foreign Anti-Slavery Society[9] —, via a escravidão como causa da miséria moral e material do país. Seu alvitre era extirpá-la aos poucos: aplicar a lei de 1831 (que libertaria os africanos chegados desde então), concentrar escravos no campo, taxar sua posse nas cidades, proibi-la a estrangeiros e prover emancipação gradual por meio de um pecúlio para a compra de alforrias, libertações anuais à custa do Estado e data-limite para acabar com a instituição em províncias com poucos cativos. A abolição era parte de agenda modernizadora rematada com pequena propriedade, imigração e expansão da rede viária. Já o Conservador Agostinho Marques Perdigão Malheiros, igualmente relacionado com a Anti-Slavery inglesa, apontou em seu livro *A escravidão no Brasil: ensaio histórico, jurídico, social*, saído entre 1864 e 1867, o caráter juridicamente construído do cativeiro — em vez de emanação da natureza. Em 1863, já discursara na Ordem dos Advogados por uma Lei do Ventre Livre, à maneira do que se discutia na Espanha. O senador e visconde de Jequitinhonha foi mais longe. Para Estados Unidos, Rússia e Brasil, o problema era mais sério que nos impérios francês, holandês e português — escravistas em colônias de ultramar —, pois a escravidão vivia nas entranhas da nação. Para evitar uma guerra civil como a estadunidense, propunha solução à russa: abolição em quinze anos, sem indenização aos proprietários de escravos. Propostas como as desses três pingavam intraelite, extraparlamento. Todos à cata de resposta à pergunta de Tavares Bastos: "Como se poderá chegar à abolição sem revolução?".[10]

A resposta era difícil. Apesar do declínio com o fim do tráfico, o volume de escravos seguiu alto. O censo de 1872 contaria 1 510 806 deles — ou 15,2% da população brasileira. Proporção maior em Minas Gerais, São Paulo, Bahia e Rio de Janeiro, que, juntos, abrigavam 61% dos cativos. Dentre os fluminenses, a proporção era de 1,67 livre para cada escravo.[11]

Se a demografia jogava a favor do escravismo, a geopolítica oferecia contrapeso. Além de antiabolicionismo doméstico, os ingleses passaram à campanha internacional. Em 1864, quando se anunciava o desfecho da guerra estadunidense, a British and Foreign Anti-Slavery Society enviou uma petição pelo fim da escravidão no Brasil a d. Pedro II. Naquele janeiro, o imperador escreveu ao chefe de governo, Zacarias de Góis e Vasconcelos, que os acontecimentos dos Estados Unidos "exigem que pensemos no futuro da escravidão no Brasil, para que não nos suceda o mesmo que a respeito do tráfico dos africanos". Isto é, para não sofrer novo aperto externo. Membro da Liga Progressista, dissidência reformadora do Partido Conservador, Zacarias tinha na biografia a pertença à associação antiescravista Sete de Setembro — Sociedade Ypiranga e, como advogado, pleiteara, em 1863, alforrias em tribunal.[12] Em 1864, chefe de governo, atentou para a questão servil, mas faltou-lhe o tempo para providências, pois teve governo relâmpago, de janeiro a agosto. Ele saiu do ministério e ela, da pauta das instituições políticas.

Era o rumo contrário ao do resto do mundo. Em 1865, o norte abolicionista venceu nos Estados Unidos, com o assassinato do presidente Lincoln por rescaldo. Ato contínuo, em julho de 1866, a Espanha deu cabo no tráfico para suas colônias e acelerou as discussões de Lei do Ventre Livre e dos Sexagenários.[13] O Brasil se insulava, em solidão escravista.

O ESTILO BORGES DE ATIVISMO

Quem leu *O Ateneu*, de Raul Pompeia, tem imagem sombria de Abílio César Borges, modelo para o temível Aristarco, diretor do internato que nomeia o livro, versão romanesca do Colégio Abílio, onde Pompeia estudou. Outros alunos apreciaram mais o mestre, um se lembrava dele como homem sensível, comunicativo e entusiasmado, que ria e chorava em constante comunhão com seus alunos.[14]

O professor tinha barba à inglesa e levava sempre cartola. Esses modos aristocráticos se temperavam com orientação modernizadora. Era dos poucos na elite imperial disposto a discutir a abolição na sociedade, enquanto ela empacava no sistema político. Outros parecidos com ele conformaram, entre 1850 e 1860, três polos antiescravistas, cada um com duas associações.[15]

No Rio de Janeiro, além da Sete de Setembro — Sociedade Ypiranga, surgida em 1857, aparecera no aniversário da Independência, em 1850, a Sociedade contra o Tráfico de Africanos e Promotora da Colonização e da Civilização dos Índios (SCT), povoada de 215 sócios, modernizadores da elite imperial como Borges, que enviaram ao governo projeto defendendo o ventre livre com indenização aos proprietários, incentivo à imigração e à pequena propriedade.[16] A SCT estabeleceu relação com a British and Foreign Anti-Slavery Society e começou a promover *meetings*, modelados nas reuniões públicas inglesas.[17] O abolicionismo brasileiro esteve desde aí vinculado à rede estrangeira.

Outro polo abolicionista apareceu em Pernambuco, onde se formariam duas associações mais ao fim da década. O terceiro foi na Bahia, com a Sociedade Libertadora 2 de Julho, organizada em 1850 por alunos da Faculdade de Medicina, mas tendo entre seus membros o senador Jequitinhonha. A Libertadora fez, em Salvador, em 1862, a primeira passeata abolicionista no Brasil. A romaria cívica associou o fim da escravidão com o 2 de Julho, data de celebração local da Independência. Outra associação baiana teve mais consequência e nos leva de volta ao professor de Raul Pompeia, Abílio Borges. Médico de formação, transmutou-se em educador-modelo, cheio de condecorações e títulos, membro de instituições de prestígio, como o Instituto Histórico, experimentado em filantropia e criador de associações civis de apoio à educação. Homem de mão na massa, lançou O Gymnasio, jornal para propagar seus princípios pedagógicos, e montou um colégio para órfãos em Salvador. Viajado, circulou por Inglaterra, Bélgica, Alemanha, França, Itália, Suíça, Argentina e Estados Unidos, e trouxe dessas partes método novo de ensino por persuasão, sem castigos, que introduziu em seu Ginásio Baiano. Era uma escola moderna, à qual famílias de nome da província confiavam seus filhos. No discurso de abertura do ano letivo de 1866, bradou que o estudante não devia ser escravo de seu mestre, pois toda escravidão seria contrária à natureza.[18] O paralelo orientou sua campanha antipalmatória na imprensa, que desembocou em crítica ao açoite nos escravos. Borges não mantinha cativos nem em casa nem em seu colégio e demandava aos alunos que não os trouxessem consigo.

Cosmopolita, conectou-se à rede abolicionista transnacional. Numa de suas viagens à Europa, em 1860, tornou-se membro da British and Foreign Anti-Slavery Society de Londres e estreitou laços com a Sociedade Francesa pela Abolição da Escravidão, que combatera o escravismo em colônias de seu país. Um membro dessa última associação contaria a ideia que lhe insuflou aquele "abolicionista decidido do Brasil", de preparar juntos uma petição ao imperador brasileiro.[19] Borges pertencia à aristocracia imperial, com acesso à família imperial, mas apostou no vexame externo como meio de levar a questão à pauta. De suas alianças na Europa nasceu uma petição emancipacionista assinada por políticos franceses eminentes, admirados nos meios brasileiros, que, intermediada pelo Ministério de Assuntos Estrangeiros da França, chegou ao imperador em julho de 1866.

O documento embaraçou d. Pedro. Arranhava a reputação do Império aparecer como terra escravista. Lisonjeado, e igualmente preocupado, com a atenção de luminares europeus, respondeu reconhecendo a movimentação da opinião pública no Brasil pela abolição, mas ponderou que a questão era difícil e sua solução dependeria de "forma e oportunidade". Assim foi que o pequeno ciclo de associativismo abolicionista dos anos 1860 alcançou eficácia por efeito bumerangue: a estratégia de Borges, de aliança com abolicionistas estrangeiros, atingiu o sistema político brasileiro e empurrou a questão de volta à agenda institucional.[20]

Em 1866, também a guerra contra o Paraguai obrigou a reinserção da escravidão na agenda. O consórcio bélico com Argentina e Uruguai convidou à comparação entre os países da América do Sul, que o Brasil liderava com pés de barro, uma vez que era escravista entre nações de povo livre. Críticas vinham "do *Semanário* paraguaio como da *Revue des Deux Mondes*, dos congressos pan-americanos, como das caricaturas *porteñas*".[21] Além da má reputação, a frente de batalha consumia cadetes aos magotes e obrigou o Conselho de Estado a discutir a engorda da tropa pela conversão de escravos libertos em soldados.

Um dos conselheiros, o Conservador visconde de São Vicente, achou a ocasião propícia para a conversa, visto que a Espanha estudava medidas emancipacionistas para suas colônias e, no escravismo, "resta só o Brasil! Resta o Brasil só!". São Vicente acompanhava a legislação antiescravista das Américas e da Europa e redigiu cinco projetos de abolição gradual, cujo fulcro era o do programa de 1852 da SCT: o ventre livre. O jornal do partido oposto, o *Opinião Liberal*, defendeu, no mesmo momento, a substituição do trabalho servil pelo livre.

Mas o grosso do Conselho de Estado, anciãos do tempo da crise do fim do tráfico, fez coro com outro Conservador, o visconde de Itaboraí, que, embora reconhecesse a pressão estrangeira contra a escravidão, temia mais a expectativa da liberdade futura que o ventre livre produziria nos próprios escravos, um incentivo, julgava, para insurreições.

A conta-gotas, a questão se infiltrou num sistema político que andava longe de ser simples. O Poder Moderador indicava chefe partidário para montar gabinete, que chamava eleições para compor a Câmara. Contudo, a capacidade de agenda do imperador tinha dois contrafortes: Senado e Conselho de Estado, vitalícios, por isso mais independentes que os deputados, e ocupados por políticos tarimbados, com força para frear projetos ou decidir seu curso. Isso se viu em 1867, quando, pesando a abolição feita nos Estados Unidos, a caminho nas colônias espanholas, e a imagem externa do Império na hora em que d. Pedro planejava ir à Europa, Zacarias, de novo à frente do governo, devolveu o problema ao Conselho de Estado. Mandou aos conselheiros os projetos de São Vicente e três perguntas: se era o caso de abolir e, se sim, quando e como. Discutiu-se nas sessões de 2 e 9 de abril, quando o Liberal Nabuco de Araújo exortou: "Está abolida a escravidão em todo o mundo cristão. Só resta no Brasil e na Espanha". E a Espanha avançava, preparando lei de libertação de nascituros e idosos.[22]

O Conselho não se comoveu com a confluência entre o Conservador São Vicente e a base do governo Liberal de Zacarias. Mas a coalizão teve seus efeitos. Formou-se uma comissão de estudos sobre o assunto e a fala do trono de 1867 frisou que o tema deveria ser tratado no ano parlamentar, porém com cautela: "respeitada a propriedade atual, e sem abalo profundo em nossa primeira indústria, a agricultura". Zacarias apressou a comissão para formular parecer, discutido entre abril e maio. Seu epicentro era o ventre livre.[23]

Homens como Abílio Borges teriam feito girar essa roda, mas modernizadores como ele investiam em associações civis e arrimo estrangeiro porque achavam ouvidos moucos na Câmara e no Senado, onde a abolição era o melindre dos melindres. Assombrava a ordem política, dada a guerra com o Paraguai, e ameaçava a econômica. A interiorização de capital do tráfico negreiro dera as bases econômicas para uma era dourada do café no Vale do Paraíba, turbinara obras de infraestrutura, estradas, melhoramentos urbanos e empresas e negócios, como as do sócio de Rebouças, o barão de Mauá. Se o país carecia de braços, a abolição soava como um contrassenso.

O imperador se viu ante maioria de políticos contra e poucos em favor de avançar a abolição. No começo de seu reinado, lidara com líderes Conservadores fortes, responsáveis pela montagem das instituições do Segundo Reinado. No entanto, à medida que desapareceram homens como Eusébio, o imperador passou a jogar com os partidos, beneficiando ora um, ora outro, para não se aprisionar por nenhum. Quanto à escravidão, oscilou entre conduzir e frear reformas que abalassem o delicado equilíbrio sobre o qual se assentavam seu poder e a própria monarquia. Assim foi que apoiou o emancipacionismo Liberal de Zacarias, em 1867, mas, em face das injunções da Guerra do Paraguai, não titubeou em trocá-lo pelo escravismo do Conservador visconde de Itaboraí em 1868.

Itaboraí trouxe do café do Vale do Paraíba uma profecia: a abolição traria assassinatos, insurreições e mesmo a guerra civil. Seu ministério reuniu a fina flor dos Conservadores mais avessos a qualquer mudança no statu quo, apelidados de Emperrados. Entre eles estavam Paulino Soares de Sousa, seu sobrinho e herdeiro político; o ardiloso barão de Cotegipe, que conheceremos melhor adiante, e o virulento José de Alencar, que todos conhecem. A nomeação pelo imperador desse governo ultraconservador ante uma Câmara Liberal gerou crise política e tirou a abolição de novo da agenda institucional em 1868.[24]

A crise teve efeito inesperado. A briga intraelites abriu oportunidades para a expressão de vários gêneros de crítica às instituições imperiais. Isso porque, em 1869, os Liberais protestaram contra sua derrubada do governo no espaço público. A facção de Tavares Bastos, autointitulada Liberal Radical, armou jornais, clube, conferências públicas e manifesto, que demandavam o fim gradual da escravidão e modernizações política e econômica. Os mais moderados, caso de Zacarias, agrupados no Centro Liberal, pediram o ventre livre em manifesto. Essa movimentação, ao atestar a existência de facção reformadora no sistema político, legitimou o debate público sobre a escravidão e indicou possíveis aliados para as sociedades abolicionistas dentro do esquadro institucional. Assim, contraintuitivamente, o associativismo abolicionista cresceu durante o gabinete escravista de Itaboraí e no encalço da movimentação dos Liberais, quando associações apareceram no Amazonas, Bahia, Ceará, Espírito Santo, Maranhão, Minas Gerais, Pernambuco, Piauí, Rio de Janeiro, Rio Grande do Sul e São Paulo.[25]

Era um abolicionismo de elite. Os membros das associações provinham, na maioria, da elite social: viscondes, barões, ocupantes de bons postos públicos e com acesso aos partidos. Modernizadores — vê-se pela inclusão de senhoras em várias associações —, sua cesta de reformas incluía abolição gradual, imigração e pequena propriedade. Homens com um pé na política de dentro, outro na de fora das instituições. Nada de radicalismo, mas mesmo assim perturbadores para um sistema político que houve por bem discutir o fim do tráfico em sessões secretas em 1850.

As novas associações começaram a fazer propaganda pública em prol do ventre livre. Arrecadavam doações para alforriar escravas jovens em cerimônias que vinculavam abolição e Independência. Ritual elaborado apareceu com a Sociedade Libertadora 7 de Setembro, fundada em Salvador, em 1869. No comando de 512 sócios, quinze deles mulheres, estava nosso conhecido Abílio Borges. A Libertadora pôs na rua o jornal quinzenal *O Abolicionista*, que noticiava a história internacional do abolicionismo, com foco nos andamentos de Porto Rico e Cuba.

Borges conhecia o repertório antiescravista britânico, mobilizador, que combinava lobby, associativismo, panfletos, manifestos, jornais e manifestações públicas. Mas não podia simplesmente reproduzi-lo. O abolicionismo inglês, assim como o estadunidense, contou com estrutura organizacional religiosa de quakers, como os que visitaram a SCT nos anos 1850. As capelas protestantes deram base para a propaganda. No Brasil, o quadro era outro. A Igreja católica era parte do Estado, e o catolicismo, religião de Estado. A sobreposição de estrutura religiosa e burocracia pública gerava padres-funcionários, sem independência para criticar as instituições estatais como a escravidão, antes incumbidos de legitimá-las. Tal configuração compeliu os abolicionistas daqui à busca de arena e modelo litúrgico laicos para sua propaganda.

Borges o achou no espaço público extraparlamentar que os Liberais Radicais politizavam: salões de agremiações, escolas, Câmaras municipais. Promovia festas cívicas solenes em seu Ginásio Baiano, em 2 de julho e em 7 de setembro. À frente de uma mesa com toalha verde e bordados dourados, "calcando aos pés a ignorância e o vício", exortava ao patriotismo. Professores discursavam e alunos da elite baiana cantavam e declamavam. Borges levou o rito e seus praticantes para o abolicionismo. No dia de seu nome, em 1869, a Libertadora 7 de Setembro organizou bazar e leilão de objetos doados, com fundos revertidos para alforriar mulheres e crianças. Fez também uma cerimônia cívica para a entrega de cartas de liberdade. Sem contar, como os abolicionistas anglo-americanos, com o espaço da igreja, usou o do teatro. Na sessão de 1º de novembro de 1869, houve música e poema:

> Não desesperes, cativo!
> Levanta tranquilo a fronte:
> Vai-se aclarando o horizonte
> da tua sorte infeliz!
> Tu choras!... mas nessa lágrima
> Que no teu rosto flutua,
> Se há desonra não é tua...
> É toda do meu país![26]

A grandiloquência romântica, Borges intuiu, tinha poder mobilizador. Alocou professores e estudantes do Ginásio Baiano nesse serviço. Dentre eles brilhou Antônio de Castro Alves, que *O Abolicionista*, onde Borges o pusera a escrever, alcunhou de "Poeta dos Escravos". O moço levou consigo a ideia, quando matriculado em direito em São Paulo, como se viu em sarau dos Liberais, em 1868. Declamou então versos engajados. "Tragédia no lar" propagandeava o ventre livre, como a Libertadora, ao dar voz à mãe escrava:

> — Escrava, dá-me teu filho! [...]
> Assim dizia o fazendeiro, rindo, [...]
> — Perdão, senhor! perdão! meu filho dorme...
> Inda há pouco o embalei, pobre inocente,
> Que nem sequer pressente
> Que ides...
> — Sim, que o vou vender! [...]
> Senhor, por piedade, não [...]
> Por piedade, matai-me! Oh! É impossível
> Que me roubem da vida o único bem! [...]

— *Cala-te miserável! Meus senhores,*
O escravo podeis ver... E a mãe em pranto aos pés dos mercadores
Atirou-se a gemer.
— *Senhores! basta a desgraça*
De não ter pátria nem lar, [...]
Deixai à mãe o filhinho,
Deixai à desgraça o amor. [...]
A criança do berço ei-los arrancam
Que os bracinhos estende e chora em vão!
Mudou-se a cena. Já vistes
Bramir na mata o jaguar [...]
Assim a escrava da criança ao grito
Destemida saltou,
E a turba dos senhores aterrada
Ante ela recuou.
— *Nem mais um passo, cobardes!*
Nem mais um passo! ladrões!
Se os outros roubam as bolsas,
Vós roubais os corações!...

Os apelos da escrava, que resiste ao perder o filho, eram apelos do poeta à audiência:

Leitor, se não tens desprezo
De vir descer às senzalas, [...].
E sangra às vezes piedade,
E sangra às vezes remorso? [...]

O abolicionismo achou seu palco no espaço público e laico dos teatros. Essa localização da propaganda a infundiu de artes, que abocanhariam o quinhão que no abolicionismo anglo-americano coubera à religião. As cerimônias cívicas de Abílio Borges seriam rituais de dramatização da escravidão e apelo aos sentimentos, conclamando a abolição como nova Independência. Nelas, 191 títulos de alforria foram concedidos de 1869 a 1871.[27] Definiu-se aí um estilo de ativismo ancorado na díade associativismo/cerimônias cívicas, o estilo Borges de ativismo.

O estilo se multiplicaria por relações professor-aluno, de apadrinhamento, trabalho, amizade, compadrio, consanguinidade. Borges foi o mais profícuo, mas não o único dos pioneiros que, longevos, funcionaram como articuladores intergeracionais. Homens-pontes, transmitiram suas técnicas aos jovens, condição para a campanha perdurar e se expandir no espaço público. Na cabeça de Borges, o ativismo de elite precisava desabrochar em mobilização social. *O Abolicionista* defendia suplantar o caráter filantrópico da compra de alforrias em favor de mobilizar a opinião pública: "[...] trabalhar para que em todo o Império circule e se aprofunde o movimento abolicionista. Para que por toda parte radique-se nos espíritos a convicção, e nos corações o entusiasmo; para que a nação inteira proclame em altos brados a necessidade urgente de extinguir-se a escravidão".[28]

O ESTILO REBOUÇAS DE ATIVISMO

Nos diários de André Rebouças pululam óperas e obras: de dia, canteiro e trena; de noite, trinados e falsetes. A partir de 1868, novo assunto foi assoreando os demais: a escravidão. Durante o terceiro gabinete Zacarias, quando a questão entrava em pauta nas instituições políticas, Rebouças começou a operar como abolicionista.

Na lida com empreendimentos, aproximara-se da SCT e de Tavares Bastos, seu parceiro na Companhia das Docas. Essa dupla convivência o contaminou com agenda tríplice: pequena propriedade, imigração e expansão dos transportes.²⁹ Rebouças recebeu o bastão dos modernizadores mais velhos. Mas, ao se decidir por abolicionista, julgou que, além do estilo Borges, de associação, arregimentação de apoio internacional e cerimônias cívicas, era preciso ir pelos meandros das instituições. Transferiu para a política seu modus operandi de empresário, o lobby.

A experiência com obras viárias lhe ensinara que deliberações cruciais dependem do núcleo do governo, que se pode pressionar, jamais ignorar. Seriam duas tarefas interligadas: persuadir a sociedade e fazer andar o Estado. Pôs-se a manejar sua extensa rede de relações interpessoais, tão crucial na sociedade de corte, para assoprar ao ouvido de autoridades e construir pontes entre o associativismo abolicionista e o governo. O lógico, pensou o geômetra, era ir ao centro: ao imperador, ao chefe de gabinete, ao marido da herdeira do trono.

Este último assumiu o governo do arrasado Paraguai, perto do fim da guerra, em 1869, e lá aboliu a escravidão. A Anti-Slavery inglesa aproveitou para enviar nova petição a d. Pedro e, no ano seguinte, outra ao próprio conde D'Eu. Rebouças, que circulava pela casa imperial, viu o efeito da conjuntura externa sobre o imperador: em maio de 1869, assistiu-o dizer que o país estava de exceção entre as nações civilizadas e que era preciso fazer "alguma coisa" pela emancipação.³⁰

Com seus diques múltiplos, Rebouças se plantou como articulador entre elite social, sociedade de corte e sistema político. Tinha capacidades e laços para tanto, pois, lembraria adiante, "fui, em 1870 e 1871, o primeiro empresário do Rio de Janeiro". Para cimentar a ponte entre antiescravistas da sociedade e as instituições, ideou, em abril de 1870, uma Associação Central Protetora dos Emancipados. Em sessão preparatória, discutiu-se que a sociedade se dedicaria a emancipar os escravos por meio de seguros de vida. Rebouças levou um projeto de lei nesses termos ao chefe de governo, o antiabolicionista Itaboraí. Na faina de engenheiro empresário encetara amizade com esse visconde, como ele, amante das matemáticas. Poucos homens podiam ser mais opostos, mas se apreciavam sinceramente. Itaboraí o chamava de "meu inglês".[31]

Esse coração mole não batia pela abolição. Itaboraí era visconde de setenta anos e pretendia viver os mais que lhe restavam sem enxaquecas políticas. Seu "inglês" se obcecara pela abolição, como acontecia com todos os seus projetos, e replicou ao visconde que não teria "despeitos nem cansaços quando se trata de servir ao Brasil e à Liberdade". Foi ao príncipe consorte, de onde saiu amparado em promessa vaga. Apertado de todo lado, Itaboraí ganhou sua dor de cabeça: aceitou o projeto de uma Associação Central Protetora dos Emancipados, presidida pelo conde D'Eu, e prometeu a Rebouças que consultaria o ministério a respeito. Rebouças tentava erodir a resistência do chefe de governo da mesma maneira como arranjava seus empregos, por peregrinação. Falou a deputados, circulou pelos bastidores do Parlamento, impingindo seu projeto a quem passasse. Eis seu estilo de ativismo: lobby e articulação. Visava criar consenso mínimo entre membros da sociedade de corte, das instituições políticas e da elite social e, assim, armar o apoio que a abolição não possuía.

Seu método foi eficiente em produzir agenda, mas não venceu a légua entre acesso e influência. Itaboraí deixou as palhas onde estavam. O conde D'Eu, criticado por todo lado por ter feito a abolição no Paraguai, tampouco era o entusiasta que Rebouças supunha. Disse que eram bons os projetos de lei e de associação e se safou. Como oposições só endureciam seu propósito, Rebouças reagiu com o bom exemplo. Sintonizou vida privada e pública, em junho de 1870, quando libertou Roque, Júlia e Emília, os três últimos escravos de sua casa.[32]

Mais que o assédio doméstico de Rebouças, o visconde de Itaboraí sofria azucrinações internacionais. Em 1869, a Associação Abolicionista Internacional de Paris enviou moção e o *Anti-Slavery Reporter* publicou carta do senador Nabuco de Araújo em defesa de medida emancipacionista. Os abolicionistas estadunidenses contataram o senador, talvez animados pela prevista erradicação da servidão no Alasca, adquirido pelos Estados Unidos junto à Rússia, a realizar-se em 1870.[33]

Também em 1870 acabou o litígio brasileiro com o Paraguai, usual subterfúgio para adiar a mexida na escravidão. Mas o Conselho de Estado e o Parlamento seguiram calados. Nada acontecera e, a depender de Itaboraí e de seu braço direito Paulino Soares de Sousa, nada aconteceria. O imperador escreveu ao chefe de gabinete que seria um erro evitar, na fala do trono, o assunto a respeito do qual "todos parecem ocupar-se menos o governo". Não que se declarasse abolicionista, pois esclareceu, em reunião do ministério, que "havia de opor até a última [possibilidade] para que se não fosse além da liberdade do ventre". O Barão de Cotegipe, que narra a cena e era parte do gabinete, respondeu ao soberano que os Conservadores tinham aceitado o ministério com a condição de não bulir nesse assunto e, de fato, a fala do trono de 1870 saiu sem menção a ele.[34]

Na Câmara, porém, uma dissidência Conservadora acossou o gabinete, para que se posicionasse sobre a liberdade do ventre e criasse a Comissão Especial de Emancipação para discuti-la — aquela que o governo Zacarias fracassara em levar adiante. Rebouças estava nas galerias: "Assisti, com a maior emoção". Viu a interpelação que um deputado fez ao visconde de Itaboraí, e sua resposta, que, celebrou, fora conforme ao que tinham combinado,[35] isto é, não obstar a Comissão, criada com cinco membros.

Rebouças foi logo confabular com eles. O episódio exibiu fratura no Partido Conservador: uma ala modernizadora apoiava os projetos de São Vicente contra os Emperrados de Itaboraí.

Esse racha entre os Conservadores deu relevo ao posicionamento de uma ala Liberal em endosso à Comissão Especial de Emancipação, quando da apresentação do projeto às Câmaras, em agosto. Zacarias e mais oito líderes de seu partido propuseram um fundo público para manumissão, isto é, para comprar cartas de liberdade para escravas. Um deles externou o temor dessa facção com o imobilismo do governo em face do avanço dos abolicionismos internacional e doméstico: "O maior perigo desta causa é a propaganda [...]. O pouco serve hoje, o muito amanhã não basta [...]; [...] não quereis ter os inconvenientes econômicos por que passaram as Antilhas inglesas e francesas, arriscai-vos a ter os horrores de São Domingos".[36] Duelavam a *ratio* política e a *ratio* econômica.

Várias propostas circularam então nas instituições e em panfletos; insistiam em seguir o exemplo espanhol, que, em julho de 1870, aprovou a Lei Moret ou de *ventres libres* para vigorar em Cuba e Porto Rico. A medida libertou os nascidos dali por diante e os escravos sexagenários, com indenização aos proprietários.[37] Esse ato estrangeiro encurralou o sistema político brasileiro. Mas a facção Emperrada dos Conservadores resistia a tudo, com protestos de Paulino Soares de Sousa e José de Alencar à ideia do ventre livre. Itaboraí, diante da divisão de seu partido, preferiu jogar a toalha a ceder. Deixou o governo.

Ante o sistema político cindido, d. Pedro II nomeou São Vicente, afinal autor do projeto do ventre livre discutido no Conselho de Estado em 1866, para a chefia de governo. Isso em fins de 1870. Rebouças, leitor de Benjamin Franklin, presidente da Associação Abolicionista da Pensilvânia, sabia que "Tempo é dinheiro", por isso abalou-se ao novo chefe de gabinete, com projetos debaixo do braço. Este, porém, em nada lembrava o visconde antecessor, sendo antes homem suscetível e irresoluto.[38] Nenhum político relevante topou compor seu ministério. Sem aval partidário, sem amparo outro que o Poder Moderador, suas iniciativas apenas aprofundaram o racha no Partido Conservador entre Emperrados e Reformadores. Seu gabinete ficou num limbo político e durou quase que só até as férias parlamentares.

NO TEATRO

Sempre alinhado, mas de pouco enfeite, Rebouças trajava casaca no dia 2 de dezembro de 1870, uma sexta-feira. Aficionado da ópera, estava, como toda a nata social do Império, em expectativa. Carlos Gomes, novo prodígio nacional apadrinhado pelo imperador e celebrado em Milão, estreava a ópera-balé O guarani. O Teatro Lírico Provisório regurgitava aristocratas em pompa, que vinham ver o espetáculo de gala em celebração ao aniversário de d. Pedro II.[39] O imperador celebrava seus 45 anos, os trinta de seu reinado e o fim da guerra contra o Paraguai. O Império se rejubilava.

À chegada da dinastia, a orquestra calou o burburinho com o Hino Nacional. Subiu o pano. Damas da Corte, estadistas endomingados e líderes partidários conheceram a adaptação musical do romance do ex-ministro da Justiça e membro do Partido Conservador, José de Alencar. A orquestra sacudiu o teatro, com uma banda italiana e os aimorés do corpo de baile. Em cena, o mito de origem da nacionalidade, o enlace da moça de ascendência europeia com um indígena tão nobre quanto um aristocrata. No palco, aventureiros espanhóis e portugueses, fidalgos e caciques, Cecília e Peri, ninguém da cor de Rebouças.[40]

O tempo da ópera era o passado remoto, o início da colonização, antes de o país se partir em senhores e escravos, antes de se generalizar a instituição mãe de todas as outras, a engrenagem do Império — a escravidão, fundamental e tácita. Os negros, ausentes do enredo, estavam no camarim, montaram o cenário, dirigiram cabriolés, engomaram as roupas, lustraram os sapatos, alimentaram cada uma das bocas da plateia com seus quitutes e seu leite. *O guarani* nada dizia deles.

Os líderes dos dois partidos, contudo, não tinham mais como evitá-los. Depois da Lei Moret, que datava o fim da escravidão em Cuba, o Brasil estava entre frear o moto-contínuo que, à própria sorte, se reproduziria até o fim dos tempos, ou restar lanterninha escravocrata do mundo civilizado. Para a minúscula ala modernizadora da elite imperial, urgia acelerar o passo emancipacionista. Assim pensava Manuel de Sousa Dantas, ex-ministro do gabinete Zacarias e novo presidente da Libertadora Bahiana, sucedendo, em 1870, Abílio Borges, que se mudara para a Corte.[41] Mas havia o contraponto de uma sociedade inteira escravista. Para defendê-la, ali estava o sobrinho e herdeiro político de Itaboraí, Paulino Soares de Sousa, Conservador tão fino quanto obstinado na guarda do escravismo.

No Teatro Lírico, Rebouças terá ouvido a notícia de que, além de Liberais e Conservadores, o Império ganhava novo partido. Muitos Liberais Radicais desistiam da monarquia e o fariam saber no dia seguinte a essa festa, com seu Manifesto Republicano.

Para fazer face às medidas emancipacionistas em Cuba, aplacar os Liberais revoltosos e conter o republicanismo, d. Pedro chamaria um terceiro visconde, o do Rio Branco, para comandar o governo em seu calvário, a tramitação da reforma do elemento servil.

Loquaz e jeitoso, Rebouças terá falado com todos eles. Trafegando entre camarotes, corredores, antecâmaras do poder, não desistira do príncipe consorte e aliciava adeptos para sua associação emancipadora.[42] Fez política e usufruiu do espetáculo. Tanto que, à saída, estava de braços com Carlos Gomes, transformado desde esse dia em amigo fraterno.

Ovacionou-se o maestro. Dos camarotes, senhoras lançaram flores, senhores puseram-se de pé, bravos, bravíssimos. Carlos Gomes tornou ao palco oito vezes; ao fim, arrebatado, foi carregado pelos jardins. Rebouças, a aplaudir como louco,[43] ficou no miolo do frenesi, tanto no teatro como na rua, os cenários do movimento de que seria a chave-mestra. Quantas vezes, de par com José do Patrocínio, organizaria concertos seguidos de passeatas? Mas, em vez de um drama guarani, encenariam a tragédia africana.

Naquele 1870, maestro, imperador, partidos, cortesãos celebravam a monarquia, sua obra de civilização, sua nação inventada, mas logo encenariam um enredo mais incerto. Unido no aplauso ao *Guarani*, o Império estava em véspera de dilaceramento. Em nome da compaixão, do direito e do progresso, os que estavam com Rebouças exigiriam o fim da escravidão. Paulino e sua legião resistiriam à abolição, que, diziam, poria abaixo a ordem imperial, sua economia, seu sistema político, sua sociedade aristocrática e todo o esplendor daquele dia de gala.

José de Alencar concordava. Libertar o ventre das escravas, à maneira do que a Espanha fazia em Cuba, seria como pecar o libretista contra seu *O guarani*: ao alterar a trama desvirtuara a obra. O romance tinha final reconfortante, o mal naufragado em dilúvio, salvos Ceci e Peri, pais da nação brasileira. Na ópera, a impossibilidade de encenar a tempestade tornou o desfecho drástico, com estouro de barris de pólvora e desmoronamento do castelo dos aristocratas.[44] A explosão se anunciava também fora do palco. Ao acabar aquele dezembro, chegaria o ano sem par de 1871, quando a escravidão, bomba-relógio do Império, sairia da coxia para roubar o centro da cena.

2. Escravismo de circunstância

EM NOME DA ORDEM

Barba aparada, camisa de casimira bem cortada aderida como luva ao corpo alto e fino, Paulino Soares de Sousa prepara-se para o combate. Não que a vida se lhe apresentasse como uma guerra: foi antes uma escalada. Nasceu em fazenda, a de Tapacorá, no interior do Rio de Janeiro, mas se educou no grande mundo. No Colégio Pedro II, ganhou distinções e o amor aos gregos. Saiu da Faculdade de Direito de São Paulo, em 1855, com as capacidades esperadas para um primogênito de estadista do Império: armar jornais, discursos, panelas. Política respirada em casa. Seu pai era o visconde do Uruguai, um dos edificadores das instituições políticas centralizadas do Segundo Reinado. Tinha ainda o sangue de outro alto costado do Partido Conservador, o visconde de Itaboraí. Essa origem abriu caminho para que ocupasse os postos de monta do Segundo Reinado. Começou pela diplomacia: Viena, Paris, Londres. Tornou-se cavalheiro da ordem turca de Medjidie, cujo medalhão de sete pontas traz em vermelho uma divisa que de fato honrou: lealdade, zelo, dedicação. Em 1856, em Roma, depois de se ajoelhar ao papa, recebeu a notícia: estava eleito, em ausência, deputado geral pelo Partido Conservador no 3º distrito da província do Rio de Janeiro. Tinha 22 anos.

Ascendeu no exemplo do pai, exímio articulador político. "Aprendi cedo a refletir de pronto e medir logo o alcance dos atos que pratico na vida pública." Escrevia aos eleitores, arrebanhando, orientando, disciplinando, até comandar o partido na província. Por isso, em 1881, contra o governo oposto, teria a maior votação do país. Foi ministro e chegaria a presidente da Câmara, senador, conselheiro de Estado, presidente do Senado. Enfim, "Deus me tem dado, na carreira a que me destinei, quanto nela se pode aspirar". Tudo com garbo e traquejo. Seu pai — contava o barão de Cotegipe — dançaria em mesa posta sem quebrar cristal; o filho podia executar a proeza de olhos vendados.

Depois da morte do pai, em 1866, Paulino ficou austero, sorumbático. Seu refúgio era a esposa Maria Amélia: "Nas grandes dores da minha alma o conforto que tenho e agradeço a Providência é o teu amor, que me prende à vida". Do enlace vieram renda polpuda, cinco filhos e a condição de grande fazendeiro em Cantagalo, no Vale do Paraíba.

Paulino unia em si as metades do Império. Do pai, como do tio Itaboraí, herdou o realismo político, a crença nas instituições imperiais como o melhor dos mundos possíveis. Com o casamento, fincou pé na lógica dos proprietários de terras e de escravos. Paulino operava em dois mundos, Corte e roça, Parlamento e fazenda, a herança política Conservadora e o dote escravista de Maria Amélia. Ponte entre a civilização e o cafezal.

Nisso ia fartamente acompanhado. Maestria de etiquetas, francês e piano, o corte da sobrecasaca, todo o apuro do modo de vida da aristocracia imperial se nutria da senzala. De libré, na porta, nos aposentos de dormir, a coser, cozinhar, levar recado, limpar latrina, os escravos de servir eram as mãos invisíveis dos salões senhoriais na cidade e os do eito, plantadores, capinadores, ensacadores, eram o Atlas que carregava nas costas um mundo de fazendeiros, atravessadores, banqueiros, comerciantes. Assim giravam o luxo da rua do Ouvidor e a máquina estatal. Disso viviam pequenas e grandes rodas, as letras e a boa sociedade. A escravidão era a base de um estilo de vida, compartilhado por todo o estamento senhorial, cujos eflúvios se espalhavam pela sociedade em círculos concêntricos, como pedra na água. Em modos, ações, pensamento, Paulino encarnava o éthos senhorial. Rebento fina flor. Nada em si rescendia brutalidade ou ganância, desvio ou maldade. Culto e ilibado, amava o latim e a esposa, acreditava em Deus, no Império e na propriedade de escravos.

Somente insensatos, julgava, se insurgiriam contra a ordem natural das coisas, que não vigeria por vontade de uns, e sim por necessidade de todos. Sem escravidão não haveria café ou finanças, aristocratas ou monarquia, nem ordem, nem paz. Para defender esse mundo, Paulino envergou luvas, cartola e a sóbria casaca preta. Desceu a escadaria imensa da imensa casa. Naquela quarta-feira, 23 de agosto de 1871, foi vocalizar seu grupo social ameaçado pelo projeto do governo de Rio Branco de libertar os frutos dos ventres das escravas. O boleeiro que o conduziria ao Parlamento era um deles.[1]

ABOLICIONISMO DE ESTADO

José Maria Paranhos, do Partido Conservador, assumiu a chefia de governo em 7 de março de 1871. Era fumante inveterado de trinta charutos Havana por dia. No vício descarregava tensões, pois passou a existência em meio a elas. De família baiana de comerciantes decadentes, teve de se fazer na vida. Começou pela Escola

Militar, depois deputado pelo Partido Liberal. Migrou para os Conservadores nos anos 1850, sob a bênção do marquês de Paraná, líder do momento, que impulsionou sua carreira ao lançá-lo na diplomacia do Prata, onde o Brasil tinha vários litígios abertos.

Graças ao Prata, José Maria Paranhos veio a ser visconde do Rio Branco. Administrou pendengas com os estados fronteiriços ao sul, como enviado especial e ministro de estrangeiros. Serviu na guerra contra o Paraguai e livrou o país de outra, ao negociar uma saída diplomática com o Uruguai. O governo Liberal reprovou o ato. Cheio de brios, defendeu-se em oito horas de discurso no Senado, de onde saiu glorioso.[2] Organizou, então, o governo provisório no Paraguai, em 1869. No retorno à Corte, em 1870, virou visconde, o que condizia com seu caráter e suas vastas suíças.

Rio Branco era insuspeito no assunto escravidão. Em "Cartas ao amigo ausente", coluna no *Jornal do Commercio*, criticara as sanções inglesas ao Brasil na crise do tráfico nos anos 1850 e se posicionara contra medidas imediatas no Conselho de Estado nos 1860. Mas, no Prata, mudou de opinião: a convivência com povos vizinhos o fez ver que "a permanência desta instituição odiosa no Brasil nos vexava e nos humilhava ante o estrangeiro". No fim da guerra com o Paraguai, em 1869, em aliança com o conde D'Eu, aboliu a escravidão por lá. E, ao justificar o ato no Senado, em 1870, avançou: "No estado em que se acha a questão, ela deve ser resolvida" no Brasil.[3]

Assumiu o gabinete pouco depois, "ao ponto da carreira política em que o estadista não pode mais representar o segundo papel". Amor à matemática, experiência em negociação, pendão modernizador e sangue-frio proverbial fizeram de Rio Branco o capitão capaz de atravessar o mar bravio no qual São Vicente naufragara. No dizer de seu fã Joaquim Nabuco: "Todos os outros foram diletantes; só ele foi profissional".[4]

Reformador, via-se por onde passara, daria essa marca ao seu governo, o mais longo e bem-sucedido do Segundo Reinado, com propostas de mudanças no sistema eleitoral, na Justiça, na Guarda Nacional, na instrução pública. E, ante o cenário internacional de trabalho livre e associativismo abolicionista doméstico, supôs que, na reforma de instituição basilar, melhor seria que o comando coubesse, como no fim do tráfico, aos Conservadores.

Barão de Cotegipe e Paulino Soares de Sousa, duas outras lideranças Conservadoras emergentes, discordavam, priorizando a reforma eleitoral. Mas, então brigados, abriram espaço de manobra a Rio Branco, que pediu sustentação parlamentar a Cotegipe para a liberdade do ventre, com garantias à propriedade presente, pois o statu quo seria já impossível em face da "torrente da opinião pública". Em troca, um ministério. Cotegipe preferiu outro cargo, o de ministro plenipotenciário no Prata. Longe, nem apoiaria, nem obstruiria. Rio Branco usou a estratégia de neutralização com outros renitentes.[5] Diminuiu vetos, porém para o ministério conseguiu só moços deputados, quando o usual era agregar senadores.

O gabinete tinha dois meses quando o imperador deixou o Império, em licença por um ano. Ia colher eflúvios da futura lei abolicionista na Europa, denunciaram os deputados Conservadores Andrade Figueira e José de Alencar. E, acrescentou um Liberal, deixava no trono a princesa inexperiente, casada com forasteiro, em meio à maior reforma do reinado, o que seria o mesmo que "sacrificar o futuro da filha e sacrificar o país, atirando-o em agitação sem um governo forte. Mas a verdade é que ele [d. Pedro] não sabe o que deve querer e no fim de contas, com todas as suas qualidades pessoais, não passa de um tolo politicamente falando".[6]

A jovem regente ficou com a glória eventual, e Rio Branco com o inferno certo da resistência.

Rebouças levou suas ideias a mais esse visconde, conhecido da Sain e da Politécnica, em quem via um lutador frio, exibindo sempre as mãos fechadas prontas para o soco.[7] Nervos certos para a circunstância, pois a tramitação da primeira medida antiescravista desde o fim do tráfico se afigurava uma guerra.

Rio Branco encaminhou projeto à Câmara, em 12 de maio de 1871. Era o sumo das propostas de São Vicente, de 1866, ao conselho de Estado, um pouco modificadas pela comissão especial da Câmara de 1870, e tinha dez artigos. O chefe de gabinete comunicou os pontos-chave ao plenário. O primeiro e principal previa, como a Lei Moret espanhola, liberdade do ventre com *aprendizagem*, isto é, o filho de escrava nascido a partir de 1871 ficaria até os oito anos sob a guarda do proprietário, que, então, optaria por entregá-lo ao Estado, mediante indenização, ou usufruir de seu trabalho compulsório até os 21 anos. Além disso, abriam-se três possibilidades de libertação. Uma pelo pecúlio, o direito do escravo poupar para comprar sua alforria — sem autorização de seu senhor. Outra era o direito de redenção, compra da liberdade por terceiros — o que associações abolicionistas já faziam. A terceira era um Fundo de Emancipação, alimentado por loterias e impostos, para a compra anual de manumissões, com sorteio dos favorecidos.[8] De imediato: restrição de castigos corporais extremos, matrícula de escravos (censo da escravaria) e libertação daqueles de propriedade do Estado.

O projeto sinalizava mudança paulatina de efeitos longínquos. Discutia-se o futuro. Rio Branco, por isso, esperava objeções dos abolicionistas. "Nunca pensei, porém, que da parte daqueles que tendem antes a conservar o statu quo do que a modificá-lo, se levantassem tantas apreensões, tanta celeuma."[9]

A RETÓRICA ESCRAVISTA

Quando tomou a frente da reação ao projeto de Rio Branco, Paulino Soares de Sousa contou com o melhor dos aliados, o senso comum. A escravidão tinha a seu favor a longevidade como forma naturalizada de desigualdade. Fenômeno do reino das coisas dadas, tidas e havidas, inscritas no cotidiano e na paisagem. Hierarquia tão legítima quanto a que punha homens no mando das mulheres, provectos na gerência dos jovens, aristocratas no comando da plebe.

David Brion Davis identificou três linhagens de justificação do escravismo no Ocidente. Uma, a partir de Aristóteles, considerava natural a supremacia de senhores sobre escravos. Outra, de iluministas como Voltaire, Kant, Hume, deu cor à diferença, hierarquizou brancos e negros. A terceira maneira veio da religião e justapôs escravidão e pecado, lastreando-se em episódio da Bíblia em que Deus pune o fratricida Caim com uma mancha negra indelével e hereditária na pele. Esses três raciocínios deram os pilares do *repertório moral*[10] escravista no Ocidente, um conjunto de esquemas interpretativos que legitimaram situações escravistas nas colônias inglesas, francesas, portuguesas e espanholas,[11] e ao qual Paulino e seus partidários recorreram para se opor ao projeto do ventre livre.

Foi necessário adaptá-lo à tradição local. Por aqui a tópica da mancha de Caim apareceu menos que entre estadunidenses e hispânicos. Católicos, como o padre Vieira, justificaram a escravização como caridade cristã, um meio de salvar uma alma danada. O deputado Conservador José de Alencar andou nesse trilho: o cativeiro teria sido benéfico para o cativo, ao livrá-lo da guerra e do fetichismo da África. Escravidão como civilização, corroborada pela "mais sã doutrina do Evangelho". Em discurso na Câmara, na discussão do ventre livre, em 1871, mencionou corroboração bíblica: "Servos, obedecei a vossos senhores".[12]

A racialização, forte no escravismo estadunidense, aqui se mitigou. Em sociedade aristocrática, a estratificação estamental garantia a ordem, sem exigir argumentos raciais explícitos, embora nem por isso ausentes. Para ficar em José de Alencar, seu *O tronco do ipê*, lançado durante os debates do ventre livre, apresenta um personagem, o velho africano pai Benedito, como "um grande bugio negro", bruxo pactado com o demônio, que animava, sob o ipê, "um samba infernal", "batuque endemoninhado". Animalesco e demoníaco, danação racial e inferioridade cultural (a feitiçaria), coquetel do qual o negro emerge um bárbaro. Por isso escamoteado na representação da nacionalidade em *O guarani*, que, como outras novelas, poemas, pinturas, de começos do Segundo Reinado, reduzia a nação à comunidade imaginada de aristocratas, portugueses e autóctones, com expurgo do africano.

Ao contrário do estadunidense, explícito, o escravismo brasileiro operou com técnica de invisibilização. O escravo ganhou nos enredos seu lugar nas casas senhoriais, o de pano de fundo. Qual na retórica espanhola, compareceu o bordão da excepcionalidade da escravidão na América abaixo do Equador, fundada na cordialidade senhor-escravo, um patriarcalismo amortecedor de conflitos e até superior à organização social europeia, na opinião de outro personagem de *O tronco do ipê*, um conselheiro, que se jactava: "Eu queria, disse ele concluindo, que os filantropos ingleses assistissem a este espetáculo [a festa de Natal dos escravos], para terem o desmentido formal de suas declamações, e verem que o proletário de Londres não tem os cômodos e gozos do nosso escravo".[13]

A tópica da candura da escravidão patriarcal acha complemento na ingratidão do escravo, em outra obra de Alencar. Na peça *O demônio familiar*, o moleque Pedro, motor da comédia de erros, é um escravo tinhoso. Acolhido com bonomia por seus senhores, revela-se "réptil venenoso", semeia confusões. Embora a família patriarcal se ajeite ao fim, o jovem escravo é exemplarmente punido. Seu corretivo, pior que açoite, é a perda do amparo de uma família patriarcal. A liberdade como castigo: "Eu o corrijo, fazendo do autômato um homem; restituo-o à sociedade; porém expulso-o do seio da minha família e fecho-lhe para sempre a porta de minha casa. (A PEDRO) Toma: é a tua carta de liberdade, ela será a tua punição de hoje em diante".

O Alencar membro do Partido Conservador prolonga o Alencar ficcionista. Suas *Cartas de Erasmo* ao imperador, de 1867 e 1868, quando o tema esquentava no Conselho de Estado, pintaram a escravidão como instituição natural, típica da infância das sociedades e crucial para a formação do Estado, a colonização e o povoamento do Brasil: "Sem a escravidão africana e o tráfico que a realizou, a América seria ainda hoje um vasto deserto. [...] a raça africana entrou neste continente e compôs em larga escala a sua população [...]. Eis um dos resultados benéficos do tráfico".

Essa defesa sinuosa da escravidão foi suficiente enquanto ela esteve sob ataques raros e tíbios. Nos debates do projeto do ventre livre na Câmara dos Deputados, Paulino reconheceu o silêncio como uma estratégia: "A questão servil! É ponto este, sr. presidente, em que me enuncio forçado pela necessidade do debate, pois sobre ele formei o propósito de não manifestar-me".[14]

Apenas ante a ameaça concreta, a expansão das sociedades abolicionistas no fim dos anos 1860 e o projeto do ventre livre, o escravismo desabrochou aqui como uma *retórica da reação*.[15] Contudo, a conjuntura internacional, na qual o repertório moral abolicionista estava consolidado, compeliu os escravistas brasileiros a tocar seu escravismo antes como música de câmara do que como sinfonia. Se o escravismo estadunidense fora sistema coeso e desabrido de apelo à desigualdade racial e à retórica religiosa, o nosso foi enrustido. Em vez de escravistas de princípio, com legitimação enfática, tivemos escravistas *de circunstância*: compelidos pela conjuntura a justificar a situação escravista, sem defender a instituição em si, que, reconheciam, civilização e moral condenavam naquela altura do século. A escravidão seria cancro a minar o organismo social traiçoeiramente, o maior dos inimigos porque de dentro, demônio familiar. Mas seria forçoso mantê-la, dadas as circunstâncias — a imperiosa economia. Ou, como respondera o imperador aos abolicionistas franceses, em 1866, a liberdade era princípio nobilíssimo, mas "as circunstâncias penosas nas quais se encontrava o país" obrigavam a retardá-la. Retardar em meio século, acrescentou um membro da comissão da Câmara designada para dar parecer sobre o projeto do governo Rio Branco.[16]

> "Pereça a sociedade, mas salve-se o princípio", não é de certo sentença que deva ser proferida por aqueles que receberam dos povos o sagrado mandato de vigiar na guarda de seus direitos e segurança. Pouco importa que legisladores de outros países a tenham praticado [a abolição]. *As nossas circunstâncias são muito especiais.* [...] Eu, senhor presidente, também sou emancipador, mas [...] não quero que *a emancipação, em vez de um benefício, seja uma desgraça para todos.* [...] É por isso que me oponho à ideia. Se o nobre ministro [Rio Branco] tratasse de preparar o terreno, durante quarenta ou cinquenta anos, e depois desse tempo viesse às Câmaras e dissesse: "Decretamos a emancipação dos escravos", eu seria o primeiro a bendizer ao ministro e a dar-lhe o meu voto.

Na Câmara e no Senado, em 1871, avançou-se por esta vereda: a defesa não da escravidão, mas da situação escravista. Homens de bem, cristãos e civilizados, forçados por imperativos econômicos e políticos, defendiam *apenas* o adiamento de medidas abolicionistas. "Ninguém" — discursou Paulino — "sustenta aqui a perpetuidade da escravidão (*Apoiados*). [...] Neste século das luzes para homens que professam a lei do Evangelho a causa da escravidão está julgada e para sempre!" Contudo, o princípio precisava se amoldar à circunstância:

A questão de que tratamos é por sua natureza uma questão toda prática e na qual a solução *não pode ser determinada por princípios absolutos.* [...] *os pontos que interessam no debate são a apreciação das circunstâncias do país* [...]: o dever de todos nós é não deixar irrefletidamente expor o país a uma crise violenta, acautelar antes de tudo e defender os grandes interesses de nossa pátria. [...] sem atentar contra a propriedade, sem perturbar as relações existentes, sem prejudicar os grandes interesses que infelizmente estão ligados e por muito tempo hão de firmar nessa instituição (*Apoiados*).[17]

Difuso, sinuoso, fragmentário, o *escravismo de circunstância* transpirou em discursos parlamentares de oposição ao projeto do ventre livre. Na Câmara, Paulino Soares de Sousa encabeçou a oposição, acompanhado de muitos, como José de Alencar. Oposição numerosa e aguerrida, de homens dispostos a legitimar o statu quo escravista, validos dos três argumentos típicos da retórica da reação: o efeito perverso da reforma, sua futilidade e a ameaça que representaria para a ordem social.[18]

Na Câmara, a tópica do efeito perverso apareceu como alerta. O tiro abolicionista sairia pela culatra. Como a escravidão se enraizava na economia e nos hábitos sociais, medidas graduais, em vez de avanço, trariam instabilidade social. Das boas intenções nasceriam as consequências nefandas, frisou Alencar: "Senhores, não defendo aqui unicamente os interesses das classes proprietárias, defendo sobretudo essa raça infeliz que se quer sacrificar", pois seria como dar o fogo sagrado a Prometeu conceder a liberdade "a essas massas brutas", despreparadas. O ventre livre partiria famílias em livres e escravos, acendendo a chama da revolta nos não beneficiados. Veneno em vez de remédio.

Essa maneira de abortar a reforma, sem obstá-la de frente, antes apontando seus efeitos imprevistos e contraprodutivos, apareceu também no Senado, onde se argumentou que isso de escravistas no Brasil eram aleivosias; havia homens de bom senso, com sua inseparável companheira, a prudência: Segundo um senador, "ninguém no Brasil combate a emancipação [...]. Porém quer-se um procedimento racional, prudente e prevenido, não se sacrificando a propriedade atual e o descanso e a segurança da maioria dos cidadãos brasileiros ao triunfo precipitado de uma ideia, por melhor que ela seja". Exemplos provariam o infausto de andar ligeiro, aí estava a Guerra Civil Americana. Na Espanha se "marcha com prudência". Disso careceriam os brasileiros. Como legislar na falta de censo da população escrava? Que o ministério antes o providenciasse. Como alterar o statu quo às portas do processo eleitoral? Que se aguardasse o novo parlamento. Ponderação, ponderação. "Essa reforma afeta gravemente todas as fortunas, põe em risco a ordem pública [...]." E os resultados? Incertos. "Uma só palavra que deixe perceber a ideia de emancipação, por mais adorada que ela seja, abre a porta a milhares de desgraças... Os publicistas e homens de Estado da Europa não concebem a situação dos países que têm escravidão. Para cá não servem suas ideias."[19]

O visconde de São Vicente, malsucedido como chefe de governo no ano anterior, se tornou, em 1871, apoiador do projeto de Rio Branco e exortou o plenário: sem o ventre livre, a escravidão permaneceria como aquele barril furado que as Donaides estavam condenadas a encher ininterruptamente. Paulino replicou que essas cinquenta filhas do rei de Argos foram, um dia, desincumbidas da tarefa. Tudo acaba neste mundo, até penitência grega. Bastava esperar. A escravidão, completou um ex-chefe de gabinete, seria "chaga em que se não deve tocar", por si só murcharia como antes florescera, pelo curso natural das mortes.[20]

O segundo argumento contra o ventre livre foi o da futilidade de qualquer iniciativa legislativa. Para Alencar, o fim da escravidão teria de ser um "fato natural, como foi a sua origem e desenvolvimento. Nenhuma lei a decretou; nenhuma pode derrogá-la". Costume resistente à caneta de legislador. As leis sociais impediriam alterar as estruturas profundas da sociedade por ato político, a reforma do governo era, assim, uma ilusão. Paulino Soares de Sousa reforçou: o ventre livre, se aprovado, se tornaria letra morta, por afrontar a sociedade e seu modo de vida. Qualquer lei abolicionista seria fútil, capaz de mover apenas a superfície social — mudar para ficar no mesmo.[21]

Palavras assim transbordaram na reunião do Partido Conservador que Paulino organizou em casa, cinquenta parlamentares presentes, para orquestrar a oposição ao projeto do gabinete Rio Branco. Andrade Figueira, que fizera o mesmo na Câmara, apontou aos correligionários a "grande inconveniência de legislar-se sem dados, que só a estatística podia fornecer, e que talvez por si sós bastassem para demonstrar a possibilidade de uma solução lenta e suave, sem abalo da riqueza pública e particular, e respeitando todos os direitos".[22] Além do que, a situação de escravidão produziria indivíduos incapazes, precisados de regramento e orientação. Deus criara a sociedade com uns no topo e outros na base, o fim de uma hierarquia apenas iniciaria outra. Daí a inutilidade do ventre livre. A boa política era o *fare niente*.

Paulino a praticava. Converteu a habilidade de operar, lapidada durante sua atuação como ministro no gabinete de seu tio Itaboraí, na de obstruir. Acusou Rio Branco de irresponsável, ao lançar na ordem do dia problema que apenas Cronos resolveria. Não atinava como o chefe de gabinete, fiel a esse deus em 1867, quando no Conselho de Estado defendera transição de vinte anos, agora o trocava por outra divindade, Marte, o deus da guerra, pois a abolição destruiria seu partido.

Na operação para desmoralizar Rio Branco, Paulino o pintou como autoritário: premia a minoria no Parlamento, recusava-se a negociar, desrespeitava regimentos e a etiqueta política. Sem temer a contradição, acusou-o também de moço de recados do imperador. Se assim fosse, bradava, haveria vício de origem, o projeto se tornaria inconstitucional, pois ao Poder Moderador era vedado iniciar legislação. Paulino discursou pouco, mas ao ponto, imbatível em torcer raciocínios adversários, pinçando em abolicionistas europeus — Tocqueville, Grey, Broglie, a Anti-Slavery Society britânica — advertências acerca da abolição por "meias medidas". O desenvolvimento moral, econômico e político, seguia, seria mais eficaz para extinguir a escravidão "do que essa medida [o ventre livre] antijurídica, injusta, perturbadora, imprevidente, desumana e opressora, por meio da qual se quer obter a emancipação da geração futura com menospreço [sic] do direito e sacrifício de grandes interesses".[23]

O terceiro, recorrente e contundente argumento contra o ventre livre foi o da ameaça que representava para a ordem pública. Muitos antes o tinham dito, a simples tematização causaria a inquietação entre os proprietários de escravos. Andrade Figueira, que apreciava uma hipérbole, chamou o projeto de Rio Branco de bombardeamento sobre os fazendeiros. Destruiria a economia, desestabilizaria a ordem social, ao libertar filhos e manter cativas suas mães. Plantaria a semente da revolta escrava, tema onipresente, até versificado por membro da elite imperial:

> *Conspira a escravidão, sempre irritada*
> *Contra a mão que a subjuga, e vingativa*
> *O crime injecta nos virgínios lábios*
> *Do infante que amamenta, e que aborrece [...],*
> *Sem vontade, sem crença, atado ao jugo*
> *Do plaustro errante do senhor que odeia [...].*[24]

Uma retórica do medo de dois pés: desorganização econômica e desordem social e política. Contra o idealismo ingênuo, um realismo amargo: ninguém desejava a escravidão, mas, disse

Alencar, "um sopro bastará para desencadear a guerra social, [...] lançar o Império sobre um vulcão". Os contra-abolicionistas lembravam, como seus sucedâneos cubanos, exemplos malsucedidos. Abolição rimava com convulsão, como a Guerra Civil Americana ou a revolução escrava do Haiti. Um deputado acrescentou que o projeto traria desorganização do trabalho e do sistema de propriedade, pois um dependia do outro.[25] Rebelião de escravos, fragmentação do país, queda da monarquia; iriam abaixo a ordem social e o equilíbrio político a custo alcançados no início do Segundo Reinado. O ventre livre seria como a caixa de Pandora, continha todos os males do mundo.

Embora ausente dos debates de 1871 (estava no Prata), o barão de Cotegipe, quando ministro do gabinete Itaboraí, em 1870, alertara para a guerra, a seu ver pior que a do Paraguai, que adviria da abolição, pedra "que rolava da montanha e que nós não a devíamos precipitar, porque seríamos esmagados". Alencar prolongou a metáfora: a pedra "rolará até o abismo", de modo a "provocar a guerra civil". Daí sua promessa: "Me empenharei com todas as forças" contra a "ideia funesta que é a do ventre livre".[26]

No confronto entre o governo e os interesses máximos do país, o lado de Alencar estava claro. Economia, cristianismo, civilização e o "culto da liberdade" aconselhavam manter a escravidão. Apenas inconsequentes imitadores de estrangeiros dissentiriam: "Vós, os propagandistas, os emancipadores a todo o transe, não passais de emissários da revolução, de apostólos da anarquia. Os retrógrados sois vós, que pretendeis recuar o progresso do país, ferindo-o no coração, matando a sua primeira indústria, a lavoura". Em Rio Branco via o "emancipador fanático", um revolucionário que desonrava a tradição de zelo pela ordem do Partido Conservador. "Propala-se que o governo pretende fazer a emancipação já, à mão armada, de chofre, porque é isto o que exige a sociedade abolicionista (*oh, oh, muitos apoiados e não apoiados*)."

Com seu talento de escritor, Alencar deu a forma mais bem-acabada ao escravismo de circunstância na reação ao projeto do governo, que via como "uma conjuração", "pretexto de revolução", que produziria "ruína da propriedade", "miséria pública", "descalabro da sociedade". Por tudo isso, exortava seus colegas deputados a votar contra o ventre livre, medida "iníqua e bárbara".

Nem Alencar nem Paulino demandavam perenidade da escravidão. Concordavam com o imperador: a abolição era questão de forma e oportunidade. A primeira, ordeira; a segunda, longínqua. Ao apressar o ritmo social, os abolicionistas se sabotariam, pois evolução ligeira desandaria em revolução. E aí, mais que a ordem escravocrata, se perderia toda a ordem social. A abolição, Alencar resumiu num arroubo retórico, seria "Eróstrato, obreiro da destruição", e os abolicionistas, "para mim são apenas obreiros de ruínas".[27]

Essa oposição convicta ao ventre livre veio de hostes conservadoras, a maioria na Câmara, mas algumas bocas da pequena minoria Liberal cantaram melodias assemelhadas. O taquígrafo registrava nos debates a sustentação dos argumentos escravistas com muitos "bem" e "apoiados". A escravidão era valor compartilhado pela elite imperial, corporificado em seu modo de vida, osso e músculo do Segundo Reinado. Poucos a explicitaram no debate público com a virulência de Alencar ou a sem-cerimônia do Liberal Martinho Campos, que se declarou "escravista da gema"; no entanto, apenas gritavam o que um mundo inteiro ameaçado pela mudança cochichava.

O escravismo de circunstância, essa retórica de defesa do modo de vida escravocrata, sustentou um ativismo, o *escravismo político*, conjunto de práticas de resistência: petições, discursos, panfletos, artigos de imprensa, folhetins, versos, reuniões, bloqueio nas instituições políticas e articulação de braço na sociedade, os Clubes da Lavoura. Por esses veículos muitas vozes se valeram do termo "revolução" para nomear a proposta do governo e o que se poderia fazer contra ele, como registrou um então deputado:

Ecoavam em todos os pontos do Império brados dos lavradores [...]. Nos municípios da província do Rio de Janeiro, Minas e São Paulo reuniram-se os fazendeiros, e dirigiram representações às Câmaras contra a proposta do Ministério, abriram subscrições para subsidiar a imprensa e nomearam comissões encarregadas de defenderem seus interesses [...].[28]

A resistência se levantou espontaneamente, disse Paulino. Falso. Houve uma deliberada ação política de arregimentação de opositores, a começar por seu dileto Martinho Campos, que criou o Clube da Lavoura e do Comércio, em maio de 1871, com o fito de combater o ventre livre. Associações similares se organizaram entre 1869 e 1871. Negociantes da praça do Rio de Janeiro fizeram *meeting* de protesto na capital do Império, e Paulino levou a plenário petições coletivas de lavradores e comerciantes. Chegaram 33 delas à Câmara e onze ao Senado, em 1871, somando 1997 assinaturas, afora artigos e folhetos apócrifos, mal-educados, violentos.[29] A larga parte da sociedade fundada na escravidão não abriria mão dela fácil, nem logo.

Paulino comandou essa resistência com o afinco com que polia suas abotoaduras. Adiante dividiria o serviço com o aveludado Cotegipe e com o boca-rota Andrade Figueira. Em face da ameaça abolicionista, vingou essa trindade de Conservadores Emperrados de alma escravista.

MOBILIZAÇÃO

Paulino acusou Rio Branco de propor o ventre livre de moto-próprio, sem "um reclamo da opinião". Não era bem assim. Enquanto Câmara e Senado purgaram penoso debate, jornais reportavam em minúcias o processamento institucional do projeto do ventre livre, durante o qual o recinto da Câmara ficava cheio de interessados e curiosos. Havia mobilização tanto do lado escravista como do abolicionista. Rio Branco várias vezes evocou em seu favor "essa força invisível, mas poderosa, a da opinião pública", apoiada nas associações particulares. Lembrou ao Senado que panfletos, jornais e associações abolicionistas se espalhavam. Várias sessões da Sain, de que Rebouças e Abílio Borges seguiam membros, discutiam abolição e imigração em concomitância com a tramitação parlamentar do projeto. Em 15 de junho, Rebouças ali discursou contra um projeto de imigração chinesa, nova forma de servidão, que se aventava para suprir o declínio da mão de obra escrava se o ventre livre fosse aprovado.[30]

Rebouças nunca ficava sozinho: 25 associações antiescravistas se formaram em curva ascendente durante os debates do ventre livre entre 1869 e princípios de 1871, em onze das vinte províncias do Império. Distribuição geográfica explicável mais pela política que pela economia, pois eclodiam onde os Liberais, sub-representados no Parlamento, em especial membros de sua facção Liberal Radical, movimentavam o espaço público. Foi o que se passou em São Paulo, onde surgiram duas sociedades, e no Rio Grande Sul e Pernambuco, palco de três cada. A proximidade com os Liberais animou também cinco grupos na Bahia e outros dois no Ceará. Na capital do país apareceram mais duas, e Maranhão, Amazonas, Espírito Santo e Piauí sediaram uma associação cada. Várias sociedades se mobilizaram a propósito do projeto do ventre livre, e duas delas, uma baiana, outra pernambucana, enviaram à Câmara requerimentos em apoio ao projeto do governo.[31]

Abílio Borges, da Sociedade Libertadora 7 de Setembro, voltou a usar o expediente que surtira efeito com os abolicionistas franceses em 1866, o método bumerangue. Dessa vez, solicitou auxílio da religião, que já socorrera o abolicionismo na Inglaterra e nos Estados Unidos. Foi ao papa, em 1870, pedir sua intervenção em favor do fim da escravidão. Pio IX ofereceu tão somente seu préstimo junto a Deus. Borges ironizou a negativa, retorquindo que seria preciso elevar sua voz aos céus para que os escravistas do Brasil a ouvissem. O pontífice continuou falando baixinho e a Igreja seguiu sem condenar a escravidão.[32]

Borges valeu-se, então, das cerimônias cívicas. A sessão da Libertadora 7 de Setembro, em abril de 1871, causou sensação na Bahia, graças à mise-en-scène de um ex-aluno de Borges: Antônio de Castro Alves. Em leitura dramática de uma "Carta às senhoras baianas", deplorou o alijamento das mulheres da política partidária e as conclamou a se alistar no abolicionismo: "Vós tendes, minhas senhoras, o dever e o direito de protestar e condenar nesta questão [...]. As ondas hiantes do século já apagaram ao longo das duas Américas todas as instituições escravocratas. O dilúvio da abolição veio lavar os continentes para as novas gerações. Só em torno desta terra brasileira é que roem as vagas a base do último rochedo, que abriga as coisas que hão de morrer".

No Rio de Janeiro, a Sociedade 2 de Julho organizou conferência no Teatro São Pedro. Lá estava Rebouças, equilibrando-se entre suas três paixões: as obras — tentava criar uma Companhia das Águas —, as óperas e a abolição. Compareceu também à sessão de 27 de junho, no Teatro Lírico, quando a Companhia Fênix Dramática libertou uma menina de dois anos em cena aberta. Uma cerimônia muito ao estilo Borges, na qual o ator principal apelou comovido ao imperador ausente, dizendo que "Deus ainda não dissera de que cor eram os seus anjos, que todos homens eram iguais: negros, brancos ou de qualquer cor".[33]

A mobilização ganhava capilaridade. Eventos no estilo Borges aconteceram no Rio Grande do Sul e, como em resposta ao chamado de Castro Alves, crescia o apoio de senhoras da elite social. Um dos libelos pró-gabinete era da primeira mulher estudante da Faculdade de Medicina do Rio de Janeiro, que publicou e enviou ao Parlamento, em 1871, suas *Ideias por coordenar a respeito da emancipação*, em que apontava o contrassenso institucional entre escravidão, "cancro social" e monarquia constitucional, e defendia a emancipação paulatina.

Rebouças, de seu lado, esboçara três quadros sintetizando seus projetos de emancipação, que punham limite à escravidão em 1890, e os levou em junho a Rio Branco: "Conversamos sobre a liberdade do ventre". O Rio de Janeiro só tinha esse assunto. Rebouças se guiou pelo modelo estadunidense, de onde surgira a ideia de criar a Libéria, um país na África para onde reexportar os ex-escravos. Preferiu, contudo, terreno doméstico e no enclave escravocrata, conforme disse em nova visita ao chefe de governo: "Sustentei a ideia da criação de uma grande fazenda normal, de uma Libéria, com emancipados e colonos, para a propaganda no Vale do Paraíba, no centro dos escravagistas, dos sãos princípios do trabalho livre". Semeando esse vento, colheu sua tempestade: foi acusado apocrifamente na imprensa de partilhar as teorias de Proudhon. Em compensação, saboreou o chefe de gabinete bravejar na Câmara "contra as chicanas dos escravagistas".[34] É que, desde a apresentação de seu projeto, Rio Branco navegava no maremoto. Arregimentava uma armada. Precisaria dela para enfrentar Paulino e seu batalhão de resistentes.

TRAMITAÇÃO

Rio Branco, lembrou Paulino, tirara lição de imobilismo da Guerra Civil Americana nas discussões do Conselho de Estado, em 1867. Mudara de ideia, no espírito de dom Fabrizio, o personagem de *O leopardo*, de Giuseppe Tomasi di Lampedusa, pois calculou que o preço para conservar o statu quo era alterá-lo um pouco. Já Paulino entendia que a semântica de conservar não comportava o sentido de modificar. Essa diferença separou os Conservadores Moderados, de Rio Branco, dos Conservadores Emperrados, de Paulino, que, em 1871, comandou uma dissidência partidária disposta a tudo contra o "furacão emancipador".

Rio Branco julgava-se no centro do espectro político e buscava o meio-termo:[35] nem reformaria tanto quanto queriam os abolicionistas na sociedade, nem deixaria tudo igual, o clamor dos Emperrados. Seu projeto indenizava os proprietários, o que poderia facilitar o trâmite, porém não facilitou. A Câmara era majoritariamente Conservadora, o que deveria ajudar, mas tampouco ajudou.

Antes que se discutisse a substância do projeto do ventre livre, as objeções apareceram e só se multiplicaram nas três rodadas de debates pelas quais teve de passar na Câmara. De um lado, os que estavam com Rio Branco; de outro, os com Paulino. O Partido Conservador quebrou-se ao meio.

Eram precisos 63 deputados para fazer maioria numa casa então de 125 membros. Tarefa difícil, viu-se desde a instalação da comissão especial que daria parecer sobre o projeto. O governo contava com um grupo de convictos, como Rio Branco, quanto à inevitabilidade de alguma reforma em face do epílogo escravista no mundo civilizado; aí se juntavam parte da maioria Conservadora e um naco da minoria Liberal. Outro lote de deputados, mais arisco, aderiu graças ao cabresto do ministro do Império, João Alfredo Correia de Oliveira. À frente dos dissidentes chispava Paulino, "eminente disciplinador", "estrategista parlamentar", mestre em mandingas regimentais. Acudiu em nome da unidade do Partido Conservador e em "resguardo de direitos", o de propriedade, contra as "esperanças exageradas", e pediu a retirada do projeto do governo. Apostava em dissolver a Câmara e virar o jogo na eleição, quando a minoria contava reencarnar como maioria. Rio Branco fez disso questão de gabinete e ganhou no voto. Mas Paulino mostrou que controlava 35 deputados, cerca de um terço da Câmara.[36]

Sessões acaloradas, briga renhida, em meados de maio e em todo o mês seguinte, embora o projeto só entrasse em discussão oficial em 10 de julho, quando a dissidência tentou substituí-lo pelo anteprojeto da comissão especial da Câmara dos Deputados, subterfúgio para postergar o início dos debates. Foi assim o tempo todo, obstruções, tergiversações, discursos alongados, apartes exaltados. Na falta de orador resplandecente, Rio Branco fez as vezes da casa. Proferiu 26 discursos, ou 41, contando improvisos e réplicas, sempre atalhado: "Nunca chegarei a responder, desde que me interrompem sem cessar", reagiu num dia e, noutro, saiu-se com uma tirada: "A vossa irritação é a prova de que a causa que defendeis é má, de que não tendes razão".[37]

Não deixava argumento sem resposta, replicava ao vivo e em artigos no *Jornal do Commercio*. Sem ser orador passional, impunha-se por seu 1,95 metro de altura e pela firmeza. Rebateu ponto a ponto a retórica escravista. Contra o efeito perverso, disse que o projeto, longe de prejudicar, era a "melhor maneira de defender os interesses agrícolas", pois indenizava os proprietários dos "ventres livres" aos oito anos e dava tempo para que se preparassem. Recusou o argumento da futilidade da reforma, a imobilidade é que suscitaria agitação. A prudência de Paulino seria a dos "que chegam sempre tarde por medo de pronunciarem-se muito cedo". Confrontou a retórica da ameaça: "A manutenção do statu quo não tem perigos e gravíssimos inconvenientes?". O "aferro aos hábitos, ao statu quo, é que provocam as soluções violentas".[38]

Rio Branco era reformador, mas longe do "comunismo" que se lhe impingiu nos debates; ordeiro a ponto de apoiar moção, aprovada por Câmara e Senado em meio ao debate do ventre livre, que condenava a "anarquia selvagem e sanguinária" da Comuna de Paris. Mas aprendia com experiências alheias. A escravidão, disse aos deputados, acabara na Suécia, Dinamarca, Holanda, colônias francesas, inglesas, portuguesas e na maior parte da América. Nos Estados Unidos, "que podia servir de consolo e de apoio moral ao nosso atraso", a demora em abolir custara "rios de sangue", e a Espanha já andava a passos largos, arrastada por "essa influência". Assim, a abolição "tornou-se um fato quase universal". A intensificação das comunicações, seguia ele, que logo implantaria o telégrafo no país, punha as questões para além das fronteiras em face da opinião pública internacional. O tráfico acabara por pressão externa. Impossível, pois, "dizer: não nos importa a opinião estrangeira". "Não podemos encerrar-nos dentro dos muros da China." Acrescentou a agitação da opinião pública nacional, a disseminação de associações emancipadoras por todo o Império e repetiu o bordão delas, a abolição como corolário da Independência, que estivera no horizonte de estadistas visionários, como José Bonifácio. E cutucou: até o pai de Paulino, o visconde de Uruguai, endossara o fim do tráfico movido pela mesma real *politik* com que ora se propunha o ventre livre.[39]

Nenhum argumento suplantou o impasse. O presidente da Câmara reuniu governo e dissidentes em casa, buscava concórdia. Paulino permaneceu inflexível, e os governistas tampouco negociaram o cerne do projeto, o ventre livre. Sem projeto alternativo, a minoria obstruía, com pletora de artimanhas: negava quórum, inventava reuniões e festas no horário das sessões, atrasava relógios de deputados, impedia registro dos que estivessem em plenário e tirava de lá os médicos para atender falsos doentes. Tudo a obrigar sobre-esforço do governo para pôr sua base inteira na Câmara. O ministro João Alfredo chegou a arrastar para o plenário um deputado ardente de febre de erisipela. Se a sessão começava, inscreviam-se "quase tantos oradores quantos são os membros que compõem a ilustre dissidência", resumiu um governista. Para impedir a tramitação do projeto, ou negavam quórum ou protelavam a discussão. Essa "*oposição de parede*" evitou várias sessões, até no dia em que o relator explicaria o projeto aos deputados.[40]

A tramitação foi toda custosa. Em 2 de agosto, armou-se um pandemônio. Discutia-se o artigo 4º do projeto, deputados se atalhando. Paulino exigiu votação nominal. O governo caíra a 59 deputados e a dissidência crescera a 39. Corpo a corpo, discurso sobre discurso, para impedir novo artigo de entrar em votação. Andrade Figueira queimou tempo, discorrendo por uma hora... sobre reforma eleitoral. O presidente o admoestou, a pauta era outra. Sem efeito, antes ao contrário: vários usaram o ardil. Os governistas reagiram, requisitando prolongar a sessão. Daí iniciam-se as discussões regimentais. Cruzavam-se muitos apartes de situação e oposição. Só ao fim do dia os governistas conseguiram passar para o debate do artigo 5º. Então a oposição revidou com a acusação ao chefe de gabinete de subserviência ao imperador. Em geral parco de gestos, apenas tamborilava o indicador na mesa enquanto ouvia o adversário, Rio Branco passou de alvo que era à vermelhidão. Bradou ao deputado que o atacara a fórmula com que o presidente da Câmara interrompia um orador em descontrole: "V. Ex.ª não está em estado de deliberar!". A minoria se pôs de pé, aos gritos: o chefe de governo quebrara o protocolo, desrespeitando a presidência da Câmara. A maioria igualmente se levantou, em defesa do chefe de governo. Instalou-se a confusão. O presidente da casa repreendeu Rio Branco: "Sr. ministro não pode servir-se dessas palavras em relação a um membro da casa". Aí grassou de vez a balbúrdia. Nervos saltando nos pescoços de deputados à beira de voarem uns sobre os outros. As galerias invadiram o plenário. "Nem mesmo nos dias agitados da maioridade foi o recinto da Câmara teatro de cenas semelhantes", depôs um dos presentes. Em meio a "alarido infernal, de gritos e campainhadas", o presidente da Câmara se demitiu. Sessão suspensa. O entorno do edifício se cercou de gente agitada. O chefe de governo, honrando a frieza que Rebouças nele detectara, saiu impávido. O povo se abriu em duas alas para que passasse.[41]

Na semana seguinte, a batalha foi em torno da eleição do novo presidente da Câmara. Cédulas falsas pululuaram, obrigando a que se repetisse a votação. A minoria distribuiu folheto incitando a invasão da Câmara, o que o gabinete evitou chamando a polícia. A essas duras penas, o governo elegeu um membro de sua base para o comando da casa, um passo decisivo. Daí por diante, o novo presidente da Câmara pôs para andar a votação dos artigos do projeto, amparado em dois esteios: maioria e coragem. João Alfredo, o "para-raios ministerial", providenciava a primeira: caçava deputados em casa e punha sentinelas para que ficassem em plenário. Coragem para rolha, isto é, pedir o encerramento do debate ante dissidência raivosa, era custoso. A cada sessão, João Alfredo literalmente empurrava — parece que com bastante força — para a tarefa um deputado vítima, sobre quem caíam vitupérios, e ficava de guarda até o artigo chegar a voto. Esse expediente garantiu a passagem do projeto nas segunda e terceira discussões na Câmara.[42]

Tudo sob veementes protestos dos dissidentes, como depôs um deles: "Chuveiro incessante de apartes que perturbavam os oradores, e ameaças até de pugilatos físicos". Barrar sem cogitar alternativas. Só ante a derrota anunciada, como última manobra, o bloco dos contrários apresentou substitutivo, que repetia artigos do projeto do governo, excluído o principal, o ventre livre. Serviço do Conservador Perdigão Malheiros, que, embora tido até então por abolicionista, serviu de expressão para o Clube da Lavoura na Câmara. Quando o plenário descartou o substitutivo, o proverbial autocontrole de Paulino fez água, "porque meu espírito está debaixo de dolorosa pressão vendo meus parentes, meus amigos, meus comprovincianos e tantos brasileiros na mais triste expectativa, dominados por fundadas inquietações e temores, ameaçados na vida, na propriedade e em interesses dignos da maior consideração".[43]

O chefe dos impugnadores, como então o chamaram, acusou por quatro horas golpe do governo contra a minoria, inconstitucionalidade do projeto, intervenção do Poder Moderador. Intolerável — disse — impor ao país reforma que alterava um estado de coisas amparado em leis anteriores e no direito de propriedade. As consequências desastrosas que dela haveriam de vir se derramariam por três campos. Na economia, quebra de fortunas, desorganização de trabalho e produção; na política, o descrédito das instituições acarretaria quiçá uma revolução; e a lei desbarrancaria a própria cultura aristocrática, suas hierarquias e costumes, ao "romper muitas relações firmadas em hábitos que se consolidaram no nosso modo de viver". Em suma, "a escravidão, senhores, é uma instituição, que se radicou em nossa sociedade, prendeu-se ao modo de ser de nossa vida social e com ela formou um todo compacto, do qual não é possível arrancá-la violentamente sem que esse mesmo todo se ressinta e se manifestem perturbações na ordem de cousas que sob diferentes aspectos com ela afinal veio a fazer corpo". Perigo dos perigos, a abolição feriria toda "uma ordem de cousas que repousa na fé social".

Rio Branco brandia abolicionismos estrangeiros, seguiu Paulino, mas deles destoava em procedimento, pois os governos inglês, francês e espanhol teriam defendido os interesses dos proprietários. A Inglaterra, insistiu, resistira por um quarto de século em respeito aos colonos de além-mar, assim como a França, que encomendara recenseamentos e pareceres antes de avançar medidas. Exemplo seria a Rússia, dele Paulino tirou lição contrária à que Jequitinhonha tirara nos anos 1860. Em vez de ver aí incentivo para apressar, frisou o oposto. O tzar, disse, ouvira proprietários, cujos delegados, reunidos em assembleia nacional, discutiram por três anos e meio 331 projetos de comissões provinciais. Eis aí, Paulino exultava, maravilha de processo decisório. Já o governo brasileiro empurrava os proprietários para o precipício. Seriam secundados pelo regime. O ventre livre faria com "que se divorciem da monarquia classes como o comércio e a lavoura que a têm até hoje firmemente apoiado. [...] Ou pensa o sr. presidente do conselho que a monarquia constitucional no Brasil pode dispensar o apoio das classes mais consideradas da sociedade?". Homem sereno, Paulino se irritou: "Que lei é esta que apela para o sentimento e coloca com ele em luta manifesta o interesse? (Muito bem)". Conclusão: "a Emancipação simultânea, quer imediata, quer diferida [progressiva], é atualmente inaceitável no Brasil".[44]

Entre elevações de vozes, ameaças de república e de insurreição tanto de escravos como de proprietários, xingamentos polidos, outros nem tanto, oradores enervados, lenços empapados e, até, sopapos trocados, a minoria estrebuchou. A tramitação do ventre livre transcorreu como o que de fato era: o fim de um mundo.[45] A minoria embirrou até com o singelo último artigo do projeto: "Ficam revogadas as disposições em contrário".

Rio Branco tratou a luta como se fosse de vida ou morte. Tudo via, tudo monitorava, trazia o almoço para o plenário e dormia vestido para economizar tempo de manhã. Segundo um adversário, tinha amizades nos dois partidos, fosse por conta do respeito alcançado com a carreira, fosse pelas maneiras suaves e cavalheirescas, e as usou todas. Costurou, explorou divergências dos Conservadores entre si, fez embaixadas a opositores, abusou de macetes regimentais, da patronagem e, na opinião de um dissidente, mesmo de corrupção; com a caneta de nomear e demitir, garantiu o alinhamento de deputados funcionários públicos. Iracundo, o ex-presidente da casa protestou contra o trator do governo: "Salvem-se ao menos as aparências!".[46]

Manobras do governo, capacidade de liderança, apoio da facção Conservadora convicta como o chefe de gabinete acerca da impossibilidade de postergar pavimentaram a aprovação. Mas não foi só isso.

Ao longo da briga, o governo fez concessões. De um lado, garantiu prerrogativas dos proprietários. O artigo 1º, que libertava os filhos de escrava, mantendo-os sob autoridade dos senhores de suas mães até os oito anos, quando o proprietário poderia entregá-los ao Estado, mediante indenização de seiscentos réis, ou utilizar-se dos serviços do menor até seus 21 anos, recebeu acréscimo: o senhor apenas precisaria comunicar ao Estado sua decisão se não mantivesse o liberto consigo até a maioridade. Assim, a lei perdia efeito imediato. Todas as alforrias previstas ficaram condicionadas à autorização do senhor e caiu o parágrafo do artigo 6º, que libertaria escravos de ordens religiosas. De outro lado, vedou-se ingerência abolicionista na ordem privada escravista, insinuada na primeira versão do artigo 4º, que facultava alforria por liberalidade de outrem. O "outrem", entendido como meio para associações abolicionistas forçarem alforrias, foi suprimido. Uma emenda restringiu o direito do escravo de formar pecúlio com vistas a comprar sua alforria; apenas seria possível fazê-lo com o consentimento do senhor. Desapareceu um dos parágrafos do artigo 7º, que liberaria promotores públicos para representar escravos e libertos em ações cíveis de liberdade.[47]

O rol de amortizações viabilizou a aprovação, em 28 de agosto, com 61 deputados com o governo e 35 renitentes.[48] No dia seguinte, galerias apinhadas, a Câmara transferiu o problema para o Senado.

Paulino perdeu o round, nunca as estribeiras. Migrou para tratativas que minguassem o pouco em nada no Senado. Lá liderava a reação seu tio Itaboraí, que rateou, em nome dos lavradores, e rebateu na minúcia argumentos do presidente do Conselho. Reclamara antes do rolo compressor do governo, ao que Rio Branco retorquira que nenhuma matéria fora tão discutida no Império quanto sua reforma. E mais o seria, a partir de 30 de agosto, quando o projeto entrou oficialmente na Câmara alta.

Debate curto, porque o ano legislativo se acabava e, na prática, a discussão acontecera simultaneamente à da Câmara. Debate frio, pois os senadores eram calejados na política, muitos amigos entre si, e a vitaliciedade do cargo os lembrava de que se aturariam pelo resto da vida. Ainda assim, a parede de discursos, procrastinações e negativas de quórum se repetiu. O gabinete se achou, de novo, diante da divisão de seu partido. Contava com uns, como São Vicente, pai intelectual da ideia, e Torres Homem, o orador mais eloquente pró-reforma. Mas sofria ataque, como o do barão de Três Barras, porta-voz da maioria das onze petições contrárias ao ventre livre no Senado, várias reivindicando indenizações mais gordas. Esse barão bradou que a lei degeneraria a "relação benévola entre senhores e escravos" na situação de "algozes diante de vítimas" — as vítimas, bem entendido, eram os senhores.[49]

A Câmara era quase unipartidária, mas o Senado tinha de fato dois partidos, de modo que a resistência veio de dois lados. Os Liberais protestaram quanto ao procedimento. Enciumavam-se da glória alheia. Zacarias, autor de quinze dos 47 discursos sobre o assunto no Senado, reclamou que a lei cabia a seu partido; afinal, fora seu gabinete quem levara a questão à agenda institucional, em 1867. Silveira da Mota, autor de projeto abolicionista nos anos 1850, foi o segundo Liberal a mais amolar Rio Branco, uma vez que a reforma vinha avulsa e sem garantias de efetivação.

Oposição Liberal mais dissidência Conservadora protestaram contra o açodamento do governo e discursaram infinitamente, para que o ano legislativo acabasse, e assim forçaram o governo a estendê-lo por três vezes. O chefe de governo respondia em discursos dialogados. Insistia que a reforma interessava à nação, e esperar por outras medidas antes de fazê-la "importaria procrastiná-la indefinidamente, nunca levá-la a efeito".[50]

O governo ouviu muito insulto, mas, em 15 de setembro, derrubou substitutivos e aprovou o fundamental, o artigo 1º. O estratagema, denunciou Silveira da Mota, foi dar voz à oposição, mas negar-lhe interferência no texto da lei. O gabinete promoveu o encerramento branco da sessão legislativa na Câmara logo que o projeto subiu ao Senado e muitos deputados voltaram às suas províncias. Assim, o Senado ficou entre a cruz, aprovar sem emendas, e a calderinha, emendar e devolver o projeto à Câmara, que só se reuniria no ano seguinte. O mais importante: apesar dos reclamos, a maioria dos senadores Liberais, em linha com o Manifesto Liberal Radical de 1869, votou a favor do projeto, o que permitiu ao governo esnobar parte da dissidência conservadora. Somadas as razões, aprovou-se o projeto como viera da Câmara, libertando os filhos de escravas nascidos a partir da data.[51]

Rigorosamente, liberdade futura, pois os "ventres livres" ficariam até os oito, isto é, 1879, e facultativamente até os 21 anos, isto é, 1892, sob os cuidados do senhor de sua mãe. A lei preservou direitos de servidão sobre a terceira geração, pois se as filhas de escravas tivessem prole antes dos 21 anos, seus filhos ficariam também sob autoridade do senhor. Os libertos pela lei poderiam ser herdados ou transferidos de proprietário, mediante herança ou venda da mãe, permanecendo assim como ativos no mercado de compra e venda de escravos.

Isso se chancelou em 27 de setembro, com 32 votos favoráveis ao governo, com voto decisivo de oito Liberais e boicote de dezessete Conservadores, entre eles Itaboraí. O metódico Rebouças registrou o tempo exato da aprovação do ventre livre: "Vota-se afinal no Senado a emancipação entre flores (1,55 minuto)". Os abolicionistas eram suficientes para lotar as galerias. Proibidos de manifestação verbal, emprestaram do repertório teatral aplausos, bravos, lenços e buquês: das galerias atiraram flores, que atapetaram o chão do recinto, e deram vivas, apesar das campainhas do presidente da casa. O ministro estadunidense colheu dessas flores celebrativas, disse a Rio Branco, para mandá-las a seu país como prova de que era possível fazer em paz o que em seu país custara sangue. Assim foi que — o senador Silveira da Mota notou entre ofendido e admirado — "com duas voltas o sr. visconde do Rio Branco fez adotar essa lei do estado servil que a todos parecia uma bicha de sete cabeças".[52]

A 28 de setembro, à uma da tarde, no Paço da Cidade, a regente assinou a lei 2040, sua primeira Lei Áurea, embora nem tivesse sido consultada ao longo do processo, como tampouco se comunicaram o chefe de governo e d. Pedro, ainda na Europa. Na iconografia celebrativa, Rio Branco surgiu envolto por seus ministros e acima do imperador. Ladeavam-no duas deusas: uma, a Glória, outra, a História.

O MARECHAL DO PASSADO

Com o braço no de Maria Amélia, Paulino abriu o baile que oferecia no encerramento dessa tumultuada sessão legislativa. Sua enorme casa se coalhava de "viva luz que em ondas alagava os salões artisticamente decorados, e o encantado jardim",[53] por onde se distribuía a fina flor carioca, imprensa, correligionários, inimigos de seu partido e amigos cultivados no oposto. A atmosfera era, contudo, de consternação mais que de festa. Paulino estava infeliz com o resultado de sua queda de braço com Rio Branco.

A Lei do Ventre Livre passou com atenuações e efetividade futura, mas colocava em xeque a escravidão e o que nela se assentava. Barrou a reprodução da escravaria e assim pôs, pela primeira vez, o fim do escravismo como regime econômico no horizonte político brasileiro. O Estado se imiscuiu na ordem social escravista ao extinguir o protetorado dos senhores sobre filhos de escravas em caso de castigos físicos excessivos; ao obrigar os senhores a registrar seus escravos, ameaçando libertar não matriculados dentro de um ano, com penas para recusa; ao proibir a separação da família escrava — na venda de um cônjuge, o outro e filhos menores de doze anos deviam ser vendidos conjuntamente. Inconformou Paulino que uma ala de *seu* partido, auxiliada por representantes do partido inimigo, comandasse a maior das ingerências na vida privada e na economia do Império, golpe do Estado contra sua base social, os proprietários de terras e escravos.

Temiam-se outros efeitos, decorrentes da invenção do Fundo de Emancipação (artigo 3º), formado por impostos sobre transmissão de propriedade escrava, seis loterias, multas aplicadas a partir da lei e cota anual dos orçamentos de todos os níveis de governo. Muitos fundos provinciais e municipais nunca saíram do papel e o nacional poucos recursos teve, de modo que várias previsões escravistas nunca se concretizaram. Mas, como observou Nabuco, "as reformas dessa natureza [...] não são soluções exatas, precisas, que produzam efeitos de antemão calculados: são sempre a decretação do desconhecido".[54]

Das consequências imprevistas, uma seria a exploração judicial de brechas da lei por abolicionistas. Outra foi o estilhaçamento dos partidos. A facção de Rio Branco fez porteira, em vez de derrubar a cerca, mas mesmo isso era além da conta para a ala de Paulino. Quebrou-se a espinha do Partido Conservador, que vinha dando a direção do Segundo Reinado — o Partido Liberal já se fraccionara em 1870, com a fundação do Partido Republicano. De 1871 em diante haveria antes três facções que dois partidos: uma modernizadora, na maioria de Liberais; outra moderada, misturando Liberais e Conservadores e oscilante quanto às reformas; e a Emperrada, majoritariamente Conservadora, com alguns Liberais, infensa a qualquer mudança. Essa elite política dividida enfraqueceu sua capacidade tanto de reformar como de resistir, e o sistema político imperial perdeu coesão, eixo, rumo. Desde então a instabilidade política se tornou crônica.

Paulino chegou a líder da resistência nessa hora crucis. Em pé de guerra estavam seus vizinhos fazendeiros de Cantagalo e outros tantos país afora. A reforma do elemento servil feriria o que viam como a ordem natural das coisas. Toda mudança, julgava, provoca desequilíbrio e perda, tal qual a que em breve se abateria sobre ele, quando o nascimento do último filho roubaria "a flor da minha alma". Seus olhos ficariam fundos, desenhando no rosto pálido e calvo a viuvez sem consolo. Ausente Maria Amélia, a vida vai "encobrir-se nas trevas da imensa dor que só terminará comigo". A impotência ante o destino pessoal nutriria soberba pública. Doravante Paulino, mais que representar seu grupo social, encarnaria, na Câmara, no Conselho de Estado a partir de 1876, e adiante no Senado, a política da reação: "A resistência a todos os excessos é um dogma Conservador; nessa resistência acompanho os meus amigos da minoria, hei de auxiliá-los quanto puder".[55]

E tanto pôde pelos próximos dezessete anos. Morto Itaboraí, Paulino ganhou, aos 37 anos, o cetro dos Emperrados. Reinaria sobre eles, conta quem o conheceu, com "uma vontade dura, de rocha, sob aquele veludo de mansidão. Era um chefe que não mandava, pedia; que não ameaçava, convencia. Tudo nele, porém, revestia tal aparato de forma, de gravidade, que os seus lhe aceitavam a direção como uma espécie de guia sacerdotal".[56] A doçura envelopava uma intransigência intransigente. Paulino era escravocrata, membro da aristocracia, cujo modo de vida se fundava na escravidão, e se fez escravista, líder da organização política de parte desse estrato social em defesa do statu quo. Coerência perfeita entre estilo de vida e ação política. Em 1871 tomou a bazuca da resistência entre seus dedos longos e finos, pois, ainda que perdida uma batalha, o bom general não deserta a guerra.

Por isso, findo o baile, e defronte ao busto do pai que guardava a entrada de sua casa, envergou o uniforme dos renitentes. O visconde de Uruguai fora um dos construtores do Segundo Reinado. O filho seria o conservador, guardião da obra dessas "almas elevadas", que, se pudessem "inspirar-nos, a nós que os desejamos imitar, dir-nos-ião hoje e sempre: 'Defendei essa ordem; [...] sustentai os grandes interesses de hoje, que encerram em si a prosperidade vindoura'". Na defesa desse legado, Paulino demonstraria no depoimento de um adversário raras qualidades de líder,

> invocando o princípio da autoridade, a necessidade da disciplina, multiplicou a sua falange contra o governo, conservou-a até o fim em completa submissão à sua palavra de mando. Nenhum outro político do Império [...] teve por tanto tempo, na boa e má fortuna, um partido tão numeroso, tão arregimentado, como Paulino de Sousa, [...], fiel à bandeira da resistência [...] na questão dos escravos.

Ao vê-lo tomar as rédeas da reação, um de seus sequazes nomeou-o "Marechal do Futuro". Enganou-se. Paulino não abria tempo novo. Diante do pai, tradição gravada em pedra, sagrou-se primeiro cavaleiro no zelo da ordem escravista, base das instituições e do modo de vida do Segundo Reinado, como seria o último a tombar, em 13 de maio de 1888, um "Marechal do Passado".[57]

3. O repertório moral do abolicionismo

O FILHO DE LUÍSA

Luís porque filho de Luísa Mahin, africana livre, quitandeira, rebelde da revolta Malê na Bahia. Luís Gonzaga Pinto da Gama ficou marcado, qual Rebouças, pela Sabinada, mas em sentido diverso: a mãe se foi para a Corte seguindo amante enredado, como ela, no levante escravo. O filho ficou, em nostalgia incurável. "Meu pai, não ouso afirmar que fosse branco, [...] era fidalgo; e pertencia a uma das principais famílias da Bahia, de origem portuguesa"; "criou-me em seus braços". Braços que dívidas de jogo abriram para jogar o menino de dez anos nas mãos de um amigo, que de pronto o vendeu. Naquele novembro de 1840, Luís embarcou livre em Salvador e desembarcou escravo no Rio de Janeiro.

Encontrou por dono um lojista de velas, depois um negociante de escravos, que fracassou em vendê-lo em Campinas, por ser baiano, cheirando a conspiração. Ficou em São Paulo, em ofícios de escravo doméstico e de ganho: "Aí aprendi a copeiro, a sapateiro, a lavar e a engomar roupa e a costurar". Conheceu um estudante de direito, que o ensinou a ler e escrever e lhe informou que a lei de 7 de novembro de 1831, ao proibir o tráfico de escravos, tornara livres os africanos ou seus filhos desembarcados no Brasil desde então. Com base nela, aos dezoito anos, afrontou seu dono avivando a letra morta: nascera livre, livre se declarava. O negociante, por afeto, fastio ou porque talvez o tal estudante fosse de família influente, não pôs capitão do mato em seu encalço. Gama se defendeu com o caminho socialmente seguro para ex-escravo: assentou praça. Chegou a cabo. Virou copista, escrivão, ordenança, amanuense da Secretaria de Polícia. Nesses serviços, treinou-se na escrita, mas acabava sempre demitido por insubordinação.

Fez essa trilha de empregos por intermédio de favores e proteções, como a de um professor da Faculdade de Direito de São Paulo, membro do Partido Liberal. Assim chegou à imprensa, porta da política, onde nasceram suas *Primeiras trovas burlescas de Getulino*, em 1859, sátira versificada contra costumes e instituições. A dedicatória do livro ao protetor mostra quão grato estava aos Liberais que o apadrinhavam.[1]

A escalada social parecia sem limites. Gama acalentou completá-la sob as Arcadas. Sonho alimentado pela porosidade do mundo público à ascensão social de mulatos e negros livres, explorada ao paroxismo por Machado de Assis e que a Gama facultou ganhar emprego e espaço de locução pública na imprensa e nos clubes, bem como se imiscuir nas redes de sociabilidade política.[2] De agregado a bacharel havia, contudo, légua maior que a escolarização formal. A ascensão bem-sucedida dos *parvenus*, como os chamou Pierre Bourdieu, depende da assimilação do estilo de vida e das formas de perceber, agir e sentir dos estratos altos. Gama foi reprovado no teste. Expelia "saraivada de grossas pilhérias de velho sargento", "pilhérias desenluvadas", dado a rudezas. Apesar de assimilado aos meios Liberais paulistas, não adquiriu a cortesia aristocrática, tão crucial para subir na vida na sociedade de Corte. Com pendor para a pândega, jamais seria dos salões; a polidez não lhe encobria a cor, como acontecia a Rebouças. Barrado, tudo indica, por essa falta de lastro social, nem entrou na faculdade. Ficou sem o diploma, o "abre-te, sésamo" do Parlamento, que ratificaria a ascensão. A experiência de bloqueio social esboroou a aspiração de integrar a nata imperial. Por mais que fizesse, jamais seria um deles, reclamou em versos:

Ciência e letras
Não são para ti
Pretinho da Costa
Não é gente aqui.

Enquanto o conselheiro Rebouças, pai de André, usou seu título de rábula como escada para o andar de cima, ajeitando-se à situação de protegido da aristocracia, Gama quis o seu com outra intenção: golpear a norma social tácita que o excluía. Seu poema "Quem sou eu?" ricocheteia o adjetivo "bode" que lhe fora impingido:

Se negro sou, ou sou bode
Pouco importa.
O que isto pode?
Bodes há de toda casta
Pois que a espécie é muito vasta... [...],
Bodes negros, bodes brancos,
E, sejamos todos francos,
Gentes pobres, nobres gentes
Em todos há meus parentes.

O verso de fecho pasteuriza a elite imperial — "É tudo bodarrada" — e expõe os pés de barro da supremacia "natural" da hierarquia social, ao salientar a dificuldade de discernir por meio da pele no Brasil. Essa ambiguidade podia ser manejada com vistas à assimilação, silenciando a cor — a estratégia de Machado de Assis —, ou se podia denunciar por enunciação. Gama tomou essa segunda via tanto na vida pública como nas decisões íntimas — casou-se com negra. A identidade social impingida de fora, chamou-a para si, como definidora de seu lugar no mundo. Identificou-se como negro em vez de se camuflar de mulato.

A experiência de subordinação social forçada alimentou a insubordinação política. Começou a escrever sátira antimonárquica e anticlerical em jornais miúdos, de par com o caricaturista italiano Angelo Agostini, em o *Diabo Coxo* (1864-5), e com o republicano Américo de Campos, em *O Cabrião* (1866-7). Adentrou o *Radical Paulistano* e o Clube Radical Paulistano, órgãos dos Liberais Radicais.[3]

Gama foi da leva de jovens de fora da aristocracia imperial atraídos pelos Liberais Radicais como público de suas conferências, quando da crise política de 1868. Os Liberais protestaram contra sua derrubada do governo se abstendo da eleição legislativa seguinte e assim perderam púlpito parlamentar. Passaram, então, a armar seu espaço político com jornais, panfletos e clubes. Em 1869, a ala de Zacarias abriu o Clube da Reforma e a de Tavares Bastos e Silveira da Mota fez o Clube Radical. Estes últimos deram conotação política às conferências literárias, de ilustração e entretenimento da alta sociedade, ao trocar o adjetivo para "radicais" e passar a usá-las para promover a defesa de reformas, inclusive o fim paulatino da escravidão. Contaram com o público das conferências literárias — profissionais liberais, cientistas, letrados e senhorinhas de elite — e atraíram beneficiários do programa de modernização do gabinete Rio Branco, sobretudo estudantes que, como Gama, buscavam ascensão social pelo ensino.

É que o governo desse visconde, que durou até 1875, secundou a Lei do Ventre Livre com reformas judiciária, eleitoral, comercial, de maior ou menor sucesso, bem como com a expansão das comunicações, a instalação do telégrafo, a unificação de pesos e medidas, o censo da população, a lei de naturalização e tentativas de secularização das instituições e de registro geral de terras públicas. Na economia, Rio Branco investiu em infraestrutura urbana, barateamento de maquinário, incentivo a negócios. Obras requisitavam engenheiros, como Rebouças, e o sistema bancário e o comércio careciam de profissionais qualificados. Daí a reforma do ensino superior, que ampliou o acesso às faculdades militar e de engenharia e, assim, pôs para dentro do perímetro da elite volume de moços sem lastro no estrato de proprietários de terra e que adquiriu capital educacional para questioná-los. Talvez não o tivessem feito se o diploma garantisse boa posição social. Mas, incompletas as reformas, muitos vieram a público denunciar o mesmo engodo da ascensão social frustrada que levava Luís Gama à política. Gama, aliás, discursou numa "Conferência Radical", contra o alvo número um delas, o Poder Moderador.

Não só conferências dinamizavam o espaço público. Máquinas mais em conta deslancharam a produção de revistas e livros e propiciaram nova imprensa. Durante ou logo após o gabinete Rio Branco, surgiram jornais de médio porte, independentes dos partidos imperiais: *A Gazeta de Notícias* (1874), *A Província de São Paulo* (1875), *A Gazeta da Tarde* (1877). O título do meio compartilhava a orientação com *A República* (1870), órgão oficial do Partido Republicano. Pelo menos vinte jornais miúdos, como *O Mequetrefe* (1875), surgiram entre 1870 e 1872. Estourou a *Revista Ilustrada* (1876), de crítica política por meio de charges, do amigo de Gama, Angelo Agostini. A modernização expandiu serviços e comércio urbanos, assim como confeitarias, cafés, livrarias, teatros, que viraram pontos de debate de artes e política na Corte, em cidades maiores, Recife e Salvador, e até nas pasmacentas São

Paulo e Porto Alegre. Nesse espaço público em expansão, misturaram-se Liberais Radicais e vários gêneros de ascendentes sociais produzidos pela modernização: estudantes, beneficiários da reforma das faculdades; jornalistas, tipógrafos, desenhistas, escritores, empregados na nova imprensa de médio porte; instrumentistas, cantores, atrizes, comediantes, compositores, alocados na pequena indústria de entretenimento dos teatros; e jovens militares, sem carreira clara depois da Guerra do Paraguai. Todos sem voz nas instituições políticas, cheios de ideias de modernidade e críticos do Império.[4]

Assim, dois processos iniciados no sistema político cimentaram o terreno para a mobilização: a modernização dos Conservadores dilatou o público letrado e abriu arenas extraparlamentares de enunciação, ao passo que as conferências dos Liberais Radicais legitimaram o uso dela para a crítica política. Resultado: gente nova usando espaço novo. Talentos de fora da elite social, como Luís Gama, logo organizaram suas próprias conferências em torno dos temas assomados durante a tramitação da Lei do Ventre Livre: democratização das instituições políticas, abolição da escravidão e, adiante, secularização do Estado. Assim, meio a convite, meio a despeito dos Liberais Radicais, atores de fora do estamento senhorial entraram no debate sobre os rumos da sociedade brasileira. Novos oradores, novo tom. Gama propôs reformar o país de alto a baixo, "sem reis e sem escravos".[5]

O alargamento da esfera pública proveu espaços de elocução política (teatros e imprensa) e agentes sociais (os educados sem origem aristocrática nem acesso ao Parlamento) para a generalização do estilo Borges (associativismo e cerimônias cívicas). Assim foi que o abolicionismo pôde passar, nos anos 1870, de ativismo de elite a movimento social.[6]

Nesse florescimento, o abolicionismo topou com erva daninha. Proprietários de escravos e políticos enfezados com a mexedeira no statu quo de 1871 passaram também a usar o espaço público, com jornais e Clubes da Lavoura. Desde o trauma do ventre livre, a turma de Paulino nunca parou de obstar a de Rebouças, Borges e Gama.

A RETÓRICA DA MUDANÇA

Para passar da meia dúzia inicial de adeptos à casa dos incontáveis, o abolicionismo precisou transpor rubicão simbólico, desmontar esquemas de pensamento e estruturas de sentimento arraigados na sociedade brasileira. Respondeu ao escravismo de circunstância com a deslegitimação do cativeiro por meio de uma *retórica da mudança*.[7]

Não carecia partir do zero. Movimentos anteriores na Europa, Estados Unidos e América Espanhola tinham delineado argumentos antiescravistas, decantados num repertório moral abolicionista. Havia que adaptá-lo, selecionando elementos compatíveis com a tradição local. Por isso, a retórica abolicionista cresceu como espelho inverso do escravismo de circunstância, como ele ancorada em três esquemas interpretativos: compaixão, direito, progresso.

A compaixão apelava à sensibilidade.[8] Nenhum movimento abolicionista existiria se todos compartilhassem a visão de Paulino e Alencar. O desmonte do escravismo envolveu por certo mudanças nas estruturas econômicas, na lógica dos conflitos políticos, na hierarquia social, mas também nas maneiras médias de sentir e pensar. Enquanto a maioria a viu como estado de coisas natural, a escravidão foi moralmente defensável e socialmente invisível. Para o escravo passar de *coisa ou animal doméstico* diluído na paisagem a *pessoa* escravizada e merecedora de ação política em seu favor, teve de haver reviravolta nos esquemas de percepção do mundo social. Mudança sociocultural paulatina, que Gilberto Freyre registrou em Sobrados e mucambos, acelerada com a urbanização da segunda metade do século XIX e ancorada em dois pilares. Um foi o avanço tecnológico. Trens e navios a vapor, máquinas tipográficas e sobretudo o telégrafo incrementaram a circulação com Américas e Europa de informações, mercadorias, pessoas, inovações sociais, de invenções científicas a empreendimentos econômicos, de máquinas a ideias. A outra face deu o palco disso tudo: a urbanização. O florescimento da agricultura posterior ao fim do tráfico alimentou na Corte e nas cidades maiores, como Recife, ofícios citadinos vinculados a bancos, comércio, serviços, negócios e obras de infraestrutura, como as de Rebouças. Esse processo afetou a hierarquia social, ao prestigiar profissões novas, como a engenharia, deslocar poder social do campo para a cidade, do sogro proprietário de terras a seus filhos e genros bacharéis urbanos, do poder simbólico do padre, com sua Bíblia, ao do médico, com seu compêndio científico.

A modernização era também de costumes, minando a autoridade patriarcal. Homens modernos, de roupas menos sisudas, como o dândi Castro Alves, e mulheres, que, sem se alforriarem da costura, puseram pé nas artes, na educação, na ciência. A sociedade brasileira seguiu hierárquica e patriarcal, porém, vê-se em romances desde os anos 1860, surgia um novo estilo de vida, peculiar à cidade, que afastava a rudeza da lida da fazenda em benefício da polidez e da civilidade, dos bons costumes e dos bons sentimentos. Longo processo civilizatório não linear, mas cumulativo, que incentivava comportamentos contidos, aplacando a violência física em favor de formas sutis e simbólicas de imposição de hierarquias. Condutas antes tidas por normais, o uso da força do pai sobre o filho, do marido sobre a mulher, do homem sobre os animais, passavam a ser percebidas como bárbaras e sentidas como repugnantes.⁹

Nos anos 1870, convergiram esses processos que corriam meio paralelos: a emergência de nova sensibilidade e de estilo de vida moderno, de um lado, e, de outro, dos meios técnicos que facultariam difundi-los, como a ferrovia, o vapor, a tipografia, o telégrafo. Assim se viabilizou a assimilação do repertório moral abolicionista no Brasil.

A sensibilidade humanitarista, percepção aguda do sofrimento alheio, inclusive de subalternos — comungando a natureza humana —, esteve na base, na Inglaterra e nos Estados Unidos, de um éthos moral antiescravista. O antiescravismo teve, nesses casos, quatro fontes, segundo David Brion Davis: o Iluminismo de Montesquieu e sua tese da escravidão como estorvo à felicidade humana; a oposição entre escravidão e progresso humano, de Adam Smith; o romantismo, que recorreu ao primitivismo para colar o africano ao bom selvagem, e, sobretudo, o protestantismo quaker, que associou escravidão e pecado. Vias que desnaturalizaram o modo de vida escravista e redefiniram a escravidão, que, de desigualdade natural e legítima, passou a instituição economicamente ineficiente, moralmente indigna, afetivamente abjeta. Assim se abriu trilha para suas vítimas ascenderem de mercadorias a indivíduos e para que surgisse intervenção política em favor delas,¹⁰ em um combate que ganhou feições de imperativo moral.

Quando Rebouças e Gama se interessaram pelo assunto, esse repertório era conhecido nos quatro cantos. Sua assimilação foi seletiva, em diálogo com a tradição local. No abolicionismo anglo-americano, a moralidade protestante, com suas tópicas, cânticos, imagética, subsidiou o antiescravismo. Aqui o cristianismo tinha por forma um catolicismo hierárquico, cujos ritos, simbologia, linguagem legitimavam as instituições imperiais como vontade divina, com os escravos na base da escada para o céu, últimos dos filhos de Deus, biblicamente exortados a se multiplicar. Essa configuração tornou o questionamento cristão da escravidão parcimonioso entre nós.

No debate sobre o ventre livre, o cristianismo compareceu, por exemplo, em *A escravidão examinada à luz da santa Bíblia*, representação apócrifa ao Parlamento, com rol infatigável de episódios e personagens do Velho e do Novo Testamento, frisando o sofrimento escravo como sucedâneo do sacrifício de Cristo, a reclamar redenção.[11] Contudo, aqui o catolicismo fez minguado o que, no mundo anglo-americano, o protestantismo fizera em larga escala: a sensibilização em prol da abolição.

Acresce que a deslegitimação cristã da escravidão raramente andou sozinha. Ao longo do Segundo Reinado, a nota dominante na contestação moral ao escravismo veio do romantismo. Grande movimento artístico do século XIX, de formas grandiloquentes e emoções hiperbólicas — paixão, compaixão, devotamento —, tomou romances, música, poesia, teatro, a vida amorosa e a retórica política, raiz e fruto da nova sensibilidade, indo ao encontro de público sequioso não da tragédia, com o seu páthos imutável, e sim do drama, com seu final feliz. O romantismo no Brasil, entretanto, serviu a dois senhores, legitimador e combatente da escravidão. A justificação primitivista do antiescravismo anglo-americano aqui pegou torta. A tradição imperial expurgou dela a identificação entre bom selvagem e africano, substituído pelo índio. Na literatura, desenhou-se o africano como ameaça doméstica para o senhor — como no já mencionado *O demônio familiar* de Alencar —, cristalizado nas figuras do escravo rebelde e da mulata faceira. Mas, de outro lado, o romantismo proveu recursos para desenhar o escravo nobre e fiel, a mãe escravizada por seu filho de leite, a moça conspurcada pela sexualidade de seu dono, a purgação do açoite por idosos, mulheres e crianças, a humilhação da pessoa reduzida a objeto de compra e venda. Assim arquitetou um quadro compungido das dores do cativeiro, que dignificou o africano e difundiu a compaixão entre a nascente opinião pública urbana.

Veja-se *Úrsula, romance original brasileiro* (1859), que, à moda do best-seller mundial *A cabana do pai Tomás* (1852), peça de propaganda abolicionista nos Estados Unidos, faz a detratação sentimental da "odiosa cadeia da escravidão". O personagem Túlio é o *homem* de nobres sentimentos aprisionado na *condição* de escravo e que — em simétrico inverso ao *Demônio familiar*, de Alencar — soluciona problemas em vez de gerá-los. Vira-se de ponta-cabeça a tópica do bom senhor e do mau escravo do escravismo de circunstância: o escravo se eleva, sacrifica a vida para salvar o mocinho, ao passo que o senhor regride ao estado de natureza, um "bárbaro", "fera indômita", "coração de tigre". O romance incita apiedamento: "Que triste cousa é a escravidão!". Do lado escravo, dor e resignação; do senhorial, culpa e arrependimento. O esquadro romântico, o mesmo de Alencar, serve para delinear escravo varado de desgostos e descortinar a escravidão como moralmente intolerável, emocionalmente lancinante, repugnante para os nervos modernos, "cadeia infame".[12] Humanização do escravo, desumanização da escravidão.

Esse escravo sofredor virou leitmotiv na literatura romântica a partir de meados dos anos 1860, quando se aquecia o debate público sobre escravidão. Disseminou-se em novelas e poemas. Os versos cruciais na moldagem da sensibilidade abolicionista vieram do aluno de Abílio Borges, Castro Alves, cujo "Navio negreiro", de 1868, ao descrever o tráfico negreiro, passa longe da verossimilhança, mas chega perto do coração do leitor:

[...] *Que quadro d'amarguras!*
É canto funeral!... Que tétricas figuras!... [...]

Tinir de ferros... estalar de açoite...
Legiões de homens negros como a noite, [...]
Presa nos elos de uma só cadeia,
A multidão faminta cambaleia, [...]

Um de raiva delira, outro enlouquece,
Outro, que martírios embrutece,
[...] No entanto o capitão manda a manobra, [...]
"Vibrai rijo o chicote, marinheiros! [...]*"*

Nem são livres p'ra morrer.
Prende-os a mesma corrente
— Férrea, lúgubre serpente —
Nas roscas da escravidão. [...]

Existe um povo que a bandeira empresta
P'ra cobrir tanta infâmia e cobardia!... [...]
Meu Deus! meu Deus! mas que bandeira é esta
Que impudente na gávea tripudia? [...]

Levantai-vos, heróis do Novo Mundo!
Andrada! arranca esse pendão dos ares!
Colombo! fecha a porta dos teus mares!

Ao figurar a escravidão como drama, o romantismo deu forma para a nova sensibilidade e difundiu a compaixão pelo escravo.[13] Deu, ainda, margem para inverter a tópica da ameaça do escravismo de circunstância. Em vez do mal que o dono causaria ao escravo, ponto de vista de *Úrsula*, em *As vítimas-algozes: quadros da escravidão*, do Liberal Joaquim Manuel de Macedo, publicado em 1869, antes da Lei do Ventre Livre, há casos exemplares de mau desfecho para os proprietários: o crioulo Simeão mata os senhores; o feiticeiro Pai-Raiol incita o envenenamento de plantações, e a mucama Lucinda corrompe a sinhazinha. O perigo doméstico irrompe. Enquanto em *O demônio familiar*, de Alencar, o senhor mantém o controle social com seu poder de alforriar, em *As vítimas-algozes* o escravo explode o lar escravocrata. O senhor fica à mercê do ódio de um cativo prestes a verter sangue, como no Haiti. A escravidão seria uma instituição-bomba. Por isso aboli-la, diz a introdução, seria medida de prudência de políticos e proprietários. Essa defesa enviesada da abolição, pelo prejuízo evitado ao senhor, maneja um imaginário do medo[14] que comparece, virulento, em "Bandido negro", para voltar a Castro Alves:

[…] lança, ó vento, pampeiro da morte,
este guante de ferro ao senhor. […]

E o senhor […]
E murmure, julgando-se em sonhos:
"Que demônios são estes medonhos,
Que lá passam famintos e nus?"[…]

Somos nós, meu senhor, mas não tremas,
nós quebramos as nossas algemas […]

seja o bramo da vida arrancado
no banquete da morte lançado […]

Cai orvalho de sangue do escravo,
cai, orvalho, na face do algoz.
Cresce, cresce, seara vermelha,
cresce, cresce, vingança feroz. [15]

O escravo sofredor se plasma em rebelde romântico. O animal doméstico — "senhor, são teus cães" — veste a carapuça do demônio. Castro Alves combinou à maestria a inversão da retórica senhorial com o apelo à humanidade do escravo, numa poética da iniquidade da escravidão que convocava à luta contra ela.

Em contraponto às racionalidades econômica e política do escravismo de circunstância de Paulino, essa linha de combate retórico à escravidão apelou aos corações para suscitar compaixão e indignação moral. Apresentou como insustentável, no plano dos sentimentos, uma instituição antes naturalizada. Assim instigou o éthos cavalheiresco, tão adequado a uma sociedade aristocrática: o abolicionismo como causa justa à espera de heróis civilizadores.

Então, enquanto no mundo anglo-saxão a religião produziu a repugnância diante da escravidão, aqui, com o catolicismo de religião de Estado salvaguardando o escravismo, a sensibilização antiescravista coube sobretudo às artes.

Se esse esquema interpretativo da compaixão moveu corações e mentes, outra linha de deslegitimação do cativeiro pôs para andar braços e pernas. Quando o abolicionismo eclodiu no Brasil, o repertório abolicionista da Europa e dos Estados Unidos era velho de guerra. A água corrida fez diferir a ideia do progresso usada lá e cá. No século XVIII, sua fundamentação era filosófica, sinonímia de liberdade e civilização de costumes. Surgindo tarde, o abolicionismo brasileiro ganhou escoro das novas ciências sociais, em particular do maremoto sociológico da segunda metade do Oitocentos — Auguste Comte — e de seus parentes evolucionistas, como o spencerianismo, todos definindo o progresso como movimento irrefreável de industrialização, urbanização e secularização, que arrasaria instituições tradicionais — catolicismo, agrarismo, monarquia, escravidão — para gerar a sociedade moderna, científica, industrial, republicana, de trabalho livre. Assim, a escravidão, normal na Antiguidade, ajustada que estava ao estágio de desenvolvimento social, se tornava um arcaísmo. Esse esquema interpretativo soava bem na sociedade brasileira em processo de modernização. Livros, imprensa, faculdades, como a Politécnica, de que Rebouças já era professor, difundiram-na entre a nova geração de estudantes, que a usou para criticar o statu quo imperial e definir o regime escravista como anacronismo, em choque com a modernidade e que urgia extirpar por meio de uma política científica.[16]

O cancro moral, como o esquema interpretativo da compaixão definira a escravidão, ganhou nova camada de sentido, amparada em metáfora científica: cancro *social*. Pela hora da Lei do Ventre Livre, *A escravatura no Brasil precedida de um artigo sobre a agricultura e colonização no Maranhão* (1865), de Francisco Brandão Jr., recorria a Comte para classificar a escravidão como instituição arcaica a atravancar a "marcha da civilização" no Brasil. O Estado, cérebro da coletividade, devia prover terapia contra essa doença do corpo social. Teses similares apareceram entre os republicanos paulistas em meados dos anos 1870 e, daí por diante, o argumento virou avalanche. Raimundo Teixeira Mendes, que Rebouças conheceu na redação da *Gazeta de Notícias*, comandou nessa direção um grupo de egressos das escolas Politécnica e Militar no Rio de Janeiro. A ideia positivista de progresso adentrou a Faculdade de Direito de São Paulo e a do Recife, de onde muitos alunos saíam republicanos e abolicionistas. A imbricação ficou corriqueira: para caracterizar o antiescravismo de um personagem, o autor de uma peça teatral o descreveu como positivista.[17]

O esquema interpretativo do progresso arribou no Brasil tanto por essa via laica como por atalho religioso. Se o catolicismo tolerava a escravidão, o espiritismo, religião científica, a condenava. Adolfo Bezerra de Menezes, do Partido Liberal, médico e futuro ícone do espiritismo, clamou por combate contra "a lepra social": "Fundo, no seio da sociedade brasileira, têm penetrado as raízes malditas do cancro da escravidão". Seu folheto favorável ao ventre livre, *A escravidão no Brasil e as medidas que convém tomar para extingui-la sem dano para a nação*, de 1869, propunha um imposto para custear a colonização e a educação dos libertos e invertia a tópica da ameaça do escravismo de circunstância: postergar intensificaria a degeneração de costumes e incitaria a rebelião escrava, à maneira do Haiti ou da Guerra Civil Americana. O doutor receitava: "Fique o governo em sua eterna impassibilidade, vamos nós simples cidadãos [...], um povo marchando adiante de seu governo na iniciação e promoção das grandes reformas que a civilização do nosso século reclama".[18] A política científica, em suma, definiu a escravidão como atraso, disseminou a crença na superioridade da sociedade urbano-industrial baseada no trabalho livre e incitou a intervenção no mundo social para eliminá-la.

A tópica do progresso, qual a da compaixão, contemporizava: sendo a escravidão relação social, ao libertar o escravo, o senhor ascenderia junto no elevador da civilização. Contudo, ambas as tópicas estabeleciam uma fronteira entre abolicionistas e escravistas: segundo o romantismo, eram heróis contra vilãos; para a política científica, modernizadores lutando com reacionários.

A terceira maneira de combater a escravidão está aqui por último, mas é a mais antiga. A tópica iluminista do direito natural à liberdade foi comum a todos os movimentos abolicionistas. No Brasil, conformou linhagem longeva de argumentação, desde José Bonifácio, passando pelo manifesto da Sociedade contra o Tráfico, de acordo com o qual a escravidão não poderia "ser promovida por utilidade dos mesmos escravos", nem sustentada por direito natural. Um dos membros da SCT pôs Montesquieu para combater Aristóteles: nem a escravidão seria "inerente à natureza humana e nem condição necessária da sociedade". A lei não poderia garantir instituição nascida da "força bruta", que confiscara os direitos naturais dos africanos. O direito de propriedade sobre escravos contraditava o direito natural à liberdade.[19]

Adicionalmente, os abolicionistas brandiram a legislação positiva, o tratado brasileiro com a Inglaterra, de 1831, que tornava livres africanos entrados no país desde então. Letra morta, mas lei assim mesmo e porta de contestação das bases jurídicas da propriedade escrava, via na qual Luís Gama se especializou.

Um diferencial da retórica brasileira vis-à-vis o repertório estrangeiro esteve na adição da ideia da cidadania incompleta. Nos Estados Unidos, a convivência entre liberalismo e escravidão não alarmava a elite política, no entanto aqui causava desconforto. Os abolicionistas o exploraram: a liberdade, como igualdade civil entre todos os brasileiros, seria indispensável para completar a formação da nação.[20] Daí o bordão abolição como nova Independência, presente em eventos abolicionistas desde as cerimônias cívicas de Abílio Borges, que recorreu ao 7 de setembro para promover a ideia de equivalência entre a velha e nova Independência, a do país e a de seu povo.

Assim, o abolicionismo brasileiro usou a tópica do direito em três chaves: a filosófica, do direito natural; a jurídica, de tribunal; e a política, de associação com a construção da cidadania.

Castor e Pólux

A retórica abolicionista brasileira bebeu do repertório estrangeiro, mas a adaptação às circunstâncias locais gerou estilo peculiar: mais laico que religioso, antes científico que filosófico, dramático em vez de circunspecto. Os esquemas interpretativos da compaixão, do direito e do progresso foram fartamente usados, com variação de tônica conforme o ponto de enunciação: o apelo dramático da compaixão quadrou nas conferências públicas e nas produções artísticas; a tópica do progresso, em panfletos e discursos; o direito, no Parlamento e nos tribunais.

O efeito principal veio da mistura e do reforço mútuo dos três esquemas numa *retórica da mudança*, que difundiu nova sensibilidade, nova moralidade e nova cognição com respeito à escravidão, transformando-a em indignidade, injustiça, atraso. Considerada produto de forças sociais — nem obra da natureza, nem vontade divina —, tornava-se alterável por ação política. A retórica da mudança deu, nesse sentido, as bases discursivas para o ativismo em favor de escravos. Com ela, o abolicionismo afrontou a retórica da reação do escravismo de circunstância: contra a futilidade da reforma, apontou o temerário da protelação; contra o efeito perverso, desfiou as virtudes do trabalho livre, os progressos econômico, político e moral da nação; e contra a tópica da ameaça, asseverou que a catástrofe nasceria do imobilismo.

Retóricas da reação e da mudança se criaram em tensão, estilos de pensamento relacionais e inversos. Como Castor e Pólux, gêmeos de pais diferentes e destinos entrelaçados. Contenda nunca equilibrada: ora Pólux, ora Castor prevaleceria, conforme as conjunturas. Nos anos 1850, o escravismo de circunstância foi a maneira média de pensar, da qual o abolicionismo nascente destoava. Na segunda metade da década de 1880, o escravismo é que se veria assoreado, enquanto o repertório moral abolicionista ia se encarnando no senso comum.

Retóricas que dividiram o país em dois lados. Um, dos que se compadeciam do sofrimento alheio, que se alinhavam com o direito e a marcha do progresso. Outro, dos que brandiam números da economia e alertavam para desastres sociais e políticos decorrentes do fim da escravidão. Nós, sensíveis, civilizados, modernos. Eles, empedernidos, atrasados, bárbaros. Os justos e os produtores da injustiça. Duas identidades políticas contrastivas, abolicionistas e escravistas, os que estavam com Rebouças, os Paulino.

O ESTILO GAMA DE ATIVISMO

Todos os abolicionistas usaram a retórica da mudança, mas cada um a dosou do seu jeito para legitimar certo estilo de ativismo. O esquema interpretativo do direito casou-se logo e bem com a estratégia de Luís Gama. O próprio justificou desse modo sua conversão em ativista político, ao brandir a lei de 1831 contra seu suposto dono. Em carta pública a parceiro nessa causa e no republicanismo,[21] declarou que punha o recurso à disposição de terceiros. Lera muito na biblioteca de seu protetor, professor de direito, em cuja casa entabulou relações que lhe facultaram virar rábula e montar banca em sociedade com Liberais Radicais bem-nascidos.

O estilo Gama de ativismo consistiu em explorar ambiguidades e lacunas da legislação acerca da escravidão. Não era uma novidade. A tática compunha o repertório abolicionista internacional: os ativistas espanhóis, com iguais tratados de letra morta com a Inglaterra, já o praticavam; no Brasil, ao menos 26 advogados, incluído o pai de Rebouças, tinham usado a legislação escravista contra si mesma, entre 1847 e 1867. Gama extrapolou essa contestação jurídica às bases legais do escravismo, levando a interpretação da lei ao limite. No *Radical Paulistano*, em 1869, escreveu que

> as vozes dos abolicionistas têm posto em relevo um fato altamente criminoso [...]. [...] que a maior parte dos escravos africanos existentes no Brasil *foram importados* depois da lei proibitiva do tráfico promulgada em 1831. [...] Deverão os amigos da humanidade, os defensores da moral cruzar os braços diante de tão abomináveis delitos?.[22]

Resposta implícita na pergunta. Gama foi salvar seus iguais, escravos ilegais como ele fora, por meio de processos judiciais.

Procedimento singelo: estabelecendo a data de ingresso no país, estabelecia a ilegalidade do título de propriedade do escravo. Valia-se do tratado de 1831 com a Inglaterra para anular no tribunal títulos de propriedade de africanos livres e de sua descendência. Usava ainda o habeas corpus e o artigo 179 da Constituição de 1824, que asseverara abolição de açoites, marca de ferro quente e tortura. Em processos de libertação por maus-tratos, arrolava abolicionistas como testemunhas e avaliadores do preço de escravos, meio de atribuir valor inferior ao de mercado e, assim, facilitar a alforria. Médicos abolicionistas davam laudo de doença ou sevícia, em amparo a processos judiciais de libertação. Defendia até réus escravos na situação extrema do ato ignominioso por excelência para os proprietários, afirmando sem peias: "Perante o direito, é justificável crime de homicídio perpetrado pelo escravo na pessoa do senhor".[23]

Gama começou a usar tais recursos durante a radicalização Liberal, mas apenas sob o governo conservador de Itaboraí passou à dedicação exclusiva à causa. Ficou com tempo, demitido do posto de amanuense da Secretaria de Polícia, sob acusação de advogar em favor de escravos. Respondeu com propaganda no jornal dos Liberais Radicais, oferecendo-se para seguir impetrando causas de liberdade, isto é, "processos em favor de pessoas livres criminosamente escravizadas", além de "auxiliar licitamente, na medida de meus esforços, alforrias de escravos". "Eu advogo de graça, por dedicação sincera à causa dos desgraçados; não pretendo lucros, nem temo violências."[24]

A Lei do Ventre Livre abriu campo para generalizar esse estilo de ativismo. Tímida na regulação da alforria imediata, dividiu águas ao ampliar o raio de ação do Estado sobre a esfera privada no tocante à escravidão. Efeitos inesperados. Seu artigo 4º formalizou o pecúlio, isto é, a prática costumeira do escravo de poupar para comprar sua alforria. Essa possibilidade de liberdade transformou-se em um direito e, para garanti-lo, o escravo poderia receber doação alheia. A lei, portanto, nota Sidney Chalhoub, abriu espaço para ações de liberdade dos próprios escravos, pois, embora a autocompra estivesse subordinada à autorização do senhor, na ausência de acordo quanto ao valor da indenização haveria arbitramento judicial. A essa opção recorreriam também os abolicionistas, como Gama, que a usavam para baixar avaliações de preço e assim libertar mais gente por menos dinheiro. No mesmo sentido, usariam o parágrafo 3 do artigo 4º, que deixava o escravo contratar prestação de serviços com terceiros por até sete anos em favor de sua liberdade, isto é, em troca do valor necessário para se alforriar. Essa via tornou-se uma possibilidade de libertação compulsória, pois, ainda que a lei fosse explícita acerca da necessidade de assentimento do senhor e do juiz de órfãos, os abolicionistas interpretaram que bastava depositar o valor do escravo em juízo para obter sua libertação.[25] E assim agiram.

Os abolicionistas explorariam também itens da lei que proibiam castigos físicos cruéis, separação da família escrava, venda de nascidos depois de 1871 e ausência de matrícula do cativo. Requisitavam a liberdade em juízo, sustentando que a escravidão se tornava ilícita em tais situações. Após 1871, Gama passou a usar sistematicamente o habeas corpus, valendo-se de artigos da Lei do Ventre Livre. Por exemplo, em 1880, encaminhou ao tribunal de Pirassununga petição em favor do africano João Carpinteiro, "criminosamente escravizado". Pedia sua libertação, uma vez que não tinha sido matriculado conforme o decreto 4835, que regulamentou o artigo 8º da Lei do Ventre Livre e que tornava mandatória a matrícula de escravos. Essa foi uma das muitas ações de liberdade que ganhou: libertou ao menos quinhentos Joões Carpinteiros.[26]

Tais usos da lei, mormente as de 1831 e 1871, configuraram

uma estratégia de judicialização do combate à escravidão que se generalizaria nos anos 1880, com ações de liberdade, processos, apelos, denúncias aos tribunais, um ativismo judicial. Mesmo causas perdidas funcionariam como espaço para a ritualização do combate à escravidão, numa variação das cerimônias cívicas de Abílio Borges.

Ao advogar tantas ações de liberdade, Gama ganhou notoriedade, inimigos, emuladores. À sua casa bucólica, entre lírios, jabuticabeiras, passarinhos, e à sua banca de advocacia, na rua da Imperatriz, acorriam escravos em busca de proteção e levas de seguidores. Uma roda bem distinta do círculo aristocrático de Abílio Borges e Rebouças. Nela se ajuntavam, conta um membro, sócios de chapelaria e de alfaiataria, um tabelião, o administrador do matadouro municipal, um solicitador, um pintor de igrejas conhecido como Chico Dourador. Todo um estrato social inferior na sociedade imperial, de pequenos comerciantes e empregados em serviços pouco valorizados. Assim o abolicionismo, que começou de elite, diversificou-se socialmente.

Contudo, o estilo Gama, consistindo no uso da lei, requisitava advogados, que eram a nata da sociedade. Dos que o seguiram, muitos eram membros da elite social paulista, conhecidos da loja maçônica América, membros da facção Liberal Radical ou colegas de Partido Republicano, como os irmãos Campos, Américo e Bernardino, novos-ricos do café, educados na retórica do progresso em escolas no exterior, insatisfeitos com a política do Império, e seus companheiros fraternos de abolicionismo e republicanismo — sempre ao alcance, nos jornais e na vida.

A verve mordaz de Gama nos julgamentos e na imprensa hipnotizou estudantes da Faculdade de Direito. Raul Pompeia trocou seu professor Abílio Borges por esse novo mestre: "Havia para ele como que um trono em minha alma. Eu votava-lhe o grande culto das lendas heroicas...".[27] Como as faculdades eram polos nacionais, estudantes de várias províncias levaram, no começo dos anos 1870, as retóricas abolicionistas e o estilo Gama na mala ao voltarem para casa. O baiano Rui Barbosa, que o conheceu na Loja América, e o pernambucano Joaquim Nabuco, cujo irmão escrevera com Gama no *Diabo Coxo*, emulariam suas ações judiciais de liberdade no retorno às suas províncias. Assim, a estratégia se difundiu graças à lei de 1871, que, Eduardo Pena argumenta, facilitou as ações de liberdade, ao transferir a alforria do reino da vontade senhorial para o aparato da justiça estatal. O sucesso da estratégia daí por diante dependeria da receptividade de promotores e juízes, mas seu uso cresceria e muito.[28]

Outro caminho institucional explorado foi o Fundo de Emancipação, previsto no artigo 3º da Lei do Ventre Livre para a compra de manumissões pelo Estado. Na aprovação, em 1871, temeu-se que causaria avalanche de libertações, porém muitas províncias e a maioria dos municípios nunca destinaram verba suficiente para seus fundos, e o nacional jamais funcionou direito — os governos usavam os recursos para tapar déficits orçamentários. Os abolicionistas, contudo, deram-lhe uso político. Como a lei previa efetivação de fundos provinciais e municipais e manumissões por meio deles, aborreceram governos de todos os níveis exigindo sua aplicação.

Efeito adicional veio de partes da lei que reconheceram as sociedades abolicionistas e, assim, legalizaram suas práticas no espaço público. O artigo 2º previa associações para cuidar dos filhos de escravas abandonados pelos senhores, criar pecúlio em nome deles e arranjar-lhes colocação. O artigo 5º garantia às associações o direito de comprar alforrias. Dessa maneira, estimulou-se a multiplicação de associações abolicionistas e de eventos para arrecadar renda para a compra de manumissões.

A lei de 1871 deu, pois, condições para a difusão dos estilos Borges e Gama de ativismo e propiciou aos abolicionistas meios para atacarem a escravidão por dentro da ordem social e do esquadro jurídico escravista. A isso se somaram iniciativas a contrapelo da legalidade. Gama disseminou um estilo de ativismo no meio-fio, às vezes lendo a lei ao pé da letra, às vezes em interpretação arrevesada dela e mesmo contra ela: "[...] aconselharei e promoverei, não a insurreição, que é um crime, mas a 'resistência', que é uma virtude cívica". Declarava guerra "aos salteadores fidalgos, aos contrabandistas impuros, aos juízes prevaricadores e aos falsos impudicos detentores". "Esta é a verdade que profiro sem rebuço."[29]

A falta desses rebuços lhe valeu, em 1870, ameaça de assassinato e processo por injúria. Mas então comoveu os jurados narrando sua vida, conforme o esquema interpretativo da compaixão, como exemplo vivo da injustiça da escravidão. Saiu do fórum nos braços do povo, em seguida retratado numa homenagem dos seguidores, que já eram muitos, para perpetuar seus feitos como advogado das causas de liberdade.[30]

Lenda inspirada noutras. Enquanto Abílio Borges andava de braços com abolicionistas franceses, Gama, que nunca viu céu estrangeiro, colheu ícones noutro pedaço do repertório abolicionista: "Quero ser louco como John Brown, como Espartacus, como Lincoln". Três modelos de abolicionismo. O presidente estadunidense Abraham Lincoln fora responsável pelo *Emancipation Act*, que pôs fim à escravidão, gerou guerra civil e seu subsequente assassinato. Gama, embora republicano ardente, não alimentava esperanças de presidir o Brasil. Espartacus estava no outro extremo do gradiente, líder de levante escravo na Roma antiga, quando a escravidão não tinha base racial. O caminho do estadunidense John Brown era uma derivada. Branco, livre, de certas posses, morreu na forca por instigar rebelião escrava no centro nervoso do escravismo do Sul dos Estados Unidos. Luís Gama, interpretando a legislação às tortas, burlando regras de formação de provas, às vezes guardando em casa escravos-réus antes do julgamento, equilibrou-se entre o uso da lei no tribunal e o crime de acoitamento, entre a via institucional de Lincoln e a insubordinação de Espartacus. E em seu retrato dos anos 1870, seus olhos brilham a febre de John Brown em sua véspera de revolta.[31]

REBOUÇAS NEGRO

O quadro político posterior a 1871 trouxe para o governo brasileiro várias complicações que funcionaram como oportunidade para mobilização dos abolicionistas. À conjuntura internacional cada vez mais adversa ao escravismo e partidos imperiais rachados somaram-se os efeitos colaterais da modernização Conservadora do gabinete Rio Branco, que trouxe novos atores, novas armas e novos espaços para a expansão do abolicionismo. Nesse cenário, as picadas abertas com os estilos Borges (associativismo e cerimônias cívicas) e Gama (ações judiciais) de ativismo virariam estradas largas, gradualmente emuladas em várias províncias.

Já a difusão da nova sensibilidade e da nova moralidade em relação à escravidão, do repertório moral abolicionista, decantou mais devagar. Muitos homens de convicção intelectual antiescravista embarcaram na campanha ainda proprietários de cativos. Assim foi com Rebouças. A adesão emotiva ao abolicionismo nem sempre andou junto com a adesão intelectual. Em muitos casos, apenas se ativou em face de uma experiência concreta, de um *choque moral*, que acendeu na subjetividade o sentimento de injustiça.[32] Processo agudo para os ativistas negros de fora da elite imperial, como Luís Gama, que vivenciou a estigmatização pela cor desde cedo. Rebouças, tão integrado na elite social e nos conchavos políticos do Segundo Reinado, teve trajetória mais complexa.

A abolição compôs primeiro a palheta de reformas de um engenheiro empreendedor. Rebouças, nos anos 1860, operou por lobby político, construindo pontes entre abolicionistas da elite social e potenciais aliados nas instituições políticas. Engenheiro de diques múltiplos, pôs suas qualidades de articulador a serviço do abolicionismo. Era até então abolicionista cerebral, destilando a retórica do progresso, ávido por persuadir pares da elite das vantagens econômicas da abolição para o país. Falta-lhe ainda a alma empenhada de Gama. Foi em 1873 que se atou ao abolicionismo pelas vísceras.

Até aí se via como membro da aristocracia social, empresário de méritos reconhecidos. E, de fato, em sua bem-sucedida carreira, não enfrentou obstáculos além do normal em uma sociedade de corte pequena, com poucos postos e prebendas em disputa. Não ganhou todas as paradas porque ninguém as ganhava, mas ganhou muitas importantes, contratos vultosos, administração de grandes obras de engenharia. Tinha acesso a chefes de governo e à família imperial. Conta um amigo seus "sucessivos triunfos", "ruído e renome cercaram logo os primeiros passos e empreendimentos do emérito e ousado engenheiro [...]. Afluíam-lhe trabalhos e dinheiro e, como era natural, não lhe faltaram amigos e admiradores...".[33] Ao contrário de Gama, Rebouças alcançou alta posição social que eclipsou sua cor. Entre a aparente indiferença a ela nas altas-rodas — o "meu inglês" de Itaboraí — e o autocamuflamento, pôde chegar à idade madura sem se referir à própria pele nem ao confessionário íntimo, o diário pessoal.

Isso mudou em Nova York. Passara pela Europa, em óperas e recepções aristocráticas, as do chanceler brasileiro em Londres, as de Veneza e Milão, de braço com Carlos Gomes. E assim também em Viena e Paris. Na volta, em junho de 1873, aportou nos Estados Unidos. Justo na potência ianque, seu modelo de progresso, experimentou a mesma subordinação social que Gama purgara em São Paulo. Na Europa e no Brasil, nas rodas chiques, fazia ouvidos moucos a chistes, obstáculos, antipatias e até à carta anônima, escancarando "a qualidade minha de mulato". Era antes de tudo aristocrata, a quem acontecia não ser branco.

Na metrópole burguesa, avessa a etiquetas nobiliárquicas, a cor sobrepujou a fidalguia. A raça operou como limite social e ele se viu enxotado de seguidos hotéis em Nova York: "Depois de algumas tentativas, compreendi que era dificuldade da cor a causa das recusas de aposento". Ao fim, por intermédio do consulado brasileiro, obteve lugar no Washington Hotel com a condição de comer no quarto e nunca aparecer no restaurante. Era "um quartinho muito sujo no terceiro andar [...]. Fui pela manhã obrigado a tomar banho em uma barbearia". Não pôde acompanhar um amigo ao programa preferido: "O prejuízo da cor impediu-me de assistir ao espetáculo no 'Gran Opera House'". Em 16 de junho dormiu com fome, tal o veto dos restaurantes. Fugiu para a Pensilvânia. Achou a Filadélfia suja, a Filadélfia achou Rebouças negro: "Ainda o prejuízo da cor obrigou-me a fazer a refeição no nosso quarto".

Quando intervenções de amigos lhe obtiveram lugar no French's Hotel, em Nova York, tentou reassumir a identidade de aristocrata, reclamando de "um serviço de criados muito inferior ao dos hotéis da Europa". Mas sua identidade estava trincada. Os Estados Unidos partiram seu espelho. Experiência intensa de uma sociedade, na qual, na ausência das hierarquias aristocráticas, a cor se fizera marca de distinção, diferenciadora e subordinadora, um estigma. Apreciador de simetrias, exatos dois anos depois de libertar os últimos escravos de sua casa, deu-se conta de que era também rebento do tráfico africano. A condição durava indelével na pele. Isso Rebouças aprendeu, literalmente, na carne.

A humilhação, em vez de subordinar, o levou a se nivelar pelo alto — sempre aristocrata. Buscou equivalente na sociedade americana: "O mulato Douglass, velho amigo do presidente Grant, muito influente na sua reeleição, fora ultimamente rejeitado nos hotéis de Washington". Frederick Douglass fora escravo, mas se autoeducara, fugira do cativeiro para o Norte dos Estados Unidos e se tornara um dos grandes ativistas antiescravidão, escrevendo, discursando, tecendo alianças no interior da elite política. Douglass era contraexemplo vivo do argumento da inferioridade dos negros, ativo, inteligente, lobista eficaz e propagandista de primeira.[34] Como Douglass, Rebouças era personalidade cativante, enfronhado nas antecâmaras do poder, e vítima de preconceito. Eram parecidos. Só faltava Rebouças se tornar para o Brasil o que Douglass fora para os Estados Unidos: o maior dos abolicionistas negros.

4. A teatralização da política

ZÉ DO QUÊ?

Tem gente que nasce com patrimônio no nome. Quem é, como Paulino, um Soares de Sousa, tem meio caminho andado. Mas que destino aguarda os sem nome? O filho de Justina do Espírito Santo e João Carlos Monteiro não teve direito a um. Nasceu de ilegitimidade, de uma liberta quitandeira e do vigário da paróquia de Campos, o que, sem ser infrequente, não chegava a lícito. Por escolha, teria juntado pai e mãe para ser Justino Monteiro, pseudônimo que usaria em 1905. Porém, quando veio ao mundo, em 1854, tornou-se José, ganhando do pai o segundo prenome, enquanto a mãe convertia seu Espírito Santo em *Patrocínio*, por conta do santo patronímico do dia.

O vigário tinha filho, a quem dera sobrenome e diploma por Coimbra. A Zeca deu muito menos; integrou-o, contudo, à vida familiar, entre o engenho da Fazenda da Lagoa de Cima e a casa na praça da Matriz de Campos, no interior da província do Rio de Janeiro. Infância de algum estudo, um pouco de política — o vigário foi deputado provincial e escrevia na imprensa — e muita traquinagem. Por então afloraram no menino impaciências rebentadas no adulto: pavio curtíssimo, "sinceridade selvagem". A cavalo, certo dia, Patrocínio irritou-se com a lerdeza de um velho escravo em abrir a porteira e, enfurecido, golpeou-lhe a cabeça com o cabo de prata do chicote, abrindo um corte. A subsequente repreensão paterna, apelando à piedade, teria produzido no menino "tal impressão, que, disse ele anos depois, pareceu-lhe que todo o seu ser se transformara repentinamente". Patrocínio tributou sua transmutação de algoz em paladino dos escravos à tópica romântica da compaixão. O estilo de ativismo político que ela orientaria se aclarou noutro episódio na Lagoa de Cima. Tentou salvar um escravo dos açoites do feitor. Primeiro interrompeu-o aos gritos. Esse primeiro esforço foi em vão. Logrou sucesso quando se pinchou da escada e fez sangrar a própria cabeça. Patrocínio seria esse abolicionista dramático, ativista do exagero.

Embora tenha localizado sua profissão de fé na infância, seu abolicionismo data da juventude. Enfurecido com as amantes do pai, que humilhavam sua mãe, estapeou uma delas, em 1868. O vigário, então, o enviou para a capital do Império. Antes o empregara de caixeiro, ocupação que durou seis dias, em parte pelo temperamento do menino, em parte porque o patrão avaliou que "o público não gostava de ver uma pessoa de minha cor no balcão". Aos catorze anos, idade mesmo de fazer os preparatórios para a faculdade, deixou Campos, com mesada do vigário. O dinheiro logo sumiu, porém o circuito de favores dos conhecidos do pai armou rede de proteção parecida com a que Luís Gama tivera de prover sozinho e menor em força e extensão que a de Rebouças. Teve casa grátis, no externato, emprego de servente aprendiz de farmácia, posto em casa de saúde e ingresso garantido na Faculdade de Medicina.

Patrocínio driblou a dureza desenvolvendo notável talento para fazer amigos e influenciar pessoas. Entabulou relações com boas famílias, onde achou sempre mesa posta e cama feita. Um amigo o sustentou por anos, passando o bastão para um ex-colega de externato, que lhe deu casa e ofício de professor dos irmãos caçulas. Esse segundo protetor era enteado de militar republicano, algo abonado, com filhas casadoiras. Patrocínio se engraçou com a espoleta da casa, Maria Henriqueta, a Bibi.[1] Mas seu coração trafegava por muitos poleiros. Nas confeitarias, livrarias, teatros, em qualquer cantinho da rua do Ouvidor onde coubessem política e letras, lá estava ele. Amigo de amigos, da noite e do copo, formou roda na Confeitaria Pascoal, entre músicos, donos de teatro, poetinhas sem vintém e, para desolação de Bibi, atrizes sem empresário.

Vagava pelas panelas Liberais. Patrocínio no Rio, como Luís Gama em São Paulo, se engajou na política na onda dos atos Liberais Radicais no fim dos anos 1860, que assistia, e virou revisor de *A Reforma*, jornal do partido. Acompanhava ainda as prédicas reformistas de pendão positivista de Teixeira Mendes e reuniões do Partido Republicano carioca, em cujo jornal, *A República*, ajuntou as duas causas num mesmo ícone e num só poema, "À memória de Tiradentes":

Insufla, gênio dos Andes,
no peito de cada bravo
Ódio às algemas de escravo

Somou abolicionismo mais republicanismo mais romantismo. Em 1873, escreveu em *O Lábaro*, jornalzinho da faculdade:

Quebremos essas algemas
Que oprimem nossos irmãos, [...]
Brademos aos quatro ventos:
"Escravos, sois cidadãos!"

As várias insurreições contra o Império, contudo, apenas campearam no peito aberto de Patrocínio depois de, como Gama e Rebouças, sofrer bloqueio em sua trajetória de ascensão social. Vivenciou na Corte a subordinação pela raça que o impedira de ser caixeiro em Campos. Um professor da faculdade o reprovou por razões veladas. Sem mencionar a cor do aluno, sua posição social ou a falta dela, o docente, um frei, disse apenas que não gostava dele. Barrado no meio do caminho para médico, Patrocínio deixou os bancos escolares, em 1874, com diploma de farmacêutico.[2]

A experiência de bloqueio aqueceu em sua alma turbulenta a crítica total ao Império. Em 1875, com um colega de faculdade, criou *Os Ferrões*. Aí espicaçou partidos, Igreja, bem-nascidos e descortinou o barbarismo dos escravocratas, valido da retórica da compaixão:

> Vêm para ser vendidos, esses desgraçados, como porcos ou perus. É natural que os vendam, uma vez que eles não são mais que *coisas*, ou menos que isso — *negros cativos*. [...]. Faz vir lágrima aos olhos ver estes infelizes acabrunhados pela desgraça, estendidos em ala na calçada [...]. Parecem estátuas da dor [...].

E denunciou a inoperância da Lei do Ventre Livre: "Lá se vão quase quatro anos e o governo ainda está com os braços cruzados". Toada prosseguida em *O Mequetrefe*, onde conheceu jovens literatos, como Aluísio Azevedo. Nessa pequena imprensa, assinava com o apelido de Zé do Pato.

Então, em 1875, apareceu um jornal médio, novidadeiro, barato, esquerdista sem partido, vagamente antiescravista, a *Gazeta de Notícias*. À direção, José Ferreira de Araújo, também mulato, também festeiro, também ex-aluno da Faculdade de Medicina. Ficaram amigos. Patrocínio começou na revisão de colunistas como Machado de Assis. Depois ganhou sessões, "Ocorrência de

Rua", nota policial, e a "Gazeta Métrica", miniatura do noticiário político, que fizeram furor pelo inusitado, pois vinham em versos:

Devoto de gentil capoeiragem,
o preto Fabiano
fez ontem, piedoso, uma romagem,
ao ventre do parceiro Caetano.
Houve grande algazarra
do povo que gritava: agarra! agarra!
Mas não se viu a sombra de um urbano! [3]

Com esse talento e a amizade de Ferreira de Araújo, em 1877, estava à frente da *Semana Política*, crônica do Parlamento, com outro pseudônimo: *Prudhomme*. Adaptou o nome como a máxima de Proudhon ao contexto local: "A escravidão é um roubo!".

Em 1878, como repórter, cobriu a descoberta, em Macaé, de que a última condenação à pena capital ocorrida no Brasil fora injusta. Um fazendeiro e quatro de seus escravos tinham sido condenados, em 1852, pelo assassinato de uma família que vivia em suas terras. O homicida efetivo se revelou em seu leito de morte, inocentando os executados. Além de artigos para a *Gazeta de Notícias*, Patrocínio escreveu um romance de tese atacando a punição extrema e os dois esteios do modo de vida rural do qual o episódio resultara, o latifúndio e a escravidão. Narrativa temperada com experiência pessoal: entremeou no enredo o romance proibido entre moça branca e moço negro, bem na hora em que os pais de Bibi descobriram seu namoro.

O livro granjeou controvérsia e estabeleceu de vez Patrocínio no jornalismo, enviado para cobrir outra cena dramática, em 1877, a da alongada seca no Ceará. Viagem de repórter, equivalente para Patrocínio às jornadas de engenheiro de Rebouças: descobriu o país. Conheceu Pernambuco, Paraíba, viu desigualdade, fome, desolação, que registrava para a *Gazeta de Notícias*: "Criancinhas nuas e seminuas, com os rostos escaveirados, [...] ventres desmesurados, pés inchados, cujos dedos e calcanhares foram deformados por parasitas". Nessa cobertura fez parceria com o desenhista Rafael Bordalo Pinheiro, que convertia suas fotos em desenhos publicados em jornal menor, *O Besouro*. Da experiência nasceu novo folhetim de crítica social, *Os retirantes*, que, além de apontar a decadência do mundo rural e senhorial, embutia anticlericalismo e traço autobiográfico: o vilão era um vigário.

Nessa viagem nasceram muitas das amizades que Patrocínio firmava num piscar de olhos, todas de valia na campanha abolicionista. Sua vocação para a sociabilidade jamais anulou o pendão para a briga. Em 1878, vagando pela cidade armado de uma navalha, acabou no xadrez.

Três alianças facultaram transformar suas insubordinações difusas contra injustiças sociais em militância tenaz e focal contra o escravismo. Um casamento foi literal. Em 1881, caiu a resistência e, com Ferreira de Araújo por padrinho, desposou Bibi. Como o sogro era proprietário de prédios e terrenos, levou de quebra capital suficiente para comprar a *Gazeta da Tarde* (GT), onde já escrevia. Patrocínio dobrou a circulação, elevada a 4 mil exemplares, quase um terço da tiragem do periódico mais estabelecido, o *Jornal do Commercio*. A GT se tornou folha de tamanho médio e penetração, que repercutia noutras províncias, para o que contribuía o uso farto da contundência, que obrigava autoridades a ler e responder a seus artigos.[4]

O jornal, na rua da Uruguaiana, 43, sediou outra aliança, tecida a gosto por Patrocínio, a da boêmia com a política. Carregou para a redação jovens escritores e caricaturistas que afluíam à sua mesa na Confeitaria Pascoal. Um deles conta seu efeito sobre a roda: era "o mestre". "Foi ele que impulsionou a mocidade do meu tempo, foi o treinador da minha geração. [...] era o turbilhão, era a coluna de fogo, era o gênio: atraía."⁵ Patrocínio pôs a juventude de poetas, prosadores e dramaturgos para produzir o jornal e pôs o jornal a serviço da abolição.

A terceira aliança foi política. Em 1879, uniu-se a André Rebouças. O vigário de Campos, morto em 1876, perdeu de ver: nos anos 1880, seu enjeitado criaria lar abolicionista na GT. Zeca, Zé do Pato, Prudhomme virou líder, viraria lenda. Como o pai lhe negara o nome, Patrocínio foi fazê-lo.

ASCENSÃO LIBERAL, ASCENSÃO ABOLICIONISTA

Depois de tanta celeuma, seria de imaginar que a Lei do Ventre Livre tivesse efeitos imediatos e retumbantes. Teve foi "efeitos demorados e apoucados", sintetizou um contemporâneo. Completou década de pouca aplicação, apenas na linha do ativismo judicial, ao estilo Gama, com reivindicações em juízo do direito do escravo ao pecúlio. Quando não instigada pelos abolicionistas, ficava perto da letra morta que Paulino prometera que ela seria. Ao longo de 1874, Rebouças escreveu artigos de protesto na imprensa: "lei falha e manca, triste e arrastadamente executada [...]. Até hoje, três anos depois da lei, nem a mínima providência sobre a educação dos ingênuos e dos emancipados".⁶

Os gabinetes Conservadores, traumatizados com a briga de 1871, pouco se empenharam em executá-la e, como eram maioria no Parlamento, a abolição desmilinguiu-se na agenda institucional. Rio Branco fez outras reformas, do ensino, da infraestrutura, e celeuma noutra parte, contra a Igreja. Quando saiu, em 1875, o poder caiu em mãos mais Conservadoras que as suas, nas do Duque de Caxias e de seu ministro da Fazenda, o barão de Cotegipe, que Rebouças, como toda gente, considerou o efetivo chefe do ministério e homem alérgico a abolicionistas.⁷

Os Liberais, na oposição, com pequena representação na Câmara, seguiam usando o espaço público para criticar o governo. Contudo, sua grande agenda reformista esbravejada no começo da década minguou ante a estabilidade das gestões alheias e a morte de reformadores moderados, como Zacarias de Góis e Vasconcelos, e de lideranças Liberais Radicais, caso de Tavares Bastos, que atiçara a conversa sobre escravidão no partido nos anos 1860. As Conferências Radicais mixaram. Os jornais Liberais batiam na tecla de mudanças que gerassem a "verdade eleitoral". Quando Caxias decidiu se aposentar, d. Pedro convocou o partido de oposição para fazer a propalada reforma do sistema eleitoral.

O Partido Conservador nunca dera muita asa para críticos: quando o Partido Republicano celebrou no Rio a queda da monarquia na Espanha, em 1873, o governo empastelou seu jornal, *A República*. Esse desestímulo explica o fato de, durante a Situação Conservadora posterior à promulgação da Lei do Ventre Livre, entre 1872 e 1877, terem aparecido apenas seis associações abolicionistas, enquanto antes, na radicalização Liberal anterior a essa lei, de 1868 a 1871, surgiram 25 delas. O governo Liberal, empossado em janeiro de 1878, soou aos abolicionistas conjuntura propícia para manifestações públicas, pois, como os Liberais tinham se valido do espaço público em suas longas férias do poder, esperava-se menos repressão sob seu governo.[8] Julgaram que seria também oportunidade de retorno da causa à agenda parlamentar, pois a agenda Liberal, ainda que em último lugar, incluía a abolição.

Patrocínio, na Corte, e Gama, em São Paulo, entrados na política pela porta Liberal Radical, se puseram em movimento, aliciando para o abolicionismo jovens egressos das faculdades, graças às reformas modernizadoras dos Conservadores, e doutrinados na retórica do progresso e também contaminados da retórica da compaixão difundida em cerimônias cívicas ao estilo Borges. A Libertadora 7 de Setembro as manteve na Bahia e, da véspera da Lei do Ventre Livre até 1878, entregou nelas perto de quinhentas cartas de liberdade.[9]

D. Pedro quebrou parte desse entusiasmo ao preterir a ala reformista dos Liberais na montagem do governo. Assumiu o poder a ala tradicionalista do partido, na pessoa de Cansanção de Sinimbu, fazendeiro das Alagoas, sem eira para abolicionistas. Sob esse gabinete, inclinado antes para os senhores que para os escravos, a escravidão tornou à agenda das instituições políticas.

Por quê? O cerne da Lei do Ventre Livre restava em suspenso. Os filhos de escrava nascidos desde 1871 teriam seu destino decidido aos oito anos: ou seguiriam sob a guarda dos ex-senhores até os 21, ou seriam confiados ao Estado, mediante indenização. Em aritmética simples: 1871 mais oito igual a 1879. Sinimbu chegou ao poder na véspera do momento crucis de efetivação — ou não — da Lei do Ventre Livre.

O encaminhamento governamental do problema passou longe dos sonhos abolicionistas, conforme reclamou a associação abolicionista inglesa ao visconde do Rio Branco e à imperatriz. Em 1878, fazendeiros se anteciparam a reformas que a Situação Liberal pudesse aventar e organizaram congressos agrícolas no Rio de Janeiro e no Recife para discutir o assunto. Sinimbu os apoiou. Via a escravidão na linha dos braços que faltariam à lavoura, problema econômico, nada a ver com cidadania. Prometeu não bulir com a Lei do Ventre Livre e tocou o assunto na toada da atração de imigrantes proletários. Mandou missão a Pequim, com vistas a importar chineses. Em vez de garantir o direito dos rio-brancos, como se apelidaram os libertos de 1871, aprovou, em 1879, a Lei de Locação de Serviços, regulando o trabalho livre em modelo vizinho à servidão.[10]

Assim se reavivou o debate sobre a escravidão. Retornaram vozes dos abolicionistas pioneiros e assomaram outras da geração mais jovem. Temas e estratégias dos primeiros se transmitiram aos segundos e se dilatariam em nova e ampla onda de mobilização. Duas estrelas aí despontaram. Uma seria Joaquim Nabuco, no Parlamento; falaremos dele no próximo capítulo. A outra, no espaço público, já conhecemos: José do Patrocínio.

ALIANÇA

Conheceram-se na rua do Ouvidor, numa redação de jornal, ou no teatro, é incerto — o fato é que fizeram dupla. Não podiam ser mais destoantes. Difícil imaginar André Rebouças, imerso nos requintes e favores das rodas aristocráticas, de braços com o rei da boêmia, José do Patrocínio. Zé do Pato, espalhafatoso; André, cerimonioso. Patrocínio, o perdulário; Rebouças, o morigerado. Um de discursos; o outro, de obras. Complementares, viraram até compadres: Rebouças, sem prole, apadrinhou José do Patrocínio Filho. Amizade duradoura, e é difícil imaginar o abolicionismo sem ela. Na aproximação, Patrocínio moveu-se pouco, homem de imprensa, cercado de artistas, do começo ao fim da campanha. Rebouças é que fez as voltas do parafuso.

No retorno dos Estados Unidos, em 1873, reassumiu a gerência das Docas de d. Pedro II e o lobby por seus projetos. Mas sua posição no mapa astral local mudava. Em meio à crise econômica internacional, lutava em ambiente de competição acirrada por empreendimentos, ao qual se sobrepunham rixas políticas e patronagem. Querendo isentar de impostos sua Companhia das Docas, entrara em queda de braço com o governo, ainda durante o gabinete Rio Branco: "Nunca encontrei ministro algum tão refratário e que maiores desgostos me tenha causado!". Ao imperador reclamou do "esforço imenso que era necessário para promover empresas no Brasil". Foi debalde. Seus prósperos negócios com o visconde de Mauá desandaram. O golpe mortal foi a perda de apoio do maior acionista da Companhia das Docas e apagador dos incêndios em que Rebouças se queimava, ao enterrar ganhos de uma empresa nas perdas de outras. A ambição de ampliar negócios ampliava problemas — e dívidas. Acabaram seus recursos de caixa, depois acabou o que guardava de reserva. A Companhia das Docas naufragou. Correu aos préstimos do príncipe consorte e de d. Pedro: "O imperador desdisse suas promessas [...]. Ah! Reis! Reis!". Assim se encerrou sua primeira intimidade com a família imperial, eles cansados de seus pedidos, ele cansado das negativas deles. Seguiu em tratativas cá e acolá, embora sem tornar a reencontrar o ápice como empresário. Desgostou-se com as canônicas vias da patronagem, tampouco eficazes em compensá-lo com bom emprego público. O de professor da Escola Politécnica lograra como substituto apenas. Pouco o consolou a distinção simbólica com que Rio Branco o compensou, de oficial da Ordem da Rosa — "condecoração que jamais tirei nem usei".

Nessa metade dos anos 1870, seu céu de estrelas transformou-se em purgatório, inclusive privadamente. Passava dos 35 anos sem casamento. Perito nos arranjos fincados em relações pessoais, típicos da sociedade de Corte, sabia o valor de um bom partido. Nas margens de seu caderno de notas, mistura de agenda de negócios, ideias políticas e desabafos pessoais, as moças rareiam. Sociável, próspero, teria achado noiva branca, como Patrocínio. Mas para aristocrata apenas valeria casar dentro do ranque. Se procurou, não encontrou alguém de posição social equivalente. Solidão escavada em 1873. Perdeu o irmão Antônio, sócio de viagens e negócios, companheiro biográfico: "Um dos mais tristes dias da minha vida! Alteração profunda em todo o plano da vida". Desvalido de empresa, esposa, irmão, protetores, o engenheiro dos diques múltiplos deu no beco sem saída. Só faltava perder — como perderia, em 1880 — o timão da carreira e última trava: o pai.

Rebouças então avançou pela imprensa. De fins de 1874 até 1879, escreveria no *Novo Mundo*, jornal que José Carlos Rodrigues, amigo que o acolhera no apuro racista em Nova York, de lá editava. Em 1877, entrou para um dos periódicos de tamanho médio, *O Globo*. Logo o derrubou o barão de Cotegipe, então ministro da Fazenda, desgostoso com seus artigos favoráveis à liberdade de comércio. Nesse ponto morto, escreveu o opúsculo *A seca nas províncias do Norte*, em sintonia com os artigos de Patrocínio sobre o Ceará.

Nas eleições de 1879, tentou, qual antes o pai, a política partidária. Candidatou-se a deputado provincial pelo Paraná, onde dirigia obras. Amargou a 16ª colocação. Veterano em obras e empresas, Rebouças teve, naquele ano, de se submeter a exames para obter diploma e assim concorrer à primeira cadeira de engenharia civil da Escola Politécnica. Purgou essa experiência como humilhação. Dava-se conta de que "a qualidade minha de mulato", embora de maneira menos veemente que nos Estados Unidos, fazia diferença no mundo brasileiro.

Quando, em maio de 1880, ganhou o cargo de professor da faculdade, tinha mudado de pele. O multitarefas malogrado nas arenas empresarial e eleitoral agarrou avidamente o empreendimento novo, ensinar a trigonometria das reformas. Transferiu sua potência da pequena para a grande política: "Começo os trabalhos para a propaganda abolicionista, que desde muitos anos me preocupavam"[11] — no jornal de Patrocínio.

ADAPTAÇÃO DE UM REPERTÓRIO

O abolicionismo estivera até então confinado a um pequeno grupo de elite. Com os Liberais no governo, achou duas condições para expansão. De um lado, os Liberais Radicais tinham estimulado associativismo, imprensa, conferências como veículos de críticas às instituições imperiais. De outro, a reforma do ensino do gabinete Rio Branco abrira as faculdades ao talento de jovens de origem social pouco nobre, que ganharam o diploma, moeda de acesso aos postos de elite. No entanto, sem a contraparte do emprego. Assim se aglutinou nas cidades maiores um estrato de moços bem-educados, mas malsucedidos ou marginalizados nos meandros da política estamental e, por isso mesmo, dispostos a integrar campanhas pró-mudanças no espaço público que se alargava. A republicana explodiria adiante; a abolicionista pegou fogo logo.

Passar do punhado de pioneiros antiescravistas a movimento social nacional requisitou passo largo. Como? O repertório abolicionista internacional, que chegava por jornais, livros ou viagens, como as de Abílio Borges, continha ao menos três maneiras de lutar pela abolição. Ingleses e estadunidenses combinaram estratégias parlamentares com grandes campanhas no espaço público, valendo-se de jornais, panfletos, literatura, associações, petições, boicotes e *meetings*. Os franceses preferiram a via elitista, de lobby e ações no sistema político, sem expressivas manifestações populares.[12] O terceiro estilo era extremo: a rebelião escrava, à maneira do Haiti.

Desse repertório de experiências prévias, duas táticas já estavam em uso no Brasil, ambas institucionais: o estilo Gama, de ativismo judicial, e o estilo Rebouças, de lobby junto a autoridades políticas. Patrocínio, que não detinha o conhecimento técnico de Gama, nem as conexões na elite política de Rebouças, buscou outra via. Para cogitar a revolução, carecia de base social. Sobrou-lhe a mobilização popular à anglo-americana.

Patrocínio publicou em sua *Gazeta da Tarde* a autobiografia de Frederick Douglass, o líder negro estadunidense que encantava Rebouças. O que fizera Douglass? Escrevera, viajara, discursara. Meios de difundir a retórica abolicionista, suscitando reações morais e emocionais antiescravidão. Meios de arregimentar e aglomerar gente no espaço público e assim pressionar as instituições. Patrocínio tomou esse rumo.

Um coisa é admirar, outra é emular um modelo. Diferenças entre o contexto brasileiro e o anglo-americano tornavam a simples transposição impossível. Uma diferença era de público-alvo. Fazer barulho em livros, manifestos, panfletos, jornais, petições, como na Inglaterra e nos Estados Unidos, teria alcance acanhado. É que, como Machado de Assis lastimou, o censo de 1872 escancarara a baixíssima alfabetização nacional:

> E por falar neste animal [o burro], publicou-se há dias o recenseamento do Império, do qual se colige que 70% da nossa população não sabem ler. Gosto dos algarismos porque não são de meias medidas nem de metáforas. Eles dizem as coisas pelo seu nome, às vezes um nome feio, mas, não havendo outro, não o escolhem. [...]. A nação não sabe ler.

Com os dados consolidados, a ignorância se alargou: apenas 15,7% da população de 9 930 478 pessoas era capaz de ler e escrever.[13] Se a deslegitimação no campo das ideias se restringisse à forma letrada, o apoio ao abolicionismo bateria nesse teto. Tal circunstância empurrou o abolicionismo para a busca de linguagens não escritas.

Outro complicador era o nervo religioso da campanha anglo-americana. Embora inseminados por celebrações laicas, os abolicionismos britânico e estadunidense acharam base organizacional e fonte litúrgica no universo quaker. Usaram igrejas, pastores, vigílias, hinos, e a tradição protestante moldou argumentos e manifestações antiescravistas.[14] A religião serviu a eles como elemento motivador e legitimador. Aqui, em 1869, Abílio Borges desviara do cânone anglo-americano ao iniciar cerimônias abolicionistas *cívicas*, pois a tradição política brasileira era católica.[15] O catolicismo se plasmava no estilo de vida e na sociabilidade, com seus rituais, missas, procissões, e, como braço do Estado, regulava os acontecimentos biográficos, nascimento, casamento, morte. Ajudava na garantia da ordem social e do controle político — as eleições aconteciam nas capelas —, e como religião de Estado, com sua estrutura eclesiástica, confrarias e redes religiosas, legitimava o arcabouço institucional do Império. De todos esses ângulos, pendia para o lado contrário ao abolicionismo. Irmandades e clérigos antiescravistas foram exceções da regra de padres proprietários de escravos. Além disso, desabrochando tarde, o abolicionismo brasileiro se autodefiniu como um reformismo, amigo da ciência, adepto da tópica do progresso, que apontava a Igreja católica como instituição obscurantista e arcaica.

Tudo isso vedou a emulação do modelo das cerimônias anglo-americanas. Borges o sinalizou, ao dar caráter cívico aos seus eventos. Patrocínio seguiu por aí, avaliando que o catolicismo seria menos eficiente que o protestantismo no combate à escravidão.[16] Rituais abolicionistas se valeriam do repertório de imagens, episódios e personagens cristãos com parcimônia. Até a tópica da piedade viria mais nos vocabulários do romantismo literário e do humanitarismo que no do catolicismo. A campanha abolicionista brasileira, recorrendo ao direito, à moral e à ciência, seria laica.

Para recrutar aderentes e mobilizar para além das fronteiras da elite, Patrocínio buscou espaços seculares para a propaganda. Coisa que vizinhos faziam. Atos abolicionistas das colônias de Porto Rico e Cuba em Madri eram exemplos frescos e aparentados: sistema político fechado, sociedade aristocrática, tradição católica. Abolicionistas hispânicos, como os brasileiros, confrontavam instituições religiosas em vez de contar com elas. E, enquanto as emancipações inglesa, estadunidense e francesa eram história, na Espanha a conversa estava viva. Abolicionistas que circularam pela Europa, como Rebouças e Borges, ouviram falar das conferências antiescravistas, da Sociedade Abolicionista Espanhola, fundada em 1865 em Madri, que criara eventos de inspiração secular, com declamações no lugar de rezas, dirigidas a senhoras e senhores, e acompanhadas de manifestos, panfletos, petições, exposições, procissões, comícios, passeatas,[17] atividade à qual os ativistas reputaram a abolição da escravatura em Porto Rico, em 1873. Patrocínio, já em aliança com Rebouças, mirou-se nessa experiência, mais próxima em termos culturais e temporais que a anglo-americana. Fechada a igreja, entrariam pela porta hispânica, pública e secular, do teatro.

As cerimônias cívicas de Abílio Borges tinham declamação, mas aconteciam no ambiente fechado e formal de escolas e circunscrito à elite imperial. Rebouças assistira a uma nesse modelo, nas vésperas da promulgação da Lei do Ventre Livre. De outro lado, as conferências Liberais Radicais dos anos 1860 tinham tido público amplo, entretanto sua atratividade era baixa: continham apenas discursos políticos, o que seria enfadonho para parte do público. Patrocínio as frequentara. A meio caminho entre os eventos de Borges e os dos Liberais Radicais estavam as conferências populares, na Glória, que a Sociedade de Instrução Pública iniciara em 1873, com público para além da elite social e pauta variada — da literatura às águas minerais, da educação à asfixia, do positivismo às exposições industriais.[18]

Combinando exemplos domésticos e internacionais, Patrocínio e Rebouças casaram intenção política com inserção cultural. O primeiro tinha penetração entre artistas de teatro, o segundo, no mundo da música de concerto. Juntos, somavam os universos das culturas erudita e popular, coquetel com o qual temperariam as cerimônias cívicas de Borges. Localizaram nas artes o instrumento de mobilização política que os anglo-americanos tinham antes achado na religião. Suas conferências seriam concertos.

AS CONFERÊNCIAS-CONCERTO

Com o Império empacando seus projetos modernizadores — estradas de ferro, com pequena propriedade nas margens, engenhos centrais e escolas pelo interior do país —, Rebouças desistiu de ir só pelo lobby da política aristocrática e fez dupla com Patrocínio, agitador precisado de logística.
Dupla de ativistas negros. Rebouças acabara de descobrir essa condição. Patrocínio encarnava a sua de modo ambíguo. Usara da clássica estratégia de branqueamento pelo casamento, preferindo — como, aliás, Frederick Douglass, como, aliás, Machado de Assis — a legitimação social casando-se com branca. Mas consumiu cada tostão do dote da esposa reorganizando *A Gazeta da Tarde*, o maior e o melhor de todos os jornais abolicionistas. Patrocínio se autodescrevia como da cor do "tijolo queimado" e sofreu seguidas estigmatizações, da velada na faculdade às explícitas durante a campanha: "preto fulo", "macaco". Numa conferência, já em 1887, gritariam da plateia: "Cala a boca, negro!". Patrocínio cresceu nos calcanhares: "Quando Deus me deu a cor de Otelo foi para que eu tivesse ciúmes da minha raça!".[19]
Rebouças e Patrocínio fizeram triângulo com Vicente Ferreira de Sousa. Igualmente negro, sem vacilação nenhuma: casado com negra e tendo chegado aonde Patrocínio não fora: era quintanista da Faculdade de Medicina. Dali se conheciam. Adiante ensinaria latim e filosofia no Colégio Pedro II — seria seu aluno Raul Pompeia, submetido a mais esse abolicionista —, posição de prestígio que, em termos de status, o situava a meio caminho entre Rebouças e Patrocínio. Em 1879, era professor de retórica em

externato e aluno insubordinado — assinou manifesto reclamando dos exames da faculdade.[20] Dos três, Sousa era o mais à esquerda; fundaria a Federação Operária e o Partido Socialista Coletivista. Isso no futuro, na República. No passado, em Salvador, terá assistido às cerimônias públicas do outro professor de Pompeia, Abílio Borges.

Quem seguramente conhecia Borges era Rebouças. Leu, em 1879, *Desenho linear ou Elementos de geometria prática popular*, manual escolar que Borges lançara no ano anterior e lhe enviara por correio. Rebouças, com seu perfeccionismo de geômetra, pôs reparos técnicos, mas ainda assim se entusiasmou com o empenho de Borges na instrução da mocidade e na modernização do país, "ideias que desde muito propago". Escreveu carta com loas ao autor. Borges, honrado, a fez publicar no jornal. Nela Rebouças dizia: "Necessitamos educar esta nação para o trabalho; estamos cansados de discursos".[21]

Não obstante, foi achar onde fazê-los. Rebouças, Patrocínio e Sousa se puseram a organizar eventos de persuasão da opinião pública. Em vez de cerimônias de entrega de cartas de alforria, com doações conseguidas antes, como fazia Borges, acharam de arrecadar durante. Patrocínio postava na porta mocinhas vestidas de branco e ornadas com fita verde e amarela[22] para atrair público e pedir aportes.

O uso do espaço público do teatro para propaganda também teve a ver com as reformas do gabinete Rio Branco, que, ao adensar atividades urbanas, energizaram a sociabilidade citadina. Os teatros ganharam das igrejas o posto de centro da vida social. Divas, intérpretes, peças eram assunto cotidiano dos jornais nos anos 1870 e 1880. Cada capital provincial tinha o seu teatro, de Porto Alegre a Manaus, como o Lírico e o Polytheama, na Corte, o Santa Isabel, no Recife, com programação semanal intensa.[23] Espaço elástico, que abrigava óperas e vaudevilles, música de câmara e orquestras, entretenimento popular e apuro aristocrático, os teatros eram simultaneamente sede do mundanismo e programa de família, agregando os de estirpe e os do *demi-monde*, o flerte e a política.

Sediar a propaganda nos teatros abriu campo para aproveitar à exaustão os recursos artísticos, incipientes nas cerimônias de Borges. Rebouças, cortesão, tinha o traquejo das galas. Em 1870 fizera serenata para o imperador, jardins decorados com luzes elétricas, declamação, e, no ano seguinte, como membro da Sain, armara exposição de flores, com pavilhões ornamentais e cerimônia de entrega de medalhas. Sobrinho de violinista, tinha apego à música lírica e se tornara agenciador de Carlos Gomes, além de padrinho do menino do maestro. Ao mergulhar no abolicionismo, levou suas expertises e a do compadre, que, na encenação de *O guarani*, na Bahia, em 26 de julho de 1879, libertara duas crianças — exemplo seguido no Rio de Janeiro, em São Paulo e em Campinas.[24] Rebouças dilatou para o lado da música de concerto o sentido de cerimônia que Borges dera aos eventos abolicionistas.

Patrocínio dilatou-o para o lado popular. Vivia nas operetas, tinha as manhas do café-concerto, do discurso de improviso nos brindes, além de rede de relações com donos de teatros e no meio artístico, caso de Chiquinha Gonzaga. Na GT empregava poetas e atores, como o popular comediante Francisco Correia Vasques — outro negro. Vicente de Sousa tinha também seu pendor para o teatro: publicara um drama em 1875, e sua esposa era uma cantante.[25] Universo artístico para o gosto médio, que contrabalançou a pompa de Rebouças.

Mãos na massa, adotaram o teatro como espaço de propaganda. Quem primeiro subiu ao palco, o do Teatro São Luís, em 23 de março de 1879, como orador, foi Vicente de Sousa. A logística correu por conta da Imperial Associação Tipográfica Fluminense e da sociedade Ensaios Literários. Daí em diante saltaram atos avulsos até o tino planificador de Rebouças os amarrar sob um título: *Conferências Emancipadoras*. A primeira desse nome, em 25 de julho de 1880, promovida pela gente da Escola Normal, no Teatro São Luís, repetiu o orador e libertou um escravo no palco. Rebouças levou Carlos Gomes para assistir e, na conferência seguinte, em agosto, promovida com ajuda da União Acadêmica, associação de alunos da Faculdade de Medicina, o maestro subiu ao palco para libertar uma escrava de sua propriedade.[26]

Rebouças, então, retomou com Sousa seu plano de 1870, de uma Associação Central Protetora dos Emancipados. A ideia vingou, em agosto de 1880, com o nome encurtado: Associação Central Emancipadora (ACE). A Junta Executiva da ACE passou a tocar as sessões e conseguiu horário fixo aos domingos no Teatro São Luís.

Rebouças tudo urdia, expedia convites e descrevia as sessões na GT do dia seguinte. Amealhou políticos provectos de pendor reformista para sustentar sua tática de um pé no sistema político, outro fora dele. Trouxe o senador Liberal Silveira da Mota, emancipacionista desde os anos 1850 e durante os debates do ventre livre, assim como Nicolau Joaquim Moreira, da Sain e elo entre os moços da ACE e as cerimônias da pioneira Sociedade contra o Tráfico, que foi evocada na 15ª Conferência. Conta Patrocínio que, "desde o princípio[,] as conferências foram sempre presididas por homens de grande merecimento e prestígio", como aqueles dois senhores de elite, cuja autoridade moral conferiu aos eventos a respeitabilidade indispensável para que o governo as tolerasse.[27]

Os atos aconteciam às quintas e aos domingos, com um ou dois oradores e plateia de senhoras e senhores. Como espocassem dispersos à medida que novos grupos abolicionistas iam se formando e, às vezes, em concomitância, Patrocínio e Rebouças instituíram agenda coletiva, definindo qual associação se encarregaria da cerimônia do domingo, para não pulverizar a audiência.

Rebouças, deprimido com maus negócios, chamou a si a logística, administração de gastos e doações. Sousa trazia os alunos da medicina, Patrocínio arrastava artistas e arranjava os teatros pelo Rio de Janeiro — além do São Luís, o Recreio, o Dramático, o Polytheama — por preço módico ou na camaradagem.

De 1880 a 1881, foram 44 sessões: em dezessete delas discursou Vicente de Sousa, em dezoito, Patrocínio. A pauta: a inefetividade da Lei do Ventre Livre, maus-tratos a escravos, ataques à religião de Estado. Falavam de abolição já e sem indenização. Embora Rebouças não subisse ao palco, Nicolau Moreira várias vezes reverberou suas ideias em discursos contra o "feudalismo bárbaro", pedindo "a subdivisão do solo e a criação da democracia rural", com legislação que incentivasse a pequena e média propriedade, reivindicações que Rebouças escrevera em série de artigos no *Jornal do Commercio* entre 1874 e 1875.[28] Falas similares saíram de várias bocas.

Outro assunto de boca em boca vinha da dúplice filiação da maioria dos ativistas. Patrocínio a explicitou na Conferência 23, realizada em 26 de dezembro de 1880: todo abolicionista devia ser obrigatoriamente republicano e vice-versa. Em março de 1879, Vicente de Sousa o dissera com todas as letras: "[...] nascendo ambos da mesma origem; e subsistindo ambos nos mesmos meios; e tendendo ambos ao mesmo fim; Império e escravidão identificam-se". A retórica do progresso — "a luz do século" — pedia a um só tempo reforma social e política, abolição e república. Patrocínio bradava que "a escravidão é um roubo" e exortava o público à "revolução da propaganda" para honrar os "mártires da revolução de 1789". Em lugar dos símbolos religiosos, como no abolicionismo anglo-americano, entraram os da Revolução Francesa, com as falas encerradas ao som da *Marselhesa*.[29]

Outras músicas embalaram o abolicionismo. Em 5 de setembro de 1880, um padrão se firmou: a partir daí haveria sempre uma parte concertante e musical. Na conferência de número 25, em 20 de janeiro de 1881, as artes tinham tomado o coração do evento, e o evento embutia um concerto: duas peças de Verdi, uma de Donizetti; uma fantasia da ópera *Martha*, de Friedrich von Flotow, e outra de autor local, Arthur Napoleão, em performance de Cacilda de Sousa, a esposa de Vicente de Sousa. A parte concertante, antes ou depois dos discursos, contava com lista taluda de artistas. O recurso trouxe público extra. Em 26 de setembro de 1880, o teatro lotou, com gente assistindo do lado de fora.[30]

Cristalizava-se aí a estratégia *mater* da propaganda na primeira metade dos anos 1880: misto de espetáculo teatral e comício político, meio de persuasão e de financiamento, as conferências-concerto. A sede impactou o *estilo da propaganda*. O universo dos espetáculos teatrais forneceu linguagem para a expressão e a ritualização do proselitismo abolicionista.

A preparação tomava a semana. A GT anunciava programa, decoração e artistas do próximo domingo. Em vez de misturar abolicionismo e religião, à moda ianque, a ACE os distinguiu, optando por horário pós-missa e pós-almoço, o meio-dia. Assim podiam ir as senhoras, sem prejuízo das obrigações tradicionais. Certos eventos se precediam de procissão cívica. Patrocínio punha banda de músicos para tocar — quase sempre de graça — na porta da *Gazeta da Tarde*, na rua da Uruguaiana. O curioso que parasse era convidado a marchar, atrás de bandeira e dos abolicionistas, até um dos teatros do centro, já enfeitado, a calçada coberta de folhas, jardins iluminados — a inovação técnica da eletricidade simbolizando a liberdade em contraponto às trevas da escravidão.

Quem entrasse no recinto se via engolfado por irmãs, filhas, esposas de abolicionistas, que, faceiras, extorquiam o donativo. Dentro, o corriqueiro da decoração teatral — às vezes a cargo da Sociedade Euterpe Comercial Tenentes do Diabo, carnavalesca. Flores, bandeiras, escudos, cortinas, tecidos, louros, lenços, luzes, brilhos, dourados, retratos de heróis abolicionistas, como Victor Hugo, alegorias e a insígnia da GT — por vezes em par com o barrete frígio republicano.³¹

Teatro cheio, entrava a banda, Sousa, Rebouças, Patrocínio e mais uns seis, em média, que carregavam solenes a bandeira brasileira — até criarem seus próprios estandartes. Ao subirem ao palco, abriam-se as cortinas.

Durava umas três horas. Na parte política, o orador principal era um dos diretores das associações abolicionistas que iam surgindo. Falava muitas vezes João Clapp, 43 anos, filho de estadunidenses, gerente do Banco do Brasil e dono de loja de porcelana. Patrocínio o conhecera em reuniões do Partido Republicano em São Cristóvão. Clapp fez do trio Rebouças-Patrocínio-Sousa um quarteto. Pelo meio da década seriam dele as boas-vindas e o relato do ativismo da semana.

Na sessão política campeava a retórica da compaixão, com vocabulário romântico e imagens sentimentais, que apelavam à sensibilidade, à nobreza, à fraternidade. Dramaticidade que ia ao zênite com Patrocínio, ao destacar a origem racial comum dos escravos e de abolicionistas como ele próprio, Rebouças e Sousa:

> [...] pode haver nada de mais santo e de mais nobre do que estarmos nós, de raça africana, trabalhando, dia e noite, para livrar nossos irmãos dos bárbaros ferros do cativeiro?! (*Aplausos gerais*). O que seria torpe, o que seria infame, [...] é se nós, por medo, [...] não estivéssemos na vanguarda, entre os primeiros combatentes, dispostos a tudo, a vencer ou a morrer, pela mais santa das causas; causa que é toda nossa pelo sangue, pela cabeça e pelo coração. (*Aclamações. Repetidos aplausos*).³²

Patrocínio arrematava com uma presença intensa, teatral, que magnetizava a audiência, como depõe um assistente: "A sua palavra não tinha melodia — era silvo ou rugido; o seu gesto era desmantelado, o seu olhar despedia fagulhas. Avançava, recuava, agachava-se, gingava, retraía-se, despejava-se, ficava na ponta dos pés, arremangado [...] — desmantelo trágico de tormenta". Com esse ímpeto, virou a alma das conferências-concerto. Quando subia à tribuna, o público respondia com bravos, palmas, flores, que tomavam as proporções de ovação. Dizia-se que era impossível ouvi-lo sem verter lágrimas.[33]

Nos discursos, as tópicas do progresso — a liberdade como mandamento da civilização — e do direito — a liberdade como intrínseca à condição humana — completavam a da compaixão. Assim se rebatia a *ratio* econômica do escravismo de circunstância, como se ouviu numa fala no Polytheama: "O escravo tem as mesmas faculdades que nós temos, o mesmo coração, os mesmos sentimentos e afetos, e muitas vezes são muito superiores àqueles que se dizem seus senhores". Daí afirmar "que a escravidão é um roubo; que o homem não pode escravizar o homem pela igualdade de sua natureza e de seu destino; que todos somos irmãos, e que a liberdade não se compra e nem se vende, [...] libertemos o escravo por amor da dignidade do homem". Ao fim, como nas performances artísticas, o conferencista ganhava um buquê.[34]

O elo sentimentalismo-indignação das falas ia como mão na luva com a parte concertante. Um entreato cômico de membros de companhias italianas ou do proverbial Francisco Correia Vasques desanuviava o público. Depois vinham uns quatro artistas. Num dia, quinteto de cordas e duas bandas; noutro, canto, quartetos, trios, valsas italianas, árias do *Fausto* de Gounod ou da *Carmen*, de Bizet. A cantora lírica Luísa Regadas era o "rouxinol abolicionista". Companhias líricas, como a Del-Negro, dedo de Rebouças, conviviam com quem Patrocínio levasse pela mão: tangos, zarzuelas, lundus e o maxixe, que Chiquinha Gonzaga inventava. No concerto de instalação do Centro Abolicionista Comercial, a maestrina regeu orquestra e coro de meninas. Muito executada era a marcha sinfônica "Marselhesa dos escravos", com frequência tocada pela banda do Asilo dos Meninos Desvalidos. Associações nascentes criavam suas canções, como o Hino da Cearense, afora o uso recorrente de *O guarani*.[35] A tradição romântica comparecia em declamações, com preferência para *Navio negreiro* e *Vozes d'África*, versos do finado aluno de Abílio Borges, republicados em 1880:

> *Hoje em meu sangue a América se nutre*
> *Condor que transformara-se em abutre,*
> *Ave da escravidão.*

As artes produziam a atmosfera sentimental para o clímax. Um escravo sorteado ia ao tablado receber sua manumissão, comprada com a arrecadação na porta do teatro — em média, 300 mil-réis.[36] Vicente de Sousa conduziu um deles: "Trazia pela mão o africano Juvêncio; entregou-lhe a carta de liberdade e deu-lhe o abraço de igualdade e fraternidade, que o batizava cidadão brasileiro. O auditório delirou então de entusiasmo".[37]

No palco, o que o escravismo de circunstância definira como base da ordem política e econômica emergia como opróbrio da nação. A retórica da compaixão dramatizou a injustiça da escravidão e indicou a reparação: transformar a mercadoria em pessoa ali ao vivo. Efeito poderoso. Preparada por imagens, poemas, músicas, encenação, a audiência ia à catarse. Em lágrimas, de pé, aos gritos, em delírio, aplaudia, brandia lenços, atirava flores sobre libertador e libertado. Em junho de 1883, quando Patrocínio entregou não uma, mas 115 cartas de alforria, os ex--escravos foram sendo alvejados com flores à medida que recebiam as cartas de liberdade. Assim a camélia se converteu no símbolo do movimento.[38]

A fórmula se dilatou e se disseminou na Corte e redondezas. De 1878 a 1884, aconteceram 51 conferências-concerto de inspiração abolicionista, além de muitas soirées, matinês, festivais, benefícios, festas, conferências e reuniões públicas, com elementos artísticos, num total de 161 manifestações públicas em espaço fechado, sobretudo em teatro. Embora variasse o nome, o espírito era constante, a junção da cultura com a política. O formato se espalhou para além da Corte, visível, até 1884, em dezoito províncias, isto é, havia eventos do gênero em todas as províncias, afora Piauí e Mato Grosso. Em São Paulo, o método apareceu em 1882, na fundação da Caixa Emancipadora Luís Gama, quando houve uma *festa da liberdade* no Teatro São José. O orador foi Raul Pompeia e, como na Corte, havia senhoras e a banda tocou o Hino da Abolição. Adiante, em Goiânia, apareceria o Hino Abolicionista:

> *Eia! Exulta a chamar a liberdade*
> *Quem há pouco dobrava a cerviz!*
> *Vão quebrar-se da lei na igualdade*
> *Os grilhões de uma raça infeliz.*[39]

Nem sempre as sessões acabavam em flores. Patrocínio temia que a polícia, que atacara conferências republicanas em 1873, desbaratasse a iniciativa de três negros contra uma instituição basilar do Império. Medo fundamentado. Em boletim de novembro de 1880, a ACE reportava "persistentes boatos de que escravocratas rancorosos planejavam um golpe de mal sobre o Teatro S. Luiz, e um ataque às pessoas dos eminentes oradores José do Patrocínio e Vicente de Sousa". No Senado, o barão de Cotegipe pediu ao governo o fim da festa abolicionista. Do sistema político veio igual defesa. O Liberal baiano Manuel de Sousa Dantas, membro da Libertadora 7 de Setembro, e então ministro, recusou-se a mandar a polícia[40] e ganhou aí o respeito dos abolicionistas, de consequência futura.

ARTE ENGAJADA

As artes adentraram a campanha. Sempre que Carlos Gomes esteve no Brasil nos anos 1880, Rebouças o empurrou para conferências-concerto na Corte. Em 1883, estreiou uma no Recife, promovida pela Sociedade Nova Emancipadora. Saudou-o Tobias Barreto, professor da Faculdade de Direito, outro mulato, e nasceu ali o Clube Carlos Gomes. O compositor pertenceu à vasta trupe que fez abolicionismo com acordes e trinados, versos e folhetins. Entre 1880 e 1884, pelo menos 63 eventos artísticos — concertos, peças de teatro e até uma ópera — se organizaram com agenda abolicionista explícita. Os artistas usavam seus espetáculos para arrecadar recursos para a campanha ou dar cartas de liberdade. Benefícios palatáveis para a elite social, na chave da filantropia — até a família real eventualmente contribuía. No meio da década, seu sentido de contestação à ordem escravista tornou-se notório quando, ao fim deles, abolicionistas como Patrocínio passaram a entregar as cartas de liberdade.

O comediante Vasques e o rouxinol Luísa Regadas eram ubíquos. Além de espetáculos de tema antiescravista, fundaram a Associação Abolicionista Artística, para a qual arrebanharam pelo menos duas dezenas de artistas, caso de Coelho Neto. País afora a arte entrou na propaganda. Aluísio e Artur Azevedo, literatos pendurados no braço e no bolso de Patrocínio, escreviam desaforos abolicionistas em notícias nos jornais da Corte, como poemas, romances, peças difundidos em sua província de origem, o Maranhão. Declamavam-se versos antiescravistas em Porto Alegre e acrônimos rimados circulavam em São Paulo.[41]

A poética da insurgência de Castro Alves achou seguidor em Cruz e Sousa, um filho de forros de Desterro (Florianópolis). Seu "Escravocratas", de 1882, transferia o sensualismo animalesco — que Alencar impingira ao africano em *O tronco do ipê* — para o senhor:

> *Oh! trânsfugas do bem que sob o manto régio*
> *Manhosos, agachados — bem como um crocodilo,*
> *Viveis sensualmente à luz dum privilégio* [...]
> *Eu quero em rude verso altivo adamastórico,*
> *Vermelho, colossal, d'estrépito, gongórico,*
> *Castrar-vos como um touro — ouvindo-vos urrar!*

Além da castração no último e do republicanismo do primeiro verso, ameaça mais temida pela elite imperial vinha em outro poema seu do mesmo ano, "Da senzala...", que brandia a insurgência escrava:

> *De dentro da senzala escura e lamacenta*
> *Aonde o infeliz*
> *De lágrimas em fel, de ódio se alimenta* [...]
> *Em ímpeto ferino;*
> *Não pode sair, não,*
> *Um homem de trabalho, um senso, uma razão...*
> *e sim um assassino!*

O tema adentrou a fatura das peças. *Corja opulenta: drama abolicionista em 3 atos*, encenado em todas as províncias do Norte e na capital do Império, em 1884, retomava o tropo do escravo sofredor de *Úrsula*. Sofre Alice, menina liberta pela Lei do Ventre Livre, mantida no cativeiro por pai algoz, que se jactava de engravidar oito escravas simultaneamente e comercializar os resultados.

Jorge, pobre, justo, positivista, vocalizava as três tópicas da retórica abolicionista— direito, compaixão, progresso —, um "pugnador pela marcha da civilização", que protesta contra "os atos canalhas desses que pretendem esmagar as classes proletárias com o miserável poderio do dinheiro!". O conflito ultrapassava o plano subjetivo para ganhar densidade social. Guerra, o escravocrata, e Tibúrcio, o negociante de escravos, encarnam seus grupos sociais, "misérrimos contrabandistas de carne humana", definidos no título como "corja opulenta". Vilões alvo da retórica da ameaça: "Bem vês como está ficando o povo brasileiro. Por toda a parte se ouve: Sou abolicionista! Morram os escravocratas! Viva a abolição!". A arte engajada, contudo, buscava — como as conferências-concerto — solução na legalidade: Jorge salva Alice ao estilo Gama, fazendo executar a lei.[42]

O escravocrata (1882), de Urbano Duarte e Artur Azevedo, ambos da roda de Patrocínio, retomava o mote. O escravo Lourenço, sua senhora e amada Gabriela, a filha dela e o namorado da moça são os bons em face do mau senhor Serafim. Entre os blocos oscila Gustavo, cuja paternidade se revela no clímax: filho da senhora não com o senhor, mas com o cativo. Uma novidade: o escravo negro — em vez da branca *Escrava Isaura* — é digno do amor de uma aristocrata. O romance se fecha sem final feliz: loucura para Gabriela, suicídio para Lourenço. Gustavo redime a si e ao público, ao se desvincular do pai social para morrer abraçado ao biológico. Segunda novidade: a tragédia suscita mobilização, a rebelião escrava contra Serafim (será o fim). O final, no entanto, é conciliador: perdão das vítimas, arrependimento do escravocrata, persuadido pelo futuro genro, que enuncia as tópicas da retórica abolicionista:

> [...] a escravidão é a maior das nossas iniquidades sociais, absolutamente incompatível com os princípios em que se esteiam as so-

ciedades modernas. É ela, é só ela a causa real do nosso atraso material, moral e intelectual, visto como, sendo a base única da nossa constituição econômica, exerce a sua funesta influência sobre todos os outros ramos da atividade social [...]. Oh! Não! Cada dia que continua este estado de coisas é uma cusparada que se lança à face da civilização e da humanidade![43]

Aqui, como em *Corja opulenta*, a tensão dramática se desloca do escravo para o escravocrata, e a escravidão surge como *relação de dominação*. Oblíquo, "O espelho", de Machado de Assis, de 1882, também o mostra: quando a escravaria foge, o protagonista Jacobina perde a identidade, pois não há escravista sem escravos.

O escravismo de circunstância reagiu a esse ataque letrado com censura do Conservatório Dramático Brasileiro à peça de Duarte e Azevedo, por ofensa à moral. Impedidos de encenar, os autores propagandearam o drama por meio de publicação.[44] Poesias e peças atendiam à pressa de disseminar o repertório moral abolicionista dentre a população urbana: sensibilizar para mobilizar. Daí as várias encenações do clássico do abolicionismo mundial, *A cabana do pai Tomás*, desde 1879, quando uma companhia teatral correu o país com ele. O livro — Nabuco propôs traduzi-lo em 1884 — sairia seriado apenas em 1888, no jornal do abolicionismo paulista *A Redempção*.

Os abolicionistas tentaram escapulir do consagrado folhetim romântico, talvez porque, demasiado associado a Alencar, requisitasse contraponto. Foi do romance de tese naturalista que lançou mão o outro irmão Azevedo, Aluísio. O tema, Rebouças o ruminava desde o trauma em Nova York, o preconceito de cor e o rescaldo pós-abolição: como integrar tanta gente preta na sociedade branca, acostumada a lidar com ascendentes como exceção? *O mulato*, de 1881, retomou o tropo do negro corruptor de costumes de *O demônio familiar*, porém, em vez de diabólico, Raimundo é herói mestiço, culto, irresistível. Filho de português com ex-escrava, educado na Europa, funciona como alter ego do autor, que usa a tópica do progresso para criticar a barbárie escravista, como na descrição das queimaduras que a esposa do pai mandara aplicar na genitália da mãe do moço. Outra personagem traz a crueldade no nome: Maria Bárbara.[45]

A ótica científica escavou assunto caro a Rebouças, que pediu imposto territorial e divisão de terras no *Novo Mundo*, em 1877, no *Jornal do Commercio*, em 1884, e na *Gazeta da Tarde*, em 1887. A novela *Os latifúndios*, versificada e dedicada a Luís Gama, sairia seriada em *A Redempção*, a partir de 13 de outubro de 1887, em crítica à concentração fundiária.[46] Se escravidão, monocultura e latifúndio faziam terceto, era preciso, Rebouças gostava de dizer, triangular a solução, extinguir os parceiros da escravidão com ela.

Aluísio Azevedo era, como Raul Pompeia, pena dúplice, um lado escrevia, outro desenhava. A caricatura fez antiescravismo pelo achincalhe. Nesse campo, o lápis mágico pertenceu a Angelo Agostini, amigo de Gama e Patrocínio. Romances atingiam setores médios letrados, a charge ia, como as peças de teatro e os versos declamados, aos estratos sociais baixos. Nabuco, em *Minha formação*, definiu a *Revista Ilustrada* como a bíblia abolicionista dos iletrados; nela, Agostini retratou a luta inteira, que se poderia contar só por seus desenhos. O teatro apelava às lágrimas, o romance à razão, a charge desmontava pelo riso.

O uso das artes operou a deslegitimação do escravismo e a difusão do repertório moral abolicionista, a imagem da escravidão como ilegal, imoral, anacrônica. O uso político de fórmulas artísticas familiares desestabilizou convenções sociais, ao incitar o estranhamento contra a ordem natural das coisas. A posse de escravos, de signo de distinção social, se convertia em estigma, enquanto o ato de emancipar passava a emblema de fidalguia d'alma. De senhor paternal o proprietário se transmutava em figura vil, atrasada na marcha da civilização, ao passo que o africano, antes bárbaro, ressurgia escravizado, vítima de instituição social injusta.

Discurso crítico, não revolucionário. Os esquemas interpretativos que atravessam a produção antiescravista — compaixão, direito, progresso — desaguavam numa *retórica da redenção*: ao extinguir a relação senhor-escravo, a abolição resgataria ambos.

As conferências-concerto e as várias formas de arte engajada infundiram a campanha de linguagem e fórmulas artísticas que dramatizaram a escravidão. Assim, sensibilizaram a opinião pública urbana, incitaram emoções coletivas contra o escravismo e converteram parte da audiência em ativistas. Sem contar com a religião, o abolicionismo brasileiro fez propaganda secular e artisticamente orientada. Achou no teatro sua prosódia, o drama. Dessa maneira definiu seu estilo peculiar de ativismo, uma teatralização da política.[47]

UM PÚBLICO PARA O ABOLICIONISMO

As conferências-concerto tornaram-se corriqueiras na primeira metade da década de 1880 na Corte. João Clapp as comemorou como "seguro meio de identificar o povo com as nossas ideias".[48] No Polytheama cabiam 2 mil pessoas, e os jornais reportavam sempre lotação máxima, às vezes gente do lado de fora. Que gente?

A mobilização abolicionista na Espanha emergiu de uma cultura associativa de classe média. Na sociedade brasileira, estamental, foi diferente. O dinamismo econômico produzia estratos diversificados, mas abafados pela lógica patrimonialista, sem que uma sociedade de mercado — e as classes dela decorrentes — se efetivasse em plenitude. Nessa sociedade em transição entre o tradicional e o moderno, ativistas e apoiadores do abolicionismo não vieram de uma camada social só, e sim de várias. Ao longo da década de 1880, o naco original de aristocratas modernizantes, ao estilo Abílio Borges, perdurou, ao passo que as conferências-concerto garimparam nos estratos médios e baixos.[49]

Parte expressiva da assistência tinha modo de vida desvinculado da escravidão. Como o tráfico interprovincial aglomerava escravos nas regiões de agricultura de exportação e nas famílias de posses, a mercadoria escassa, e, nos anos 1880, cara, foi ficando inacessível, e grande parte da população passou a ter pouco ou nenhum escravo. A campanha abolicionista se alastrou nesse circuito. Às conferências acorriam funcionários públicos, profissionais liberais — advogados engenheiros, cientistas, farmacêuticos, dentistas, jornalistas, escritores —, professores de escola pública, músicos, pequenos comerciantes, como Clapp, dono de loja, os iniciantes nas carreiras da Marinha e do Exército, mais raramente homens de negócio e, certa vez, até um fazendeiro. Cabe acrescer estudantes sem estirpe, beneficiados pela reforma das faculdades nos anos 1870. No serviço de persuadi-los, dois homens, duas escolas: Rebouças, professor da Politécnica, Sousa, estudante da Medicina, levaram alunos dessas faculdades, como iam os da Escola Militar e os dos preparatórios para a faculdade. Patrocínio listou muitos positivistas e professores entre os frequentadores.[50]

Patrocínio arrastava escritores, artistas e profissionais de teatro, mariposas de sua *Gazeta da Tarde* e jornalistas da nova imprensa de porte médio, como da outra *Gazeta*, a *de Notícias*, de *O Globo*, da *Revista Ilustrada* e, adiante, de *O País*, com seus lotes de pretendentes a escritores e políticos, sem chances de candidatura ao Parlamento. Quintino Bocaiuva foi desses, com os pés na campanha republicana, porém dando mão e espaço a Rebouças. Muitos, como ele, adeptos da retórica do progresso, demandavam tudo: abolição, laicização do Estado, república. Campanhas ora apartadas, ora sobrepostas. Estudantes e artistas foram para o abolicionismo como iam para o republicanismo, aos magotes.

Essa parte do público, embora com opções de carreira limitada na sociedade imperial, compunha-se de letrados e encasacados, portanto internos ao perímetro da assim considerada boa sociedade. O perfil dos membros de 22 das 35 associações formadas no Rio de Janeiro, entre 1880 e 1885, registrados na *Gazeta da Tarde*, aponta a presença também de gente de menos fumos: homens livres de profissões subalternas, como caixeiros empregados no comércio, tipógrafos, artesãos, solicitadores, jornaleiros, cozinheiros — que instituíram o Clube Abolicionista dos Cozinheiros e Copeiros Confederados, depois Clube Abolicionista da Classe Culinária Confederada. Vicente de Sousa os saudou num dos eventos: "Sois filhos do povo, pobres, laboriosos".[51]

Teia complexa, o abolicionismo cabe mal nas caixinhas elitista e popular. Cresceu justamente porque se expandiu para além de um único estrato social.

O mesmo se pode ver na questão de gênero. A presença das mulheres, às quais o direito de voto era vedado, era por si de monta. Elas não adentraram o abolicionismo como bloco; dividiram-se conforme a hierarquia da sociedade imperial, entrando por três portas. A consagrada era a da filantropia: a sociedade escravocrata liberava as senhoras de alta extração social do serviço doméstico, sem lhes abrir carreiras; tempo livre dedicado a causas beneméritas, por onde nasceram sociedades de libertação de crianças e escravas, como a Sociedade Redentora da Criança Escrava, fundada em São Paulo por uma Andrada, e a Aves Libertas, no Recife, gerida por senhoras de estirpe. Outra possibilidade era entrar de braço com marido, pai, irmão, cunhado abolicionista. Assim nasceu o Clube José do Patrocínio, liderado por Bibi, que acompanhou o marido na vida pública, ao constatar que ele ficaria mais nela que em casa. Essas senhoras entretidas em lidas domésticas — decorar salão, coletar doações, vender prendas e ingressos — começaram também a tocar piano, cantar, recitar, caso de mulher e filhas de Clapp.[52] Tanto Rebouças como Clapp se referiam a essa audiência aburguesada como "família abolicionista". A disponibilidade biográfica dessas senhoras respeitáveis era menor que a das artistas, cantoras, escritoras, atrizes, instrumentistas, que, solteiras, separadas ou casadas no meio artístico, liberal quanto aos costumes, viviam sem os impedimentos da família patriarcal. Pela porta do teatro, muitas seguiram Chiquinha Gonzaga e Luísa Regadas.

Os varões as conclamavam. Patrocínio criou na GT, em janeiro de 1884, uma coluna provocativa chamada "É a mulher brasileira escravocrata?". Nela, Aluísio Azevedo, na linha da carta de Castro Alves às baianas, instigava as senhoras ao abolicionismo. Clapp ideou, em 6 de fevereiro de 1881, uma matinê musical exclusiva delas, com galas, poesias, sempre em meio a flores.[53] Os abolicionistas chamaram as senhoras para proteger a campanha das ameaças escravistas de invadir seus eventos e para avolumá-los. Mas elas acharam outras ocupações para além de escudo. Indo às conferências-concerto como quem vai à ópera, muitas passaram de politicamente incapazes a cidadãs da política das ruas. Uma das poucas estudantes da Faculdade de Medicina, Josefa Mercedes de Oliveira, discursou em conferência em janeiro de 1884. Apesar da voz tremida, falou em condição equivalente à masculina, para frisson da audiência feminina, que a saudou balançando seus lenços. Isso na capital, onde se suporia tolerância, mas também em metade das províncias do Império: pelo menos 36 associações de mulheres ou com participação expressiva delas se formaram ao longo da campanha, distribuídas entre Amazonas, Bahia, Ceará, Pará, Paraíba, Paraná, Pernambuco, Rio de Janeiro, Rio Grande do Sul, Rio Grande do Norte e São Paulo.[54]

Com as mães, vieram os filhos. Na encenação de *Corja opulenta*, havia uma atriz gaúcha de dez anos. Muitas menininhas recitavam e um garoto discursava nas sessões.[55] O objetivo era contrastar a pureza infantil e a sordidez do escravismo.

Participação é diferente de igualdade, e abolicionismo não é feminismo. A hierarquia de gênero, marcadíssima na sociedade imperial, irrompia de tempos em tempos no movimento, com juízos moralistas de alguns ativistas. Mas, ao envolver mulheres e crianças, o movimento atacou a escravidão onde ela era tão forte quanto silenciosa: em casa. Politicizou a vida privada.

A maior das transgressões foi trazer os escravos para a política. Rebouças sonhava espalhar escolas para libertos pelo país, mas foi Clapp quem criou o Clube dos Libertos de Niterói, baluarte e modelo de empreendimentos similares, e a GT conclamava as associações abolicionistas a fundar as suas escolas. Abílio Borges, residindo na Corte e promovido a barão de Macaúbas, dava aulas no Liceu Literário Português, escola gratuita e noturna de instrução popular, que alfabetizava soldados, marinheiros e escravos. Escolas de letras com professores abolicionistas, de modo que entravam escravos analfabetos e saíam livres e ativistas. Um dos alforriados numa conferência acabou orador delas e vice-presidente da Caixa Emancipadora José do Patrocínio.[56]

As conferências, então, abrigavam "toda a flor do talento, do saber e do caráter nacional", como os desclassificados políticos da sociedade imperial: estratos sociais médios e baixos, imigrantes portugueses malpostos, negros, mestiços livres e libertos, mulheres e crianças. O abolicionismo alargava sua base social para abranger, no dizer de Patrocínio, "cidadãos de todas as classes".[57]

Ao expandir o espectro dos praticantes da política, o movimento desafiou a tradição brasileira e foi mais inclusivo que o hispânico, que falava a escravos do outro lado do Atlântico. Contudo, os brasileiros, como os raros antiescravistas do Sul dos Estados Unidos, com escravos encravados no cotidiano, enfrentaram impasses para migrar de proprietários a abolicionistas: Rebouças não foi o único nem o último a entrar no movimento com escravos em casa.[58]

A ampliação dos participantes pouco alterou as demandas. O movimento definiu a abolição, desde o panfleto da SCT em 1852, como item de um programa de modernização que tinha outros esteios na imigração e na pequena propriedade. Houve variações entre facções, sempre há em movimentos sociais, porém, o cerne para todas era o fim da escravidão. Por isso, em vez de moderados e radicais, a distinção fundamental, viu-se logo, seria entre abolicionistas e escravistas.

A POLÍTICA DAS FLORES

As conferências-concerto inauguraram um novo tipo de política no Brasil: no espaço público, em vez de no Parlamento, e operada por grupos sociais relativamente marginais em relação às instituições políticas aristocráticas. O abolicionismo se pôs a partir daí como uma política das ruas, voltada à mobilização de massas urbanas, qual seu congênere anglo-americano.

A propaganda visava persuadir. Assim como Luís Gama usava a lei contra si mesma, achando brechas no perímetro legal do escravismo, Rebouças, Patrocínio, Sousa e Clapp usaram contra os políticos as armas que eles — os Liberais Radicais — tinham forjado: a propaganda no espaço público. Essa estratégia de mobilização dominou a primeira fase da campanha, um ciclo de protesto pacífico, de flores: "Decididamente as flores" — disse Patrocínio —

"estão predestinadas a representar um papel importantíssimo na emancipação".[59]

Elas tinham seus espinhos. O barulho abolicionista encrespava escravistas. Paulino Soares de Sousa, vigilante, pediu medidas para "fazer murchar perigosas impaciências". E mesmo no espaço público, a geração 1870, que dava tantos abolicionistas, forneceu jogadores ao time contrário. Em fins de 1880, Sílvio Romero, orador convidado para uma conferência-concerto, faltou pretextando doença. No fevereiro seguinte publicou "A questão do dia — a emancipação dos escravos", na *Revista Brasileira*, repeteco de argumentos de José de Alencar contra a Lei do Ventre Livre: a abolição deveria vir por ação lenta e espontânea da sociedade, sem intervenção do Estado. E desclassificou a linha de frente da ACE — Patrocínio, Rebouças, Sousa, Clapp — como intransigentes. Patrocínio retrucou, na GT, que Romero propunha método de chegar nunca a lugar nenhum. Assim se armou conflito com o "escravocrata" Sílvio Romero, como o definiu Rebouças, indignado.[60]

Indignados continuariam ele e Patrocínio até 1888. Compadres de talentos diferentes. A Rebouças, empresário de respeitabilidade, filho de conselheiro, custava a batalha contra o Império no palco. Preferiu a faina de aliciar, financiar, gerir, desenvolver, pôr a engenhoca abolicionista para andar. Já a Patrocínio aborrecia a vida das dez às quatro, o expediente oitocentista. Seu elemento era a noite, e nela arregimentou seu séquito. Rebouças era o ponderado; Patrocínio, o explosivo. Misturava o abolicionismo com outras subversões. Em janeiro de 1880, insuflou a Revolta do Vintém, contra imposto sobre a passagem de bonde. Discursos veementes seus e do republicano Lopes Trovão levaram usuários a boicotar o bilhete, arrancar trilhos e receber a polícia a porrete.

Patrocínio e Rebouças, como Frederick Douglass, apostaram

na mobilização popular como meio de pressão sobre o Parlamento e o governo. O caminho das ruas. Se Rebouças, o cerebrino, foi o organizador, Patrocínio, impulsivo e um tanto inconsequente, seria o agitador, sem o qual nenhum movimento social prospera. Ascendeu a líder do abolicionismo das ruas graças a seus métodos complementares: flores nas mãos e pedras nos bolsos.[61]

5. Expansão

O HERDEIRO LIBERAL

Um príncipe, assim pensou o ministro estadunidense no Brasil, ao dar, no fim da década de 1870, com o jovem belo e encantador. "Em toda a minha vida nunca conheci alguém cujo futuro parecesse mais brilhante. [...] Ele cintilava no firmamento do seu país como a estrela da manhã e toda a sua carreira subsequente preencheu esta promessa de juventude." Para entender esse brilho, é preciso considerar a configuração social na qual surgiu Joaquim Nabuco e que lhe facultou ascender ao céu da política. Longe de ser um self-made man, foi, para usar o termo de Bourdieu, um herdeiro, membro da aristocracia social e da elite política. Seu pai era o líder Liberal, senador e conselheiro de Estado José Tomás Nabuco de Araújo, que encontramos nos debates do ventre livre e que o deixou com os padrinhos no engenho Massangano, perto do Recife, logo depois de nascido, em 1849. Ali apreendeu a escravidão em sua modalidade casa-grande. Sem ser filho de proprietários rurais, viveu infância de menino de engenho, entre ladainhas e rendados, doces e escravos. Reportou a esse mundo sua conversão ao abolicionismo:

> Eu estava uma tarde sentado no patamar da escada exterior da casa, quando vejo precipitar-se para mim um jovem negro desconhecido, de cerca de dezoito anos, o qual se abraça aos meus pés suplicando-me, pelo amor de Deus, que o fizesse comprar por minha madrinha, para me servir. Ele vinha das vizinhanças, procurando mudar de senhor, porque o dele, dizia-me, o castigava, e ele tinha fugido com risco de vida... Foi este o traço inesperado que me descobriu a natureza da instituição, com a qual eu vivera até então familiarmente, sem suspeitar a dor que ela ocultava.[1]

Qual Patrocínio, Nabuco localizou na infância encontro dramático causador de estranhamento diante do antes natural, experiência igualmente narrada a partir da tópica da compaixão, a sensibilidade romântica inspirando a clemência. Cada um, contudo, teve educação sentimental distinta. Patrocínio, filho de vigário com liberta, teve licença em pequeno para expor com virulência e violência seus sentimentos. O filho do estadista recebeu socialização aristocrática, treinado para conter e dirigir as emoções, recorrer antes à palavra que à força. A diferença se avista nas reações distintas a episódio similar. Enquanto Patrocínio, em menino, interrompeu o açoite a um escravo ferindo a própria cabeça, Nabuco convenceu sua madrinha a intervir em favor do cativo. Patrocínio, arrebatado, apostava nas próprias iniciativas; Nabuco, persuasivo, acreditava no poder da autoridade para alterar destinos. Duas origens, duas socializações, dois estilos de ativismo.

Seu estilo, Nabuco o burilou na juventude. Levado à Corte aos oito anos, continuou a educação senhorial no Colégio Pedro II e nas Faculdades de Direito de São Paulo e Recife, ao costume. Açulado pelos vívidos debates sobre o ventre livre no Conselho do Estado, de que seu pai participava, advogou usando o estilo Gama de ativismo judicial, que se difundia entre estudantes. Em 1870, defendeu um escravo autor de dois assassinatos, contestando o escravismo de circunstância: bárbaro não era o escravo; bárbara era a instituição que reduzira um homem à situação de animal acuado, sem outro recurso que não o de matar para viver. E se pôs a escrever um livro, *A escravidão*, que destilava a retórica abolicionista: a tópica da compaixão, com a condenação moral ao escravismo; a do progresso, com a metáfora da doença social, "ferida de nossa pátria"; e a do direito, a propriedade escrava como que baseada num crime, o tráfico, e a liberdade como direito natural.[2]

Naquele momento, nem publicou o livro nem seguiu no assunto. Saiu, como antes Rebouças, para a viagem de formação dos moços de elite pela Europa, onde refinou suas maneiras aristocráticas. Decantou seu carisma, elegante e galante, e se treinou em seduzir e impressionar. Achou uma noiva de igual calibre, Eufrásia Teixeira Leite, mulher forte com quem teria romance longo e tempestuoso,[3] atravessado pelo escravismo: ela de família de proprietários de Vassouras, nos domínios Conservadores de Paulino Soares de Sousa.

Em 1875, tornou ao país e à escravidão. Publicou livro de poemas e artigos sobre literatura. Num deles criticou *O demônio familiar*, de José de Alencar, que se reencenava. Nabuco notou que o maior nome das letras nacionais amargava insucesso de público, sinal do esgotamento da literatura indianista. Alencar se aborreceu. Trocaram farpas impressas em *O Globo*. O fim da polêmica se politizou quando Nabuco, filho de Liberal, mencionou que o Conservador, nas discussões do ventre livre, "combateu denodadamente pela escravidão". Alencar retrucou: "A política estou habituado a discuti-la com seu pai", em vez de com um "filhote".[4]

Alencar aludia ao fato de o destino de Nabuco repousar nas

mãos do pai. Como o governo era Conservador, sem chances de eleição para Liberal estreante, Nabuco de Araújo, manejando suas relações na sociedade de Corte, pôs o filho em posição de espera, na diplomacia. Ocupou posto na legação dos Estados Unidos, em 1876, e, quando, em 1878, os Liberais voltaram ao poder, transferiu-se para Londres. No estrangeiro, Nabuco vingou homem moderno, da roupa às ideias políticas, fascinado pela civilização europeia e horrorizado com a tacanheza da província. As temporadas em Washington e em Londres familiarizaram-no com mundos em mudança. Aristocrata que era, desgostou da feição burguesa da sociedade e da violência da política estadunidense, ao passo que apreciou nos ingleses as reformas graduais, apoiadas na opinião pública, que democratizavam a monarquia e tinham extinguido a escravidão nas colônias, processo tenso, porém pacífico. Aos trinta anos, quando a morte do pai obrigou a volta ao Brasil, trouxe esse modelo político de reformismo na mala.

Em 1879 entrou, como vários outros filhos de líderes Liberais, para o Parlamento. Abraçou aí a herança política do pai e a agenda dos Liberais Radicais, que Tavares Bastos deixara órfã. Nabuco o substituiria à altura, encampando o pacote abolição gradual e pequena propriedade — o mesmo de Rebouças.

Charmoso e cativante, inteligente e audaz, assim os contemporâneos descreviam o jovem aristocrata. Exemplar lapidado de seu grupo social. Ali estava, tal como previra o ministro estadunidense, um destinado às grandes coisas.

NO PARLAMENTO

Paulino Soares de Sousa sofreu baixas nos anos 1870. Além de Maria Amélia, perdeu o companheiro de partido e resistência, José de Alencar. A morte, contudo, o compensaria ceifando seu arquirrival reformador no Partido Conservador, Rio Branco, assim como São Vicente. Do lado Liberal, levou os emancipacionistas Zacarias, Tavares Bastos e o pai de Nabuco. Falecera igualmente seu tio Itaboraí — perda de arrimo, é verdade, mas, por outro lado, ganho de espaço para ascender incontrastável: conselheiro de Estado, em 1876, senhor do partido na província do Rio de Janeiro e grande chefe Conservador respeitado no país inteiro. Na oposição.

Os Conservadores controlaram o Executivo nacional de 1868 a 1878; a partir daí os Liberais o segurariam até 1885. Com os adversários no governo, Paulino temeu que a chaga da emancipação dos escravos, cicatrizada pós Lei do Ventre Livre, inflamasse. A cena internacional puxava o assunto: nova lei espanhola marcou para 1880 o fim da aprendizagem — isto é, a transição para o trabalho livre — em Cuba. No espaço público nacional, cresciam associações antiescravistas e as conferências de Patrocínio, Sousa e Rebouças. Para lhes fazer face, Paulino contou com aliados no campo adversário.

O gabinete de Cansanção de Sinimbu, o primeiro da Situação Liberal, era pródigo deles. Seu projeto de imigração chinesa estava mais perto das opiniões de Paulino que das de muitos Liberais. Essa questão, como a outra perna da agenda de reformas, o sistema eleitoral, dividiu o Partido Liberal em refratários e reformistas. Perante o impasse, uma facção reformista baiana tomou posição pública na Câmara, em março de 1879, por voz de Jerônimo Sodré Pereira, que, além de professor da Faculdade de Medicina e genro do senador Manuel de Sousa Dantas, era membro da Libertadora 2 de Julho, da Bahia, cuja bandeira hasteou em plenário: "A sociedade brasileira encontra-se sobre um vulcão. [...] apelo para a extinção total e rápida da escravatura".[5]

Sinimbu, dono de engenho, evitou passar perto da lava. Declarou que não avançaria um palmo além da lei de 1871. Escamoteou mesmo projeto de precaução escravocrata, de proibir o tráfico entre as províncias, para evitar concentrar escravos num lado do país, origem da Guerra Civil Americana. Por sua conta, assembleias provinciais do Rio de Janeiro, em dezembro de 1880, e de São Paulo, no janeiro seguinte, o aprovaram.[6] Mas lei é uma coisa, e eficácia, outra.

Nabuco chegou à Câmara com o debate nesse estado. De observar o pai, sabia que a política é feita de bandeiras; precisava de uma. Dos temas à mesa, a reforma eleitoral tinha muitos pretendentes, ao passo que a abolição, antes do discurso de Sodré, dormitava. Guardada na chapelaria do Império, era peça política tão valiosa quanto difícil de trajar. Podia matar carreira ou deslanchá-la. Quando Nabuco a vestiu, foi como se tivessem sido feitos um para o outro. A envergadura valorizou a causa, que fez chamejar o cavalheiro.

Irrompeu no Parlamento com a dramaticidade que Patrocínio usava nas conferências-concerto. A tribuna se lhe abriu por seu nome de família, porém Nabuco a dominou com o manejo da sensibilidade romântica, o gesto estudado, o discurso inflamante. Pegou o bastão de Sodré, no dia 22 de março de 1879, com seu senso de oportunidade: era a véspera da anunciada primeira conferência-concerto de Patrocínio, Sousa e Rebouças. Armado com a tópica do progresso, repôs o problema na cena internacional: "A opinião do mundo inteiro está formada a este respeito. O trabalho servil tem de acabar". Inverteu a tópica da ameaça: assassinatos de senhores por escravos apontavam o malfadado exemplo dos Estados Unidos. O modelo a seguir seria o inglês, com reformas progressivas: "Senhores, eu não sou daqueles que querem a emancipação imediata".[7] Afogueado por apartes, galvanizou pela primeira vez o debate. Nunca mais deixaria de fazê-lo.

Seu programa era o de Tavares Bastos e Rebouças: criar mercado de terras por política fiscal, o Estado a ceder ou baratear margens das ferrovias para colônias de migrantes, à maneira dos Estados Unidos. Imposto territorial, pequena propriedade, imigração europeia. A abolição era só o começo.

Seu próximo mote veio de Patrocínio, que, na *Gazeta de Notícias*, em 1879, denunciou empresa de mineração inglesa, instalada em São João del-Rei, por manter ilegalmente duzentos africanos. Nabuco exigiu explicações ao governo. Grande repercussão: o *Rio News*, que circulava em inglês, fez editorial, e a prestigiosa *Revue des Deux Mondes*, que cobria Velho e Novo Mundo a partir de Paris, o noticiou.[8] A British and Foreign Anti-Slavery Society enviou-lhe documentos, abrindo relação que duraria a campanha toda. Nabuco adotava o método bumerangue, inaugurado por Abílio Borges em 1866: apoio externo contra resistência interna.

Ataque sem valia contra Sinimbu, que caiu por discórdias internas no Partido Liberal. Sucedeu-o José Antônio Saraiva, que guardou pelo assunto o interesse do antecessor: nenhum. Nabuco, quebrando praxes, interpelou o novo chefe de governo. Discursou treze vezes. Sempre em torno da escravidão, escorado nas tópicas da compaixão, do direito, do progresso, e em perspectiva comparada: igualou o Brasil à Turquia, últimas terras escravistas, e lavrou compromisso pela abolição. A palavra grudou na pessoa. Quanto mais balbúrdia causava, mais o altíssimo Nabuco crescia: "[...] lembrai-vos de que uma grande desigualdade existe em nossa sociedade [...] deveis reconhecer que nesse sol há uma grande mancha que o tolda; que ainda há escravos no Brasil, quando o século XIX aproxima de seu termo".[9] Retomou também o mote de Abílio Borges: abolição como complemento da Independência. Citava sistematicamente declarações pró-emancipação de estadistas mortos e começou a edificar tradição nacional emancipacionista, com Liberais e Conservadores, à qual acrescia personagens do repertório abolicionista estrangeiro.

Logo sofreu contra-ataque do amigo de Paulino, Martinho

Campos, líder da maioria na Câmara, que recomendou ao governo andar de ré: "[...] não perturbe, não ponha em perigo, já não digo a propriedade, mas a existência da parte mais importante da população do nosso país, enquanto não tiver meios de dar fim à escravidão".[10] Saraiva concordou: a Lei do Ventre Livre provera o possível. Nenhum efeito teriam sobre seu ânimo conferências-concerto e artigos de imprensa. Aferrou-se ao imobilismo, temeroso de sacudir trabalho, economia, política, enfim, a ordem, valor supremo do escravismo de circunstância.

Então, em agosto de 1880, Nabuco criou o fato no vácuo: alinhavou ideias aventadas antes por Tavares Bastos — num projeto de abolição indenizada e gradual, que extinguiria a escravidão em 1º de janeiro de 1890. De imediato, acabava com o tráfico interprovincial, castigos corporais, a separação entre mãe e filho escravo, restringia a escravidão urbana (o fim de escravos do Estado e de ganho), fixava os escravos às localidades, propunha educação para eles, bem como respeito às suas famílias e amparo aos velhos e doentes. O financiamento dessa política viria de impostos sobre conventos, contratos do governo, espólios sem herdeiros, renda de títulos da dívida pública e um imposto territorial, à maneira de Tavares Bastos e Rebouças. Deu passo rumo aos abolicionistas do espaço público, ao propor financiamento estatal das associações emancipadoras e prever a libertação compulsória por terceiros (isto é, os abolicionistas), desde que pago o preço do escravo. Algumas dessas medidas estavam implícitas na Lei do Ventre Livre e sem implementação. Quis ainda adensar o Fundo de Emancipação, também previsto naquela lei, com juntas provinciais, às quais caberia administrar poupanças e sorteios anuais de alforrias. A dimensão simbólica do projeto era criar títulos nobiliárquicos para alforriadores e proibir anúncios de venda de escravos em jornal. Nada drástico, até punia fugas de escravos, mas além da conta para o governo e os escravistas.

Numa desatenção do gabinete, em 24 de agosto, quórum baixo, líderes ausentes, Nabuco requisitou a tramitação do projeto, o que passou como inofensivo — 38 votos favoráveis em Câmara de 122 deputados. O chefe de governo respondeu na sessão seguinte que ideias bonitas floreiam discursos oposicionistas, ao passo que "o ministro que dirige a política do Império não tem o direito de enunciar um pensamento que não se ache em harmonia com o pensamento da nação". Nação escravista. O gabinete Saraiva trucidou o projeto, que nem chegou à discussão. Contudo, em 30 de agosto de 1880, dezoito deputados, de nove províncias, votaram pela urgência em discuti-lo. Emergia um bloco abolicionista na Câmara.[11]

Nabuco precisava se diferenciar de Rebouças, Gama e Patrocínio, cuja referência era Frederick Douglass, negro como eles, self-made man, ex-escravo que fizera campanha no espaço público, em conferências e na imprensa. Na escolha de seu modelo de ativista, Nabuco também buscou no repertório abolicionista internacional a quem se assemelhasse: William Wilberforce, líder parlamentar do abolicionismo inglês, que desde o fim do século XVIII defendeu nas instituições políticas a abolição do tráfico e da escravidão nos domínios britânicos, discursando, obstruindo, encaminhando projetos de lei, por várias vezes rejeitados, até pouco antes de sua morte, nos anos 1830. Desde então, tornara-se ícone de um estilo de abolicionismo que privilegiava as instituições políticas. Sua legenda reverberava na Espanha, onde os abolicionistas emulavam suas técnicas parlamentares. Nabuco quis ser o Wilberforce brasileiro. Eram seres semelhantes. Ambos Liberais, criaturas do meio aristocrático, que buscaram no Parlamento sua esfera primordial de ação. O estilo de ativismo de Nabuco consistiria em replicar Wilberforce: trabalhar em projetos, discursos, coalizões, de modo a angariar sustentação para

1. José do Patrocínio entrega cartas de liberdade a escravas durante encenação de *Aida*, de Giuseppe Verdi, no Teatro Lírico, em 10 de agosto de 1886. No alto, a cantora lírica russa Nadina Bulicioff, que personificava o papel-título; Joaquim Nabuco está no fundo do palco e Manuel de Sousa Dantas, num dos camarotes. Os abolicionistas usaram o teatro como meio de propaganda ao longo de toda a campanha.

2. O engenheiro e empresário André Rebouças (1838-98), articulador nacional do movimento, no início da campanha abolicionista.

3. Joaquim José Rodrigues Torres, o visconde de Itaboraí (1802-72), um dos líderes do Partido Conservador e chefe de governo entre 1868 e 1870, quando se opôs a medidas de emancipação progressiva dos escravos.

4. Médico e educador Abílio César Borges (1824-91), o barão de Macaúbas, da primeira geração de ativistas, que inaugurou as cerimônias cívicas em prol da abolição e a articulação com abolicionistas europeus.

5. Castro Alves (1847-71), aluno de Abílio César Borges e declamador de versos abolicionistas nas cerimônias cívicas. Depois de sua morte precoce, os abolicionistas seguiriam usando seus versos em eventos de propaganda, elevando-o a poeta símbolo do movimento.

6. Paulino José Soares de Sousa, filho (1834-1901), líder da ala Emperrada do Partido Conservador. Comandou a resistência escravista ao longo de toda a campanha abolicionista.

7. Romancista e deputado do Partido Conservador José de Alencar (1829-77), um dos ferrenhos opositores da Lei do Ventre Livre no Parlamento.

8. Imperador d. Pedro II nas discussões do projeto do Ventre Livre.

9. O conservador José Maria da Silva Paranhos (1819-80), visconde do Rio Branco, chefe de governo que, apesar da oposição por parte de seu partido, aprovou a lei 2040, de 28 de setembro de 1871, declarando livres os filhos de escravos nascidos desde então.

10. Iconografia oficial louvando a promulgação da Lei do Ventre Livre. Na parte superior, o visconde do Rio Branco está acima do imperador e rodeado por seus ministros. Abaixo, escravos e figuras alegóricas da liberdade, da honra e da glória.

11. O abolicionista Luís Gonzaga Pinto da Gama (1830-82), líder da mobilização em São Paulo e disseminador do estilo de ativismo judicial.

12. O abolicionista José do Patrocínio (1854-1905), líder da mobilização de rua no Rio de Janeiro e um dos criadores das conferências-concerto.

POLYTHEAMA FLUMINENSE

DOMINGO 30 DE DEZEMBRO DOMINGO
A's 11 1/2 HORAS DA MANHÃ EM PONTO
GRANDE MATINÉE
PROMOVIDA PELO
CENTRO ABOLICIONISTA FERREIRA DE MENEZES
SOB A DIRECÇÃO DA CONFEDERAÇÃO ABOLICIONISTA
PRIMEIRA PARTE

Discurso official pelo illustre jornalista italiano SR. CAV. FERNANDO TURCHI

2ª parte
SYMPHONIA DA CARMEN, por uma excellente banda de musica.
DUETTO da opera IL GIURAMENTO de Mercadante, pelas Sras. Eugenia Leone (soprano) e Dyomira Zani (mezzo soprano).
NON TORNO, romanza de Titto Mattei, pelo barytono Sr. Soffietti, acompanhado ao piano pela Sra. Amelia Leone.
SCHIAVITU', poesia do Sr. Cav. Michele Napoli, recitada pelo auctor.
CAVATINA da opera CONDESSA D'AMALFI, do maestro Petrella, pela Sra. Ida Giglioni (soprano leggero).
LA MÈRE ET L'ENFANT, de Donizetti, pela Sra. Berio (contralto).

3ª parte
MARCHA DO FAUSTO, pela banda.
SERENATA de G. Braga, pela Sra. Dyomira Zani, com acompanhamento de violoncello e piano pelo Sr. Consigli e a Sra. Beatriz Danielli.
DON CARLO, romanza para baixo, da opera do maestro Verdi, cantada pelo Sr. Dal-Negro.
NON TI VOGLIO AMARE, romanza de Rotoli, pela Sra. E. Leone.
CAPRICCIO, para violoncello, pelo professor Consigli, acompanhado ao piano pelo maestro Francescolo.
IL FRATE IN TENTAZIONE, de Gallieri, pelo Sr. Sansone (baixo).
ARIA DA FOSCARI, de Verdi, pelo Sr. Arrighi (tenor).

A maior parte das peças serão acompanhadas ao piano pelo maestro LUIGI FRANCESCOLO.
A entrada fica á generosidade do publico que concorrerá com qualquer donativo para a causa da abolição.

A'S 11 1/2 HORAS.   A'S 11 1/2 HORAS.

13

13. Modelo de programação artística de uma conferência-concerto, um dos meios de difusão das ideias abolicionistas. *Gazeta da Tarde*, 28 de dezembro de 1883.

14. Joaquim Aurélio Nabuco de Araújo (1849-1910), líder da mobilização abolicionista no Parlamento.

15. Capa do jornal *Gazeta da Tarde*, principal periódico do movimento e de propriedade de José do Patrocínio.

GAZETA DA TARDE

CORTE — Rio de Janeiro — Segunda-feira 26 de Fevereiro de 1883 — **PROVINCIAS**
Seis mezes............ 8$000 PRIMEIRO ANNO DA REDEMPÇÃO DO ACARAPE Seis mezes............ 8$000
Anno................. 12$000   Anno................. 12$000

ANNO IV — ESCRIPTORIO, TYPOGRAPHIA E REDACÇÃO — RUA DA URUGUAYANA N. 43 — NUMERO 44.

GAZETA DA TARDE
Fundada por Ferreira de Menezes

A. S. M. O IMPERADOR
QUESTÃO DO EXERCITO
III

Perdoai-nos, Senhor, se com uma impertinencia, que destôa dos habitos pacatos do nosso jornalismo, insistimos sobre uma questão que já mereceu, nem merecerá á Vossa Magestade a menor attenção.

Para nós o assumpto é de uma grande importancia e mais não fora a longamente, não para que Vossa Magestade providencie, mas simplesmente para que o publico possa julgar-nos.

Senhor, o vosso ministro da guerra é um homem que se tornou a attenção do paiz como uma chaga cancerosa. É preciso cauterisal-o todos os dias, é frenetico e conveniente mente o Vossa Magestade dê-se bem com elle. Nem a vossas augustas narinas soffrem. Tem o habito de amphitheatro.

O ministro da guerra entendeu que devia remover o 10º batalhão que fazia a guarnição do Ceará.

Que motivo teve o ministro para semelhante deliberação?

A unica que se apresenta é a fundação do *Club Militar Abolicionista*, considerado como um movimento subversivo que põe liberaes negros á provocação.

Senhor, esta punição é tanto mais odiosa, quanto vós sois a causa da fundação do Club Militar.

No dia 1º de Janeiro proximo findo o Ceará vestiou de gala seu solemnisar a proclamação da igualdade humana no municipio do Acarape, na villa da Redempção.

A Sociedade Libertadora communicou á Vossa Magestade este facto e uma congratulação, que vos honra, foi enviada pelo presidente do conselho á heroica Sociedade e á provincia que, trocando o ocaso ao trafico infamante de homens, abriu as portas da esperança aos brazileiros sinceros.

Pois depois do vosso telegramma, que conhece de publica a provincia, foi depois que vós-destes como satisfatorios e solidario com a victoria da Libertadora, que o 10º batalhão, por sua officialidade se constituir em associação abolicionista

Se ha, pois, um crime nesse acto foi Vossa Magestade quem incitou o batalhão a commettel-o.

Se é perigoso a officialidade de um batalhão declarar-se pelo movimento emancipador, mais perigoso ainda é partir em declaração dos labios de Vossa Magestade e vir echoar pelo orgão do Sr. presidente do conselho.

O exemplo de adhesão á sagrada causa da *Libertadora* foi dado por vós.

O batalhão apenas vos imitou.

Se o acto do batalhão é subversivo da ordem, o de Vossa Magestade é por mais forte razão.

Vossa Magestade é um poder sem correctivo. A vossa palavra vós com o prestigio que lhe dá a alta posição que occupaes, a opera trez detonações bruscas.

Se o ministro se serve de punir-os, o que nos reservaes para dizer de um outra carta, que teremos a honra de vos dirigir.

BOATOS

Consta que vai ser adiada para Setembro a abertura da assembléa geral.

O Sr. Paranaguá tem a pretenção para isso amen e elle quer se incommodar com a rhetorica dos descontentes.

Ha, porém, uma hypotheze em que se abrirá a assembléa em Maio: se o ministerio puder contar com a deputação mineira.

O trabalho neste sentido é commesso e com probabilidades de exito. Consentiu-se no Sr. Lima Duarte a indicação do actual presidente de Minas, pelo que S. Ex., obrigado ao ministro o seu clube, tem feito de um amigo dedicado, pelo mesmo continua a hostilisar o ministerio.

Não sabemos o que pretendem dos Sr. Felício dos Santos.

Quanto ao Sr. Paranaguá se compromette a decorar os discursos de S. Ex.

Quanto ao Sr. Marta Machado, o ministerio, acceitando os do Sr. presidente, fará vista gorda e consentirá que S. Ex. mande jogar subido no tempo do Sr. secretario da camara, durante o tempo do Sr. encerramento das sessão.

Os entendidos da materia dizem que tudo a camara fez vindo pelo voto de despeza do Sr. Paranaguá.

O presidente do conselho, se for obrigado a subir á camara, pedirá em seguida a sua dissolução.

Fará depois do vosso telegramma que vos elle tenha a provincia, foi depois que vós-destes como satisfatorios e solidario com a victoria da Libertadora, que o 10º batalhão, por sua officialidade se constituir em associação abolicionista

SEMANA POLITI A

Volta á minha mão grossa de combatentes, oh penna amiga, mercenaria e consolo, toca inagotavel de fé e aurora perpetua do lustro, scintillasse magnetica que dá a meu delirio e a meu pensamento.

Já não era em possivel resistir por mais tempo á saudade. Precisava de ouvir o teu cicio, jardim harmonioso por que acompanhas ora o meu desejo e turvado, ora o meu sussuarar de patriota.

Estás cortu-te feliz. Nada te mandhou o corpo escrupuloso. Comu uma esposa fiel, nada deixa querer um sonho que não fosse meu.

Calumniaram-te muito. Disseram que te havias embutado de escudeiro ao ouro do poder, e que, a semelhança da outras, te salpicase de baza da venalidade e te condemna á oxyração do deshonra.

As tuas palavras demonstraram tens amigo os bicos afados pela patriotismo, tua attitude parece-se conserva vertical da convicção, eu te encosta polia curvatura, ignobil dos mercenarios.

Vamos, minha boa companheira; recommendo o jornalista doloroso. Aventura-me ao á floresta negra dos odios e dos interessese; atravessemos descuidadamente as bestas feras, alinhentadas pelo ouro do imposto e pelo ouro dos estrados.

Não sei se tens força para calli- rabecar por muito tempo, com os homens de bem, com a mocidade independente no desbravamento da estrada

Ora, o imperador só o promoveria vir vencer em três posições.

∴

A demora da promoção é devida exclusivamente ao receio de que o Sr. chefe de divisão Abreu peça reforma, ao ser preterido...
E o Sr. Mors de Vasconcellos não quer fazer o papel do Sr. Carlos Affonso.

BELARMINICES

O Sr. Belarmino parece que jurou a pagar de exterminio ás sociedades portuguezas.

Estão valentemente pela directoria das *Touraes de Direito*, pelas inauditas violencias praticadas contra essa sociedade, S. Ex. dominado de fato *effusiva*, arremetia agora contra o *Club Gymnastico Portuguez*.

Reuniu-se esta sociedade, hontem, para esposicão de seu interesse. Sociedade ali estavam certas questões, os membros que nella tomaram parte discutiram com algum calor, mas muito menor áquelle de que se usa até nossa deputados. Ser era à poucas, que o Sr. Belarmino aqui se apita e um monte dos seus agentes, o Sr. commissario da segurança acode aos aprertes policiacos.

Um nosso amigo que mora defronte do Club desses a rua, e fez vêr à inconveniência de semelhantes procedimentos, declarando que essa aggressão da força parecia soberba preamada para desmoraliar uma sociedade composta de negociantes da casa, avaliada posição.

O urbano, que a principio reconheceu haver exorbitado, depois adquiriu coragem logo que foi dado ao *Algum Braz* e confessou na que o agente d'ordem do Sr. Jesus Christo beirão da Villa Flor.

Foi nomeado commendador da ordem de *Paranaguá*.

∴

Anti-hontem na camara dos deputados do Pará, foi discutido por atropellado sobre para os homem relativamente aos peixes que enlaçaram perito ao exercito.

O governo respondeu que os cretinos por incrivel são contra estes muitos, ele a paveria do Sr. Ubaldino do Amaral, vendo obrigar.

Terminou por declarar que as instituções republicanas, a paveria do Sr. Fabretus e Ernesto Senna, promovendo discorrem os representantes variados vaziados administracionais.

Hontem mesmo, em consequencia do amor do governo, foram postos em responsabilidade os Srs. Aymard, de Alencar, de Chartres todos os principios da familia Orleans.

Sahiu hontem da Bahia, com destino ao nossa porto, o paquete inglez *Arioz*, da linha do Pacifico.

MAIS UM

Hoje, pela manhã, a rua de Todos os Santos, no arrabalde do mesmo nome, foi theatro de um uma destas scenas que só podem ter ocurrido entre pae, onde floresce o opio e o Sr. Paranaguá.

Uma pobre mulher escrava, chorando, com as vestes rotas, expedaçadas, descompostas, chamava o auxilio de um homem que a perseguia, de gatos e longos ares do leitor de *Apega*.

Por entre os lamentos daloríses com que rechia o campo, os amigos directamente a phrase segura:
— Não posso mais sopportar ou meus trato que recebe de quem me não tem direito sobre a minha pessoa.

Agarrei a mulher, fiz recolhido á estação do destacamento, onde talvez a esta hora esteja o Sr. Belarmino Parquejano, a quem Deus guarde, e entregou-se aos algozes.

As esperas mudar desta todo do vizinho da accoritaria da pollcia, em Janeiro, importaram em 113000.

REVISTA ILLUSTRADA

Recebemos o numero 333. Como sempre, illustrada e interessante.

Na primeira pagina a *Revista*, de quando-em-quando obsena e restaurada no hombro, parece com recommendar a bordado o *pachorrento*, o *sybarita* e o *tonto*.

No centro, continuam e leitores entre ter ainda o do Sr. Conselheiro Arauja Correa, o contestado ao processo assim que por ele coitados esse um 1,905, bombeiros, 25 on que 2,000 : e só eles escuderem todos escondidos, o *sita para*, o locado que governo indicar; ele mesmo serviu do imperio a supplicar despachado *Who de Campos* e preparou o respirando! o e atender, dirigia-se no corpo legislativo.

Por provocar discordem o n. 191, anno IV, do *Jornal do Agricultor*.

Estamos accostumados a dispensar a esta excellente publicação dos nossos melhores ensinos sinceiros.

Com um commentário de 1,900 sectos de café, vindo hontem de Santos, com destino ao nosso porto, a barca inglesa *Paranaguá*.

∴

Foi nomeado juiz do direito da comarca de Santa Victoria do Palmar, 1º entrancia, na provincia de S. Pedro do Rio Grande do Sul, o bacharel Horacio Olimpio do Espirito Santo.

HOMENAGEM A GUTENBERG

Realisou-se ante-hontem, no dia 3 do Pedro de Alcantara, a festa commemorativa do 450º annversario de João Gutenberg, o inventor da imprensa.

Presidiu a sessão o Dr. Nicoldo Moreira que, depois de algumas palavras, deu a palavra ao Dr. Ubaldino do Amaral, orador official.

Fizeram excellente praças pelo orador o Exgeni, Augusto Fabregas e Ernesto Sena, pronunciando-se discursos cheio representativos das varias associações profissionais operárias.

O theatro, ricamente ornamentado, cointinha em seu recinto grande numero de senhoras e cavalheiros que retiraram-se satisfeitos pela bonita festa que assistiram.

Foi tambem a que nos aconteceu.

CONFERENCIA ABOLICIONISTA

Teve logar hontem, no Recreio Dramatico, a conferencia feita pelo nosso collega José do Patrocinio, em beneficio do Club dos Libertos Gonçalves e Estrevidio, de Nictheroy.

O *Clube* occupou a tribuna por mais de uma hora, sendo constantemente interrompido por calorosos e bravos enthusiasmos.

A concorrencia foi bastante regular, produzindo as esperanças a quantia de 74$900.

Ao terminar a conferencia, o Sr. Clape, em nome do Club dos Libertos, fez entrega ao orador do diploma de socio benemerito do mesmo club.

Por provocar desordem na rua Estrella de S. Joaquim, a hora da noite hoje, foi preso Cypriano Olympio de Carvalho.

A requerimento de Antonio da Cunha Souza, esperando recolher o livro das reviews arcos da livro Rio de Janeiro, mediante o pagamento dos 18 direitos, que pagará os despachos se pagará despachados em tempo.

Por não excederem o dicou no conhecida o litro paro a local por dito governo indicar, deu este ordem ao imperio o vapotel despacho *Who de Campos* e preparou o respirando! o e atender, dirigia-se no corpo legislativo.

O AMOR
(Continuação)

DCCCXXXII
Nas coisas do amor, o contrario do que se affirma é sempre possivel.
MME. DE STAAL DE LAUNAY.

DCCCXXXIII
Teu amor me treva — é um astro.
No silencio—uma canção!
E' triste—me calmara,
E' abrigo—no tufão.
CASTRO ALVES

DCCCXXXIV
O amor é como a fortuna; não devemos correr atrez della.
THEOPHILE GAUTIER.

DCCCXXXV
A mulher sem amor é como o inverno
Como a luz das anthelias no deserto,
Como o espinheiro de isoladas fragas,
Como as ondas o caminho incerto.
FAGUNDES VARELLA.

DCCCXXXVI
O coração de uma virgem contem o germen do amor, como um botão do rosa escondo o perfume desta.
PETIT SENN.

DCCCXXXVIII
Amor! engano que se rompe tarde, ou morte deixa da illusão fallaz.
SOARES DE PASSOS.

DCCCXXXIX
A violencia no amor é uma excusa para a vaidade; pelas duas exremidades.
VILLEMESSANT.

DCCCXL
O coração não dá nunca um bote. Não póde conduzir da vida a cruz.
FERREIRA NAVES.

DCCCXLI
O amor, como as beijas, é mais perigoso quando vem tarde.
BUSSY RABUTIN.

Perto da fazenda de S. Gabriel, na rua Estrella, foi encontrado, á cargo, cabido no mato da estrada com diversos ferimentos, o caboco, Custodio Esteves, vendedor do 4ª secção da freguezia de S. José do Rio Preto.

Descofar-se que fosse o roubo o motivo do crime, visto como elle foi encontrado uma bolsa cheia, e roubara-lhe andar Custodio, a sua cavalgadura proveniente da venda do gado.

∴

Foi declarado um effeito e doutor do coligeo e comarca de Viamão, 2ª entrancia, na provincia de S. Pedro do Rio Grande do Sul, para nelle ter exercido o juiz de direito de Oliveira Cardoso Guimarães.

As Paradis des Dames
na rua do Ouvidor n. Serte de Setembro 13. Vendem prestes em toda a estrada com diversos ferimentos, desde a parte de S. José do Rio Preto.

Descofar-se que fosse o roubo o motivo do crime, visto como elle foi encontrado uma bolsa cheia, e roubara-lhe andar Custodio, a sua cavalgadura proveniente da venda do gado.

PROUDHONNE.

16

17

18

19

16 | 17 | 18 | 19. O abolicionista norte-americano William Lloyd Garrison, o inglês William Wilberforce e os norte-americanos Frederick Douglass e John Brown, cujas estratégias serviram de modelo de ativismo para o movimento brasileiro.

20 | 21. O abolicionista cubano Rafael María de Labra y Cadrana (1840-1918) e o francês Victor Schoelcher (1804-93), aliados do movimento brasileiro.

Rafaël M. de Labra

AVOCAT

MEMBRE DU PARLEMENT

VICE-PRESIDENT

de l'*Ateneo*, de la *Academie de Jurisprudence*, de la *Société Anti-esclaviste*

PROFESSEUR

de Droit International et d'Histoire Politique Contemporaine de l'*Institution Libre d'Enseignement* de Madrid

MEMBRE

de l'*Institut de Coimbra*, de la *Société de Legislation Comparée de Paris*, de l'*Institut de Droit International de Gand*

MADRID
VALVERDE, 25 ET 27

Sr. D. J. Nabuco.

Muy Sr. mio: en mi poder sus cartas de Junio y de Julio. Por ellas sé los motivos de su ausencia de las fiestas del Cen-

22. Carta do abolicionista Rafael María de Labra y Cadrana a Joaquim Nabuco, em 8 de outubro de 1881. Acervo da Fundaj.

23. Membros da Sociedade Cearense Libertadora, fundada em 1881, que fechou o porto de Fortaleza ao embarque de escravos e coordenou a campanha de libertação de territórios na província do Ceará. Sentados, da esq. para a dir.: Manuel de Oliveira Paiva, João Lopes Ferreira Filho, José Correia do Amaral e Antônio Dias Martins. Em pé: Isaac Correia do Amaral, Antônio Pápi Jr., William J. Ayres, Abel Garcia, João Cordeiro, Antônio Bezerra de Menezes, Francisco José do Nascimento e Alfredo Salgado.

24. João Clapp, presidente da Confederação Abolicionista.

25. Diretoria da Confederação Abolicionista em 16 de maio de 1888. Foi fundada em agosto de 1883 para congregar as associações abolicionistas. Lançou um manifesto pelo fim imediato e não indenizado da escravidão no país. Em pé, da dir. para a esq.: José do Patrocínio, Luís de Andrade, Inácio von Doellinger, Praxedes Medella e Luiz Pereira. Sentados, da dir. para a esq.: André Rebouças, João Clapp e José de Seixas Magalhães.

26. Sessão solene na qual o presidente da província, Sátiro Dias, em aliança com os abolicionistas, declarou a abolição da escravidão no Ceará, em 25 de março de 1884.

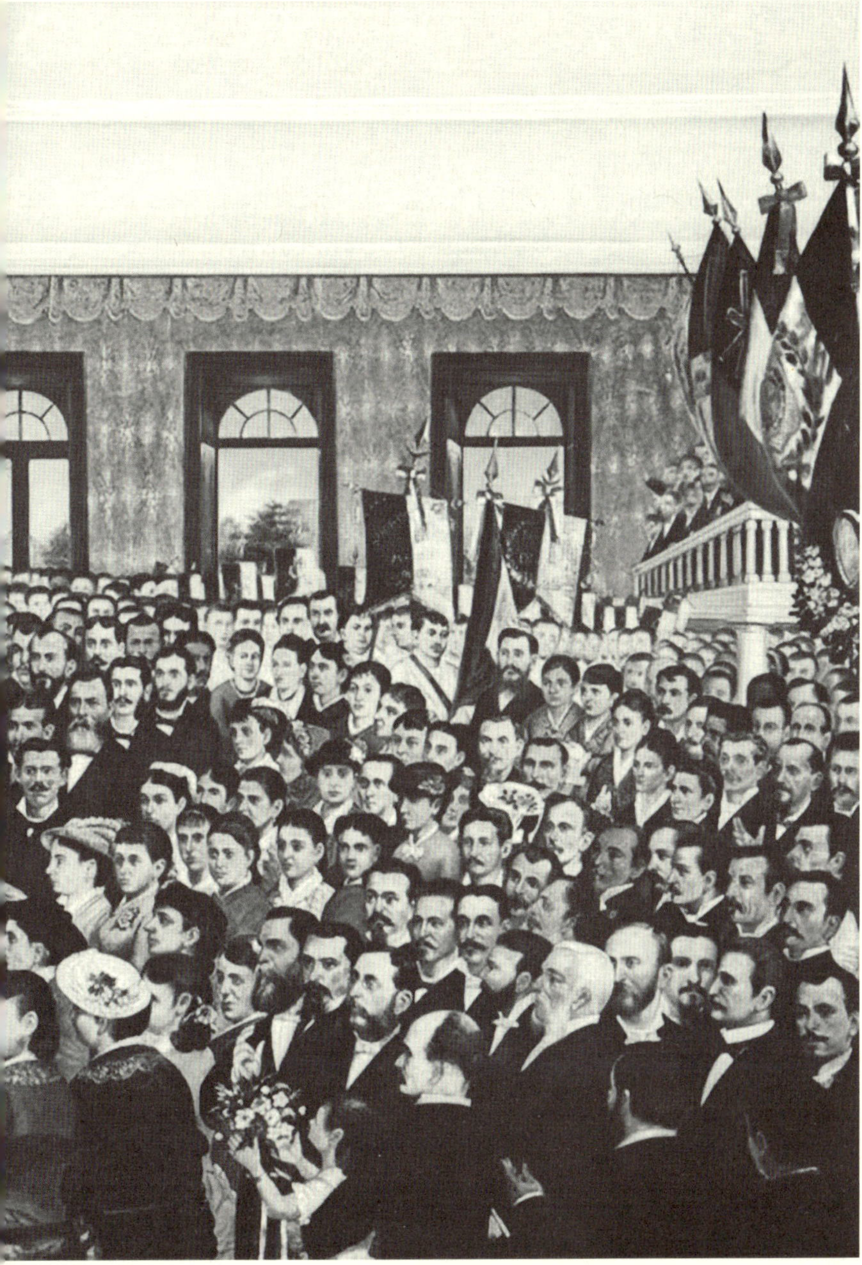

27. Edição especial do jornal *Libertador*, da Sociedade Cearense Libertadora, comemorando a abolição na província, em 25 de março de 1884.

uma lei abolicionista, como comunicou à British and Foreign Anti-Slavery Society:

> Esse projeto não será convertido em lei este ano; no entanto, será apresentado em todas as sessões: numa Câmara Liberal, por mim ou por alguns de meus amigos e, numa Câmara Conservadora, por algum eminente abolicionista conservador [...]. Assim ele irá recebendo um número cada vez maior de votos e finalmente triunfará.[12]

Em consonância, reapresentou seu projeto, dividido em oito aditivos, em 4 de setembro de 1880, em tom ousado: "O Estado não quer ir além das porteiras das fazendas". Martinho Campos retorquiu que se o Estado o fizesse, a reação viria a galope e a revólver.[13]

Nabuco perdeu essa rodada, mas se cacifou para as próximas. Alçou-se a porta-voz do abolicionismo na Câmara, apoiado por bloco de dezoito parlamentares, sete deles firmes até 1888. Todos parecidos com ele, filhos ou afilhados de líderes do Partido Liberal, com ideias modernizadoras e demandantes de reformas políticas e sociais.

Quando se dava conta do osso duro da resistência no Parlamento, Nabuco recebeu visita. O filho do conselheiro Rebouças, que morrera cego em 19 de junho, foi ao filho do conselheiro Nabuco, desaparecido ano e meio antes. Terão rememorado os progenitores, ambos centralistas, defensores do Império: Nabuco de Araújo apoiara a repressão à Praieira; Antônio Rebouças, à Sabinada. Os moços, ao revés, revelaram-se críticos contundentes da ordem imperial. Rebouças terá mencionado as conferências-concerto, palco alternativo para Nabuco, onde achar força para se impor no Parlamento. E, ao seu costume, deixou cópia do projeto Imposto Territorial aplicado à Emancipação dos Escravos, síntese de seus artigos no *Jornal do Commercio* e na *Gazeta da Tarde*, que levaria aos demais deputados do bloco.[14]

Nabuco e Rebouças partilhavam as condições de Liberal e de aristocrata. O primeiro, porém, detinha o que ao segundo faltava: eloquência, vocação para a cena pública, brancura. Rebouças, Patrocínio e Sousa precisavam dele como braço avançado no Parlamento, do mesmo modo que Nabuco precisava de sustentação extraparlamentar. Complementares. Por isso, o engenheiro construtor de pontes visitou-o em julho de 1880: "Alio-me ao deputado Joaquim Nabuco para a propaganda abolicionista".[15]

Rebouças convertia todos os aliados em amigos e assim foi nesse caso. Já Patrocínio e Nabuco jamais seriam próximos. Careciam do lastro da posição social, da formação comum, e eram ambos donos de personalidades vigorosas, projetando-se no centro, no alto. Um nunca seria segundo do outro. Competiriam. A década toda Rebouças apagaria as faíscas do choque entre as duas vaidades.

Amizade não, aliança sim. Nabuco levaria ao Parlamento temas das conferências-concerto e da imprensa abolicionista, e Patrocínio o endossaria no jornal, como quando da interpelação de Nabuco a Saraiva: se governo e Câmara davam a questão por encerrada, a opinião pública, escreveu Patrocínio, reivindicava seu direito de "agitar e insistir" em nome da "democracia rural" de Rebouças, que os três abraçavam: "A lei, em nome da sociedade, deve intervir para criar a pequena propriedade, para criar o colono no seio dos trabalhadores atuais", de modo a mudar o foco, "olhando-se para a pátria e não somente para o fazendeiro".[16]

Incompatibilizado com dois chefes de gabinete, ao custo de perder seu emprego na diplomacia em Londres (do qual se licenciara), e vendo todas as suas iniciativas parlamentares goradas, Nabuco declarou, em novembro de 1880: "Abolicionista, em vista do que houve, eu tinha que dirigir-me à opinião pública, buscar força nela para fazer a Câmara reconsiderar o seu voto".[17] Investiu na aliança com o abolicionismo das ruas para se fazer ouvir no Parlamento.

ASSOCIATIVISMO DE ELITE REPAGINADO

A sociedade era distinta para Nabuco e Patrocínio. Quando rumou para além do Parlamento, Nabuco escapuliu de ingressar na ACE, de Patrocínio, Sousa e Rebouças, que tinha um mês de idade, e fundou a sua Sociedade Brasileira contra a Escravidão (SBCE). Convidou Rebouças, que nunca exigiu fidelidades — membro de quantas associações reformistas surgissem. Sócio de Patrocínio numa e de Nabuco noutra, seria a dobradiça sem a qual a porta não abre.

A SBCE se parecia com a Libertadora 7 de Setembro, de Abílio Borges. Tinha extração aristocrática, abocanhando parte do bloco parlamentar abolicionista que apoiara o projeto de Nabuco. Rebouças trouxe políticos respeitáveis de simpatia abolicionista, que antes carregara para a ACE. Em cálculo simbólico, converteram o visconde do Rio Branco em sócio honorário, embora, à morte, o chefe de gabinete da Lei do Ventre Livre provavelmente nunca o tenha sabido.

Em seu manifesto, a SBCE repetiu o esquema interpretativo da abolição como nova Independência na escolha da data de fundação e no título de seu periódico, *O Abolicionista* — inspirado no de Abílio Borges e no dos abolicionistas madrilenhos, *El Abolicionista Español*. Prolongava o cosmopolitismo do abolicionismo de elite da geração anterior com retrato de Lincoln na parede e no nome da associação, abrasileiramento da British Foreign and Anti-Slavery Society (BFASS), que, aliás, saudou a iniciativa. O manifesto da SBCE saiu em inglês e francês,[18] coalhado da retórica da mudança — compaixão, direito, progresso — e pontuando a escravidão como herança colonial nefasta.

Na ata de fundação, quinze sócios; já mãos na massa, só as de Rebouças, o tesoureiro, e Nabuco, presidente e redator. Ganhariam reforço de dois jornalistas deputados, o Liberal Joaquim Serra e o Conservador Gusmão Lobo, que aderiram nas páginas de *A Reforma* e da *Gazeta da Tarde*, respectivamente. Com Lobo, a SBCE, que tinha Liberais e Republicanos, passou à suprapartidária. O quarteto montou escritório e tocou *O Abolicionista. Órgão da Sociedade Brasileira contra a Escravidão*, que, de novembro de 1880 a dezembro do ano seguinte, teve três temáticas mestras: história da emancipação no Parlamento, perfilando políticos simpáticos à causa numa só tradição; exemplos, citações, remissões e transcrições do repertório antiescravista estrangeiro; notícias de fundação de associações e de atividades abolicionistas pelo país. Nabuco tinha plano de proselitismo: publicar obras abolicionistas, traduções, como de *A cabana do pai Tomás*, biografias de líderes abolicionistas estrangeiros, poesias, caso das de Castro Alves, e uma história do tráfico de escravos.[19]

Além de ponte entre partidos, a SBCE atuaria na fronteira entre a política aristocrática e o espaço público, dando continuidade ao estilo Borges de ativismo. Daí o uso da manifestação típica do mundo aristocrático, o banquete. À diferença das conferências-concerto, eram masculinos, por convite, com solenidade e etiqueta, em restaurantes finos. As conferências-concerto visavam persuadir a opinião pública, os banquetes serviriam para pavimentar redes aristocráticas de suporte e cavar sustentação internacional, como se viu quando Nabuco caiu nas graças do ministro estadunidense no Brasil, mencionado no começo deste capítulo, com quem convivia durante o veraneio em Petrópolis.[20]

O diplomata Henry Hilliard, confederado durante a guerra civil de seu país, virou abolicionista. Nabuco quis brandir o exemplo de conversão para escravocratas brasileiros. Em outubro de 1880, enviou-lhe carta aberta, previamente acordada, requerendo sua avaliação a respeito dos efeitos da substituição imediata e total do trabalho escravo pelo trabalho livre no Sul dos Estados Unidos. Na resposta, o diplomata lamentou a Guerra Civil Americana, louvou a liderança de Lincoln e a prosperidade econômica subsequente e recomendou a abolição pacífica para o Brasil. Tamanha receptividade inclinou Nabuco a explorar o método bumerangue de Abílio Borges: buscar fora do país o suporte que dentro faltava. Organizou, com Rebouças, banquete no Hotel dos Estrangeiros para entregar a Hilliard título de sócio de honra da SBCE e repercutir sua declaração na grande imprensa. Compareceram jornalistas, políticos e 32 abolicionistas, inclusive o pioneiro Borges. Nabuco foi, contudo, além desse modelo, ao se lançar como articulador entre a mobilização social da ACE e o bloco parlamentar abolicionista.[21]

O repertório abolicionista cosmopolita apareceu dos brindes ao cardápio — *maionnaise de homards a la Wilberforce; jambon d'York a la Garrison*. Nabuco fez traduzir e enviou à imprensa estrangeira os discursos. A local noticiou tudo, com destaque para a fúria do presidente da Câmara dos Deputados contra a intromissão de autoridade forasteira em assunto nacional — Hilliard voltou célere a seu país e Nabuco comemorou: "Nenhuma outra manifestação produziu tanta celeuma no campo escravista".[22]

O êxito foi relativo. Nem todos os cinquenta convidados compareceram. Uns, do sistema político, temiam macular as carreiras. Outros, da imprensa, caso de Patrocínio, hesitavam em ratificar a liderança de Nabuco. Nabuco, por isso, andou na direção da ACE: foi o orador da nona Conferência Emancipadora e, em 1881, remontou a Junta Executiva da SBCE com o intuito de contemplar três facções de ativismo: a sua, parlamentar, a do espaço público — Patrocínio e Vicente de Sousa ganharam posições honoríficas — e a do ativismo judicial de Luís Gama. Adicionalmente, atraiu positivistas abolicionistas, que publicaram manifesto contra o projeto do governo de "tráfico" de chineses em *O Abolicionista*.²³ Nabuco deu aí passo para uma coalizão abolicionista *nacional*.

Era uma aliança entre facções diferentes. Preservava-se a autonomia de cada uma para evitar conflitos entre abolicionistas Liberais e Republicanos. A arquitetura foi de Rebouças, que situou a sede da SBCE na rua do Ouvidor, pertinho da Uruguaiana,²⁴ onde ficava a GT de Patrocínio. Perto, não junto.

O MÉTODO BUMERANGUE

O banquete a Hilliard foi ensaio para a expansão do método bumerangue: "pressão externa contra resistência interna".²⁵ Em fins de 1880, Nabuco saiu à caça da autoridade moral de reformadores europeus. Em Portugal, cativou a Câmara dos Deputados, onde, em sua homenagem, se aprovou projeto de abolição de castigos físicos no Exército. Na imprensa local, só elogios para Nabuco e sua causa, artigos que Rebouças replantava nos jornais brasileiros.

O movimento abolicionista português se encerrara havia tempo. Na Espanha, próxima parada, a mobilização antiescravista, acabada em Porto Rico, seguia em Cuba. Em Madri, Nabuco visitou seu símile, Rafael María de Labra y Cadrana, presidente da Sociedade Abolicionista Espanhola e redator do *El Abolicionista Español*, que batalhava desde 1872, experiente no meio-fio entre espaço público e Parlamento em que Nabuco se arriscava.

A Abolicionista Espanhola o recebeu nos salões da Academia Madrileña de Legislación y Jurisprudencia e publicou seu discurso, que inseria o movimento brasileiro na história mundial do abolicionismo: "A causa da emancipação não é a de um povo só, mas de todos os povos". Banqueteado no Restaurante Lardhy, foi alçado a sócio honorário e incumbido de transmitir a simpatia dos espanhóis ao movimento brasileiro. Nabuco selava aliança com os antiescravistas da Espanha.[26]

Em Madri, ganhou passaporte para a rede europeia. Labra o recomendou a abolicionistas cubanos, filipinos, porto-riquenhos, franceses e à British and Anti-Slavery Society e o convidou para eventos pró-abolição em Cuba e para uma conferência internacional antiescravidão. Nabuco deixara a Espanha, mas contatou todos os indicados.[27]

A boa recepção teve a ver com os planos expansionistas de Labra, ansioso por estabelecer conexões nas capitais escravistas da América. Pediu a Nabuco que indicasse nomes de conhecidos que pudessem representar a associação espanhola no Brasil. Nabuco enviou cinco, todos da SBCE: desse modo, mantinha a conexão internacional sob controle. Incluiu Rebouças, excluiu Patrocínio. Rebouças viu aí potencial azedamento da relação entre lideranças que se solidificavam, uma no espaço público, outra no Parlamento. Colocou panos quentes. Escreveu a Nabuco que a *Gazeta da Tarde*, potente e maior que *O Abolicionista*, devia ser a voz nacional do movimento, transformando-se em "órgão d'esta sociedade [a SBCE], dando-se assim ao Patrocínio uma compensação de não estar no Comitê". O custo: acabar com a publicação da SBCE. Nabuco relutou e aceitou. Apenas seria mediador entre abolicionistas internacionais e brasileiros se houvesse rede nacional em vez de facções avulsas. Comunicou a Labra que a *Gazeta da Tarde* passava a ser porta-voz da SBCE.[28]

Próximo passo, França. Lá o processo se circunscrevera às instituições políticas, com líderes moderados, muitos falecidos. Nabuco calculou que os remanescentes teriam valor simbólico inigualável no Brasil, tão afrancesado em cultura e política. Fisgou a figura máxima, Victor Schoelcher, seu conhecido de viagem anterior à Europa e presidente da Comissão de Abolição da Escravidão nas Colônias Francesas, que obtivera, em 1848, o prometido em seu título. Achou Schoelcher alquebrado, mas sempre senador e em briga com a escravidão na África Ocidental. O efeito da visita apareceria na celebração do fim da escravidão nas colônias francesas, em 1882, em Paris, quando Schoelcher embaraçou d. Pedro e promoveu os abolicionistas brasileiros:

> O imperador do Brasil, que se diz um homem liberal, deve experimentar uma cruel humilhação por ser o único soberano do mundo civilizado que reina sobre escravos. Felizmente, a sociedade para a abolição fundada no Rio de Janeiro vigia, e seu presidente sr. Nabuco, que acaba de passar por Paris, lamentando não poder aqui ficar até hoje, me disse que ela está cheia de ardor, de confiança e muito decidida a não descansar até que tenha abatido o monstro. Como ela, temos esperança.[29]

Schoelcher fez moção, apoiando as campanhas espanhola e brasileira como herdeiras da francesa e declarou que o abolicionismo era movimento global: "Guerra à escravidão! liberdade, liberdade aos escravos do mundo inteiro!". O organizador do evento seguiu a batida, conclamando a fraternidade entre os abolicionistas de todos os países.[30]

Finalmente, Nabuco aportou na Inglaterra. Amava o estilo de vida aristocrático local e lá estava o barão de Penedo, meio pai substituto, enfronhado na alta sociedade e na alta política inglesas. Facilitou seu trânsito junto à British and Foreign Anti-Slavery Society, associação lendária. Suas mobilizações no espaço público e seus representantes no Parlamento tinham sido decisivos para a supressão do escravismo nas colônias inglesas no começo do século. Como Schoelcher, a BFASS agia contra a escravidão colonial na África e na Ásia e premiava escravistas da América. Nabuco era amigo epistolar do secretário da BFASS, que o apresentou ao grupo todo em Brighton e armou banquete no Charing Cross Hotel, em Londres, com 150 convidados, incluindo quinze parlamentares e um abolicionista filipino, amigo de Labra. No discurso, Nabuco repisou o abolicionismo como movimento internacional: "[...] nós necessitamos do apoio estrangeiro por falta de base em nossa pátria [...]. Estamos combatendo no Brasil, como outrora na Inglaterra SHARPE e CLARKSON, WILBERFORCE e BUXTON". O neto de um desses abolicionistas ingleses eméritos respondeu à menção aos grandes ícones do abolicionismo anglo-americano comparando Nabuco a William Garrison, líder da campanha nos Estados Unidos. A BFASS fez sessão especial para ouvir seu relato sobre o Brasil e o sagrou membro correspondente. De novo, incluiu companheiros da SBCE. Tudo noticiado, com a sobriedade britânica no *Anti-Slavery Reporter*, jornal da associação, e com derramamento, por Rebouças, em *O Abolicionista*.[31]

A missão Nabuco — Rebouças assim a nomeou — teve dividendo duplo. O movimento brasileiro emergiu dela como parte de uma rede abolicionista transnacional de franceses, ingleses, espanhóis, cubanos, porto-riquenhos e filipinos. Somando relações em Portugal e nos Estados Unidos, Nabuco amarrara simpatia em oito países. Internacionalizava assim a campanha brasileira. O efeito prático sobre as autoridades nacionais foi mais modesto que o de 1866, quando Abílio Borges inaugurara o método bumerangue, porém embaraçou os partidos nacionais e reforçou a imagem do escravismo brasileiro como aberração entre nações civilizadas.

Outro efeito da viagem foi a consolidação de Nabuco como liderança. Segundo o *Times*, embora jovem, ele já contava com reputação no seu país e fora dele como "líder parlamentar do Partido Antiescravista no Brasil".[32]

Os abolicionistas brasileiros, a léguas de configurarem partido, se entusiasmaram assim mesmo. Aclamaram Nabuco na volta. Banquete no Hotel dos Estrangeiros, obra de Rebouças, e conferência-concerto da ACE, no Teatro São Pedro, quando Vicente de Sousa o recepcionou, ao som da marcha "Saudação abolicionista".³³ As alianças externas solidificaram sua coalizão tatibitate anterior à partida entre os do Parlamento e os do espaço público. Era uma triangulação, como Rebouças apreciava. Diferenças persistiriam, sob identidade partilhada: em face dos sucedâneos estrangeiros, eram *brasileiros*, como em face dos escravistas eram *abolicionistas*. Seriam um só movimento. Nabuco tinha a capacidade de acreditar em grandes coisas, fascinar os circundantes com a imagens delas e, desse modo, acabava por construí-las.

RUMO À NACIONALIZAÇÃO

Em 1878, Patrocínio cobriu a grande seca no Ceará. De braço com amigo cearense, percorrera a miséria e conhecera seus combatentes. Impressionou-o uma pequena associação filantrópica que socorria o povo e da qual se aproximou. O homem à frente da campanha era João Cordeiro, presidente da Associação Comercial de Fortaleza e empresário com o moto-contínuo de Rebouças: correra todo o Norte do Brasil, metade da Europa, montou fábricas de óleo, sabão e descaroçamento de algodão e tinha os gostos de Patrocínio: violeiro, versejador, desenhista e republicano exaltadíssimo, que proclamou o novo regime em Mossoró duas décadas adiantado. Abolicionista em igual medida: "Eu digo o que penso sem incomodar-me com os que não estão de acordo comigo".³⁴

Cordeiro fez parceria com José Correia do Amaral, sócio de casa de comércio de ferragens, que, no aniversário da Lei do Ventre Livre em 1879, criou o embrião do grupo, o Perseverança e Porvir, com vinte cavalheiros e dezesseis damas, e promoveu cerimônias de entrega de alforrias, ao estilo Abílio Borges. Cordeiro, o presidente, e Amaral, o vice, o converteram, em fins de 1880, em Sociedade Cearense Libertadora (SCL), a primeira do tipo fora da Corte a ganhar visibilidade nacional.

A SCL nasceu com envergadura: 227 sócios entre senhoras e senhores, profissionais liberais e sobretudo pequenos comerciantes, na maioria portugueses de nascimento ou ascendência. Um dos membros, Frederico Borges, embora sem parentesco com Abílio Borges, fora seu aluno no Ginásio Baiano. A partir de abril de 1881, a SCL organizou festas de libertação similares às conferências-concerto da Corte: leitura da "Carta às senhoras", de Castro Alves, entrega de alforrias, poemas, banda e discursos empapados das retóricas da compaixão, do direito e do progresso — "a liberdade, ao sol benéfico de todas as sociedades de todas as nações, irradia-se nos horizontes onde assinalam o progresso e a civilização". Como na Corte, os escravos ganhavam espaço. Numa feita, discursou um deles, que fez menção de se ajoelhar para agradecer a carta de liberdade. Cordeiro, à maneira do que Vicente de Sousa já fizera na Corte, substituiu o ato de subserviência pelo "abraço da fraternidade".[35]

Como a ACE, que puxava políticos para suas conferências, a SCL se calçou em instituições e autoridades locais. Um de seus secretários era promotor público de Fortaleza. A conexão na elite local é evidente na cerimônia de instauração da associação, realizada na Assembleia Provincial, com a presença do presidente da província, que exortou o grupo a seguir o método das associações inglesas, de compra de cartas de alforria.[36]

Além de conferências-concerto, a SCL constituiu corpo de advogados para usar o estilo de ativismo judicial de Gama. Logo, contudo, revelar-se-ia a mais drástica das associações abolicionistas. Na primeira reunião, em 30 de janeiro de 1881, sócios sentaram-se à mesa coberta de toalha preta, uma lamparina em cada ponta. Conta um deles que João Cordeiro, que estava à cabeceira, se levantou de um salto e puxou do colete um punhal, que cravou na mesa. Solene, teria exclamado: "Meus amigos, exijo de cada um de vós um juramento sobre este punhal, para matar ou morrer, se for preciso, em bem da abolição dos escravos". Dito isto, dos vinte presentes ficaram nove destemidos, que redigiram estatuto acorde com o ideal cavalheiresco: "Art. 1º Um por todos e todos por um. § Único — A sociedade libertará escravos por todos os meios ao seu alcance".[37] Incluídos os ilícitos, o que resultou na invenção de pseudônimos.

Como os grupos do Rio, criaram jornal de proselitismo, *Libertador*, que trazia a divisa da Revolução Francesa. Sua primeira mobilização reverberou o repertório político dos operários europeus. Membros da SCL incitaram — e, por garantia, pagaram — estivadores do porto de Fortaleza para cruzarem os braços. A greve inviabilizou, em 27 de janeiro de 1881, o embarque de escravos a serem vendidos para fora da província. Feito repetido em 30 e 31 e acrescido de volumosa passeata ao porto — o *Libertador* fala em mil pessoas, mas cabe desconto. Lance audaz veio na madrugada: os "liberteiros" incendiaram prédio e deram fuga a nove escravos que aguardavam embarcação.[38]

Estratégia de confrontação louvada na Corte. Rebouças organizou conferência-concerto para homenagear a SCL, em 6 de março, no Teatro Pedro II. O São Luís, sede usual da ACE, recusou-se, ao saber do teor do evento, e dificultou a realização dos subsequentes. Para a 36ª conferência-concerto arranjaram o Teatro Ginásio em cima da hora, com os preparativos finais feitos com o público já na porta. A SCL reciprocou a gentileza com conferência-concerto em Fortaleza, em 25 de março, no estilo da ACE: passeata, poemas, lenços, flores, fogos, o hino da Libertadora. Entre dezembro de 1880 e dezembro de 1881, a SCL computaria 379 manumissões entregues em conferências; só no aniversário da promulgação da Lei do Ventre Livre foram 109.³⁹

A SCL combinava o ordeiro e o desordeiro porque tinha costas quentes. Frederico Borges tinha irmão médico do Exército, ponte com o comandante do 15º Batalhão, que fez brinde público à diretoria da SCL e garantiu que a força sob seu comando não dispararia sobre os liberteiros. Antes o contrário, seus subordinados formaram o Clube Abolicionista Militar, em Fortaleza. Na outra ponta, a SCL perdeu o líder dos estivadores no primeiro levante. Substituiu-o com vantagem por Francisco José do Nascimento, o Chico da Matilde, um prático da barra, descrito como pardo, forte, vivo e bom de serviço: persuadiu os colegas a parar outra vez, em agosto de 1881. Com costados no Exército e nos estratos baixos, a SCL atraiu cerca de 6 mil pessoas à barra aos gritos de "No porto do Ceará não embarcam mais escravos".⁴⁰

O presidente da província, até aí se fingindo de morto, mandou o chefe de polícia ao porto. Bate-boca, empurra-empurra, na confusão os liberteiros sumiram com duas escravas. Chamado em reforço da ordem, o Exército mostrou de que lado estava: chegou às quatro da tarde para ver o conflito da manhã. A polícia, porém, abriu inquérito. Membros da SCL que eram funcionários públicos foram punidos com transferência ou exoneração. Chico da Matilde perdeu o emprego.⁴¹

A repressão abrandou o abolicionismo de confronto e atiçou ações clandestinas. Chácara Benfica, sítios dos Barreiros, Porangabuçu, São Francisco e Ipioca, de propriedade de abolicionistas ou de seus simpatizantes, transformaram-se em pontos de uma rede de acoitamento. Códigos proviam a comunicação: baldear era esconder escravos da capital no interior e vice-versa; libambo era roubá-los. Proprietários processaram membros da SCL, defendidos por outros membros da SCL, advogados, enquanto os demais inviabilizaram a audiência, com barulhada na leitura dos autos até a desistência do querelante.[42]

Apesar de a cena distar léguas de seus hábitos aristocráticos, Nabuco, como Rebouças e Patrocínio, conectou-se à SCL por intermédio de José Correia do Amaral, que lhe escreveu no meio do salseiro: "Os abolicionistas do Ceará animam-se toda vez que o nome de V.S.ª é recordado, sempre com entusiasmo pela causa que defendemos e de que V.S.ª é nosso patrono". Solicitou ainda a Nabuco que publicasse o manifesto da SCL na Corte. Foi atendido duplamente, em *O Abolicionista* e na *Gazeta da Tarde*, que cobriu toda a movimentação cearense.[43] Nabuco enviou ainda encorajamento aos membros da SCL demitidos e julgou bom alvitre o uso de código secreto:

> Quando soube da demissão do dr. Frederico Borges, dirigi-lhe um telegrama felicitando-o pela sua atitude [...]. Fico ciente que a palavra aí registrada para as nossas comunicações é a palavra Trincheiras. [...] O movimento dos jangadeiros, a cooperação de todas as classes da sociedade, na obra que é a glória do nome da [Libertadora] Cearense, pertencem à história. Com qual ufania não lemos há dias um telegrama [...] dando conta dos progressos da emancipação no Ceará [...]. Os senhores estão na vanguarda [...]. Não se deixem entibiar por nos ser impossível no meio em que atuamos imitar o seu exemplo. A capital do Império é ainda e será Deus sabe por quanto tempo um torpe mercado de escravos [...].[44]

Uma mudança técnica facilitou essa solidariedade entre abolicionistas da Corte e do Ceará. Embora o telégrafo tivesse sido implantado no governo Rio Branco, a expansão das linhas demorou. Quando chegou ao Ceará, em 1881, a SCL enviou um telegrama de saudação à *Gazeta da Tarde*. Patrocínio respondeu de pronto, e a conexão ficou regular. Também o telégrafo levava à SCL notícias dos abolicionistas estrangeiros. Assim informados, celebraram os avanços da abolição em Cuba, com festa literária no Passeio Público de Fortaleza, e cobriram toda a viagem de Nabuco pela Europa.[45]

Em 1881, havia, pois, vínculos entre os abolicionistas brasileiros e os estrangeiros, entre os da Corte e o cearense, e deles com outras províncias do Norte. Por exemplo, o *Libertador*, em 9 de agosto de 1881, divulgou anúncio de reunião preparatória para criar associação abolicionista em Manaus. O abolicionismo se expandia.[46]

O CANDIDATO ABOLICIONISTA

A missão à Europa e as relações com os abolicionistas do espaço público azedaram o humor do Partido Liberal para com Nabuco, que mal arranjou candidatura para as eleições de 1881. Os Liberais propensos à abolição andavam quietos na Câmara. Rebouças tentou arrancar declaração do ministro da Justiça, que era Manuel de Sousa Dantas, afinal membro da Libertadora 7 de Setembro, levando-lhe uma representação contra a escravidão de indígenas no Amazonas.[47] Nada andou.

Nabuco saiu candidato à Câmara pelo 1º distrito da Corte graças ao senador Liberal Silveira da Mota, emancipacionista dos debates da Lei do Ventre Livre e frequentador das conferências-concerto. Teve o endosso dos abolicionistas do espaço público e a antipatia do governo. Os Conservadores exploraram sua ânsia por ajuda estrangeira como antipatriotismo. Defendeu-se: "[...] que abolicionista jamais apelou, ou nos Estados Unidos, ou na França ou na Espanha ou no Brasil, para a intervenção de governo estrangeiro?". Sua circular eleitoral trazia as retóricas abolicionistas, o tropo da abolição como nova Independência[48] sublinhava o bom exemplo inglês, o perigoso dos Estados Unidos e o tema que levantara na viagem à Europa: a escravidão como herança colonial nefasta, da qual urgia livrar o país.

Essa eleição ocorria sob a égide do sistema de eleição direta, que reduzira o eleitorado. Aprovada em 1881, a nova lei eleitoral excluiu analfabetos e passou a exigir comprovação de renda para o alistamento. Extirpou um nível do processo eleitoral, os votantes — pobres e, a juízo dos legisladores, corruptíveis — que antes elegiam os eleitores, e assim restringiu o eleitorado efetivo. Na visão dos Liberais que a defenderam, trocava-se a patronagem pela persuasão dos eleitores. Sobretudo na capital do Império, alguns abolicionistas concordaram com essa avaliação e julgaram possível garimpar votos entre profissionais liberais, negociantes urbanos, os alfabetizados sem relação direta com a economia escravocrata. Rebouças, de olho nos frequentadores das conferências-concerto, dedicou o número 13 de O Abolicionista à candidatura Nabuco. Mas o próprio não gostou da ideia de bater de porta em porta: "[…] não empreenderei uma campanha eleitoral de solicitações ainda mais importunas para o eleitor do que para o candidato".[49]

Os acontecimentos de agosto no Ceará — abolicionistas dando fuga a escravos — estavam frescos na mídia nacional quando chegaram as eleições de outubro. Para tranquilizar o sistema político, Nabuco garantiu o respeito dos abolicionistas à legalidade: conferências-concerto e ações judiciais de liberdade estavam em acordo com a legislação do Império. Esse ativismo precisava de tentáculos no Parlamento: "Um grupo de abolicionistas na Câmara não resolveria a questão, mas impediria que a maioria a desprezasse. É no Parlamento que a emancipação deve ser decidida — e não na praça pública". Aos membros da ACE e da SCL, enviou sua circular eleitoral, com ressalva de que o recurso à via institucional era "uma transação com o fato, que não posso desconhecer, de que qualquer lei de emancipação terá que ser votada por um Parlamento composto de proprietários de escravos".[50]

O compromisso com a legalidade mirava arrebanhar apoio no sistema político à sua candidatura. Seus ataques anteriores a dois chefes de gabinete por causa da abolição, entretanto, o deixaram na quase orfandade. E na Corte havia competição: "A minha candidatura luta com sérias dificuldades, e é muito provável não entrar eu para o Parlamento. Não importa. Conseguimos já fazer da emancipação, da qual ninguém mais se ocupava, um fator em nossa política — cada concessão acarretará outras". Isso contou à SCL, pois sua candidatura periclitante era o carro-chefe de pequena chapa abolicionista, quase reapresentação do bloco parlamentar de sustentação ao seu projeto em 1880.[51] Sofreram derrota acachapante.

O resultado do pleito desmentiu o idealismo de Liberais, como Rui Barbosa, que viam na reforma eleitoral o fim do clientelismo. Venceu o realismo dos Conservadores, uma minoria que se expressou como nunca: fez 38,5% da Câmara. Voltava João Alfredo Correia de Oliveira, que fora ministro de Rio Branco, na chefia dos Conservadores moderados, e voltava Paulino Soares de Sousa, comandando os Emperrados, mangas arregaçadas contra arruaceiros abolicionistas. Ou, no dizer de Nabuco, "triunfou nas urnas o que o escravismo tem de mais ferrenho". Daí a 1884, quando acabaria essa legislatura, houve dois partidos na Câmara. Se a eleição direta, como bradaram seus defensores, produzia a verdade eleitoral, ela se revelou escravista.[52]

Nabuco ficou sem chão. Somou-se crise pessoal, com a noiva. O namoro sempre difícil se complicou com sua ascensão a líder abolicionista no Parlamento. Eufrásia Teixeira Leite era mulher moderna, dava inveja a varões sua bem-sucedida gestão de negócios na Bolsa de Valores. Se o casamento se concretizasse, Nabuco ganharia capital para montar jornal e financiar a campanha abolicionista. Talvez por isso; a família da moça se interpôs, gente do café de Vassouras, relacionada a amigos e parentes de Paulino. Nabuco fechou 1881 sem mandato, sem noiva e sem emprego. Recusava-se a aceitar posto público, que soaria como rendição aos escravistas do governo.

O barão de Penedo, chefe da legação brasileira em Londres, arranjou para que fosse correspondente do *Jornal do Commercio* na Inglaterra. Ao partir, explicou-se aos abolicionistas em manifesto: "Sinto não poder servir à emancipação de outra forma senão renunciando a tudo o que a escravidão atualmente oferece aos que transigem com ela: as posições políticas, a estima social, o respeito público".[53] Na Inglaterra, praticaria o método bumerangue, estreitando o elo entre o abolicionismo nacional e o estrangeiro. Deixava sem dono seu outro serviço, de vincular abolicionistas do espaço público com o Parlamento. Por isso, correligionários o acusaram seguidas vezes de abandonar a causa.

A maré para a abolição baixou de vez quando Saraiva saiu do governo. O imperador transmitiu o comando a Martinho Campos, um Liberal tão conservador como seu amigo Paulino.[54]

NOVO ASSOCIATIVISMO

Toda história tem seu vilão. Nesta, temos vilões elegantes, os Conservadores Cotegipe e Paulino, e os nem tanto, classe que o Liberal Martinho Álvares da Silva Campos representa. Martinho das Cebolas, por conta do que plantava, tinha coração franco para expressar o escravismo de circunstância: "[...] é de opinião que a escravidão é uma prova de caridade cristã; que o senhor faz um grande favor, presta um grande serviço ao seu escravo". Quem dizia isso era Patrocínio,[55] sem exagero: Martinho se autonomeara "escravocrata da gema". Nascido no começo do século, passou longe dos sentimentalismos de seu final. Homem de Minas como de Vassouras, via a escravidão como base da prosperidade do Império e a defendia sem pejo desde os debates do ventre livre, quando estivera à frente dos Clubes da Lavoura.

Era uma língua ofídica. Angelo Agostini, que ia fazendo um abolicionismo gráfico, com charges na *Revista Ilustrada*, desenhou seu rosto com corpo de cobra. Treinado na pilhéria de oposição, fazia graça até de si: apelidou o gabinete de "meu colégio", por conta dos jovens Liberais que empregou. Dois deles eram ex-alunos de Abílio Borges e crias políticas do senador Manuel de Sousa Dantas: seu afilhado Rui Barbosa e seu filho Rodolfo, amigo de Nabuco. Abolicionistas, porém acautelados por conta dos modos de fazer carreira no Império. Rodolfo aceitou sem dores de consciência a pasta de ministro do Império, com Rui como assessor e defensor do gabinete na Câmara, nas precisões. Martinho Campos rezava missa no breviário de Paulino — Patrocínio chamou-o "ferrabrás da escravidão"[56] — e fechou as oportunidades para qualquer abolicionismo no ministério ou no Parlamento.

Seu escravismo desabrido, observou Nabuco, provocou posicionamento de políticos em cima do muro: "[...] a permanência do ministério tem tido uma vantagem: a de obrigar a todos os Liberais, que se têm manifestado em oposição, a fazerem profissão de fé abolicionista".[57] Enquanto Nabuco viveu em Londres, o movimento foi achando outras vozes no sistema político. No correr da legislatura de 1881 a 1884, catorze deputados demonstraram simpatia pela causa, nem todos ao mesmo tempo, nem todos o tempo todo. Três eram Conservadores de fora da área de influência de Paulino. Dos Liberais, um se destacaria como abolicionista de peito aberto, José Mariano Carneiro da Cunha, liderança emergente em Pernambuco.[58] Nenhum deles, contudo, alcançou a contundência retórica de Nabuco. Governo refratário e raras andorinhas nas instituições políticas fizeram de 1883 um ano de baixa do abolicionismo no Parlamento.

Os abolicionistas do espaço público, que labutavam sob o comando de Rebouças e Patrocínio, fizeram, por isso, seu verão do lado de fora, em três revoadas: imprensa, associativismo e manifestações no espaço público. Crescer requisitava ossatura organizacional. A ACE e a SBCE existiam para isso. Contudo, o autoexílio de Nabuco esvaziou sua associação. Em vão exortava os membros, sobretudo Rebouças, que a revitalizasse. Em sua ausência, a liderança do grupo ficou com o Liberal Joaquim Serra, jornalista de profissão, treinado em periódico maior, *A Reforma*, e que "tornou-se um verdadeiro Protheo" do abolicionismo, multiplicando-se em colunas no *Globo* e na *Gazetinha*.[59]

Rebouças tentou puxar o grupo da ACE para a SBCE. Vingou o contrário. O entorno de Patrocínio se alargava. Aglutinava grupos regionais formados nas faculdades da Corte, que congestionavam sua mesa na Confeitaria Pascoal. Vez ou outra passava na Igreja positivista, que produzia panfletos e preleções recheadas da retórica do progresso, e de lá carregava estudantes e professores das escolas militar e de engenharia para escrever na *Gazeta da Tarde*.[60] Tinha essa arma poderosa, um jornal de médio porte, que Nabuco aceitara para porta-voz da SBCE, matando *O Abolicionista*.

E Patrocínio encantava ao vivo, enquanto o charme de Nabuco demorava três semanas pelos vapores. Deu golpe de morte na SBCE ao puxar Serra, que conhecia da redação de *A Reforma*, para dirigir a *Gazeta da Tarde*, e que entrou com força total: "Eu, na *Gazeta da Tarde*, como terás visto, faço tudo pela nossa ideia, revolvo com ela todos os assuntos, e felizmente sou bem acompanhado pelo Patrocínio".[61] Viva nominalmente, a SBCE morreu de fato. Nabuco contrabalançou como pôde: encaminhou companheiros para a *Gazeta de Notícias* e preservou o elo com a SCL do Ceará. Entretanto, o efeito centrífugo de Patrocínio transformou a *Gazeta da Tarde*, em 1882, no quartel-general, onde se planejavam propaganda abolicionista e malhação no governo.

Na GT, Patrocínio e Rebouças teciam rede nacional alinhando os grupos regionais que iam surgindo — caso de São Paulo, onde a mobilização de Luís Gama dera, em 1882, na fundação do Centro Abolicionista de São Paulo, do jornal *Ça-Ira* e da Caixa Emancipadora Luís Gama, por onde circulavam alunos de direito, como Raul Pompeia. Ao Norte, abolicionistas de Pernambuco, liderados pelo deputado José Mariano, conectavam-se com Teixeira Mendes, por conta de afinidades positivistas, e com a SCL do Ceará. A SCL, por sua vez, se expandia para o Rio Grande do Norte. Rebouças fazia a ponte Corte-Maranhão, enviando panfletos e instruções sobre o movimento abolicionista. Associações se espalharam por províncias secundárias na geopolítica imperial, como Goiás, base eleitoral de Silveira da Mota.[62] Cresciam conexões entre os grupos pioneiros e surgiam novos. Na Situação Liberal, de 1878 a 1885, o associativismo explodiu. Como as conferências-concerto, as sociedades deslancharam na capital política e cultural do Império, sede de 34 delas nos sete anos de domínio Liberal. Mas pipocaram para além da Corte, num gordo ciclo de mobilização, com a formação de 227 associações, em média trinta por ano, distribuídas entre todas as províncias do Império. O movimento entrou na corrente sanguínea nacional, em expansão acelerada sobretudo em Pernambuco, no Rio de Janeiro e no Ceará.[63]

O ativismo cresceu bipolar, ao Norte e ao Sul, e acompanhou a lógica política em vez da econômica. O boom associativo aconteceu durante a Situação Liberal por três razões políticas. Uma foi a expectativa criada pelo Partido Liberal, que tinha a abolição em sua agenda. Outra, a existência de aliados nas instituições políticas, dada a formação de bloco abolicionista no Parlamento. A terceira foi a tolerância dos governos Liberais, que não reprimiram as conferências-concerto no espaço público. Essa conjuntura facultou o crescimento de manifestações e associações abolicionistas.

As associações eram heterogêneas, umas com meia dúzia, outras com cerca de duzentos membros; umas nas capitais, outras nas cidadezinhas; umas longevas, outras efêmeras. Sua variedade, como seu volume, mostram a disseminação da inclinação antiescravista no Brasil na primeira metade dos anos 1880. Tanto nas regiões com muitos escravos, o Sul, como naquelas com poucos, o Norte, tanto intraelite como fora dela. Somavam-se ainda as declarações pró-abolição de associações organizadas para outro fim, como a Sain, o Instituto dos Advogados e órgãos de imprensa. O abolicionismo extrapolava seu perímetro político e geográfico original, nacionalizava-se.

UM ÍCONE

Sempre entusiasmado com os progressos, Rebouças contava a Nabuco o seguimento da campanha. As conferências-concerto alcançavam o número 52, o orador era quase sempre Patrocínio, e o alvo, o gabinete escravista de Martinho Campos. Contudo, Rebouças celebrava, o governo periclitava:

> Parece que a firma escravocrata Paulino [Soares de Sousa]/Martinho [Campos] quebrou [...]. Todos consideram esse ministério morto, e quem o mata é a irresistível força abolicionista. O horror que tem causado as abominações escravocratas de Martinho veio demonstrar que não é mais possível governo tendo por base a hedionda escravidão.[64]

Esse governo sem asa para o abolicionismo, de fato, viveu pouco. Especialista em tétano, Martinho Campos não achou remédio que o salvasse. Com sua veia humorística, divertiu a Câmara de janeiro a julho de 1882 e, obstado em tentativa de mudar a lei eleitoral, retirou-se com a blague: "Tiraram-me o emprego!".

Nota fúnebre contrabalançou a festa abolicionista por sua saída. Conta o compungido Raul Pompeia que, na manhã de 24 de agosto de 1882, um dia azul, Luís Gama perdeu a fala; à noitinha perdeu-se todo para o diabetes. Ficou em casa, na sala, sobre duas mesas ajuntadas, "coberto a meio-corpo por um pobre lençol grosseiro". Correligionários e ex-escravos o velaram da madrugada às três da tarde, quando o cortejo rumou para o Cemitério da Consolação. Carruagens de tarja preta, massa imensa de povo, ao que, no Brás, se incorporaram uma banda e, na ladeira do Carmo, a irmandade de Nossa Senhora dos Remédios, com suas opas azuis e brancas e grandes velas. Seis de seus comandados no Centro Abolicionista de São Paulo assumiram as alças do esquife, seguidos por membros da Caixa Emancipadora Luís Gama e grupos republicanos. Vieram coroas da *Gazeta do Povo*, do Clube Ginástico Português, da Faculdade de Direito e do vice-presidente da província. Quanto galgara Luís Gama, de ex-escravo a morto ilustre, em cujo funeral "todas as classes representavam-se". Comércio de porta fechada, bandeira a meio mastro, de tempos em tempos, um discurso; nas sacadas, debruçavam-se tapeçarias, como nas procissões da Semana Santa.[65]

Apenas às sete da noite alcançou-se a capelinha. Saía a lua, o padre aspergiu o anticlerical morto e, quando tudo se acabava, narra Pompeia, alguém gritou, em soluços: "Esperem!". "Disse duas palavras, sem retórica [...]. A multidão chorou. Então [...] intimou a multidão a jurar sobre o cadáver, que não deixaria morrer a ideia pela qual combatera aquele gigante. [...] A multidão jurou."[66] O feito, que as folhas do dia não registram, virou lenda, atribuído a Antônio Bento de Sousa e Castro, único dos seguidores de Gama, segundo outro deles, com as "qualidades de chefe", no momento em que o abolicionismo na província ficava acéfalo, pois, lamentou Serra a Nabuco, "a morte do Luís Gama foi um desmantelo em São Paulo". Antônio Bento chamou a si o cetro. Diverso de Gama em tanto, branco, do Partido Conservador, católico, ex-juiz, comungava a devoção ao abolicionismo e à audácia. Tomou o comando do abolicionismo paulista onde Gama o deixava, na encruzilhada entre o ativismo judicial e a trilha desordeira da SCL.[67]

A morte não apagou Gama da campanha. Seu destino seria parecido com o do visconde do Rio Branco, que, dois anos antes, ganhara funeral de estadista. Rebouças vira, então, no chefe de gabinete do ventre livre um Wilberforce brasileiro, figura ideal para inaugurar o panteão de heróis legitimadores do movimento abolicionista. Patrocínio escreveu na *Gazeta da Tarde* que o país perdera o líder capaz de "minerar cidadãos nas jazidas negras da escravidão". Editorial de *O Abolicionista* louvara o ventre livre, "prólogo que espera seu epílogo". Nabuco, Rebouças e outros abolicionistas com inserção no sistema político tinham acompanhado o enterro do visconde, apesar da má vontade de rio-branquistas e paulinistas, unidos na objeção a transformar membro de seu partido em símbolo abolicionista. Sem se dar por rogados, os abolicionistas disputaram com membros do Partido Conservador a honra de segurar as alças do caixão. O barão de Cotegipe fez vigília para obstruir: não arredou pé dos dezoito círios ardentes.[68]

O movimento incorporou Rio Branco à tradição abolicionista que se inventava, e na qual se destacava Castro Alves, alçado a poeta-símbolo, com sua auréola romântica da vida breve. Foram açambarcando para esse panteão reformistas mortos, apresentados como certificadores do abolicionismo. Quanto maior o destaque da figura no passado, maior seu uso em livros e artigos: José Bonifácio encarnou a justaposição abolição-Independência, com reimpressões de sua *Representação à Constituinte*. Assim os abolicionistas se agigantavam à estatura de estadistas e elevavam o parâmetro para julgar adversários políticos vivos.

Patrocínio se deu conta de que Luís Gama valia mais. Correu, com Quintino Bocaiuva, um representando os abolicionistas, outro os republicanos, para o funeral em São Paulo. No correligionário morto viu o traço do herói: livre convertido em escravo, que rompera pelo esforço as grades do escravismo e que, em vez de buscar a senda individual do sucesso, escolhera a coletiva do protesto. Morrendo quando a campanha deslanchava, escapava de enfrentar os dilemas do ativismo, não faria as concessões da política, a que Rebouças, Patrocínio e Nabuco fatalmente se curvariam. Ficaria imaculado em seu radicalismo. Nisso, insubstituível. Sem alcançar o enterro, Patrocínio prestou homenagem mais poderosa. Na morte do "general que nos devia conduzir ao campo da desafronta da honra nacional", vislumbrou o símbolo. Luís Gama seguiria vivo entre os abolicionistas como a cristalização do "heroísmo inimitável".[69] Peça decisiva na consolidação de um movimento social: o líder que morre lutando.

6. Abolicionismo de resultados

OPORTUNIDADE POLÍTICA

João Lustosa da Cunha, visconde, depois marquês de Paranaguá, presidira três províncias antes de assumir a chefia de governo, em 3 de julho de 1882. Tinha o infortúnio de filha cega e o costume de ir a pé ao ministério, de calça branca, casaca cor de vinho e cartola. Embora de vida começada entre os Conservadores e fama de áulico, era Liberal pró-reformas — desde que moderadas. Ao substituir Martinho Campos no poder, puxou a abolição para a agenda por duas razões, que relatou aos deputados. Uma era o andamento em Cuba: "[...] todos os Estados aboliram a escravidão, e o Brasil é o único país cristão que a mantém, sendo que na Espanha esta questão é uma questão de dias". Outra era a propaganda doméstica, "que tem agitado a opinião, e que não posso deixar em silêncio".[1]

Essa propaganda denunciava desvios e inépcia na execução do Fundo de Emancipação da Lei do Ventre Livre. Segundo o ministro dos Estados Unidos no Brasil, a falsificação de registros virara regra: registraram-se nascimentos acima da média como se tivessem ocorrido em 1870, ao passo que era como se nenhuma criança houvesse nascido de mãe escrava depois de 28 de setembro de 1871. A burla tornou escravos os nascidos livres. Quando a lei completou onze anos, apenas 11 mil tinham sido libertados por ela, cerca de 0,7% da população escrava. Paranaguá propôs remediar a situação elevando o Fundo de Emancipação, criando imposto sobre compra e venda de cativos e acabando com o comércio de escravos entre as províncias. Tudo respeitando o direito de propriedade e os interesses envolvidos.[2]

A minoria Conservadora na Câmara, avantajada após as eleições de 1881, rebateu, na voz de seu líder Paulino: "[...] não dê esperanças ilusórias, que importará depois decepções amargas; não sobressalteis interesses que se criaram à sombra da lei; não desperteis temores e reações morais, que não estará depois em vossas mãos apaziguar. (*Muitos apoiados*)". Paranaguá retrucou, enfeixando retóricas do direito e da compaixão: "Receios de quem? Da classe dos proprietários? [...] seus interesses bem compreendidos não podem ser contrários ao sentimento de humanidade, do direito de uma grande nação, que deve colocar-se entre as nações civilizadas e cristãs". Apontou o crescimento do movimento abolicionista, que teria ido já adiante do Estado, e até se valeu da retórica da ameaça: "Há certas aspirações que não se podem suplantar e que, quando se julgam abafadas, estão em véspera de produzir alguma catástrofe. É preciso, portanto, que o governo as dirija, que os poderes públicos se apoderem delas".[3]

Os abolicionistas se alvoroçaram. Lá iam três gabinetes Liberais desde 1878 e nenhum se revelara tão promissor. Escritos, associações e atos antiescravistas até então se avolumavam sem repressão, tampouco sem aval do governo. Vislumbraram em Paranaguá a oportunidade política para nova lei antiescravista, conforme Serra resumiu a Nabuco: "[...] seu programa é limitado, mas antes isso do que o silêncio de nossos antecessores. Os escravocratas da Câmara estão furiosos [...], nem sei mesmo como o Paranaguá se poderá aguentar [...]. Estamos, nós imprensa abolicionista, em simpática expectativa".[4]

REDE INTERNACIONAL

Na maré alta, Rebouças se ausentou. Em setembro de 1882, desgostoso com sócios e com a família real, foi a Londres tratar de sua companhia mista com investidores locais, a Conde d'Eu R. W. Acomodou-se no Charing Cross Hotel sem os incômodos que tivera nos Estados Unidos. Em terra aristocrática, seu ambiente, trabalhou com um amigo engenheiro, em projetos de portos para o Rio Grande do Sul e Pernambuco.

Lá encontrou Nabuco, que reforçava a rede internacional de apoio ao abolicionismo brasileiro: aproximara-se de antiescravistas franceses, da Abolicionista Espanhola, à qual enviara títulos honorários da meio morta SBCE, e de organizações antiescravistas femininas, Alliance e Imperance Mission, além de tentar contato com o ídolo estadunidense de Rebouças, Frederick Douglass. Com a British Anti-Slavery aprofundou relações: escrevia no periódico do grupo, discursava em reuniões e, em 1883, representou a sociedade no 11º Congresso da associação jurídica internacional, em Milão, onde foi aprovado seu projeto de tratado internacional caracterizando o tráfico de escravos como pirataria. O Nabuco que Rebouças encontrou era, pois, membro pleno de uma teia complexa de ativismo transnacional — Rafael Labra, por exemplo, sabia, em Madri, de atos seus por meio do *Anti-Slavery Reporter*. Usava os laços na Europa para nutrir os do Brasil e influir na política doméstica. Enviava artigos, notícias, discursos e inseria notas sobre o movimento brasileiro no *Anti-Slavery Reporter*.

Correria acentuada na estada de Rebouças, que o instou a arrancar declaração do primeiro-ministro britânico. Juntos, comemoraram o aniversário da Lei do Ventre Livre na sede dos abolicionistas ingleses, em Brighton, e, em Londres, foram a um evento da Anti-Slavery Society, na qual Nabuco discursou e Rebouças teceu suas próprias relações com o secretário-geral da associação, a quem enviaria documentos.[5]

Em seus anos londrinos, Nabuco conheceu melhor a variedade de táticas do repertório político europeu, mas seguia apegado à estratégia de Wilberforce de ir pelo Parlamento. Em junho de 1882, escreveu petição a ser enviada à Câmara e às assembleias provinciais. Rebouças prometeu implementar, mas, enquanto a petição cruzou o Atlântico, os abolicionistas no Brasil constataram que as alvíssaras de Paranaguá ficariam por isso mesmo e julgaram má ideia encaminhar moção ao Parlamento. Escaparam de subscrevê-la, como informou Serra: "De que servia querer eu, o Rebouças, ou outro assinar, se as objeções dos outros eram tão fúteis como pertinazes? [...] [Um dizia que] ficava desvirado figurando em uma petição vinda de Londres, quando não fez nenhuma aqui".[6]

Quem a apresentou foi um dos três Conservadores abolicionistas da Câmara. Passou em brancas nuvens e foi morar no limbo das comissões. Nabuco, à maneira de Rebouças, apelou ao lobby junto a Saraiva: "V. Ex.ª pode hoje no Brasil em favor dos escravos o que ninguém pode e que podendo será grande a responsabilidade de V. Ex.ª perante a história se chegar à deliberação de que não deve". O ex-chefe de governo Liberal lembrava a dor de cabeça que Nabuco lhe dera em 1880 e ficou longe da areia movediça. O governo Paranaguá a arrodeava. Mencionou a extinção gradual da escravidão na fala do trono que abriu a sessão legislativa de 1883. Nabuco, em busca de visibilidade, enviou-lhe carta-denúncia sobre a venda de libertados pela Lei do Ventre

Livre. O governante murchou o efeito, ao responder privadamente. A grande imprensa o ignorou. Nabuco via então o abolicionismo como seu pai, do prisma das instituições políticas: a propaganda visava encaminhar a questão no Parlamento. A SBCE era um degrau na partidarização do abolicionismo.[7] Entretanto, enquanto Nabuco de Araújo fora membro de facção grande, que lograra chefia de gabinete, o filho estava alijado por viver fora do país depois de perder a eleição.

E o abolicionismo crescia *fora* do sistema político partidário. Nesse terreno se carecia de articulação. A fusão dos grupos de Nabuco e de Patrocínio nunca foi completa, debalde empenhos de Rebouças. Eram círculos diversos em estilo de vida: os com Nabuco eram aristocratas herdeiros de líderes do Partido Liberal, aguardando lugar na grande política; Patrocínio era o chamariz de moços sem nome nem eira, dependentes de padrinhos e da imprensa, com futuro incerto e refinamento relativo. Uns, fidalgos dos salões; outros, súditos das confeitarias da rua do Ouvidor. Longe do requinte de Nabuco, Patrocínio jamais adquiriu a habilidade cortesã de conter sentimentos, vivia a espargir amor e cólera nos circundantes.

Rebouças era a interseção, por ser membro dos dois círculos. Refinado como Nabuco, negro como Patrocínio, agregou os estilos e as estrelas do movimento, uma roda em cada trilho, a via partidária e aristocrática de Nabuco e a popular dos teatros e da imprensa de Patrocínio. Trilhos paralelos, mas interligados — a locomotiva abolicionista precisava de ambos. Na sombra, Rebouças costurava, ponto duplo no esgarçado, remendos no rasgado, cônscio de que quem alicia governa melhor do que quem manda.

Com Rebouças e Nabuco em Londres, Patrocínio ocupou o vácuo no movimento. Os abolicionistas com entrada no sistema político tinham pruridos de providências: Artur Silveira da Mota para não atropelar o pai senador, Rodolfo Dantas, e Rui Barbosa pelo constrangimento de terem servido ao governo escravista de Martinho Campos. O mais ativo, Joaquim Serra, se adicionara à *Gazeta da Tarde*. De Londres, o brilho da estrela Nabuco chegava esmaecido; de perto, brilhava o sol Patrocínio.

Seus raios chegavam longe: correligionários pendiam aos montes para sua estratégia de propaganda pública, ao ver sem resultado o método parlamentar de Nabuco. Paranaguá falava, mas não agia. O jeito era seguir fora do sistema político e construir coordenação mínima para ações concertadas de escala nacional e achar nova estratégia de impacto imediato e contundente.[8]

A CAMPANHA DE LIBERTAÇÃO DE TERRITÓRIOS

Luís Gama morto, Nabuco e Rebouças ausentes, Patrocínio era o sol disponível e arrebatou o centro do sistema planetário. Conduziu a estratégia da ACE de seguir com conferências-concerto e criar uma Comissão Central Emancipadora (CCE), em inícios de 1883, sempre com Vicente de Sousa e o decano do time, Nicolau Moreira.

A CCE deu conotação ousada ao estilo Rebouças de lobby. Em 8 de fevereiro de 1883, armados de flores, seus membros invadiram uma sessão da Câmara Municipal do Rio com o propósito de reivindicar o fim das casas de compra e venda de escravos. O presidente da Câmara achou na visita o seu calvário e prometeu algo. Faltou dizer como e quando. Cinco dias depois, a CCE foi à Associação Comercial, a três deputados, ao gerente do Banco do Brasil. Esta última visita era puro jogo de cena, pois a pessoa visitada era um membro da comissão, João Clapp. Também o bispo diocesano e até o chefe de gabinete os receberam, mas sem se comprometer. Outra estratégia da CCE veio do repertório abolicionista inglês, o boicote. Na Inglaterra, o alvo fora o açúcar produzido por escravos. No Brasil, os abolicionistas não arriscaram atentar contra o café, base da economia nacional; adaptaram a estratégia para o plano simbólico. A GT apelou aos veículos de imprensa para que banissem anúncios de compra, venda ou fuga de escravos e criou uma seção de jornalismo-denúncia chamada "Cenas da escravidão", exclusiva para reportar barbaridades de senhores contra cativos. A CCE travou uma batalha moral, manejando a moeda da sociedade aristocrática, o prestígio. Criou um Livro de Ouro: em vez de apenas ganhar o título de benemérito, costumeiramente distribuído por Rebouças na SBCE, o doador de quantias para a compra de liberdades seria imortalizado em lista publicada semanalmente na imprensa. Tática reproduzida noutras cidades e invertida como Livro Negro, no qual a *Gazeta da Tarde* listava nome e endereço de maus senhores, descritos como nos anúncios de escravos fugidos. Por exemplo, debaixo do desenho de escravo com porrete na mão e trouxa nas costas, lia-se: "O cidadão Egydio, espoliado há trinta anos de sua liberdade, gratificará generosamente a quem lhe entregar o negreiro Leocádio Gomes Franklin, residente na fazenda da Abundância". Aos aliados, glória; aos inimigos, vexame.[9]

Mas o objetivo principal por trás da criação da CCE era criar uma estratégia tão ou mais eficaz que as conferências-concerto, mas fora dos teatros, usando o espaço público de maneira mais ampla e ousada. Cansados da inépcia governamental, seus membros declararam: "Passou o período sentimental; cumpre entrarmos no período executivo".[10] O repertório abolicionista estrangeiro tornou a orientar o movimento nessa escolha. Dessa vez, miraram na tática estadunidense apelidada de *underground railroad*, que consistira em criar extensa malha de asilos para escravos fugirem até *free soil*, o Canadá ou o Norte do país, onde a escravidão era ilegal — o fugitivo mais célebre fora Frederick Douglass, o ídolo de Rebouças. No Brasil, havia quilombos desde a Colônia, e novos surgiram durante a campanha abolicionista; eram, porém, enclaves clandestinos. Nada se assemelhava ao Norte dos Estados Unidos, território que banira a escravidão por lei, onde fugitivos pudessem viver como se livres fossem. A CCE decidiu criar essa área geográfica sem escravidão, que desafiasse a institucionalidade escravista e fosse refúgio de fugitivos (com ou sem ajuda dos abolicionistas) e emblema da possibilidade de ordem civil pós--escravista, em desmentido factual à retórica escravista da ameaça (a abolição como anarquia). Assim nasceu a campanha de libertação de territórios.

Ideada em 1882, a estratégia foi de fato deslanchada em janeiro de 1883, visando libertar a capital do país, o Rio de Janeiro.[11] A retórica da compaixão andou, então, do teatro à soleira das portas. Em vez de arrecadar fundos para comprar alforrias, como nas conferências-concerto, pedia-se a concessão voluntária das liberdades pelos senhores, sem compensação monetária, e para toda sua escravaria. A campanha andava em sequência espacial: de casa em casa, quarteirão por quarteirão. Idealmente, assim se libertariam bairros, cidades, províncias e, se tudo desse certo, o país.

O estrato social que dera assistentes ao abolicionismo no teatro deu suporte à nova estratégia. Pequenos comerciantes, funcionários públicos, jornalistas, artistas, professores, donos de poucos escravos, se desvencilhavam fácil deles, convertidos em empregados de mesma função e parca remuneração. Durante essa campanha, organizaram-se comissões que obtiveram cartas de liberdade, sem indenização, e algumas ainda em meio a festas.[12] O sucesso dependia da desimportância econômica do escravo para as famílias. Por isso, os territórios livres que se consolidaram eram pequenos enclaves: na área comercial e no perímetro das faculdades e da imprensa abolicionista, no entorno do prédio da *Gazeta da Tarde* e nas imediações das residências dos abolicionistas.

Mobilização no espírito Liberal, sublinhando a capacidade

da iniciativa privada de resolver o que as instituições políticas malogravam em tornar lei. Abolicionismo no estilo "faça você mesmo".

A terra-luz

A estratégia de libertação de territórios na Corte empacou depois de início promissor. A capital do país sediava governo e casa imperial, não era terreno que autoridade deixasse desimpedido. A CCE, em conluios com abolicionistas das províncias, buscou onde operar em larga escala. Entrou em conta o número de escravos e sua centralidade no funcionamento de produção e mercado provinciais. Não se começou por São Paulo, Minas e interior do Rio, onde a escravidão era raiz da atividade econômica e numericamente abundante, lugares em que, se supunha, a resistência seria ferrenha. Demografia e economia tiveram sua relevância, fatores necessários, mas não suficientes. Pará, Santa Catarina, Piauí e Goiás tinham escravidão pequena e marginal na economia local, e nem por isso foram alvos iniciais. Decisivo foi mesmo o fator político. Os abolicionistas desencadearam campanha de libertação de territórios com vigor e consequência em província em que era alta a chance de certificação e de reconhecimento da legitimidade do movimento por parte de autoridades políticas e sociais, e baixa a chance de repressão policial.[13]

Onde se achava isso? No sistema centralizado do Segundo Reinado, o chefe de gabinete nomeava os presidentes de província. Assim, trocas de gabinete acarretavam substituições no comando provincial. A Situação Liberal de 1878 a 1885 levou a instabilidade ao paroxismo. Seus sete governos curtos significaram várias renomeações: Amazonas, Maranhão, Piauí, Rio Grande do Norte, Sergipe, Bahia, Rio de Janeiro, Minas Gerais, Goiás e Paraná tiveram sete; Ceará, Rio Grande do Sul, Pernambuco e Espírito Santo, oito; Paraíba e Santa Catarina, nove; e Alagoas, dez governantes no período — sem contar interinos. A experiência de governo-relâmpago deu relativa independência ao presidente de província em relação às elites locais. Presidente meio turista, podia iniciar políticas sem purgar suas consequências.[14] Foi o que ocorreu no Ceará.

Quando a mobilização cresceu, no governo dos cearenses estava Sancho de Barros Pimentel, deputado na mesma legislatura de Nabuco, membro da SBCE e parte de seu bloco parlamentar de 1880. O líder da SCL, José Correia do Amaral, celebrou a nomeação: "[...] de alguma sorte cresceu nossa esperança". Pimentel mandou saber quantos escravos tinha sob gerência. Os 31 975 de 1874, cerca de 5% da população de 721 600 pessoas, baixaram com a seca de 1877 e 1878, vendidos aos montes para o Sul.[15] O preço dos remanescentes despencou. Nenhum governo fizera barulho disso, mas Pimentel fez. Implementou o que o governo Paranaguá propusera, sem impor: a punição fiscal ao comércio interprovincial de escravos. Um deputado provincial encaminhou o projeto à Assembleia Provincial, em fala bordada de menções aos abolicionistas da SCL. Objetou-se inconstitucionalidade, emendou-se o projeto, no entanto, foi aprovado em julho de 1882.

Além de governo local facilitador, a SCL contava com a simpatia de quem a poderia reprimir, o 15º Batalhão militar, aquele conivente com o fechamento do porto de Fortaleza em 1881. Força repressiva alternativa teria de se deslocar de outra província ou da Corte, convenientemente distante. Essas condições motivaram a SCL, dotada de capacidade de arregimentação, a tentar a campanha de libertação de territórios na província inteira. Por isso, em 1882, Patrocínio viajou a Fortaleza.

Zarpou de novo em boa hora. Na primeira ida ao Ceará, fugiu do pai de Bibi; fugia agora dos ciúmes dela: mulher intempestiva, era combinação explosiva com os rompantes do marido.

Patrocínio desembarcou em 30 de novembro, com conferência, título de sócio benemérito da SCL, périplo por jornais, banquetes, tudo ao som da banda do 15º Batalhão. No cortejo de jangadas, Zé do Pato conheceu Chico da Matilde, o jangadeiro que ajudara os abolicionistas a paralisar o porto de Fortaleza no ano anterior. Tratado como líder nacional, Patrocínio ganhou alcunha nova e adequada para enfrentar Paulino, o Marechal do Passado: virou o "Marechal Negro".[16]

O Marechal Negro pôs lenha na fogueira da SCL. Nos dois meses que passou na província, sedimentou a conexão com abolicionistas cearenses, fomentou conferências-concerto e a criação de associações, como a versão feminina da SCL, a Cearenses Libertadoras, de esposas, filhas e irmãs de abolicionistas.

A transposição da estratégia de libertação de territórios para o Ceará começou por Acarape, colada à Fortaleza pela estrada de ferro, com pouquíssimos escravos. Caravana da SCL, Patrocínio incluído, lá aportou, com o método de arrecadar fundos em conferências-concerto para comprar liberdades e incentivar libertações voluntárias. Coube a Patrocínio a honra de declarar Acarape o primeiro município livre do Império no primeiro dia de 1883.[17]

Entre flores e fanfarras, a caravana seguiu para cidades vizinhas. Sempre com mulheres e, de braço com elas, Patrocínio. O processo ganhou o rosto da esposa de João Cordeiro, dotada de tanta personalidade quanto o marido. No meio de uma conferência, levantou-se na plateia e, em gesto dramático, arrancou brincos, anéis e pulseiras. Doava à causa. As senhoras no teatro a imitaram.[18]

Onde aportava, a caravana fundava uma ou duas — masculina e feminina — associações e marcava data para a libertação do município. Foram mais de mil escravos libertos em fevereiro de 1883, na estatística da *Gazeta da Tarde*. Libertação sequencial de Pacatuba, São Francisco, Icó e Baturité, principal centro agrícola da província e terra do deputado Conservador Antônio Pinto, membro do bloco abolicionista da Câmara, que se abalou de volta para comemorar a libertação de 880 escravos em menos de quinze dias.[19]

Fundaram-se vinte comissões de libertação e uma de imprensa, para repercutir os feitos Império afora. As senhoras esquadrinharam Fortaleza, porta a porta, com o 24 de maio por limite para libertar a cidade. Êxito dos grandes: uma capital provincial se declarava livre da escravidão — e três dias antes do planejado. Daí por diante, uma cascata: Maranguape, Soure, Mecejana, Aquiraz, Pedra Branca, Pentecoste, Príncipe Imperial, Quixadá, Granja, dezoito municípios libertados, coisa de dois por mês. Em todos os casos, promotores, parlamentares e elites sociais aderiram. Começado com a boa vontade do presidente da província, o processo de certificação chegou à refratária Igreja católica. Mais antiescravista que anticlerical, Patrocínio abriu os braços para a inesperada presença de padres nos atos abolicionistas. As instituições políticas nacionais tomaram conhecimento compulsório de tudo, pois a GT publicava a cronologia das libertações num "quadro de luz". E Patrocínio telegrafou insolente ao imperador: "O nome de Vossa Majestade ainda não figura na lista de subscritores da Sociedade Cearense Libertadora".[20]

Com o Ceará de vento em popa, Patrocínio passou outros dois meses em campanha pelo Norte. Na volta à Corte, uma massa abolicionista o recepcionou no porto. Banda, foguetes, buquês, manumissão de sete escravos, discursos de Clapp e do secretário da Sociedade Abolicionista Cearense da Corte — criada por naturais da província para homenagear a original. Quando adentrou a embandeirada GT, crianças e tipógrafos o receberam com correntes quebradas nas mãos. À noite, conferência-concerto. A Abolicionista Cearense da Corte fez a sua, no Teatro Recreio Dramático, inaugurando o Livro de Ouro do Ceará, e seria ela a homenageada em outro festival, no Teatro São Luís, em maio, em salão decorado com escudos, bandeiras, louros com nomes de abolicionistas e a presença de mais de mil pessoas, quase metade delas senhoras. Consolidava-se a inclusão política das mulheres no movimento e se cristalizava o esquema interpretativo da Terra da Luz contra as trevas da escravidão, concretizado na iluminação da rua do Ouvidor e adjacências.[21]

No ultramar, Nabuco tentava manter pé na mobilização acelerada por Patrocínio. Mandou cumprimentos nominais a cada uma das sociedades abolicionistas municipais recém-criadas no Ceará. Se Patrocínio nacionalizava os feitos do Ceará, Nabuco os internacionalizava. Celebrou os avanços da campanha no Ceará no *Anti-Slavery Reporter* e em banquete no Queen Anne's Mansions, em 9 de junho, com o secretário da Legação do Chile e os ministros plenipotenciários da Argentina e dos Estados Unidos. Abolicionistas franceses e espanhóis enviavam discursos. Um membro da SCL narrou a participação de tipógrafos, jangadeiros, empregados públicos e militares na campanha cearense e prestou a Nabuco a reverência de que ele, estando longe, tanto precisava: chamou-o de chefe do abolicionismo no Brasil.[22]

AÇÃO, REAÇÃO

Rebouças aportou no Rio de Janeiro no meio do entusiasmo com o que a GT chamava de "a revolução do Ceará". Alunos e lentes da Escola Politécnica e membros do Clube dos Libertos de Niterói se aboletaram em barca de madrugada, sempre a banda de música, para desvanecimento do homenageado, que se pôs na altura de chefe de governo: "[...] cheguei no momento mais oportuno. Tive uma recepção só comparável à do Rio Branco".[23]

Oportuno porque o caldo da mobilização ameaçava azedar. Patrocínio crescia a líder nacional depois da viagem ao Ceará. A verve incinerária fazia dele homem bom de cena, porém faíscas espirravam nos correligionários. Serra reclamou a Nabuco: "Saí da *Gazeta* [*da Tarde*] por incompatibilidade absoluta com o Patrocínio, que há de perder a nossa causa...".[24] Rebouças trouxe panos quentes para discórdias e compressas frias para amansar Patrocínio, capaz de queimar o circo todo, nisso acompanhado pela SCL, que se queixara a Nabuco da diferença de ritmos entre os abolicionistas nas instituições e os que se encontravam fora delas. Em fins de 1882, como faltassem poucos municípios a libertar, a SCL apertou Pimentel para extinguir a escravidão com sua caneta de presidente da província. O gabinete igualmente o pressionou, em sentido contrário. Pimentel ficou espremido por conta de sua dupla condição de ativista e autoridade, fiel ao movimento por convicção e precisado do gabinete para a carreira. No impasse entre manter a ordem pública e perder o respeito dos companheiros de causa, ou decretar o fim da escravidão no Ceará e sofrer sanções políticas do governo central, escolheu a exoneração, que, apesar do pedido reiterado, não recebeu logo.[25]

É que o gabinete não tinha a quem passar o cargo no olho do furacão. O avanço abolicionista afetava até o mercado de escravos. Em 1881, hipotecas lastreadas em escravos adultos jovens estimavam em 29 anos a vida do investimento — e, por tabela, da escravidão. Em 1883, o prazo encurtou para seis anos. O mercado previa o fim da economia escravista para 1889. Os preços da escravaria, observou um deputado, que a escassez de braços devia fazer subir, "têm descido, unicamente por causa da agitação abolicionista". Queda facilitadora da estratégia da CA de comprar alforrias.[26]

Na Câmara e no Senado, brados escravistas desenhavam a libertação de Fortaleza como estopim de revolta regional nos moldes daquelas que o Segundo Reinado enfrentara em seus começos. Com chance de contágio. Ganhavam fôlego rebeliões escravas, algumas delas com a ajuda de abolicionistas. Conflitos entre escravistas e abolicionistas aconteciam em várias partes, como Vassouras e Campinas.[27]

Emparedados entre avanço abolicionista e reação escravista, imperador e gabinete rezaram aos dois santos da missa. De um lado, Paranaguá deixou correr boato de que levaria ao Conselho de Estado projeto de emancipação e d. Pedro respondeu ao telegrama de Patrocínio enviando contribuição à SCL — por meio da mordomia da casa imperial. Assim, o Poder Moderador legitimava a estratégia de libertação de territórios e por meio da única associação abolicionista que fazia uso aberto do confronto. De outro lado, porém, enquanto Patrocínio voltava à Corte, o governo ordenou a transferência de Fortaleza para Belém do 15º Batalhão, fiador dos abolicionistas, ao passo que enviou o 7º Batalhão de infantaria para garantir o cumprimento da ordem no Ceará. Sob essa mira, a SCL fez passeata de 15 mil pessoas para honrar os militares aliados, sem se antepor ao seu embarque forçado: "Deste modo desmentimos o governo que nos mandou guardar à força armada".[28]

Para não pousar de escravocratas, chefe de governo e imperador, via condessa de Barral, armaram cerimônia de manumissão, à moda dos anos 1860. Nela Paranaguá atacou a impetuosidade de Patrocínio e exortou os libertos a se tornarem "escrevinhadores" mais sérios que ele. Bateu, levou: a *Gazeta da Tarde* do dia seguinte abriu suas páginas aos libertos para que virassem de fato escrevinhadores e acusou o chefe de governo de trair sua origem: "Esta redação só se envergonha de ter de tratar com mulatos da ordem de V. Ex.ª e seu genro Doria, negações absolutas de todas as boas qualidades da raça cruzada".[29] Patrocínio explorou à exaustão a dificuldade de distinguir pela cor no Brasil; acusava quase todos os escravistas — exceto alvíssimos como Paulino — de mulatos enrustidos.

Em face da mobilização abolicionista, da minoria Conservadora forte na Câmara e de seu Partido Liberal rachado, Paranaguá decidiu o lado para pender, o de fora. Em vez de dar tratos à abolição, preferiu passar à história como o introdutor da linha telefônica no Brasil.[30]

NEM SIM, NEM NÃO

O Poder Moderador foi pendular durante toda a campanha abolicionista. Nem jogava seu peso pró-abolicionistas, nem facilitava a reação escravista. Na sucessão de Paranaguá, em maio de 1883, se d. Pedro quisesse avançar, o homem seria Manuel de Sousa Dantas, que a *Gazeta da Tarde*, num ataque de *wishfull thinking*, chegou a dar como novo chefe de governo. Paranaguá, entretanto, indicou Saraiva, predileto do imperador nos incêndios, que fugiu do fogo e da praxe ao se esquivar de indicar o nome de um potencial substituto ao imperador. D. Pedro chamou de volta Paranaguá, para que indicasse alguém. O próximo na fila, por assim dizer, era Manuel de Sousa Dantas, mas Paranaguá indicou José Bonifácio, o Moço. Esse sobrinho do fundador do Império traiu o boicote e indicou Dantas, que, constrangido, declarou que nenhum ministério poderia ter sucesso ante o Partido Liberal rachado entre facções moderada e reformadora. Um deputado da arquibancada Conservadora divertiu-se com as caneladas adversárias: "O poder ficou no meio da rua".[31]

Alguém havia de o recolher. Sancho Pimentel lamentou que a crise de dez dias em que o Partido Liberal se viu sem chefe acabasse levando ao poder Lafaiete Rodrigues Pereira. A carreira do novo chefe de governo, um adversário mordaz deu-a numa frase: "Nunca dirigiu a política do seu partido, nem a da sua província, nem mesmo a da sua freguesia". Acrescente-se que traíra os Liberais ao debandar para o Partido Republicano em 1870, mas, justiça seja feita, infiel igualmente aos republicanos, bandeou-se de volta. O próprio se achava "homem novo, sem o prestígio e a autoridade que se requerem para organizar gabinete".[32] Foi, no entanto, quem d. Pedro achou para socorrer o Império no quarto crescente abolicionista.

No Parlamento, a minoria Conservadora ignorou o novo governo, que tampouco logrou respeito de seu partido. Um dos líderes Liberais descreveu o novo chefe de governo como homem que "faz a vida consistir em cenas de comédia, promete muito e falta ainda mais". Nessa sinuca, Lafaiete pediu à Câmara apenas a sanção à agenda que lhe legara Paranaguá: conter o tráfico interprovincial e reforçar o Fundo de Emancipação. Com uma mão, um gesto aos abolicionistas, enquanto a outra se entrelaçava à dos escravistas, pois nomeou um adversário da SCL para ministro da Guerra. Política de aceno a todos, sem se comprometer com ninguém, seu bordão seria um anódino "Pode ser que sim, pode ser que não".[33]

O BATALHÃO DA CONFEDERAÇÃO

Na foto são oito. Cinco de pé atrás emolduram três sentados à frente: Clapp, com meio sorriso e bandeira no colo; Patrocínio, de perfil, engordado e engolfado pelo abraço do alto e agrisalhado Rebouças, que tem na foto seu lugar na campanha: o centro.

A convocatória em nome da ACE, assinada por Vicente de Sousa, apareceu em julho de 1882 e se concretizou apenas no maio seguinte, quando nove sociedades abolicionistas mais adesões se reuniram no Congresso Abolicionista do Rio de Janeiro.[34] O plano: congregar os abolicionistas em uma única e grande associação civil nacional — não um partido, como quisera Nabuco. O objetivo era premir o governo com atos simbólicos e impactantes, como a libertação de Fortaleza.

O nome? Centro Abolicionista, sugestão de Patrocínio, inadvertidamente embutia — como antes a Associação Central Emancipadora e a Comissão Central Emancipadora — a centralização política do Segundo Reinado. A maioria dos abolicionistas era federalista e republicana, como Aristides Lobo, presidente da reunião, daí vingar outro nome: Confederação Abolicionista (CA). Veio à luz em 9 de maio de 1883, às seis horas da tarde, numa sala da *Gazeta da Tarde*, conforme o registro de nascimento, firmado por Rebouças, um dos pais orgulhosos.[35]

Foram quinze as sociedades fundadoras da CA, a maioria do Rio de Janeiro e quatro formadas por naturais de Espírito Santo, Pernambuco, Ceará e Rio Grande do Sul residentes na Corte. Associações majoritariamente estudantis, como as que representavam escolas superiores. Mas havia variedade social, expressa na adesão de uma associação de tipógrafos, outra de empregados do comércio e até de ex-escravos. Outras aderiram depois. A GT ficou de sede e jornal da CA, seus maquinário e pessoal responderiam pelos panfletos, suas salas abrigariam reuniões. Rebouças foi designado tesoureiro, para administrar e arrecadar; Patrocínio chamou a si o proselitismo; e Clapp, com a respeitabilidade de comerciante, foi eleito presidente. Seriam o núcleo duro da CA. Um trio ficou de redigir o manifesto, contudo, Aristides Lobo, republicaníssimo, talvez temperasse a essa moda o caldo, sob risco de entorná-lo, afastando os monarquistas. Acabou de fora. No original, à mão, aprovado em assembleia e publicado em 11 de agosto de 1883, consta que foi redigido apenas por Rebouças e Patrocínio.[36]

UM LIVRO, UM MANIFESTO

O Manifesto da CA sistematizava ideias do movimento na Corte. Nabuco também e ao mesmo tempo, só que em livro, *O abolicionismo*. Produções convergentes em moldar uma tradição abolicionista brasileira, elencando políticos do passado favoráveis à abolição e no apelo aos três tropos da retórica abolicionista — compaixão, direito, progresso — e ao esquema interpretativo da abolição como refundação nacional. Nisso uníssonos entre si e com textos dos demais abolicionistas.[37]

O abolicionismo e o Manifesto, contudo, apresentavam diferenças lavradas pelas circunstâncias. Em Londres, Nabuco escreveu um panfleto denso, analítico, explicativo da lógica da escravidão brasileira e com propostas moderadas. No corpo a corpo do ativismo, Rebouças e Patrocínio produziram um manifesto menos fundamentado e mais agressivo ao detalhar medidas.

O abolicionismo foi o produto intelectual mais sofisticado da propaganda abolicionista brasileira, em análise e estilo. Combinava menções ao repertório moral estrangeiro e à tradição local dos Liberais Radicais. Burilava as retóricas abolicionistas: com a do direito, enfatizou a ilegalidade e a ilegitimidade da escravidão em face dos direitos natural e positivo; com a da compaixão, desenhou o escravo como Pietà e tráfico e escravidão como barbarismos; com a do progresso, fez análise genética da formação social brasileira e sua herança colonial nefasta — latifúndio, monocultura, escravismo. A escravidão seria instituição total — "sangue do organismo social" — imiscuída em economia, sociedade, cultura e Estado. Base da lavoura de exportação, teria concentrado terra e poder social nos grandes proprietários e em sua clientela, engolfando todas as profissões e negócios e obstando o desenvolvimento de economia urbana, operariado e classe média. Entranhada no estilo de vida, contaminara família e religião e impedia a emergência de uma ética do trabalho. Minava a política, pois o direito de voto baseado na propriedade de terras e escravos vedava a consolidação de opinião pública autônoma e partidos independentes. Fenômeno relacional, de interdependência, aprisionava senhores e escravos em sua lógica perversa. A abolição seria, pois, benefício coletivo, a se completar com pequena propriedade e imigração europeia.

O Manifesto da CA trazia a retórica do direito, ao estilo Gama, a liberdade como direito natural e juridicamente garantido — "a escravidão atual não tem uma origem genuinamente legal", pois ausente da Constituição —, e exigia a aplicação plena das leis de 1831 e 1871. A retórica da compaixão apontava "o suor e o sangue da criatura oprimida pela lei parricida", ao longo de "três séculos de dor". A do progresso unia escravidão, latifúndio e monocultura num trinômio nefando, gerador de ineficiência econômica e subordinação social aos grandes proprietários de terra, dois obstáculos à modernização. A escravidão mataria a cidade e embaraçaria o desenvolvimento dos mercados e de uma ética do trabalho. O Estado carecia de se libertar de "uma política sem horizontes, além do eito da fazenda".[38]

Dois textos muito parecidos, mas o Manifesto andava além de *O abolicionismo* ao brandir pela primeira vez em escala *coletiva* a abolição sem indenização, com prejuízo econômico dos proprietários. Rebouças, em uma série de artigos na GT, a partir de maio, propôs criar por via fiscal mercado de pequenas propriedades para gerar a democracia rural: "A Abolição trará a subdivisão do solo na província de São Paulo; os fazendeiros não poderão sustentar por mais tempo o monopólio territorial". O Estado interviria com impostos sobre a grande propriedade, crédito ao pequeno produtor, incentivando assim novos padrões de economia e sociedade. Projeto Liberal de afronta ao latifúndio, contou a

Nabuco: "A abolição está virtualmente feita [...]. Agora cumpre tratar de eliminar os latifundiários".[39]

Radicalismo no conteúdo, moderação no procedimento. O Manifesto, como *O abolicionismo*, se dirige às instituições políticas — "Filha legítima da lei, a propaganda abolicionista tem o direito de transpor os umbrais do Parlamento [...]. Augustos e digníssimos senhores representantes da nação brasileira: consumai-a na lei". Pediam lei, ao passo que avançavam a estratégia de libertação de territórios no Ceará à revelia dela.[40]

O livro fundamentava a causa, dava as razões do movimento, o Manifesto indicava uma política, a linha de ação. Braços de um só corpo, que apontavam cada qual uma direção. *O abolicionismo* pedia "mandato da raça negra" para operar a abolição mediante a conciliação de opinião pública, partidos, imperador e proprietários de escravos, por meios paulatinos e indenizados. O Manifesto exigia abolição imediata e sem indenização.

Esse desencontro tem a ver menos com diferenças de princípio que de timing. Na fatura do Manifesto entrou a estratégia de libertação de territórios usada no Ceará, *sem indenização* aos proprietários. Boa parte da imprensa abolicionista negava o direito de propriedade de escravos como princípio, mas sua realização de fato em Fortaleza alicerçou a demanda em escala nacional. Rebouças publicou, então, catorze artigos pela abolição imediata e sem indenização.[41]

O abolicionismo era o trunfo de Nabuco para afirmar sua liderança no movimento. Encomendou a aliados sua divulgação. Pimentel aconselhou-o a dissociar-se da agressividade de Patrocínio, sob pena de ficar sem candidatura adiante, recomendando que não saísse na *Gazeta da Tarde* a primeira menção ao livro. No entanto, com *O Abolicionista* morto, a GT era o jornal do movimento, e nele Rebouças deu o resumo e o prefácio de *O abolicionismo*; nele, Serra, que desfez o muxoxo, publicou sua resenha —

outra sairia no *Jornal do Commercio*. Nabuco animou o bloco parlamentar abolicionista a fim de que redigisse outros panfletos de uma série Reformas Nacionais, de que *O abolicionismo* seria obra inaugural.[42]

A CA pôs o plano em prática antes. O Manifesto inaugurou a coleção Confederação Abolicionista com discursos proferidos em seus atos e distribuída gratuitamente. Matou a ideia de Nabuco no nascedouro, como a *Gazeta da Tarde* matara *O Abolicionista*. Era Patrocínio sempre uma casa à frente de Nabuco.

Rebouças os conciliou. Fez de Nabuco delegado da CA na Europa e a GT transcreveu, por dias, seu discurso em Milão, quando representou a Anti-Slavery britânica, e pôs a CA para divulgar *O abolicionismo*: "A Confederação Abolicionista vai comprar uns cem exemplares para distribuí-los por pessoas, indicadas pelo Serra, para propagá-lo em jornais das províncias. Mandaste, pelo menos, uns quinhentos para o Ceará?". Para contornar a solução moderada do livro, Rebouças encomendou a um abolicionista de sua confiança uma sinopse. Daí sim, 5 mil cópias seguiram para as províncias.[43]

Muito? O Manifesto chegou a mais, a autoridades, jornais, associações, a todas as notabilidades imagináveis. A CA alterou a lógica abolicionista com uma propaganda de massa. Valeu-se dos tipógrafos membros e fez girar, só na Corte, 18 mil cópias do Manifesto. Desforra do abolicionismo contra Alencar: *O guarani*, seu maior sucesso, teve tiragem inicial de mil.[44]

ATIVISMO PORTÁTIL

Na *História abreviada da literatura portátil*, de Enrique Vila-Matas, a prática do tipo de produção literária do título requisita do iniciante "*que la obra de uno no fuera pesada y cupiera facil-*

mente en un maletín".⁴⁵ A Confederação Abolicionista adotou método parecido, um ativismo portátil, de fácil reprodução e que viabilizou a expansão do movimento.

A CA chamou para si a coordenação do ativismo na Corte: sessões públicas, conferências e festivais das sociedades abolicionistas.⁴⁶ Também atuou nos gêneros de difusão escrita: incentivava pequenos jornais e o uso dos estabelecidos, editava e divulgava artigos, panfletos, ensaios, traduções, manifestos e produção artística. O objetivo era congregar iniciativas dispersas numa rede nacional. Daí a busca incessante por conexões e o envio de representantes a todas as províncias.

Funcionava assim: a CA recrutava moços de fora da Corte, por boca a boca, redes escolares, de parentesco, amizade e por meio de anúncios da GT, para reuniões semanais e cerimônias de fundação de novas associações ou de refundação de velhas. Vinha a estudantada, alunos de Rebouças e Vicente de Sousa ou satélites das patuscas de Patrocínio, assim doutrinados no abolicionismo. As faculdades forneciam levas de jovens de diferentes regiões para o abolicionismo. Bastava persuadir um a criar associação, clube ou caixa emancipadora representando sua província. O nome vinha pronto: em homenagem à Libertadora Cearense, mantinha-se o substantivo e variava-se o adjetivo para indicar a província representada. O passo seguinte era mandar o neoabolicionista de volta à terra natal com o ativismo portátil na mala.⁴⁷

Viagens de propaganda eram parte do repertório do abolicionismo internacional: Thomas Clarkson as fizera na Inglaterra, Frederick Douglass, nos Estados Unidos. Por aqui, Patrocínio foi o ativista caixeiro-viajante pioneiro. Sua viagem ao Ceará em fins de 1882 se desdobrou em conferências-concerto na Bahia, em Maceió e no Recife. Discursava enquanto outro ativista arrecadava fundos e vendia assinaturas da GT. Muitos replicaram o método. O relatório de atividades do sistemático Rebouças, para o ano de 1883, registra o envio de delegados às capitais do Ceará, Pará e Pernambuco e a Pelotas, no Rio Grande do Sul. Um deles partiu, em dezembro de 1883, com *meeting* de embarque, para circular por várias províncias do Norte. No janeiro seguinte, outros representantes da CA foram a Alagoas, Bahia e Rio Grande do Sul.[48]

Uma vez na província, recrutavam em sua rede de relações pessoais conterrâneos abolicionistas ou simpatizantes para difundir o estilo de ativismo da Corte: conferências-concerto para arrebanhar gente com quem formar ou vitaminar associação local e deslanchar campanha de libertação de territórios. O grupo provincial idealmente replicaria o procedimento em nível municipal.

O ativismo portátil era viável porque a estratégia era modular: sua sintaxe simples facilitava a transposição para novos contextos, sob forma estilizada, pois o estilo de ativismo da Corte tinha de passar por adaptação tática para se moldar às contingências locais.[49] O *minimum minimorum* em cada nova cidade era um palco, de preferência de teatro, mas serviam sala de associação, Câmara municipal ou a sala de estar de abolicionista local, se existisse, ou político, estudante, cidadão benemérito (às vezes nem tanto) convertido na hora, com o abraço de liberdade e fraternidade, depois de libertar escravos alheios ou próprios na cerimônia. O fecho era por conta de artista ou poeta local; na falta deles, senhoras da casa eram instadas a exibir seus dotes ao piano.

Embora nem tudo se possa tributar à CA, no ano de seu nascimento fundaram-se 87 associações — no ano anterior haviam surgido apenas vinte — em catorze províncias. Houve concentração nos dois principais polos de ativismo, Ceará e Rio de Janeiro, onde se formaram 24 e 21 novos grupos, respectivamente, mas também expansão nos dois Rio Grandes, cinco no do Sul e oito no do Norte, além de oito em Pernambuco e seis no Pará. Essa diversificação ocorreu para além das capitais provinciais no Rio Grande do Sul, no Rio de Janeiro e no Pará. A campanha de libertação de territórios se alastrou por treze províncias, com foco no Ceará, porém incluindo onze capitais provinciais: além de Fortaleza, Curitiba, São Luís, Maceió, Ouro Preto, Belém, Recife, Rio de Janeiro, Porto Alegre, Desterro e Aracaju.

O estilo de ativismo modular da CA se interiorizava. Na segunda metade dos anos 1880, chegou aonde o abolicionismo local era tíbio ou ausente, numa difusão vertical Corte-capitais provinciais. Sua nomeação como confederação, e não como centro, indica a intenção de coordenar, sem subordinar, os grupos provinciais com o da Corte. Desde o início da Situação Liberal, focos abolicionistas proliferavam nas duas partes do Império, como cogumelos depois da chuva. Em 1883, a campanha abolicionista funcionava, com vigor variado, em dezessete das vinte províncias do Império. O rol de aliados locais engordara com as viagens de Patrocínio e se valia da caderneta de engenheiro de Rebouças, que, em 1882, tinha conexões firmes no Ceará, no Rio Grande do Sul, no Amazonas e em São Paulo.[50] Onde havia abolicionismo provincial estabelecido, a CA buscou aliança. Somadas, as estratégias de semear e colaborar nacionalizaram de vez a campanha.

UM DISCÍPULO DE ABÍLIO BORGES

A campanha de libertação de territórios foi bem-sucedida onde a ascensão de abolicionistas à presidência da província referendou o ativismo local. O Ceará deu no que deu porque passou pelas mãos de dois abolicionistas: quando Sancho Pimentel largou o leme, Sátiro de Oliveira Dias o assumiu, correspondendo à demanda do Manifesto da CA, que pedira: "[...] um legislador sincero e imparcial pode decretar imediatamente a abolição da escravidão no Norte". Era outro homem do círculo de Abílio Borges, de quem fora auxiliar no Ginásio Baiano, participante de suas cerimônias cívicas, numa das quais se converteu, ainda em 1869, ocasião em que fez, relatou ele mesmo, uma profissão de fé abolicionista.[51] Borges o levara ao abolicionismo e o Partido Liberal o levou à presidência de Amazonas, Rio Grande do Norte e, em agosto de 1883, após indicação de Manuel de Sousa Dantas, à do Ceará. O chefe de governo, ainda Lafaiete, acolheu esse nome como agulha achada em palheiro. Ninguém queria uma província convulsionada. Dias, autor de tese sobre sangrias em congestão cerebral, se dispôs, sob a condição de aprofundar a hemorragia. Disse ao chefe de governo que só presidiria o Ceará se pudesse encaminhar uma solução para o problema da escravidão. "Esperei a resposta e não a tive. Outro sistema de evasiva, que eu levei à conta do 'pode ser que sim, e pode ser que não' [...]."[52]

Chegando a Fortaleza em meados de 1883, ganhou confiança dos abolicionistas. Operação simples, uma vez que era ex-colega de faculdade de dois membros da SCL. A coalizão entre governo provincial e movimento abolicionista local facultou a Dias tornar mandatória a aplicação do Fundo de Emancipação da lei de 1871 no Ceará. Isso se deu em 28 de agosto e, no dia 1º de outubro, ele declarou à Assembleia Provincial, ancorado na retórica abolicionista — mencionou a lei, o direito e a razão —, que, tendo a iniciativa da sociedade tomado tal pujança, "a extinção da escravatura é uma questão vencida". E que "não tardará o dia em que o Ceará possa, a primeira entre suas irmãs, e por entre os hinos gloriosos da vitória final, gravar em suas fronteiras a luminosa legenda PROVÍNCIA LIVRE". A depender dele, não tardaria mesmo. Negociou e, em 3 de outubro, a Assembleia Provincial aprovou o projeto de altas taxas sobre negociações de escravos, que foi a pá de cal no que restava de escravaria na província, vendida a toque de caixa e pela metade do preço, antes de a lei entrar em vigor. Ato de implicação miúda na prática — estimavam-se entre 3 mil e 5 mil os escravos na província —, e graúda na política: um governo provincial chancelava o movimento abolicionista em desafio às instituições imperiais nacionais, pois, Dias admitiu, "a lei pecava por inconstitucional". "Queimei então 'os meus navios' e sancionei a lei."[53]

Não ficou sozinho na praia. Entre a sanção da lei 2034, em 19 de outubro, e sua entrada em vigência quatro meses depois, o gabinete podia intervir novamente na província, como fizera em 1881. A CA, por isso, marcou comemoração do fato presumido e não consumado: a libertação da província inteira. A GT fez contagem regressiva e pediu prendas para a festa celebrativa marcada para junho e logo adiantada para 25 de março de 1884, que ficou no horizonte como o dia D da escravidão cearense e do movimento abolicionista.

A euforia — "em três anos de trabalho e de ativíssima propaganda o Ceará conseguiu [...] a abolição!" — enfrentou o contra-ataque escravista: "As províncias" — escreveu um dos abolicionistas cearenses aos correligionários — "nos fazem uma guerra total. [...] e até pedem providências ao governo central considerando-nos fora da lei".[54]

DE PROVÍNCIA A PROVÍNCIA

"É pena que o Ceará não se possa derramar no Brasil, invadir os baluartes da escravidão onde ela é realmente poderosa [...]." Essa impossibilidade, que Nabuco lamentava no começo de 1883, deixou de existir ao longo do ano.[55] O Ceará tornou-se o exemplo a ser emulado. A campanha avançou pelo país, com resultados diferentes. A equação virtuosa aconteceu na presença de três fatores: movimento estruturado e conectado com o da Corte, baixa organização política do escravismo local e executivo provincial facilitador. Esse foi o caso de Amazonas e Rio Grande Sul.

No Amazonas, o processo correu rápido, por razões assemelhadas às cearenses. Aliás, a mobilização cresceu no rastro da SCL, que para lá enviou Almino Affonso. Demitido do emprego público por saudar o 15º Batalhão, em 1883, ativo na libertação de Acarape, onde acompanhou Patrocínio, e na de Fortaleza, Affonso aportou em Manaus em abril de 1884, carregando técnicas do ativismo portátil. Juntou-se à Sociedade Emancipadora 25 de Março, fundada no mês anterior, em homenagem à data de "libertação" da província do Ceará. Logo outras associações se multiplicaram pelo interior, em Manicoré, Codajás, Manacapuru, Coari, Itacoatiara.[56] O ativismo em expansão encontrou população escrava diminuta no Amazonas — cerca de 1500 pessoas. Porém nem demografia, nem movimento fizeram o serviço sozinhos. O fato decisivo, como no Ceará, foi a existência de um presidente de província certificador. Teodureto Carlos de Faria Souto assumiu o governo local em 11 de março de 1884, duas semanas antes da data marcada para a libertação completa do Ceará. Era, aliás, cearense e seguiu a senda de Sátiro Dias: colaboração entre executivo provincial e movimento abolicionista local. Souto enviou projeto à Assembleia Provincial no estilo de Dias, proibindo a entrada e a saída de escravos da província e designando verba para o Fundo de Emancipação, com vistas a comprar a liberdade de todos os escravos que ali viviam.[57] Como escravos e escravistas eram poucos, a oposição foi mínima. No dia 24 de abril, o projeto foi aprovado e os abolicionistas comemoraram à moda da Corte, com flores e música.

Como no Ceará, investimento maior na capital, que, em 11 de maio, foi enfeitada com lanternas e bandeiras. A Associação Emancipadora 25 de Março fez conferência-concerto no palácio presidencial, sob entusiasmo de Souto, e, como ocorrera no Ceará, celebrou o fechamento do porto à entrada de escravos. À noite, banda e desfile pelas redações dos quatro jornais pró-abolição. Ao menos doze sociedades abolicionistas se formaram nesse ciclo de mobilização, amparadas por deputados provinciais, vereadores e membros de duas lojas maçônicas, e confluíram para o Congresso Abolicionista em Manaus. Governo local e movimento orquestraram juntos, a partir de maio, a campanha de libertação de territórios, para a qual se criou associação feminina, a Amazonenses Libertadoras. Tal qual Fortaleza, Manaus foi dividida em seis comitês, animados por alunos de liceu e escola normal. Tudo sob o beneplácito da elite local, que tinha pouco dinheiro a perder e prestígio a ganhar, pois, como na Corte, *O Abolicionista do Amazonas* instituiu um Livro de Ouro e um Livro Negro. A cruzada da libertação se alastrou para cidades vizinhas. Em maio de 1884, o presidente da província distribuiu cartas de liberdade aos últimos escravos de Manaus. Segunda capital provincial se declarava livre no Império.[58]

O abolicionismo cresceu firme em meados da década também no Rio Grande do Sul. Ativismo antigo, com associativismo de elite desde 1869, reavivado no início da década de 1880 por jovens filhos de estancieiros, politicamente marginalizados pelas instituições políticas centralizadas do Império e socializados na Faculdade de Direito de São Paulo em positivismo, federalismo e na retórica abolicionista. O grupo, com Júlio de Castilhos à frente, filiou-se ao Partido Republicano de São Paulo e, na volta ao Rio Grande, em 1882, fundou o Partido Republicano e o Clube 20 de Setembro, republicano e abolicionista, e iniciou atos públicos. Castilhos, hábil operador político que era, atraiu correligionários e, em 1884, assumiu a direção de *A Federação*, jornal expressivo das ideias do grupo. Vicejavam no Rio Grande duas outras cepas de antiescravismo, uma Liberal, outra Conservadora. Apesar de nunca apagarem suas cores partidárias, as três facções confluíram para o Centro Abolicionista de Porto Alegre, inaugurado em 1883 no aniversário da promulgação da Lei do Ventre Livre. O estilo de ativismo foi o mesmo da CA: conferências-concerto, participação feminina e campanha de libertação de territórios. Contudo, embora a população escrava fosse pequena no Rio Grande, esta última estratégia não deslanchou de pronto. Faltava ali o que havia no Amazonas e no Ceará, ou seja, um presidente de província certificador.[59]

Em várias outras províncias a mobilização se espraiou, mas também sem a equação virtuosa de Ceará e Amazonas. Nos casos em que o problema era o raquitismo da mobilização local, a estratégia da CA e da SCL do Ceará foi enviar emissários para atiçar o abolicionismo provincial. A expansão da rede telegráfica pelo Norte do país facilitou a difusão do ativismo portátil entre províncias. Por exemplo, a SCL estabeleceu relação com a Sociedade Abolicionista Maranhense, surgida em 1883, que, por sua vez, se relacionava com a Libertadora Aracajuana. Todas as províncias vizinhas do Ceará sofreram hipertrofia da mobilização da SCL, um efeito de demonstração que popularizou a estratégia de libertação de territórios. Rebouças festejava, julgando que Rio Grande do Norte, Paraíba e Pernambuco seguiriam os passos do Ceará. De fato, a Assembleia Provincial da Paraíba aprovou, em novembro, em linha com os cearenses, elevação em dez vezes o imposto anual sobre os escravos. E a SCL comunicava que a campanha seguia avançando por Piauí, Maranhão, Paraíba e Rio Grande do Norte. Nesta última província, o efeito avolumou-se por conta da proximidade com o Ceará, com uma campanha transbordando na outra. De novo, Almino Affonso, da SCL, colaborou. Natural da província, aportou em Mossoró, na divisa com o Ceará, para aquecer a campanha local com o ativismo portátil como fizera no Amazonas: fundou sociedades, promoveu conferências, proferiu dez discursos num só dia e disparou a campanha de libertação de territórios. Em meio a ruas enfeitadas com folhas de carnaúba, foi sua a voz que, em 30 de setembro de 1883, declarou Mossoró a primeira cidade livre do Rio Grande do Norte.[60]

A mobilização amazonense, como a do Ceará, irradiou pelas beiradas. No Pará, o Clube Amazônia, criado em 1º de maio e relacionado com as associações do Amazonas, pediu em manifesto "a restituição da propriedade natural usurpada" na Amazônia e instituiu comissões de libertação municipais e paroquiais para a libertação de territórios sem indenização. Usava também o estilo de ativismo judicial de Gama, impetrando ações de liberdade, e fez sua variação do Livro de Ouro, um livro de honra.[61] As campanhas no Amazonas e no Pará cresceram interligadas, dadas a distância geográfica para com o resto do país e a proximidade entre si.

As campanhas do Ceará e do Amazonas ganharam derivadas regionais em províncias onde faltava movimento abolicionista local forte, mas nas quais também a resistência escravista era pequena, em virtude da baixa relevância da escravidão para a economia e a sociedade locais. Nem por isso geraram novas províncias libertadas, pois nesses casos se carecia de um Poder Executivo facilitador.

Distinta era a situação em Pernambuco, Bahia, São Paulo e Rio de Janeiro, todas províncias com abolicionismo já enraizado.

Em Pernambuco, a estratégia de libertação de territórios prosperou na capital. Recife tinha ativismo antigo, quatro grupos estruturados, caso da Sociedade Nova Emancipadora, o denodo do deputado José Mariano, do bloco parlamentar abolicionista de 1880, e o suporte organizacional da Faculdade de Direito local, onde alunos e alguns professores se engajavam desde 1881 em conferências-concerto. Deixando os cearenses na marcha para a abolição na província, Patrocínio levou sua brasa para essa outra lenha no começo de 1883. Durante ou logo após sua visita ao Recife surgiram onze novas sociedades, à semelhança da CA, obra de estudantes em honra às suas localidades — como a Caixa Emancipadora Piauiense. Recife era o nó principal da rede marítima, que ligava as capitais do Norte, o que facilitava o intercâmbio interprovincial entre abolicionistas. Pelo porto chegou também João Cordeiro, que participou de evento da Nova Libertadora Pernambucana. A confluência de esforços fez surgir, a exemplo da Corte, uma confederação aglutinando sociedades, e dessa vez vingou o nome preferido por Patrocínio: *Central* Emancipadora do Município do Recife, que comandou a campanha de libertação de territórios, formando comitês. Patrocínio deu o pontapé inicial nesse esforço que, se bem-sucedido, libertaria uma terceira capital provincial.[62]

Também na Bahia, terra da Libertadora de Abílio Borges, o abolicionismo estava radicado, tradição mantida pelo jornal *O Alabama* e pela *Gazeta da Tarde*, que repetia nome e métodos da sucedânea da Corte. Em 1881, Eduardo Carigé emergiu como liderança, ao fundar a Libertadora Bahiana, disseminar o estilo de ativismo judicial de Gama, com processos judiciais de libertação de escravos, e emular a SCL no bloqueio do porto à entrada de escravos. Isso em Salvador, em maio de 1883, com vítima selecionada a dedo: o barão de Cotegipe, representante síntese do escravismo social, dono de terras e escravos, e de escravismo político, graúdo na ala antiabolicionista do Partido Conservador. A Libertadora Bahiana impediu o embarque de escravo do barão em navio. Notificado, Cotegipe trocou de atracadouro. Acontece que o vapor em questão tinha bandeira inglesa. Uma comissão da Libertadora Bahiana subiu a bordo e apelou ao capitão, em nome do pioneirismo britânico na abolição e dos tratados antitráfico firmados entre Brasil e Inglaterra. Em vão. Na volta, a embarcação que levara os abolicionistas ao navio encontrou o escaler com o escravo para embarque. Gritaram que pulasse. Sem hesitar, o escravo saltou para o saveiro e a comissão foi levá-lo à redação da *Gazeta da Tarde* da Bahia. Para lá foi também a polícia. Prendeu-o de novo, mas o estrago estava feito; a fuga virou notícia nacional. A

GT de Patrocínio louvou o feito em editorial e reiterou: como a lei inglesa não reconhecia a escravidão, navio inglês não podia embarcar escravo, e os envolvidos participavam de um ilícito. Cotegipe espumou sua raiva em processo contra um dos abolicionistas por sedição e, da tribuna do Senado, exigiu providências: ou se freava a baderna, ou a ordem pública desbarrancaria.[63]

Terceira província com abolicionismo local forte era São Paulo. Em 1882, Antônio Bento de Sousa e Castro, aquele que, segundo a lenda, jurara, quando do passamento de Luís Gama, manter viva a mobilização na província, assumiu a liderança do Centro Abolicionista, conforme informou em ofício à CA. Membro do Partido Conservador, católico, branco, nascido na elite e diplomado em direito, era, contudo, homem rude de maneiras e com profundo desamor à gramática. Incomodava desde 1872. Naquela época, juiz e chefe de polícia em Atibaia, animara subscrição filantrópica em favor de vítimas de sarampo e acatara ações de liberdade de advogados abolicionistas na linha de Gama, ganhando inimizades e ameaças de morte. Nem tudo deve ter partido de seu comando, mas, de 1882 em diante, alastrou-se o estilo Gama de ativismo e o abolicionismo se avolumou em São Paulo. Quem o atesta é o chefe de polícia, em ofício ao presidente da província de São Paulo, em 1883:

> As sociedades libertadoras e abolicionistas crescem de momento a momento e se tornam mais exigentes e desrespeitosas do legítimo direito da propriedade escrava. Há só nesta capital para mais de 100 escravos com pecúlios depositados e portanto com a sua liberdade pendente de litígio.

São Paulo era polo político, tinha Partidos Liberal e Republicano fortes e Faculdade de Direito, que dava jovens à mobilização: foram eles os criadores, em maio de 1884, da Comissão Libertadora Acadêmica, vinculada à CA, que pôs em marcha campanha de libertação de quarteirões no entorno da faculdade.⁶⁴

Além da capital da província, o ativismo em São Paulo foi concentrando esforços em outra cidade grande, entreposto comercial e ponto de ligação da rota marítima, Santos. Sem abandonar o lícito — conferências em teatros, ações em tribunais —, adentrava-se o ilícito: Bento rogou a Clapp que a CA escondesse um escravo fugido. Rebouças registrou: "As províncias negreiras são em pequeno número e estão por isso entregues aos mais esforçados de nossos companheiros". A partir de 1883, o abolicionismo paulista avolumou-se para o lado das atividades clandestinas de incitação a fugas coletivas, criação de quilombos e revoltas de escravos em fazendas.⁶⁵

Em 1883, a campanha de libertação de territórios avançava em várias províncias. O feito do Ceará, contudo, não se repetiria em todas elas. O sucesso da estratégia teve menos a ver com a relevância demográfica e econômica da escravidão per se; ele deveu-se, antes, a dois fatores políticos. Um foi a bênção da autoridade provincial, certificadora dos esforços abolicionistas, o que ocorreu apenas no Ceará e no Amazonas. Outro foi a capacidade dos senhores de escravos de se organizarem politicamente para resistir ao abolicionismo, o que se viu em províncias tanto com escravaria crescente, casos de São Paulo e Rio de Janeiro, como decrescente, como Pernambuco e Bahia. Nesses quatro casos, a campanha pública se organizou, mas achou contraste.

Sátiro Dias tributara o sucesso do Ceará ao esforço combinado entre abolicionistas e governo provincial.⁶⁶ A configuração virtuosa, de fato, envolvia movimento local organizado, conectado com o da Corte, e um executivo provincial facilitador. Entretanto, havia mais um fator necessário, para o qual Dias não atentou: ausência ou baixa organização política dos escravistas. A campanha em Pernambuco, São Paulo, Bahia e Rio de Janeiro emperrou por causa deste terceiro elemento: a reação politicamente organizada do escravismo.

Foi isso que obstou a tentativa de libertação da capital do Império, em julho de 1883. O começo fora alvissareiro: êxito na rua da Lagoinha, iluminada e decorada para procissão cívica, flores, a "Marselhesa do povo"; enquanto no município da Paraíba do Sul, no interior da província do Rio, houve cerca de seiscentas libertações naquele ano. Na terra de Paulino, contudo, o escravismo tinha raízes fundas e ganhou a forma política de Clubes da Lavoura, cujos protestos ecoaram na Câmara e em panfletos apócrifos, um dos quais acusou Teodureto Souto de fazer no Amazonas "cousas, que só um macaco solto em loja de louça ou um egresso do hospício" faria.[67]

O movimento crescia e fazia jus à síntese de Rebouças: "Desde o Amazonas até o Rio Grande do Sul a máquina abolicionista está montada" — máquina que se movia em ritmos diferenciados pelo país, e cujo andamento dependia do jogo entre duas forças: o movimento abolicionista que se espalhava e a reação escravista que resistia. Os governos provinciais operavam como fiel da balança. Já o governo central purgava a paralisia, sob o "pode ser que sim, pode ser que não" de Lafaiete. Atendendo a reclamos escravistas, o gabinete demitiu Sátiro Dias do Ceará. Chegou tarde esse ato de força contra o fato consumado: quando deixou a província, Dias tinha renome nacional, o Clube Abolicionista do Recife o recebeu no porto como herói.[68]

Ante o imobilismo do governo, a campanha abolicionista, sedimentada com estratégia de persuasão da opinião pública, isto é, as conferências-concerto, caminhou para a ação direta, a libertação de territórios, e começava a avançar para a quebra da legalidade, a incitação à fuga de escravos. Em 1884, panfleto do Centro Positivista da Corte, dedicado ao Ceará e à memória de Toussaint-Louverture, o líder da revolta escrava do Haiti, mandava lembrete do movimento às autoridades: "As tergiversações não são mais admissíveis e o governo que, em vez de pôr-se à testa do movimento para dirigi-lo, nada fizer ou procurar opor-lhe obstáculos será levado pela onda e submergirá".[69]

O gabinete Lafaiete estava pronto para o naufrágio. A condição ótima para a mobilização política massiva acontece quando o ativismo adquire eficiência, ao passo que o governo acumula descrédito público.[70] Eis a conjuntura brasileira no início de 1884. O abolicionismo se nacionalizava, expandia estratégias, ganhava força e visibilidade, com duas capitais provinciais libertadas. O barulho das vésperas de abolição da escravidão no Ceará e no Amazonas a contrapelo do governo central tirou o escravismo da hibernação em que se achava desde 1871. Até o governo dormitivo de Lafaiete acordou de susto, mas sem o consolo de ver o pesadelo se dissipar à luz do dia.

DE VOLTA ÀS INSTITUIÇÕES

Enquanto promovia a campanha de libertação de territórios — ou a anarquia, na opinião de escravistas da Câmara —, a CA pressionava o governo com uma intensificação do uso do estilo Gama de ativismo judicial — ações de liberdade, apelos, processos, denúncias aos tribunais e à polícia. Para esse enfrentamento, fundou o Centro Abolicionista Forense, em 1883, transformado em Clube dos Advogados contra a Escravidão, no ano seguinte, e cujo manifesto afirmava que, sem lei que a instituísse, sem respaldo no direito natural ou na Constituição, a escravidão carecia de sustentação jurídica. A retórica do direito animava a seção "Africanos livres", da GT, que delatava escravizados ilegais — isto é, importados para o Brasil depois do acordo com a Inglaterra em 1831. Assunto catapultado a principal no aniversário da morte de

Luís Gama e no de doze anos de aprovação da Lei do Ventre Livre, quando a CA preparou banquete de protesto contra a inoperância da lei, na redação de O Globo, jornal de Quintino Bocaiuva, que era o presidente do Partido Republicano.[71] É claro que a associação cada vez mais íntima entre abolicionismo e republicanismo, os dois credos de Gama, não passou despercebida no ambiente político.

O estilo Gama de ativismo entrou até nas instituições políticas. Na Câmara, o abolicionismo tinha poucos deputados, mas avançou no Senado. Com cargo vitalício e idade avançada, os senadores se preocupavam com o que diria deles aquela senhora, a História. A mobilização social empurrou alguns a se declarar por providências de prazo curto. O senador Silveira da Mota continuava como o principal amparo institucional do movimento. Presidiu festival abolicionista no Clube dos Libertos de Niterói e levou aos ouvidos do chefe de gabinete o tema dos africanos livres. Para ouvi-lo apertando Lafaiete, os abolicionistas lotaram as galerias. O Liberal Cristiano Otoni secundou-o, calçado nos argumentos de Gama: "[...] a grande maioria da escravatura existente é composta dos importados desde 31 até 1850 e dos seus descendentes, a todos os quais é aplicável a disposição da lei de 7 de novembro de 1831". Os dois encaminharam cada um seu requerimento ao governo, para que providenciasse estatística da população escrava, de modo a identificar quantos tinham entrado no país entre 1830 e 1850 e, eventualmente, libertá-los. Como muitos dos escravos existentes se encaixavam no critério ou descendiam destes, aplicar a lei de 1831 seria libertar em massa. Sob aperto de rua e Senado, Lafaiete empurrou o abacaxi para o Judiciário e largou por um instante seu "pode ser que sim, pode ser que não", ao encaminhar à Câmara, em 2 de agosto de 1883, projeto requentado de fixar domicílio dos escravos e aumentar o Fundo de Emancipação.[72]

A CA não deu trégua no cerco ao governo. A pedido de Rebouças e Patrocínio, Silveira da Mota leu o Manifesto da CA na tribuna do Senado e o enviou à Comissão de Legislação para que se publicasse no *Diário Oficial*. Cotegipe e Martinho Campos, senador desde 1882, à frente dos escravistas, engoliram a leitura; publicar era demais, obstruíram. A CA então conclamou o povo a lotar o Senado, e dois deputados remanescentes do bloco parlamentar de Nabuco em 1880 afrontaram o gabinete na Câmara: um leu, em nome do Centro Abolicionista de Porto Alegre, o Manifesto, requerendo, como Silveira da Mota, sua reprodução no *Diário Oficial*; outro coroou o ataque institucional com projeto de abolição imediata em benefício de escravos idosos — o outro braço da Lei Moret espanhola.[73]

O quadro no segundo semestre de 1883 era este: movimento implantado na maioria das províncias, com sustentação pública e institucional (dois presidentes de província, alguns senadores, vários deputados), e gabinete nas cordas. O ano seguinte previa eleições legislativas. O movimento precisava de candidaturas que vocalizassem sua força na Câmara. Rebouças e vários correligionários achavam Nabuco o melhor candidato. O filho do senador Silveira da Mota lhe escreveu: "A próxima eleição geral tem de ser dominada pela questão abolicionista […]. É, pois, tempo de vires preparar a tua eleição pelo Ceará".[74] Nabuco se achava combalido e falido. Na vida privada, sacolejava nas idas e vindas do namoro com Eufrásia e, na profissional, andava em vias de perder o posto de correspondente do *Jornal do Commercio*, por começar atividade similar para o *La Razón*, de Montevidéu, sem aviso à direção do *Jornal*. Decidiu voltar e o comunicou à SCL, ponderando que por Fortaleza, o único distrito eleitoral sem escravos, devia sair candidato "o melhor homem que se possa encontrar no país para promover a emancipação do Parlamento". Nabuco reputava que o homem era ele mesmo: a honra seria "a maior recompensa que me poderia dar".[75]

O processo eleitoral, contudo, atiçava brasas partidárias no movimento. Patrocínio e Rebouças se queimavam nelas, a costurar na colcha do movimento quadrados Liberais e Republicanos entremeados de listras Conservadoras. Por conta dessas dificuldades e de injunções de política local, a SCL respondeu a Nabuco que não o lançaria pela província.[76] Nabuco insistiu. Para persuadir locais, recorreu a internacionais, planejando um congresso antiescravidão com decanos dos abolicionismos europeu e estadunidense. Rebouças garantiu dinheiro, data, local e lista de celebridades. Dessa feita, o método bumerangue teve pouca ressonância, pois a maioria dos abolicionistas achava melhor se concentrar na arena doméstica. Não vingou o congresso, tampouco a candidatura de Nabuco pelo Ceará. Outra possibilidade era a Corte. Em conferência-concerto em Niterói, o orador da noite defendeu Nabuco das acusações de outros abolicionistas sobre a pouca serventia de cardeal na Europa, enquanto o baixo clero ralava na campanha. Ubaldino do Amaral, da facção de Luís Gama, vestiu a carapuça: chefe aclamado, disse, deve honrar responsabilidades sem sair de cena ao perder eleição ou emprego — as justificativas de Nabuco. Ausente, apagava-se "na memória dos próprios amigos, como já o fez esquecer aos que o temiam".[77]

Tensões como essa, típicas dos movimentos sociais, ganhavam envergadura. Crescimento gera faccionalismo. O abolicionismo crescia e se desunia. Cisão visível na CA em torno de estratégias preferenciais e sobre incluir ou excluir meios abolicionistas em seu Livro de Ouro. Puristas queriam conservar o perímetro dos poucos e bons e investir nas vias de fato: amotinar escravos, promover fugas, infernizar fazendeiros. Estes existiram desde o começo, caso de Ubaldino e João Cordeiro. Eram minoritários. O desfecho no Ceará, iniciado com insubordinação, somado à inércia do sistema político, engrossara o coro. A facção de Rebouças, por seu lado, queria ampliar a sustentação do movimento, ao custo de aceitar emancipacionistas reticentes e escravocratas penitentes.

Julgavam que a escravidão só desapareceria de vez com deslegitimação social e sanção legal. De outro modo, tampouco haveria cidadania para ex-escravos, que permaneceriam confinados a quilombos clandestinos.

Patrocínio tinha um pé em cada canoa. Incendiário, por um lado, agregador, por outro. Ante as vísceras abertas, percebeu o que se perdia — perdia-se o movimento. Por isso, embora adversário de Nabuco na disputa pela liderança, levantou-se na plateia, quando Ubaldino do Amaral o atacou. Fez defesa longa e enfática do ausente: a residência na Europa seria prova de tino político, que internacionalizava a campanha. Também Clapp alertou que a parte alguma chegaria movimento fracionado e se demitiu da presidência da CA. Os ânimos então se abrandaram, para que permanecesse, e Nabuco aplacou a ira de Ubaldino com carta envelopada na maciez com que abria seus caminhos.[78]

O abolicionismo precisava de unidade para enfrentar o escravismo politicamente organizado. Assembleia da CA, em novembro de 1883, aplacou a cizânia interna e definiu a estratégia eleitoral. Primeiro, decidiram apoiar candidatos que financiassem alforrias. Depois, concluíram que o melhor seriam candidaturas próprias. Se a CA distribuíra 18 mil exemplares de seu Manifesto, podia, se obtivesse 10% disso em votos, eleger um deputado. Resolveu-se, então, reporta Clapp, lançar no Município Neutro três de quatro nomes que contemplassem as facções do movimento: Patrocínio e Ferreira Araújo pelo lado das ruas, Nabuco e Serra pelo lado do sistema político. Planejavam grande coalizão de candidaturas em várias províncias. Rebouças enviou a Nabuco a passagem de navio para que voltasse ao país, com plano de lançar a chapa em 25 de março.[79]

A coesão do movimento, Nabuco observou, em 1884, nascia menos de consensos substantivos, era consequência da consolidação do adversário: "[...] há neste momento uma certa reação escravagista, mas isso em vez de prejudicar-nos, faz-nos bem. Não cesso de repetir que à propaganda só faria mal o silêncio dos contrários".[80] Divisões, facções e crises intra-abolicionistas nunca explodiram o movimento porque a unidade era imperativa em face dos escravistas.

FESTA NACIONAL

Domingo de manhã, a banda tocava na porta da GT. Profissionais liberais, estudantes, jornalistas, artistas, ex-escravos, senhoras e crianças se aglomeravam. Depois, procissão cívica pelo centro, com banda, bandeira e abolicionistas rumo ao Polytheama, emoldurado de flores e lâmpadas elétricas. Teatro lotado, com o panteão abolicionista na parede — retratos de Rio Branco e Luís Gama — e curiosos no jardim, o evento começou. Os diretores da Confederação Abolicionista, ovacionados, marcharam pelo corredor, seguidos dos estandartes das associações abolicionistas da Corte e de representantes das cearenses. No palco, sentaram-se em tronos dourados, espaldar alto, cercados de jardineiras. João Clapp, emocionado, falou pela CA. Falou por Patrocínio e por Nabuco; um comandava ato gêmeo em Paris, o outro em Londres, e a SCL fazia a sua festa em Fortaleza. A orquestra executou o Hino Nacional.

Naquele 25 de março de 1884 abriam-se três dias de celebração da maior proeza do movimento, uma província inteira libertada. Nos últimos cinco meses, a CA trabalhara para espetacularizar a data, hipérbole dos cinco anos de conferências-concerto e meses da campanha de libertação de territórios. Esforço que se concentrou em libertar quarteirões na cidade do Rio, com foco na rua do Ouvidor. Festas preparatórias no Recreio Dramático, com retratos dos líderes cearenses e atos em pleno Passeio Público. A

GT fez contagem regressiva, demandou e listou doações: lenço de cambraia, madrepérolas, joias, almofadas de cetim, papagaio de vidro, limpa-penas e o icônico retrato autografado da celebridade abolicionista francesa, Victor Hugo. Prendas para leilões, loterias, quermesses, rifas, bazares, que renderam à CA, na contabilidade meticulosa de Rebouças, a vultosa quantia de 15:065$560 réis.[81]

Para o grande dia, a CA convidou autoridades — o presidente do gabinete de ministros e o imperador —, pois não se sabia ao certo como responderia o governo ante o anúncio do que era, afinal, insubordinação de uma província. O movimento tentava arrancar manifestações públicas em seu favor, ao passo que os escravistas, ao embalo da retórica do escravismo de circunstância, demandavam repressão ao ato por atentar contra a ordem política, econômica e social. Lafaiete manteve-se lacônico. Foi a vez de d. Pedro usar o "pode ser que sim, pode ser que não" na resposta à carta da CA: "Se não compareço as festas da liberdade, é que esse comparecimento poderia ser interpretado de modo diverso por algumas pessoas".[82] Os abolicionistas a interpretaram como falta de endosso à abolição.

Deputados e senadores pró-movimento, senhoras e senhores, habituais nas conferências-concerto, lotaram a mais exuberante delas. Houve declamações, esquetes teatrais, cenas cômicas, música orquestral, canto lírico. Rebouças encomendou a Carlos Gomes peça na qual figurassem duas jangadas libertadoras. O maestro mandou da Itália uma "Marcha popular ao Ceará livre". A orquestra tocou ainda *O guarani*, tangos e a "Marselhesa dos escravos".[83]

A festa nacional extrapolou o teatro. O bloco carnavalesco Os Tenentes do Diabo fez os pavilhões, e a CA obteve de graça a colocação dos bicos de gás pelos jardins, onde a quermesse ficou por três dias.[84] Festivais e bazar se estenderam por dez. Houve passeata e regata, preparadas pela Sociedade Abolicionista Cearense na enseada de Botafogo, com Francisco José do Nascimento, o fechador do porto de Fortaleza ao embarque de escravos, como convidado especial. Foi quando ganhou apelido de símbolo: Dragão do Mar. Cerca de 10 mil pessoas presentes, o abolicionismo se ostentou forte e volumoso na capital do Império.

E não só nela. Em Salvador, a Libertadora Bahiana fez passeata do Teatro São João ao Polytheama, encerrada com conferência-concerto. No Ceará, em festas preparatórias entre janeiro e março, a SCL libertou os 38 municípios restantes. No dia decisivo, os abolicionistas de Fortaleza reuniram-se na praça Castro Carreira, ao som do Hino da Libertação. Leu-se carta de Nabuco, e Sátiro Dias enunciou as palavras mágicas: a província do Ceará não possui mais escravos.[85] Seguiu-se apoteose.

Nabuco presidiu um banquete em Londres com a Anti-Slavery Society, autoridades e imprensa, que repercutiu no *Times* e no *New York Times*. Foi Patrocínio, porém, quem repetiu, em 1884, seus júbilos de propagandista da viagem de 1880. Depois do decreto de Sátiro Dias, faltava o reconhecimento do governo imperial da libertação de fato do Ceará. Essa certificação, Patrocínio a buscou fora do país. Esteve em Portugal, recebido na Câmara dos Deputados, na Espanha, e obteve altos dividendos políticos em Paris. Partiu dos laços cosmopolitas que Nabuco ativara: "É fácil imaginar a emoção que me dominava. Tinha diante de mim um dos maiores colossos da história contemporânea". Era o provecto abolicionista Victor Schoelcher, que recebeu Patrocínio com o entusiasmo com que antes acolhera Nabuco. Conversaram sobre o andamento do movimento abolicionista e, por essa via, Patrocínio dilatou à esquerda a inserção brasileira na rede internacional, ajudado por jornal francês, que o equalizou a um socialista local, ao chamá-lo de o Rochefort do Brasil. Encontrou-se com outro dessa crença, o porto-riquenho Ramón Betances, cuja biografia de Toussaint-Loverture, líder do levante escravo no Haiti, admirava. Logo perceberam, conta, uma comunidade de ideias. Patrocínio mobilizou essa rede transnacional para visibilizar fora do país a planejada libertação do Ceará, em 25 de março. Betances o ajudou a reunir em um banquete em Paris abolicionistas de diversas partes. No restaurante Le Brabant, trinta convidados, jornalistas, deputados, republicanos, socialistas, Schoelcher à cabeceira — Victor Hugo, doente, mandou mensagem —, Patrocínio resumiu a trajetória do movimento e afirmou que a abolição, bloqueada pelo Parlamento, fazia-se a partir "das massas profundas do povo".[86]

Schoelcher fechou a cerimônia endossando Patrocínio e, como na visita de Nabuco, criticando o imperador:

> Não cesseis de agitar a opinião, até que tenhais arrastado todo o Império do Brasil a seguir o nobre exemplo da província do Ceará. Exprobai a vosso imperador, que é, dizem, um homem liberal, a humilhação de ser o único soberano do mundo civilizado que reina sobre ilotas. [...] um brinde à abolição completa da escravidão no Brasil e no mundo.[87]

O método bumerangue, inventado por Borges nos anos 1860, dilatado por Nabuco no começo dos 1880 e adotado por Patrocínio em 1884, fomentava a reprovação moral das potências ocidentais ao governo brasileiro. Tudo a reverberar nas imprensas internacional e doméstica. O ministro estadunidense no Rio de Janeiro embarcou na simpatia, narrando meio extasiado as celebrações no Ceará e no Rio, durante as quais ouvira a promessa de que a campanha não pararia até que a liberdade se derramasse por todo o Império.[88]

As celebrações simultâneas no Rio de Janeiro e Fortaleza, em Londres e Paris denotam a intrincada teia de relações, local, nacional e internacional que sustentava o movimento naquela altura, uma instância reforçando a outra. De teatro em teatro, de porto a porto, de Acarape a Paris, os abolicionistas granjeavam auréola de incansáveis e onipresentes, como Rebouças. Heróis civilizadores, venciam no campo simbólico, orgulhou-se Clapp:

> Os escravocratas desdenhavam das nossas conferências, das nossas flores, dos nossos versos e das nossas músicas (muito bem), e achavam que os versos e as músicas não podiam edificar cousa alguma; entretanto, eles hoje estão vendo que com discursos e com músicas fazem-se coisas muito grandes.[89]

PARA ALÉM DO TEATRO

De 1878 a 1885, o ciclo de protesto abolicionista teve por fulcro o proselitismo. Foram 587 manifestações no espaço público orientadas para persuadir a opinião pública e angariar novos adeptos. Seus intuitos ordeiros se materializaram num símbolo: as flores. Aos poucos, o repertório de técnicas de protesto se alargou. As conferências-concerto transbordaram dos teatros. A concentração em jardins, que as precedia, se desdobrou na Corte em quermesses, feiras, alvoradas, serenatas, bem como em deslocamentos aos teatros, que o relatório da CA de 1884 listou como desfile, cortejo, parada, procissão cívica, marcha, *marche aux flambeaux* (com archotes). Disseminaram-se os *meetings*, à inglesa, aglomerações a céu aberto. De noite e de dia, muitas vezes com banda, passeatas e manifestações viraram rotina.[90] O abolicionismo se visibilizou.

Além dessas modalidades de protesto já usadas por movimentos abolicionistas anteriores, os brasileiros inventaram outras modalidades expressivas compatíveis com as condições locais. O deslocamento Norte-Sul era marítimo e o cais funcionava como entrecruzamento de negócios, sociabilidade e política. Desde o bloqueio ao porto de Fortaleza e do embarque forçado do 15º Batalhão, regatas e barqueatas tornaram-se um dos símbolos da resistência ao escravismo. Os abolicionistas marchavam às docas para acompanhar o embarque ou o desembarque de líderes e levaram consigo o estilo dos atos no teatro. Alugavam naus que, decoradas, iam ao navio, com fogos de artifício, banda, discursos, flores, levar ou buscar correligionários, como Rebouças, no retorno de Londres, e Patrocínio, no embarque ao Ceará, e em todos os deslocamentos transatlânticos de Nabuco. Houve muitos desses *meetings* de embarque/desembarque, alguns em travessias curtíssimas. Em 8 de março de 1884, por exemplo, ao fim de um evento do Clube dos Libertos de Niterói, os ativistas caminharam do teatro em marcha para tomar a barca e voltar à Corte. Do porto central, o Rio de Janeiro, esse estilo de ativismo se difundiu para outras cidades portuárias, como Santos, Fortaleza, Recife, Maceió, e para estações ferroviárias, caso de São Paulo.[91]

Adaptando modelos estrangeiros às contingências nacionais ou inventando formas novas, o movimento foi se apropriando do território urbano, indo dos teatros para o espaço público por excelência, a rua. Nela, signos ostensivos de adesão se exibiam: bandeiras, iluminação e ornamentação de edifícios em ruas durante a campanha de libertação de territórios. Rótulos de cerveja e de cigarros ganharam fotos de lideranças — Nabuco, José Mariano, Antônio Bento. O uso de marcadores simbólicos, os Livros de Ouro e Negro e as flores na lapela — a camélia, quase um *bottom*, simbolizava a pertença à CA —, delineou uma identidade coletiva de abolicionistas e impingiu sua marca no cotidiano das grandes cidades.

Identidade consubstanciada em práticas compartilhadas. Assim como os estilos Borges, Gama e Rebouças de ativismo, as manifestações públicas em espaço fechado (reuniões, conferências, conferências-concerto, eventos artísticos, festas, banquetes) e aberto (passeatas e concentrações) e as libertações de território funcionaram como estratégias modulares, transponíveis de um contexto a outro, da capital às províncias, delas entre si e para os municípios, e utilizáveis por diferentes atores. Essa modularidade permitiu ao movimento ganhar escala e a homogeneidade mínima para se consolidar como *nacional*. A variedade de técnicas de ativismo transmutou a escravidão de instituição invisível em assunto onipresente e fez dos abolicionistas uma presença compulsória no espaço público. De associativismo de elite nos anos 1860, o ativismo se tornou, em meados dos 1880, um abolicionismo das ruas. Vigoroso e impossível de ignorar.

BENGALADAS

Paulino Soares de Sousa e sua tropa escravista repetiam no Parlamento seu mantra, o escravismo de circunstância, e reclamavam providências contra a balbúrdia abolicionista na rua e a insubordinação inconstitucional de província inteira. Martinho Campos resumiu a opinião do grupo sobre a atitude de Sátiro Dias no Ceará: doidice.[92]

O abolicionismo incomodava. O Liberal Afonso Celso Jr., que no ano seguinte se converteria ao abolicionismo, em 1883 chamou a GT de imprensa pornográfica. Patrocínio replicou em artigos. A tréplica foi pitoresca. Em 13 de junho, ao fim do segundo ato de *Juanita*, no Teatro Pedro II, Celso Jr. deu uma bengalada em Patrocínio, que descia do camarote para o saguão. O Zé do Pato, que nunca guardou desaforo, atirou-se sobre ele e os dois ficaram engalfinhados até serem separados pelos presentes. No começo da campanha, manifestações antiabolicionistas eram nesse estilo da bengalada em Patrocínio. A partir da campanha de libertação de territórios no Ceará, a nota violenta assomou. O presidente de Pernambuco pediu providências ao governo central contra abolicionistas em sua província; outros foram atacados, em Vassouras, e jurados de morte, em Recife e Salvador. Em São Paulo, a polícia cercou ou invadiu residências de acusados de acoitar escravos. Um dia depois do Natal de 1883, a CA levou petição ao ministro da Justiça, na melhor verve de Rebouças: "O governo não pode permitir que os *landlords* paulistas corram de uma povoação a outra, acossando [...] abolicionistas". A resposta: a diretoria da *Gazeta da Tarde* foi chamada aos tribunais por publicação ofensiva. Um escravista apócrifo, em cartas públicas ao imperador, no jornal da turma de Paulino, o *Brasil*, reclamou da lerdeza de Lafaiete em tomar providências: ele só demitiu o presidente do Ceará quando o ato perdera valia, e nada fez com o Amazonas caminhando para repetir o Ceará. O Congresso Agrícola do Recife peticionou à Câmara: iria às armas se o governo não controlasse os abolicionistas.[93]

Menos de uma semana depois do decreto de Sátiro Dias que libertava o Ceará, o caldo entornou na Corte. O estopim foi o mulato Apulco de Castro, que testara como ninguém a liberdade de imprensa do Segundo Reinado. Seu jornal *O Corsário* desancou elite imperial, governo, imperador, Exército e figuras públicas em geral, de 1880 a outubro de 1883, quando o empastelaram. Pediu, então, proteção na Secretaria de Polícia, de onde saiu escoltado por capitão. Mal pisou a rua do Lavradio e vinte oficiais à paisana, com barbas postiças, o lincharam com um tiro e dez punhaladas.

Castro colecionava inimigos — chamara Patrocínio de rei zulu dos abolicionistas —, mas tinha correligionários. Além de republicano, era membro da Sociedade Abolicionista Luso-Brasileira, dirigida por Vicente de Sousa e filiada à CA. *O Corsário* chamara o voto em Nabuco, em 1881, e propagandeava: "Somos do povo, e a abolição é aspiração popular". Na noite de seu assassinato e nas três seguintes, Castro foi vingado pela multidão, que tomou o centro do Rio de Janeiro, destruiu postes, ateou fogo a barris na rua do Ouvidor e, apesar da repressão da cavalaria, cercou o prédio onde o gabinete se reunira às pressas, obrigando os ministros a usar a pouca honrosa saída dos fundos.[94]

A polícia, segundo o alemão Carl von Koseritz, que deu azar de passar pela cidade naqueles dias, proibiu velório público para evitar manifestações. O gabinete pôs lenha na fogueira ao providenciar a visita do imperador ao regimento de cavalaria cujos oficiais eram suspeitíssimos do crime. Nos dias subsequentes, "grandes quantidades de capoeiras (negros escravos amotinados) e semelhantes 'indivíduos catilinários'" tentaram incendiar o Cassino Fluminense e apagar bicos de gás da rua do Ouvidor, em gritos de "Viva a Revolução". Embora colega de Rebouças e de Vicente de Sousa na Sociedade Central de Imigração e, como eles, partidário da pequena propriedade, Koseritz reprovou "a propaganda revolucionária dos abolicionistas, sublevando os homens de cor pela morte do negro Apulco".[95]

A missa de sétimo dia, na igreja da Terceira Ordem de São Francisco, por encomenda da Sociedade Abolicionista Luso-Brasileira, transformou-se em ato abolicionista, com cerca de mil pessoas. A religião, repertório do inimigo, quadrou melhor com a gravidade da circunstância que as festivas conferências-concerto. A polícia, temerosa de novos distúrbios, fez o comércio baixar as portas.[96]

Castro não foi assassinado por vendeta escravocrata, e sim por insultar militares. Contudo, o ato de força contra um abolicionista, quando vários recebiam ameaças, sinalizou o potencial repressor do regime pelas instituições e fora delas. Em editorial, a GT esclareceu que as flores da campanha virariam espinheiro se o governo sancionasse o uso da força pelos escravistas:

[...] então não teremos mais escrúpulos de gritar aos abolicionistas: Às armas! E de incitá-los no caminho de todas as represálias, porque, estando dentro da lei, fomos atacados [...], a história dirá que não fomos os primeiros a dar um passo nesse caminho perigoso, e que, se saímos armados para a rua, foi depois das provocações, [...] num direito de legítima defesa [...].

O bloqueio escravista empurrava o movimento a descrer das instituições, o modelo de abolicionismo parlamentar inglês, e a cortejar a insurreição: "Tiram-nos da luz, iremos conspirar nas trevas [...], a pena de Wilberforce tem a mesma bainha que a espada de Bruto...". No início de 1884, crescimento numérico, expansão geográfica e eficácia política deram ao movimento força para encarar o statu quo, ao passo que o escravismo se estruturava e reagia. Dois blocos à beira do confronto, pró e contra a escravidão. O título de um artigo de Patrocínio pôs em letras garrafais a possibilidade de desfecho no modelo estadunidense: chamava-se guerra civil. Era, assim, atualíssima, em 1884, a questão que Sancho Pimentel levantara em 1882, ao perguntar quem seria o novo Rio Branco. Quem poderia canalizar de volta para as instituições políticas a manga-d'água que explodia fora delas?[97]

7. Votos: a aliança movimento-governo

CANDIDATURAS

Apesar de ataques espasmódicos de correligionários, Nabuco era o melhor candidato do movimento: dedicara à causa seu primeiro mandato, demonstrara capacidade oratória ímpar e era filho de líder Liberal, no momento em que o governo estava nas mãos desse partido. De outro lado, a publicação simultânea de *O abolicionismo* e do Manifesto da Confederação Abolicionista demonstrou que as propostas do movimento andavam no Brasil, enquanto Nabuco, na Inglaterra, preservava o tom do início da campanha. Para ganhar ascendência em sua volta, precisaria modular o discurso.

Preparou o retorno com a publicação, em janeiro de 1884, de *Henry George. Nacionalização do solo, apreciação da propaganda para abolição do monopólio territorial na Inglaterra*. O panfleto comentava *Progress and Poverty* (1877), livro do ativista estadunidense Henry George, que vendera cerca de 100 mil cópias na Inglaterra, índice da expansão das ideias socialistas na Europa.

George diagnosticava a concentração fundiária como causa da miséria e propunha abolir a propriedade privada, mediante estatização sem indenização aos proprietários. Nabuco, embora condenasse o fim da propriedade privada, simpatizava com uma taxação específica como estímulo à pequena propriedade, nos moldes implementados na Irlanda pelo primeiro-ministro inglês William Gladstone: aventava a desapropriação quando necessário, desde que respeitados os direitos adquiridos, o que supunha ser fácil e útil em países novos como o Brasil, de terras virgens abundantes. O pacote imposto territorial, pequena propriedade, imigração de famílias europeias e política tarifária como complementos da abolição era a democracia rural de Rebouças, que, por isso, incluiu o texto de Nabuco na série de opúsculos que a CA publicava, com uma edição de 3 mil exemplares. Essa propaganda custou a Nabuco os epítetos de niilista e petroleiro — sinônimos, no vocabulário oitocentista, de anarquista e incendiário. Isso em nada ajudou sua candidatura. A SCL lançou um de seus membros no Ceará e, ao chegar ao Rio, em maio de 1884, Nabuco achou-se alocado onde não desejava: na chapa da CA na Corte.[1]

Rebouças planejou marcha triunfal para recebê-lo e celebrar o sucesso da campanha de libertação de territórios nas ruas do Ouvidor e da Uruguaiana, onde ficava a GT, e em volta da Politécnica — obra de alunos seus. Rojões, bandas e lanternas marcariam casas e lojas libertadas. O chefe de polícia, assombrado pela confusão no funeral de Apulco de Castro, adiantou-se e proibiu a passeata de recepção a Nabuco.[2]

Crescimento abolicionista, acirramento escravista. O ano de 1884 desenterrou a ira do escravismo de circunstância dos tempos do debate do ventre livre. No desembarque, o gentleman Nabuco teve de trocar suas luvas de pelica pelas de boxe.

O HOMEM DOS ABRAÇOS

A fala do trono, na abertura do Parlamento de 1884, em 5 de maio, ignorou os feitos dos abolicionistas no Ceará: mencionou apenas — e de novo — a vitalização do desmoralizado Fundo de Emancipação de 1871. Enquanto isso, na avaliação do ministro estadunidense no Brasil, o país pegava fogo, com assassinatos de senhores e feitores por escravos e vice-versa, caminhando rumo a "uma insurreição servil". Ignorada pelas instituições, a abolição avançava pelas vias de fato. Carlos de Lacerda, amigo de infância de Patrocínio que permanecera em Campos, conclamava em conferências dominicais a queima de canaviais. *O Brasil*, jornal da facção de Paulino, acusava os abolicionistas de incitar o assassinato de proprietários rurais, greves e fugas. Ranhetavam contra o governo de Lafaiete, exigindo a demissão de Teodureto Souto da presidência do Amazonas, pois "não podemos convir que em qualquer província se rasguem as leis, se viole a Constituição do Império", num ato de "*espoliação* da propriedade escrava".³

O governo do "pode ser que sim, pode ser que não" caiu de maduro. O imperador chamou o Liberal Antônio Saraiva, domador de crises, para formar novo gabinete. Tendo purgado a oposição de seu partido ao fazer reforma menos dramática em 1881, a eleitoral, Saraiva vocalizou o óbvio, que não via como organizar ministério capaz dar "uma solução satisfatória às questões graves agitadas no Parlamento, e *fora do Parlamento*, como a do elemento servil". Tão incontornável quanto o aperto para repor a questão na agenda seria o empenho contrário. Antevendo o precipício, Saraiva deixou passar a barca. Nabuco e Rebouças, que tinham levado projetos ao chefe de gabinete que não foi, exalaram decepção. O imperador colecionou duas outras negativas na sequência: "[...] vimos a Coroa, tendo-se dado uma crise ministerial, procurar, esgravatar (*riso*) alguém que se animasse a deitar a cabeça de fora e dizer 'Quero alguma cousa em favor da libertação dos escravos!'". Assim mangou Silveira da Mota, para depois comemorar que, no meio da crise, a vez acabasse sendo de um emancipador, "alguém de ideias feitas a respeito da questão (*apoiados*), de coração dedicado a uma causa boa", disposto a assumir "a grande responsabilidade, que todos até então recusavam, de encarregar-se como governo da solução da questão".⁴ O homem da vez era Manuel de Sousa Dantas, que, em 6 de junho de 1884, se dispôs a agarrar o cargo que ninguém queria.

Dantas tinha 53 anos, óculos redondinhos abaixo da testa larga e cavanhaque vasto, tipo expansivo, com fama de abraçador. Vivia de sobrecasa preta, assíduo de funerais a ponto de estafa: "Eu tive um ligeiro incômodo no dia 22 por ter com alguma imprudência ido a dois enterros, um pela manhã e outro à tarde".⁵ Na chefia de gabinete, valeu-se desses pendores para a afabilidade e a fatalidade.

Baiano de Salvador, era senador e conselheiro de Estado, antes promotor, juiz, chefe de polícia, deputado em quatro legislaturas, presidente de três províncias e ministro em três gabinetes. Credenciais para o voo alto no sistema político, porém nisso tinha concorrentes. Sua singularidade era um pé em cada uma das arenas em que a política imperial se cindia, a das instituições e a do espaço público. Sintonizava com o movimento abolicionista por ser um reformista em geral (pró-federalismo, imigração e casamento civil) e por ser membro da Libertadora 7 de Setembro, de Abílio Borges. Integrara o gabinete Zacarias que impusera o problema ao sistema político, em 1867, e indicara Sátiro Dias para a presidência do Ceará. Dantas era identificado com mudança e assim o declarou. Disse que, "dignando-se sua majestade acolher *os termos em que me pareceu poder encarregar-me da organização ministerial*", aceitara o dever e julgava que "o governo carece intervir com a maior seriedade na solução progressiva deste proble-

ma [a escravidão], *trazendo-o francamente para o seio do Parlamento*, a quem compete dirigir-lhe a solução. (*Apoiados, muito bem.*) Neste assunto nem retroceder, nem parar, nem precipitar".[6]
Seu discurso, esculpido na retórica da compaixão ("sentimentos generosos") e na do progresso (a escravidão como "instituição anômala"), e com a promessa de não sacrificar o direito de propriedade, puxou a abolição do espaço público para a arena institucional:

> É dever imperioso do governo, auxiliado pelo Poder Legislativo, fixar a linha até onde a prudência nos permite, e a civilização nos impõe chegar; sendo que assim se habilitará a coibir desregramentos e excessos, que comprometem a solução do problema, em vez de adiantá-la.[7]

Excessos que se liam de dois jeitos: os do movimento ou os dos escravistas, com sua postergação infinita. Dantas trazia o meio-termo entre as demandas do movimento (abolição imediata e sem indenização do Manifesto da CA) e o negociável nas instituições políticas (medida gradualista).

O ministério sou eu, Dantas poderia dizer, pois Fazenda e Negócios Estrangeiros ficaram com ele, e a Justiça com o irmão de seu genro Jerônimo Sodré, o iniciador da questão no Parlamento em 1879. A liderança do governo na Câmara deu-a ao filho Rodolfo e pôs o afilhado Rui Barbosa como diretor de seu *Diário da Bahia* e porta-voz do governo, ambos remanescentes do ministério escravista de Martinho Campos. Para honrar sua nova posição pública, Rui tomou uma decisão privada: alforriou Lia, sua última escrava.[8]

A REFORMA DANTAS

Hábil e jeitoso, Dantas ascendeu a estadista em 1884, quando, lembra-se um contemporâneo, adquiriu um "ardor que ninguém lhe suspeitava", "desarmonizando-se com amigos, conquistando outros, afervorando os frouxos, contendo as impaciências febris de alguns, e, durante um ano, dia por dia, hora por hora, acudindo a tudo, provendo a tudo, e espalhando ao redor de si o perfume mais suave e penetrante de uma convicção tão forte quão meiga".[9] Convicção de linhas gerais, pois havia que negociar.

Incontornável era a proibição do tráfico interprovincial, ponto na agenda de vários gabinetes, jamais efetivado. Províncias mal das pernas auferiam recursos com taxas de exportação sobre a escravaria: dos anos 1850 a 1881, transferiram-se 222 500 cativos, ou 7200 por ano, para as roças do Rio de Janeiro, da Zona da Mata mineira e São Paulo. Houve concentração no campo, com escravos urbanos e domésticos vendidos para as plantações. Entre 1872 e 1887, a Corte perderia 79% de seus escravos, o Recife, 88%. Dantas queria estancar a compra e a venda de cativos na fonte, o município. Sofreu limitação de saída: d. Pedro puxou o freio — seria como proibir o comércio. Rodolfo segredou a Rui Barbosa que o pai, sem contar com muito empenho do imperador, tinha dificuldade de barganhar emendas, daí por que teria tido de abrir mão de barrar o comércio entre municípios e contentar-se em proibir apenas o tráfico interprovincial.[10] Nisso cedeu. Seu Projeto 48, contudo, ofendeu o sistema escravocrata em três outras frentes.

Uma retomava o exemplo da Lei Moret espanhola. A Lei do Ventre Livre emulara uma ponta do modelo de limites biológicos (liberdade aos nascituros), Dantas emulava a outra: libertar sexagenários, 10% da população escrava ou 110 mil pessoas acrescidas de 95 mil, que se libertariam conforme atingissem a idade, até 1894. Nesse passo, a escravidão acabaria em 27 de setembro de

1931, quando os nascidos no ano anterior à promulgação da Lei do Ventre Livre completariam sessenta anos. Acontece que havia sexagenários de araque. O registro de escravos instituído em 1871 efetivou-se em 1872, com todo o gênero de macete. Na opinião de Rui Barbosa, ocorrera "conspiração geral dos senhores, tacitamente mancomunados em carregar vinte e trinta anos à idade dos escravos mais novos, para evadirem a lei de 7 de novembro [de 1831]", que libertara os entrados no país desde aquela data. Temerosos de registrar a idade certa, burlaram o registro, aumentando a idade formal de seus cativos. Assim, por exemplo, um escravo que entrara com quinze anos no país em 1845 teria, de fato, 54 anos em 1884, mas podia ter sido registrado 1830 como o ano de seu ingresso, o que lhe daria legalmente a idade de 69 anos, isto é, o registro de 1872 transformou muitos escravos de meia-idade em idosos do ponto de vista legal. Os perpetradores da falsificação reconheciam que escravos com registro de idade superior a sessenta anos corresponderiam a mais de metade da população cativa. Fato jurídico impossível do ponto de vista demográfico, resumiu Rui Barbosa. O Projeto Dantas previa nova matrícula, em que os proprietários ou reiterariam o atestado em 1872, com a consequência de libertar muitos em idade produtiva, ou declarariam a idade correta, admitindo o artifício anterior, o que poderia redundar em contestação legal do título de propriedade.[11] Assim, o critério de idade do Projeto Dantas libertava idosos de fato e falsos idosos, imediatamente e sem indenização.

Outro ataque do projeto à escravidão era de natureza fiscal. Prometia reviver o Fundo de Emancipação, com a receita vinculada de dois tributos, um de 6% sobre todas as contribuições à receita nacional e outro sobre proprietários de escravos: alto nas cidades grandes (5%), moderado nas médias (3%) e pequeno para vilarejos e fazendas (1%). Incentivava-se, assim, processo demográfico em curso, a concentração da escravaria na zona rural.

Para evitar inflação, visando à compra de escravos pelo Fundo de Emancipação, congelava as cotações, ao fixar preços máximos por faixa etária.[12] Essa intervenção estatal moderada na economia escravista, ao injetar recursos no Fundo de Emancipação, reforçava a estratégia abolicionista inicial de libertar por meio da compra de alforrias.

O terceiro ponto polêmico dizia respeito aos direitos dos libertos. O Projeto Dantas retomava a agenda de disciplinamento da mão de obra livre, na linha da Lei de Locação de Serviços de 1879: os beneficiários do Fundo de Emancipação ficariam sob protetorado, à maneira cubana, vedadas a vagabundagem e a mudança de município por cinco anos. Essa mão acenava aos proprietários, enquanto a outra se entrelaçava à dos abolicionistas, com a novidade, em relação a abolições estrangeiras prévias, de "uma entidade administrativa e tutelar, incumbida especialmente de fixar *ao salário um limite mínimo*, coercitivo para os locatários de serviços, *em benefício dos libertos*, quando estes, trabalhando por conta própria, ou de outrem, não encontrarem melhores vantagens".[13]

Além do salário mínimo, o delicado artigo 15 previa colônias agrícolas para libertos. À semelhança de planos de Tavares Bastos, nos anos 1860, de Rebouças, desde os 1870, e perto do panfleto de Nabuco sobre a nacionalização do solo, seriam desapropriados terrenos às margens de estradas de ferro e de rios navegáveis, "a fim de dividi-los em lotes etc., para os colonos que procurem a nossa pátria". O beneficiário ideal dessa redistribuição de terra seria o imigrante europeu, convidado a fazer a América nas bordas da grande propriedade. Contudo, o projeto cogitava terra também para ex-escravos: "Nos regulamentos das colônias de libertos se estabelecerão regras para a conversão gradual do foreiro ou rendeiro do Estado em *proprietário dos lotes de terra* que utilizar a título de arrendamento".[14]

A Reforma Dantas, que no se convencionou ex post chamar a dos sexagenários, apresentava para os cidadãos do século XIX feixe de medidas mais amplas e controversas que libertar idosos: cancelava títulos de propriedade de escravos de meia-idade registrados como mais velhos; intervinha no mercado, ao fixar preços, taxar a posse e proibir a venda de escravos entre províncias; instituía plano-piloto de pequenas propriedades e salário mínimo para libertos, além de pôr prazo final à escravidão, sem indenização, para dali a dezesseis anos.[15] O Projeto 48 embutia modelo de nova sociedade pós-escravidão, baseada em assalariamento do ex-escravo, imigração e difusão da pequena propriedade. Exprimia, assim, muitas das ideias do movimento dentro do governo. Passaporte para a democracia rural de Rebouças. Por isso enfrentaria mais que o purgatório pelo qual Rio Branco arrastara o ventre livre. Dantas desceria ao inferno.

NÃO PARAR

Para levar adiante a Reforma, Dantas precisava mais de que seus proverbiais abraços; precisava de deputados. Seu lema era "não parar, não precipitar, não retroceder", mas estava em risco de empacar. Sem base sólida no Parlamento, hesitou entre persuadir a Câmara e dissolvê-la.[16] A composição dessa assembleia explica muito da instabilidade dos governos Liberais anteriores. Eleita em 1881, sob a lei eleitoral que reduzira o eleitorado para reduzir fraudes e garantir a representação do partido oposicionista, tinha oposição robusta: 47 Conservadores. A maioria Liberal de 75 deputados era relativa, pois as reformas em pauta desde 1878 racharam o partido. A minoria Conservadora ascendeu, assim, a fiel da balança. Vida, morte e ressurreição de gabinetes dependeram, de 1878 a 1885, das coligações entre os três blocos.

Aliança da ala Liberal moderada com os Conservadores sustentou os governos Saraiva e Martinho Campos e derrubou os de Paranaguá e Lafaiete. Seria diferente com Dantas?

Se dependesse dos Conservadores, não. Depois do cisma ocorrido em razão do ventre livre, essa turma se reunificou em 1884 e vinha bem disciplinada, Dantas reconheceu. A mão férrea de Paulino Soares de Sousa conduzia o partido ao sul, assistido por seu escudeiro Andrade Figueira, senhor de apartes fulminantes, enquanto João Alfredo Correia de Oliveira e o barão de Cotegipe faziam o serviço ao norte. Uníssonos no escravismo de circunstância e em prol "do pendão negro da reação escravista", constatou Nabuco.[17]

Dessa parede Conservadora o gabinete arrancou três tijolos. De imediato, apenas um escapuliu do pulso de Paulino para o ninho dos 28 endossantes do Projeto 48. Eram oriundos de treze províncias e, dentre as importantes, Dantas tinha seguras sua casa, a Bahia, e Pernambuco, além de mais retalhos; ao todo, cerca de um terço da Câmara. Era, porém — juízo de adversário —, como "aqueles gigantes de Homero que mais se compraziam nas batalhas quanto maior era o número dos inimigos combatentes. [...] ninguém confiou tanto na sua fortuna!".[18]

Confiou também em ajuda de fora das instituições políticas. Deu a tarefa de buscá-la ao filho Rodolfo, homem de *politesse* e *finesse*, tecedor de teias que nunca desfiavam. Terno como o pai, garimpou simpatia nas redações dos jornais e anulou inimigos, como Martinho Campos, que reagia em 1884 com menos virulência do que em 1871, pois, sorte do gabinete, estava adoentado. Rodolfo alinhavou a aliança entre gabinete e movimento abolicionista. No começo da década, negaceara sustentação ao Projeto Nabuco. Com o pai chefe de gabinete, reaproximou-se do amigo para fazê-lo candidato do governo nas próximas eleições. Nome ideal, por ser filho de estadista Liberal emancipacionista, por sua eloquência e por sua posição de pivô entre sistema político e mobilização social. Longe de unânime no movimento, Nabuco saudou esse outro pilar em que escorar sua candidatura: "Em ponto algum do seu programa deixará o novo ministério de ser sustentado pelos abolicionistas", prometeu em sua coluna no *Jornal do Commercio*.[19]

Dantas pai e filho orientaram Rui Barbosa a incluir sugestões do movimento na redação do projeto. Rodolfo levou suas gentilezas a abolicionistas conhecidos das prédicas positivistas de Teixeira Mendes e saiu de lá com carta aberta favorável ao gabinete, em que Dantas era descrito como o líder que alçara o governo a diretor do movimento social. A cooperação entre movimento e governo se efetivou na dobradinha com Patrocínio, a quem se pediram subsídios. Patrocínio providenciou livros e documentos e os enviou com trechos assinalados, para facilitar a redação de Rui Barbosa, e ficou à disposição: "Se houver omitido alguma coisa importante sobre o assunto de que falei ao conselheiro Rui, basta um aviso [...] e eu prontamente enviarei". Patrocínio pôs ainda a tiragem de 12 mil exemplares da GT na sustentação a Dantas e em sovas a Paulino.[20] Movimento e governo se amalgamavam.

Rebouças publicava na GT artigos com títulos como "A resistência à abolição" e tentava abocanhar espaço no mais respeitável periódico do país, o *Jornal do Commercio*, no qual, desde março de 1884, propagandeava seu projeto de nacionalização do solo via imposto territorial progressivo. Queria mais, uma coluna para o movimento, e tinha um plano B: se o *Jornal do Commercio* recusasse, iriam para a *Gazeta de Notícias*. Gusmão Lobo, funcionário do *Jornal*, logrou meio-termo.[21] Contornou a linha editorial moderada, improvisando: os abolicionistas ficaram com "A Pedidos", espaço dos leitores. Aí escreveram, a partir de junho, sob o compromisso de usarem pseudônimos.

Foram procurar o disfarce no repertório abolicionista estrangeiro, sacando daí nomes de antiescravistas lendários. Rui, que também escrevia no *Diário da Bahia*, virou conde Grey, um dos responsáveis pela lei que aboliu a escravidão no Império britânico. Gusmão Lobo tomou para si o nome do maior propagandista inglês, [Thomas] Clarkson. Outros, como Rodolfo Dantas, se vestiram de William Wilberforce, conde de Chatham, Thomas Buxton, Abraham Lincoln e John Bill, codinome de Sancho Pimentel, que Dantas nomeou presidente de Pernambuco. Essa profusão de referências custou à sessão o apelido de ingleses do sr. Dantas.

Nabuco adotou um nome estadunidense já usado por Lobo. Como sua relação com o *Jornal do Commercio* andava delicada — meio demissionário, meio demitido, de seu posto de correspondente em Londres —, Rebouças intermediou.[22] O pseudônimo exprimia sua mudança de posição na campanha. No começo da década, deputado, emulara a estratégia parlamentar de Wilberforce. Em 1884, sem mandato, precisava se associar à imagem de um ídolo popular. Frederick Douglass era símbolo indispensável, apropriado por Patrocínio e Rebouças. Nabuco, então, tomou para si o nome de William Lloyd Garrison (1805-79), propagandista arrojado, que dirigira um jornal de impacto, *The Liberator*, fundara sociedades antiescravistas e fora dos primeiros brancos estadunidenses a defender a abolição imediata. Assinar Garrison indicou disposição de agir também fora das instituições políticas, discursar em praça pública, entrar no corpo a corpo, bater de porta em porta, como nas campanhas de libertação de territórios. Disposição de trabalhar com os abolicionistas das ruas, como Garrison trabalhara com Douglass.

Na coluna de jornal, de junho a outubro, Nabuco, vulgo Garrison, comentou o debate parlamentar, exortou indecisos a amparar o gabinete, conclamou a refundação do Partido Liberal, a modernização do Conservador e a elevação do imperador à altura de estadista. Entre uma coisa e outra, descascava o "feudalismo escravista" de Paulino e seus sequazes. Aproximou-se de Patrocínio na verve e levou a sério o paralelo com os estadunidenses: "[...] no Brasil a esta hora se está ferindo um grande combate político, que seria uma guerra civil se a escravidão tivesse entre nós a coragem que tinha nos Estados Unidos do Sul [...] não é possível mais parar, nem retroceder, é possível, sim, precipitar, se a resistência for cega". Dos abolicionistas sem mandato, era dos mais assíduos no Parlamento, onde via a Câmara cheia, com audiência ávida para assistir à luta entre "duas falanges: uma combate pela aspiração nacional, outra pelo interesse mal-entendido de uma classe".[23]

O lado da aspiração nacional, a coligação entre governo e movimento, se exibiu em 10 de julho de 1884. Presentes autoridades certificadoras de todos os gêneros, civis, militares e até eclesiásticas, sob entusiasmo do movimento e anuência do chefe de gabinete, Teodureto Souto, presidente da província, decretou a libertação do Amazonas. Na grande manifestação pública que tomou Manaus, discursou, armado das retóricas abolicionistas, em nome da civilização e da pátria. Aclamado, entre flores, conferências-concerto, salva de tiros, passeio ao Pavilhão da Liberdade na praça Pedro II e marcha de vinte libertos de terno branco e chapéu de palha. O Amazonas ascendia a segunda província libertada do Império. Celebrações se multiplicaram para além da província. Por onde passou na viagem triunfal para a Corte, Teodureto Souto foi ovacionado.[24]

Amparados no governo central, os abolicionistas queriam replicar a experiência noutras províncias. Clapp, sempre presidente da CA, resumiu o quanto o movimento se sentiu representado pelo governo: "O gabinete Dantas teve a grande coragem de tirar a propaganda abolicionista das praças e ruas e fazer com que ela fosse ecoar dentro do Parlamento". Cooperação para além do defensável, no entender dos escravistas. Um deles apontava os clubes, atos e artigos abolicionistas na imprensa como "animados, favoneados, dirigidos pelo Ministério". Paulino ali estava para detê-los. Barrou na Câmara moção de congratulações a Teodureto Souto pela libertação do Amazonas, pois, disse, era vedado ao Parlamento premiar "ilegalidades e violências".[25]

NÃO PRECIPITAR

O diplomata estadunidense no Brasil, Charles Trial, fez as contas: os números oficiais de 1882 davam 1 346 648 escravos no Império; somados os ingênuos da Lei do Ventre Livre, ainda sob protetorado de seus senhores, havia 1,7 milhão de pessoas sujeitas ao regime escravista, numa população de 10,1 milhões, um em cada seis brasileiros. A magnitude de interesses envolvidos esclarecia por que os proprietários de escravos se mostravam refratários a qualquer mudança legislativa relativa à escravidão. O projeto em si e a aliança entre governo e movimento arrepiaram Paulino e todos os Conservadores, dentro e fora do sistema político. Um membro do Clube da Lavoura protestou exigindo do chefe de polícia providências contra as conferências abolicionistas e a ajuda à fuga de escravos, atividades que tributava à CA: "[...] esses planos saem da rua de Uruguayana [sede da GT], como a alforria dos escravos maiores de sessenta anos, outras vezes são inspirações de um louco ilustrado [Rebouças], como o imposto territorial, geométrico". Patrocínio e Rebouças eram acusados de serem os cérebros da Reforma Dantas.

Por essas e outras, quando foi ao paiol de proprietários, Dantas voltou sem palhas abolicionistas. Das hostes de Paulino emergiu o sardônico Ferreira Viana, cuja língua nunca conheceu papas ou se curvou a rei: em uma ocasião, chamara o imperador de César caricato. Foi quem vocalizou em 1884 o escravismo de circunstância nascido nas vésperas da Lei do Ventre Livre. A libertação dos escravos, medida cristã, seria imperativo moral, disse, porém o estado das finanças a impedia, sob pena de provocar desordem como a estadunidense: "Nesta questão não se pode[m] dar saltos. A questão só tem duas soluções: a da lei e a da revolução. Ou um partido toma a responsabilidade da revolução, desfechando o golpe, ou obedecer-se-á à lei existente, melhorando-a progressivamente até à extinção do mal". Agir como propunha Dantas seria lançar o país no primeiro rumo, para duplo precipício, a guerra civil e a bancarrota. Ou, nos termos de um visitante inglês abismado: "Esses Abolicionistas, conforme tudo o que tenho ouvido, são Socialistas e Nihilistas do Brasil, e sua influência entre a população escrava é muito grande".[26]

Ameaça, futilidade, efeito perverso, os argumentos da retórica da reação de 1871 esculpiram os de 1884. Os antigos antagonistas do ventre livre se reapresentaram como seus paladinos. A escravidão se finara em 1871, disseram Paulino, Martinho Campos, Andrade Figueira, como em 1871 tinham dito que o fim do tráfico a matara. Cronos seguia seu deus de devoção. A proposta do ministério içava "a bandeira do perigo", uma "hecatombe", que suscitaria, Ferreira Viana completava, o bandeamento Conservador para o republicanismo.

O Projeto Dantas sofreu oposição dupla, dentro e fora do Parlamento. Na economia, produziu incerteza em alta voltagem. Se virasse lei, afetaria fazendeiros, bem como comissários e atravessadores, que controlavam dois terços das hipotecas lastreadas em escravos. A antecipação desse efeito reverberou no sistema de crédito, nos bancos, no mercado, num dominó de derrubada de preço de escravos e fazendas, mesmo ante a alta internacional do café. A *Corja opulenta*, peça abolicionista então encenada, resume o clima: um comerciante de escravos persuade um proprietário a vender célere sua escravaria, sob pena de perda total. Assim agiram muitos negociantes de carne e osso. O mercado acendeu o sinal vermelho: os bancos passaram a recusar hipotecas cuja garantia fossem escravos.[27] A sensação dos que tinham negócios dependentes de escravos era de que o governo os abandonava.

Patrocínio registrou o "ódio da oligarquia agrícola" à Reforma Dantas. Grupos forjados e nutridos na escravidão protestaram contra ela, por ameaçar o fundamento do sistema econômico, a hierarquia de prestígio social e poder político — enfim, as bases de seu modo de vida. Como os abolicionistas, os escravistas usaram métodos institucionais: associações e legislativos municipais peticionaram a Câmara dos Deputados. Dantas respondeu a três denúncias contra a propaganda abolicionista, que pediam garantias de tranquilidade pública. Em 1884, apareceram 24 petições contra o Projeto 48. Longe de circunscritas ao velho café do Vale do Paraíba, ou ao novo de São Paulo, muitas queixas provinham da Zona da Mata mineira, hostes de Martinho Campos, e se espalharam por seis províncias. Volumosas em assinaturas e intensas em linguajar, como a de Salvador e Recôncavo, de 8 de julho:

> Mais que um bem patrimonial, mais que um elemento da fortuna privada, o escravo é uma instituição social, é um elemento de trabalho, é uma força de produção, é a riqueza nacional enfim. [...] a lavoura e o comércio desta província não podem deixar de manifestar os seus justos temores diante da propaganda abolicionista que contra eles se levanta...[28]

Dantas, a duras penas, arquivava tais pedidos.

Os escravistas estavam na condição anterior dos abolicionistas, sem a bênção do governo, descrentes das instituições, e decidiram, como os adversários, expressar seus pleitos no espaço público. Desde 1871 havia resistência social difusa de escravocratas. Em 1884, o retorno da escravidão a objeto de deliberação suscitou ação política organizada, na forma de contramovimento social que lutou pela manutenção da escravidão nas instituições e no espaço público, um *escravismo político*. Escravismo que cresceu no espelho do inimigo, costurando apoios sociais às claras e uma teia subterrânea, que Nabuco batizou de "maçonaria da escravidão". As associações de resistência ao abolicionismo, que Ferreira Viana prometeu na Câmara, desabrocharam numa nova leva de Clubes da Lavoura. A primeira surgira no momento do ventre livre; a segunda, na ascensão dos Liberais ao governo, em 1878, com os congressos agrícolas do Rio de Janeiro e do Recife. A ascendente abolicionista de 1883 gerou a terceira e maior onda de escravismo, com novo congresso agrícola no Recife e a criação de associações em quase todos os municípios da Zona da Mata de Pernambuco. Em 1884, os Clubes da Lavoura se avolumaram: 49 nasceram naquele ano, encorpados e raivosos.

Como a CA, o Clube da Lavoura da Corte replicou-se em escala provincial e municipal ou acolheu os análogos avulsos. O de Vassouras deu o modelo para núcleos antiabolicionistas país afora. Os paulistas fizeram os seus de olho no futuro, meio imigrantistas. O Vale do Paraíba, a área de Paulino, mais a Zona da Mata mineira, onde o tempo dominante era o pretérito, sediaram 39 dos 49 clubes. Eram fazendeiros, comissários de café, atravessadores e financiadores de negócios escravistas empenhados em congelar o relógio com paliativos, a aplicação do Fundo de Emancipação, ou em controlar prazos para o fim indenizado da escravidão — alguns falaram em sete anos.[29]

A Associação Comercial da Praça do Rio de Janeiro lançou manifesto e o presidente do Clube da Lavoura de Santo Antão, membro do Congresso Agrícola do Recife, falou por todos: "A abolição imediatamente é um perigo terrível: eu sou contrário a ela, no interesse do país, de senhor e do escravocrata, para o qual seria um presente funesto". Era uma gente sem pudicícia de ser escravista em jornais, como *O Brasil*, dos Conservadores fluminenses, que atacava a CA e o governo. Como os abolicionistas, os clubes escravistas se confederaram em um Congresso da Lavoura, nacional, em julho de 1884, quando Dantas apresentava seu projeto ao Parlamento. Pediram servidão chinesa no lugar da escravidão africana. E se o abolicionismo era transnacional, o outro lado idem: o articulador do Congresso era um comissário de café português. Resposta pública com tentáculos clandestinos, as milícias civis. Nabuco delatou elos entre escravismo parlamentar e clandestino, "sistema de terror e perseguição que os Clubes da Lavoura estão tratando de organizar no país com aprovação expressa, no Senado, de um ex-presidente do Conselho, o sr. Martinho Campos", que sarara e seguia unha e carne com Paulino.[30]

Os escravistas, a exemplo dos abolicionistas, se valeram do repertório de experiências estrangeiras, em especial das estratégias de sulistas estadunidenses. Cristiano Otoni, que seguia apoiando os abolicionistas, denunciou ao Senado a expulsão por bandos armados de advogados que impetravam ações de liberdade e até de juízes que lhes davam ganho de causa; ele reportou ainda a invasão das prisões para retirar escravos criminosos que seriam esquartejados em praça pública. Era, concluía, a aplicação da Lei de Lynch (a lei que deu origem à palavra linchamento) estadunidense no Brasil.

Se até então os ataques eram mais no gênero da bengalada em Patrocínio do que no do linchamento de Apulco de Castro, em 1884 eles tornaram-se violentos. Petardos verbais: difamação, calúnia (como a de Nabuco possuir escravos) e repressão policial, por exemplo, em Sergipe, onde o presidente da Sociedade Libertadora Aracajuana foi preso por dar fuga a escravos. Andrade Figueira exigiu junto à Câmara a demissão de funcionários públicos abolicionistas e providências contra Rebouças, o "agitador da

Politécnica". Nesse segundo pedido teve sucesso, como o próprio alvo registrou: "O ministro do Império, sob pressão do Senado, proíbe que funcione na Escola Politécnica o Centro Abolicionista e que eu daí date os meus artigos de propaganda". Em nível local, grassavam os capangas. A *Gazeta da Tarde* da Bahia denunciou dois pagos para assassinar Patrocínio e outros abolicionistas. Nabuco protestou: "Em que país seria permitida a formação de associações com o fim de criar um sistema completo de intolerância e perseguição contra uma parte da população [...], sendo uma ameaça se não já o começo de uma guerra civil [...]?". Se o revólver escravista se engatilhava, o punhal abolicionista saía da bainha: "[...] a taça dos crimes da escravidão está tão cheia, que basta uma gota de sangue abolicionista para fazê-la transbordar".[31]

NÃO RETROCEDER

No dia 15 de julho, o ministro Rodolfo Dantas leu o projeto do pai na Câmara. Nem bem acabou e o mundo veio abaixo. O gabinete enfrentava os 47 deputados da minoria Conservadora sólida e uma dissidência que roubava nove dos 75 membros da bancada Liberal. Juntos, Conservadores e Liberais dissidentes perfaziam quase metade da Câmara e negaram tudo a Dantas — o próprio reclamou —, mesmo as medidas administrativas mais corriqueiras. Recusaram-se sobretudo a votar o orçamento. Para obstar a tramitação do projeto de emancipação, o presidente da Câmara, o paulista Antônio Moreira Barros, que Patrocínio alcunhou de membro da Santa Aliança Negra, gerou crise institucional. Criou problema para o gabinete de seu partido, demitindo-se. O governo teve de se equilibrar já aí, ante a Câmara tripartite — Liberais governistas, Liberais dissidentes e minoria Conservadora. Dantas logrou abiscoitar metade do plenário porque o realismo político que levara uns tantos deputados a votar pelo ventre livre em 1871 conduziu outros tantos a sustentar o gabinete. Deputados de dezessete províncias, para quem a libertação do Ceará soara um alarme — o temor de ver como fato consumado o que nunca se sancionava na lei —, referendaram o governo contra o presidente da Câmara. Suficiente para o primeiro round. Dantas sobreviveu, num apertado 55 a 52, com votos decisivos de duas ovelhas laçadas no rebanho de Paulino.[32]

Salvo de uma tormenta, Dantas marcou para 1º de agosto a outra: o início da discussão de sua reforma. A oposição não esperou. Pulou na jugular do ministro ainda em 28 de julho, com duas moções. Uma, sem referência explícita ao projeto, Dantas escamoteou. A segunda, de autoria de um dissidente Liberal, reprovava o projeto do governo sobre o elemento servil e exigia a saída do gabinete. À moção somou-se corpo a corpo pouco educado, expresso em protestos, exaltação de ânimos, gritaria, uma guerra de posições.

A defesa do governo, quem a faria? Com seu peso de herdeiro de estadista, porte, charme e verve, teria sido uma hora magnífica para Nabuco. Mas ele estava sem mandato. Foi a hora e a vez de Rui Barbosa.

Barbosa era o antípoda de Nabuco em físico e temperamento: franzino, monocórdico, capaz de ficar por horas quase imóvel enquanto discursava. Compensava essa falta de charme com precisão jurídica e destemor. Nos embates e desastres dessa sessão legislativa, Barbosa saiu da sombra dos Dantas para a luz própria. Em falas longas, detalhistas, nem por isso menos incisivas, lancinou o escravismo e sua tática de guerrilha contra o projeto. Desafiou os Conservadores a repetir o escravismo de circunstância dos tempos da obstrução ao ventre livre. Andrade Figueira aceitou a provocação, atestando que a posição de seu partido permanecia a mesma. Barbosa treplicou, acusando o subterfúgio do chefe da dissidência Conservadora de 1871. Paulino de Sousa pouco falava porque, ao contrário de 1871, quando purgara uma crise intrapartidária, agora podia explorar a cizânia no partido oposto para ver Liberais dissidentes espumar o escravismo e acusar os abolicionistas de revolucionários — Moreira Barros fez o serviço ao declarar que os apoiadores de Dantas sacudiam "a bandeira vermelha da Comuna".[33]

Rui Barbosa amava os monólogos, mas nesse dia o atalharam trinta vezes. Apartes de ajuda da base governista, réplicas e altercações da oposição, apoiados, não apoiados. Atacou o fanatismo dos que se aferravam a uma instituição "amaldiçoada em todas as consciências, a que ninguém, neste país, dá mais vinte anos de duração". Entre urras da galeria, onde estavam os abolicionistas, pagou para ver: "O movimento parlamentar da emancipação não retrocede uma linha (*Apoiados; muito bem!*). Não há maioria com forças para o deter (*Apoiados; muito bem!*)".

Havia. Por sobre as brasas governistas caminhou o imperturbável Paulino. Maquiavel fanhoso, Patrocínio o definiu, e exímio articulador, Nabuco admitiu, pois fora capaz de unir o Partido Conservador "e tornou-o dessa forma uma força política".[34] Tudo silenciosamente e sem amassar a manga da casaca.

Interesses escravistas e paixões abolicionistas se mediram no voto à nova moção de desconfiança, de autoria do mesmo deputado da primeira. A Câmara quebrou ao meio. Dividiram-se até as províncias cafeeiras: São Paulo deu três votos ao gabinete e três contra ele. A oposição coligada, como Dantas a chamou, deu a palavra final, com 59 votos — 42 Conservadores e dezessete dissidentes Liberais — contra 52 Dantistas.[35] Paulino pagou o blefe de Barbosa e Dantas beijou a lona.

Enquanto a Câmara se engalfinhava, o Senado, sob a presidência do barão de Cotegipe, afiava facas. Denúncias por parte dos Liberais Silveira da Mota e Cristiano Otoni de atividades ilícitas e violentas dos Clubes da Lavoura suscitaram uma declaração de Saraiva, o mais respeitado chefe Liberal, em favor de alguma medida de limite da escravidão. A maioria dos senadores, contudo, andava no passo de João Alfredo Correia de Oliveira, que, tendo trabalhado pelo ventre livre, julgava-o suficiente e achava poético acabar a escravidão no centenário da pátria, em 1922.

O Conselho de Estado, formado pela elite do Senado, andou nessa linha. Nocauteado na Câmara, Dantas demandara ao imperador sua dissolução, prevista na Constituição para casos de salvação nacional. D. Pedro seguiu a praxe e convocou o Conselho de Estado para opinar se era ou não o caso, às oito da noite de 29 de julho. Dantas, homem de sorrisos, chegou circunspecto, escoltado por seus ministros. Resumiu as duas opiniões empatadas no Parlamento e lamentou o gesto da maioria dos deputados, que "recusa-se a encarar o problema. Acresce à natureza desta questão, que uma vez trazida às deliberações parlamentares, não é mais possível retirar-se antes de uma solução, que tranquilize os ânimos, e exprima o pensamento nacional, manifestado em uma eleição plenamente livre".[36] Grave como entrou, saiu.

Os conselheiros, então, leram seus votos. Por si, Dantas teve três, um de Liberal simpático ao abolicionismo e de dois ex-chefes de gabinete; um deles, Paranaguá, votou com o gabinete, admirado da coragem que lhe faltara em 1882 e para restaurar a tranquilidade pública, que via abalada pelo movimento abolicionista, uma vez que, além de Amazonas e Ceará, a campanha avançava, com o Rio Grande do Sul perto do mesmo feito e "nas demais províncias o movimento emancipador acentua-se e acelera-se cada vez mais; na Corte a opinião quase unânime é a seu favor; a imprensa toda, com raríssima exceção, o apoia e fomenta; numerosas associações dele fazem o seu objeto". Já Lafaiete veio no seu "pode ser que sim, pode ser que não". Ceder a dissolução da Câmara significava apoiar um governo "que abandona os interesses das classes que afinal são o seu verdadeiro apoio", para dar razão aos abolicionistas e propor uma reforma que, a seu juízo, era antes de abolição que de emancipação gradual. Mas, sem vislumbrar outra saída à crise, votou por Dantas.

Outros sete conselheiros compuseram o time de Paulino, contrários a Dantas. Teixeira Jr., dos que tinham empurrado o ventre livre em 1871, agora via nessa lei o bastante. Ir além atacaria direitos preexistentes, provocaria conflitos. Os que seguiam esse raciocínio destilaram o escravismo de circunstância e a retórica da ameaça: a permanência do gabinete seria "desnecessária, inconveniente e perigosa". Dissidentes Liberais secundaram os Conservadores, caso de Sinimbu: "Só um povo rude, ignorante sem noção e hábitos da liberdade poderia tolerar que o seu governo lhe impusesse uma solução desta natureza". Governo mancomunado com o movimento, que "alentou as perigosas exigências do abolicionismo impaciente e radical", o que levaria à fúria dos estratos produtores.

Paulino coroou essa oposição ebulitiva com seu sangue-frio. Trouxe seu livro sagrado, a Constituição, que proibia, disse, o açodamento de Dantas. Conceder a dissolução chancelaria urgência para uma reforma sustentada apenas pela "grita leviana dos propagandistas irrefletidos da abolição do elemento servil", enquanto a Câmara legítima, sem distinção de partidos, a condenava. Nessa "questão incandescente", Paulino, em nome da lavoura e do comércio, chamou o Conselho de Estado à responsabilidade. Sem elogios à escravidão, antes enumerando os malefícios de extingui-la, dobrando princípios morais à conjuntura econômica, Paulino era o escravismo de circunstância feito homem. Contra o Projeto 48, disse, estavam as maiorias de Câmara, Senado, Conselho de Estado e suas bases sociais, como se via nas petições ao Parlamento da Lavoura e do Comércio, de proprietários e comerciantes. Carecendo desse apoio moral, Dantas seria incapaz de governar, era seu dever se demitir: "Ou entenderá o Ministério que a propaganda abolicionista representa na nossa sociedade interesses assaz definidos de estáveis para nela ter assento e hoje um governo regular?". Se Dantas não tivesse a honradez de o pedir, cabia ao Poder Moderador dar-lhe a demissão, por desmerecer a confiança do Parlamento e da nação.

Resultado: três a favor e nove contrários a Dantas e sua reforma no Conselho de Estado — contando-se um avesso à abolição, que faltou, valendo-se de seu título de visconde de Bom Retiro. Os conselheiros reproduziam a divisão da Câmara: uma facção Liberal por Dantas versus aliança de Conservadores e Liberais dissidentes contra ele.

O empate nas instituições e na sociedade abriu campo para a arbitragem do Poder Moderador. D. Pedro preferia planar sobre os partidos a tomar claramente o seu. A conjuntura o coagiu a deliberar. Se referendasse o Ministério, arriscava birras escravistas dentro e fora do sistema político. Se demitisse Dantas, a desobediência civil abolicionista, no gênero de Ceará e Amazonas, se alastraria. A sessão acabou noite alta. Paulino, o último a falar, não teve a última palavra. D. Pedro, contra seu costume de delongar, deliberou ligeiro. No café da manhã, Dantas saboreou a vitória.

COMUNISTAS

No 30 de julho, Dantas marchou para a Câmara, certo de portar o desenlace da crise. Todos os deputados presentes, galerias abarrotadas, o governo declarou a Câmara dissolvida e convocou eleições. Flores, vivas, aplausos. A comoção dos abolicionistas galgou o êxtase. A novela, entretanto, estava longe do epílogo. D. Pedro dera dissolução condicional. Dantas teria antes de passar o orçamento, tecla na qual todos os conselheiros de Estado tinham batido.

Como lobos não amanhecem cordeiros, em vez de conceder o orçamento, no dia de dissolvida a Câmara funcionou normalmente. Paulino falou contra a "ditadura" que violentara a oposição e rasgara a Constituição. O deputado Conservador Ferreira Viana se estarreceu com as "turbamultas" abolicionistas, chamou d. Pedro de conspirador e conclamou o Partido Conservador a negar a lei de meios. A Câmara procrastinou a votação do orçamento, alongando sua vida e agoniando a do governo, ações que reverberavam no Senado.

Quanto aos abolicionistas, corre-corre para avivar o suporte da opinião pública na Corte. Da externa cuidou José Carlos Rodrigues, o amigo de Rebouças e membro da SBCE, a pedido de quem o *Times* noticiou avanços do movimento antiescravista no Brasil e da Reforma Dantas, que descreveu como de abolição final da escravidão.[37]

Encarregado de produzir às carreiras o relatório de apreciação do Projeto 48, em nome das Comissões Reunidas de Orçamento e Justiça Civil, Rui Barbosa fez seu *tour de force*. Em dezenove dias escreveu cinquenta páginas, com apropriações do repertório mundial, elencando precedentes pós-abolicionistas de paz e prosperidade pelo mundo, estatísticas de economistas e demógrafos, argumentos de sociólogos, antropólogos, filósofos, juristas e homens de Estado da França, Inglaterra, Estados Unidos. Historiou a questão no país desde o fim do tráfico, com copiosas citações de pareceres, projetos e discursos no Conselho de Estado e no Parlamento. Parte de tudo isso se valia do material enviado por Patrocínio. Fundamentou o projeto nas retóricas abolicionistas de compaixão, direito, progresso e teve a paciência de cotejar os argumentos contra Dantas com os imprecados a Rio Branco: eram idênticos. A ironia estava em ver os críticos de Rio Branco em 1871 transmutados em louvadores da Lei do Ventre Livre, agora pintada como solução definitiva. Esse emancipacionismo foi a máscara do escravismo de circunstância em 1884. Até os enunciadores de 1871 se repetiam: morrera José de Alencar, mas Paulino, Andrade Figueira e Martinho Campos seguiam a proferir seus horóscopos da ruína.[38]

Rui Barbosa defendeu o Projeto 48 da pecha de comunista, oriunda de preconceito geral contra Proudhon, Marx, Saint-Simon e particular contra a democracia rural de Rebouças e o livro de Nabuco sobre Henry George. Em vez de apagar, Barbosa atiçou a fogueira, ao comparar o Projeto Dantas à reforma de 1881 do primeiro-ministro inglês William Gladstone para a Irlanda. Ambas limitavam o poderio de potentados rurais: a inglesa, ao fixar o preço da terra; a de Dantas, ao estabelecer salário mínimo para o liberto e procurar evitar a tutela do ex-senhor disfarçada — tal qual nas colônias inglesa, francesa e espanhola — de aprendizagem. O projeto, segundo Barbosa, vedava ao liberto por cinco anos o direito de trabalhar gratuitamente, ou por "salário ilusório", "em proveito de patrões que lhe explorem a inexperiência, a credulidade ou a fraqueza". E prosseguiu:

> A liberdade (objetar-nos-ão) e o direito de propriedade conjuntamente opõem-se a toda fixação oficial de preços no aluguel do trabalho. [...] De perfeito acordo, responderíamos nós; exceto quando se trate de classes inteiras, espoliadas, condenadas, por uma usurpação imemorial à incapacidade da miséria ou da escravidão civil.[39]

Avançando desse modo contra as camadas sociais beneficiárias da escravidão, o Projeto 48 jamais teria assentimento de todos os proprietários, de todos os Liberais, menos ainda do batalhão de Paulino. Rui Barbosa o reconheceu em seu parecer, assinado por 27 deputados dantistas, que sofreu severas críticas nas Comissões Reunidas de Orçamento e Justiça Civil, por onde tinha de passar. Dois deputados fizeram restrições e um dissidente Liberal votou contra, em ardente invocação a Cronos: "O tempo que falta, sem necessidade de lei alguma, para acabar naturalmente a escravatura [...], é insignificante para uma instituição de tantos séculos". Só por sentimentalismo se libertariam velhos, precisados antes de "amparo, proteção e tutela, do que de liberdade". "Iniquidade revoltante", a qual se acrescia a "espoliação dos proprietários de escravos", conforme o "princípio comunista [não indenização] que depois seria aplicado à emancipação dos escravos de qualquer idade". O Projeto Dantas era visto como "emancipação em massa, feita de tropel, que, segundo os registros públicos, cairia em mais da metade dos escravos". Despotismo do governo somado ao "furor abolicionista" redundaria em revolução, em "suicídio da nação".[40] Comunismo foi o mantra contra a Reforma Dantas, tida e havida por abolição em grande escala, sem indenização e com a redistribuição de terras. Bem mais perto da democracia rural de Rebouças que da prudência escravista de Paulino.

À oposição inclemente ao projeto somavam-se tanto o fato atípico de a Câmara dissolvida continuar funcionando como o de o governo carecer de orçamento aprovado para governar. Paulino, não achando outro remédio ao que via como o maior de todos os males, a baderna, mandou seus amigos votarem o orçamento. Transigiu para evitar a desordem institucional. Só então, mais de mês após a dissolução formal, dissolveu-se de fato o Parlamento, com convocatória de eleições para dezembro e posse em 1º de março.

Dantas ganhou pouco respiro, pois, fechada a Câmara, a luta se deslocou para nova arena, como ameaçara Ferreira Viana, que vaticinara para o chefe de gabinete o levante de uma resistência que o arrastaria para a "arena tempestuosa das violências". Pouca valia teriam nessa quadra os abraços de Dantas.

Otoni recomendou-lhe pedir reforço no andar de cima: "Deus te ajude".⁴¹

DE NORTE A SUL

Enquanto o gabinete vivia seu transe nas instituições, o movimento orquestrou uma avalanche de eventos pelo país. Um dissidente Liberal indignado a descreveu como uma mobilização que tomava prédios públicos e faculdades, como a Politécnica, onde Rebouças seguia professor, e, para pasmo do observador, até a Escola Militar. Abismavam-no os numerosos eventos de propaganda, sobretudo as "passeatas incendiárias", sob ordens da Confederação Abolicionista, uma "associação comunista".⁴²

A CA estava mesmo a todo vapor e, quando a campanha eleitoral tomou as ruas, a aliança entre governo e movimento se escancarou. A base parlamentar governista tomava parte nas conferências-concerto e a CA publicava discursos de parlamentares pró-gabinete, caso de Antônio Pinto, que, em 29 de junho, no Polytheama, repetiu Patrocínio: "A escravidão é um roubo". A "liberdade não se compra e nem se vende"; passara o tempo de comprar liberdades, disse; era hora de exigi-las. Por isso, o gabinete Dantas e os abolicionistas do Parlamento se lastreavam nas ruas. Quando se aparteou que o governo descia ao povo, Pinto corrigiu: "Não, o governo não desce até o povo, ele sobe, porque o povo é a verdadeira soberania". Honrou ainda as acusações de comunista: "Sim, senhores, somos os petroleiros das grandes ideias, somos os socialistas do amor". E concluiu: "Será possível, senhores, que a árvore da liberdade, como dizia um eloquente senador da Revolução Francesa, só dê bons frutos quando é regada com sangue?".⁴³

No evento da CA da semana anterior, a penúltima de junho,

o orador fora Nabuco. Altivo e airoso, calou o público com a simples presença. Falou na cadência da crise, resumindo *O abolicionismo*: a escravidão seria sistema estruturante, pois "possui o monopólio da terra, impede as indústrias e torna o comércio dependente da sua proteção", "indústria única, é o monopólio de uma classe também única", da qual dependeriam todas as demais profissões. Resultado visível na estratificação social do país: "uma insignificante classe produtora opulenta, com uma pequena clientela mercenária e uma nação de proletários". Sobre esse estado de coisas, reinava d. Pedro, "o principal baluarte da escravidão neste país". E seguia: "[...] a escravidão devia ser profundamente reconhecida ao soberano, que se presta a servi-la como seu principal feudatário, que nomeia magistrados para lavrarem as sentenças que ela requer; que lhe garante o auxílio da força armada no caso de precisar ela desse recurso supremo". Por isso, distinguiu: a aliança do movimento era com o gabinete Dantas, não com o imperador, "não temos semelhante general: se o tivéssemos, não se estaria, depois de 43 anos de reinado, tratando de emancipar os escravos de sessenta anos!".

Nabuco mapeou três fases do conflito: a mobilização abolicionista, culminando na libertação do Ceará; a reação escravista, avolumada com os Clubes da Lavoura; e o Projeto Dantas, uma transação, a reforma possível. Aclamado pelo público, Nabuco saudou o andaime em que se escoravam ele, a atividade das ruas e nas antessalas, "o abolicionista cujo nome expressa a dedicação absoluta à nossa causa comum; cujo desinteresse não tem a noção de sacrifício, cujo coração tornou-se o de uma raça inteira": André Rebouças. Rebouças, o industrioso, Patrocínio, o provocador, Nabuco, o carismático. Complementares e infatigáveis naquele miolo de 1884, coordenados entre si, com ativistas das províncias e com parlamentares e governo. Nunca o abolicionismo se exibiu tão uno, dentro e fora das instituições, sem se dissipar em facções, falando no singular. Um só movimento: "Somos uma ideia, uma causa, uma época. [...] Somos os que nada têm que perder", resumiu Nabuco. "Para vencer-nos nesse combate seria preciso que o esclavagismo pudesse repetir o milagre de Josué e fazer parar o sol! (*Aplausos*)".⁴⁴

O sol abolicionista nunca parou. A CA fez banquete no Hotel do Globo, em 19 de agosto, aniversário de Nabuco, mas o celebrado era o presidente libertador do Amazonas, Teodureto Souto. Evento de ecumenismo abolicionista, com ativistas de espaço público e instituições. Convidados, jornalistas de quatro periódicos, inclusive o *Jornal do Commercio*, noticiaram a aliança entre instituições e movimento, inscrita no menu: *Bisque à l'Amazone*; *Consommé à la Confederation Abolitioniste*; *Cimier de dain à la Ceará*, *Filet de boeuf à la conselheiro Dantas*; *Gibier piqué à la Theodureto Souto*. Esnobismo aristocrático compensado com herói plebeu no prato principal: *Jambon d'York à la Luiz Gama*.

Escravistas diziam que no Amazonas nada se abolira, dado o pequeno contingente de escravos; contudo, o sentido principal do ato, frisou Silveira da Mota, presidente do banquete, residia no simbolismo político de uma segunda província no Império se declarar livre. Condimento que a CA, em aliança com o governo, contava aplicar a seis outras — Rio Grande do Sul, Goiás, Paraná, Santa Catarina, Pernambuco e Rio Grande do Norte —, declarados os novos focos. Nacionalizava-se a campanha de libertação de territórios, com a prioridade no nome da sobremesa: *Pudding à la Rio-Grandense*.⁴⁵

A bancada gaúcha votara em peso com Dantas e, em abril de 1884, o Centro Abolicionista em Porto Alegre começara ofensiva, com eventos favoráveis ao gabinete. Em agosto, leu-se na Câmara o manifesto da Sociedade Abolicionista Sul-Rio-Grandense, criada nos moldes da CA, com naturais da província residentes na Corte. Outras associações brotaram em sequência. Em 6 de agosto, principiou a libertação de quarteirões em Porto Alegre, capitaneada pelo grupo de Júlio de Castilhos e Assis Brasil, deputado provincial, no estilo da CA: Livro de Ouro, com nomes de libertadores, cidade dividida em três áreas, com comitês de persuasão a proprietários. A campanha de libertação de territórios se interiorizou na província.[46]

No Rio Grande do Sul havia movimento estruturado e elemento decisivo no desfecho de Amazonas e Ceará: um presidente de província certificador. Tratava-se de José Júlio de Albuquerque Barros, indicado por Dantas, que agia em consonância com os abolicionistas locais, dos quais recebia relatórios sobre o andamento das libertações. No simbólico 7 de setembro, uma sessão solene da Câmara Municipal celebrou Independência e abolição: Barros declarou extinta a escravidão em Porto Alegre. Revelou seu modelo: "O Ceará fez 20 mil cidadãos livres; o Amazonas, 1600; vós [os gaúchos] fareis 60 mil". Seguiram-se comemorações ao estilo da CA: flores, bandeiras, discursos, quermesse na praça Pedro II, prédios iluminados, bandas e quiosques — o José do Patrocínio vendia flores, o Luís Gama, champanhe. Houve parada de carruagens com senhoras, música e grande desfile, ajuntando abolicionistas — Liberais, Republicanos e até alguns Conservadores.

Em setembro, outras cidades repetiram feito e festa, com adesão de Câmaras municipais e prefeitos. Em 17 de outubro, o presidente da província, que tudo acompanhava pelo telégrafo, declarou Pelotas livre. E vieram outros: 35 municípios foram libertados no Rio Grande ao longo do ano.[47]

A campanha avançou também ao norte. O abolicionismo do Recife, tal qual o gaúcho, reuniu Liberais e Republicanos, professores e alunos da Faculdade de Direito, vários agrupados no *Jornal do Recife*. Cresciam as conferências-concerto e os espetáculos teatrais com manumissões. Os positivistas abolicionistas Aníbal Falcão e Martins formavam a linha de frente da Comissão Central

Emancipadora, que aplicou a estratégia de libertação de territórios e foi pela cidade de porta em porta. O mesmo se viu em Goiás, Pará, Santa Catarina, Paraná, Mato Grosso.[48] Com menos intensidade, a libertação de territórios andava também em São Paulo, Espírito Santo, Bahia, Piauí e Rio Grande do Norte. Somando tudo, em 1884, a campanha libertou 73 cidades e funcionava nas vinte províncias do Império. Duas delas emblemáticas, por serem capitais provinciais: Fortaleza, Manaus e Porto Alegre.

Nem todas as províncias tiveram campanha retumbante. Conservadores protestavam contra o abolicionismo a céu aberto, vendo nas passeatas pelas capitais e maiores cidades das províncias a presença de "bandos de populaça", a pedir alforrias, doações para comprá-las ou a ameaçar obtê-las à força.[49] Essa oposição era um obstáculo e tanto ao seguimento da campanha. O movimento patinou onde achou contraponto escravista. Mesmo que fossem poucos os escravos, que faltasse aquela simpatia das autoridades locais que fez a diferença no Ceará e no Amazonas e fazia no Rio Grande do Sul, o abolicionismo sofria o bloqueio imediato e efetivo do escravismo. Em São Paulo e Minas Gerais, não foi a força econômica da escravidão que obstou a expansão abolicionista, e sim a conversão do grupo social dela dependente em escravismo politicamente organizado, que ganhou forma de Clubes da Lavoura, sob vista grossa de autoridades judiciárias e policiais locais. Crescia o contramovimento.

Caso de Campos, no interior da província do Rio de Janeiro, onde Lacerda, o amigo de Patrocínio, criara o periódico *Vinte e Cinco de Março*, título remissivo à data de libertação do Ceará, e o Clube Abolicionista, com o fito de libertar territórios. Porém, avançar com essas armas no coração do escravismo emperrado, a pátria de Paulino, era quase impossível, pois a força do adversário era gigante.[50]

Paulino, com aquela circunspecção toda sua, economizava

saliva — embora, para seu desgosto, Andrade Figueira não fechasse a matraca. Deu revide empírico ao reformismo de Dantas e ao abolicionismo das ruas na eleição para o Senado, quinze dias depois de dissolvida a Câmara. Os abolicionistas tornaram a lançar chapa, com treze nomes: na linha de frente, Rebouças, Clapp e Nicolau Moreira. Sabiam, no entanto, das chances exíguas. Duas décadas e meia de deputação, comando dos Conservadores nas instituições e enraizamento na sociedade, cultivado com a paciência das cartas periódicas aos eleitores, convergiram para uma vitória acachapante de Paulino, em agosto, bem votado até no Município Neutro. Assombrosa, Nabuco achou, a disciplina dos Conservadores cariocas, que "votaram na última eleição senatorial como um só homem, a mando do sr. Paulino".[51]

Essa eleição, nas vésperas do segundo round do Projeto 48, tinha óbvio simbolismo. A senatorial era indireta: ainda que houvesse votação, d. Pedro é que escolhia um nome ao final. Podia indicar o menos votado — assim punira José de Alencar —, o que sinalizaria apoio a Dantas. Em 1884, contudo, preferiu o lugar de Minerva: como havia pouco concedera a dissolução ao gabinete abolicionista, optou por elevar ao Senado o escravismo do marechal do passado.

A COALIZÃO ELEITORAL ENTRE GOVERNO E MOVIMENTO

Em sua coluna de imprensa, Machado de Assis anunciou as eleições de 1884 como uma disputa sobre a questão do momento, o Projeto Dantas, e deu conselhos a um candidato pró-gabinete, amigo seu e de Rebouças: "Nesse momento solene [...], tu precisas de suspensórios eleitorais que te levantem e segurem as calças legislativas". Os abolicionistas todos precisavam de suspensórios, candidatos em esdrúxula situação de ser governo sem contar integralmente com o partido no poder. Os três distritos da Corte eram estratégicos. Ali a CA tinha sua base e os Liberais pró-governo, maior força que nos rincões cafeeiros. A composição entre facções do movimento originou uma trinca de candidatos: Patrocínio, pela CA, Bocaiuva, pelos Republicanos, Nabuco, pelos Liberais dantistas.[52]

A Libertadora Cearense propagandeou uma Chapa Libertadora, com um candidato para cada um dos oito distritos do Ceará. No Rio Grande do Sul, saiu chapa à Assembleia Geral e Júlio de Castilhos à Provincial. O grupo gaúcho tinha laços com os paulistas e, em 1884, ficaram em consonância. Castilhos assinou vários artigos encrespados contra o escravismo e a favor da abolição sem indenização. Em São Paulo, distrito agrícola, construir candidaturas pró-Dantas seria emblemático e nada fácil. Ali o republicanismo era forte e gerava hierarquia de prioridades: "Nosso objetivo é fundar a República, fato político, não libertar escravos, fato social". Muitos pensavam que a monarquia, que plantara o abacaxi da escravidão, é que deveria descascá-lo, mas Bernardino de Campos, do grupo de Luís Gama, arrancou do partido, em 1884, um compromisso. Prudente de Morais, um dos candidatos à deputação, garantiu que os Republicanos paulistas, em suas circulares e conferências, apoiariam Dantas, "com cujas ideias estávamos de acordo".[53]

Porém, a maioria dos abolicionistas estava à margem da política partidária, por razões estamentais (fora das famílias gradas do Império), econômicas (a renda mínima para eleitor), ou geracional (a idade mínima para candidatura era 25 anos). Daí a importância das candidaturas de Nabuco, Rui Barbosa e Rodolfo Dantas, partes do pequeno contingente de membros da elite política no movimento e com chances reais de eleição. Dantas armou pessoalmente a chapa da Bahia, telegrafando a chefes locais para apoiar Rodolfo e

Rui Barbosa. Nabuco queria correr em várias praças. Na divisão de territórios do movimento, contudo, ficou com o 1º distrito do Recife, ao lado de José Mariano, candidato pelo 2º, ambos amigos de Sancho Pimentel, presidente de Pernambuco que garantiu as candidaturas contra a dissidência Liberal da província. Ao zarpar, Nabuco recebeu bênçãos do movimento, em *meeting* de embarque, e do chefe de gabinete.[54]

Sua candidatura foi emblema da coligação entre movimento e governo, com funcionamento em várias províncias, com 51 candidatos autodeclarados abolicionistas à Assembleia Geral, que se lançaram por catorze províncias (Amazonas, Bahia, Ceará, Goiás, Maranhão, Minas Gerais, Pará, Pernambuco, Rio de Janeiro, Rio Grande do Norte, Rio Grande do Sul, Santa Catarina, São Paulo e Sergipe), inclusive os presidentes libertadores Sátiro Dias e Teodureto Souto, e em maioria pelo Partido Liberal. Os positivistas abolicionistas da Corte, arredios usuais à política parlamentar, lançaram manifesto pedindo indenização aos ex-escravos, sob a forma de direitos sociais e "que todos os cidadãos empreguem a sua influência direta ou indireta para concentrar os votos do eleitorado em candidatos abolicionistas que merecem a confiança do governo". Campanha nacional, com candidatos de uma praça indo a eventos noutra; Nabuco, por exemplo, foi à conferência-concerto em São Paulo. A linha editorial de vários jornais reformistas endossou as candidaturas.[55]

Interiorização e internacionalização. O *Times* noticiava o andamento do Projeto Dantas. No jubileu do fim da escravidão nas colônias inglesas, em agosto, a Anti-Slavery britânica, a pedido de Nabuco, obteve declaração do ministro britânico dos Negócios Exteriores, e o príncipe de Gales, patrono da BFASS, afirmou: "Atualmente o Brasil possui cerca de 1,5 milhão de escravos em suas vastas fazendas[,] muitos dos quais levam uma vida pior do que a de animais de carga". Congratulou os abolicionistas por libertarem o Ceará e o Amazonas e integrou o Brasil na geopolítica escravista, ao compará-lo com o Marrocos.[56]

A reforma eleitoral de 1881, de que Rui Barbosa fora relator, proibira o voto do analfabeto e aumentara as exigências para a inscrição de eleitores, circunscrevendo o eleitorado a cerca de 100 mil pessoas. Os abolicionistas se agarraram à ideia de que a parte urbana desse eleitorado, simpática à campanha e menos suscetível à ação dos potentados rurais, despejaria votos nos candidatos de Dantas. Foram às ruas conquistá-la. A crescente recusa de teatros para conferências obrigou-os a improvisar discursos em praças, mercados, portos, sacada de jornais, janelas de casas. As conferências-concerto viraram comícios encompridados em passeatas pró-gabinete, sempre cheias. Em 1884, os abolicionistas literalmente tomaram as ruas, com campanha ativa em quinze capitais provinciais — Belém, Cuiabá, Desterro, Fortaleza, Maceió, Manaus, Porto Alegre, Recife, Rio de Janeiro, Salvador, São Luís, São Paulo, Vitória, Ouro Preto (então capital de Minas) e Paraíba —, orquestrando 587 eventos de propaganda.[57]

Os *meetings*, aglomeração política em local público e aberto, surgidos na Inglaterra do século XVIII com as campanhas eleitorais, ganharam ápice na conturbada propaganda de Nabuco e José Mariano, no Recife. Abolicionistas de todos os matizes pediram votos para a dupla. A Comissão Central Emancipadora do Recife fez conferências nos teatros Santa Isabel e Santo Antônio e a associação feminina Sociedade Aves Libertas dedicou uma só a mulheres. Nabuco falou, nesses e em muitos outros eventos, a senhoras, professores, estudantes, jornalistas, funcionários públicos, comerciantes, amanuenses, tipógrafos, artistas e operários, público similar ao das conferências-concerto da Corte. Se Patrocínio e Rebouças alargaram a mobilização social do espaço fechado do teatro para o espaço aberto das ruas, Nabuco fez o mesmo com a política parlamentar. Pediu votos no Recife como a CA pedia manumissões:

de casa em casa. Fez 23 discursos, em passeatas e comícios, com público médio de 4 mil pessoas e aclamações efusivas.[58]

Tão singular que era, na praça pública Nabuco assemelhou-se a Patrocínio. Falando a gente simples, simplificou argumentos. Incitava a multidão com apelos emotivos, a retórica da compaixão nos lábios. Evocava a do progresso, o trinômio escravidão-latifúndio-monocultura seria a raiz do atraso, e propalava a "lei agrária que, por meio do imposto territorial ou da desapropriação, faça voltar para o domínio público toda a imensa extensão de terras que o monopólio escravista não cultiva nem deixa cultivar". Era a pátria de pequenos proprietários de Rebouças: "[...] não separarei mais as duas questões, a da emancipação dos escravos e da democratização do solo". Queria uma "reforma, tão extensa, tão larga e tão profunda, que se possa chamar de Revolução".[59]

Muitos abolicionistas queriam repartir terra em 1884. Nem todos. Positivistas como Aníbal Falcão, cabo eleitoral de Nabuco naquele ano, julgavam que na sociedade moderna, industrial, urbana, mais valiam salário e direitos sociais para o ex-escravo que terra no campo. Fosse uma coisa ou outra, os abolicionistas estavam de acordo quanto a amparar o liberto em vez de indenizar o senhor. Daí a reação de um jornal Conservador local, comandado pelo par de Paulino, João Alfredo Correia de Oliveira, que acusou Nabuco de pregar contra os grandes proprietários e prometer terra aos que não a tinham. Também a Associação Comercial se recusou a receber Nabuco, e a dissidência Liberal lançou nele as pechas de todos radicalismos oitocentistas: petroleiro, niilista, comunista. Nabuco ricocheteava: "Ora, se alguma coisa se assemelha ao comunismo, não vos parece que é a escravidão, comunismo da pior espécie porque comunismo em proveito de uma só classe?".

A audiência se encantava com esses arroubos retóricos. Orador de efeito no Parlamento, Nabuco adquiriu em 1884 o controle da emoção das massas, com falas, opinião de quem as ouviu, que eram organizadas e apaixonadas, simples e imaginativas, sempre recheadas de citações, alegorias, metáforas, que imprimiam o movimento na imaginação da audiência, como quando se comparou a Ulisses ante o ciclope: "Senhores, não é nenhum de nós que mata a escravidão, é o espírito do nosso tempo, e por isso o nome do verdadeiro abolicionista é Ninguém; e eu não quero outro para mim nesta causa".[60]

Nesse clima, as eleições se realizaram em dezembro de 1884. Dantas prometera jamais interferir em eleições, "porque não está isso nos meus hábitos, nem no meu caráter, nem é próprio da posição que ocupo". Na hora H, contudo, como todos os chefes de gabinete do Império, empenhou-se até a medula. Segundo um Conservador, o gabinete mobilizou os presidentes de província, chefes de polícia e funcionários administrativos em prol da vitória de seus candidatos e, para estorvar a de seus adversários, fez promessas de emprego e de títulos de nobreza.[61] É provável que Dantas tenha sido menos insidioso do que pinta esse adversário, cuja descrição se aplicaria igualmente, excluída a chance de oferecer emprego governamental, à estratégia Conservadora. Os dois lados caíram de cabeça no processo eleitoral.

Votos disputados em corpo a corpo no estilo Montéquios contra Capuletos. Em várias partes, fraudes, impedimentos de eleitores, violência. No Recife, onde escravistas da dissidência Liberal dividiam a chapa com abolicionistas, o conflito irrompeu no fechamento das urnas. Abolicionistas, José Mariano Carneiro da Cunha à frente, invadiram a igreja matriz de São José, onde se procedia à votação, depois que os Conservadores declararam ter derrotado Nabuco. O Clube do Cupim, associação da qual Carneiro da Cunha era membro, gabou a reação enérgica dos abolicionistas, "dispostos a sacrificar suas próprias vidas contanto que 1 milhão de homens escravizados tivessem como defesa a palavra do dr. Jm. Nabuco, o vulto mais eminente da pátria brasileira". Os Conservadores, igualmente enérgicos, sequestraram a urna. Daí por diante, socos e pontapés e uma bala de raspão em Carneiro da Cunha. Os Liberais descarregaram em dois cabos eleitorais adversários, que sucumbiram. Noite, Nabuco resumiu, de são Bartolomeu. Ele e Carneiro da Cunha, acusados de macularem as mãos de sangue, agarraram as alças do caixão de um dos adversários mortos, um modo de sinalizar que não queriam guerra, tampouco tinham medo.[62]

Sancho Pimentel, ainda presidente de Pernambuco, comunicou a Dantas o tumulto. A junta eleitoral impugnou a eleição. O movimento respondeu com grandiosos *meetings* de desembarques, de milhares de pessoas, quando, respectivamente em janeiro e fevereiro de 1885, Nabuco e Carneiro da Cunha regressaram à Corte. Enquanto o país ebulia entre festas abolicionistas e despiques escravistas, a herdeira do trono assistia à missa em São Paulo, onde avistou o filho de Paulino Soares de Sousa. Na Câmara Municipal, compareceu à entrega de catorze cartas de liberdade, compradas com o Fundo de Emancipação. Princesa alheia aos conflitos que cindiam seu reino, achou que "os senhores pareciam mais contentes que os próprios libertos".[63]

DESGOSTOS EM SÉRIE

Nas eleições de 1º de dezembro de 1884 votaram 121 226 eleitores. A apuração foi tão disputada quanto a votação. No primeiro escrutínio, elegeram-se 48 Liberais para quarenta Conservadores; depois, briga esganiçada. A maioria das atas chegou envolta em protestos e contestações, por conta de falsificações, e não foram poucas as que chegaram em duplicata, uma pró, outra contra o governo.[64]

A GT celebrou a vitória do gabinete. Os abolicionistas achavam impossível que tivessem perdido nas urnas. Acontece que eleição é uma coisa, e posse, outra. O difícil num plano subiu a inviável no outro. Gusmão Lobo lastimou a Rodolfo Dantas: "A fatalidade está conspirada contra a nossa tão boa causa! Nem uma só surpresa agradável e quantas desagradáveis!". O gabinete, prosseguia Lobo, ainda podia se salvar se negociasse com os Liberais dissidentes, concedendo indenização em tempo de serviço — de um ou dois anos — aos proprietários que iriam perder seus escravos se o Projeto 48 fosse aprovado. Negociação necessária porque, nas suas contas, cinquenta Conservadores se elegiam. "Só poderíamos vencer, isto mesmo com dificuldades nunca experimentadas, se a maioria [dos Liberais] fosse de abolicionistas fervorosos da nossa têmpera." Não eram. Ainda assim, Dantas mantinha acesa a vela curta da esperança, surpreendia-se Lobo: "[...] achei-o com a fortaleza e a confiança e a serenidade que tão admirável o tornam no meio dos embates e revezes a que se tem exposto". Quando, em 10 de fevereiro de 1885, a Câmara abriu sessões preparatórias para reconhecer mandatos, a esperança apagou e o pau comeu. Resumiu Nabuco para o ministro brasileiro em Londres:

> Nunca se viu no Brasil coisa semelhante à nova Câmara. Há de fato dois parlamentos e se o imperador dissolvê-la terá três *plus* a anarquia. Julgo impossível a subida dos Conservadores agora. Não exagero dizendo-lhe que seria a véspera da revolução e que os canaviais e os cafezais começariam a ser queimados. [...] verdadeira guerra civil".[65]

Abolicionistas e escravistas, cada qual com suas atas, cantaram vitória. Uns duvidaram da lisura do sucesso dos outros: pelo menos 28 eleitos tiveram os mandatos contestados, onze deles de dantistas, inclusive a linha de frente abolicionista — como

Nabuco e Teodureto Souto. Na guerra de reconhecimento de mandatos, a mesa era crucial. Os paulinistas, em interpretação capciosa do regimento da Câmara, reivindicaram a presidência da casa para o deputado decano dentre os não contestados, que calhava de ser um Conservador. Foi empossado quase à força. Três sessões adiante, os dantistas forçaram a eleição de substituto pelo voto dos setenta deputados de diplomas reconhecidos. Então, Conservadores e Liberais dissidentes voltaram a se unir, voltaram a ganhar: o presidente definitivo da Câmara veio a ser o pivô inicial da crise, Moreira de Barros, e seu vice era outro dissidente Liberal. O gabinete perdeu também o controle da comissão de verificação dos diplomas, que ficou com dois Conservadores, dois dissidentes e um governista. Esse quatro a um validou os mandatos escravistas e invalidou muitos dos abolicionistas que estavam na berlinda.

A Câmara, assim, reabriu com os exércitos que a tinham fechado, com baixas vistosas para o gabinete: nem Rodolfo Dantas, nem Rui Barbosa, nem três ministros. Nabuco venceu o segundo escrutínio no Recife, em 9 de janeiro, depois de esforço concentrado dos abolicionistas. Vitória celebrada no Recife e na Corte, com passeatas, recepção pelos estudantes da Escola Militar, chuvas de flores e 5 mil pessoas. Festa precoce: o mandato sofreu degola.[66]

Na sequência, Nabuco tentou armar o jornal da coalizão entre governo e movimento, *O Século*, para o qual escreveriam Rebouças, Clapp e os expurgados, financiados pelos Dantas. A ideia morreu quando o gabinete entrou em coma. No cômputo final, dos 125 eleitos, Paulino mandava à Câmara 55 almas Conservadoras e, dos 67 Liberais, o gabinete descontava quinze dissidentes e não sabia se lhe seriam fiéis os três Republicanos. "O abalo tem sido enorme", escreveu Lobo a Rodolfo, depois de conferenciarem com Rebouças e Nabuco no Ministério de Estrangeiros.[67]

Os ânimos ferveram na rua. Vaias e ameaças a deputados contrários a Dantas, a ponto de o esquentado Patrocínio pedir água fria. Manifesto da CA, de 17 de fevereiro, saiu recomendando calma ao povo, que não aceitassem provocações de escravistas. Em 9 de março, quando a Câmara abriu, a CA orquestrou ovação a Dantas, lotando as galerias. Em vez de *grand finale*, houve reprise. Em 13 de abril, Moreira de Barros trouxe moção de desconfiança: "A Câmara dos Deputados, não aceitando o sistema de resolver sem indenização o problema do elemento servil, nega o seu apoio à política do Gabinete". Deu-se igual divergência, igual empate: cinquenta a cinquenta. Dantas desmaiou.[68]

O movimento, perdido nas instituições, tomou as ruas. No relato desabonador de amigo de Paulino, desde o dia da apresentação da moção, houve tumulto; abolicionistas se postavam perto da Câmara e mesmo no recinto e vaiavam e insultavam os deputados do bloco de Liberais dissidentes e o presidente da Câmara. Moreira de Barros reagiu com a polícia e nova moção de desconfiança, acusando o ministério de incapacidade de garantir a ordem pública. Nabuco propôs a Clapp que a CA preparasse grande conferência-concerto: "Entenda-se imediatamente com Rodolfo sobre isso. Eu tomarei a palavra [...]. Não temos tempo a perder. O *meeting* deve ser terça ou quarta de noite e em seguida marcha aos archotes ao Dantas[,] que está muito ameaçado. Serve-lhe?". Serviu a Clapp, não ao gabinete, que, no dia 4 de maio, morreu sua morte matada: 52 a 50. Lá foi Dantas, desfalcado do sorriso, ao Poder Moderador, pedir nova dissolução da Câmara. D. Pedro, contudo, negou-o, preferindo honrar o prometido quando o nomeara: "Quando o senhor correr, eu o puxo pela aba da casaca".[69]

ÀS RUAS

A CA abrigou o gabinete enxotado do poder. A conferência-concerto que Nabuco imaginara para sustentá-lo ocorreu em seu desagravo. O Teatro Pedro II, território da elite imperial, que Nabuco queria, fechou as portas aos abolicionistas. A "Homenagem ao patriótico Ministério Dantas" aconteceu, em 7 de junho, no usual Polytheama, cheio de bandeiras de associações, com todos os membros da CA e dezesseis candidatos batidos da coalizão eleitoral de Dantas. Seus três filhos compareceram. Dantas, temeroso da comoção popular — era reformador, não revolucionário —, exilou-se em sua casa de Friburgo e mandou telegrama, que Patrocínio leu emocionado. Nele agradecia o apoio da CA ao seu projeto, "em nome da libertação dos escravos, causa vencedora na opinião nacional". Rodolfo Dantas presidiu os trabalhos, Clapp os abriu e Rui Barbosa foi o orador principal, encarnação do Ministério, que esbravejou contra Conservadores, d. Pedro e todos os escravistas. Nabuco e Patrocínio, chamados ao palco pela plateia, discursaram de improviso. Nabuco se exaltou e produziu tal excitação que o taquígrafo desistiu de registrar suas falas e as respostas igualmente exaltadas do público.[70]

Exaltados estavam os abolicionistas do Recife: inconformados com a invalidação do mandato de Nabuco, apedrejaram o jornal Conservador *O Tempo*. A Anti-Slavery britânica pôs a notícia no *Times*. Um golpe do destino abriu caminho: a morte de um eleito obrigou nova eleição em Pernambuco, em 7 de junho de 1885, e os candidatos Liberais de simpatia abolicionista abdicaram em favor de Nabuco. Rebouças redigiu em nome da CA o agradecimento aos desistentes e Nabuco saiu pela terceira vez candidato à mesma Câmara. Todos os abolicionistas saíram às ruas em campanha, com sua fotografia em rótulos de charuto, tecidos, cerveja, lenços, chapéus. A Aves Libertas fabricou cigarros com sua foto e seu nome. Esse aval e o de Sancho Pimentel, presidente da província, elegeram-no com ampla maioria — vitória que repercutiu nacionalmente e no exterior. O *Anti-Slavery Reporter* descreveu enorme passeata, com músicas e bandeiras, os edifícios todos decorados, iluminados, vários arcos triunfais até o Teatro Santa Isabel, onde houve um festival com grande gala. O comércio suspendeu as atividades, como se o dia fosse um feriado, e Nabuco foi carregado nos braços do povo.[71]

No país todo, conferências, procissão cívica, tochas, girândolas, bandeiras e flores celebraram sua suada conquista. Sob chuva delas, em 3 de julho, Nabuco tomou posse. A superação de obstáculos em três eleições consecutivas deu-lhe aura heroica, emblema da Reforma Dantas, encarnação de todos os abolicionistas cujos mandatos tinham sido expurgados. Agora, sim, podia dizer, como Ulisses ao ciclope, que era Ninguém. Era o movimento. E, qual Ulisses, precisaria de muita astúcia, pois o contramovimento, vestindo a carapuça do ciclope, saía urrando de sua caverna.

8. Balas: movimento e contramovimento

João Maurício Vanderlei, o barão de Cotegipe, banhado em bacia de ouro quando veio ao mundo, tinha — opinião de adversário — o "quid poderoso e original, a que se chama *gênio*". De estirpe de senhores de engenho, casado com um excelente dote baiano, parece que tinha seus pingos de sangue africano, do que nunca se esquivou ou passou recibo, a despeito da relevância do quesito nesse assunto. Primoroso aristocrata, de galas em casa e na sua pessoa, vivia entre sedas, perfumes e charutos de Havana. Chique sem afetação, homem de voltarete e literatura. Talhado tanto para o mando em seu salão — repleto de beldades e talentos, como Machado de Assis — como para o comando na política.[1]

O refinamento jamais roubou ao barão o senso prático. Era um político de realismo indomado, que idealismo algum conspurcou. Em 1885, quando ascendeu a chefe de gabinete, a campanha abolicionista já fizera seu maior feito, o de tornar a escravidão socialmente ilegítima. O escravismo, antes escorado no costume, ficara dependente das garantias legais. Enquanto a sociedade foi uniformemente escravista, o Estado pôde deixar os gatos pingados abolicionistas correrem soltos, mas, quando se dividiu entre ordem escravista e desordem abolicionista, teve de amparar o statu quo. A família imperial calçou luvas de pelica, pejada de admitir quanto seu Império se fundava na escravidão; se o trono vacilava, para blindar a ordem se talharam os Conservadores. Paulino e Cotegipe estavam prontos a macular as mãos para salvar seu mundo, por meio das instituições, da palavra e da força.

O CONTEMPORIZADOR

Antes de Cotegipe ganhar o poder, houve interregno. Quando Dantas ardeu em seu segundo inferno, d. Pedro chamou o Liberal Antônio Saraiva, seu estadista de reserva, que tomou pela segunda vez o cálice, tido por único capaz de evitar o transbordamento. Seu governo inverteu o de Dantas: dissidência Liberal e minoria Conservadora por base, os dantistas na oposição. Para impedir os abolicionistas de lhes amputar os dedos nas ruas, os Conservadores confiaram seus anéis a Saraiva no Parlamento. Uma transação, disse-se à época. Os dantistas não a apreciaram. Daí o salseiro da posse, que Machado de Assis antecipou:

> [...] o dia de amanhã cheira a chamusco, debate grosso, veemência, chuva de apartes, impropérios, tímpanos, confusão. [...] anuncia-se o ministério, que aparece rompendo a custo a multidão de curiosos. [...] Saraiva tem a palavra para expor o programa. [...] e está acesa a guerra — brotam os apartes, agitam-se os ânimos; vem outro orador, mais outro — cruzam-se os retoques, surgem os punhos cerrados, bufam as cóleras, retinem os entusiasmos. [...] a questão ainda é mais grave [...]. Tão alegres que fomos, tão tristes que viemos.[2]

Tão alegres tinham ido às urnas, tão tristes dela retornaram os abolicionistas, ao verem os escravistas se encastelarem no gabinete. O novo primeiro-ministro declarou indeclinável "apressar gradualmente a libertação geral dos escravos". Apenas nesse sobrevoo se assemelhava à reforma de Dantas. Trouxe foi o escravismo de circunstância: a menor medida no prazo mais dilatado, deixando tempo à agricultura para se reorganizar e oferecendo-lhe meios para tanto.[3] Formalmente, salvou o projeto, mas, de fato, jogou água na fogueira dantista.

Por água abaixo foram os direitos dos libertos. A aprendizagem de cinco anos permaneceu. No entanto, em vez do cativo, a nova versão protegia o senhor, que ficaria usufruindo os serviços do ex-escravo. Definia salário baixo para o regime de transição, em contrato de locação compulsório, resguardado por multa e prisão. As colônias de libertos, promessa de terra de Dantas, passaram a "colônias agrícolas, regidas com disciplina militar", para "libertos sem ocupação".

A idade dos libertados ficou nos sessenta anos, mas acrescida de três anos de serviço como indenização ao senhor — e podendo bater nos 65, se o escravo já tivesse 63. O pomo da discórdia acerca da idade sumiu com a eliminação da declaração de naturalidade. Continuava prevista a matrícula da escravaria, como na Reforma Dantas, porém, em vez da procedência dos escravos, se perguntaria sobre sua filiação, "se for conhecida". Esse adendo legalizava a propriedade de africanos contrabandeados entre 1831 e 1850 e sua descendência, que poderia ser declarada de filiação desconhecida. Assim se abafou a grita principal: enquanto Dantas libertaria os escravos cujos falsos registros, em burla à lei de 1831, davam idades superiores ao que de fato tinham, Saraiva registraria a idade real dos cativos, sem risco de expor os proprietários a ações judiciais baseadas na lei de 1831 (as ações de liberdade que os abolicionistas seguiam fazendo no país todo), pois a filiação desconhecida impediria comprovar que o escravo fora importado da África. Portanto, a regra da idade libertaria menos gente do que pretendia a Reforma Dantas, apenas os idosos de fato, ou, no cálculo do senador Otoni, 107 331 pessoas, nem 10% do total, estimado em 1 186 272 escravos.[4]

    A terceira alteração crucial recaiu sobre a indenização. A liberdade dos velhos escravos, que Dantas não indenizava, Saraiva passou a indenizar e bem. Oferecia 50% do valor do escravo e tabela de depreciação progressiva por faixa etária, que inflacionou os preços de mercado, denunciaram parlamentares. Otoni resumiu: "Os preços exageram-se porque estavam descendo demais, facilitavam a emancipação". Com o projeto, o governo favoreceu os escravistas, pois seriam necessários "cinco anos para a redução de 20% [do preço do escravo] e com ela os preços ainda estarão acima dos atuais". A Reforma Dantas teria impacto imediato na escravidão e asfixiaria seu mercado, com depreciação progressiva em dezesseis anos. Saraiva, à primeira vista, apressava o passo para doze anos, mas, na verdade, aquecia o mercado, ao elevar preços e prometer mantê-los altos. O imposto que financiava o Fundo de Emancipação foi parcialmente desviado para subvencionar a imigração.[5] E tudo a vigorar apenas depois de matrícula geral, agendada para dali a um ano.

    Com essas torções, Saraiva inverteu o sinal na relação entre governo e movimento. Reiterou a ordem escravista, que Dantas tentara enfraquecer. O foco migrou do liberto para o senhor. Rui Barbosa definiu os projetos como tese e antítese. Teve a pachorra de compará-los ponto a ponto, na conferência da CA de desagravo a Dantas: "O Projeto 15 de Julho [de Dantas] era uma transação abolicionista; o Projeto 12 de Maio [de Saraiva] é uma capitulação escravista". "Pequena reforma" a eclipsar "a grande reforma que a nação deseja", acrescentou Nabuco, que reportou à Anti-Slavery britânica que donos de escravos e parlamentares escravistas votariam no projeto de Saraiva por temerem um gabinete mais progressista. "A oligarquia política que governa este país não pôde resistir aos brados pela abolição e deu um jeito de substituir o projeto de lei da abolição por um que [...] vai ajudar os fazendeiros a se livrarem de seus escravos com uma perda mínima".[6]

Em reação, Nabuco fundou, em agosto, o Grupo Parlamentar Abolicionista (GPA), com catorze deputados sobreviventes da base de Dantas, que se desdobrou em requerimentos, interpelações, emendas, burla de inscrições e regimento, tentativa de desmembramento e desfiguração do projeto do governo e proposição de alternativas. Discursava em apelos ao patriotismo, ao liberalismo e à compaixão do chefe de governo, de quem exigiu o fim do mercado de escravos. Listava exemplos estrangeiros e usava seu megafone internacional, o *Anti-Slavery Reporter*.[7]

Saraiva deu resposta de face: antes de apresentar seu projeto à Câmara, em 6 de agosto, alforriou seus próprios escravos. A atitude de fundo emergiu em seu discurso à Câmara, vocalização do escravismo de circunstância: a escravidão, sendo um câncer, "não é possível extirpá-lo sem graves riscos"; os interesses nacionais obrigariam manter "tão triste mal", mesmo contra a moralidade e a civilização.[8] Paulino saboreava cada palavra.

Se sob Dantas houve embate entre a aliança governo-movimento e o contramovimento escravista, com Saraiva surgiu a coalizão governo-escravistas contra os abolicionistas. Tanto no projeto como na intenção repressiva: o novo ministro da Justiça era Afonso Pena, futuro presidente na República, que no momento trazia no currículo a pertença à dissidência Liberal de 1884, motivo pelo qual, esperneou Nabuco, era suspeito aos olhos abolicionistas. Depois dos abraços de Dantas, só porrete.

A antiga oposição se converteu em situação, com loas ao novo regime de ordem. Paulino o fez no Senado. Na Câmara, Antônio Prado, o maior cafeicultor de São Paulo, asseverou que, como era hora de "tranquilizar os espíritos sobressaltados pelas exagerações da propaganda", Saraiva teria o voto dos Conservadores, já que aceitara as modificações que pediam no projeto.⁹

Foi duro o acordo nas miudezas. Andrade Figueira, escravista tão longevo quanto empedernido, ainda via no projeto a ruína da nação. É que Saraiva concedia alguma coisa, o fim do tráfico interprovincial, o que dividiu também os abolicionistas deputados. Nabuco e José Carneiro da Cunha ficaram contra, entretanto três membros do bloco abolicionista pensaram: ruim com ela, pior sem ela, e referendaram a reforma Saraiva. Os Republicanos se abstiveram. De todos os lados, emendas. Saraiva as ignorou e empurrou o projeto a voto. O dia 13 de agosto foi seu dia de sorte: a antiga coalizão minoria Conservadora-dissidência Liberal garantiu-lhe 73 votos contra dezessete dantistas remanescentes. Saraiva, então, deu sua missão por cumprida. Deixou o governo e confiou o resto da indigestão ao Senado.¹⁰

REACIONÁRIO DE VELUDO

D. Pedro podia chamar outro dos Liberais dissidentes para seguir com esse andor. Mas, como em 1871, deu a reforma ao partido da Ordem. Na passagem de esporas, Paulino, *El Supremo* dos Conservadores, como o aquilatou Nabuco, terá querido o comando da tropa.¹¹ Contudo, algoz dos Liberais e personificação do escravismo, seu alçamento a chefe de governo soaria chamamento ao conflito. O páreo ficou para Cotegipe, reacionário de veludo.

A derrubada dos Liberais em 1885 evocava a de 1868, quando ao gabinete reformista de Zacarias sucedeu-se o reacionário de Itaboraí. Dessa vez, houve o interregno Saraiva, de três meses, mas a roda girou no mesmo sentido, do abolicionismo de Dantas ao escravismo de Cotegipe. Um panfleto enunciou o pasmo do movimento ante a escolha de d. Pedro II: "Como é que vossa majestade nomeia proprietários de escravos para serem os encarregados da destruição do cativeiro [...]?". A postura do imperador era menos explicável em 1885 do que fora em 1868. Naquele momento do reinado, o país estava em guerra e d. Pedro dividia a direção do Império com os políticos que o tinham levado ao trono, portanto carecia de autonomia e cancha política. Em 1885, era rei experiente que, morta a geração que o alçara à maioridade, ganhara ascendência sobre muitos políticos, em especial os mais jovens que ele e dependentes de seus favores. Era momento em que poderia tentar reformas estruturais, porém não as tentou. Talvez, nota um de seus biógrafos, porque amante do detalhe, tenha se absorvido em questiúnculas e perdido a grande-angular.[12] Ou, quiçá, os anos lhe ensinaram que seu reinado dependia de forças Conservadoras e instituições — a escravidão prima entre pares — irreformáveis sem a queda da monarquia.

Cotegipe abraçou a chefia de gabinete, explicou sem autocomplacência, "levado por uma espécie de vaidade senil". Juntou ao seu conservadorismo baiano o paulista de Antônio Prado e o pernambucano de João Alfredo Correia de Oliveira.[13] Irmaram-se com Paulino, uníssonos em mandar escrúpulos às favas. E assim se ergueram quatro patas a sustentar ao Norte e ao Sul o paquiderme escravista.

Essa história podia se dividir aqui em a.C., d.C.: antes de Cotegipe, o avanço do movimento; depois de Cotegipe, a aliança entre governo e contramovimento.

Primeiro Cotegipe cumpriu seu dever de cavalheiro, ao aprovar no Senado a reforma de Saraiva que o imperador lhe confiava. Ocasião para Otoni denunciar a manobra de fazer a escravidão durar mais treze anos, quando os escravistas sabiam que, sem essa lei, ela não sobreviveria tanto. Dois outros senadores Liberais se mexeram contra: Bonifácio, o Moço, fez um aditivo, e o decano abolicionista Silveira da Mota, um substitutivo, pondo fim à escravidão em 1893 e 1892, respectivamente. João Alfredo Correia de Oliveira respondeu pelo governo: como "o mal da escravidão não deve ser curado provocando outros", a reforma Saraiva-Cotegipe seria o melhor dos mundos possíveis, fruto de acordo dos partidos e superior ao obtido em 1871 — e quem o dizia era o antigo braço direito de Rio Branco. Dantas provocou: "Mas julga V. Ex.ª, que a lei que discutimos é definitiva?". João Alfredo Correa de Oliveira replicou: "O futuro a Deus pertence!". Nem suspeitava que pertenceria a ele próprio.

Com maioria acachapante, Cotegipe aprovou a reforma a toque de caixa e deu ao imperador sua solenidade: a promulgação em 28 de setembro, aniversário da inoperante Lei do Ventre Livre. A nova lei, como a velha, pretendia se filiar à série para inglês ver. A situação em 1885 ressoava a de 1850, pois os nascidos desde a lei de 1871 seguiam — até 1892, quando completariam 21 anos — sob protetorado de seus senhores. Quanto aos sexagenários, a nova lei os mantinha como escravos por três anos e servos daí por diante, pois só poderiam deixar o local de trabalho com autorização do juiz de órfãos. A Lei Saraiva-Cotegipe, resumiu Otoni, era um monstro, que, sob a máscara de adiantar a abolição, a retardava.[14]

A POLÍTICA DO CACETE

Em seu começo na política, Cotegipe fora aprendiz do líder Conservador dos tempos do fim do tráfico negreiro, Eusébio de Queirós. Com ele celebrara o método compartilhado de vencer adversários, que "muito nos honra", aquele que *esmaga* a oposição".[15] Em 1885, senhor da varinha de condão do governo, adotou esse mote ante os abolicionistas: o combate a todo transe, a todo custo, a todo mundo.

Isso se viu em julho. Um dantista sobrevivente denunciou na Câmara conflitos entre a polícia e abolicionistas em Campos, onde Lacerda, o amigo de Patrocínio, levara golpe na cabeça, sem abertura de inquérito. Um deputado Conservador aparteou que eram ossos do ofício de abolicionista, ao que o dantista replicou que a afirmação embutia uma legitimação do assassinato de abolicionistas. A sessão, então, descarrilhou, com Conservadores bradando contra o orador, enquanto, a favor, se desdobraram Nabuco, dizendo que o estado de direito não vigia no interior do país, e José Mariano Carneiro da Cunha, que sintetizou o novo estado de coisas: "É o regime do cacete".[16]

Essa política do cacete teve três modalidades: a manipulação eleitoral, o ludíbrio da lei e a repressão aos opositores.

A primeira se viu logo. Assim como antes sustentara Dantas, d. Pedro sustentou Cotegipe, concedendo a dissolução da Câmara. Marcaram-se eleições. Apesar das chances impossíveis — com a máquina estatal contra —, a CA apresentou chapa, com candidatos no Ceará, Bahia, São Paulo, Pernambuco, por onde saiu Nabuco, e na Corte, com Patrocínio concorrendo à vereança.[17] Patrocínio se elegeu com 201 votos, maioria em quase todos os distritos. Vitória comemorada com desfiles e conferências. Na Corte, onde o movimento era forte, poucos correligionários com direitos políticos bastaram para eleger vereador, mas eram insuficientes para levar alguém à Câmara. Na eleição de 15 de janeiro de 1886 avinagraram-se os louvados efeitos da reforma eleitoral de 1881 de garantir representação à minoria. Funcionou para os Conservadores quando o governo era Liberal, no entanto sem recíproca. Cotegipe não gostava daquelas surpresas eleitorais que solaparam Dantas. Não as teve. Cabulou resultados e conseguiu Câmara quase unânime: 103 Conservadores para 22 Liberais, em

28. Iconografia celebrativa da abolição da escravidão no Amazonas, em 11 de maio de 1884, graças à aliança entre o movimento abolicionista e o presidente da província, Teodureto Souto.

BANQUETE

DADO PELA

CONFEDERAÇÃO ABOLICIONISTA

E ALGUNS AMIGOS DA IDÉA

NO DIA 19 DE AGOSTO DE 1884

EM HOMENAGEM Á

LIBERTAÇÃO DO AMAZONAS

E aos deputados que apoiaram o gabinete de 6 de Junho

FOLHETO N. 7

RIO DE JANEIRO
Typ. CENTRAL, de Evaristo R. da Costa
7   Travessa do Ouvidor (rua livre)   7
1884

29. Panfleto reunindo discursos proferidos na celebração da abolição no Amazonas, em evento organizado pela Confederação Abolicionista.

30. O liberal Manuel de Sousa Dantas (1831-94) assumiu a chefia de governo em 6 de junho de 1884, no auge da mobilização abolicionista.

31. Em 15 de julho de 1884, o ministro Rodolfo Dantas, em nome do gabinete Dantas e com apoio do movimento abolicionista, apresenta ao Parlamento o Projeto 48, propondo a abolição gradual da escravidão.

— Eu não te dizia, infeliz Lavoura, que elles eram incapazes de impedir que ella rolasse? Onde irá ella parar agora!

32 | 33. Os abolicionistas celebram o andamento da Reforma Dantas.

34 | 35. Nas eleições de dezembro de 1884, decisivas para o destino da Reforma Dantas, os abolicionistas lançam chapas eleitorais e fazem propaganda de seus candidatos em rótulos de cigarro e de cerveja.

36. Os escravistas reagem à Reforma Dantas no Parlamento com a criação de Clubes da Lavoura e de resistência à abolição.

A Opposição desceu tanto, mostrou-se tão pequenina, que só conseguio uma cousa: fazer do Cons.º Dantas um gigante!

37. Abolicionistas protestam contra o bloqueio da Reforma Dantas no Parlamento.

38. A Reforma Dantas é desfigurada e se torna a Lei Saraiva-Cotegipe, aprovada em 28 de setembro de 1885, que concede liberdade apenas a escravos idosos.

39   40

39. O líder conservador João Maurício Vanderlei, o barão de Cotegipe (1815-89), assume a chefia de gabinete, em agosto de 1885, e passa a reprimir os abolicionistas.

40. Antônio Bento de Sousa e Castro (1843-98), líder da mobilização em São Paulo nos anos finais da escravidão, coordenou a estratégia de fugas orientadas de escravos.

41. Mobilização nacional dos abolicionistas pela eleição de Joaquim Nabuco a deputado em Pernambuco, em 1885. Na foto, um dos *meetings* da campanha no Recife.

42. Ruínas do quilombo do Leblon, no Rio de Janeiro, um dos muitos criados por abolicionistas para acolher escravos fugidos.

43

43. A *Revista Ilustrada* narra a substituição de Dantas por Cotegipe e a decisão dos Conservadores de reprimir mobilizações abolicionistas, ao mesmo tempo que "macaqueavam" suas manifestações.

44. Linchamento, em fevereiro de 1888, do delegado Joaquim Firmino de Araújo Cunha por escravistas, em Penha do Rio do Peixe (hoje Itapira), acusado de proteger abolicionistas.

45. Repressão violenta assola os abolicionistas de Campos dos Goytacazes. Os abolicionistas acusam a regente de não prover garantias de vida para os que combatem a escravidão.

46. Abolicionistas aguardam do lado de fora do Senado pelo fim da votação do projeto de abolição da escravidão.

47

47. Sessão do Senado que aprovou a Lei Áurea, no dia 13 de maio de 1888.

48. A princesa Isabel, regente do trono, que assinou a Lei Áurea.

49. Missa campal, promovida pela Coroa, em 17 de maio de 1888, celebrando o fim da escravidão no Brasil.

50. A lei 3353, promulgada em 13 de maio, que aboliu a escravidão no Brasil, sem indenização aos proprietários de escravos.

Lei N. 3353 de 13 de Maio de 1888.

Declara extincta a escravidão no Brasil

A Princeza Imperial Regente em Nome de Sua Magestade o Imperador o Senhor D. PEDRO II, Faz saber a todos os subditos do IMPERIO que a Assemblea Geral Decretou e Ella sanccionou a Lei seguinte:

Artigo 1.º É declarada extincta desde a data desta Lei a escravidão no Brasil.

Artigo 2.º Revogam-se as disposições em contrario.

Manda portanto a todas as autoridades a quem o conhecimento e execução da referida Lei pertencer, que a cumpram e façam cumprir e guardar tão inteiramente como n'ella se contem.

O Secretario de Estado dos Negocios d'Agricultura, Commercio e Obras Publicas e Interino dos Negocios Estrangeiros, Bacharel Rodrigo Augusto da Silva, do Conselho de Sua Magestade o Imperador, o faça imprimir, publicar e correr.

Dado no Palacio do Rio de Janeiro, em 13 de Maio de 1888, 67.º da Independencia e do Imperio.

Princeza Imperial Regente

Rodrigo A. da Silva

Carta de Lei, pela qual Vossa Alteza Imperial Manda executar o Decreto da Assemblea Geral, que Houve por bem sanccionar declarando extincta a escravidão no Brasil, como n'ella se declara.

maioria anti-Dantista. Carneiro da Cunha tomou o lugar de Nabuco como única liderança abolicionista com mandato na Câmara, eleito no 2º distrito de Pernambuco, depois de eleição impugnada no 1º, vencendo um Conservador que abusara da pressão do governo sobre funcionários públicos. Teve festas nacionais como na eleição anterior tivera Nabuco e purgou igual destino: mandato não reconhecido.[18] O movimento defendeu Carneiro da Cunha como acudira Nabuco, no Recife, com um ato a céu aberto de 3 mil pessoas, e outro no Rio, no Polytheama, onde 2 mil ouviram protestos de Nabuco, Patrocínio e Clapp. Dessa vez, porém, o desfecho da novela foi em favor do bandido.

Diante de uma Câmara mansa, Cotegipe exerceu sua segunda maneira antiabolicionista, o ludíbrio da lei. Quem a executou foi seu ministro da Agricultura, Comércio e Obras Públicas, Antônio da Silva Prado, que, duas semanas depois de promulgada a Lei Saraiva-Cotegipe, transformou o pouco em nada, com decreto de regulamentação que fixou a matrícula de escravos entre março de 1886 e março de 1887. Como a lei só se implementaria depois do registro, postergava-se o início de sua vigência em um ano e meio, tempo no qual os idosos libertados seguiriam como escravos de fato. O decreto reiterou que na matrícula não se perguntaria a *origem* do escravo, e sim sua *filiação*, de modo a garantir que toda a propriedade escrava espúria (oriunda de tráfico ilegal) se regularizasse como de filiação desconhecida. No tocante à proibição de tráfico interprovincial, clara na lei, o ministro, em brilhante análise semântica, concluiu que se restringia à relação entre *províncias*, excluída a Corte, que era *município* neutro, e que, por isso, podia vender para o interior do Rio de Janeiro.

Patrocínio alcunhou a manobra de Regulamento Negro, a calçar a "ominosa lei, que entrega às maldições da posteridade os nomes dos srs. Saraiva, Cotegipe e d. Pedro II, fruto de um consórcio da oligarquia com o trono, [...] lei infamante, esse vômito de vinho alegre, que tornou nauseabunda a data de 28 de setembro". Um abolicionista baiano completou: tal lei "só poderia ser feita neste baixo Império e por legisladores saídos dos canaviais e das fazendas de café". Medida ignóbil, "que não se tinha o direito de fazer e que não se tem obrigação de cumprir".[19]

Os abolicionistas foram à desforra, em barulho na GT e em novos periódicos do movimento, caso de *A Redempção*, em São Paulo. Essa chuva de jornaizinhos abolicionistas, embora locais e pequenos, foi agressiva o suficiente para chamar a atenção nacional. Por isso, Rebouças desaconselhou Nabuco a lançar adicional: opção mais econômica e mais rápida seria congregar esforços na GT, que, contudo, se afundava em dívidas. Patrocínio fugiu delas abrindo outro jornal, *Cidade do Rio*, para onde migrou a trupe abolicionista. Rebouças publicaria lá artigos com o teor dos folhetos da CA, como seu "decálogo abolicionista": propaganda de imposto territorial e divisão da terra.[20]

Nabuco e Patrocínio, solidários nas ações, seguiam competindo pela liderança. O segundo possuía vantagem, pois, além de jornal próprio, abancava-se vereador. Nabuco, então, procurou seu próprio alto-falante e, em abril de 1886, entrou para o maior jornal reformista do momento, abolicionista e republicano, *O País*, dirigido por Quintino Bocaiuva. Na "Sessão parlamentar" desovou os discursos contrários a Cotegipe que a falta de mandato o impedia de fazer na Câmara. Acusou a traição do Poder Moderador: acenara com aval à Reforma Dantas para depois jogá-la à matilha escravista. D. Pedro perdia uma chance histórica de ser um déspota reformador, como os ditadores romanos — Nabuco secundou positivistas abolicionistas que ansiavam por um executivo forte e modernizador. Abandonar o movimento em seu cume fora, afirmou no título de um dos quatro panfletos que lançou em 1885, "o erro do imperador", que resumiu aos abolicionistas ingleses: "[...] o imperador estimulou nosso movimento a ponto de formar um governo abolicionista e depois cedeu diante da coalizão pró-escravidão".[21] Escravistas responderam com folhetinho apócrifo: "O erro do sr. Joaquim Nabuco, o eclipse do patriotismo". Abolicionistas falando para paredes institucionais. Nada suspendeu o Regulamento Negro. Tentativas no Senado, por parte do Liberal Bonifácio, o Moço, foram obstadas, com anuência do imperador. A imprensa denunciou a incompletude da matrícula de escravos e acusou o governo de delongar para evitar a efetivação da Lei Saraiva-Cotegipe, como antes se fizera com a do Ventre Livre. A matrícula sofreu bandalheira e, concluída em março de 1887, contabilizou número de escravos inferior ao estimado quando da discussão da Lei Saraiva-Cotegipe, levantando suspeitas de ausência de registro de uns tantos. Total de 723 419.[22] Poucos, o governo julgou, a morte que os libertasse.

Cotegipe coroou sua política com a terceira estratégia no enfrentamento do movimento abolicionista: a repressão. Aí compareceu de novo o repertório estrangeiro. Um item do Regulamento Negro emulava o *Fugitive Slave Act*, instituído nos Estados Unidos em 1850 para punir a ajuda a fugas e o acoitamento de escravos. O gabinete se inspirou nesse exemplo para instituir multa a incitadores de fuga e acoitadores de escravos, sujeitos ainda à ação cível e criminal, puníveis com prisão de até dois anos.[23]

Paulino, agora senador, seguia na liderança dos escravistas no Parlamento e ajudou no arrocho. Em nome de associações de proprietários de Minas, Pernambuco e Rio de Janeiro, pediu ao governo o enquadramento dos abolicionistas. Membro do Clube da Lavoura, em cartas públicas ao imperador reclamou por sua classe, a "mais ameaçada pela propaganda revolucionária, que está convulsionando este país", desrespeitando a lei, pondo em risco os direitos e mesmo a vida dos proprietários de escravos. Culpa da CA, julgava: "As conferências abolicionistas são verdadeiras provocações ao assassinato dos senhores de engenho e de suas famílias. Estive presente [...] e OUVI estas palavras: 'para o mato e para os engenhos nada de perder tempo e palavras; mande-se para os escravos bacamartes e balame'".[24]

Assim como os abolicionistas estabeleceram redes internacionais, os escravistas nacionais acharam solidariedade estrangeira. Um inglês escreveu no *Times* que os abolicionistas brasileiros eram comunistas e, outro, de passagem pelo Brasil, ao ver três escravos assassinos de seu senhor arrancados da cadeia e linchados, achou culpados não os linchadores, mas os abolicionistas, incitadores da desordem: em "*meetings* socialistas da classe inferior dos abolicionistas, que declaram guerra contra todos os senhores, e aconselham seu assassinato e a desonra de suas esposas e filhas. [...] nenhuma casa ou propriedade está a salvo".[25]

O tropo da ameaça escrava, rebelião sanguinária do populacho, brandido em 1871, voltou. Mal ou bem, os governos desde o início da mobilização tinham sido Liberais, em princípio defensores da liberdade de pensamento, e, em graus variados, pejaram-se de revidar com violência ao movimento pacífico. Cotegipe não tinha desses pruridos: trouxe a linha-dura, com o uso de cavalaria e infantaria para caçar escravos fugidos, o desbaratamento violento de conferências e de eventos em espaço aberto na Corte e a proibição de fazê-los em várias partes do Império, tendo nisso parte a própria polícia, acusada de empastelar o jornal de Carlos de Lacerda, o *Vinte e Cinco de Março*, em Campos.[26]

Os escravistas brasileiros sorveram o repertório estrangeiro na toada cubana, em transposição segmentada da Lei Moret espanhola — primeiro ventre livre, depois sexagenários —, e, a partir de 1884, no passo do escravismo dos Estados Unidos, instituíram Clubes da Lavoura para contra-arrestar associações abolicionistas e milícias paramilitares de caça a escravos fugidos, conforme denunciou Rui Barbosa. Ante o avolumar abolicionista, Cotegipe fez uso da técnica coerciva estadunidense, ou seja, autorizou a polícia a caçar escravos fugidos e abolicionistas. Na Corte, depositou a tarefa nas mãos de chefe de polícia talhado para o ofício, o desembargador João Coelho Bastos. O abolicionista Angelo Agostini desenhou-o, na *Revista Ilustrada*, de trabuco na mão, chapéu pontudo, capa e barba longas. "Escravocrata peludo", no dizer de outro abolicionista, detestava os pelos alheios. Sua técnica para humilhar escravos fugidos — e, podendo, abolicionistas — era raspar-lhes a cabeça, o que explicava o ódio instantâneo do movimento, que o xingava de "rapa-cocos". Coelho tinha seu quê de raposa, caçava na surdina, com patrulha em ruas, cafés, jornais; invadia casas, abordava suspeitos, punha policiais à paisana no rastro de abolicionistas — caso de Nabuco. Tolerância zero, com foco na CA, cujos membros tentava prender em flagrante como roubadores de escravos.[27]

Ao trazer ao poder os Conservadores, em 1885, d. Pedro II talvez tenha suposto que controlaria o governo. Cotegipe, contudo, concentrou sob seu comando o Poder Legislativo da Câmara e o coibitivo da polícia e os usou fartamente. O imperador, de quando em quando, pedia comedimento: "Escuso recomendar o cumprimento da lei e que se evitem medidas que pareçam violência, não sendo necessárias".[28] Como o barão achava necessário, seguiu com elas nos três anos seguintes, sem que, nem por isso, d. Pedro o demitisse.

DA FESTA AO DRAMA

Os abolicionistas tentaram seguir seu ritmo sob Cotegipe, com a difusão nacional de suas formas de ativismo portátil: ações judiciais, conferências-concerto, libertação de território, fundação de associações. Nesse último quesito, *A Redempção*, jornal dos seguidores de Luís Gama, publicou "Plano para uma sociedade emancipadora", na linha do ativismo portátil: era uma receita de como iniciar uma associação abolicionista. Sob estímulos assim, sociedades apareciam pelo país todo, algumas com envergadura, como a Abolicionistas e União Federal de Pernambuco, que Nabuco fundou, com quatrocentos membros. Contudo, apenas 38 associações abolicionistas nasceram durante o governo Cotegipe, bem menos que na Situação Liberal (janeiro de 1878 a julho de 1885), quando se criaram 227. Isto é, a média caiu de cerca de trinta anuais num período para cerca de treze no outro, uma redução pela metade.[29]

O estilo Gama, de contestação judicial, teve desdobramentos durante o gabinete Cotegipe. Em revide ao truque do Regulamento Negro de registrar escravos como se fossem de filiação desconhecida, empregaram outro ardil: processar o proprietário, argumentando que, se ele elidia a origem do escravo, é porque visava ocultar o fato de sua mãe ser livre. A CA escolhia casos a dedo para fazer barulho judicial, fosse por crueldade paradigmática do dono, fosse porque ele podia simbolizar seu grupo social inteiro, como na campanha que a *Cidade do Rio*, de Patrocínio, moveu contra um padre escravocrata, desrespeitador de todos os ensinamentos cristãos.[30]

Muitas associações abolicionistas provinciais usaram o ativismo judicial. Nem sempre funcionava. Precisava de certificação da autoridade judiciária. Isso ocorreu na Bahia, província em que a Libertadora Bahiana ganhou várias causas por contar com juízes simpatizantes. Às vezes o abolicionista levava consigo o escravo que pretendia libertar e depositava seu preço de alforria em juízo. Tais ações escandalizaram um estrangeiro: "[...] um dos principais líderes do Partido Abolicionista no Rio [Clapp] abusa da lei de 1831. [...] ele enviou um recado ao proprietário, dizendo que o escravo desejava ser livre, que ele tinha sido avaliado em 200 mil-réis, e que a soma tinha sido paga ao Tesouro".[31]

Já as libertações nas conferências-concerto decresceram. A alta da cotação dos escravos em decorrência da Lei Saraiva-Cotegipe fez a bondade encontrar seu preço. Ficou dispendioso comprar ou ceder alforrias. Nabuco denunciou na imprensa estrangeira que aquela lei triplicara o preço dos escravos em certas partes do país e que o governo a usava para favorecer os proprietários e impedir os abolicionistas de repetir o sucesso da campanha de libertação de territórios de Ceará e Amazonas em novas províncias.[32] Diante da perda econômica, a concessão voluntária de alforria ficou mais difícil: o prestígio, títulos beneméritos, nome em Livro de Ouro, não valiam o rasgo no bolso. E a glória tornou-se relativa, pois até Cotegipe se dizia emancipacionista.

As conferências, carro-chefe da campanha, prosseguiram. Em 1885, houve uma onda delas pregando desobediência ao Regulamento Negro. O governo, no entanto, pressionou donos de teatro a negarem palco, e policiais à paisana ficavam a postos para arruinar as que acontecessem. O movimento escapuliu limando o primeiro substantivo das conferências-concerto: usou espetáculos artísticos para propaganda. Foi nesse contexto que aconteceu a encenação da *Aida*, em agosto de 1886, estrelada pela russa Nadina Bulliciof, com que este livro se abriu. A conferência abolicionista ocorreu mascarada de ópera, com participação ostensiva dos líderes nacionais da campanha naquela altura, Patrocínio e Nabuco, e do braço institucional do movimento alijado do poder, pois lá estava Manuel de Sousa Dantas. No mesmo ano, um banquete, em princípio uma homenagem a um literato no Hotel Glória, foi convertido em ato antiescravidão, e outro, presidido por Machado de Assis, virou, segundo Serra, que lá esteve, festa abolicionista.[33]

O fechamento do espaço público afetou o padrão do ativismo abolicionista. Conta um pupilo de Patrocínio que ninguém ia "às conferências sem o seu revólver e uma faca na cava do colete".

Nelas, os oradores eram interrompidos por secretas, com "assuadas e ameaças". A resposta era de igual para igual: "eram repelidos à bengala, à pedra, às vezes à bala, abandonando o teatro diante da fúria da multidão". Estratégia e tom mudaram. No começo da campanha, o teatro combinava drama com festa — até números cômicos. Os anos Cotegipe levaram o riso e trouxeram ar soturno. O abolicionista baiano Cruz e Sousa escreveu, em 1885, versos que envolviam escravismo e imperador numa só mortalha e enunciavam no título a linha do movimento: *grito de guerra*:[34]

[...] *Basta do escravo, ao suplicante rogo,*
Subindo acima das etéreas gazas,
Do sol da ideia no escaldante fogo,
Queimar, queimar as rutilantes asas.

[...] *Vamos! São horas de rasgar das frontes*
Os véus sangrentos das fatais desgraças
E encher da luz dos vastos horizontes
Todos os tristes corações das raças...

[...] *Para que o mal nos antros se contorça*
Ante o pensar que o sangue vos abala,
Para subir — é necessário — é força
Descer primeiro a noite da senzala.

Versos e flores quadravam mal sob um governo decidido a brecar a ocupação do espaço público, a começar pela GT, depredada em 1885. Em vez de incitar a piedade em conferências-concerto no teatro, o movimento foi produzir o choque moral[35] nas ruas. Em matiz trágico, encenaram a escravidão em desfiles lúgubres, em clima de Finados, que exibiam a crueldade decalcada nos corpos dos escravos. Em fevereiro de 1886, na Corte, a CA desfilou com Eduarda, quinze anos, marcas de sangue pisado na pele, pálpebras semicerradas de inchaço, feridas em carne viva. Obra de senhora de estirpe, Francisca da Silva Castro. A CA impetrou ação de liberdade e requisitou apreensão de segunda vítima. Era Joana, dezessete anos, rosto deformado, delirante de febre, corpo coberto de úlceras abertas. Patrocínio e Clapp deram os braços às duas e, em procissão cívica, ostentaram o sadismo escravista, comboiados por multidão de abolicionistas. De afronta, bateram à porta do Conservador Ferreira Viana, feroz opositor da Reforma Dantas, que marejou os olhos. No dia seguinte, as torturadas apareceram em todos os jornais, porém jamais o veriam. Eduarda estava cega, Joana estava morta.

A CA promoveu um *meeting* de funeral. Os abolicionistas marcharam com o corpo pela cidade e, no cemitério, desabaram discursos. No estilo Gama de ativismo judicial, a CA processou a proprietária por tortura e assassinato e logrou a exumação do corpo de Joana. O relatório do delegado reportou que as moças eram vítimas de tortura e aprisionamento havia três anos, cotidianamente despidas e açoitadas à exaustão; a proprietária encerrava o suplício "atando-lhes os braços por cordas e assim conservando-as por muito tempo e sem tomarem alimento, que por fim lhes era dado colocando-se-o sobre o chão, para que Joana e Eduarda de bruços o apanhassem com a boca". Brutalidades expostas nesse detalhe nos jornais, a senhora foi indiciada por homicídio, com prisão preventiva decretada.

Artimanhas da defesa para impedir a prisão — alegações sucessivas de sonolência, doença e demência da proprietária — espicharam o processo. O embate chegou ao tribunal em outubro de 1886, quando o caso alçou-se a drama nacional. O advogado da ré pediu sessão fechada, antevendo tumulto. A *Cidade do Rio* contornou, com transcrição da íntegra do julgamento. O escravismo socorreu Francisca, que se fingiu de doida e, contra todas as evidências, foi absolvida. O movimento perdeu o veredicto, mas ganhou a opinião urbana. A exposição na imprensa por dias seguidos da barbaridade, título da seção que a *Cidade do Rio* dedicou ao caso, bem em acordo com a retórica abolicionista, suscitou a repugnância das gentes civilizadas.[36]

A estratégia do choque moral deu ao tropo do escravo sofredor, usado na literatura e em conferências-concerto, uma concretude selvagem. O movimento se apossou da simbologia cristã. Rui Barbosa comparou os reveses dos abolicionistas aos de Jesus, ao passo que *O País* coletava fundos para a emancipação sob a chamada "Em nome de Cristo". Antônio Bento nomeou o grupo herdado de Luís Gama de Caifazes, referência ao profeta que prometera a volta do filho de Deus para redimir o povo, e ideou um museu de horrores na nave de uma igreja — era membro da Irmandade dos Remédios —, com exposição de instrumentos de tortura, como um grande gancho de dependurar escravos. Ideia replicada em Campos e Recife. Bento fez do culto um meio de propaganda. Em 1887, levou outro Antônio em *marche aux flambeaux*: "Suspensos em longas hastes, apareciam os instrumentos de tortura: golilhas [gargantilhas], grilhões, cangas, relhos".[37] Procissão cívica cristã: o escravo, antes dependurado do teto pelo pescoço, caminhava atrás da cruz, a palma das mãos em chagas que seu senhor abrira à faca. Cambaleava à luz bruxuleante dos círios no breu da noite. Um Cristo.

Com imagens e metáforas cristãs, os abolicionistas fizeram o réquiem do escravismo numa interminável Sexta-Feira Santa. Além de poemas, peças, romances, músicas, desenhos, que usavam desde o início da campanha, aprofundaram a deslegitimação da escravidão com performances públicas de encenação da injustiça.[38]

Usaram também rituais tradicionais. A apropriação política esporádica dos cortejos fúnebres — os de Rio Branco, Luís Gama, Apulco de Castro — passou a sistemática. Além da simbologia, era um custo político reprimir. Quando o câncer matou sua mãe, em agosto de 1885, Patrocínio, tal qual a escravidão, misturou público e privado. No funeral, estavam a CA, as redações dos periódicos antiescravistas, egressos do gabinete Dantas (pai, filho e Rui Barbosa), os deputados Republicanos Prudente e Campos Sales, estudantes. Abolicionismo e republicanismo carregaram o esquife até o coche recoberto de preto, escoltado por cem carros. No cemitério de São Francisco Xavier, Nabuco, Carneiro da Cunha, Rebouças, Clapp os receberam. A ex-escrava, cercada das bandeiras das associações abolicionistas, transmutou-se, nos discursos, em síntese das retóricas do direito e da compaixão: Justina-Justiça.[39]

As encenações das dores da escravidão precederam a entrada da pena de açoite, a tradicional punição aos escravos, na agenda parlamentar. Nabuco levara a questão à Câmara, no estertor da legislatura que Cotegipe dissolveu, e, em 1886, denunciou na imprensa punições cada vez mais rigorosas de senhores em resposta à desobediência crescente dos escravos. Trouxe à baila cinco deles do município da Paraíba do Sul que assassinaram feitor, condenados um à pena de galés perpétuas, os demais a trezentas chicotadas cada — o que excedia o limite de cinquenta fixado em lei em 1835. Punição multiplicada, pois o chicote usado tinha cinco pernas de couro trançado. Foram, depois, amarrados e mandados a pé de volta à roça. Dois morreram no caminho. Nabuco pediu contas à Coroa: "[...] esse quadro habilitará a futura imperatriz a conhecer a condição de nossos escravos e a compreender a missão dos abolicionistas no reinado de seu pai".[40]

Cotegipe domava a Câmara; no Senado, o desequilíbrio entre os partidos era menor e seu poder encontrava contraste. Dantas liderava o bloco Liberal de combate sistemático à política escravista, primeiro na questão da filiação desconhecida — a interpretação de Antônio Prado da Lei Saraiva-Cotegipe —, depois nessa dos açoites. Dantas enfiou a fórceps o assunto na agenda senatorial, com discursos sucessivos. Pediu a exumação dos cadáveres, depois que laudo médico arranjado pelo senhor negara os açoites como causa mortis. Exigiu providências do ministro da Justiça e não apenas para o caso: "Convido V. Ex.ª, que muito pode, para me auxiliar no grande empenho de extinguir o quanto antes a escravidão no Brasil". Outro senador Liberal protocolou projeto de abolição dos açoites, e Bonifácio, o Moço, chamou a si o caso em discurso no plenário. Cotegipe sofria no Senado o tempo quente que nunca tivera na Câmara, como admitiria adiante: "Se o movimento abolicionista teve rápida marcha deve-o aos nobres senadores Liberais".[41]

Além de acuado na Câmara Alta, o governo sofreu a pressão difusa de mudança na conjuntura internacional. Cuba anunciou e, em 7 de outubro de 1886, pôs em ação o fim da aprendizagem. Na prática, abolia a escravidão. Assim como a lei espanhola de 1870 (Ventre Livre e Sexagenários) instilara as brasileiras de 1871 (Ventre Livre) e de 1885 (Sexagenários), a abolição final no vizinho premeu o governo brasileiro. O Brasil transformou-se no que tanto se temia desde os anos 1860: o único país escravista nas Américas e dos poucos restantes no mundo. Cotegipe, então, houve por bem sinalizar à comunidade internacional que o governo se mexia, mas o fez à maneira do escravismo de circunstância: em vez de abolir a escravidão, aboliu os açoites. O próprio ministro da Justiça propôs o fim da pena, sancionada incontinente em 15 de outubro.[42] Novamente era para inglês ver, pois a lei não indicou como se vigiaria sua execução. Suprimiu-se a legalidade de pena extrema, que produzia notícias desabonadoras para o gabinete nas imprensas nacional e estrangeira; entretanto, na prática, o controle do escravo permaneceu nas mãos de seu dono. Ao fazê-lo, inadvertidamente acelerou a privatização do conflito, visto que os abolicionistas passaram a sondar os senhores, a verificar se executavam a nova lei.

Naquele outubro, morreu José Bonifácio, o Moço, do bloco antiaçoite no Senado. Em reunião na sede de *O País*, o movimento decidiu usar a cerimônia fúnebre para manifestações abolicionistas. Nabuco e Artur Silveira da Mota viajaram a São Paulo com a incumbência de preparar um *meeting* de funeral. Deram com ruas cheias, obra de Antônio Bento: 4 mil pessoas, banda e flores caindo das janelas. Nabuco discursou, secundado por Bocaiuva, chefe do Partido Republicano, o que deu ao evento também caráter antimonárquico. O imperador reagiu com a quebra de praxe: escusou-se de enviar representante às exéquias de um senador.

Patrocínio, ainda em outubro, foi ao cerimonial em Santos e, em novembro, houve sessão cívica em memória de José Bonifácio, no Teatro São José, em São Paulo, com a presença de muitos Liberais e de uma comissão representando vários grupos abolicionistas de São Paulo. Aí se exibiu a continuidade da aliança entre abolicionistas do espaço público e o bloco que sustentara Dantas no sistema político: compareceu Clapp, presidente da CA, Rui Barbosa discursou e Dantas presidiu os trabalhos. Antônio Bento os saudou em nome da redenção dos cativos. Unidos menos para louvar Bonifácio que para combater Cotegipe, viu-se nos discursos. Na cerimônia noturna, lotada, homens de preto, mulheres sem chapéu, Bonifácio, o Moço, embora não tivesse sido em vida grande combatente, adentrou o panteão de símbolos do movimento. No palco, uma alegoria o representou "numa nuvem de fumo sobreapoiado em Luís Gama e no visconde do Rio Branco".[43]

NOVO CICLO DE LIBERTAÇÃO DE TERRITÓRIOS

Sob Cotegipe, a estratégia de libertação de territórios, antes apoiada em autoridades locais, encontrou contraste. Daí, em vez de seguir tentando libertar províncias, houve *mudança de escala*: os abolicionistas selecionaram cidades em que eram fortes e que fossem pontos nevrálgicos para o escravismo. Santos, cuja escravaria era diminuta — a matrícula de 1886 registrara apenas 58 escravos —, tornou-se a nova prioridade. A campanha fracassara lá em 1883, porém a Sociedade Emancipacionista 27 de Fevereiro, criada no dia de seu nome em 1886, reeditou-a, sob o novo script dramático-cristão do movimento: na Sexta-Feira Santa pediu aos proprietários que libertassem seus escravos em nome de seus sentimentos religiosos. Cidade preferencial igualmente por se constituir em ponto de entroncamento do sistema de transportes, a entrelaçar a conexão ferroviária interior-litoral e a marítima Sul-Norte, além de próxima do quilombo do Jabaquara, na serra do Mar, Santos era, pois, perfeita para receber e embarcar fugidos para o Ceará libertado. Essa foi uma das razões por que ali cresceu também o confronto. Em novembro, Cotegipe comunicou ao imperador seu método para resolver o pega-pega entre polícia e abolicionistas:

> Temos uma lei, que é dever do governo executar: ela reconhece a propriedade sobre escravos, e enquanto vigorar tem essa propriedade de ser garantida [...]. Não vejo qual a vantagem se vantagem há na desobediência às leis de consentir-se que as localidades onde já não há escravos se transformem em asilos invioláveis de escravos fugidos, mais perigoso do que o acoitamento previsto pela lei de 28 de setembro de 1885.
>
> Se as autoridades não prestarem auxílio aos senhores, não só faltam ao seu dever, como tornam-se cúmplices das desordens que serão consequência infalível da intervenção direta dos senhores para reaver aquilo que de direito lhes pertence. [...]. Entendo, pois, que convém reprimir tais desmandos com prudência, mas com energia.[44]

Com aval ou omissão da Coroa, Cotegipe cumpriu seu dever de reprimir. Em novembro de 1886, data dessa carta, o ministro da Agricultura, Antônio Prado, mandou o chefe da polícia da província recapturar quatro escravos fugidos em Santos e dar lição nos abolicionistas. O movimento se adiantou e, ao chegar, a força policial se viu acuada por chusma antiescravista, que tumultuou o embarque dos capturados no trem. Um deus nos acuda de tiros e feridos, em meio ao qual abolicionistas deram fuga a escravo num bote.[45] Pouco depois declararam Santos território livre e a transformaram em rota para libertados.

Foi o impulso para um novo ciclo de libertação de territórios. A CA capitaneou comissões para libertar mais quarteirões na Corte, que tinha ainda 7484 escravos. Na capital de Minas, o movimento para a libertação de Ouro Preto usou o método, com duas comissões para angariar recursos para manumissões. Carlos de Lacerda levou a estratégia para as imediações de Campos, orquestrando sessão cívica para promover alforria coletiva na Fazenda Simão, no último dia de 1886, para a qual convidou a CA. Clapp faltou, pois viajava a várias localidades; em *meeting* em Goiás, explicou que a CA considerava quaisquer associações abolicionistas como sociedades confederadas e as apoiaria em tudo.[46]

O grupo de Antônio Bento lançou campanha de libertação de territórios em São Paulo, em junho de 1887, conclamando, em *A Redempção*, a adesão dos três partidos. Em agosto, adotaram a estratégia em Salvador. Entre agosto de 1887 e fevereiro de 1888, a campanha logrou libertar catorze cidades, distribuídas entre Alagoas, Maranhão, Minas Gerais, Paraná, Rio de Janeiro, Rio Grande do Norte, Santa Catarina e São Paulo. Em janeiro de 1888, declarariam livres mais duas capitais de província, Natal e Curitiba, e a própria capital do Império, o Rio de Janeiro.[47] Somando as províncias libertadas, Ceará e Amazonas, a quase, o Rio Grande do Sul, o abolicionismo assoreava o escravismo em mais da metade do Império.

Celebrações públicas foram, porém, contidas. A inclinação punitiva do governo central as desaconselhava. Os abolicionistas acharam outros meios de fazê-los. Em Paquetá, ornamentaram a casa de um deles, houve foguetório, banda, *marche aux flambeaux*, flores, falas de Carneiro da Cunha e Dantas. Cotegipe nada pôde contra: apesar de nenhum discurso mencionar o recém-nascido, tratava-se de um batizado.[48]

DESOBEDIÊNCIA CIVIL

A política de Cotegipe forçou os abolicionistas a diversificar arenas. Conferências-concerto, ações de liberdade, formação de associações e libertação de território prosseguiam, contudo, passou a relevante o antes secundário: a desobediência civil. O movimento rumou para o enfrentamento.

Em março, Patrocínio foi a Campos, recepcionado com flores, foguetes, passeata cívica e um "Dobrado abolicionista", ia incendiar o palheiro. Seu amigo Lacerda, à frente do Clube Abolicionista, enfrentava o escravismo à pena, no seu jornal *Vinte e Cinco de Março*, e à unha, promovendo fugas de escravos, a queima de plantações e a invasão de fazendas. A visita de Patrocínio sinalizou a guinada do movimento das vias institucionais, malogradas sob Dantas, para as vias de fato. Nabuco o referendou, pois se o Parlamento se fechava para a abolição, cabia à nação fazê-la. Enxotados das instituições, os abolicionistas agiriam contra elas.[49]

Fugas coletivas, quilombos, revoltas, assassinatos de senhores e feitores, incêndios de plantações sempre existiram. Durante o Segundo Reinado, houve aquilombados e rebeldes em pelo menos metade do Império, em Pernambuco, Mato Grosso, Maranhão,

Rio Grande do Sul, Pará, Espírito Santo, São Paulo, Minas Gerais e no interior do Rio de Janeiro. Na região de Campos, resistência endêmica. O combate à escravidão não foi obra exclusiva dos abolicionistas; havia ações autônomas dos escravos, porém, notam Flávio Gomes, João Reis e Maria Helena Machado, houve momentos de sobreposição de iniciativas e orquestração conjunta. No governo Cotegipe confluíram dois processos: abolicionistas, expulsos do espaço público, penderam para ações clandestinas, e os escravos, percebendo a existência de uma rede de sustentação, ganharam incentivo para fugir. Essa convergência gerou a estratégia das fugas coletivas orientadas.

Os brasileiros não a inventaram. Outra vez se voltaram para o repertório abolicionista internacional. A *underground railroad* estadunidense deu o exemplo. Patrocínio, em 1883, publicara na GT o artigo "Caminho de ferro subterrâneo emancipador", que explicava didaticamente o sistema secreto de fugas de escravos orientadas por ou com a ajuda de abolicionistas nos Estados Unidos. Por lá se orquestrou uma rede de acoitamento geograficamente sequencial, com residências de simpatizantes marcadas por códigos a funcionar como esconderijo provisório e, assim, milhares de escravos se deslocaram do Sul dos Estados Unidos, onde a escravidão era lei, ao Norte, onde estava proscrita. Para evitar perseguição posterior dos proprietários, a fuga eventualmente se estendia para o Canadá, que, como parte da Commonwealth britânica, proibia a escravidão. Os abolicionistas brasileiros assimilaram a estratégia com adaptações. Ceará, Amazonas e Santos funcionariam como um Canadá interno. Em contraste com os Estados Unidos, seriam fugas para dentro, como as chamou Eduardo Silva, sem abandono do sistema escravista — antes uma tentativa de implodi-lo.[50]

Fugas coletivas orientadas ganharam escala depois da emulação da lei do escravo fugitivo pelo Regulamento Negro, cujo efeito no Brasil foi, como nos Estados Unidos, inverso ao visado: incentivou a mobilização clandestina. Não apenas um grupo ou outro; o movimento abolicionista inteiro pendeu para a desobediência civil: "Para que flores, para que música [...]? É perder tempo! [...] Os abolicionistas devem se congregar secretamente, como têm feito os da capital, e trabalhar de comum acordo [...]".[51] Isso dizia o jornal de Antônio Bento, em São Paulo, isso fazia a CA na Corte, que generalizou o que antes era minoritário, em parceria com grupos provinciais. A CA, Patrocínio conta que trabalhava em acordo com Antônio Bento, como antes mesmo de instituída oficialmente colaborava com Gama, "na evasão dos infelizes escravizados".[52]

Amparada na rede de ativismo abolicionista já nacional naquela altura, as fugas orientadas se disseminaram também nacionalmente. Um abolicionista baiano definiu em 1887 como dever de todos os defensores da liberdade dos escravos empreender no Brasil um caminho de ferro subterrâneo. Rebouças, em 1885, declarou que "Rui Barbosa, Joaquim Nabuco, José Mariano [Carneiro da Cunha], José do Patrocínio seriam capazes de acoitar escravos" e planejou uma rota de fuga do Alto São Francisco ao Ceará Livre, cujo ponto de partida teria por símbolo o túmulo de Luís Gama.[53]

A estratégia, como as anteriores, era modular, ativismo portátil. Requisitava uma organização secreta, um sistema de códigos para comunicação, uma rede de pontos de acoitamento, a colaboração de trabalhadores da malha de transportes — daí por que se instalavam perto de ramais de bonde ou trem no Sul e de portos de parada de vapores no Norte. Adicionalmente, era preciso audácia do abolicionista e negligência de autoridades. Nessa estratégia entrava em conta elemento ausente nas anteriores: as fugas dependiam da participação ativa dos escravos. Assim, em vez de bater de porta em porta, de dia, pedindo aos proprietários, como nas libertações de território, os abolicionistas passaram a ir de fazenda em fazenda, de casa em casa, na calada da noite, conforme escreveu *A Redempção*:

> Pregar a greve, aos trabalhadores escravos, ensinar-lhes que eles estão sendo dilapidados, fazer com que eles abandonem os estabelecimentos rurais, obrigando os possuidores dessas bastilhas a empregarem o braço livre, deve ser a missão de todos os abolicionistas.[54]

O sistema se implantou em várias províncias, com ajustes às injunções locais. A CA tentou coordenar as muitas iniciativas avulsas num sistema nacional, que Rebouças batizou de Liga Patriótica da Internação dos Retirantes da Escravidão. As fugas orientadas se ancoraram na rede de associações locais cultivada ao longo da campanha. Sem a centralização que queria Rebouças,[55] o sistema ficou federativo como a CA e em formato customizado, ao qual cada grupo atribuía toque peculiar e assim o singularizava.

A rede libertadora do Norte: Mortos e Cupins

A rede de fugas orientadas no Norte se teceu desde a libertação do Ceará. Distante das baionetas de Cotegipe e do escravismo raivoso do Vale do Paraíba, onde Paulino reinava, funcionou com certo sossego. Quem a engendrou foram abolicionistas de Ceará, Amazonas, Rio Grande do Norte, Paraíba e Maranhão. Operava em portos, nas paradas dos vapores, que conectavam capitais provinciais e seu epicentro era o Recife. Ali estava a Faculdade de Direito, que convertia alunos em ativistas, e o grupo de Carneiro da Cunha, que colaborou, ainda durante a crise do governo Dantas, com o Clube do Cupim.

A iniciativa fora do guarda-livros maranhense João Ramos, membro da Sociedade Emancipadora do Recife e da Relâmpago, que fundou em 1884 para resgatar escravos num piscar de olhos.

A ele se ajuntou uma dúzia de estudantes da Faculdade de Direito. Cada qual elegeu um "nome de mar" em remissão a uma província. Ramos era Ceará, Carneiro da Cunha entrou atrasado e ficou com a província restante, o Espírito Santo. Segredo de polichinelo, a Relâmpago sumiu do céu, substituída pelo Clube do Cupim, nome alusivo ao modo silencioso de roer a escravidão.

Os Cupins, rezava o estatuto, vinham "resgatar das mãos dos 'aventureiros' o maior número possível de cidadãos". No seu código, escravos eram "ingleses" (alusão à lei de 1831) e o sinal de passe no transporte de fugidos era "amor e pátria". Para as fugas, valiam-se do eufemismo "mudança de cidadãos", e os pontos de encontro tinham nomes enigmáticos, como a reunião do pau de pinho.[56]

O dia a dia dos Cupins consistia em roubar e esconder escravos. O sócio Acarape, nome que homenageava a primeira cidade libertada no país, libertou setenta e tantos de um engenho sem deixar rastro. Amazonas transportou 34 cidadãos escravizados para o Ceará num iate. Sempre no breu da noite e com lances arriscados, como na vez em que Carneiro da Cunha e João Ramos surrupiaram uma escrava, fazendo-a passar de varanda em varanda até casa de uma família associada ao Clube do Cupim. No domingo de Carnaval, Ramos e outro Cupim atravessaram a cidade com a escrava, os três vestidos de dominós, para embarcá-la rumo a Aracati, no Ceará. Como o episódio acabou em serpentina, repetiram a dose, cobrindo de pó de arroz e galas outra escrava, uma doceira. Na rua, deram com o dono. O Cupim, sem perder o rebolado, fez mesura ao barão, que, por sua vez, tirou o chapéu para a senhora.[57]

As senhoras foram fundamentais nas fugas, ao abrirem seus lares para reuniões ou esconderijo, pois assim davam aparência de respeitabilidade à quebra da lei. D. Olegarinha, a mulher de Carneiro da Cunha, franqueou sua chácara, o Poço da Panela, para os Cupins estabelecerem um clube filial para fugidos, tirados às pressas nas blitze, como em setembro de 1885, quando recebeu ordem expressa: "que se mandem retirar do referido lugar[,] quanto antes, os ingleses existentes".[58]

Muitos participavam das operações, inclusive abolicionistas das instituições políticas. Nabuco circulou com Carneiro da Cunha por Pernambuco para denunciar o uso ilegal do açoite, escondeu fugitivo e defendeu a estratégia dos Cupins no jornal. Contou que aonde a dupla chegava

> os escravos vinham a nós, e em muitos lugares, consta-me que eles fugiram depois de nossa partida. Isso é inevitável d'ora em diante. O abolicionismo vai se alastrar pela província. O caminho de ferro subterrâneo vai ser organizado como já está a navegação submarina [fugas via Santos], e [...] em todos os pontos da província [vai] funcionar o chamado Clube do Cupim [...], entra-se aqui em nova fase. [...] Os abolicionistas desta província são todos francamente acoitadores de escravos, [...] é o único meio de fazer executar o que a lei aboliu.[59]

O itinerário Pernambuco-Ceará era viável pela proximidade geográfica e pela relação antiga entre dois Joões, o Romão, de Recife, e o Cordeiro, em Fortaleza. Acertavam transporte de fugitivos por carta, o que permitiu aos Cupins ampliar seus túneis para províncias vizinhas. Mandaram "ingleses" para Mossoró, cidade libertada, no Rio Grande do Norte, e tinham laços com abolicionistas de Belém e Manaus, Goiás e Paraíba. O sócio Alagoas quis abrir quilombo no Amazonas para mandar fugidos do Recife. Os Cupins cavaram rota para o Sul, Rio de Janeiro-Rio Grande do Sul-Montevidéu, e mandaram comissão às sociedades abolicionistas da capital, pedindo colaboração.

Os Cupins operavam na moita, mas também por ação pública, e, vez ou outra, recorreram às autoridades: pediram à polícia o fim das operações de compra e venda de escravos, denunciaram o uso de açoite já proibido por lei. Ainda em 1885, revoltados com o Projeto Saraiva, lavraram voto de desprezo ao gabinete e o publicaram no *Jornal do Recife*: "O Clube do Cupim, não tendo cor política, continua a tratar da remissão dos cativos". Embora ativos até abril de 1888, acossados aqui e ali, abandonaram o acintoso registro de ilícitos e submergiram sem deixar serragem.[60]

No Norte funcionaram outros grupos secretos menos momentosos — o que dificulta mapeá-los. O Diretório dos Cinco ou Clube dos Mortos era um grupo juvenil de São Luís, com cerca de sessenta membros, sobretudo estudantes de faculdade, incluídos Aluísio e Artur Azevedo, educados na roda de Patrocínio e que, à moda do mestre, tinham quartel-general em um bar. Esses moços de elite financiavam a operação, mas na linha de frente estavam estratos baixos, como um barbeiro. O nome da turma aludia tanto ao silêncio da empreitada de acoitar escravos que quisessem fugir para o Ceará como ao caráter assombrado que deram ao sítio da família de um deles. O pequeno quilombo ficou sob proteção do além: os abolicionistas simulavam ruídos e espalhavam histórias de fantasmas. Assim afugentavam curiosos, e os fugidos podiam tocar a vida e até uma roça.[61]

O Clube dos Mortos combinava propaganda, do tipo conferências-concerto, com ação clandestina. Estabeleceu conexão com Ceará e Belém e, embora mais modesto que os Cupins em resultados, tinha membros igualmente destemidos, pois algumas fugas se fizeram à luz do dia. Para tais operações, atraíam "adeptos na *gente de pegar*: assim se chamavam os valentões da terra. [...] alguns homens de cor, inteligentes e idealistas que sempre compareciam aos nossos comícios libertadores". Negros livres que fundaram o Centro Artístico Abolicionista Maranhense para operar com os Mortos.[62]

O sucesso das fugas orientadas dependia de rede cooperativa no cotidiano das cidades, da ajuda dos trabalhadores do sistema de transporte e de vista grossa de autoridades locais. Por exemplo, quando um proprietário telegrafou a Mossoró solicitando que agarrassem no desembarque seu escravo Matias, parte do transporte de vinte ingleses dos Cupins, o telegrafista avisou João Ramos que, passando-se pelo proprietário, matou a recaptura ao telegrafar de novo: "Matias apareceu".

O chamamento à ação clandestina revoltou a Câmara. Um deputado do bloco escravista denunciou a SCL como subversiva, por receber em Fortaleza os escravos que os Cupins roubavam no Recife. Um proprietário estarrecido narrou que em sua fazenda aparecera "um emissário da propaganda a missionar meus escravos", "aconselhando-os a *emigrarem* para a *terra da luz*". Outro resmungou em panfleto que "ninguém ignora que aquela província [Ceará] está convertida em território de asilo e cheia de escravos de todo o Império, inclusive muitos embarcados aqui mesmo [na Corte]".[63]

Conexões interprovinciais e apoio social difuso solidificavam as fugas orientadas e atazanavam a ordem escravista.[64] Se Cotegipe encompridara a escravidão com a lei, os abolicionistas a extinguiam pelas vias de fato.

A rede libertadora do Sul: Caifazes e camélias

Ao Sul, interpunham-se dificuldades adicionais para a estratégia: lonjura da terra livre, o Ceará, e cercania do Vale do Paraíba e do Oeste Paulista, onde ficavam a maior parte dos escravos e o epicentro do escravismo politicamente organizado. A importância da mão de obra cativa no giro da vida econômica local diminuía a simpatia da população e a leniência de autoridades. Operar nesse cenário requisitava ousadia dobrada.

Desde o princípio da campanha, abolicionistas paulistas encobriram fugas; quem, contudo, as tornou sistemáticas foi Antônio Bento de Sousa e Castro. Luís Gama tinha John Brown por ídolo, mas Bento guardava com o estadunidense maior similitude: de posição social, homens de posses e inserção na elite, de tipo físico, brancos, de credo — Brown puritano, Bento católico — e de método, o destemor em usar a força contra a escravidão. Morto em 1859, nos anos 1880 Brown era ícone do repertório abolicionista mundial, assim como seus métodos heterodoxos: além de auxiliar a *underground railroad*, incitou uma revolução escrava.

Bento trafegou por essa linha. "Magro, estreitado, de tornozelo à orelha, no longo capote como num tubo, chapéu alto", "rijo cavanhaque de arame, o olhar disfarçado nos óculos azuis como uma lâmina no estojo", era "feito de contrastes", meigo e violento, que "manda como um chefe e obedece ao primeiro soldado". Depois do malogro do gabinete Dantas, dirigia o Centro Abolicionista de São Paulo na fortificação de rede de fuga e acoitamento. Raul Pompeia, que o seguiu com o denodo com que antes seguira Gama, conta que os Caifazes agiam nas sombras, "sem nome, sem residência, sem profissão, disciplinados, resolutos, esquivos, impalpáveis". Infiltravam-se como mascates ou trabalhadores manuais para ganhar a confiança dos escravos e engendrar "trama revolucionária". Como no Norte, a estratégia contava com colaboração: um pequeno lavrador cedia seu sítio como primeiro refúgio para fugitivos, outro os buscava em hora marcada. Missão arriscada: um desses foi assassinado na porteira de uma fazenda, em Belém do Descalvado. Em necrológico de outro Caifaz, *A Redempção* escancarou nome e procedimento: o ativista "deixando os seus cômodos, alta noite, vinha combinar conosco a forma de tirar das garras dos capitães do mato infelizes escravos que procuravam sua proteção".[65]

Bento promoveu fugas até contra o cunhado, que, ao estilo

de Jacobina, de "O espelho", de Machado de Assis, viu-se sozinho em fazenda desertada. Na cidade, batia à porta em dias de gala aristocrática e pedia carta de liberdade em honra à ocasião, enquanto Caifazes davam fuga aos escravos pela porta da cozinha. Para acobertar, valia-se de sua condição de provedor da Confraria dos Remédios.

Se sucedida a fuga, uma rede de apoiadores fornecia acoitamento provisório: de donos de farmácia a grandes comerciantes. Bento mantinha casa só para isso, marcada com bandeira branca. O transporte era a etapa crítica, a cargo de estudantes de direito, que aliciavam cocheiros, enquanto outros atuavam nas estações de trem. Colaboravam algumas autoridades, como certos policiais, que se coordenavam com os abolicionistas de São Paulo e os receptadores em Santos e na Corte.[66]

Uma possível escala era o Quilombo do Jabaquara, urdido no caminho de Santos, em 1882. O comando era de um português e de ex-escravo, antes cozinheiro de família republicana. Chegou a abrigar a marca incrível de 20 mil pessoas. Depois de um tempo de moita, os fugidos ganhavam certificados fajutos de liberdade e se empregavam na carga de café no porto ou em fazendas. Bento negociava contratos coletivos: "Combinou com alguns fazendeiros, dos quais já havia despovoado as roças, para receberem escravos retirados de outros donos".[67]

Como os Cupins, os Caifazes tinham códigos: os escravos eram "fardo", "peru" ou "leitão",[68] e os abolicionistas se reconheciam por usarem a flor-símbolo da CA na lapela esquerda: a camélia. Raul Pompeia, por exemplo, roubou um escravo em São Paulo e enviou ao Rio de Janeiro, onde, na Central esperava-o um membro da CA. A comunicação foi feita com o telegrama "Segue bagagem trem". O fugido era em seguida levado à casa de um abolicionista, onde esperava o momento de novo transporte, para o Ceará.[69]

As camélias indicavam também o esconderijo nos quilombos que se armavam em plena Corte. O maior deles, o do Leblon, no qual se plantavam essas flores, era chefiado por um membro da CA. Escondeu muitos por bastante tempo e sob certa normalidade. Em 1887, por exemplo, houve lá uma festa de aniversário, com cerca de cinquenta quilombolas. Um deles saudou os abolicionistas. Respondeu-lhe Nabuco, que, como grande parte dos ativistas da CA, se conectava com as duas redes de acoitamento, ao Norte e ao Sul.[70]

Rebouças registrou sete outros quilombos na Corte e arrabaldes sob responsabilidade da CA. Um, sob o comando de Patrocínio e com seu nome, funcionava na redação de seu jornal e em sua residência. O Clapp era quase institucional: ficava na sede da CA e na casa de seu presidente, envolvendo a família, o que levou um de seus filhos à delegacia, acusado de roubar uma escrava. Anúncios na GT descreviam a casa de porcelanas de Clapp como escritório, ao qual os cativos podiam acorrer noite e dia.[71]

E a Liga Patriótica contou com farto asilo informal:

> Nas casas das famílias abolicionistas, nos escritórios comerciais, nas redações dos jornais, nos hotéis, nas padarias, nas grandes fábricas, nos quartéis, nas tipografias, por toda a parte em que houvesse uma alma de abolicionista, encontrava-se um abrigo seguro".[72]

O subsistema de fugas orientadas do Sul tinha três polos — fazenda/casa, sistema de transporte, abrigo — e dois destinos — quilombos locais ou territórios libertados de Santos e Ceará. Esse circuito, urdido desde antes, se azeitou em fins de 1887, articulando fugas de fazendas em várias cidades do interior de São Paulo. Em Piracicaba, um barão acordou certa manhã com cem escravos a menos.[73]

Na província do Rio de Janeiro, o foco era Campos. Em fins

de 1887, Lacerda e seu pessoal tanto produziam fugidos como abrigavam libertados de outras partes. Escravismo local forte, enfrentamento grande. Escravistas empastelaram jornais, desmantelaram conferências. Abolicionistas revidaram: queima de plantações e incitamento de rebeliões escravas. Também em Ouro Preto, então capital de Minas Gerais, o chefe de polícia atestou fugas. No Paraná, em junho de 1887, formou-se um grupo secreto disposto a usar a força, seu nome o dizia: Ultimatum.[74]

A rede ao Sul, como a do Norte, contou com lastro social. O Regulamento Negro do gabinete Cotegipe, em vez de coibir o acoitamento, suscitou a adesão da população antes desengajada, facultando a expansão do respaldo ao abolicionismo para além das grandes cidades e dos setores médios urbanos, conquistados nas conferências-concerto. O movimento adquiriu capilaridade, amealhando os estratos baixos, trabalhadores do sistema de transportes — maquinistas, cocheiros, estivadores e marinheiros — e donos de botica e mascates, que circulavam pelo meio rural. Essa malha social solidária escondia escravos ou não os delatava, sabotando polícia e capitães do mato, e viabilizou fugas numa escala que os ativistas sozinhos jamais poderiam levar a cabo ou que, de outro modo, seriam facilmente descobertas. Um exemplo é o do escravo disfarçado de padre, que passou sua viagem de trem fingindo ler a Bíblia. Único passageiro a ignorar que o livro estava de cabeça para baixo.[75]

A política do cacete de Cotegipe foi, pois, um tiro pela culatra. Fomentou a estratégia de desobediência civil, as fugas orientadas, que interiorizaram a trama abolicionista. A face pública do movimento entrou em minguante, mas o lado oculto fez quarto crescente. Metades de uma só lua, que ficou cheia no segundo semestre de 1887. O movimento, já rede nacional e coordenada no meio urbano, infiltrou-se no campo, com enorme respaldo social. Roendo, como os Cupins, por dentro, desestabilizou a ordem escravocrata.

DE VOLTA AO PARLAMENTO

No Senado, o trio Dantas, Otoni e Silveira da Mota apoquentava o governo, coadjuvado por novos descrentes ou assustados com os métodos de Cotegipe. Ocasião de perturbar o governo veio com duas eleições fora de época. Uma foi para suceder o falecido Bonifácio, o Moço. Nessa, falharam: elegeu-se o arqui-inimigo do governo Dantas, o escravista Moreira de Barros. A segunda eleição ocorreu quando Cotegipe trocou um ministro, em julho de 1887; o novo fora adversário de Nabuco nas eleições de 1884 e precisava ser confirmado por seu colégio eleitoral, o 1º distrito do Recife. O movimento, então, relançou Nabuco como candidato nacional.[76]

A campanha de conferências-concerto e comícios praticada em favor dos candidatos abolicionistas em 1884 não pôde ser repetida na mesma escala sob Cotegipe. O presidente de Pernambuco proibiu bandas de música e ameaçou demitir funcionários públicos que participassem de eventos abolicionistas. O gabinete chegou ao extremo de enviar a Marinha de Guerra para reprimir manifestações. Para surpresa governista e alegria abolicionista, o navio naufragou no caminho.

Teimando em fazer comício em Afogados, no Recife, os abolicionistas deram com a polícia a pé e montada. No tumulto, outra vez morreu partidário do adversário de Nabuco, e outra vez ele e Carneiro da Cunha se impuseram nas alças do caixão do morto, em meio a escravistas e polícia.

Sob ânimos armados correu a eleição. Cotegipe empregou os sortilégios do governo para controlar o resultado. Os abolicionistas, de seu lado, caçaram votos um a um e ganharam: 1407 votaram em Nabuco, 1270 no ministro. Vitória milagrosa, pois que, a despeito do empenho, ninguém acreditava seriamente em bater o governo: "[...] é um delírio a cidade a esta hora. Fizemos história!". Alunos da Faculdade de Direito desafiaram a proibição com passeata pelo Recife, ruas iluminadas, comércio fechado. Nabuco saiu herói, aclamado em todos os portos do caminho até o Rio de Janeiro. Vitória nacional, festa em Fortaleza, Ouro Preto, São Paulo, Corte, abolicionistas unidos em resistência nacional a Cotegipe.[77]

Em vez de apear do cavalo, como seria a praxe ante um ministro desconfirmado nas urnas, o barão encurtou as rédeas. Os alunos da Escola Militar, Republicanos e membros da Sociedade Abolicionista de Cadetes e Inferiores, que tinham saudado Nabuco no cais, amargaram vinte dias de prisão por insubordinação. Atitude que se somou a vários episódios em que Cotegipe se indispôs com o Exército ao longo de 1887, alimentando uma questão militar. Ocasião das menos adequadas para rusgas com os donos das armas, uma vez que o gabinete precisava delas, pois a legitimidade tácita que antes amparava a ordem escravocrata se esfrangalhava. Nabuco, Patrocínio e Rui Barbosa, em artigos de imprensa, tiveram a astúcia de escovar o ego arranhado dos cadetes presos como de generais, que Cotegipe tratava "como se fossem escravos". Os militares reciprocaram a gentileza abolicionista. Em agosto, o tenente-coronel Sena Madureira garantiu, contra as ordens do rapa-coco Coelho Bastos, uma manifestação do movimento em frente à sede do jornal *O País*. Bocaiuva discursou por abolição e república e saudou: "O exercício do direito de reunião, proibido pela polícia na praça pública, foi efetuado no meio da rua, em presença da própria autoridade humilhada e da força da cavalaria [...]. Viva o Exército!".[78]

O conflito gabinete-Exército abriu oportunidade de aliança para o movimento dentro das instituições imperiais. Nabuco decidiu: "Vou ao Rio somente para conseguir dos militares não capturarem escravos". No retorno triunfal à tribuna parlamentar, a partir de setembro de 1887, assim discursou.[79] Cotegipe tomara o caminho da força, os abolicionistas investiram em lhe subtrair as armas.

A POLÍTICA DA REGENTE

Revoluções são fenômenos raros; situações revolucionárias, na beira de transbordar o copo, são mais frequentes. Segundo Charles Tilly, nas revoluções há derrubada e troca de mandatários, com a substituição de elites, enquanto nas situações revolucionárias ocorre múltipla soberania: competição entre diferentes grupos pelo poder do Estado, sem que nenhum consiga monopólio ou controle, nem pela força.[80] Essa era a cena no Brasil em fins de 1887, quando desobediência civil abolicionista, revoltas de escravos, ações de milícias escravistas, comícios Republicanos e insubordinação das Forças Armadas puseram em xeque a capacidade do gabinete de governar. A crise de governo caminhou para uma crise do regime quando a ela se somou a sucessão dinástica. Aí a incerteza alcançou seu ápice.

A transmissão da Coroa, há muito aventada, por conta da idade e das moléstias de d. Pedro entrara em conta no começo do ano. Na noite de 27 de fevereiro de 1887, o imperador, que sofria de diabetes e andava sonolento, teve mal-estar público, "acometido pela fatal moléstia, que o levou às Águas Claras, a S. Cristóvão, à Tijuca, e à Europa", narrou Rebouças. Entre adoecer e zarpar demorou. D. Pedro temia deixar o trono vago e Isabel estava fora do país. Até o retorno da princesa correram quase quatro meses, nos quais o Poder Moderador ficou acéfalo. Embora se falasse à boca pequena que, tomado por doenças, morosidade e enfado, o imperador deixara a linha do regime nas mãos de Cotegipe, até então ele era a autoridade moral por trás do governo. Sua saída de cena em meio a agouros eliminou esse freio. Acresce que Isabel vinha ignorante das minudências políticas que seu pai tanto apreciava e sem traquejo nem autoridade sobre chefes partidários, que dirá programa próprio. O futuro da monarquia tornou-se o assunto principal da imprensa. Os Republicanos viram a eventual morte de d. Pedro como momento ímpar para a troca de regime. Bocaiuva chamou de "o esquife da monarquia" artigo sobre o navio que transportava o imperador, e a *Cidade do Rio* de Patrocínio passou a dar folhetim de título igualmente autoexplicativo: *O rei phantasma*.[81]

Trono vacante a assombrar a elite imperial. Na hora de se unir para garantir o statu quo sob pressão abolicionista e republicana, dividiu-se ante o Terceiro Reinado. Poucos políticos ansiavam por Isabel, católica demais até para os clericalistas e casada com francês mal entrosado com chefes partidários. Cogitavam-se um plano B, o primogênito da princesa, e C, o sobrinho de Isabel, Pedro Augusto.[82] A princesa chegava fraca ao seu ensaio geral para rainha.

Parte dos abolicionistas achou auspicioso. O conde D'Eu libertara escravos ao fim da guerra com o Paraguai e Isabel precisava de marca para abrir seu reinado. Rebouças, habitué dos príncipes nos anos 1860, viu que era hora de regressar à roda e aliciar Isabel, o que tentara sem sucesso junto a d. Pedro.

Cotegipe também viu o vácuo. Ocupou-o. Engolfada em preocupações filial e maternal, rivalidade com o sobrinho, afazeres da Corte e de crente, Isabel tentava apenas garantir que o Segundo Reinado sobrevivesse até o Terceiro. O chefe de gabinete, nos seus setenta anos, fazia política antes de a princesa vir ao mundo e disse-lhe que reformas poriam a monarquia abaixo. O golpe certeiro foi acenar com a afinidade católica, como conta ela: "O Ministério oferecera-me sua demissão que eu não aceitei. O barão de Cotegipe parecia-me poder sustentar a situação e eu conhecia-lhe suas tendências firmes a apoiar o que dizia respeito à religião, tendências infelizmente raras".

Delegação nascida da percepção turva dos príncipes acerca da conjuntura. As questões militar e escrava explodiam sem que vissem com o que se apoquentar. Em carta de julho de 1887, o conde D'Eu julgava que "a situação política apesar do que dizem não é má. [...] a sessão anual das Câmaras está na metade de modo que eu creio que a atravessaremos sem percalços". No dia 14 de julho, quando Republicanos comemoraram o aniversário da Bastilha no Rio de Janeiro, com Silva Jardim prometendo cenário similar para o Brasil no ano seguinte, a princesa escreveu à sua preceptora: "Quanto aos ministros, até agora não nos incomodam. As reuniões com eles têm sido raras e breves: na ausência do imperador, a política naturalmente cochila".[83] Ou cochilava ela.

Sem o cabresto da Coroa, Cotegipe desembestou. Alargou-se o espaço para praticar às claras a política que já exercia a meia-luz. Fazendeiros e mercado se alarmavam com a escalada da desordem e a derrocada de preços. Em 1887, o mercado de escravos predizia abolição em um ano. Frutificaram então as tendências raras de Cotegipe e de seus costados no Senado, Paulino e Martinho Campos — que ali chegara naquele ano. Agostini, ao tempo que denunciou a cor camuflada com estereótipo, reconheceu seu poder incontrastado, ao desenhá-lo como macaco com coroa na cabeça. Cotegipe reinava.

Reino do prendo e arrebento. Se no governo Dantas a luta no espaço público e no Parlamento foi entre a aliança governo-movimento e o contramovimento escravista, no gabinete Cotegipe a equação se inverteu. O movimento viu-se perseguido pelo governo, proscrito do espaço público, ao passo que a aliança entre escravistas e gabinete foi tal que se pode dizer que o contramovimento virou o governo. Nabuco denunciou: o escravismo poderia dizer "O Estado sou eu".[84]

Em agosto de 1887 proibiram-se aglomerações nas ruas e em edifícios públicos à noite e demitiram-se abolicionistas de empregos públicos. A CA reagiu com conferência em 6 de agosto, no Polytheama, a qual acorreram comandados do rapa-coco Coelho Bastos. Imediato enfrentamento entre abolicionistas e polícia. Depois de receber de policial à paisana uma sorrateira ameaça de morte, Patrocínio denunciou: milícias civis mancomunadas com a polícia iam perturbar *meetings*, ao passo que "o ministério da escravidão tem recorrido à ameaça".[85] Sem garantias físicas para o uso de rua e teatros, Patrocínio, afinal vereador, requisitou, em dezembro, o salão de honra da Câmara Municipal para conferência da CA. Espaço negado.

Em busca de escravo fugido e abolicionista acobertador, rapa-cocos e sequazes esquadrinhavam casas e ruas em uma série de pequenos incidentes, ameaças e agressões a abolicionistas. Na presidência da CA, Clapp matava um leão por dia, escondendo, escoltando ou soltando correligionários. A coação rendeu aos abolicionistas a simpatia da população da cidade do Rio de Janeiro, ultrajada com o quase estado de sítio.

Foi um pega-abolicionista de escala nacional. Presos ativistas na Bahia e em São Paulo e sete de uma vez em Caçapava, todos por ladrões de escravos. Em Jacareí, dois foram expulsos da cidade. No Recife, o chefe de polícia proibiu o embarque de "pessoas de cor sem o competente passaporte" para estancar fugas para o Ceará. A polícia atacou abolicionista octogenário, redator de *O Asteroide*, em Cachoeira, Bahia. Correligionários o defenderam e a refrega acabou com vários feridos. Ameaças de morte se multiplicaram. Antônio Bento escapou por pouco de atentado. O perpetrante, surpreendido, experimentou rebote: os abolicionistas rasparam-lhe o bigode, o cabelo e as sobrancelhas, à moda do rapa-coco.

O troco abolicionista ao governo foi violento. Na Corte, *meeting* em 8 de agosto, na frente do quartel do Campo da Aclamação, emperrou antes do começo, com o delegado de polícia instando os abolicionistas a cancelar a manifestação. A resposta: pedradas no chefe de polícia, no delegado e no ministro da Guerra, que, inadvertidamente, por lá passou.[86]

Em Campos, vários incidentes explodiram em outubro: depois de comício proibido, a polícia invadiu a tipografia do *Vinte e Cinco de Março* atirando, após arrombar a porta a machado. Recebeu igual moeda: resistência com tiros e dinamite, com saldo de quatro policiais feridos e um morto. No tropel, a polícia prendeu abolicionistas e ameaçou a vida de Lacerda, que fugiu para a Corte. O *Cidade do Rio* dedicou suas manchetes de outubro e novembro aos conflitos em Campos. A CA impetrou habeas corpus em favor dos presos, no qual se viu o caráter nacional do movimento: assinado por Nabuco e Carneiro da Cunha, por Pernambuco, Antônio Pinto, pelo Ceará, Clapp e Patrocínio, pela CA.

Como no início da campanha, o movimento apostou no método bumerangue. Divulgaram eventos em francês e buscaram a sanção moral de autoridades estrangeiras como meio de brecar a violência estatal. Em 1886, por intermédio da Anti-Slavery britânica, Nabuco obteve declaração há tempos desejada do primeiro-ministro inglês William Gladstone. Se isso envergonhou d. Pedro, não afetou o ritmo de Cotegipe, que, na mesma hora, proibiu a leitura do *Cidade do Rio* na cadeia — para impedir os abolicionistas de Campos, incomunicáveis, de receber notícias pelo jornal.[87]

Dantas, no Senado, pediu garantia de vida para os abolicionistas ao ministro da Justiça e aconselhou que uma comissão da CA apelasse à princesa. Ao recebê-los, Isabel exibiu todo seu tirocínio político: disse "que pedia a Deus que a escravidão acabasse o quanto antes". Como Deus não fez nada, os abolicionistas de Campos permaneceram presos, e a guerra campal, a tiros, seguiu igualmente por um mês, com tentativa de assalto a outro jornal abolicionista, a *Gazeta do Povo*. Nesse pandemônio, houve eleição local em Campos. Os abolicionistas, a despeito de tudo, elegeram um representante no terreiro escravista de Paulino, um irmão de Lacerda. O eleito marcou conferência celebrativa no Teatro Empyreo. A polícia se postou na porta, revistando quem se aventurasse. O deputado, então, conduziu o povo à sua casa. Falava da sacada, quando a cavalaria atacou o comício, primeiro a chicote, depois à bala. O comércio fechou. Os abolicionistas, três feridos, revidaram com pedradas. Em nova tentativa de *meeting*, negros livres atacaram a polícia com armas de fogo. Caos por dias, vários feridos, uma morte. Da Bahia, um abolicionista protestou em favor do correligionário: se a vida de Carlos Lacerda estava ameaçada e seu irmão preso, se a violência era a língua do gabinete, "não terá pensado o governo nas consequências possíveis [...]? Terá meditado na influência que teve o assassinato *legal* de John Brown?". Brown, o revolucionário que pegara em armas, incitando a insurreição escrava nos Estados Unidos, aquele que Luís Gama admirava, ascendia a ídolo coletivo. O clima de tensão, em vez de dissuadir, atraía magotes de jovens estudantes para o abolicionismo, passionais, sequiosos, como Brown, de fazer história.

Nada disso pôs a abolição na agenda do governo. Desapontou os abolicionistas a ausência de menção à questão servil na fala com que a regente encerrou o ano legislativo de 1887. O jornal de Patrocínio a acusou de conivência com a violência escravista em manchete de letras garrafais: "A Regência ensanguentada". A esperança de Rebouças, de aliança com a princesa, fracassava, pois "Vossa alteza, para firmar a autoridade regencial e consolidar o trono que vos deve pertencer, sanciona os crimes que o governo manda praticar".[88]

Revolta escrava simultânea em várias fazendas da região estourou em dezembro em Campinas e foi desbaratada. A polícia, disse seu chefe em São Paulo, era incapaz de acudir a tudo, em face de escravos que, aconselhados por abolicionistas de "espírito maléfico", evadiam-se em grupo para Santos e assassinavam senhores em diversos municípios. "A segurança individual e de propriedade ainda não satisfaz nesta província, como não satisfaz em parte alguma do Império." Francisco de Paula Rodrigues Alves, então presidente de São Paulo e, no futuro, da República, comunicou à Assembleia Provincial a fuga em massa de escravos de diversas fazendas, o que reputava uma ameaça à ordem pública. Na impossibilidade de atender a tantas demandas, "aliás, justíssimas", de contingentes policiais, solicitou reforço militar ao governo central. Cotegipe gostaria de reprimir, pois "o abandono das fazendas, e a crescente andaria dos escravos, provocadas sem dúvida por anarquistas, constituem um perigo grave". Desviou tropa de cavalaria de Curitiba para Santos, o ponto nevrálgico de recepção de fugidos, mas admitiu que "para conter ou abafar a desordem — que é o prenúncio de grandes desgraças — não dispomos de força". A insuficiência do governo central, que andava às turras com o Exército, para socorrer belicamente a ordem escravocrata deixava como alternativa de defesa a militarização do escravismo. O presidente de São Paulo amparou a iniciativa de cafeicultores de usar capitães do mato para "inspecionar" passageiros pretos e mulatos nos trens em Jundiaí.[89]

Se os abolicionistas eram rede nacional, também os escravistas da oposição ao gabinete Dantas seguiam ativos. O contramovimento endossou a repressão estatal no Parlamento, no espaço público e à força. Suas associações — Centro do Café, Centro da Lavoura, Clube da Lavoura — e seus jornais se multiplicavam. Na província de São Paulo, a organização escravista se montou em Limeira, Lorena, Brotas e Pinhal. Ainda em 1884, um membro do Clube da Lavoura do Recife escreveu ao presidente de Pernambuco que os agricultores ficariam contentes com uma linha repressiva de Olinda a Boa Viagem, pois nos demais portos eles próprios a fariam, com suas forças privadas. Eram as mesmas milícias à paisana que empastelavam jornais, desbaratavam conferências e transtornavam a vida de abolicionistas e de juízes que acolhiam suas ações judiciais de liberdade. Em Araraquara, Belém do Descalvado, Capivari, Paraíso e Penha do Rio Peixe, onde, desde 1884, havia Clubes da Lavoura, houve quebra-pau.

Nabuco protestou contra a máquina repressiva, que via azeitada do chefe de governo aos membros do Clube da Lavoura e Comércio, "todos carrascos de escravos", com seus velhos métodos, uma vez que a proibição dos açoites era outra letra morta na história do Império. Calamidade de senhores matando escravos nas fazendas, sob conivência do governo, com a princesa calada. Atrocidades como em Santa Maria Madalena, que, em outubro de 1887, repetiu os requintes de crueldade dos açoites na Paraíba do Sul, no ano anterior. No Senado, Dantas chamou mais esse caso para si e o gabinete à razão.[90]

Naquele outubro eclodiu um episódio assombroso. Começou em Capivari e chegou a Itu, que assistiu boquiaberta à travessia de 150 escravos fugidos pelo centro da cidade, rumo a Santos. A sociedade paulista, a nacional por tabela, pois os jornais noticiaram por dias a marcha negra cruzando municípios, assistiu pasmada a esse ensaio geral de rebelião escrava. O líder Pio esteve à frente de dias de caminhada, enfrentando a fome, no meio do mato, carregando velhos e crianças, até a serra do Mar. O governo proibiu telegramas sobre o assunto para evitar comunicação cifrada entre abolicionistas e recorreu ao Exército para deter a fuga coletiva. Patrocínio defendeu os fugitivos: "Os escravizados não são instrumentos da anarquia, são vítimas do direito. Não pedem sangue, suplicam justiça". E avisou: "Os abolicionistas de Santos estão alertas". Nabuco buscou aliança com os militares, pedindo que evitassem a carnificina, tomando o lado certo, pois "a simpatia, a esperança e o coração todo do país seria[m] pelos escravos e contra a lei!".[91]

Patrocínio e Nabuco estavam na Corte, os Caifazes no Jabaquara, abolicionistas esperavam em Santos, porém nenhum deles viu o massacre na serra do Mar. Perto de Cubatão, a ordem encontrou a desordem. A cavalaria atirou. Reagiram os escravos, armados, "combatendo corajosamente contra a força, diante da qual bradavam em altas vozes: *liberdade* ou *morte*", isso no relato do chefe da polícia de São Paulo, que reconheceu a galhardia dos que tombaram. Pio, que sobrevivera à escravidão, à exaustão, à inanição, morreu valente, de tiro. De seus companheiros, quinze foram recapturados, uns tantos sumiram na mata. O movimento recebeu os trinta que chegaram semivivos ao Quilombo do Jabaquara com um banquete em homenagem aos mortos, sintetizados na figura de Pio, que adentrou o panteão de heróis abolicionistas como um mártir.[92]

Embora os brasileiros tenham ficado a léguas da sanguinolência estadunidense, a violência marcou a última fase de mobilização abolicionista. Afagados por cacetetes governamentais e escravistas, os abolicionistas encheram os bolsos de pedras. Patrocínio decretou o fim do tempo de flores e votos:

> O ministério não quer que a propaganda abolicionista continue sobre uma estrada de flores, ao som das fanfarras e bênçãos aos convertidos. Essa propaganda de persuasão foi posta fora da lei e contenda como revolucionária. [...] o que há de fazer a propaganda abolicionista? Deixar-se sacrificar como um cordeiro, ou reagir?

Tempo de balas, ecoaram os abolicionistas de São Paulo: se era impossível chegar à Abolição "por uma estrada coberta de flores; havemos de impor a solução infelizmente por uma estrada coberta de sangue, pela revolução".[93]

A CA constituiu força armada na Corte, com grupos de capoeiristas que armavam um cordão de defesa para fazer face à polícia e às milícias escravistas. Os capoeiras tinham apelidos expressivos de seus métodos: Cá Te Espero, Boca Queimada. Na zona cafeeira paulista, violência em escalada. Naquele infindável outubro de 1887, um grupo de negros invadiu a festa da igreja de São Francisco, transformada em campo de batalha até o dia seguinte. Outra multidão, em novembro, impediu a prisão de escravos em Santos. Em Piracicaba, em janeiro de 1888, houve motim, com feridos, quando uma multidão invadiu um trem em busca de um fazendeiro que recapturara um fugido. Uma semana depois, em Campinas, a população vaiou capitães do mato que conduziam escravos. A polícia prendeu um dos manifestantes. "À noite o povo cercou a cadeia, apedrejou a tropa e respondeu a baioneta pelo revólver, durante o tiroteio até depois de onze horas da noite."[94] Isso do lado abolicionista.

Os escravistas intentavam reduzir a pó o ativismo abolicionista. Em Campos, em 1888, um discípulo notificou a Paulino que "estava combinado, com a autoridade policial e o comandante do destacamento policial para na noite de 7 para 8 de março se dar cerco à tipografia de '*vinte e cinco de Março*', onde se achavam acoitados trinta e tantos escravos fugidos, cuja entrega aos senhores poria termo ao abolicionismo em Campos". Essa disposição para a coação paralegal se revelou plena em fevereiro de 1888. No começo daquele mês, fazendeiros armaram uma milícia para prender abolicionistas, em Muzambinho, Minas Gerais. Um escapou, quatro capangas o perseguiram e tentaram assassinar a ele e aos que o escondiam em São Paulo. Duas semanas depois, o repertório estadunidense voltou a subsidiar o escravismo brasileiro. Assim como o governo emulara a lei do escravo fugitivo, escravistas da sociedade adotaram a Lei de Lynch. Seus similares do Sul dos Estados Unidos estabeleceram milícias civis coesas e territorializadas — a Ku Klux Klan é de 1865 — para, nos termos de Toplin, conter geograficamente as atividades abolicionistas. Essa privatização da repressão não aconteceu em grau equivalente no Brasil, contudo dois ex-combatentes da Guerra Civil Americana trouxeram consigo a técnica de esfolar adversários. Instigaram membros do Clube da Lavoura de Penha do Rio do Peixe (atual Itapira), dizendo que "tinham sangue de barata e que já teria havido uma revolução, se em outro país se fizesse o que aqui está acontecendo". Palavras que ecoaram. Às quatro da manhã de 21 de fevereiro, lideraram malta de duzentos a trezentos indivíduos, inclusive os suplentes de delegado e de juiz municipal, que marcharam à casa do delegado Joaquim Firmino de Araújo Cunha, acusado de proteger abolicionistas. Arrombaram a porta a machadadas. A esposa intercedeu pelo marido. Recebeu golpes em resposta. A filha de nove anos ajoelhou-se ante os atacantes, suplicando pela vida do pai. Responderam-lhe com um pontapé. As duas se refugiaram num forno, lá cutucadas com paus. Sobreviveram para assistir à sanha escravista desmontar a pessoa de Joaquim Firmino, macerado a pancadas, braços quebrados, rosto e corpo dilacerados por chutes com esporas de montaria, em agonia propositalmente demorada.[95]

Os abolicionistas protestaram no seu máximo; exigiam punição exemplar. Firmino adensou o panteão de mártires. Os assassinos, no entanto, foram defendidos como homens de ilibada reputação, e tal como aconteceu a Francisca da Silva Castro, a senhora torturadora de escravas, foram absolvidos por falta de provas. Nem ao Executivo, nem ao Judiciário, nem à princesa, adiantava falar: "Que dirá a história da regente, quando a vir [...] consentindo no governo os corréus dos assassinos que matam mulheres em Campos, espostejam cidadãos no Rio do Peixe, e levam a sanha a esporear cadáveres e a dar pontapés em crianças?". "O governo regabofeia-se numa orgia de sangue", escreveu Patrocínio. "O grito do sr. barão de Cotegipe — 'na guerra como na guerra' — foi obedecido ao pé da letra pelos seus delegados e agentes. O morticínio tornou-se o complemento necessário da escravidão." Se não restava autoridade à qual apelar, sobrava, concluiu Patrocínio, o dente por dente: "A esses assassinos há de ser feita justiça, quer pelos trâmites legais, quer pela vendicta popular".[96]

Esse ímpeto tomou conta dos ativistas. Em 1885, no Mato Grosso, um "exaltadíssimo abolicionista proferiu estas enormes palavras: 'Se eu fosse escravo, trataria de iludir a vigilância de meu senhor e fugiria. Se não pudesse conseguir, matava-o'". A novidade, na virada de 1887 para 1888, foi que esse espírito se tornou *coletivo*. O movimento todo, Patrocínio declarou, se aprontava para as últimas consequências:

> O abolicionismo não precisa de ministério para decretar a abolição: ou antes, tem o seu que se organizou no campo de batalha e de que os principais ministros são João Cordeiro, Antônio Bento, João Clapp, Carlos de Lacerda [...]. Para nós é indiferente que o sr. barão de Cotegipe [...] queira [...]. O prazo da escravidão é este — 1889. Nem mais um dia, ainda que seja necessário fazer mais do que pensamos.

O drama desceu dos palcos, onde os abolicionistas o encenaram no início da campanha, e fugiu das instituições políticas, onde entrara a fórceps em 1884. Se os escravistas recorriam ao linchamento, no exemplo estadunidense de salvar a ordem à unha, os abolicionistas colhiam no repertório estrangeiro modelos de destino trágico. Se antes se miraram nos propagandistas — Garrison, Douglass e Clarkson — e parlamentares — Wilberforce —, penderam então para o lado revolucionário do espelho. A John Brown Nabuco comparara Antônio Bento, John Brown que Luís Gama admirara. E o que fizera Brown no Kansas? Ao ver a escravidão como guerra entre senhores e escravos, arregimentou grupo e tentou insurreição. Fracassou em persuadir os escravos a se rebelar, não obstante logrou o assassinato de cinco escravistas. Violência respondida com violência. Na virada de 1887 para 1888, Brown tornou-se modelar para o abolicionismo brasileiro. Das entranhas de Patrocínio, o festivo Zé do Pato, explodiu o homem grave, que falava por numerosos companheiros ao se pôr a postos para qualquer desfecho: "Os abolicionistas sinceros estão todos preparados para morrer".[97]

9. A marcha da vitória

Em 12 de fevereiro de 1888, Rebouças deixou o aposento 72 no Hotel Bragança, em Petrópolis, onde residia. Multiplicava-se em aulas na Politécnica, em suas iniciativas de empresário e sobretudo nas lidas da campanha: relatórios da CA, artigos na *Cidade do Rio* e redação de projetos de propaganda abolicionista e democrática — como o de dividir em lotes para colonos as terras públicas no Piauí. No trem rumo à Corte, leu com satisfação a notícia pela qual tanto trabalhara nas últimas duas décadas: a princesa regente declarava-se pela abolição.[1]

CERTIFICADORES

Nas grandes crises políticas, movimentos de contestação em curva ascendente encontram o governo enfraquecido. A coalizão política no poder se esfacela e declina a capacidade repressiva do Estado, ao passo que a mobilização ganha a adesão de facções da elite política e de grupos sociais antes desengajados e se espalha por variados setores, desorganizando a rotina social e a vida cotidiana. Cresce a fluidez política, distinções se esmaecem, adversários se convertem em apoiadores e vice-versa.² O desfecho, depende. Decisiva é a habilidade de persuadir a parte da sociedade de fora do conflito. No caso extremo, se todos pendessem para o lado desafiante, haveria revolução; se empatassem, guerra civil. A conjuntura de reforma é aquela na qual o movimento desequilibra a balança de poder em seu favor, mas sem anular o adversário. Eis a cena brasileira na virada de 1887 para 1888.

Os meses finais da escravidão guardam semelhanças com as vésperas dos apocalipses da elite política brasileira: a Guerra Civil Americana e a rebelião escrava de São Domingos, no Haiti. Com as vésperas apenas. O repertório estrangeiro, que balizou as decisões de 1871 e 1885, retornou em 1888, com o pêndulo indo outra vez para o exemplo espanhol da reforma negociada. Autoridades sociais, instituições tradicionais, Forças Armadas, espectadores da contenda, enquanto ela corria meio pacífica no espaço público e no Parlamento, desceram da arquibancada, ao verem os jogadores se estapeando em campo. Vieram no uniforme do "deixa disso": que os escravistas desistissem de avivar um sistema morto, que os abolicionistas voltassem às flores.³

Dois bastiões desertaram o escravismo em 1887: a fé e a força. Oficiais, alunos da Escola Militar e batalhões inteiros, como aquele do Ceará em 1883, estavam havia tempos do lado abolicionista, mas, como corporação, o Exército só aderiu depois do massacre de escravos fugidos na serra do Mar. Desgostou-se do trabalho sujo de honrar a ordem escravista em nome de governo de ouvidos moucos para seus reclamos por espaço, promoções, salários. Insuflado por artigos de Nabuco, Rui Barbosa, Bocaiuva, Silva Jardim, e ato contínuo ao episódio da serra do Mar, em 25 de outubro o presidente do Clube Militar, Manuel Deodoro da Fonseca, levou à regente petição em nome do Exército. As retóricas abolicionistas, da compaixão e do progresso, enveloparam a insubordinação ao governo, na recusa de seguir na

> captura de pobres negros que fogem à escravidão, ou porque já viviam cansados de sofrer os horrores ou porque um raio de luz da liberdade lhe tenha aquecido o coração [...], fogem calmos, [...] evitando tanto a escravidão como a luta e dando, ao atravessar cidades, enormes exemplos de moralidade.

Assim foi que o Exército retirou a salvaguarda das armas à ordem escravista.

Essa crise poria o gabinete a pique, não fosse o ajudante general evitar a saia justa, devolvendo a petição em vez de entregá-la à princesa. Mas não anulou o efeito: o Manifesto Deodoro saiu nos jornais. Depois dele, militares, pelas tampas com Cotegipe, sentiram-se liberados para desobedecer ao governo, um corpo mole de soldados que inviabilizou o método do prenda e arrebente de Cotegipe. O fim da legalidade da coibição física aos escravos, a proibição dos açoites, dera golpe *formal* na repressão privada, porém a recusa dos militares em colaborar na apreensão dos fugidos, no fim de 1887, acabou com a capacidade repressiva *efetiva* do Estado. A escravidão perdeu suas lanças.[4]

Deixava de contar também com o domador das almas escravas e pacificador das escravistas, a Igreja. Nisso teve parte Nabuco, que, enviado pelo jornal *O País* na Europa para reportar a esperada morte do imperador, usou de novo o método bumerangue. Alinhavou ajuda por intermédio de Wendell Garrison, filho de seu pseudônimo nos anos Dantas e editor do *The Nation*, que prometeu petição de congressistas estadunidenses em favor da abolição. Ao provecto abolicionista Victor Schoelcher pediu nova moção, para constranger d. Pedro na Europa, e repetiu a ação de Abílio Borges em 1870: apelou ao papa. Leão XIII encontrava-se sob atenção mundial, era seu jubileu, e uma palavra sua teria impacto no ânimo da regente, católica ardorosa. Ajudado pela Anti-Slavery Society britânica, em 10 de fevereiro de 1888, Nabuco falou ao pontífice, que prometeu encíclica antiescravista ao episcopado brasileiro.

Cotegipe reagiu contra abolicionistas que "mendigavam um despacho sobre a questão da emancipação" ao papa e mandou o serviço diplomático brasileiro em Roma pedir ao sumo sacerdote a fineza de tirar o bedelho da política interna brasileira. A encíclica *Sobre a abolição da escravatura — Carta aos bispos do Brasil* foi postergada,[5] mas a notícia de que o chefe supremo da Igreja condenava a escravidão pesou sobre o clero nacional.

A adoção da linguagem religiosa e do tropo do escravo Cristo pelo movimento abriram, ao longo de 1887, caminho primeiro na base da Igreja católica, os padres, depois no cume da hierarquia religiosa, os bispos, que se destacaram do poder temporal de Cotegipe em conversões à "santa causa" da abolição. Ordens religiosas libertaram seus cativos, prelados fizeram declarações públicas, padres rezaram sermões antiescravistas, organizaram reuniões pró-emancipação, caso de Goiás, e alguns esconderam fugidos. Em maio de 1887, o bispo de Pernambuco pediu aos padres da província que libertassem seus escravos. Em junho, o de São Paulo atendeu a Antônio Bento, afinal membro de uma irmandade católica, que, em sintonia com a estratégia de Nabuco, pedira ofício episcopal do clero paulista com a declaração de não possuir escravos, como homenagem ao jubileu do papa. Obteve o compromisso do vigário-geral do bispado da província que, em festa de são Benedito, pediu "a intercessão do santo, preto, humilde e grande perante Deus, para que a liberdade de nossos irmãos seja efetiva no Brasil". Daí por diante foi um dominó. Entre maio e dezembro de 1887, bispos de Minas, Bahia, Pernambuco, Cuiabá e São Paulo soltaram cartas pela abolição. A campanha, que contava com um punhado de religiosos antiescravistas, viu a transmutação em bloco para a "Igreja abolicionista".

A postura do Judiciário mudou no entardecer escravista. Apesar do desfecho desfavorável do estilo Gama de ativismo judicial em casos críticos, como o de assassinato de senhores, Toplin registrou incremento de decisões favoráveis aos escravos em processos entre 1886 e 1888. Alguns delegados replicaram o comportamento de promotores e juízes. Em julho de 1887, o de Recife enviou circular proibindo seus policiais de caçarem escravos fugidos.

A grande imprensa, antes neutra ou contrária, passou a dar a abolição como inevitável no começo de 1888. Sintomática foi a tomada de posição do mais respeitado jornal do país, *Jornal do Commercio*. O jornalismo de médio porte da Corte e das capitais provinciais aderiu, e antipáticos amainaram o laivo, deslocando a conversa da escravidão para a imigração.[6]

O Partido Liberal uniu-se na deglutição do osso atravessado na goela do sistema político por duas décadas em reunião em março de 1887, quando decidiu defender a abolição em cinco anos, e deputados seus apresentaram projetos de abolição imediata à Câmara, um com cinco, outro com dois anos de serviços. Em junho, sob liderança de Dantas, catorze senadores subscreveram versão simplificada da reforma proposta por seu gabinete em 1884, com o fim da escravidão em 31 de dezembro de 1889 mais a democracia rural de Rebouças: "[...] colônias agrícolas para educação de ingênuos e trabalho de libertos, à margem dos rios navegados, das estradas ou do litoral. Nos regulamentos para essas colônias, se proverá à conversão gradual do foreiro ou rendeiro do Estado em proprietário dos lotes de terra que utilizar a título de arrendamento".[7] Em fevereiro de 1888, Saraiva, o líder Liberal mais respeitado, aderiu ao prazo curto. Moreira Barros, adversário número um da Reforma Dantas de 1884, desacorçoou a ponto de libertar seus escravos.

No Partido Conservador, deserção discreta. Em 24 de setembro de 1887, dois deputados apresentaram projetos de libertação imediata, com três e dois anos de serviço. O segundo antecipava o Projeto Dantas em uma semana para, nota cristã, coincidir com o Natal de 1889. Os empedernidos, coesos sob o comando de Paulino e Cotegipe, se fragmentaram. A instabilidade social inquietava os correligionários de São Paulo, onde as fugas orientadas desorganizavam a produção cafeeira, a ponto de tornar contraproducente o esforço de manutenção da ordem escravista. Como o escravismo ocupava regiões descontínuas, as fugas avolumadas de 1887 assolaram simultaneamente localidades distantes entre si, nas províncias de São Paulo, Rio, Minas e Pernambuco. O governo necessitaria de contínuo remanejamento de tropas para detê-las. Quando o presidente de São Paulo, em dezembro de 1887, pediu reforços, Cotegipe admitiu que, desfalcado do Exército, as forças públicas sob seu controle eram poucas para coibir tanto êxodo escravo.[8] O Estado monárquico fez pelos proprietários de escravos o que pôde enquanto pôde. Faltou-lhes por insuficiência.

Depois da desorganização da capacidade repressiva estatal, para manter o statu quo, os proprietários teriam de seguir o exemplo estadunidense e sobrepor as funções de escravocratas, produtores da ordem econômica baseada na escravidão, e a de escravistas, operadores da política em defesa dela. Em 1884, quando se tratava apenas de coordenação social e organização política, muitos aceitaram o papel, mas, em 1887, somou-se o lugar de xerife. Manter a ordem requereria formar milícias privadas armadas e regulares para conter pela força os escravos nas fazendas e os abolicionistas longe delas. Embora o linchamento em Penha do Rio do Peixe, em fevereiro de 1888, denote que se aventou essa solução, no geral os escravocratas brasileiros não investiram na militarização na intensidade e escala estadunidenses. Avaliaram a opção como socialmente inócua e economicamente improfícua.

Aí surgiu o que Robert Conrad chamou de fenômeno fazendeiro-emancipacionista, onda de manumissões no campo, por iniciativa dos proprietários, com prazos de prestação de serviços. Manifesto de cafeicultores de Campinas por solução rápida saiu em agosto e, em setembro de 1887, concederam liberdade com aprendizado para acabar em 1890. Seus colegas de Jaú acenaram com o final da escravidão em 1889 e os de Jacareí libertaram quem não tentasse fuga. A onda de libertações por iniciativa de escravocratas bateu até nas costas negreiras de Paulino, Cantagalo, no Vale do Paraíba, onde, entre março e abril de 1888, vários fazendeiros libertaram incondicionalmente. Congressos agrícolas nesse reduto — Rio Preto, Campos, São Fidélis e Santo Antônio de Pádua — mudaram de assunto: passaram a discutir formas de coerção da mão de obra livre.[9]

Essa desistência não foi simples efeito do declínio da rentabilidade da escravidão. Considerando-se apenas a *ratio* econômica, mostrou Slenes, a escravidão poderia prosseguir. Os fatores decisivos para que acabasse quando acabou foram políticos, a ameaça de desorganização da produção e o esboroamento da ordem social escravista produzidos pelas táticas abolicionistas. Depois do avanço das fugas orientadas, proprietários aceitaram o processo de emancipação, na esperança de controlá-lo. Tal qual na física, resumiu Cotegipe, ação em cadeia: "Uns alforriavam seus escravos, estes ou ficavam ou se retiravam; o vizinho não podia mais manter a disciplina na sua fazenda, e também era obrigado a seguir o exemplo ou via desaparecerem todos os seus trabalhadores".[10]

O presidente de São Paulo propôs a Cotegipe uma solução provincial para a crise nacional: abolir gradualmente, província por província. O chefe de governo discordou; seria como se o governo encampasse a estratégia abolicionista de libertação de territórios. A ideia andou, a despeito de Cotegipe. Antônio da Silva Prado, autor do Regulamento Negro no início do governo e até então seu sustentáculo ao Sul do país, ao sentir os efeitos do abolicionismo na própria fazenda, contemporizou. Perpetrou golpe duro no gabinete porque de dentro: abandonou a cadeira de ministro para coordenar a frente dos três partidos e vinte grandes cafeicultores com vistas a salvar a ordem em São Paulo. Esse esforço de recuperação do controle social foi a ponto de criarem associação para a campanha de libertação de territórios, com prazo final em dezembro de 1890. O jornal de Prado exortou à emancipação imediata, em novembro de 1887, e, em 15 de dezembro, houve reunião de fazendeiros nesse sentido. Escravistas buscaram acordos com abolicionistas: chamaram o incendiário Antônio Bento para bombeiro, e ele, de fato, mediou o reemprego de escravos fugidos como assalariados.[11] Em 25 de fevereiro de 1888, a capital de São Paulo se declarou livre, em inesperado congraçamento de escravistas de ontem com abolicionistas de sempre.

A defecção de Prado foi a morte política de Cotegipe. Rifou-o em seguida o leão do Norte, João Alfredo Correia de Oliveira, que, no Senado, em setembro de 1887, de lobo se transformou em cordeiro: ante questões que marcham, disse, marchava junto, adepto de solução "em poucos anos". Préstito abolicionista, com a indefectível banda, rumou à sua casa, para ver se abreviava os anos em meses.[12] Desmilinguia o time do "ainda dá", agigantava-se a turma do "deixa disso".

À perda de sustentação política somou-se a desistência difusa do estamento senhorial. Multiplicavam-se os que Antônio Bento chamou de abolicionistas de escudo, pessoas gradas, de brasão nobiliárquico, que nunca frequentaram conferência abolicionista e que se puseram a libertar escravos em jantares, serões, aniversários. Todos "profetas *après coup*, *post facto*, depois do gato morto", dedicados a tirar prestígio social da perda econômica inevitável, como o personagem emblema do adesismo que Machado de Assis criou em 1888. O proprietário de Pancrácio se regia pelo princípio dos "grandes e verdadeiramente políticos", que "não são os que obedecem à lei, mas os que se antecipam a ela, dizendo ao escravo: és livre, antes que o digam os poderes públicos, sempre retardatários".[13]

Gente execrada, mas enaltecida por jornais abolicionistas e pela CA, que concedeu a torto e a direito títulos de benemérito, saudados em nova leva de Livros de Ouro — só em São Paulo apareceram quatro —, enquanto Livros Negros listavam minguados escravistas remanescentes. Abolicionistas históricos aceitaram os vira-casacas sem ingenuidade ou hipocrisia. Aceitaram por necessidade. Era a legitimação social pelos estratos sociais altos da sociedade imperial, decisiva para a digestão final do abolicionismo pelo sistema político.

Então o escravismo de circunstância sumiu em 1888? Nada disso, porém encolheu sua circunferência. Paulino, no Senado, Andrade Figueira, na Câmara, Cotegipe, na chefia de gabinete, ficaram solitários em sua fidelidade a um estilo de vida, a um credo político, a si mesmos. Em novembro de 1887, a *Cidade do Rio* registrou reunião de Paulino com fazendeiros na Biblioteca Fluminense, julgando-o resignado a aceitar a abolição. O jornal logo se desmentiu: o que se cogitara fora a importação de senegaleses para substituir os escravos. Paulino "pirata",[14] último cavalheiro a desmontar a cavalgadura.

DILEMAS DE PRINCESA

"Abolir a escravidão no Brasil já não é questão que se discuta; é ponto vencido [...]. O que está em discussão para todos os espíritos que desejam o complemento da obra, sem abalos e sem ofensa de direitos é o modo prático de realizar esse complemento." Não bastassem todos os desconfortos, Cotegipe ouvia palpiteiros como esse fazendeiro, que detalhou seu plano de salvamento: converter escravos em servos, sob disciplina férrea, e usar o Fundo de Emancipação para indenizar os senhores. Homem prático, Cotegipe viu a impossibilidade de atender o "abolicionista sensato", o senhor de escravos e o interesse da nação, como pedia o signatário.[15] Seu partido era o dos proprietários, mas perdera os meios de defendê-los. Claudicavam tanto os de repressão como os de indenização, pois o déficit roía os cofres públicos. Restava-lhe a varinha de condão do governo, que dependia não de fada, mas de princesa.

Os abolicionistas, incontáveis vezes, cutucaram a regente. Em fevereiro de 1888, Patrocínio mirou no ponto fraco dela, a possível perda do trono: "Se um punhado de homens se vir obrigado a fazer propaganda séria e decidida contra a monarquia no Brasil, ela estará irremediavelmente perdida". O Partido Republicano, na voz de Bocaiuva, declarou que esperava apenas a morte de d. Pedro, ainda doente na Europa. Republicanos gaúchos produziram moção da Câmara Municipal de São Borja à Assembleia Provincial, que a encaminhou à Câmara dos Deputados, demandando plebiscito sobre a sucessão dinástica. O republicano, abolicionista e positivista Silva Jardim, o agitador do momento, seguia prometendo o fim conjunto de escravidão e monarquia para o aniversário da Revolução Francesa, em julho de 1889. Abolicionistas de Santos, em *meeting*, referendaram a moção de São Borja, e Patrocínio acrescentou: "[...] é preciso dizer abertamente à Regência que ela é impopular; que ela não inspira menor confiança fora do mundo oficial e clerical; que ela não pode contar com o povo". E fez sua moção: "Nós, como a Câmara de S. Borja, como os cidadãos de Santos, de Campinas, de S. Vicente, de S. Simão entendemos que é necessário uma Constituinte, que trate de rever o artigo constitucional relativo à sucessão do trono. Mais ainda: fazemos votos para que o resultado da revisão constitucional seja a proclamação da República".[16]

Isabel vivia uma quadra decisiva do Império e de sua carreira. Princesa apagada, desprovida de popularidade ou ascendência sobre os partidos, secundava o pai na cautela, sem ser escolada como ele em se equilibrar entre forças em conflito. E a crise a administrar não era de gabinete, era de regime. Estavam no estertor a instituição pilar do Império, a escravidão, e o imperador, que recebeu extrema-unção. A ordem política em frangalhos acendeu luz vermelha para a regente. Depois da onda de certificações ao abolicionismo, o trono se isolava com Cotegipe na linha de tiro. A princesa estava sob fogo sério e ridicularizada. Panfleto abolicionista republicano de princípio de 1888 a descreveu como alheia à política, num reinado feito de soirées e missas — "quando ela está entre artistas e padres, está entre o céu e a terra".[17]

A princesa despertou em 14 de fevereiro, quando inquiriu o primeiro-ministro sobre o que pretendia fazer sobre a abolição. Protelar, respondeu o barão de Cotegipe, que se remexia em seu pior pesadelo; disse que o ministério estudava a questão e que lhe daria uma posição sobre ela em abril. Perante a insistência da princesa, "respondi-lhe que não tendo plano assentado [...], só nas Câmaras é que daríamos conta". O Parlamento só abriria em maio. O conde D'Eu socorreu a esposa: que se ouvisse o Conselho de Estado ou se convocasse um congresso de lavradores. Cotegipe agastou-se e exortou Isabel a seguir sua parente Vitória: "S.A. que deixasse esta e as questões políticas aos partidos, como fazia a rainha da Inglaterra". Ao resto do gabinete comunicou que a regente estava "influenciada", pois que "nunca pôs na balança a sorte do ministério como agora".[18]

Naquele fevereiro de 1888, Isabel finalmente se moveu, com

duas notas públicas. Uma foi doméstica — seus filhos lançaram um jornalzinho abolicionista —, a outra foi obra de Rebouças, que a engajou na libertação de territórios, escolhendo uma cidade na qual o prestígio e a segurança da princesa ficavam a salvo: Petrópolis. Lá orquestrou uma batalha de flores como cenário para a manifestação pró-abolição de Isabel. A regente declinou seus motivos para mudar de atitude, a religião e a *realpolitik*:

> [...] vimos que podíamos libertar *já* os que ficarão livres daqui a ano e meio (é convicção minha e da maior). É sempre uma caridade grande e, além disso, o que mais nos influiu foi a ideia de dar um empurrão ao pensamento da abolição com o pequeno prazo que parecia estar no ânimo de todos, exceto no dos *Emperrados* que é necessário acordar. Ou acordam, ou a onda os levará. Que Deus nos proteja, e que mais essa revolução ou evolução nossa se faça o mais pacificamente possível.[19]

Pressão sim, demissão não, pois o casal dinástico concordava com a linha mestra do governo. O problema, o conde D'Eu explicaria ao sogro, é que o gabinete, "apesar de suas *boas intenções e sã doutrina*, tinha deixado, principalmente por sua inércia na questão servil, nascer e desenvolver um espírito de agitação que, se se prolongasse, poderia tornar-se perigoso. [...]. Entretanto eu *aconselhava sua conservação* até o momento de redigir-se a fala do trono".[20] Isabel e o marido pensavam em abolição dentro de prazo curto, mas não imediatamente, e tencionavam conservar Cotegipe até maio.

O ministério, o segundo mais longevo do Segundo Reinado, não aguentou tanto. Indisposto com partes da imprensa, opinião pública, Judiciário, Igreja, Exército, partido oposto e facção do próprio, o último pilar de Cotegipe era a força policial, recurso que lhe escorreu das mãos em 1º de março. No largo do Rócio, praças da Marinha e soldados da polícia começaram briga prosperada no dia seguinte, quando, no relato do ministro da Justiça, a cidade viu-se

> alarmada por conflitos muito mais graves que se repetiram entre imperiais, soldados navais, paisanos, desordeiros e capoeiras contra a força de postada nas estações e praças que patrulhavam, algumas das quais foram desarmadas violentamente e obrigadas a abandonar os postos, agredidas e feridas com diversos projéteis, tiros de revólver e golpes de navalha.

Cotegipe tomou o episódio como justificativa para reforçar a repressão. Não podia, disse à regente, "assistir impassível a semelhante estado de coisas" e empregaria "medidas enérgicas para repelir e dispersar qualquer grupo de desordeiros". E "se a voz da autoridade não for atendida", empregar-se-ia a parte da força de linha.[21] Cogitava o estado de sítio?

As folhas do dia deram o acontecido como parte da queda de braço entre Forças Armadas e gabinete — a Questão Militar. Duas mil pessoas na rua protestaram contra Cotegipe em favor dos militares. A polícia reagiu a tiros. Houve feridos, prisão de oficiais da Marinha e o sumiço do corpo de um deles. Ao ler os jornais, em Petrópolis, Isabel se alarmou em face da perda da força moral do governo, numa "crise como esta pela qual passamos". O ministro da Justiça defendeu a polícia contra jornalistas que pediam sua cabeça e a do chefe de polícia (o rapa-cocos) e entregou seu cargo. Perder ambos era, para Cotegipe, abdicar do último bastião da resistência, os cassetetes, quando os trabucos dos militares — e agora os da Marinha — residiam do outro lado. Insistiu em que "nem nos falta o apoio da verdadeira opinião pública, nem os recursos necessários para manter a ordem", mas, ante a perda de confiança, tirou sua mão de ferro do leme do governo, em 7 de março. A um amigo confessou alívio, porquanto a abolição "é infalível", como seu preço: "Bem receio que tenhamos de assistir aos funerais da monarquia".[22]

Assombrada por tal vaticínio, Isabel, que pela primeira vez tinha a prerrogativa de formar gabinete, mudou de maestro sem trocar a orquestra. Ficou com os Conservadores: saiu a ala emperrada de Cotegipe e Paulino, entrou a moderada de João Alfredo Correia de Oliveira, o ministro do governo que aprovara o ventre livre. Veio no pacote Antônio Prado, que conseguiu a proeza de integrar o gabinete escravista de Cotegipe e o emancipacionista de Correia de Oliveira.

Paulino soube da dupla defecção em 9 de março. "Encheu-me de pasmo essa notícia", anotou, de que o novo ministério traria por programa a abolição, com curto período de aprendizagem — três ou cinco anos. Passagem abrupta de um governo "cujo programa era a resistência" para outro favorável à "abolição imediata", "salto mortal sobre um abismo impossível de transpor".[23]

Prado retorquiu a Paulino, em reunião na qual compareceu Cotegipe, que, se o Partido Conservador malograsse em montar governo, o poder passaria aos Liberais, "com o que nada lucraria a lavoura, por ter este partido o mesmo programa de abolição imediata, e sofreriam os nossos amigos políticos privados do poder". Era o escravismo de circunstância trocado pelo pragmatismo. Cotegipe obstou que se a abolição viesse, "eu preferiria que a fizessem os Liberais". Paulino resistiu: "Declarei que não podia aceitar o plano da abolição imediata, que repugnava a minha índole Conservadora, desorganizaria o trabalho agrícola em províncias das mais importantes do Império".

Mas a questão se fizera improtelável. Um correligionário narrou o desmantelo da repressão: a notícia da saída de Cotegipe "resultava tal quebra da força moral" que se achavam escondidos em Campos cerca de mil escravos fugidos apenas nos dois últimos dias. Ante a derrocada da ordem social, o novo chefe de governo tirou a peneira com que Cotegipe tapava o sol. Em 10 de março, Correia de Oliveira declarou: "Amanhã será apresentada a proposta do Poder Executivo para que se converta em lei a extinção imediata e incondicional da escravidão no Brasil".

A princesa coadjuvou, declarando Petrópolis livre, em companhia de Rebouças, que abordou o chefe de gabinete: "Dou ao presidente do Conselho João Alfredo cópias dos projetos de lei de abolição e de serviços rurais, redigidos a 30 de março". Os ministros os examinaram. O de democracia rural era demais para ex-escravistas. Puseram para andar o segundo: abolição sem indenização.

Paulino sentiu o mundo fugir sob seus pés. Para ver melhor o que corria sob seus olhos e fora de seu controle, comprou óculos de tartaruga.[24]

RACHAS ABOLICIONISTAS

Depois da queda de Cotegipe, os abolicionistas fizeram nova ofensiva de libertação de territórios, de volta ao clima festivo do início da campanha. Outros dezoito municípios se declararam livres no Maranhão, em Minas, Paraná, Rio de Janeiro, Rio Grande do Norte e São Paulo — inclusive Jacareí, palco de conflitos entre abolicionistas e escravistas. A campanha no Município Neutro se acelerou e foram caindo as cartas, até no Vale do Paraíba. Carlos de Lacerda liderou a ação por quarteirões e freguesias rurais e, em quinze dias, Campos estava livre. Goiânia libertou-se em maio e iam quase livres Belém, São João del-Rei e Diamantina. Em abril, a Câmara Municipal do Recife enviou pedido de abolição imediata sem indenização ao governo imperial.[25] Regressavam as flores, as cerimônias, as festas, as marchas.

O combate se deslocava para o que fazer depois da abolição. Nisso todos divergiam. O movimento rachou na véspera da vitória. Episódio dilacerante aconteceu em abril, quando houve eleição avulsa para confirmar o deputado Ferreira Viana como ministro do gabinete João Alfredo. A ala Rebouças-Nabuco engoliu o sapo, pois cabia sustentar o governo e a princesa prestes a assumir o trono — ninguém supunha que d. Pedro durasse o quanto durou. Rebouças instigava a princesa, esperançoso de que a filha avançasse em poucos anos as reformas que o pai negaceara por décadas. Nabuco se convenceu "de que a princesa imperial prestou um grande serviço à causa da ordem e da liberdade demitindo o ministério Cotegipe [...], entendo ser nosso dever dar ao ministério toda a força precisa para realizar a nossa ideia". Levou essa posição a jantar em Recife, com o líder do Clube do Cupim e os Dantas.[26]

A maioria do movimento julgou a aproximação com o gabinete e a princesa endosso às cegas, sem garantias. João Alfredo não era Dantas. Em 1884, o movimento sustentara um presidente de Conselho com o qual se identificava, enquanto o novo incumbente fazia pouco tempo andava de braços com Paulino e Cotegipe. Um terceiro reinado estava fora dos planos da maioria dos abolicionistas. Clapp e Vicente de Sousa, no Rio, Carneiro da Cunha, no Recife, João Cordeiro, no Ceará, os abolicionistas gaúchos, muitos de São Paulo e os que eram também militares viam a conjuntura como uma oportunidade para reforma dupla, abolição e república.[27] Essa ala lançou seu candidato, Quintino Bocaiuva.

Na dividida do movimento, Patrocínio, cérebro republicano e coração abolicionista, sofreu. Rebouças puxou-o. Na *Cidade do Rio*, em abril, reconheceu os serviços abolicionistas de Bocaiuva, mas rompeu com o Partido Republicano. A resposta galopou; os Republicanos paulistas, em *A Província de São Paulo*, acusaram Patrocínio e a CA de marchar "atada à cauda dos cavalos da vitória, do imperador, do sr. Dantas, e agora do sr. João Alfredo".

Patrocínio replicou em ataque a Bocaiuva, por sua vez defendido por Nabuco, para quem sobrou a ira: "Furor da Confederação [Abolicionista] contra mim. [...] Patrocínio no *Cidade do Rio* ataca-me, chama-me ausente, diplomata e muitos outros nomes". Pressionado, Nabuco rompeu também com Bocaiuva. Os abolicionistas brigavam entre si acerca da republicanização ou não do movimento.

E não só. O pavio religioso acendeu outra divisão. O movimento nascera e crescera independente da Igreja, apesar da Igreja. Abolicionistas católicos, como Antônio Bento, eram exceção na regra dos laicos, científicos, que viam a Igreja católica como instituição arcaica, sustentáculo do escravismo, e o catolicismo como obscurantismo. Por isso, a ida de Nabuco ao papa gerou críticas públicas acerbas de correligionários positivistas.[28]

Havia divergências programáticas. Como a maioria dos movimentos sociais, o abolicionista era clivado por facções unidas por bandeira-chave e com planos vagos e variados para depois de alcançá-la.

As facções se apresentaram pela última vez como um só movimento na tramitação parlamentar de seu objetivo número um, com suas bandas e bandeiras, flores e luzes, ruas forradas de folhas, colchas bordadas nas janelas. Em 3 de maio de 1888, na abertura das Câmaras, sob sol forte, o movimento se simbolizou inteiro quando, "em nome dos negros do quilombo da praia do Leblon, foi oferecido à princesa imperial pelo menino João Clapp Filho [o caçula de Clapp] um rico bouquet de camélias brancas, cultivadas pelos mesmos quilombolas".[29] Anunciou-se o projeto de abolição. Não era o do sonho dos abolicionistas e saiu da boca de Ferreira Viana, antidantista ferrenho em 1884. A política é mesmo a arte do possível e, às vezes, do improvável.

O RETORNO DAS FLORES

Se o debate parlamentar de 1884 repetiu o de 1871, o de 1888 foi sui generis. Em vez de casa rachada, oposição mirrada. Nabuco, sem idade em 1871, nem mandato em 1884, pôde finalmente envergar a casaca de líder parlamentar do abolicionismo. Articulou comissões e pareceres, burlou o protocolo e contornou a burocracia, última barreira da ordem escravocrata. Falou em nome do movimento, em 7 de maio, em meio a galerias lotadas de abolicionistas tão felizes quanto incrédulos. Saudou o chefe de governo, a princesa e honrou Dantas: só cabia aos Conservadores a abolição em 1888, disse, porque os Liberais dissidentes tinham sabotado Dantas em 1884. Mas, em hora curta para rancores, ecoou o slogan da campanha desde Abílio Borges: a abolição era a nova Independência: "[...] 1888 é um maior acontecimento para o Brasil do que 1789 foi para a Europa. É literalmente uma nova pátria que começa [...]. A nação, neste momento, não faz distinção de partidos, ela está toda. [...] verdadeira apoteose nacional".

Em 8 de maio, o governo encaminhou um texto de duas linhas, o mais lacônico de todos os projetos brasileiros sobre a escravidão. A leitura foi um acontecimento. "A Confederação Abolicionista, com oito estandartes e banda de música, dirigindo cerca de 5 mil abolicionistas, em massa compacta no recinto e em volta da Câmara dos Deputados. Delirante ovação na rua do Ouvidor", registrou Rebouças, igualmente em desvario. Nabuco discursou de novo em idêntico estado. Aplausos e aclamações. Tramitação em urgência. A comissão emitiu parecer. Votado. Impressão dispensada. Tudo no mesmo dia.[30]

O Conservador e sempre deputado Andrade Figueira achou demais: a pressa beirava a ilegalidade. Na segunda discussão do projeto, advogou "a causa do bom senso perante paixões desordenadas". Atalhado: "tudo quanto se podia dizer a favor [da abolição] não teria fim" — e falar contra seria sem eficácia. A espera de quase quatro séculos explodia numa única impaciência. Na terceira discussão, outro deputado da base contrária a Dantas em 1884 deu voz ao exangue escravismo de circunstância: "sempre me opus à ideia abolicionista" e "ainda hoje seria o seu adversário intransigente, se porventura houvesse possibilidade de atalhar-lhe os passos". Não havia. Lavrou protesto contra a ausência de indenização aos senhores dos escravos, sob apoiados da deputação do Rio de Janeiro. Vociferou a velha retórica da ameaça: "Prevejo grandes males". Quis postergar, abraçando o projeto anterior de Antônio Prado, que aboliria apenas em dezembro e "continha disposições sobre o trabalho dos libertos".[31]

De indenização e disciplina do trabalho, nem abolicionistas nem governistas falaram. Seria abrir a caixa de Pandora e soltar no plenário todos os males do mundo. Para Rebouças, que guardava a esperança no bolso, o único modo de aprovar era texto seco, sem referência a nada além do fim do trabalho escravo.

Entre gritos de plenário e galerias, e ante tamanha afluência de povo nas portas e tribunas da imprensa, incluídas muitas senhoras, o presidente da Câmara "permitiu que o povo invadisse-a tornando-se impossível o menor movimento!". Abolicionistas pediram votação nominal para constranger escravistas enrustidos. Nove deram a cara a tapa, Andrade Figueira à frente. O projeto passou como tiro naquela Câmara eleita por Cotegipe, que votou massivamente, 83 a nove, contra Cotegipe — 33 deputados ficaram em casa. Nabuco pediu o fim da sessão em honra ao dia. O ministro do Império aproveitou o júbilo para desmentir boatos sobre a morte do imperador.[32]

No Senado, revanche de Dantas contra Paulino. O chefe de gabinete emancipacionista de 1884 fez na Câmara alta o esforço de Nabuco na baixa, de apressar protocolos, em 10 e 11 de maio, pois a "proposta entrava triunfante neste recinto". Na segunda discussão, Cotegipe, cônscio de que "não há ninguém atualmente mais impopular nesta terra do que eu", tomou a palavra e, diante de galerias abarrotadas, defendeu seu mundo desmoronado: "[...] tal foi a propaganda, tal a precipitação dos acontecimentos", tamanha a traição de Antônio Prado, que a lei era só "reconhecimento a um fato já existente". Contudo, uma lei não extinguiria um modo de vida, "há de haver perturbação enorme no país por muitos anos". Com a escravidão se eliminariam suas instituições irmãs, o latifúndio e a monarquia. Ou não era esse o espírito do novo projeto Dantas, embebido dos sonhos de Rebouças? "Não é segredo: daqui a pouco se pedirá a divisão de terras", por método análogo, "expropriação sem indenização". Daí viria a desorganização do trabalho e da produção: "Quais os preparativos para que aqueles que abandonarem as fazendas tenham ocupação honesta?". Valeu-se da perspectiva comparada: os ex-escravos, como no Peru, se transmutariam em salteadores, praticantes de "toda a casta de barbaridade". Franco como "moribundo ditando seu testamento", Cotegipe alertou que, secas as flores, que via no Senado, "a crise será medonha". Para prová-lo, leu, abismado, o discurso de um evento na Bahia em prol da abolição, da laicização do Estado, da federação e da república. As galerias irromperam em aplausos a essas reformas que, Dantas aparteou, "virão; nem podem deixar de vir".

Paulino, o último a defender o escravismo de circunstância, na discussão final do projeto, no domingo, dia 13, chorou seu leite derramado. Tinha menos cabelos, mas os mesmos argumentos de 1871: "Nunca houve neste país quem sustentasse em princípio a escravidão", mas ela era pilar da riqueza nacional e da "civilização no Brasil". A abolição era "arriscadíssima para a ordem social e econômica". Por isso cumpriria o "dever imprescritível de colocar-me na resistência". Assim o fizera em 1871 e em 1884. Em 1888 claudicaram-lhe os "meios lícitos e prudentes" de prosseguir: "Como resistir, se os que se achavam a meu lado na resistência estão hoje à frente da ação; se o ministério foi dominado e absorvido pelo partido abolicionista?". Cotegipe acusara Antônio Prado, Paulino pôs o dedo em riste para João Alfredo Correia de Oliveira, que fora "pegar nas tochas e alumiar o caminho ao andor armado na confraria rival". Leu longo ataque do agora chefe de governo a Dantas, em 1884, quando evocara as desgraças da abolição nos Estados Unidos. Paulino o convidou a dividir consigo o banco dos vencidos, em vez de se cercar dos aplausos daquela gente "adversa à grande propriedade territorial". Nem a França durante a revolução fora a ponto de "espoliar" propriedade sem indenização e jogar no seio da sociedade "700 mil indivíduos não preparados pela educação e pelos hábitos da liberdade". A lei seria, pois, "inconstitucional, antieconômica e desumana". Disse-o com fleuma, mas sem se alongar, pois uma princesa aguardava para a sanção da lei. Sempre um lorde: "Cumpri, como as circunstâncias permitiram, o meu dever de senador; posso cumprir o de cavalheiro".

Dantas, vingado de 1884, espanou os maus agouros: "É justo, é de toda a necessidade que partam de mim, em nome do partido abolicionista, palavras de esperança e de animação". E as deu. Com as retóricas abolicionistas, listou benefícios econômicos, sociais, políticos da abolição, primeira da série de reformas: "Nós hoje vamos constituir uma nova pátria", "esta lei vale por uma nova Constituição". Todos de pé, pediu, em alas, para que passasse ela, a lei, "o maior acontecimento da nossa história".[33]

Correia de Oliveira falou depois, sobre a extirpação do "cancro secular", mas sem metade do aplauso. Moralmente, era a reforma de Dantas de 1884 que se aprovava em 1888, por 46 senadores — seis renitentes, oito ausentes. Dantas chefiou a comissão especial que, escoltada pela multidão, levou a lei ao Paço Isabel. Os abolicionistas trouxeram pena de ouro, comprada à maneira como tinham erodido a escravidão, com coleta de doações pelas ruas. A princesa a recebeu das mãos de Patrocínio, que disse, segundo um dos presentes: "'Minh'alma sobe de joelhos nestes paços...' E, nós, abolicionistas, nos abraçávamos, nos beijávamos, com os olhos luzindo de lágrimas e com a voz enrouquecida pelos gritos de entusiasmo e de alegria".

A princesa tinha também os olhos rasos d'água. Porque entrava inadvertidamente para a história, com sua segunda Lei Áurea — que roubou o título da de 1871. Por conta dos vaticínios escravistas. Por causa de telegrama sobre a piora do pai. "Seria o dia de hoje um dos mais belos da minha vida, se não fosse saber meu pai enfermo", disse e assinou, de par com o ministro Rodrigo Silva, escravista de 1884. Eram três horas da tarde.[34]

O Império, que resistia desde a fundação, aprovou em seis dias a medida definitiva. No sétimo, comemorou. Nabuco abriu a festa coletiva ao anunciá-la da sacada do Senado à multidão na rua. O texto da lei 3353, à exceção do aposto, era o que Rebouças enviara a João Alfredo Correa de Oliveira:

Artigo 1º É declarada extinta desde a data desta lei a escravidão no Brasil.
Artigo 2º Revogam-se disposições em contrário.

Tão demorada e tão singela.

O ABOLICIONISMO COMO MOVIMENTO SOCIAL

Charles Tilly argumenta que foi no curso da campanha contra o tráfico de escravos que os ingleses inventaram o "movimento social", tipo de política que combina campanha de pressão sobre autoridades, uso de repertório de confronto comum (organização de associações, publicações e eventos de padrão similar) e manifestações públicas repetidas por parte de grande número de pessoas, cujo compromisso perdura diante das adversidades. Um movimento social não é ator coletivo orgânico, é *maneira* extraparlamentar de fazer política, à qual recorrem grupos sem acesso ou capacidade de impactar a política institucional. A mobilização brasileira pela abolição da escravidão preenche os critérios à sobeja. Entre ações institucionais, manifestações públicas em espaço fechado ou aberto, ações simbólicas, diretas, de difusão e de confrontação foram 2214 eventos de protesto. Campanha contínua por duas décadas, com associações e eventos coordenados e nacionais, que recrutou vultoso contingente de adeptos nas maiores cidades do país e se embrenhou pelo interior, o abolicionismo foi o primeiro grande movimento social brasileiro.[35]

Esse movimento não elegeu táticas por princípio: suas escolhas foram relacionais e conformes às balanças de poder em cada conjuntura política. O jogo ação/reação com governos e contramovimento demarcou estratégias e espaços expressivos *viáveis*. Cada facção definiu sua linha de atuação, no entanto a mobilização *coletiva nacional* teve um espaço social *preferencial*, em acordo com cálculos de oportunidades e ameaças políticas em cada conjuntura, isto é, segundo a tolerância, a cooperação ou a repressão dos governos, a disponibilidade de recursos e aliados, bem como o grau de organização dos adversários. Assim se demarcaram fases no processo político da abolição.[36]

A *gênese* do movimento (1868-71) ocorreu quando, em face da pressão internacional, o governo pôs a abolição na agenda. Ocasião propícia para a emergência de associações de elite, ações institucionais, lobby, ações judiciais de liberdade e manifestações esparsas no espaço público. Iniciou-se em compasso a organização política do escravismo. Nos sete anos seguintes, gabinetes Conservadores fecharam a agenda institucional à abolição. O abolicionismo seguiu no espaço público, com baixa atividade, fraco e disperso, porém vivo o bastante para transmitir estratégias e a retórica da primeira geração de ativistas para os mais jovens.

A *nacionalização* veio depois (1878-maio de 1884). O problema retornou à agenda em fins da década por motivo duplo: chegava a data de vigência efetiva da Lei do Ventre Livre e da saída do Partido Conservador do governo. Sob gabinetes Liberais tolerantes, ativistas buscaram reforço internacional, diversificaram táticas de propaganda — associações, conferências-concerto, libertação de territórios — e desenvolveram estilos de mobilização pacíficos. Tais estratégias resultaram em legitimação pública da abolição nas grandes cidades e crescimento numérico, diversificação social e expansão geográfica do ativismo, nacionalizando a campanha.

Mobilização e mudanças na conjuntura internacional, somadas, suscitaram reação do sistema político. Formou-se um governo facilitador, o de Dantas, que se comprometeu com a reforma e se aliou aos abolicionistas. O movimento ingressou assim no sistema político (maio de 1884 a maio de 1885) e agiu dentro das instituições políticas, colaborando com o governo e lançando candidatos a cargos legislativos.

A contraofensiva escravista derrubou Dantas e inverteu o jogo: a coalizão entre o contramovimento e o Partido Conservador assumiu o governo em 1885. Fecharam-se as instituições políticas para os abolicionistas e recrudesceu a repressão às suas atividades. O movimento, que com propaganda quebrara as bases morais e sociais do escravismo, adotou então uma postura de *confrontação* (agosto de 1885 a fevereiro de 1888), com desobediência civil e ações diretas, as fugas coletivas orientadas,[37] que tornaram impraticável a continuidade da escravidão sem recurso à força.

Ante ameaça de guerra civil, setores da elite social e instituições antes desengajadas do conflito intervieram em favor da abolição imediata. Decisivo foi o alinhamento do Exército com os abolicionistas, que inviabilizou a repressão estatal. Essa *certificação* (outubro de 1887 a maio de 1888) começou ainda no curso da confrontação, como meio de contê-la, e se alastrou por Igreja, Coroa, setores da elite e partidos imperiais. Foi o que desarmou o confronto e gerou a solução de compromisso. Os abolicionistas pagaram um preço: aprovaram sua demanda central, a abolição sem indenização, mas desacompanhada de qualquer outra reforma.

Os abolicionistas ultrapassaram o milhar de pessoas. Grande quantidade, grande diversidade: o movimento foi uma teia de grupos heterogêneos em posição social, estilo de vida, região, socialização escolar, carreira, acesso ao sistema político e a posições de prestígio social. O abolicionismo se teceu como rede de ativismo graças a relações pessoais (parentesco, compadrio, amizade), profissionais (professor-aluno, estudantis, ocupacionais) e políticas (afiliação às mesmas associações ou partidos — Republicanos, positivistas etc.), umas sincrônicas, outras intergeracionais.

Rede policêntrica. A variedade interna facultou a divisão de trabalho, mas também produziu efeito centrífugo. Objetivos de curto prazo, líderes e alianças estiveram em contínua negociação, disputa, redefinição. Apenas no confronto com o Estado e o contramovimento ostentaram a identidade política compartilhada de "abolicionistas". Coesão mínima e crescimento do movimento se viabilizaram graças a *estilos de ativismo* compartilhados, isto é, estratégias modulares de ação, estilizadas e transponíveis, roteiros vagos, que cada grupo adaptou diferencialmente a seu contexto local, originando variações e matizes. Os estilos de ativismo de Rebouças (lobby, articulação entre espaço público e sistema político), Borges (associativismo, cerimônias cívicas, método bumerangue), Gama (ativismo judicial), Patrocínio (conferências-concerto, libertação de territórios), Nabuco (ações parlamentares, candidaturas eleitorais) e Antônio Bento (fugas orientadas) foram tipos de ativismo portátil, ao mesmo tempo padronizados e maleáveis, o que garantiu a difusão simples e rápida de estratégias, com seu uso simultâneo em diferentes partes do país, e abriu nichos variados de atuação, dando espaço para as singularidades. Possibilitou, assim, a convergência das facções em um só movimento, sem homogeneizar os grupos. Foi o que garantiu a nacionalização e a continuidade da campanha.[38] Variados intérpretes de um só repertório. Não coro, orquestra.

Articuladores políticos produziram as conexões por meio das quais se fez a difusão desses estilos de ativismo modular. Teceram a teia entre as facções que resultou em um movimento como ator político coletivo. Pertencem a essa classe ativistas vinculados a mais de uma facção ou arena que, ao transitar, circularam retóricas e estilos, coseram alianças.[39] Houve vários articuladores regionais, mas os *nacionais* foram cinco. Borges conectou a mobilização nacional e estrangeira, o que Nabuco aprofundou, vinculando ainda manifestações no espaço público e na arena institucional. Gama articulou o ativismo judicial à propaganda e ao início das ações clandestinas, e Patrocínio coordenou as diferentes estratégias no espaço público entre si. O articulador central foi Rebouças. Aristocrata e filho de político, circulava pelas boas famílias e nas instituições políticas; empresário, confabulava com homens de negócio; alcançava os estudantes, por ser professor; amante da ópera, falava à gente do teatro; e, negro, tinha legitimidade nas franjas da mobilização. Operou a faina miúda por mais tempo do que qualquer outro ativista, do começo ao fim da campanha. Homem-ponte, entrelaçou as diversas arenas da mobilização. Homem de bastidor, apareceu pouco e fez muito, Nabuco o reconheceu: "Rebouças encarnou, como nenhum outro de nós, o espírito antiescravagista [...], o papel primário, ainda que oculto, do motor, da inspiração que se repartia com todos... não se o via quase, de fora, mas cada um dos que eram vistos estava olhando para ele".[40]

O abolicionismo, como a escravidão, teve escala global. Retóricas, estratégias e performances de movimentos nacionais precoces se cristalizaram num repertório de confronto antiescravista, à disposição dos tardios. O conhecimento das experiências — inglesas, francesas, espanholas, estadunidenses — de predecessores e os vínculos com contemporâneos estrangeiros forneceram aos brasileiros modelos de espaço (ruas, teatros, imprensa), retórica (compaixão, direito, progresso), organização (criação de associações específicas), expressão (cerimônias públicas) e ação (judicial, parlamentar, direta, de confrontação). A tradição política nacional, contudo, exigiu ajustes, visíveis na transposição da *underground railroad*: sem contar, como nos Estados Unidos, com área não escravista para onde enviar fugitivos, os abolicionistas daqui tiveram de criá-la. A constrição modificou o sentido da estratégia para libertações simultâneas de territórios: em vez de sequenciais, conformaram zonas de "*free soil*" em diferentes partes do país, sobretudo no Ceará, Amazonas e Santos. Adaptação mais drástica se passou na apropriação de espaços sociais e estruturas de mobilização, que nos abolicionismos inglês e estadunidense se fundaram em bases quakers. Aqui a tradição católica e a indissociação entre Igreja e Estado puseram a estrutura religiosa do lado escravista e empurraram os abolicionistas, na linha hispânica, para o recinto laico dos teatros. A propaganda cresceu enraizada nesse meio e incorporou recursos e linguagem artísticas, numa teatralização da política.

O mesmo se passou na apropriação das retóricas de deslegitimação do escravismo de movimentos anteriores. A do direito se associou aqui ao tropo da Independência. A da compaixão, sem poder se amparar no catolicismo, dado o vínculo entre Igreja e Estado escravista, ganhou o matiz laico do romantismo, o que reforçou o teor artístico da propaganda. A retórica do progresso granjeou coloração cientificista, que não se vira nos abolicionismos precedentes. A estaca secular, na organização e na retórica, conferiu ao movimento brasileiro caráter mais moderno do que teve o anglo-americano, de raiz religiosa. A apropriação da experiência estrangeira — ajustes de retórica, estratégias e espaços de ação — culminou numa reinvenção, num estilo nacional peculiar de ativismo. O repertório de experiências estrangeiras balizou também a retórica e a organização dos escravistas brasileiros, bem como as iniciativas estatais. As leis do Ventre Livre, de 1871, e a Saraiva-Cotegipe, de 1885, ressoam a legislação espanhola para Cuba. E o gabinete Cotegipe repetiu a lei repressiva estadunidense do "prisioneiro fugitivo". Para onde se olhe, movimento, contramovimento, Estado, a perspectiva comparada funcionou como farol.

Todas essas características apontam para os pés de barro de três mitos sobre a sociedade oitocentista brasileira. Um é o do descolamento entre ideias estrangeiras e realidade nacional no século XIX brasileiro. Os abolicionistas estavam conectados a movimentos estrangeiros e se inspiraram neles, mas reiventaram ideias e estratégias, ao adaptá-las às condições brasileiras. Foram criativos e modernos ao fazerem uma campanha secular. Segundo, a reconstrução da mobilização mostra que é complicada a narrativa da abolição como obra da Coroa. O fim da escravidão resultou de um conflito político de grandes proporções, que passou perto da guerra civil, e no qual o Poder Moderador foi mais prensado entre forças em conflito que condutor do processo político. O terceiro mito é o da apatia política da sociedade brasileira no Império, a ideia de que o Estado operaria sobre uma sociedade inerte. O conflito em torno da abolição mostra o contrário. Houve, de um lado, um escravismo politicamente organizado, que lutou com unhas e dentes pela manutenção da escravidão no Brasil. E, de outro, um movimento social forte e organizado, que pressionou os governos em favor de sua causa. Dos dois lados, a sociedade se mobilizou, às vezes junto, às vezes contra o Estado, muito longe do imobilismo que usualmente se lhe atribui.

FESTAS DA IGUALDADE

Maio consistiu em flores. No dia 9, a Câmara aprovou o projeto e a conversão da data em que se promulgasse a lei em festa nacional. Os abolicionistas a começaram antes. No dia 3, quando abriu o Parlamento, discursos de Dantas, Nabuco e Patrocínio das janelas do Senado e nas ruas circunvizinhas; todo o Rio de Janeiro em festa. Conferências-concerto, espetáculos teatrais, *marches aux flambeaux*, passeatas. Quanto mais perto o dia, maior a efusão. A Câmara lotada de

> representantes de todas as classes sociais, sendo extraordinário o número de senhoras [...] e das galerias choveram flores sobre os ministros e os deputados. O entusiasmo explodiu freneticamente, os vivas reboavam e todos os que têm contribuído para o grande acontecimento nacional ouviram seu nome vitoriado pela multidão.

A diretoria da CA adentrou o recinto solenemente, saudando a liberdade com um buquê. Todas as associações abolicionistas embandeiradas e grande multidão marcharam com banda, da rua Primeiro de Março à do Ouvidor, parando na porta dos jornais abolicionistas: em *O País*, discursou Nabuco; depois à *Cidade do Rio*, à *Revista Ilustrada*, e assim foram, de porta em porta, discurso em discurso, engasgados de emoção.

Celebrações de pioneiros e adventícios. A princesa, em autopopularização, se adiantou com banquete a catorze escravos, em Petrópolis, no começo de maio. No dia 13, o ápice. O povo se aglomerou no largo do Paço e saudou a lei com estrondosos vivas. O Rio de Janeiro transformou-se em uma gigante conferência-concerto a céu aberto, abolicionistas históricos abraçando vira-casacas, ecumênicos, magnânimos, vitoriosos. A multidão chegou às dez da manhã, atendendo a chamado da Confederação

Abolicionista, estampado nos jornais do dia, e não iria mais embora nos próximos três. O esquadrão da CA desfilou de novo por jornais, associações, faculdades, em cada etapa novos companheiros, discursos, aplausos, bandeiras das muitas associações antiescravistas, bandas por toda a parte, por todo o dia, pela cidade toda. "Houve sol, e grande sol, naquele domingo de 1888, em que o Senado votou a lei, que a regente sancionou, e todos saímos à rua. [...] todos respiravam felicidade", conta Machado de Assis, que lá estava.

O coração do Rio de Janeiro, capital do Império do Brasil, transbordou gente. Quando anoiteceu, começaram os espetáculos de gala nos teatros em honra ao que neles começara. "Às dez horas da noite dificilmente se podia passar pela rua do Ouvidor, tal era a afluência de povo." Houve passeata com tochas acesas, ladeada por casas embandeiradas e iluminadas, "levando após si uma enorme cauda de povo", com mais discursos, vivas, flores, "cem dúzias de foguetes e uma salva de 21 tiros". Entre as cerca de 10 mil pessoas que se espremiam em ruas estreitas para tanta celebração estavam os propagandistas da ideia desde "quando ainda o abolicionismo era uma lepra". Rebouças, Nabuco, Patrocínio, Clapp, Dantas, se fizeram onipresentes, pétalas nos cabelos, braços dados, nos braços do povo.

Congratulavam-se mutuamente os abolicionistas, elogios de uns por outros na imprensa, cartas, discursos, poemas, retratos a bico de pena dos vivos e glória ao panteão de mortos — Luís Gama, Rio Branco. *O País* publicaria nos dias subsequentes os numerosos telegramas de congratulações, mas coube à *Cidade do Rio*, de Patrocínio, sediar o contentamento. Desfilavam incansáveis as sociedades abolicionistas e simpatizantes, dos empregados da estrada de ferro aos membros da Câmara Municipal. A festa varou a madrugada.

Rebouças planejou no triunfo como fizera no combate. Se

para a libertação do Ceará, uma única província, tinham sido necessários quatro dias, a do país mereceria vinte de "festas da igualdade". Os festejos maiores couberam, porém, numa semana. Dias, noites, madrugadas, as ruas iluminadas, quermesses, concertos, peças, poemas, passeatas. O abolicionismo selou a paz definitiva com o catolicismo numa enorme missa no campo de São Cristóvão, em 17 de maio, quando os estandartes laicos se misturaram às cruzes. Grande procissão cívica no dia 19. Na tarde seguinte, uma marcha cívica geral solene fechou as festas. Começada em flores, em flores a campanha se encerrou. Milhares delas. Na Câmara, no Senado, em redações, associações, teatros, ruas, na princesa, nos abolicionistas, nos libertos.

Enrouqueceram-se as gargantas em discursos, incontáveis abraços, infindáveis brindes. Esgotaram-se todas as decorações, hinos, iluminações, arcos triunfais, representações teatrais, faustos e pompas. Ovações em Petrópolis, Belém, Recife, Fortaleza, São Paulo, Santos. Festas provinciais, municipais, domésticas. E internacionais. De olho no trono, o príncipe Pedro Augusto, acompanhante do avô na Europa, banqueteou em Paris. Comemorou-se em Buenos Aires e em Londres, chegaram cumprimentos de sociedades estrangeiras, num transnacionalismo abolicionista que fez a volta à origem, à África: em Lagos, trezentos afro-brasileiros celebraram por seis dias.

Em triunfo, Rebouças foi carregado pelos alunos da Politécnica, Nabuco galgou o êxtase, Dantas passou mal, de comoção, e Patrocínio viveu sua hora gloriosa: "Belo dia para morreres, Zé", um amigo então lhe disse, "em plena apoteose". Apoteose coletiva, não havia outro nome para tamanha festa. "Verdadeiramente", resumiu Machado de Assis, "foi o único dia de delírio público que me lembra ter visto."[41]

O futuro do pretérito

O DIA SEGUINTE

Enquanto o Rio de Janeiro se acabava em festas, no dia seguinte à abolição, Rebouças trabalhava em projeto da nova *Propaganda evolucionista democrática* (*Democracia rural — liberdade de consciência — liberdade de comércio*). Traçava planos complementares, pois, aprendeu ainda na celebração, toda conquista impõe rescaldo.

A festa achou cedo sua ressaca. Dois dias depois do ato, o visconde de São Laurindo, proprietário em Bananal, reclamava ao presidente de São Paulo, Rodrigues Alves, das "incertezas e perigos em que nos achamos" e exigia providências para "garantir a ordem e a tranquilidade pública e a segurança das famílias" contra a anarquia. "Os discursos de Cotegipe e Paulino [na tramitação da lei] calaram na maioria dos lavradores já muitíssimo apreensivos. Eu não falo só por mim, falo pela classe à qual infelizmente pertenço." Essa classe tinha outros porta-vozes, um dos quais usou a arma dos abolicionistas para combatê-los: uma peça de teatro. Nela, as maiores províncias escravistas, São Paulo, Rio de Janeiro e Minas Gerais, propunham uma colônia no Mato Grosso para onde fossem mandados todos os ex-escravos, a ser comandada por Nabuco ou "podemos proclamar o Patrocínio rei ou imperador dos negros". Tom não somente jocoso como indignado: "Não se descobre na Lei Áurea uma só disposição favorável ao senhor, que em vários casos lhe garanta o direito de propriedade". Com a abolição, viriam projetos de colonização e a nação teria de escolher, de novo, entre o lado de Dantas e o de Paulino.[1] Reclamos assim se multiplicaram.

A glória do movimento foi solapada pelo contramovimento. Como a Fênix, Paulino renasceu. Onze dias depois da abolição, sua legião protocolou pedido de indenização aos ex-senhores na Câmara dos Deputados. Cotegipe encaminhou similar ao Senado. Exigiam o valor das propriedades que julgavam espoliadas, em nome de fazendeiros, comissários e banqueiros, e subsídio para mão de obra — chineses ou europeus do Sul — substituta do ex--escravo, que reputavam indolente sem chicote. Em reprise de 1884, reação organizada, pois, qual Rebouças, escravistas trabalharam desde o 14 de maio em novo movimento, o indenizismo. Cotegipe o liderou no Parlamento, ancorado na legitimidade de onze petições à Câmara.[2] Reentoaram a ladainha de solicitações de auxílio à lavoura. Escravismo redivivo.

Os abolicionistas, que a duras penas suplantaram diferenças durante a campanha, dividiram-se ao cabo dela, "veteranos da legião que a vitória dispersou", lamentou Nabuco.[3] Realizada a única pauta genuinamente comum, explodiu a arenga entre facções que mata movimentos.

Houve divisão quanto ao destino do ex-escravo. Havia o Programa Rebouças, que contemplava direitos políticos, terra a trabalhadores livres com pequena propriedade e imigração de famílias europeias, que ajudariam a desmantelar "a obra da escravidão", ao trazer consigo a ética do trabalho. Até entre os partidários dessa democracia rural se via desacordo quanto aos mecanismos para criar a pequena propriedade, se por incentivos fiscais que afetassem o mercado fundiário ou se por meio da concessão de terras devolutas do Estado a colonos — a desapropriação de grandes propriedades ninguém cogitava. Já para muitos abolicionistas da Corte, de Pernambuco e do Rio Grande do Sul, a sociedade moderna concentrava o capital; seria inútil dividir terra, que acabaria por se concentrar novamente. A modernidade seria urbana e industrial, o que tornava passadista qualquer utopia rural, como a de Rebouças. Priorizavam a intervenção estatal para decretar um miniestado do bem-estar social, que integrasse o ex-escravo à sociedade nacional por intermédio da educação, dos direitos sociais e da limitação da jornada de trabalho.[4]

O modo de inserir o ex-cativo na sociedade nacional se bifurcava, então, em programas diferentes. Um visava à sua conversão em cidadão de uma sociedade Liberal e capitalista, com direitos *civis e políticos*, e em pequeno proprietário no campo, célula da nova economia, em par com imigrantes. Outro futuro lhe acenava com direitos *sociais* e o convertia em proletário urbano da sociedade industrial que se anunciava. Planos vagos e nas minúcias variáveis de abolicionista a abolicionista. O desacordo só sumia em dois quesitos, a educação e a tutela ao ex-escravo, pois os abolicionistas nunca cogitaram deixá-los gerentes do próprio futuro.

Também dissensos entre monarquistas e Republicanos retalharam a bandeira abolicionista. A maioria se persuadira de que monarquismo e escravismo eram duas cabeças de um só monstro. Cabia decepá-las juntas. Eram Republicanos líderes provinciais do abolicionismo, como João Cordeiro, no Ceará, e se republicanizavam abolicionistas Liberais em províncias-chave, casos de Rui Barbosa, na Bahia, e Carneiro da Cunha, em Pernambuco. Era republicano praticamente todo o movimento gaúcho e o da Corte — Vicente de Sousa, Clapp, Bocaiuva tiveram durante a campanha toda pé nas duas canoas. O mesmo acontecia com todos os positivistas, a maioria dos estudantes das escolas superiores, os jovens militares. Até abolicionistas que não eram Republicanos suspeitaram que a política pós-abolição de João Alfredo Correia de Oliveira ressuscitaria o espírito do período posterior à promulgação da Lei do Ventre Livre: acalmar a reação em vez de aprofundar a reforma. A maioria do movimento julgava que apenas um regime novo regeneraria o país e, no que depositaram o estandarte da abolição, levantaram o da república.

Nabuco e Rebouças namoraram a república durante os anos Cotegipe, contudo, com seus lastros aristocráticos, avaliaram que poderiam dar o rumo do novo reinado. Nabuco tentou "plantar o anel da dinastia" no seio do movimento. Se era fraca a princesa, maior a chance de influir sobre ela, pensou Rebouças, que, com o desprendimento com que se atara à abolição, desatando-se do mundo palaciano nos anos 1870, reamarrou seu destino ao da casa dinástica. Planejava dar nova orientação à Confederação Abolicionista, uma expansão do programa de democracia rural, com imposto rural, liberdade de consciência, casamento civil, imigração de colonização.[5] Rebouças e Nabuco buscaram prover à monarquia apoio novo, de abolicionistas e ex-escravos. Apegaram-se à utopia de um Terceiro Reinado reformista, subitamente certos de que Isabel I teria ímpeto e força para agir onde seu pai silenciara.

Patrocínio oscilou. Era republicano havia tanto tempo quanto era abolicionista, mas avaliou a adesão de undécima hora da princesa como decisiva para o desfecho pacífico do processo. E aí "a gratidão tolheu a ação do libertador", no juízo de um de seus discípulos, que trocou o mestre pela campanha republicana;[6] Patrocínio mudou de lado com a passionalidade costumeira. Logo engrossou os animadores de uma Guarda Negra para proteger

Isabel dos Republicanos. Estes, por seu lado, se vingaram com o epíteto de "último negro que se vendeu no Brasil". Patrocínio nunca se venderia, porém, combatente de sangue escravo, qualificativo que faltava a Rebouças ao aderir ao Terceiro Reinado, perdeu de se alçar ao pódio de Luís Gama, símbolo da abolição.

Assim foi que os três líderes nacionais, Rebouças, Nabuco e Patrocínio, ainda no maio de 1888, se insularam. Ficaram monarquistas, enquanto a maioria dos ativistas se alistou no republicanismo.

A esperança do trio no aprofundamento das reformas sob a monarquia tropeçou na velha pedra ainda no caminho. Cedo se viu o rumo do governo de Correia de Oliveira, que apresentou à Câmara um projeto de repressão à ociosidade dos ex-escravos e outro de indenização aos senhores em vez de aos escravos. Rebouças o definiu como "o desgraçado projeto de 300 mil contos para o landlordismo escravocrata". Nabuco se opôs em discurso na Câmara. Rebouças comunicou seu agastamento aos ministros João Alfredo e Ferreira Viana e escreveu artigo na *Cidade do Rio* contra a "aristocracia mendicante", para em seguida lançar manifesto anti-imigração de proletários asiáticos.[7] Nabuco e Patrocínio publicaram artigos de mesmo tom e retomaram seus púlpitos, um no Parlamento, o outro em conferências no teatro. Não replicaram seu antigo êxito, contudo.

João Alfredo Correia de Oliveira aliciou apoiadores distribuindo títulos de nobreza a escravistas. A má companhia fez Nabuco recusar o de visconde e Patrocínio devolveu a medalha que lhe ofereceu o Instituto Histórico e Geográfico Brasileiro: "Durante os amargos tempos da propaganda abolicionista não tive a fortuna de encontrar-me com o Instituto Histórico ao lado dos que combatiam sacrificando posição, fortuna e vida. Não lhe reconheço, portanto, competência para aferir o valor dos abolicionistas".[8]

O ano comprido, de dezoito meses e dois dias, que separa a Abolição da República, nada teve de edificante. Insatisfação escravocrata, porque os cofres imperiais não poderiam honrar todos os títulos de propriedade expropriados. Insatisfação abolicionista com o empacamento das reformas. A agenda propositiva dos direitos sociais e da democracia rural empatou com a agenda reativa da indenização. Prensados entre escravistas e abolicionistas, princesa e gabinete se imobilizaram. Nem se aprovou a indenização aos ex-proprietários, nem os projetos de Rebouças, como sua ideia de Lei para Educação, Instrução e Elevação do nível moral dos libertos. No aniversário de um ano da abolição, Silva Jardim acusou, com razão, a monarquia de relegar o ex-escravo à miséria.[9]

DE VOLTA AO TEATRO

André está garboso, tal qual na estreia de O guarani, em 1870, mas é outro homem. Cabelos acinzentados, coluna arqueada sob o peso das perdas — irmão, pai, empresas e o sonho da democracia rural. Perdeu também correligionários, porque os abolicionistas desfizeram seu coro.

Ao longo das festas da abolição, o enaltecimento aos reformistas se transmutou em elegia da tradição imperial. Reafirmaram-se sua liturgia católica e sua hierarquia nobiliárquica por meio de missa campal no campo de São Cristóvão, ainda em maio de 1888. A aliança entre Igreja e Estado nunca esteve tão explícita como no uso do vocabulário religioso para redefinir a princesa como a "redentora". Catolicismo e monarquia se apropriavam dos louros da abolição.

Rebouças, central na campanha, o foi também na conversão dos feitos de um movimento social em dádiva do Império. No aniversário do primeiro ano da abolição, organizou o Festival da

Confederação Abolicionista, no Teatro D. Pedro II, uma conferência-concerto sem o caráter contestador de costume, antes louvação à princesa, a quem deu as camélias brancas do Quilombo do Leblon. No dia seguinte, com Patrocínio, comandou procissão cívica, ao fim da qual enalteceram a futura imperatriz e o velho imperador, transmutado em "patriarca da família abolicionista".[10]

A matriz definidora da identidade nacional na monarquia reapareceu na antropofagia da glória abolicionista. Alencar morreu, mas seu romantismo indianista, que via a nação como a soma de indígenas e europeus, fora africanos, estava vivíssimo. Isso se viu noutro festejo da abolição. Rebouças encomendara a Carlos Gomes, no curso da libertação do Ceará, em 1884, uma música de protesto para animar o movimento em sua subida.[11] *O escravo* chegou atrasado, em 1889, como ópera comemorativa. O que afinal se celebrava: o ato institucional que encerrou a escravidão no Brasil, a luta dos abolicionistas, a cidadania dos escravos, o Terceiro Reinado? Nem Rebouças sabia.

Na première, no Teatro Lírico do Rio de Janeiro, em 27 de setembro de 1889, a família imperial, de luto, faltou. A repetição, no dia seguinte, teve a vantagem de coincidir com o 18º aniversário da Lei do Ventre Livre, numa dessas simetrias que Rebouças tanto apreciava. Recinto repleto. A Corte avistou seu imperador, que sobrevivera e retomara seu posto, chamando para o comando do governo um Liberal de baixo ímpeto reformista, como acusaram Nabuco e Rui Barbosa, em reunião de seu partido, pouco antes daquele dia de festa. Mas se o visconde de Ouro Preto conseguiria ou não pôr o Império nos trilhos é assunto para outro dia.

A gala de *O escravo* suscitou ovações. Rebouças, que acompanhou passo a passo a montagem, as leu como repetição do êxito de *O guarani* em 1870 e "verdadeira apoteose da propaganda abolicionista".[12] Será?

Em 1870, pouco antes da Lei do Ventre Livre, a elite imperial, apesar de cizânias, se alinhava numa direção: a modernização lenta, a mudança controlada, a abolição no longuíssimo prazo. Em 1889, a cena era outra. Os partidos sangravam. Nem havia unidade dos Liberais quanto às reformas a fazer, nem dos Conservadores no tocante a como evitá-las. O Império perdera o apoio do Exército e sofria a compressão do movimento republicano, na imprensa e nas ruas, pois conferências e passeatas prosseguiam. Antigas clivagens, abolicionistas e escravistas, Liberais e Conservadores, se esfumaçavam, e novas se abriam, federalistas e centralistas, reformistas e indenizistas, Republicanos e monarquistas. O passo lento do Segundo Reinado, a política de delongar, prolongar, adiar, para minimizar conflitos no curto prazo, no longo, produziu descontentes de todos os lados. De modo que na encenação de *O escravo* não havia plateia pronta para o aplauso. Rebouças se esquivou de congratular-se com inimigos: "Não assisti, fugindo à plutocracia escravocrata".[13] Escravistas igualmente faltaram. Jamais assistiria a espetáculo daquele tipo um homem como Paulino, que desde maio presidia o Senado e o indenizismo, visto que Cotegipe, sempre elegante, fez a fineza de morrer antes do Império.

A recepção de *O escravo* foi mais fria que a de *O guarani*. Uma linha, porém, ajuntava as óperas. A velha honrara o imperador, a nova homenageava a herdeira do trono, à qual, Carlos Gomes, esquecendo os esforços incontáveis de seu compadre Rebouças, atribuiu a abolição: "Na memorável data de 13 de maio, em prol de muitos semelhantes ao protagonista d'este drama, vossa alteza, com ânimo gentil e patriótico, teve a glória de transmudar o cativeiro em eterna alegria e liberdade. Assim a palavra escravo no Brasil pertence simplesmente à legenda do passado".[14]

Ao passado pertencia também a trama. Taunay, amigo de Rebouças e apoiador de Dantas, escreveu o libreto original, que situava a história em 1801, e pôs de protagonista um liberto africano, ecoando peças, romances, versos da campanha abolicionista. Contudo, o libretista italiano, a quem Gomes confiou a versificação, alterou o enredo, que foi parar em 1567, *antes* do grande tráfico de africanos, de maneira que o herói acabou por ser, como em *O guarani*, um índio. Os mulatos Ricardo e Anália se transmutaram nos tamoios Iberê e Ilara. Taunay se enfureceu, como devem ter se enfurecido todos os abolicionistas.[15]

Nos quatro atos da ópera, o romance entre a jovem escrava Ilara e o filho de seu dono, Américo, é desfeito pelo pai do moço, que casa a moça com o escravo Iberê. O índio logo se engaja na revolta tamoio contra os portugueses. Porém, ao ver aprisionado Américo, que antes o salvara do tronco, liberta-o e se suicida, para que o moço branco fuja com Ilara rumo ao final feliz. *O escravo*, assim, reitera o mito de origem da nacionalidade de *O guarani*. Terminam ambos com a união do europeu e da indígena, sem menção à escravidão africana.

A comemoração da abolição pela elite imperial minimizou a importância do movimento abolicionista e reiterou o mito fundacional do Império, uma comunidade imaginada que expurgou o africano. O herói do 13 de maio não ganhou a cor de Rebouças, Patrocínio, Vicente de Sousa, Luís Gama. Por atos como a encenação de *O escravo* e por escritos, até de abolicionistas, erigiu-se uma simbologia da abolição que empurrou o movimento e mais ainda os escravos para o fundo da cena, enquanto a princesa se transfigurava em "Redentora". A violência da escravidão e do escravismo politicamente organizado se esmaeceu até na prosa de líderes do abolicionismo — como em *Minha formação*, de Nabuco.

Mesmo na celebração de sua liberdade, o ex-escravo foi escamoteado. Nessa elisão simbólica está todo o sentido do que viria depois da abolição: desfecho contido para mobilização arrebatada. Quando a ópera de Carlos Gomes chegou ao palco, mês e meio antes do finale de 15 de novembro, era ainda o índio mítico o emblema da monarquia. Ao negro, outra vez, deram-se as costas.

Agradecimentos

Adriana Hanff, São Paulo
Alexander Englander, Universidade Federal do Rio de Janeiro
Amanda Bowie Moniz, Universidade Yale
André Botelho, Universidade Federal do Rio de Janeiro
Antonio Dimas, Universidade de São Paulo
Arcádio Quiñones, Universidade de Princeton
Carlos Eduardo Souza, Universidade de São Paulo
Celso Castilho, Universidade Vanderbilt
Cesar Rodriguez, Sterling Library, Universidade Yale
Christopher Schmidt-Nowara, Universidade Tuft (in memoriam)
Dain Borges, Universidade de Chicago
Daniel Waldwogel, CEM/Cebrap
David Blight, Universidade Yale
David Brion Davis, Universidade Yale
Edward Rugemer, Universidade Yale
Emília Viotti da Costa, Universidade Yale
Gabriela Nunes Ferreira, Universidade Federal de São Paulo
Gabriela Pereira Martins, Universidade de São Paulo

Iris Kantor, Universidade de São Paulo
Jeffrey Needell, Universidade da Flórida
João do Carmo Batista Jr., Universidade Federal do Ceará
José Arthur Giannotti, Cebrap
Julia Adams, Universidade Yale
Kenneth David Jackson, Universidade Yale
Leopoldo Waizbort, Universidade de São Paulo
Leslie Bethell, FGV-Rio de Janeiro
Lilian Sendretti, Universidade de São Paulo
Maria Alice Rezende de Carvalho, PUC-Rio de Janeiro
Maria Helena Machado, Universidade de São Paulo
Mariza Nunes, Cebrap
Mary Junqueira, Universidade de São Paulo
Miriam Dohlnikoff, Universidade de São Paulo e Cebrap
Nathalie Drumond, Universidade de São Paulo
Peter Stamatov, Universidade Yale
Regina Camargo, São Paulo
Ricardo Caires, Universidade Estadual do Paraná
Roberto Saba, Universidade da Filadélfia
Roberto Schwarz, Unicamp e Cebrap
Roger Cavalheiro, Universidade de São Paulo
Samuel Titan Jr., Universidade de São Paulo
Sérgio Miceli, Universidade de São Paulo
Seymour Drescher, Universidade de Pittsburgh
Stuart Schwartz, Universidade Yale

Notas

APRESENTAÇÃO [pp. 13-22]

1. As informações deste item se baseiam em DNAAR, 17 abr. 1881; carta de Carlos Gomes a Giulio Ricordi, 16 jul. 1884, apud Vetro, 1982; CR, 26 out. 1887; *O País*, 10, 11, 22 e 23 ago. 1886; GN, 23 ago. 1886; GT, 9 e 11 ago. 1886, RI, ago. 1886.

2. GT, 13 maio 1888. A bibliografia se divide conforme focos em dinâmica socioeconômica (por exemplo, Costa, 1966); dinâmica político-institucional (Carvalho, 1980, 1988, 2007; Needell, 2006, 2010); movimentos locais de resistência (Machado, 1994, 2006, 2009; Silva, 2003; Gomes, 2006; Reis, 2003) ou embates judiciais (Chalhoub, 1990; Azevedo, 1999, 2010) ou violentos (Toplin, 1969, 1972) entre escravos e senhores. Os estudos sobre mobilizações no espaço público são de escala local (Bergstresser, 1973; Castilho, 2008; Kittleson, 2005; Graden, 2006; Albuquerque, 2009). Aqui busco uma visão de conjunto da mobilização, trabalhando, como Conrad (1972, 1975) e Needell (2010), a dinâmica intra e extraparlamentar, e optando, contudo, por outra periodização (meu ponto de partida é 1868, enquanto o de Conrad é 1850 e o de Needell, 1879), recorte (Conrad enfatiza diferenças regionais e Needell, dois momentos da dinâmica política nacional, ao passo que trabalho com quatro conjunturas: pré-Lei do Ventre Livre, ascensão do Partido Liberal em 1878 e os gabinetes de Dantas e Cotegipe) e metodologia (o levantamento sistemático de associações e eventos de mobilização a partir de notícias de imprensa). Além disso, ressalto a

organização política do contramovimento como central para a intelecção das estratégias abolicionistas. Para uma discussão da bibliografia e um detalhamento da perspectiva teórica aqui adotada, ver Alonso, 2015.

1. ABOLICIONISMO DE ELITE [pp. 23-50]

1. Sobre Rebouças, cf. Spitzer (1989, pp. 110, 115, 119 ss.) e Grinberg (2002, pp. 69 ss.). Sobre vida e ideias de Rebouças, ver Spitzer (1989), Carvalho (1998), Jucá (2001), Trindade (2011). As citações de Rebouças vêm de seu diário, respectivamente: DNAAR, 13 jan. 1838, 1865, 7 out. 1863, nov. 1864, 9 out. 1866, 26 jan. 1868, 10 fev. 1867, 15 jun. 1868.

2. A literatura sobre abolições e movimentos abolicionistas é extensa. Para posições estruturantes desse debate, ver Drescher (1977), Williams (1994) e Brown (2006). Para visões sintéticas: Davis (2006) e Drescher (2009).

3. Depois do Brasil, o segundo colocado no tráfico mundial foi a Inglaterra, seguida por França, Espanha, Holanda, Estados Unidos e Dinamarca. Os sete países juntos receberam o êxodo forçado de 12 521 336 africanos, entre 1501 e 1866. Esses dados, como os citados nos parágrafos precedentes, estão em <www.slavevoyages.org>. Sobre o fim do tráfico no Brasil, ver Bethell (1970); sobre dinâmicas econômica e social da escravidão brasileira, ver Costa (1966), Fernandes (1978), Cardoso (1977), Novais (1985), Alencastro (2000); para um balanço dessa literatura, ver Marquese e Salles (2015).

4. A interiorização do mercado de escravos prosperou depois do fim do comércio África-Brasil, mostra Slenes (2004), como tráfico intrarregiões: do algodão de Rio Grande do Norte, Ceará, Paraíba e Piauí para as açucarocracias baiana e pernambucana. Concentração repetida no Sul na crise do charque, quando o Rio Grande exportou cativos para Campinas.

5. Cf. Bastos (1863, p. 382); ACD, 22 maio 1852. O deputado piadista era o futuro barão de Cotegipe. Sobre o debate nos anos 1840-60, ver Parron (2011).

6. Já em 1858, criara-se a Comissão Mista Brasil-Inglaterra, para arbitrar pedidos brasileiros de indenização por atos britânicos durante a repressão ao tráfico, que se encerrou com recusa das compensações (Bethell, 1970, pp. 370 ss.). O tráfico interno de fato prosseguia: só em 1860, 26 622 escravos foram vendidos do Norte para o Rio de Janeiro (Bethell, 1970, pp. 375 ss.). A explicação usual da "Questão Christie" não a relaciona ao contencioso o fim do tráfico, mas Bethell (1970, pp. 382 ss.) e o próprio Christie (1865) o fazem. A tensão seguiu até o início da guerra com o Paraguai, quando o Brasil não pôde se dar ao luxo de manter o rompimento com a maior potência mundial.

7. "Repertório político" de confronto remete a um conjunto "limitado, familiar e historicamente construído" de maneiras de fazer política típicas de dado período histórico (Tilly, 2006, p. vii), que abrange o conjunto de experiências estrangeiras das quais os brasileiros tinham conhecimento.

8. Davis (1966, 1992, 2006); Drescher (1986, 2009, pp. 372 ss.); Jennings (2006); Bethell (1970, p. 385). A circulação transnacional era constante. Os brasileiros se correspondiam ou conheciam pessoalmente abolicionistas estrangeiros, o que propiciou a apropriação de formas de ação e de retórica, como testemunham Candler e Burgess (1854, p. 44), que reportam ter visto o *Anti-Slavery Monthly Reporter* nas redações de jornais no Rio, na Bahia e em Pernambuco. Cuba e Estados Unidos apareciam nos debates parlamentares desde os anos 1850 (Bethell, 1970, pp. 327 ss.; Parron, 2011, pp. 274 ss.). Sobre o caso espanhol, ver Corwin (1968) e Schmidt-Nowara (1999).

9. A associação se formara nos anos 1830, quando os ingleses extrapolaram a campanha antiabolicionista doméstica em internacional. Sobre a relação entre os brasileiros e abolicionistas ingleses no período, ver BFASS (1867) e Rocha Penalves (2008, pp. 397 ss.).

10. Cf. Bastos (1863, pp. 123, 379, 383-4); ACD, 26 jun. 1866; Needell (2006, p. 234); Jequinhonha (1865, p. 12). O livro de Malheiros é a mais completa sistematização da legislação nacional e seus impasses — ora tomava o escravo por pessoa, ora por coisa — sobre escravidão no período.

11. Chalhoub (2012, pp. 41, 46) calculou o número de escravos a partir do censo de 1872. Reis (2000, p. 91) estimou 1 715 000 para os anos 1860.

12. Um dos membros da Liga, José Tomás Nabuco de Araújo, iniciara estudos para Lei de Locação de Serviços, de regulação da mão de obra livre (Holloway, 1984; Lamounier, 1988; Alencastro, 1989). A carta de d. Pedro está em Lyra (1977, p. 162). Chalhoub (1990, p. 110) localizou o processo advogado por Zacarias em 1863.

13. Corwin (1967, pp. 182-3).

14. A primeira descrição é de Pompeia (1888, p. 3), e a outra, do ex-aluno Macedo Soares (1885, apud Alves, 1942, p. 99). Sobre Borges, ver Valdez (2006, pp. 33 ss.).

15. Nabuco (1900, pp. 246-7), Patrocínio (CR, 5 maio 1889), Duque-Estrada (1918) e Morais (1924) definiram o início do movimento abolicionista em 1879, ano de estreia de Nabuco no Parlamento e de Patrocínio na direção da *Gazeta da Tarde*. Tal datação, encampada por muitos estudiosos, negligencia o primeiro ciclo de mobilização e o ativismo dos pioneiros da década anterior. Por isso, em vez das memórias de atores, tomei a criação de associações antiescravistas como critério para datar o início do movimento — ações em vez de narrativas. As primeiras sociedades surgiram durante os debates da Lei Eusébio de

Queirós, mas só se pode falar de movimento social quando o número se avoluma, com onda coletiva de criação de associações ao fim dos anos 1860. A lista de nomes e datas de fundação das associações abolicionistas está nos Anexos.

16. O manifesto da SCT propunha ainda censo e taxação progressiva dos escravos, proibição de sua posse por estrangeiros, venda compulsória em caso de crueldade, transição à russa (servidão de trinta anos e confinamento às fazendas) e "a divisão conveniente das grandes propriedades territoriais, e o progressivo aumento numérico dos pequenos proprietários", meio pelo qual seria "cada vez mais fácil a extinção progressiva da escravatura no Brasil" (SCT, 1852, p. 13). Uma lei de terras fora aprovada em concomitância com a proibição do tráfico, mas não se implementara. A maioria dos membros da SCT estava também na Sociedade Auxiliadora da Indústria Nacional (Sain), que discutia formas de substituir o trabalho escravo pelo livre. Kodama, 2008; Moreira de Azevedo, 1885.

17. Sobre a relação SCT/BFASS, ver carta de Louis Alexis Chamerovzow a Manuel da Cunha Galvão, 8 maio 1865; BN Manuscritos I-03,31,47A. A SCT recebeu, em 1852, dois abolicionistas da Religious Society of Friends of Great Britain and Ireland, que entregaram um *Address* antiescravista ao imperador, bispos, parlamentares e ministros. A SCT distribuiu cerca de trezentas cópias do panfleto (Candler e Burgess, 1854, pp. 36-7 e 43) a fazendeiros, comerciantes, parlamentares, bispos, nobres e damas da Corte.

18. Borges, 1866, pp. 48-9. O Ginásio Baiano funcionou em Salvador (1858-70). Em 1871, ao mudar-se para a Corte, Borges abriu lá o Colégio Abílio (Gondra e Sampaio, 2010, pp. 78 ss.). Sobre as primeiras associações na Bahia, ver Fonseca (1887, pp. 244 ss.) e Graden (2006, p. 13).

19. Sobre a carreira de Borges, ver Valdez (2006, pp. 34-6, 39). Cochin se refere à petição a d. Pedro em carta de 17 de maio de 1866 e reporta sua relação com Borges ao abolicionista inglês Joseph Cooper, em 13 de julho de 1870 (cf. Cochin, 1926, v. 2). Essa articulação internacional de Borges é negligenciada por Nabuco (1897-9, pp. 656-61), seguido por intérpretes posteriores, que apontam que a resposta de d. Pedro à petição francesa teria iniciado o debate sobre abolição como "raio caindo de céu sem nuvens". Subscreveram a petição: Guizot, Laboulaye, Andaluz, Borsiet, o duque e príncipe de Broglie, Gaumant, Leon Lavedan, Henri Martin, conde de Montalembert, Henri Moreau, Edouard de Pressense, Wallon e Eugene Yung.

20. Keck e Sikkink (1998) argumentam que ativistas com circulação internacional podem mobilizar recursos e alianças no exterior para afetar a política doméstica. O "efeito bumerangue" se iniciaria em território nacional e, ao receber apoio no exterior, voltaria ao país de origem como pressão sobre o Estado.

21. A citação é de Nabuco 1897-9 (p. 657), para quem a guerra com o Paraguai teria congelado o debate sobre a abolição. Schulz (1994), Salles (1990,

2009) e Doratioto (2002), contudo, mostram que a guerra obrigou a tematização, dado o massivo alistamento de ex-escravos como "voluntários da pátria", libertados para substituírem seus donos na frente de batalha.

22. As citações do Conselho de Estado mencionadas antes estão respectivamente em ACE, 5 nov. 1866; 2-9 abr. 1867. Além do ventre livre, os projetos de São Vicente criavam juntas de emancipação provinciais; instituíam o registro dos escravos; libertavam imediatamente os de ordens religiosas e, em cinco anos, os de propriedade do governo. Combinados, acabariam com a escravidão até 1890 (*A abolição no Parlamento*, v. I, pp. 243-57). Nabuco (1897-9, pp. 656 ss.) e Needell (2006, p. 234) afirmam que d. Pedro estimulara São Vicente a escrever os projetos, no entanto não documentam a afirmação. Sobre o *Opinião Liberal*, ver Carvalho (2006, p. 20).

23. Cf. ACD, 22 maio 1867. Zacarias deixou São Vicente, do partido oposto, de fora da comissão, para a qual indicou homens de sua confiança e pediu pressa. Cf. cartas de Zacarias a Nabuco de Araújo (Nabuco, 1897-8, pp. 721 ss.).

24. Acei, 2 abr. 1867. Atribui-se à guerra com o Paraguai (por exemplo, Holanda, 1972) a crise de 1868, tida por crise do sistema representativo, pois o partido com mais cadeiras foi derrubado com a nomeação de chefe de governo do partido contrário. Essa explicação, porém, desconsidera a escravidão como pomo da discórdia. Sobre o Partido Conservador nos anos 1860, ver Mattos (1987) e Needell (2006); sobre o Liberal, Carvalho (2007).

25. A emergência de movimentos sociais depende da interação entre grupos de dentro e fora das instituições políticas. Tipicamente, surgem quando há cisão da coalizão política ocupando o Estado, resultando em elites dissidentes à disposição para alianças com grupos fora do sistema político, enquanto a baixa de coesão na coalizão no poder reduz a capacidade estatal para reprimir. Assim se abre espaço para a expressão de grupos fora do arranjo político principal (McAdam, Tarrow, Tilly, 2001). O quadro doméstico, somado a mudanças no cenário externo no final dos anos 1860, abriu possibilidades para a mobilização social pró-abolição no Brasil. Outras balanças de poder se configurariam até 1888; as favoráveis aos abolicionistas serão consideradas, em capítulos subsequentes, como oportunidades políticas, e as desfavoráveis como ameaças políticas.

26. O poema chama-se "O cativo", e o poeta era Antônio Augusto de Mendonça, apud Fonseca (1887, pp. 314-5).

27. Os dados da Bahia são de Caires (2009, p. 5). Sobre a ausência de participação da Igreja católica em iniciativas antiescravatura, ver Conrad, 1975, p. xvi. Para frisar o caráter laico da iniciativa, os estudantes de medicina na Bahia, ao fazer romaria, em 1862, a nomearam "procissão cívica", para distingui-la das

religiosas. Por "estilo de ativismo" entenda-se o uso predominante de certa técnica de ação política (lobby, manifestações públicas etc.).

28. *O Abolicionista*, abr. 1871. Funcionaram como articuladores intergeracionais, por exemplo, José Alves Branco Muniz Barreto e Nicolau Joaquim Moreira, da SCT, que estariam na Associação Central Emancipadora, em 1880, e Jerônimo Sodré, da 2 de Julho, que reporia o assunto na Câmara, em 1879.

29. Rebouças se aproximou da SCT por intermédio de Nicolau Joaquim Moreira. DNAAR, 8 e 31 maio 1871, 2 mar. 1868.

30. DNAAR, 9 maio 1869. A petição está transcrita em Rocha Penalves (2008, pp. 397 ss.).

31. Carta de André Rebouças a Joaquim Nabuco, 7 jun. 1891. DNAAR, 11, 15 e 19 abr. 1870; 11 ago. 1868.

32. As articulações de Rebouças estão registradas em seu diário (por exemplo, DNAAR, 15 maio, 26 abr., 9 maio 1870), assim como as alforrias (DNAAR, 24 jun. 1870).

33. Bethell e Carvalho (2008); Nabuco (1897-9, p. 776).

34. A carta de d. Pedro II ao visconde de Itaboraí (1 maio 1870) e as de Cotegipe a aliados (5 e 6 maio 1870) estão em Pinho (1933, pp. 133, 136-7).

35. Cf. carta de Cotegipe a Paranhos, 15 maio 1870 (Pinho, 1930, p. 151) e Monteiro (1982, pp. 17-8). A citação de Rebouças vem de DNAAR, 14 maio 1870.

36. O grupo de Zacarias incluía Nabuco de Araújo, Paranaguá, Otaviano, Sinimbu, Chichorro da Gama e Dias Carvalho, que encaminharam o projeto em 19 de setembro como um aditivo ao orçamento. A íntegra do documento está em Nabuco (1897-9, pp. 802-3). Sobre o processamento institucional do projeto, ver Needell (2006, pp. 264-5 ss.). A fala é de Nabuco de Araújo e está em ASI, 12 jul. 1870.

37. Corwin (1968).

38. DNAAR, 2 out. 1870; Nabuco, 1897-9, pp. 821-2.

39. Edear, 9 dez. 1870, apud Góis (2008, p. 370).

40. Carta de André Rebouças a Joaquim Nabuco, 21 nov. 1896, AMI; Scalvini, 1870.

41. Valdez (2006, p. 40).

42. DNAAR, 11 abr. 1870; Edear, 11 dez. 1870.

43. Sobre o espetáculo e a reação de Rebouças, ver DRJ, 4 dez. 1870, apud Faria (1982, pp. 59-60) e Taunay (1916, p. 63).

44. Alencar reclamou (apud Faria, 1982, p. 60): "O Gomes fez do meu *Guarani* uma embrulhada sem nome, cheia de disparates".

2. ESCRAVISMO DE CIRCUNSTÂNCIA [pp. 51-84]

1. As citações deste item vieram respectivamente de Soares de Sousa em ACD, 5 jun. 1882. Cartas de Paulino S. de Sousa a Maria Amélia, 5 fev. 1877, 2 nov. 1866, apud Soares de Sousa (1923); barão de Cotegipe, apud Soares de Sousa (1923, p. 111). Sobre o início da carreira política de Paulino, ver Needell (2006, p. 225 ss).

2. Sobre a personalidade e os hábitos de Rio Branco, ver Besouchet (1985, pp. 28, 51 e 69). Sobre o início de sua carreira e atuação no Prata, ver Doratioto (2013, pp. 266 ss., 291).

3. ACD, 14 jul. 1871; ASI, 6 jul. 1870. Antes, em 1867, Rio Branco dissera no Conselho de Estado: "O estado atual da sociedade brasileira, ou a encararmos pelo lado político e moral, ou a consideremos sobre o ponto de vista dos interesses econômicos, não incita a um passo precipitado no terreno dessa questão social, pelo contrário, faz recuar com terror ante dela" (Acei, 2 abr. 1867).

4. Nabuco (1897-9, pp. 824, 826).

5. Carta de Rio Branco ao barão de Cotegipe, 6 mar. 1871, apud Needell, 2006, p. 279. Rio Branco fez embaixada a Saião Lobato, que Rebouças classificara como "esclavagista".

6. Alencar (1871). Carta de Francisco Otaviano ao barão de Penedo, 10 maio 1871. Nabuco de Araújo (apud Nabuco, 1897-8, p. 834) acrescentou: "É para deplorar que nestas circunstâncias o imperador nos deixe [...] que o ensaio de governo da jovem princesa seja a mais difícil provança do Segundo Reinado".

7. DNAAR, abr. 1865.

8. ACD, 14 maio 1871. A guarda até os oito, extensível até os 21 anos, é a diferença em relação ao projeto da Comissão Especial (Nabuco, 1897-9, pp. 1227-49). ACD, 14 maio 1871; Pereira da Silva (1895, p. 423).

9. ACD, 31 jul. 1871.

10. A noção de "repertório moral" refere-se aqui ao conjunto limitado de esquemas de pensamento (Swidler, 1995, 2001), padrões de sentido e de avaliação moral (Halfmann e Young, 2010) da realidade social disponíveis num dado tempo, que simplificam o mundo (Snow e Benford, 1992, p. 137) e produzem orientação cognitiva para os atores durante as interações, ao demarcar possibilidades retóricas de justificação, oferecer uma "gramática de motivos" e estabelecer a "moralidade das reivindicações" (Steinberg, 1995, pp. 60-1, 74). Tilly (2006) aponta a balança de oportunidades e ameaças políticas e as performances rivais como condicionantes da transposição de repertórios políticos. Contudo, dá menos atenção ao que aqui assoma como decisivo, a tradição nacional, que impõe condições e obriga escolhas, negociação e adaptação do que é transposto.

11. Segundo Temperley (1981, p. 29), a "escravidão [até o século XVIII] era aceita com o fatalismo que os homens comumente reservam para os aspectos da natureza [...]. Argumentar contra a escravidão era como argumentar contra os fatos da vida". Davis (1992, pp. 68 ss.; 2006, pp. 54 ss.) arrola outro episódio bíblico usado na justificação da instituição, o conflito entre Cam e Noé, ao fim do qual este último maldiz o neto Canaã: "Que ele seja para seus irmãos, o último dos escravos!". A posterior equalização entre descendentes de Canaã e habitantes da África Subsaariana sobrepôs pecado, negritude e escravidão.

12. Sobre Vieira, ver Vainfas (2011); Alencastro (2000, p. 157). A citação é de Alencar, 20 jul. 1867, p. 77. Outro exemplo de uso da Bíblia para tematizar a escravidão é o poema épico "Colombo" (1866), de Manuel Araújo de Porto Alegre: "Quando o sangue de Abel tingiu a terra/ Aos pés de seu irmão, surgiu a morte,/ E a injustiça no mundo propagou-se./ Veio a raça de Cam, raça maldita,/ E co'ela a escravidão; veio o escravo [...]". Sobre o debate espanhol, ver Corwin (1968, pp. 164 ss.).

13. As citações de *O tronco do ipê* vêm de Alencar (1871, tomo I, p. 9, tomo II, p. 126). Soma-se, noutros trechos, sensualidade desbragada. Para análise das representações sobre a escravidão em escritos brasileiros, ver Vainfas (1986, 1988), Azevedo (1987, 2003), Carvalho (2005), Haberly (1972), Schwarz (2000).

14. As citações dos parágrafos anteriores foram extraídas de Alencar (1856, pp. 37 e 94); Alencar, 15 jul. 1867, pp. 65, 69-70, 74-5; e de ACD, 5 jun. 1882. Rizzo (2012, pp. 119-256) analisa romances alencarianos na mesma direção que faço aqui; para interpretação em contrário, ver Faria (1987). Quanto aos textos políticos, observa José Murilo de Carvalho (2005, p. 55) que Alencar foi quem "mais se aproximou dos teóricos do escravismo do Sul dos Estados Unidos". Ver também Parron, 2011.

15. Hirschman (1991) nomeou "retórica da reação" o conjunto de argumentos pró-conservação do statu quo que surgem ante tentativas de reforma.

16. D. Pedro, apud Nabuco 1897-9, p. 661. Rui Barbosa (1884, p. 687) resumiria: "O escravismo revestiu, entre nós, exterioridades insidiosas, que o tornam mais perigoso do que a franca apologia do cativeiro: declarou-se emancipador". O membro da Câmara era o deputado Rodrigo Silva, ACD, 15 ago. 1870, que assinará a lei de 1888. Grifos meus.

17. ASI, 19 set. 1871; ACD, 23 ago. 1871. Grifos meus.

18. Compunham a linha de frente escravista em 1871 os deputados Ferreira Viana, Antônio Prado, Pereira da Silva, Duque-Estrada Teixeira, Belisário e, ao final, Perdigão Malheiros (Monteiro, 1913, pp. 20-1). Hirschman (1991, pp. 10 ss.) constrói o tripé da retórica da reação a partir dos debates em torno da Revolução Francesa, da expansão do sufrágio e do Welfare State. Poderia ter listado a abolição da escravidão, pois a retórica é a mesma.

19. A fala de Alencar está em ACD, 13 jul. 1871. A segunda citação é do barão de São Lourenço (ASI, 8 jun. 1868) e a subsequente, do marquês de Olinda (apud Nabuco, 1897-9, p. 705). Outras semelhantes se repetiram nos debates parlamentares ao longo de 1871.

20. ACD, 23 ago. 1871; Acei, 5 nov. 1866, 2 abr. 1867.
21. Alencar, 20 jul. 1867, p. 92. Alencar, ACD, 13 jul. 1871; Soares de Sousa, ACD, 23 ago. 1871.
22. Pereira da Silva, 1895, p. 423. Figueira, apud Soares de Sousa, ACD, 23 ago. 1871.
23. ACD, 23 ago. 1871.
24. Porto Alegre, *Colombo*, 1866.
25. Alencar, 20 jul. 1867, pp. 78, 86; Pinto Moreira, ACD, 7 ago. 1871. Os mesmos argumentos apareceram no debate espanhol (Corwin, 1968, p. 164). Acerca do pensamento da elite política sobre escravidão, ver Azevedo (1987) e Carvalho (1988). O medo da revolta escrava, o "haitianismo", foi constante em discursos de autoridades e proprietários.
26. Cotegipe (1870), em Pinho (1933, pp. 137, 143); ACD, 10-3 jul. 1871.
27. As citações de Alencar são de ACD, 13 jul. 1871. No Senado, o barão de Três Barras falou no mesmo sentido e se insurgiu contra a apropriação do repertório abolicionista, "falsas ideias de filantropia, importadas do estrangeiro", a "perturbar a sociedade em seus fundamentos, atacando a propriedade, garantida pela lei e respeitada por tantos séculos" (ASI, 31 jul. 1871).
28. Pereira da Silva (1895, p. 426).
29. ACD, 10 jul. 1871; ASI, 4 set. 1871. Sobre os clubes da lavoura, ver Pang (1981, pp. 84, 96-8, 101-2).
30. ACD, 23 ago. 1871. Pereira da Silva (1895, p. 426). ACD, 29 maio 1871. Francisco Otaviano, ASI, 12 set. 1871. *O auxiliador da indústria nacional*, v. XXIX, 1871. Sobre a tramitação, ver também Nabuco (1897-9), Duque-Estrada (1919), Moraes (1924), Conrad (1975), Carvalho (1980), Salles (1990) e Needell (2006). As explicações em geral enfatizam a relevância do Poder Moderador na aprovação da Lei do Ventre Livre. Aqui destaco a pressão dos abolicionistas.
31. As associações que enviaram requerimentos foram a Sociedade Libertadora 13 de Março e a Sociedade Emancipadora de Pernambuco (ACD, 12 jun., 17-26 jul. 1871). Conrad (1972, 1975) julgou o abolicionismo mais forte no Norte, por ter menos escravos, e fraco no Sul, onde a escravaria era grande; contudo, a distribuição de associações é mais ou menos equilibrada entre as regiões naquele início de campanha. Entre 1868 e 1871, surgiram quinze no Norte e dez no Sul, mostrando que a divisão acompanhou mais a dinâmica política que a econômica.
32. Apud Valdez, 2006, p. 41.

33. *O Abolicionista*, 31 jul., 30 abr. 1871. A carta de Castro Alves saiu também em folheto (Fonseca, 1887, p. 247). O ator era Ernesto Rossi, cf. DNAAR, 27 jun. 1871.

34. A estudante de medicina era a francesa Maria Josephina Mathilde Durocher. No Rio Grande do Sul, a Sociedade Promotora de Emancipação de Escravos na Província do Rio Grande do Sul, de Pelotas, tinha 160 sócios, sendo seis senhoras e vários estrangeiros (Xavier, 2010, p. 60). Era comandada pelo engenheiro e homem de negócios João Driesel Frick, que presidia cerimônias no estilo Borges, no salão da Câmara Municipal, em 7 de setembro de 1869, quando, ante "numeroso concurso de povo", entregou quatro cartas de liberdade, com "palavras de conselho às libertas", "que muito comoveram o auditório" (Frick, 1885, pp. 17-8, 23-4). O artigo contra Rebouças saiu no *Diário do Rio*, em 19 de fevereiro. DNAAR, 20 jun., 13 e 10 jul. 1871.

35. A expressão de Paulino está em ACD, 23 ago. 1871, e a fala de Rio Branco, em ACD, 31 jul. 1891.

36. Nabuco, JC, 17 ago. 1884. ACD, 29 maio, 1 jun. 1871.

37. ACD, 10 jul., 31 maio, 10 jul. 1871. Os 26 discursos são a minha conta — dez na Câmara (ACD, 9, 29 e 31 maio; 10, 14 e 31 jul., 5, 7, 9 e 10 ago.) e dezesseis no Senado (ASI, 10 a 15 maio; 15, 22 e 27 jun.; 10, 11, 12, 14 e 29 ago.; 4, 25 set.); os 41 são a conta de Nabuco (1897-9, p. 839).

38. Besouchet (1985, p. 51); ASI, 23 maio 1871; ACD, 29 maio, 10 e 14 jul. 1871.

39. ACD, 31 jul., 26 jun., 29 maio, 14 jul., 31 maio.

40. Needell (2006, pp. 290-1); Nabuco (1897-9, pp. 858-9); ACD, 31 jul. 1871. O presidente da Câmara era o conde de Baependi.

41. O artigo 5º tratava das sociedades que tinham, "entre outros fins filantrópicos, a manumissão de escravos". ACD, 2 ago. 1871; Monteiro (1913, pp. 22-3); JC, 2 ago. 1871.

42. O novo presidente da Câmara era Jerônimo José Teixeira Jr., deputado que interpelara Itaboraí sobre a abolição, em 1870. ACD, 12 ago. 1871; Nabuco (1897-9, pp. 858-9); ASI, 10 ago. 1871; Monteiro (1913, p. 22); ACD, 9-10 ago. 1871.

43. A descrição do ambiente é de Pereira da Silva (1895, p. 426). Sobre o substitutivo, ver ACD, 18 ago. 1871. A fala de Paulino está em ACD, 23 ago. 1871. Rio Branco buscara, sem sucesso, o apoio de Perdigão Malheiros, que antes defendera o ventre livre na Ordem dos Advogados.

44. As citações deste parágrafo e do precedente vêm de ACD, 23 e 24 ago. 1871.

45. O confronto mostra situação bem distinta da que narra Nabuco (1897-9, pp. 848, 661), para quem "Rio Branco opera sem causar o mais insensível sofri-

mento" e aprova o ventre livre "sem abalo de espécie alguma pelos votos dos próprios proprietários — e ausente o imperador".

46. Monteiro (1913, p. 23); Needell (2006, p. 289). O dissidente era Pereira da Silva (1895, pp. 423-4); Carvalho (2005, pp. 66 ss.); ACD, 28 jul. 1871.

47. No texto enviado ao Senado, foi suprimido o parágrafo 3 do artigo 7º do projeto inicial: "Os promotores públicos poderão promover os direitos e favores que as leis concedam aos libertos e escravos, e representá-los em todas as causas de liberdade, em que forem parte". Para cotejo entre proposta do governo e emendas dos deputados, ver ACD, 29 ago. 1871.

48. O resultado teria sido 62 a 44, se o presidente da Câmara votasse e nove dissidentes não tivessem se ausentado. Meus números divergem dos de Conrad (1975, p. 362), que dá 65 a favor e 45 contra o ventre livre, por se basear no livro *Discussão da reforma do Estado servil*, v. II, 1871 (pp. 128-50). Contudo, os Anais da Câmara registram 97 votantes, placar de 61 a 35 e uma abstenção (números que o próprio *Discussão da reforma...* reproduz nas páginas 249-50 e 581-2). Agradeço a Jeffrey Needell por discutir comigo essa discrepância e por sua gentileza em confirmar que, em sua pesquisa no *Jornal do Commercio*, ainda inédita, encontrou os mesmos resultados que eu. Outra ressalva a fazer é quanto a derivar votos de discursos: Silveira da Mota, por exemplo, discursou muito contra o projeto, mas votou a favor. O mesmo vale para a regionalização dos votos (Carvalho, 1988, p. 66), pois os deputados podiam ser eleitos por províncias que não a de nascimento e, como a bancada do Norte era de 65 deputados (Amazonas, Pará, Maranhão, Piauí, Ceará, Rio Grande do Norte, Paraíba, Pernambuco, Alagoas, Sergipe e Bahia) e a do Sul, de 57 (Espírito Santo, Rio de Janeiro, São Paulo, Paraná, Santa Catarina, Rio Grande do Sul, Minas, Goiás, Mato Grosso), o Norte tinha sempre oito deputados de vantagem, portanto fazia sozinho a maioria simples. Isto é, a divisão regional do voto não expressa uma tomada de posição específica sobre a abolição, e sim as distorções de representação das províncias no sistema político imperial.

49. As citações do debate no Senado vêm de ASI, 9 set., 10 e 14 ago., 4 e 15 set. 1871. Para análise detalhada desse debate, ver Needell (2006, p. 283).

50. ASI, 12 set., 23 maio 1871, 11 set. 1871. Nabuco (1897-9, p. 837) contou os discursos de Zacarias.

51. O governo derrubou, por exemplo, emenda na Câmara, semelhante à de Perdigão Malheiros, que extinguia a escravidão em 1899, sem ventre livre (ASI, 6 set. 1871; Silveira da Mota; ASI, 25 set. 1871). Além dos artigos mencionados, o 6º libertou os escravos pertencentes à nação, os de usufruto da Coroa e de heranças vagas, os não inválidos abandonados pelos donos e os que salvassem a vida de seus senhores. Os assim libertados ficariam sob a supervisão do governo por cinco anos e proibidos de vadiagem.

52. DNAAR, 27 set. 1871; ASI, 27 set. 1871. Silveira da Mota, apud Monteiro (1913, p. 23); ASI, 25 set. 1871. Sobre a votação no Senado, vale a mesma observação quanto à votação na Câmara. Em *Discussão da reforma do Estado servil* (p. 150) registram-se quarenta senadores presentes, 33 pró e sete contra o governo. Já a ata da ASI, 27 set. 1871, transcrita no mesmo livro (pp. 581-2), dá 38 presentes, 32 a favor (24 Conservadores, oito Liberais), quatro contra (sendo um Liberal, Zacarias) e, supõe-se, duas abstenções. Como o Senado tinha 58 cadeiras e duas estavam vagas, se todos os ausentes votassem contra o governo, o resultado ainda seria 32 a 22. Os Liberais Silveira da Mota e Nabuco de Araújo votaram com o governo; o último, incensado na reconstrução do debate pelo filho (Nabuco, 1897-9), fez um único discurso de efeito (ASI, 26 set. 1871). A determinação regional do voto no Senado tem os mesmos problemas apontados para a Câmara.

53. DRJ, 14 set. 1874, apud Soares de Sousa, 1923, pp. 109 ss.

54. Nabuco (1897-9, p. 849).

55. Carta de Paulino Soares de Sousa a João A. Soares de Sousa, 25 set. 1877 (Soares de Sousa, 1923); ACD, 23 ago. 1871.

56. Monteiro (1913, p. 21).

57. ACD, 23 ago. 1871; Nabuco (1897-9, p. 859, nota 24); Firmino Rodrigues Silva, apud Soares de Sousa (1923, p. 88).

3. O REPERTÓRIO MORAL DO ABOLICIONISMO [pp. 85-112]

1. As informações biográficas aqui utilizadas se baseiam no relato do próprio Gama (carta de Luís Gama a Lúcio de Mendonça, 25 jul. 1880) e em suas biografias por Menucci (1938), Azevedo (1999) e Ferreira (2001).

2. O censo de 1872 registra grande contingente de pretos (919 674) e pardos (3 331 654) livres que, somados, representavam 50,4% da população livre (Paiva et al., 2012, p. 20). A ascensão individual não podia premiar muitos, sob pena de fazer desabar a pirâmide social.

3. A descrição dos hábitos de Gama está em Pompeia (1882, pp. 207-8, 210). Ver também Menucci (1938, p. 224). Os versos de Gama (1859) estão em Ferreira (org., 2011, pp. 32, 61-5). Sobre sua relação com Agostini e Campos, ver Ferreira (2001, pp. 351-2) e Werneck Sodré (1966, p. 262).

4. Sobre as conferências radicais, ver Carvalho (2007); sobre o contexto de modernização social e crise política de fins do Segundo Reinado e a mobilização dos jovens que aderiram ao movimento reformista da geração 1870, ver Alonso (2002); e sobre a expansão da imprensa, Werneck Sodré (1966, pp. 243-4). A

participação de estudantes é uma constante em movimentos sociais, em função da "disponibilidade biográfica" dos jovens, ainda não ingressados no mercado de trabalho, com muito tempo e baixo risco profissional ao participar de atividades de protesto (McAdam, 1986).

5. Ferreira (2001, pp. 351-2).

6. Longe de ator coletivo orgânico com voz uníssona, "movimento social" é um tipo de política extraparlamentar de contestação, que tem a forma de rede de interações entre pluralidade de ativistas, associações e eventos (Diani, 2003) construída durante um conflito. É usual a flutuação de membros e sua heterogeneidade de posição social e crenças, o que obriga à negociação e reelaboração permanentes de objetivos, líderes, identidades. Esse formato aconselha reconstruir um movimento a partir de suas *práticas de contestação*: as campanhas públicas, o repertório de performances políticas (criação de associações, manifestações etc.) que usa e as demonstrações públicas de valor, unidade, número e compromisso de seus participantes (Tilly, 2005, p. 308).

7. O termo é de Hirschman (1991).

8. Para ter eficácia, o repertório moral precisa ressoar nas "estruturas de sentimento" (Williams, 1969) da sociedade, isto é, dialogar com moralidade e sensibilidade médias. Os agentes lidam com o repertório como músicos de jazz: selecionam partituras já prontas, conforme seus propósitos e circunstância, considerando parceiros, público e antagonistas, e improvisam (Tilly, 2006, p. 35). Assim, toda interpretação é uma singularização.

9. Sobre a fundamentação moral do abolicionismo, ver Temperley (1981) e Brown (2006). Sobre a civilização de costumes, ver Elias (1996). "Novo estilo de vida" é expressão de Freyre (2003, p. 952). Apesar de Conservador na política, Alencar registrou esse processo de mudança social em seus romances urbanos.

10. Haskell (1992, pp. 133 ss.) registra a expansão dos "limites convencionais da responsabilidade moral", de modo a englobar os males do escravo. A maioria dos intérpretes reconhece a relevância do humanitarismo e de sua difusão pela rede quaker para a gênese do abolicionismo anglo-americano, embora divirjam quanto ao vetor causal entre humanitarismo e capitalismo (Haskell, 1992; Davis, 1992, 2006; Drescher, 1986, 1997, 2009; Brown, 2006).

11. Apócrifo (1871, p. 30). O manifesto da Sociedade contra o Tráfico já afirmara que "os nossos escravos são filhos de Deus, como nós somos, nossos iguais, e nossos irmãos perante o Criador" (SCT, 1852, p. 21). Ver também Soares (1847, p. 24).

12. Cf. Sayers (1956, pp. 86 ss.); Reis (1859, pp. 13-4, 27-8, 136, 138, 146-7). Desde as primeiras associações abolicionistas, a escravidão é descrita como "coisa mais dura, mais revoltante ao coração humano" (Soares, 1847, pp. 20-1),

contudo, a compaixão só se generalizou como fórmula na metade do século XIX. Sobre a difusão do livro de Beecher-Stowe nas Américas, ver Surwillo (2005), e, no Brasil, Nabuco (1900). A autoria de *Úrsula* é da professora Maria Firmina dos Reis (com o pseudônimo Uma Maranhense).

13. Na poesia, o tema é frequente até nas *Trovas burlescas* (2ª ed., aumentada e revista, 1861) do galhofeiro Luís Gama: "[...] Chora, escravo, na gaiola/ [...] Da gaiola no poleiro/ Vem o tredo cativeiro,/ Mágoas e prantos acordar". Na prosa, um exemplo é *Escrava Isaura* (1875), de Bernardo Guimarães. Para opinião contrária, da "distância entre romantismo e abolicionismo", ver Haberly (1972, p. 370).

14. Joaquim Manuel de Macedo (1869, p. 4), entretanto, não defende a abolição imediata, "louco arrojo que poria em convulsão o país, em desordem descomunal e em soçobro a riqueza particular e pública, em miséria o povo, em bancarrota o Estado". Sobre o "imaginário do medo" em textos políticos e literários, ver Azevedo (2004) e Sussekind (1991).

15. O poema é da coletânea póstuma *Os escravos* (1883), mas escrito na mesma época do *Navio negreiro* (1868). Temática similar aparece em *Tragédia no mar* (1865).

16. Sobre a política científica no Brasil, cf. Alonso (2002, pp. 165 ss.); argumentos semelhantes apareceram no debate espanhol (Corwin, 1968, p. 169).

17. O autor de *A escravatura no Brasil*, Francisco Antônio Brandão Jr., recebeu reprimenda do irmão: "Não podias escolher mais detestável assunto [...], és tido como um louco, um utopista!"; "reformador do Brasil" (apud carta de Francisco Brandão Jr. a Pierre Laffitte, 4 jul. 1865, em Lins (1964, p. 97). Porém, nos anos 1870 e 1880, o argumento se disseminaria entre alunos das faculdades (cf. Alonso, 2002). O personagem positivista está em Nunes (1884, p. 29).

18. Bezerra de Menezes (1869, pp. 31, 33-6, 50, 55-6). Ver também a combinação Comte/Allan Kardec em *A Coroa e a emancipação do elemento servil. Estudos sobre a emancipação dos escravos no Brasil* (1866) e *Novos estudos sobre a emancipação dos escravos no Brasil* (1868), do engenheiro baiano Antônio da Silva Neto (Valle, 2010, pp. 30 ss.). Outro espírita que resultou em abolicionista aguerrido nos anos 1880 foi o deputado Aristides Spínola.

19. Carvalho (2005, p. 37); SCT (1852, p. 7); Soares (1847, pp. 8, 12, 15).

20. Carvalho (2005, pp. 48 ss.).

21. Carta de Luís Gama a Lúcio de Mendonça, 25 jul. 1880. Outros amigos Republicanos eram o irmão de Lúcio, Salvador de Mendonça e Ferreira de Menezes. Gama foi aprendiz de tipógrafo no jornal da dupla, *O Ipiranga*.

22. Corwin (1868, pp. 164-5); Grinberg (2002, pp. 202 ss., 244 ss., 258-9). Gama, *Radical Paulistano*, 30 set. 1869, apud Ferreira (2011, p. 117).

23. Sobre as estratégias de Gama, ver Azevedo (1999, pp. 255 ss.). Gama,

apud Menucci (1938, p. 154). Um dos médicos que assim operavam era Barata Ribeiro, também membro de associação abolicionista.

24. Azevedo (1999, pp. 110 ss.). *Radical Paulistano*, 31 maio 1869; *Correio Paulistano*, 20 nov. 1869; Gama, 20 nov. 1869, apud Ferreira (2011, p. 126); carta de Luís Gama a Lúcio de Mendonça, 25 jul. 1880.

25. Chalhoub (1990, pp. 107-8, 155-61) aponta que "até a lei de 28 de setembro de 1871, não havia qualquer alternativa legal de atingir a liberdade contornando a determinação senhorial" e que "a possibilidade aberta pela lei facilitou iniciativas coletivas para comprar liberdades, fosse pelos próprios escravos ou, mais tarde, por abolicionistas e simpatizantes" (Chalhoub, 2012, pp. 55, 75).

26. Azevedo (1999, pp. 238, 251-2) documentou o uso da legislação por Luís Gama e notou a mudança em suas estratégias: "Dentro deste novo arcabouço jurídico [a lei de 1871], Luís Gama pôde dar uma nova forma à sua luta abolicionista dentro dos tribunais". O habeas corpus mencionado, de número 63, e o decreto do juiz de órfãos, que era o Liberal Inglês de Sousa, estão transcritos, como doze outros processos impetrados em 1872, 1874, 1877, 1879, 1880, 1881, 1882, em Câmara (2010, pp. 203-73). Menucci (1938, pp. 25 ss.) computou em quinhentas as ações impetradas por Gama entre 1868 e 1880. Sobre as ações de liberdade nos anos 1880, ver Mamigonian (2011) e Cota (2013).

27. Sobre as profissões dos seguidores de Gama, ver Andrada (1918, pp. 210 ss.); sobre suas relações com os irmãos Campos, ver Santos (1942, pp. 106 ss.) e Luís Gama, *Correio Paulistano*, 10 nov. 1871. A citação de Pompeia está em texto de 1882, que descreve também a casa de Gama. As demais informações estão em Ferreira (2011, pp. 24-5, 26, 31, 143).

28. Embora o volume seja incerto, Grinberg (2002, pp. 258-9) localizou 620 advogados usando ações de liberdade, o que indica rotinização da estratégia. Em outro trabalho, Grinberg (1994) concluiu pelo declínio das ações de liberdade depois de 1871, mas apoiado em um único lote de documentação. Spiller Pena (1996, p. 242) afirma o contrário: a lei de 1871 "deu início a uma enxurrada de processos (as ações de arbitramento para a liberdade)". Sobre usos da lei de 7 de novembro de 1831 nos tribunais nas décadas de 1860 e 1870, cf. Azevedo (2006).

29. *Correio Paulistano*, 10 nov. 1871, apud Ferreira (2011, p. 143).

30. Menucci (1938, p. 167); *Correio Paulistano*, 31 dez. 1870.

31. *Gazeta do Povo*, 28 dez. 1880, apud Azevedo (1999, p. 186).

32. "Choque moral" diz respeito à situação na qual evento, informação, experiência pessoal ou ato público produz um senso de ultraje moral que leva um ou mais indivíduos a se mobilizar em torno de uma causa (Jasper, 1997, p.

106). Movimentos sociais recorrem ao choque moral para desnaturalizar uma situação e criar a motivação para modificá-la (Halfmann e Young, 2010, p. 3).

33. Carvalho (1998) frisa o isolamento de Rebouças, que se configuraria mais tarde, mas, mostra Trindade (2011, pp. 111 ss.), primeiro ele logrou sucesso como engenheiro por meio de sua rede de relações. O amigo é Taunay (1893-4, pp. 142-3).

34. As citações de Rebouças são todas de seu diário: DNAAR, 20 set. 1871; 29 maio, 10 e 18 jun. 1873; DNAAR, 21 jun. 1873. Distinção, no sentido de Bourdieu (2007), como forma de hierarquização, e estigma, no sentido de Goffman (1988), como desclassificação social.

4. A TEATRALIZAÇÃO DA POLÍTICA [pp. 113-51]

1. As informações sobre a infância e a juventude de Patrocínio aqui usadas vêm de seu principal biógrafo, Magalhães Jr. (1969, pp. 38 ss.) e seu cunhado, Sena (1909, pp. 299 ss.), que relata o episódio do açoite no escravo, ocasião em que Patrocínio estava acompanhado de Luís Carlos de Lacerda, seu amigo e aliado político nos anos 1880. Seu futuro sogro era o capitão Emiliano Sena. Ver também Alencar (1906, p. 3) e Alves (2009, pp. 14, 20-1). Relatos do próprio Patrocínio estão em sua conferência, 8 set. 1884, apud Alves (2009, p. 27), e Patrocínio, GT, 29 maio 1884.

2. Os poemas estão em Alves (2009, pp. 60-1) e Magalhães Jr. (1969, p. 27). A declaração do frei encontra-se em Alencar (1906, p. 2).

3. Os Ferrões, 1 set. 1875 em Nascimento (org., 2013, pp. 210-1). Redigia essa revista mensal com Demerval da Fonseca, colega da Faculdade de medicina. Cf. Alves (2009, pp. 82, 91).

4. O primeiro romance se chama *Mota Coqueiro ou a Pena de morte*, em referência ao nome do fazendeiro, Manuel da Mota Coqueiro, GN, 23 jul. 1878, apud Alves (2009, p. 112). A prisão de Patrocínio está noticiada em GN, 30 jan. 1878. A GT custou-lhe quinze contos (GT, 29 maio 1884) e fora de propriedade de outro amigo abolicionista, Ferreira de Menezes, morto em 1881. A tiragem do *Jornal do Commercio* era então de 15 mil exemplares (Ferreira, 1999, p. 83).

5. Coelho Neto (1906, p. 2). O núcleo incluía Campos da Paz, Luís de Andrade, Júlio de Lemos, Luís Gonzaga Duque-Estrada, João Ferreira Serpa Jr. (gerente da GT), bem como os irmãos Aluísio e Artur Azevedo (Nabuco, 1929, p. 27).

6. Sobre usos da lei de 1871 nos tribunais, ver Chalhoub (1990, pp. 155 ss.). O artigo de Rebouças (apud Moraes, 1924, p. 23) sairia depois, em *Agri-*

cultura nacional: estudos econômicos: propaganda abolicionista e democrática, set. 1874-set. 1883, publicado em 1883.

7. DNAAR, 24 mar. 1877.

8. Variações de oportunidades e ameaças políticas, isto é, conforme o Estado se mostra indiferente, poroso ou refratário a demandas, encaminham os movimentos sociais a expressões distintas. As respostas governamentais típicas são facilitação, tolerância, repressão, as quais podem ser seletivas, com repressão a uns e facilitação a outros (Tilly, 2005, pp. 105 ss.). No caso brasileiro, a ascensão dos Liberais ao poder abriu período de facilitação para expressão de grupos insatisfeitos no espaço público. Seus governos foram, em geral, mais tolerantes a protestos que os dos Conservadores.

9. Caires (2009, pp. 5 ss.).

10. As petições da BFASS a Rio Branco e à imperatriz estão em Rocha Penalves (2008, pp. 397 ss.). O senador Liberal Nabuco de Araújo trabalhara, desde os debates do ventre livre, no projeto da Lei de Locação de Serviços, cujo formato final continha várias medidas coercitivas, cf. Lamounier (1988).

11. As informações biográficas de Rebouças mencionadas neste item vieram respectivamente de DNAAR, 28 ago. 1873, 8 nov. 1874, 24 mar. e 8 maio 1875, 28 maio 1873; RCAR, 15 nov. 1874; DNAAR, 24 mar. 1877, 21 maio 1880; Trindade (2011, p. 207). Quando se candidatou a deputado, Rebouças teve apenas 126 votos (GN, 29 set. 1879). O acionista da Companhia das Docas, que o ajudou em várias ocasiões, era o conde de Estrela.

12. Sobre o movimento reformista da geração 1870, ver Alonso (2002). Drescher (2009, p. 43) distingue os gêneros "continental", que tornou a Europa mais elitista, com lobby e ações parlamentares, e "anglo-americano", mobilizador, de abolicionismo. Contudo, desconsidera o caso hispânico e não atenta para a polaridade laico/religioso. Sobre o caso francês, ver Jennings (2006).

13. Patrocínio publicou a biografia de Douglass seriada na *Gazeta da Tarde*, a partir de abril de 1883. A crônica de Machado (*Ilustração Brasileira*, 15 jul. 1876) saiu quando se divulgaram os resultados do censo. Depois de consistir os dados, Paiva et al. (2012, p. 20) chegaram a 1 565 454 alfabetizados e 8 365 024 analfabetos.

14. Drescher (1988) atribui às associações religiosas as bases institucionais da mobilização abolicionista. Rugemer (2008, pp. 224, 238) aponta a relevância do ritual religioso como estruturador da expressão pública abolicionista. Ver ainda Davis (1984, pp. 122 ss.), Drescher (1980) e Stamatov (2010).

15. Refiro-me à "tradição" aqui no sentido de conjunto de crenças, práticas e instituições sociais de legitimação e reprodução do statu quo.

16. ACE, 28 dez. 1880, pp. 30 e 31.

17. Corwin (1968, pp. 166, 171) aponta o caráter anticlerical do movimen-

to abolicionista na Espanha. A primeira série de conferências em Madri é de 1865 e a segunda, de 1872 (Villar e Villar, 1996, pp. 19 ss.; Castro, 1872). O líder da Sociedade Abolicionista Espanhola era o porto-riquenho Julio Vizcarrondo. As demais informações mencionadas sobre o abolicionismo espanhol são de Schmidt-Nowara (1999, pp. 52 ss., 99, 118, 129 e 148 ss.).

18. Sobre as conferências da Glória, ver Bastos (2002, pp. 5, 8), que as contou: 465 entre 1873 a 1883.

19. Magalhães Jr. (1969, p. 98). Patrocínio, apud Mariano (1927).

20. GN, 6 jan. 1878; 6 nov. 1879.

21. Valdez (2006, p. 40). A carta de Rebouças é de 9 fev. 1879 e saiu no *Correio Paulistano* em 2 abr. 1879, precedida de apresentação de Borges.

22. Duque-Estrada (1918, p. 83).

23. Freyre (2003, p. 952); Holanda (2010, pp. 173 ss.).

24. DNAAR, 20 abr. 1870. Sessão da Sain, 1 jun. 1871 em *O auxiliador da indústria nacional*, v. XXIX, 1871. Rebouças ajudou Gomes até nos libretos (DNAAR, 11 mar. 1873), e o filho do maestro chamou-se Carlos André em sua honra. Carta de Rebouças a Sílio Bocanera Jr., 24 abr. 1897; Edear.

25. Vicente de Sousa publicara *Horrores da Inquisição*, GN, 31 ago. 1875.

26. Sousa, 23 mar. 1879; ACE, 28 out. 1880, p. 3; Edear, 25 jul. 1880. Conrad (1975, p. 169) situa a primeira conferência na Escola Normal, mas o relatório da ACE (28 out. 1880) a localiza no teatro.

27. Exemplo de registro de Rebouças das conferências: "Teve lugar a sétima Conferência Emancipadora no Teatro S. Luiz. Redigi para a *Gazeta da Tarde* a notícia, como a de todas as outras" (DNAAR, 5 set. 1879). Cf. também DNAAR, 2 ago. 1880. Os oradores mais frequentes eram Patrocínio, Sousa e Lopes Trovão (ACE, 28 out. 1880, p. 3). Outros apoiadores respeitáveis eram Beaurepaire Rohan e Muniz Barreto, o cego. Cf. ACE, 28 nov. 1880, p. 21. A fala de Patrocínio está em CR, 5 maio 1889.

28. OA, 1 ago. 1881; ACE, 28 jan. 1881, p. 4. O tesoureiro inicial da ACE foi Francisco Castelões, dono da confeitaria de mesmo nome e da roda de Patrocínio. Um dono de teatro que ajudava era Dias Braga (Duque-Estrada, 1918, p. 83). ACE, 28 set. 1880, pp. 15, 22. Os artigos de Rebouças estão em *Agricultura nacional: estudos econômicos: propaganda abolicionista e democrática*, 1883.

29. Sousa, 23 mar. 1879, pp. 10, 24-5, 30, 52-3. ACE, 28 jan. 1881.

30. ACE, 28 out. 1880, p. 5; 20 mar. 1881, p. 10; 28 out. 1880, p. 13. Silva (2006) investiga a participação de artistas na campanha e dá um espetáculo de Ernesto Rossi, em 1870, como origem das conferências abolicionistas. Contudo, Borges o fazia desde 1869.

31. GT, 16 dez. 1883, 10 fev. 1884, 25 maio e 26 jun. 1883, 9 fev. 1884, 10 dez. 1883.

32. Patrocínio, 30 jan. 1881, apud ACE, 20 mar. 1881, p. 17. Discurso de tom similar, em 27 de agosto de 1880, foi o de Ubaldino do Amaral, republicano-abolicionista da facção de Luís Gama. Sobre Clapp, ver GT, 14 fev. 1883.

33. O depoente é Coelho Neto, 1906. As demais descrições estão em ACE, 20 mar. 1881, p. 17, e 28 out. 1880, p. 4.

34. Discurso de Antônio Pinto, em 29 jun. 1884; Pinto, 1884, pp. 9, 11-2; GT, 10 dez. 1883.

35. Participaram cômicos italianos, Stragni, Dominicci, Bonafous, Tanti, Ferrari. GT, 16 jan. 1883, 9 fev. 1883 e 25 maio 1883. Coelho Neto, 1899; CR, 20 mar. 1888; GT, 17 mar. 1883, 25 maio 1883. O autor da "Marselhesa dos escravos" é Cardoso de Meneses; o Hino da Cearense é do maestro português Gomes Cardim.

36. Primeiro balanço das conferências-concerto cita arrecadação de 2:573$840 réis (ACE, 28 dez. 880) e o seguinte (jul. 1880 a jul. 1881), de 5:912$540 réis (OA, 1 ago. 1881). Rateava-se o recurso, por exemplo: "A conferência n. 10 produziu 154$100. O dr. Vicente de Sousa destina 77$ à escrava Justina, em cujo favor já promoveu um concerto e conferência no Clube Mozart, e 77$, ao acréscimo do pecúlio de Feliciano, libertando pelos 142:786$ da atual cota do Fundo de Emancipação" (GT, 28 set. 1880).

37. A descrição prosseguia: "Dos tristes olhos do venerando abolicionista Muniz Barreto correram lágrimas da mais inefável alegria". ACE, 20 mar. 1881, p. 17.

38. GT, 27 jul. 1880 e 26 jun. 1883. Duque-Estrada (1918, p. 89).

39. GT, 17 mar. 1883. Os versos do hino goiano são do abolicionista Antônio Félix Bulhões, apud em Moraes (1974, p. 270).

40. Santos (1942, pp. 125-8). ACE, 28 nov. 1880, p. 24; 28 dez. 1880, p. 3.

41. Coelho Neto (1899, p. 163) menciona em romance à clef vários atores, atrizes e músicos. No Rio Grande do Sul, Kittleson (2005, p. 142) lista o poeta Damaceno Vieira. Em *A Redempção*, em São Paulo, versejavam Valentim Magalhães e Amélio Braga.

42. Nunes (1884, pp. 18-9, 22, 32, 35, 58).

43. Duarte e Azevedo (1884, pp. 24, 15).

44. O título era mais explícito que o da peça, que fora *A família Salazar* (Duarte e Azevedo, 1884, p. 2). Outra obra, *Cora, a filha de Agar: drama abolicionista em 4 atos*, de José Cavalcanti Ribeiro da Silva, encenou-se em Pernambuco, em 1884. Várias desse gênero se seguiram.

45. Magalhães Jr. (1969, p. 78). Exemplos de romances abolicionistas: *Os herdeiros de Caramuru*, de Domingos Jaguaribe Filho, 1880, e *Quilombo dos Palmares*, de Tristão de Alencar Araripe Jr., de 1882. Ver Sayers (1956); Haberly (1972); Brookshaw (1983); Proença Filho (2004); Treece (2008).

46. Sobre a participação de Rebouças na imprensa, ver Trindade (2011, pp. 268-9). A novela é de Hipólito da Silva.

47. "Teatralização" porque os eventos eram encenações solenes, dramáticas, avizinhadas da ópera e restritas ao espaço físico do teatro — o que é bem diferente de "carnavalização" (Conrad, 1975; Drescher, 1980).

48. CA, 1884, p. 8.

49. Sobre o abolicionismo espanhol, ver Schmidt-Nowara (1999, p. 74). Exemplo de aristocrata modernizante então engajado era o conselheiro Macedo Soares, que aplicava o estilo Gama (e escreveu *A campanha jurídica pela libertação dos escravos 1867-1888*). Sobre o perfil social dos ativistas, ver ACE, 20 mar. 1881; CR, 5 maio 1889.

50. Bergstresser (1973, pp. 51 ss.) identificou a ocupação de 254 abolicionistas do Rio de Janeiro, mas não incluiu oficiais do Exército de baixa e alta patentes, caso de Benjamin Constant, conhecido de Rebouças da Guerra do Paraguai, e de Vicente de Sousa, com quem participava do conselho do Corpo Coletivo União Operária, desde 1880 (Mattos, 2009, p. 58). Dentre os professores da Politécnica estava Enes de Souza. Patrocínio, CR, 5 maio 1889.

51. CR, 26 mar. 1888; ACE, 28 dez. 1880, p. 45.

52. A cunhada e ex-aluna de Patrocínio, Rosália Sena, a esposa de Vicente de Sousa e Honorina Ferreira declamavam (GT, 25 maio 1883).

53. Azevedo, GT, 29 jan. 1884; ACE, 20 mar. 1881, p. 19.

54. GT, 28 jan. 1884.

55. GT, 12 fev. 1883 e 9 fev. 1884.

56. Outros exemplos são a Escola Noturna Gratuita, na rua das Flores, 97, que o Clube Abolicionista Gutenberg fundou, com materiais doados por negociantes das redondezas, e a Escola Noturna da Cancella, que se abriu em 1881. GT, 10 fev., 9 e 17 abr. 1883; Valdez (2006, p. 36); GT, 26 jun. 1883. As caixas, nascidas sob auspícios do Fundo de Emancipação da Lei Rio Branco, coletavam subscrições e promoviam loterias para um fundo comum. Inscrevia-se um grupo de escravos como membros e, conforme os recursos eram suficientes, sorteavam-se cartas de liberdade entre eles. Os nomes homenageavam lideranças ou localidades, como as caixas José do Patrocínio e Luís Gama. O liberto que virou orador foi Abel Trindade.

57. CR, 5 maio 1889. Cf. Tabela 1 do Anexo; GT, 18 fev. 1884.

58. Sobre a extração social do abolicionismo hispânico, ver Schmidt-Nowara (1999, p. 87); Joaquim Serra foi dos que alforriaram escravos em conferência-concerto (ACE, 28 jan. 1881, p. 32).

59. ACE, 28 dez. 1880, p. 6. *Ciclo de protesto* é um pico de mobilização, quando manifestações públicas coletivas massivas ocupam o espaço público em sequência, com alta frequência e intensidade, espalham-se por setores e espaços

da sociedade, usam novas técnicas de organização e protesto e interrompem as rotinas sociais (Tarrow, 1983, 1995).
  60. GT, 25 set. 1880; ACE, 28 out. 1880, p. 17. Romero (1881, p. xvii) listava vários outros, como Nicolau Moreira. A briga reverberou nacionalmente. Ver *Libertador*, 17 mar. 1881, DNAAR, 3 jun. 1881.
  61. Sobre a Revolta do Vintém contra o aumento da passagem, ver Graham (1980). Sobre Douglass, por exemplo: "Douglass é uma dessas organizações heroicas e grandes. Nascido escravo [...] hoje considerado como escritor de mérito, orador veemente e o mais acérrimo defensor de sua raça" (GT, 25 abr. 1883).

5. EXPANSÃO [pp. 152-85]

  1. Hilliard (1892, p. 381); Nabuco (1900, p. 231). Este capítulo retoma materiais e ideias de Alonso (2007). Ver ainda Vianna Filho (1969) e Nabuco (1949).
  2. Nabuco (1870, pp. 3, 8, 2).
  3. Sobre Eufrásia Teixeira Leite, ver Falci e Melo (2012).
  4. Nabuco, *O Globo*, 21 nov. 1875; Alencar, 20 nov. 1875, apud Coutinho (org., 1965).
  5. Seu discurso (ACD, 5 mar. 1879) representava essa facção e "vem resolvido da Bahia" (Nabuco, 1900, p. 247).
  6. Moraes (1924, pp. 35-6).
  7. Leu ao plenário carta que o senador abolicionista norte-americano Charles Sumner enviara a seu pai antes da promulgação da Lei do pré-Ventre Livre (ACD, 22 mar. 1879).
  8. Magalhães Jr. (1969, p. 77); Childs (1998); Campbel (2010, p. 55); Berenger (1880, p. 440).
  9. ACD, 22 abr. 1880.
  10. Ibid
  11. ACD, 2 set. 1880.
  12. Carta de Joaquim Nabuco a Charles Allen, 8 abr. 1880, Bethell e Carvalho (orgs., 2008). Sobre Wilberforce (1759-1833), exemplo também para abolicionistas hispânicos (Schmidt-Nowara, 2013), e os demais abolicionistas britânicos, ver Hochschild (2005).
  13. ACD, 4 set. 1880.
  14. Os mais destacados do bloco eram Joaquim Serra, Jerônimo Sodré, Sancho de Barros Pimentel, José Mariano Carneiro da Cunha, Marcolino de Moura, Francisco Correia Ferreira Rabelo, José da Costa Azevedo (Nabuco,

1884, p. 81). Chamaram-se "novos Liberais" para se diferenciar da geração anterior (Alonso, 2002). Foi com eles que Rebouças fez contato (DNAAR, 4 set. e 19 jul. 1880).

15. DNAAR, 9 jul. 1880.
16. Patrocínio, GN, 6 set. 1880.
17. ACD, 15 nov. 1880.
18. Corwin, 1968. *Rio News* e *Bresil Messager* publicaram o manifesto. Nabuco menciona a cópia em espanhol (carta de Joaquim Nabuco ao British Museum, 11 jul. 1882, CIJN), mas não a localizei.
19. Carta de Joaquim Nabuco a Domingos Jaguaribe, 16 nov. 1882, CAI. Lobo publicara artigos abolicionistas na GT, em novembro de 1880. O republicano Saldanha Marinho, apoiador do Projeto Nabuco na Câmara, virou um dos presidentes de honra da SBCE, e os Liberais Marcolino Moura e Adolfo de Barros (recém-desalojado da presidência de Pernambuco), os vices. Rebouças trouxe Beaupaire Rohan e Muniz Barreto, da ACE, para presidentes honorários. Nicolau Moreira assumiu como secretário de honra; o senador Jaguaribe, como sócio honorário; e os amigos jornalistas de Rebouças, José Carlos de Carvalho e José Américo dos Santos, como secretários (OA, 1 nov. 1880).
20. Hilliard (1892, p. 381).
21. Hilliard (1892, pp. 391 e 395); SBCE (1880b). Compareceram ao banquete Vicente de Sousa, Ubaldino do Amaral, Nicolau Moreira, Rebouças e Clapp, da ACE, e M. E. Campos Porto (Clube Abolicionista de Riachuelo). Da imprensa estavam Angelo Agostini e Ferreira de Menezes, vinculados a Patrocínio, e A. J. Lamoureux, proprietário do *Rio News*, jornal de simpatia abolicionista. Do Partido Liberal: Jerônimo Sodré Pereira (da Libertadora 2 de Julho), Adolfo de Barros, Marcolino Moura, Antônio Pedro de Alencastro e Joaquim Serra, e, do Partido Republicano, Joaquim Saldanha Marinho. Gusmão Lobo, Rodolfo Dantas, Barros Pimentel, Costa Azevedo e Ferreira de Araújo justificaram ausência (SBCE, 1880c).
22. Durham e Pruitt Jr. (2008); Hilliard (1892, pp. 396 ss.), OA, 1 jan. 1881. A Câmara era presidida pelo antiabolicionista Moreira Barros.
23. A diretoria da SBCE ficou assim: presidente: Nabuco, vice: Adolfo de Barros, redator de *O Abolicionista*: Joaquim Serra, secretário: José Américo dos Santos, secretário de honra: Nicolau Moreira. Rebouças permaneceu como tesoureiro. Entraram Clapp, que, em 1882, criaria o Clube dos Libertos; Luís Gama, como sócio benemérito e colunista de *O Abolicionista*, e seu discípulo Ubaldino do Amaral, como advogado (OA, 1 abr., 1 maio, 1 jul. e 1 ago. 1881; RI, n. 301, 1882). Os positivistas eram os vinculados a Teixeira Mendes, da Corte, e a Aníbal Falcão, em Pernambuco.
24. DNAAR, 12 jan. 1881.

25. SBCE, 1880a; OA, 1 mar. 1881. No século XIX, havia rede antiescravista transnacional, que vinculava abolicionistas de Inglaterra, Estados Unidos (Keck e Sikkink, 1998, p. 41) e África (Stamatov, 2010) e pela qual circulavam ideias e estratégias. Abílio Borges a explorara, mas seria Nabuco o principal "ativista cosmopolita" (Tarrow, 2005) ou "ativista sem fronteiras" (Keck e Sikkink, 1998), mediador entre o movimento local e a rede transnacional e difusor do repertório. A reverberação da situação brasileira no estrangeiro e o apoio que os abolicionistas granjearam impediram o encastelamento do escravismo de circunstância. Sobre a atuação internacional de Nabuco, ver Alonso (2008).

26. Cartas de Rafael de Labra a Joaquim Nabuco, 18, 22, 24 jan. e 10 mar. 1881, CIJN. Em seu discurso, o deputado cubano Bernardo Portuondo Barceló mencionou a presença de "hispano-americanos" (OA, 1 maio 1881).

27. Cartas de Rafael de Labra a Joaquim Nabuco, 24 jan., 25 fev., 10 mar. 1881, CIJN. Labra deu a Nabuco cartas de apresentação para Antonio Regidor y Jurado, o rebelde filipino "representante de nossa sociedade na Inglaterra" e para o médico Ramon Emérito Betances, "um grande abolicionista de Porto Rico", que vivia em Paris. Nabuco perdeu o endereço de Jurado, mas enviou-lhe carta por intermédio de Charles Allen, em 1881.

28. Carta de Rafael de Labra a Joaquim Nabuco, 8 out. 1881, CIJN. Nabuco indicou Rebouças, Nicolau Moreira, Joaquim Serra, Marcolino Moura e Alencastro Jr. (carta de Rafael de Labra a Joaquim Nabuco, 2 mar. 1882, CIJN). Carta de André Rebouças a Joaquim Nabuco, 16 abr. 1882, CIJN; carta de Joaquim Nabuco a Rafael de Labra, 16 abr. 1882, CIJN.

29. Schoelcher (1882, p. 273). Sobre o encontro dos dois, ver carta de Victor Schoelcher a Joaquim Nabuco, 1874, CIJN. Sobre o abolicionismo francês, ver Jennings (2006).

30. Schoelcher (1882, pp. 274, 276); carta de G. Gerville Reache a Joaquim Nabuco, 6 maio 1881, CIJN.

31. O secretário da BFASS era Charles H. Allen. A conferência foi em 23 de março de 1881 (OA, 1 maio, 1 jun. 1881). Nabuco indicou Rebouças e Gusmão Lobo para sócios da BFASS (carta de Charles Allen a Joaquim Nabuco, 14 fev. 1881, Bethell e Carvalho, 2008).

32. *Times*, 24 fev. 1881.

33. DNAAR, 5 nov. 1881; DJN, 6 fev. e 21 maio 1881.

34. Patrocínio, GN, 16 jun. 1878, apud Magalhães Jr. (1969, p. 66); Nobre (1943, pp. 48-9); Cordeiro, apud Nobre (1943, pp. 69, 70, 120, 121). O amigo que conectou Patrocínio ao grupo cearense era Francisco de Paula Nei.

35. Studart (1980); *Libertador*, 24 abr. 1881; Antônio Martins (1879, apud Girão, 1988, pp. 96, 115).

36. Girão (1988, p. 95); Studart (1980); Girão (1988, p. 86); Antônio Martins (1879, apud Girão, 1988, p. 95).

37. Bezerra, apud Nobre (1943, pp. 62-3); Bezerra, apud Girão (1988, pp. 97, 100).

38. Girão (1988, pp. 106, 107).

39. DNAAR, 17 abr. 1881; GT, 3 fev. 1883; *Libertador*, 8 dez. 1881.

40. Coronel Lima e Silva, apud Girão (1988, p. 124). O irmão de Frederico, Pedro Borges, fora também aluno de Abílio Borges (cf. Studart, 1980). Sobre Francisco do Nascimento e o fechamento do porto, ver Girão (1988, pp. 108 ss.).

41. Almino Affonso ficou sem o cargo de procurador fiscal, Frederico Borges foi exonerado da promotoria, e Pedro Borges, transferido.

42. Foram processados Antônio Bezerra, Isaac Amaral e Chico da Matilde, defendidos por Almino Affonso e Frederico Borges (Girão, 1988, pp. 129-30).

43. Carta de José Correia do Amaral a Joaquim Nabuco, 30 ago. 1881, CIJN. Carta de Joaquim Nabuco a José Correia do Amaral, 29 set. 1882, CIJN.

44. Carta de Joaquim Nabuco a José Correia do Amaral, 29 set. 1882, CIJN. A conexão Nabuco-Amaral (Amaral mandaria mais notícias, por exemplo, em 31 ago., 9 e 10 set. 1881, CIJN) mostra que, ao contrário do que a bibliografia sobre o abolicionismo costuma afirmar, não havia separação entre "moderados" atuando no Parlamento e "radicais", praticante de ações ilegais, mas uma única rede nacional de ativistas.

45. *Libertador*, 3 e 17 mar. 1881.

46. O *Libertador* (23 fev., 8 ago. 1881) republicava artigos da *Gazeta da Tarde* e reverberava ações de grupos fluminenses, caso de um boletim do Clube Abolicionista Riachuelo.

47. Acompanhou-o Joaquim Serra (DNAAR, 28 mar. e 14 abr. 1881).

48. OA, 28 out. 1881. Outro líder Liberal da Corte, Francisco Otaviano, apoiou Nabuco (DNAAR, 28 out. 1881).

49. A Lei Saraiva tem sido lida como restrição do eleitorado (Carvalho, 2002; Graham, 1997) e também como expansora da participação (Buescu, 1981). Carta de Sancho Barros Pimentel a Nabuco, 4 out. 1880, DJN, 9 jul. 1880.

50. Nabuco, OA, 28 out. 1880; e 1 ago. 1881.

51. Carta de Joaquim Nabuco a José Correia do Amaral, 29 set. 1881, CIJN; OA, 1 dez. 1881; carta de Joaquim Serra a Joaquim Nabuco, 3 fev. 1882, CIJN; carta de Hilário de Gouveia a Joaquim Nabuco, 30 abr. 1882, CIJN.

52. Nabuco, OA, 1 dez. 1881. Do bloco abolicionista original, dois (Beltrão e Costa Azevedo) não concorreram, Bezerra de Menezes conseguiu cadeira pela Corte, e José Mariano Carneiro da Cunha por Pernambuco. Joaquim Serra, Correia Rebelo, Artur Silveira da Mota, Saldanha Marinho e Jerônimo Sodré não se elegeram; Marcolino Moura, Sancho de Barros Pimentel e Martins Filho foram

eleitos, mas não tiveram os diplomas reconhecidos. Tudo "por ódio ao abolicionismo" (carta de Joaquim Serra a Joaquim Nabuco, 3 fev. 1882, CIJN). A coesão intrapartidária nessa legislatura foi alta, demonstrou Summerhill (2012, p. 18), cujos dados desmentem a propalada tese da indistinção partidária no Segundo Reinado. Elegeram-se 75 Liberais e 47 Conservadores (Javary, 1962, p. 379).

53. OA, 1 dez. 1881.

54. Ibid.

55. GT, 27 dez. 1886; GN, 21 fev. 1881.

56. ACD, 6 mar. 1882; GT, 23 fev. 1883.

57. Carta de Hilário Gouveia a Joaquim Nabuco, 30 abr. 1882, CIJN. Formava-se dissidência na Câmara: "[...] estão na oposição o Martins Francisco e o filho, Carlos Affonso, Prado Pimentel, Ignácio Martins, e cinco deputados do Rio Grande do Sul. [...]" (carta de Joaquim Serra a Joaquim Nabuco, 13 maio 1882, CIJN).

58. O bloco abolicionista contou nessa legislatura com os seguintes deputados: os Conservadores Antônio Pinto de Mendonça (Ceará), Severino Ribeiro Carneiro Monteiro (Rio Grande do Sul) e Alfredo Escragnolle Taunay (Santa Catarina), amigo de Rebouças; os Liberais Adolfo Bezerra de Menezes (Rio de Janeiro); Adriano Xavier de Oliveira Pimentel (Amazonas), Afonso Celso de Assis Figueiredo Jr. (Minas Gerais), Aristides César Spínola Zama (Bahia, que era um dos fundadores da Libertadora 2 de Julho, de 1852), Franklin Américo de Menezes Doria (Piauí), José Leopoldo de Bulhões Jardim (Goiás), José Mariano Carneiro da Cunha (Pernambuco), José Viana Vaz (Maranhão), Rodolfo Epifânio de Sousa Dantas (Bahia), Rui Barbosa (Bahia) e Tomás Pompeu de Sousa Brazil (Ceará). ACD, 1882-4; GT, 14 fev. 1883; Pinto (1884, p. 16); Fonseca (1887, p. 244).

59. Carta de Joaquim Serra a Joaquim Nabuco, 13 maio 1882, CIJN; carta de Joaquim Nabuco a Gusmão Lobo, 12 nov. 1882, CAI; carta de Silveira da Mota a Joaquim Nabuco, 22 jul. 1882, CIJN. O crescimento do associativismo abolicionista na Situação Liberal não significa alinhamento. É patente a proximidade de Nabuco, Serra e Patrocínio, na Corte, Gama, em São Paulo, Cordeiro e Amaral, no Ceará, com o Partido Liberal. Contudo, havia membros do Partido Conservador no movimento e a maior parte dos abolicionistas era de Republicanos. Para não rachar, o movimento se apresentava suprapartidário e teve atuação independente, com apoio tanto a governo Liberal (1884-5) como a Conservador (1888), quando comprometidos com medidas abolicionistas, como se verá nos próximos capítulos.

60. Magalhães Jr. (1969, p. 91). Os positivistas se engajaram em várias campanhas reformistas (Alonso, 1996; Carvalho, 1998; Ribeiro, 2012).

61. Cartas de Joaquim Serra a Joaquim Nabuco, 3 fev. e 30 abr. 1882, CIJN.

62. O Centro Abolicionista de São Paulo instalou-se em 23 de julho de 1882,

com 22 membros, Luís Gama como presidente honorário e Alcides Lima como presidente de fato (*Correio Paulistano*, 24 jul. 1882). Em Pernambuco, estavam na linha de frente abolicionista os positivistas Aníbal Falcão e Martins Jr. No Maranhão, o contato de Rebouças era Temístocles Aranha (DNAAR, 12 nov. 1880). Goiás, onde em 1879 surgira a Sociedade Emancipadora Goiana, era terra do Liberal Leopoldo Bulhões, do bloco abolicionista de Nabuco na Câmara.

63. As associações surgidas no Norte se encaixam no argumento econômico-regional de Conrad (1975, p. 83), para quem o abolicionismo cresceu nessa região porque ali decrescia a demografia escrava. Contudo, Slenes (2004) relativizou essa tese, ao mostrar que havia comércio de escravos dentro da região Norte, como no Sul do país — por exemplo, a venda do Rio Grande do Sul para Campinas. Se apenas em províncias com pequena escravaria surgissem sociedades abolicionistas, em São Paulo, onde o número de cativos crescia com o café, não haveria nenhuma, e, entre 1878 e 1885, formaram-se dez. Nesse período, apareceram 130 associações ao Norte (Amazonas, Bahia, Ceará, Maranhão, Pará, Paraíba, Pernambuco, Piauí, Rio Grande do Norte, Sergipe), mas também 101 ao Sul (Espírito Santo, Goiás, Mato Grosso, Minas Gerais, Paraná, Rio de Janeiro, Rio Grande do Sul, São Paulo).

64. Carta de André Rebouças a Joaquim Nabuco, 5 mar. 1882, CIJN.

65. Pompeia (1882, pp. 211 ss.). Compareceram também as duas lojas maçônicas, a Sociedade 14 de Julho e o Clube dos Girondinos, dois órgãos Republicanos. Menucci (1938, p. 206), Azevedo (1999) e Ferreira (2001, 2007, 2011).

66. Pompeia (1882, pp. 220-1).

67. Carta de Joaquim Serra para Joaquim Nabuco, 19 set. 1882, CIJN. Pompeia (1882, p. 221) atribui o juramento a outro abolicionista, Clímaco Barbosa, e Andrada (1918, p. 214), a Antônio Bento.

68. GT, 8 mar. 1880; OA, 1 dez. 1880; ACE, 28 out. 1880.

69. GT, 28 ago. 1882.

6. ABOLICIONISMO DE RESULTADOS [pp. 186-235]

1. GT, 23 abr. 1883.

2. Legação dos Estados Unidos, 21 maio 1884, JC, apud Moraes (1924, p. 25). Paranaguá, ACD, 5 jul. 1882.

3. ACD, 5 jul. e 10 ago. 1882.

4. Carta de Joaquim Serra a Joaquim Nabuco, 15 jul. 1882, CIJN.

5. DNAAR, 1, 24 e 25 set., 30 out. 1882; cartas de Victor Schoelcher a Joaquim Nabuco, 26 maio 1882 e 27 out. 1883, CIJN; OA, 1 jun e 1 jul. 1881; carta

de Joaquim Nabuco a Adolfo de Barros, 17 nov. 1882, CIJN; carta de Rafael de Labra a Joaquim Nabuco, 3 dez. 1883, CIJN. Não há registro de cartas a ou de Douglass. Sobre as conexões internacionais de Nabuco no período, ver Bethell e Carvalho (2008), Alonso (2009); carta de Joaquim Nabuco a Adolfo de Barros, 17 nov. 1882, CIJN; carta de Rafael de Labra a Joaquim Nabuco, 3 dez. 1883, CIJN. Carta de André Rebouças a Joaquim Nabuco, 16 abr. 1882, CIJN; DNAAR, 28 set. e 15 nov. 1882; DNAAR, 16 e 20 jan., 15 mar. 1883; DNAAR, 14 out. 1882. O terceiro abolicionista brasileiro na Inglaterra era o jornalista José Carlos Rodrigues, amigo de Rebouças e Nabuco, que cavava espaço na imprensa britânica

6. Carta de Joaquim Nabuco a André Rebouças, 6 jun. 1882, CIJN; carta de André Rebouças a Joaquim Nabuco, 7 jul. 1882, CIJN. Serra dizia ainda: "Muito bom e muito bem-vindo o papel para ser presente às Câmaras. Foi apenas com as assinaturas que trouxe, a tua e a do José Costa [Azevedo, barão de Ladário, ex-deputado residente em Londres]". Carta de Joaquim Serra a Joaquim Nabuco, 15 jul. 1882, CIJN.

7. Petição encaminhada por Antônio Pinto. Carta de Joaquim Serra a Joaquim Nabuco, 19 set. 1882, CIJN; carta de Joaquim Nabuco a Antônio Saraiva, 28 nov. 1882, CAI; carta do visconde de Paranaguá a Joaquim Nabuco, 6 nov. 1882, CAI. "Tem me aborrecido a falta de publicação de tua carta ao Paranaguá", carta de Joaquim Serra a Joaquim Nabuco, 15 fev. 1883, CIJN; carta de Joaquim Nabuco a Domingos Jaguaribe, 16 nov. 1882, CAI.

8. Carta de Joaquim Serra a Joaquim Nabuco, 15 jul. 1882, CIJN.

9. Nicolau Moreira chefiou a invasão da Câmara. Os deputados simpatizantes eram Bezerra de Menezes, Fernandes de Oliveira e Duque-Estrada Teixeira (GT, 8, 14 e 20 fev. 1883; GT, 20 fev., 6 mar. e 22 fev. 1883). A ideia do Livro de Ouro foi de Tristão de Alencar Araripe Jr., deputado pelo Ceará e membro do círculo de Patrocínio. A estratégia de construir balança prestígio-anátema, com categorias positivas para descrever aliados e depreciativas para os antagonistas, é comum entre movimentos sociais (Tilly, 2008).

10. GT, 18 maio 1883.

11. GT, 16 jan. 1883.

12. A notícia sobre as comissões está em CA (1884, p. 9). Não havia correspondência entre posição social e radicalismo político no interior do movimento.

13. Conrad (1972, p. 121) argumenta em sentido contrário ao meu, enfatizando a relevância da economia no abolicionismo. Certificação social é o endosso de autoridades políticas ou sociais a ações de um movimento social. Decertificação é o processo oposto (Tilly, Tarrow e McAdam, 2001, p. 121).

14. Segundo Sérgio Buarque (2010, p. 171), "uma estimativa para todas as

províncias, por todo o tempo em que durou a monarquia, mostrará como gira em torno de sete meses a média de duração de cada presidência". Javary (1962, pp. 431-53) também aponta menor instabilidade em São Paulo, que teve seis, e em Mato Grosso, com cinco presidentes. A bibliografia especializada não prestou atenção nos presidentes de província na explicação da precedência de Ceará e Amazonas na libertação de seus territórios. Eles foram cruciais.

15. Carta de José Correia do Amaral a Joaquim Nabuco, 10 out. 1882, CIJN. Pimentel era ainda sócio no escritório de advocacia de Rui Barbosa e Rodolfo Dantas. Os dados sobre a escravidão no Ceará estão em Reis (2000, p. 91).

16. A opinião sobre Bibi é de um sobrinho (apud Magalhães Jr., 1969, p. 131); GT, 14 fev. 1883; Morel (1967, pp. 141-2).

17. Girão (1988, p. 136). Só as conferências de Patrocínio renderam 260 mil-réis (GT, 21 fev. 1883).

18. Tratava-se de Carolina Cordeiro, que morreria em meio à campanha (*Libertador*, 14 abr. 1884).

19. GT, 5 mar., 13 fev., 15 mar., 12 fev. 1883; Albano Filho (1883, p. 12); Pinto (1884, p. 14).

20. GT, 1 jan., 2 fev., 25 mar., 17 abr., 20, 21 e 23 maio, 3 jun., 8 jul., 27 e 29 set., 4 out., 3 nov. 1883. Patrocínio, em companhia da diretoria da SCL, se reuniu com o vigário de Cachoeira (*Libertador*, 28 fev. 1883). Cf. telegrama de Patrocínio, apud Morel (1967, p. 143).

21. GT, 22 fev., 8, 10 e 12 mar., 23 e 25 maio 1883.

22. "Peço-lhe que transmita os meus ardentes votos pelo completo sucesso da árdua empresa que encetaram [...] e a qualquer outra associação abolicionista que exista nessa província", carta de Joaquim Nabuco para José Correia do Amaral, 7 mar. 1883, CIJN; GT, 16 maio 1883; carta de Joaquim Nabuco a José Correia do Amaral, 31 maio 1883, CIJN; Albano Filho (1883, p. 10).

23. GT, 3 mar. 1883; carta de André Rebouças a Joaquim Nabuco, 10 mar. 1883, CIJN.

24. Carta de Joaquim Serra a Joaquim Nabuco, 19 set. 1882, CIJN. Outros abolicionistas ligados ao sistema político, caso de Gusmão Lobo, tiveram experiência parecida (carta de Artur Silveira da Mota a Joaquim Nabuco, 22 jul. 1882, CIJN).

25. Carta de José Correia do Amaral a Joaquim Nabuco, 10 out. 1882, CIJN; carta de Sancho de Barros Pimentel a Joaquim Nabuco, 7 dez. 1882, CIJN.

26. Dados do mercado de ativos são de Pedro Carvalho de Mello, apud Slenes (2004, p. 357); ACD, 4 ago. 1884. Rebouças registrou também a queda de preços de alforrias: "No Rio só pagamos 300 000 nas liberdades" (carta de André Rebouças a Joaquim Nabuco, 24 set. 1883, CIJN).

27. GT, 20 e 26 fev. 1883. Machado (1994) identificou a organização de rebeliões escravas no interior de São Paulo.

28. GT, 12, 14, 15 e 17 fev. 1883; telegrama da SCL, GT, mar. 1883.

29. GT, 28 abr. 1883.

30. Castro (2009, p. 76).

31. GT, 16 maio 1883; carta de Sancho de Barros Pimentel a Joaquim Nabuco, 30 maio 1883, CIJN, Paranaguá, ASI, 26 maio 1883, Dantas, ASI, 26 maio 1883. O Conservador era Ferreira Viana (apud Pujol, 1919, p. 224).

32. Carta de Sancho de Barros Pimentel a Joaquim Nabuco, 30 maio 1883, CIJN; Ferreira de Araújo, apud Pujol (1919, p. 224); Lafaiete, ACD, 26 maio 1883.

33. Carta de Sancho de Barros Pimentel a Joaquim Nabuco, 30 maio 1883, CIJN; carta de Francisco Otaviano ao barão de Penedo, 20 maio 1884. Lafaiete, ACD, 26 maio 1883. O "pode ser que sim, pode ser que não" passou a aparecer sistematicamente na Câmara e em jornais (Celso, 1901, pp. 39 ss.).

34. A foto da diretoria da CA foi tirada em 16 de maio de 1888 (DNAAR, 16 maio 1888). Arquivo Brício de Abreu reproduzida em Magalhães Jr. (1969, p. 434); GT, 25 jul. 1882, 14 fev., 3 e 10 maio 1883.

35. DNAAR, 9 maio 1883.

36. As fundadoras eram: Abolicionista Espírito-Santense, Libertadora Pernambucana, Abolicionista Cearense, Sociedade Libertadora Sul-Rio-Grandense, Caixa Abolicionista Joaquim Nabuco, Caixa Libertadora José do Patrocínio, Centro Abolicionista Ferreira de Menezes, Clube Abolicionista Gutenberg, Clube dos Libertos de Niterói, Clube Abolicionista dos Empregados do Comércio, Clube Tiradentes, *Gazeta da Tarde*, Libertadora da Escola de Medicina, Libertadora Escola Militar e Sociedade Brasileira contra a Escravidão (CA, 1883). A Loja Maçônica Oriente Brasileiro compareceu às primeiras reuniões, mas não assinou o manifesto (GT, 19 jun. 1882). Outros grupos, como os clubes Bittencourt Sampaio, Carlos Gomes e Sete de Novembro, aderiram depois. A estrutura interna da CA incluía uma comissão organizativa (Rebouças, Patrocínio, Clapp, Aristides Lobo e João Paulo Gomes de Matos, então presidente da Sociedade Abolicionista Cearense do Rio de Janeiro) e outra executiva (Rebouças, Clapp, Matos, Bittencourt Sampaio; Julião de Lemos; Alberto Victor; Manoel Joaquim Pereira, Eduardo Nogueira; Pau Brasil; José dos Santos Loiveira; Domingos Gomes dos Santos e Jarbas F. das Chagas). Assembleia da CA, em 27 de julho, aprovou o manifesto (GT, 10 e 14 maio 1883; DNAAR, 27 jul. 1883; CA, 1884, pp. 10-1).

37. Por exemplo, Lemos (1884).

38. CA, 1883, pp. 7, 9, 10, 14, 17, 18, 20.

39. Em junho de 1883, começou série "pedindo — abolição imediata e sem indenização" (DNAAR, 31 maio 1883), compilados como "Propaganda abolicio-

nista. Agricultura nacional" (GT, 6 nov. 1883). Carta de Rebouças a Nabuco, 24 set. 1883, CIJN.

40. CA, 1883, pp. 3, 21. Pedia para o Sul a aplicação da lei de 1831, uma vez que "a maior parte dos escravos existentes" na região seria fruto de "pirataria impune". No Norte, era espalhar o Ceará (CA, 1883, pp. 9, 8).

41. Carta de Joaquim Nabuco a José Correia do Amaral, 31 maio 1883, CIJN; carta de Joaquim Nabuco ao barão de Penedo, 14 ago. 1883, CIJN; DNAAR, 24 ago. 1883; GT, 12 mar. 1883. Cabe aqui uma observação sobre os termos "abolicionista" e "emancipacionista", que provêm do mundo anglo-saxão: o primeiro designava os que queriam a abolição do tráfico negreiro e o segundo, os demandantes da emancipação dos escravos. Aqui, como a mobilização aconteceu depois do fim do tráfico, essa separação tem pouco sentido. Analistas (Toplin 1972, Azevedo, 2001) a usaram para distinguir graus de radicalismo, contudo há ativistas que começaram moderados e depois se radicalizaram e vice-versa. Os próprios atores usavam os termos indiscriminadamente. Segundo Nabuco (JC, 18 jun. 1884): "[...] abolicionista e emancipador são sinônimos, e a diferença entre sinônimos é muito insignificante em política por maior importância que tenha em ideologia". Ao definir o abolicionismo como movimento social, suponho — em vez de grupos fixos e estanques — a existência de facções e alinhamentos instáveis, que mudam, conforme muda a configuração de forças ao longo do processo político. E creio que ressaltar clivagens intra-abolicionistas obscurece a polarização central, abolicionistas versus escravistas.

42. O anúncio do livro trazia o título "Reformas Nacionais — O Abolicionismo". Nabuco pediu a Sancho Pimentel que escrevesse sobre "descentralização administrativa" ou "reforma da representação", a Rui Barbosa sobre liberdade religiosa e a Rodolfo Dantas sobre educação. Para si mesmo guardou "a reconstrução financeira e as relações exteriores" (carta de Joaquim Nabuco a Sancho de Barros Pimentel, 31 ago. 1883, CAI). Ver também carta de Sancho de Barros Pimentel a Joaquim Nabuco, 6 ago. 1883, CIJN; GT, 31 ago., 25 set., 6 out. 1883; carta de Joaquim Nabuco a Jaguaribe, 21 dez. 1883.

43. GT, 14 e 18 maio, 31 ago. 1883; 8, 10, 11, 16, 18, 22 e 26 jan. 1884; carta de André Rebouças a Joaquim Nabuco, 24 set. 1883, CIJN. Rebouças incumbiu "Miguel Antonio Dias — o melhor dos mulatos" e "incansável chefe abolicionista" de redigir o resumo (carta de Miguel Antônio Dias a Joaquim Nabuco, 8 out. 1883, CIJN; GT, 3 out. 1883). O panfleto foi feito e distribuído, mas não o localizei.

44. GT, 29 ago. 1883; Alencar (1893, capítulo VII).

45. Villa-Matas (1985, p. 13).

46. GT, 26 nov. 1883.

47. Em 1883, Rebouças refundou o Centro Abolicionista da Escola Poli-

técnica e a SBCE. Carta de André Rebouças a Joaquim Nabuco, 7 abr. 1883, CIJN. Exemplo de estudante ativista é Dunshee de Abranches (1941, pp. 170 ss.), do Maranhão. GT, 14 maio 1883.

48. Na viagem com Patrocínio, o arrecadador era Alípio Teixeira (Magalhães Jr., 1969, pp. 126-7). O *meeting* de embarque foi para o paraense José Agostinho dos Reis, negro, lente da Politécnica e ligado a Rebouças. O relatório de Rebouças está em CA, 1884. Também Aquino da Fonseca e F. Almeida foram às Alagoas; Arlindo Fragoso, do Centro Abolicionista da Escola Politécnica, rumou para a Bahia (GT, 30 dez. 1883, 28, 15 jan. 1884) e Bruno Gonçalves Chaves, ao Rio Grande do Sul (Monti, 1985, p. 124).

49. Tarrow (1995, p. 110; 1998, pp. 37-41) argumenta que inovações nas formas de mobilização política são transponíveis a novos contextos se têm caráter *modular*, isto é, se podem operar como receita, forma vazia, à qual novos atores atribuam novos sentidos, caso de passeatas, comícios, greves. O que circula é uma estilização da estratégia, o que se transpõe é mais a sintaxe que a semântica da ação, pois a transposição não é operação passiva, exige "adaptação tática", adequação a novo contexto, novos atores e sentidos locais (Tilly, 2008b).

50. "No Ceará tem o João Cordeiro, presidente da 'Sociedade Libertadora Cearense', e José Correia do Amaral, presidente da S. Abolicionista Perseverança e Porvir. No Rio Grande do Sul, Maciel recomendou-me Bernardo Taveira [Júnior], diretor da Escola Municipal de Pelotas. No Amazonas, o deputado Adriano Pimentel, presidente da S. Abolicionista, dessa província, indicou-me o dr. Aprígio Martim de Menezes, médico de Manaus. [...] [E há o Domingos] Jaguaribe na Assembleia de São Paulo [...]" (carta de André Rebouças a Joaquim Nabuco, 7 jul. 1882, CIJN).

51. CA, 1883, p. 8; Blake (1970, pp. 200-1); Dias (1911, p. 199).

52. Dias (1911, p. 199).

53. Dias (1911, pp. 200, 201). Projetos encaminhados pelos deputados provinciais Justiniano Serpa e Martinho Rodrigues. A GT noticiou que os preços de escravos no Ceará "caíram a 50$", GT, 10 nov. 1883. Dias (1911, pp. 202, 203).

54. GT, 10 nov. 1883; carta de José Correia do Amaral a Joaquim Nabuco, 30 jul. 1883, CIJN.

55. Carta de Joaquim Nabuco a José Correia do Amaral, 7 mar. 1883, CIJN.

56. Affonso (1998, pp. 33-5, 44-5).

57. Cf. distribuição da população escrava por província em <https://ia601506.us.archive.org/4/items/recenseamento1872bras/ImperioDoBrazil1872_text.pdf>. Afonso (1998, p. 44). O Amazonas criara, em 1869, um Fundo de Emancipação local e, em 1882, uma taxa sobre a importação de escravos. Saldanha Marinho, sócio honorário da SBCE em 1880 e chefe republicano, apoiava o movimento no Amazonas.

58. Conrad (1975, p. 244). Note-se a modularidade dos nomes de jornais, que, como as associações, repetiam títulos uns dos outros. Desde o primeiro, do grupo de Abílio Borges, houve *O Abolicionista* no Rio de Janeiro, Maranhão, Bahia, Pará e Amazonas, assim como *Libertador* se replicou no Ceará, Sergipe e Pernambuco.

59. A facção Liberal era comandada pelo senador Silveira Martins, e a Conservadora, pelo deputado Severino Ribeiro, que apoiara o projeto de Nabuco em 1880 (Kittleson, 2005, pp. 129 ss.; Monti, 1985, pp. 70 ss.). No grupo gaúcho estavam Francisco de Assis Brasil, Ramiro Barcelos, Argemiro Galvão, Ângelo Pinheiro Machado, Alcides Lima, Homero Batista, Pereira da Costa, Barros Cassal, relacionados entre si por amizade ou parentesco (Franco, 1967; Alonso, 2002). Fundaram-se associações, também nesse momento, em Santa Catarina e no Paraná, mas sem campanha mais agressiva.

60. *Libertador*, 15 ago. 1883; 22 jul., 12 ago., set. 1884; GT, 10 nov. 1883; carta de André Rebouças a Joaquim Nabuco, 24 set. 1883, CIJN; carta de José Correia do Amaral a Joaquim Nabuco, 11 fev. 1884, CIJN. Affonso (1998, pp. 33-8) fundou a Libertadora Mossoroense e o Clube dos Spartacus.

61. As conferências ocorriam em particular no teatro dramático Riachuelo (GT, 22 maio 1883). Clube Amazônia, 1 maio 1884, pp. 6, 18, 19. Em Belém, fundou-se ainda a Associação Libertadora Visconde do Rio Branco, ao estilo da CA.

62. GT, 15 fev. 1883; Castilho (2008, pp. 55 ss., 77 ss., 85, 155); GT, 1 mar. 1883.

63. Também atuavam na Bahia Jerônimo Sodré e Luís Anselmo Fonseca, ambos da antiga 2 de Julho. *O Alabama* teve interrupção e voltou a circular em 1887 (Graden, 2006, p. 79). Ver Caires Silva (2007, pp. 250 ss.) sobre o episódio com Cotegipe. O abolicionista Panfilo de Santa Cruz acabou processado (GT, 2 maio 1883).

64. Ofício de Antônio Bento a João Clapp (GT, 4 fev. 1884). *Correio Paulistano*, 30 maio, 24 dez. 1874, 12 set. 1884. Apesar de muito mencionado, Antônio Bento é pouco estudado (Fontes, 1976; Azevedo, 2003, 2007). Machado (2009, p. 378) localizou esse documento do chefe da polícia e mapeou outras evidências de planos de fuga coletivas em São Paulo. Ver também Conrad (1975, p. 239).

65. Carta de Antônio Bento a João Clapp, 5 jan. 1883 (apud *Revista Ilustrada*, 19 maio 1888); GT, 2 maio 1883; Machado, 2006, p. 378.

66. Dias (1911, p. 15).

67. GT, 12 fev. 1884. Em começos de 1884, o presidente da Câmara Municipal concordou em encaminhar projeto que usaria parte do arrecadado com

impostos pela municipalidade para a "libertação do município" (GT, 22 fev. 1884, 2 jul. 1883). O apócrifo era Um Lavrador (1884, pp. 54-5).

68. GT, 2 maio 1883; *Libertador*, 28 jul. 1884.

69. Lemos (1884b, p. 3). Sobre as libertações de território, cf. Mapa 3.

70. Cf. Gamson (1968). Gamson e Meyer (1996, p. 283) argumentam que a balança de poder entre forças varia ao longo de um processo político, e os movimentos sociais mudam de estratégia em compasso, de modo a privilegiar não os melhores por princípio, mas sim os *viáveis* na conjuntura.

71. GT, 18 maio e 19 jun. 1883. À frente do Clube dos Advogados, cujo manifesto saiu em 14 de abril de 1884, estavam Araripe Jr., da CA, Ubaldino do Amaral, do grupo de Gama, e Sizenando, irmão de Nabuco (GT, 15 dez. 1886). GT, 19 abr. 1883; DNAAR, 28 set. 1883.

72. ASI, 27 jun. 1883; GT, 24 abr. e 26 jun. 1883; ASI, 26 e 30 jun. 1883.

73. O primeiro deputado era o Conservador Severino Ribeiro e o segundo, o Liberal goiano Leopoldo de Bulhões, que protocolou projeto em 3 de setembro. GT, 29 ago. 1883; ACD, 31 ago. 1883; DNAAR, 3 set. 1883.

74. Carta de Artur Silveira da Mota a Joaquim Nabuco, 10 jun. 1883, CIJN.

75. Carta de Joaquim Nabuco a José Correia do Amaral, 31 maio 1883, CIJN.

76. "[...] consultando a alguns subchefes dos partidos militantes, apresentaram-se muitos obstáculos. A 'Cearense Libertadora' em tempo de eleição fica dividida; muitos de seus sócios, comprometidos com seus chefes, Liberal ou Conservador, não trabalharão em favor da emancipação. É por este motivo que encontra-se muita dificuldade na eleição de um deputado que seja somente abolicionista." Carta de José Correia do Amaral a Joaquim Nabuco, 30 jul. 1883, CIJN.

77. Congresso programado para os dias 10 a 17 de agosto de 1884, no Grand Hotel d'Orleans, em Petrópolis, para o qual Rebouças queria trazer Frederick Douglass (carta de André Rebouças a Joaquim Nabuco, 22 mar. 1884, CIJN), mas que nunca aconteceu. No evento em Niterói, o orador era Campos Porto, da GT, e a confusão cancelou a "parte concertante" do evento (GT, 23 abr. 1883). Raul Pompeia secundou Ubaldino e debateu com Nabuco no jornal, nos dias subsequentes.

78. GT, 3 mar. 1883; carta de Joaquim Nabuco a Ubaldino do Amaral, 31 maio 1883, CIJN.

79. Inicialmente, "um grupo de eleitores abolicionistas combinou de votar na próxima eleição do modo seguinte: cada um voto custa ao candidato a contribuição de duas cartas de liberdade". GT, 9 nov. 1883. A decisão de candidaturas próprias saiu já em 1884 (CA, 1884, p. 8). Carta de André Rebouças a Joaquim Nabuco, 4 mar. 1884, CIJN.

80. Carta de Joaquim Nabuco a José Correia do Amaral, 23 maio 1884, CIJN.

81. GT, 7 dez. 1883, 13 e 22 fev. 1884. Entre maio de 1883 e de 1884 foram arrecadados 24:926$340 réis (Rebouças, CA, 1884, p. 13).

82. CA, 1884, pp. 4, 5, 8, 9; GT, 25 fev. 1884.

83. Carta de Carlos Gomes a Giulio Ricordi, 16 jul. 1884, apud Vetro (1982); carta de André Rebouças a Joaquim Nabuco, 21 nov. 1896, AMI.

84. O responsável pela quermesse era João Ferreira Serpa Jr. (CA, 1884, pp. 6, 7), da CA, que organizaria o Quilombo do Leblon.

85. *Libertador*, 20 mar. 1884. Em Salvador, estavam à frente Eduardo Carigé, que usava as ações de liberdade, e Teodoro Sampaio, engenheiro e amigo de Rebouças, há tempos na campanha (Albuquerque, 2009, p. 82). Amaral (carta de José Correia do Amaral a Joaquim Nabuco, 22 mar. 1884, CIJN) reportou a Nabuco a leitura de sua carta. Dias, 1911, p. 203.

86. Carta de Joaquim Nabuco a José Correia do Amaral, 7 abr. 1884, CIJN; *New York Times*, 27 abr. 1884; GT, 22 jan. e 27 fev. 1884; carta de José do Patrocínio, 29 mar. 1884 (GT, 19 abr. 1884). Para a celebração em Paris, Patrocínio (1884) escreveu *L'Affranchissement des esclaves de la province du Ceará au Brésil*.

87. Schoelcher (1884), apud Magalhães Jr. (1969, p. 150).

88. Legation of United States, 21 maio 1884.

89. CA, folheto n. 7, 1884, p. 14.

90. Sobre as origens do repertório contemporâneo de protesto, ver Tilly (2004).

91. Caso dos embarques de José Mariano Carneiro da Cunha, José Agostinho dos Reis, Arlindo Fragoso, Aquino da Fonseca e F. Almeida (GT, 10 mar. 1884). Foram 108 desses eventos de protesto a céu aberto até 1884 e 289 outras ações de difusão, com o propósito de arregimentar adeptos e dar visibilidade ao movimento.

92. Apud Dias (1911, p. 197).

93. GT, 11 e 21 jun. 1883. Outros abolicionistas foram ameaçados, caso de João Ramos, no Recife, Antônio Henrique da Fonseca, em Araraquara, e Francisco da Rocha Martins, em Jacareí (GT, 20, 22, 26 fev.; 1 maio; 7, 26 nov.; 1, 26 dez. 1883; 6 fev. 1884). A reclamação contra Lafaiete está em Um Lavrador (1884, pp. 54-5). A petição foi enviada em 9 de agosto de 1883 (Saba, 2008).

94. Magalhães Jr. (1969, p. 129). Cf. *O Corsário*, 31 dez. 1881; 11 dez. 1880, apud Holloway (2009, pp. 4, 11). As informações sobre a morte de Apulco de Castro foram extraídas de Holloway (2007, 2009).

95. Koseritz (1883, p. 239); Pereira da Silva (1895-6, p. 526); Koseritz (1883, p. 243).

96. Holloway (2007, p. 4).
97. GT, 7 dez. 1883; carta de Joaquim Serra a Joaquim Nabuco, 15 jul. 1882, CIJN.

7. VOTOS: A ALIANÇA MOVIMENTO-GOVERNO [pp. 236-79]

1. Nabuco (1884, pp. 5, 6, 9, 10, 12); cartas de André Rebouças a Joaquim Nabuco, 4 e 22 mar. 1884, CIJN. O *Rio News* apoiava o movimento, no noticiário e com o uso da gráfica do jornal para a impressão de panfletos. Nabuco ainda insistia em sair pelo Ceará, mobilizando o endosso de "diversos cearenses", caso de: Araripe Júnior, da CA, e Antônio Pinto, deputado Conservador, que viviam na Corte, e Jaguaribe, em São Paulo — todos alheios ao dia a dia da província e incapazes de definir a chapa cearense. Ao fim, o candidato do abolicionismo cearense seria Frederico Borges (carta de José Correia do Amaral a Joaquim Nabuco, 9 maio 1884, CIJN; carta de Joaquim Nabuco a José Correia do Amaral, 23 maio 1884, CIJN).

2. Carta de André Rebouças a Joaquim Nabuco, 2 maio 1884, CIJN; DNAAR, 13 maio 1884.

3. Legação dos Estados Unidos, relatório, 21 maio 1884. *Brasil*, 1 jun. 1884. A greve era uma forma de ação política de invenção recente, outro elemento do repertório político europeu adaptado à realidade brasileira pelos abolicionistas.

4. Saraiva, ASI, 9 jun. 1884, grifo meu; DNAAR, 4 jun. 1884; Nabuco (JC, 12 jun. 1884). Recusaram o convite também Sinimbu e Afonso Celso (Silveira da Mota, 1884, pp. 12-3).

5. Monteiro (1913, p. 39). Carta de Manuel de Sousa Dantas a Rui Barbosa, 27 jun. 1876, CCRB.

6. Carta de Manuel de Sousa Dantas a Rui Barbosa, 1874, CPRB (ACD, 9 jun. 1884). Grifos meus.

7. Dantas (ACD, 9 jun. 1884).

8. Dantas tinha Rui cujo pai "na hora extrema mo recomendou, mo entregou" (carta de Manuel de Sousa Dantas a Nabuco de Araújo, 24 maio 1876, em Lacombe, 1962) por filho. Carta de alforria, 1 jun. 1884, Cirb.

9. Carta de "Fr.co" a Rodolfo Dantas, s.d., Cird.

10. Os dados sobre o mercado de escravos são de Slenes (2004, pp. 331, 337, 338-9, 344, 346, 350, 351), que adverte que a escassez de mão de obra gerou êxodo masculino para o campo, enquanto as cidades retiveram mulheres no mercado de amas de leite. Cartas de Rodolfo Dantas a Rui Barbosa, s.d. jul., 1 jul. 1884, CPRB.

11. Barbosa (1884, pp. 765, 786). Na matrícula de 1887, mais fidedigna, pois sem a espada de Dâmocles da não indenização, o censo da escravaria deu: de trinta a quarenta anos, 336 174; de quarenta a cinquenta, 122 097, de cinquenta a 55, 40 600, de 55 a sessenta, 28 822 (Conrad, 1975, p. 348). Barbosa (1884, pp. 731, 786).

12. O Projeto 48 estabelecia valores conforme as décadas de vida do escravo, às quais se atribuía produtividade decrescente: até trinta anos, 800 mil-réis; de trinta a quarenta, 700 mil-réis; de quarenta a 49 anos, 600 mil-réis, de cinquenta a 59, 400 mil-réis. E proibia a existência de casas de compra e venda de escravos, sob pena de 5 mil-réis, dobrada para reincidentes (cf. Projeto 48, artigo 13).

13. Cf. Projeto 48, artigo 6º, inciso IV. O trecho está em Barbosa (1884, p. 770; grifos meus), que esclarecia (p. 773): "O projeto nega ao liberto, durante os seus cinco anos de tirocínio na liberdade, o direito de trabalhar gratuitamente, ou por um salário ilusório, em proveito de patrões que lhe explorem a inexperiência, a credulidade ou a fraqueza".

14. Dantas (ACD, 9 jun. 1884); Projeto 48, artigo 2º, parágrafo 15.

15. Barbosa (1884, p 747). Ainda libertava escravos com mais de sessenta anos em situação de espólio (Barbosa, 1884, p. 774).

16. Carta de Manuel de Sousa Dantas a Rui Barbosa, 24 jul. 1884, CPRB.

17. Dantas (ACD, 9 jul. 1884); Nabuco (JC, 19 jul. 1884).

18. Os Conservadores eram os abolicionistas Severino Ribeiro, Antônio Pinto e Alfredo Taunay, amigo de Rebouças, a quem se unira para criar outra associação, a Sociedade Central de Imigração (carta de André Rebouças a Joaquim Nabuco, 4 mar. 1884, CIJN). Dantas contava, em Pernambuco, com a liderança de José Mariano e, no Rio, agregaria os Liberais Adolfo Bezerra de Menezes, autor de panfleto emancipacionista nos anos 1860, e Afonso Celso Jr., o da bengalada em Patrocínio, que virava a casaca. A descrição da postura de Dantas é do Conservador Ferreira Viana (ACD, 31 jul. 1884).

19. Carta de Rodolfo Dantas a Rui Barbosa, 12 abr. 1878, CPRB; carta de Rodolfo Dantas a Rui Barbosa, 3 jul. 1884, CPRB; carta de Rodolfo Dantas a Joaquim Nabuco, s.d., abr. 1884, CIJN, JC, 13 jul. 1884. Rodolfo advogava de sociedade com o cunhado Jerônimo Sodré Pereira, sem mandato, e era amigo pessoal de Silveira da Mota, o filho, e de Gusmão Lobo.

20. Cartas de Rodolfo Dantas a Rui Barbosa, s.d. jul. 1884 e 2 ago. 1884, CPRB. Patrocínio escreveu a Rui: "mandarei marcadas as discussões de [18]27, as reclamações de 1830 e de 31 [...]. [...] o discurso de Eusébio [de Queirós] é de um valor imenso, porque prova que houve a intenção de iludir a lei"; carta de José do Patrocínio a Rodolfo Dantas, 26 jul. 1884, apud Magalhães Jr. (1969, p. 169). A declaração positivista pró-Dantas está em Lemos (1884, p. 62). Houve

dissonantes. Raul Pompeia achou que se "ensarilhavam armas": "O abolicionismo tornou-se esta coisa trivial: o apoio ao governo" (GN, 24 ago. 1884).

21. DNAAR, 11 e 25 mar. 1884; carta de André Rebouças a Joaquim Nabuco, 7 abr. 1883, CIJN. Nabuco o definiu como o "grande anônimo da ideia abolicionista" (ACD, 11 maio 1885).

22. "Entrego ao *Jornal* o primeiro artigo de Joaquim Nabuco, sob a epígrafe Movimento Abolicionista aceito com muita dificuldade [...]", DNAAR, 10 jun. 1884. Antes de Nabuco, "Garrison" já circulava: "fui o primeiro a usar do pseudônimo Garrison" (carta de Gusmão Lobo a Rodolfo Dantas, 5 jan. 1885, Cird).

23. JC, 18 jun., 16, 27 e 30 jul. 1884.

24. Affonso (1998, pp. 28-9, 45); *Libertador*, 10 jun. 1884.

25. CA, 7 jun. 1885; Pereira Silva (1895-6, p. 532); *Brasil*, 24 jul. 1884. Severino Ribeiro propusera a moção congratulatória.

26. Legation of the United States, 21 maio 1884. As reclamações contra Rebouças estão em Um Lavrador (1884, pp. 55, 62); ACD, 9 jun. 1884. O inglês era Dent (1886, p. 287).

27. Pang (1981, pp. 358, 363, nota 78). A peça é de Nunes (1884). Sobre hipotecas, Mello, apud Slenes (2004, p. 357).

28. GT, 19 jul. 1884; ASI, 1 jul. 1884, apud Fonseca (1887, pp. 285, 286). Dantas respondeu às de Rio Novo, Barbacena e Sarandi. Ver também Pang (1981, p. 349). A mobilização de uns é sempre contra os interesses e crenças de outros. Quando um movimento social lança ameaças a interesses de elites sociais em condições de reagir, surge um *contramovimento* (Meyer e Staggenborg, 1996, p. 1635). A relação entre os dois é dialógica: disputam a legitimação pela sociedade e o poder de implementação do Estado e jogam em duas arenas: nas instituições políticas e no espaço público. Estudos sobre o abolicionismo brasileiro pouco atentaram para a relação entre movimento e contramovimento. Bethell (1970) o apontou, ao afirmar que o primeiro movimento social em torno da escravidão no Brasil foi em favor dela, pela manutenção do comércio de africanos.

29. JC, 3 set. 1884; ACD, 9 jun. 1884; Hoffnagel (1988, p. 197). Sobre os Clubes da Lavoura e suas ações, ver Pang (1981, pp. 337-40, 350, 353-4, 356, 362).

30. JC, 22 jun. 1884. O presidente do Clube da Lavoura de Santo Antão era Beltrão (1884, p. 8). Nabuco, JC, 13 jun. 1884. O português em questão era Ramalho Ortigão (Pang, 1981, p. 348).

31. Otoni, ASI, 9 jul. 1884, JC, 30 out. 1884; carta de José Correia do Amaral a Joaquim Nabuco, 9 maio 1884, CIJN; DNAAR, 21 jun. 1884; Nabuco (1884, p. 10). Nabuco, JC, 18 jun. 1884; GT (Bahia), apud Magalhães Jr. (1969, p. 161).

32. Acei, 29 jul. 1884. Decreto 3227, 27 jun. 1884; Patrocínio, GT, 19 jul. 1884; ACD, 15 jul. 1884. Amparo maior a Dantas veio do Rio Grande do Sul, que

votou coeso, e da Bahia, sua província, que lhe deu oito votos. Pediu-os também aos abolicionistas Conservadores Antônio Pinto e Severino Ribeiro (carta de Manuel de Sousa Dantas a Rui Barbosa, 24 jul. 1884 em Lacombe, 1973).

33. Dantas (Acei, 29 jul. 1884). A moção de confiança foi do deputado mineiro João Penido. Pereira da Silva (1895-6, p. 530); ACD, 28 jul. 1884. As falas de Barbosa, segundo um contemporâneo, eram "transbordantes de fatos, datas, leis, nomes", "com luxos de classicismo e termos raros" e "fatigavam pela monotonia da perfeição" (Celso Jr., 1901, pp. 81, 82). Moreira da Silva, ACD, 28 jul. 1884.

34. Barbosa, ACD, 28 jul. 1884; Patrocínio, GT, 19 jun. 1882; Nabuco, JC, 19 ago. 1884.

35. Na votação, o gabinete contou com quatro Conservadores e se desfalcou de seis Liberais de sua base: um ausente, quatro de ministros deputados, que, sem o referendo eleitoral de seus distritos, não podiam votar, e o novo presidente da Câmara, "que não vota, mas evidentemente representa um voto, e está com o gabinete", julgava Dantas (Acei, 29 jul. 1884). Conrad (1972, pp. 217-8) argumenta que a sustentação a Dantas e ao abolicionismo viria das províncias do Norte, ao passo que as do Sul, dependentes da economia do café, teriam obstado. Contudo, o "Sul" era heterogêneo, tanto com províncias de empuxe econômico forte, como São Paulo, quanto outras, mais fracas, como o Espírito Santo. E se o poder econômico se convertesse automaticamente em poder político, o conflito em torno da Reforma Dantas não aconteceria, pois Dantas nem teria chegado ao governo. De outro lado, atribuir a luta política nas instituições à tensão entre Estado e proprietários de terra (Holanda, 1977) obscurece a existência de dois grupos políticos, com projetos diferentes, ambos com o mesmo enraizamento social, que disputavam justamente o poder sobre o Estado.

36. Correia de Oliveira (ASI, 23 set. 1885). A fala de Dantas no Conselho de Estado, assim como a dos conselheiros citados em seguida, estão em Acei, 29 jul. 1884. O imperador instou ainda o Conselho a responder à segunda pergunta, sobre como o primeiro-ministro obteria lei de meios se dissolvesse o Parlamento. Como a pergunta embutia a sobrevivência do gabinete, os conselheiros apenas repetiram as posições tomadas no primeiro tópico. Sobre a posição de d. Pedro no conflito, sigo Conrad (1972, p. 212), para quem, "preso entre forças opostas, o imperador pouco fez oficialmente para apoiar a causa abolicionista".

37. Nabuco, JC, 31 jul. 1884; ACD, 30 jul. 1884; Times, 1 ago. 1884.

38. Barbosa (1884, pp. 687, 703, 789).

39. Barbosa (1884, pp. 712, 714, 770-1, 773).

40. Visconde de Sousa Carvalho (ACD, 4 ago. 1884).

41. Paulino, ACD, 2 ago. 1884. O decreto de dissolução é o 9270, de 3 set. 1884. ACD, 31 jul. 1884; ASI, 1 jul. 1884.

42. Relato do visconde de Sousa Carvalho (ACD, 4 ago. 1884).
43. Pinto (1884, pp. 6, 10-1, 17-9). A CA publicou discursos de Rui Barbosa, Cristiano Otoni e Silveira da Mota, além de ter republicado *Os escravos*, de Castro Alves, e traduções de propaganda abolicionista estrangeira.
44. Nabuco (1884, pp. 17, 23, 45-6). Nabuco rechaçou ainda a imigração chinesa, que alguns voltavam a cogitar: o "Brasil não está em leilão e pertence à raça que nele existe. [...] pertence já aos 11 milhões que o habitam e aos seus descendentes e não a uma classe privilegiada de proprietários, nem a um povo ainda por importar" (Nabuco, 1884, pp. 5, 38). Esse argumento anti-imigrantista era comum entre os positivistas abolicionistas da Corte (Lemos, 1884). As fases que Nabuco distingue se inspiram no panfleto de Justiniano José da Rocha, *Ação, reação, transação*. Nabuco (1884, p. 11).
45. Na homenagem aos abolicionistas do Amazonas e "aos deputados que tão galhardamente tinham aplaudido e sancionado o projeto do governo sobre o elemento servil", compareceram os deputados gerais Rodolfo Dantas, Rui Barbosa, José Mariano, Antônio Pinto, Adriano Pimentel, Leopoldo de Bulhões e Aristides Spínola Zama, o deputado provincial do Amazonas Rocha dos Santos, Sátiro Dias e o senador Silveira da Mota, além de Patrocínio, Rebouças, Clapp e demais membros da CA, num total de cinquenta convidados, 45 deles pagando 15£000 cada (CA, folheto n. 7, 1884, p. 4). As províncias prioritárias estão listadas em CA, folheto n. 7, 1884, pp. 8, 12.
46. A Sul-Rio-Grandense usava o estilo Gama, demandando a execução da lei de 1831 e de uma lei provincial de localização dos escravos nos municípios. Cf. Dante de Laytano (1979, p. 130); Perussatto (2009); Monti (1985, pp. 85 ss.).
47. Barros, apud Monti (1985, p. 106); Perussatto (2009, p. 214); Barros, apud Monti (1985, p. 132).
48. Castilho (2008, pp. 93, 106 ss., 153, 164); Falcão (1885, p. xi). Nabuco, JC, 19 ago. 1884.
49. Pereira da Silva (1895-6, p. 532).
50. Conrad (1975, p. 239).
51. Paulino, que ficou sem mandato apenas de 1863 a 1867 e de 1876 a 1877, teve 2137 dos 4 mil votos totais em 1884 (JC, 19 ago. 1884; Nabuco, JC, 3 set. 1884). As candidaturas abolicionistas apareceram anunciadas como uma única chapa em *Diário de Notícias*, 14 out. 1884; *Diário do Brazil*, 20, 24 jun., 7 ago. 1884; *Gazeta de Notícias*, 31 jul., 23 nov. 1884; e *Folha Nova*, 20 jun. 1884.
52. O amigo de Rebouças e Machado era Taunay (Machado de Assis, "Balas de estalo", 4 ago., 29 out. 1884). Patrocínio saiu pelo 3º distrito do Município Neutro, em aliança com a Sociedade Central de Imigração, e lançou circular eleitoral em 24 de novembro (Magalhães Jr., 1969, pp. 179, 181). Bocaiuva (10 dez. 1885, p. 594), durante o governo Dantas, pôs a campanha abolicionista

à frente da republicana: "Sou abolicionista de coração [...]. Penso que a solução de todos os graves problemas de nossa política interna, na ordem social, econômica e administrativa, depende principalmente da extinção da escravidão no Brasil e da organização do trabalho livre".

53. A chapa no Ceará, por distritos: 1º: Frederico Augusto Uorgo; 2º: Antônio Pinto de Mendonça; 3º: Paulino Nogueira Borges da Fonseca; 4º: Teodureto Carlos de Faria Souto; 5º: Miguel Joaquim de Almeida; 6º: Joaquim Bento de Sousa Andrade, 7º: Tomás Pompeu de Sousa Brazil; 8º: Álvaro Caminha Tavares da Silva (*Libertador*, 16 out. 1884). No Rio Grande, concorreram Ramiro Barcelos e Assis Brasil (*A Federação*, 22 nov. 1884); Castilhos apoiou Dantas em vários artigos (coligidos em Carneiro, 1981) ao longo de 1884. Alberto Sales o fez em *A Província de São Paulo*, entre 1884 e 1885 (Schwarcz, 1987, pp. 80 ss.). Em São Paulo, Américo de Campos e Ubaldino Amaral, ambos do grupo de Gama, concorreram, respectivamente, à Assembleia Provincial e à vereança pelo Partido Republicano (*A Federação*, 6 out. 1884). Carta de Francisco Glicério a Bernardino de Campos, 10 jun. 1884 (apud Santos, 1942, p. 152, nota 1). Prudente de Morais, apud Boehrer (1954, p. 105). Ver também Santos (1942, pp. 215-6) e Boehrer (1954, pp. 101 ss.).

54. Telegramas de Manuel de Sousa Dantas a Diocleciano Pires Teixeira e Tobias Coutinho, 1884, apud Lacombe, 1962. Nabuco insistia: "A minha candidatura subiu muito com a dissolução [da Câmara]. Apresento-me pela Corte e por Pernambuco e talvez ainda pelo Ceará. Vai haver uma grande campanha para o ano e é preciso que eu esteja no Parlamento" (carta de Joaquim Nabuco ao barão de Penedo, 31 jul. 1884, CAI). "Se não for eleito desta vez será por falta de vista eleitoral porque o presidente do Conselho está identificado comigo" (DJN, 24 set. 1884). Ver também cartas de Joaquim Nabuco ao barão de Penedo, 26 set. 1884, CIJN; 14 set. 1884, CAI.

55. Propaganda das candidaturas foram veiculadas em *A Província de São Paulo*, em São Paulo; *A Federação*, em Porto Alegre; *Libertador*, da Libertadora Cearense; *Lincoln: Órgão de Propaganda Abolicionista*, de Maceió; *Abolicionista*, do Amazonas; *O Abolicionista*, de Teresina; *Abolicionista: Órgão Literário e Noticioso dos Typographos da Regeneração*, em Desterro; *A Vela do Jangadeiro: Periódico Abolicionista*, de Ouro Preto; o *Diário da Bahia*, jornal de Dantas, em Salvador; a *Gazeta da Tarde*, tanto a da Bahia como a de Patrocínio, e *O País*, de Bocaiuva. Dos candidatos, identifiquei 29 como Liberais, cinco eram Republicanos, nove Conservadores e oito saíram sem partido, o que a legislação eleitoral permitia.

56. As referências dos parágrafos acima estão em Lemos (19 nov. 1884, p. 3); DJN, 15 e 16 set. 1884; Fonseca, 1887, p. 289; *Times*, 6 jun., 1 ago., 20 dez. 1884. Príncipe de Gales, apud Nabuco, JC, 26 ago. 1884 e apud Davis (1984, p. 299).

57. Pereira da Silva (1895-6, p. 490) estimou em 150 mil eleitores e Carvalho (2003, p. 39) em 100 mil.

58. "A Comissão Central Emancipadora, presidida por um Conservador e, em sua maioria, composta de Republicanos, foi, a par do diretório Liberal do Recife, recentemente organizado, o mais poderoso núcleo de adesões à candidatura Nabuco" (Falcão, 1885, p. xi). Sobre a Aves Libertas, cf. carta de Odila Pompilio a Joaquim Nabuco, 26 mar. 1885, CIJN. Nabuco fez *meetings* em Peres, São José de Ribamar, Afogados, Passagem da Madalena, Pátio de Santa Cruz, largo da Boa Vista; largo do Corpo Santo, Pátio da Princesa (DJN, 28 out.; 2, 5, 9, 10, 13, 16, 20, 23, 28, 29, 30 nov. 1884). Sobre o público, cf. carta de Joaquim Nabuco a Rodolfo Dantas, 2 nov. 1884, CAI. Sobre os *meetings* ingleses, ver Tilly (1993-4).

59. Conferências de 1, 5, 16, 30 nov. 1884 em Nabuco (1885).

60. A posição dos abolicionistas positivistas está em Falcão (1885, p. xviii) e Lemos (1884). O ataque Conservador a Nabuco está em *O Tempo*, 7 nov. 1884. A descrição do efeito de Nabuco sobre a plateia é de Falcão (1885, p. x). As falas de Nabuco são da conferência de 16 nov. 1884, em Nabuco (1885).

61. ACD, 9 jun. 1884. O Conservador é Pereira da Silva (1895-6, p. 534).

62. Clube do Cupim, 5 dez. 1884. Conferência de 6 jan. 1885, em Nabuco (1885), Alonso (2007).

63. Houve ovações em redações dos jornais e recepções no Hotel Ravot e no Centro Abolicionista da Escola Politécnica (DJN, 28 jun. 1885). Diário de Isabel, 8 e 3 nov. 1884, em Daunt (1957).

64. Pereira Silva (1895-6, p. 534). Cf. lista de eleitos em Javary (1962, p. 388).

65. Nabuco, JC, 14 ago. 1884; cartas de Gusmão Lobo a Rodolfo Dantas, 14 e 15 jan. 1885, Cird; carta de Gusmão Lobo a Rodolfo Dantas, 22 jan. 1885, Cird; carta de Joaquim Nabuco ao barão de Penedo, 7 jan. 1885, CAI.

66. *Correio Paulistano*, 17 fev. 1885. O vice de Moreira Barros era o escravista Lourenço de Albuquerque. O ministro dos Negócios Estrangeiros ficou fora e o da Justiça se elegeu em segundo escrutínio. Dos Republicanos, Prudente de Morais e Campos Sales se elegeram e Bocaiuva não; idem para Marcolino Moura, Aristides Spínola e Antônio Pinto, da base de Dantas. Ver cartas de Joaquim Nabuco ao barão de Penedo, 29 jan. 1885, CAI, e a Rodolfo Dantas, 1 abr. 1885, CAI.

67. Carta de Joaquim Nabuco a Rodolfo Dantas, 29 jan. 1885, CAI; carta de Rodolfo Dantas a Joaquim Nabuco, 31 jan. 1885, CIJN; Pereira da Silva, (1895-6, p. 537); carta de Gusmão Lobo a Rodolfo Dantas, 14 fev. 1885, Cird; DNARR, 10 fev. 1885. João Penido, autor da moção de desconfiança que desencadeara a crise, se elegeu.

68. DNAAR, 17 fev. 1885; ACD, 13 abr. 1884; DNAAR, 13 abr. 1885.

69. Pereira da Silva (1895-6, pp. 540-1). A carta de Joaquim Nabuco a João Clapp, sem data, está em Nabuco (1949), onde lhe foi atribuída a data de 8 de maio, contudo, o mais provável é que seja de 4 ou 5. D. Pedro, apud Monteiro (1913, p. 41).

70. Estavam presentes ao evento de desagravo a Dantas: Frederico Borges, Sátiro Dias, Marcolino Moura, Desár Zama, Aristides Spínola, Moreira Brandão, Adriano Pimentel, Ratisbona, Galdino das Neves, Sancho de Barros Pimentel, Carneiro da Rocha, Silva Mafra, Artur Silveira da Mota, Nabuco, Rodolfo, José e João Dantas. Lobo faltou, temeroso de represália do *Jornal do Commercio*: "Fosse eu ao banquete, violasse por outros modos o anonimato em que me tenho trancado como na minha cidadela, e publicaria o *Jornal* a minha gazetilha?" (carta de Gusmão Lobo para Rodolfo Dantas, 16 jul. 1885, confidencial, Cird). Dantas, apud CA (1885, p. 6). A CA publicou o discurso de Rui Barbosa como seu folheto número 10 (CA, 1885, pp. 11, 52-3).

71. *Times*, 6 ago. 1885; carta de Joaquim Nabuco ao barão de Penedo, 17 maio 1885, CAI. Ermiro César Coutinho e Joaquim Francisco de Melo Cavalcante foram os renunciantes (DNAAR, 8 jun. 1885). O chefe Liberal local Luís Filipe de Sousa Brandão apoiou Nabuco (DJN, 14 maio 1885). *The Anti-Slavery Reporter*, out. 1885.

8. BALAS: MOVIMENTO E CONTRAMOVIMENTO [pp. 280-329]

1. O adversário era Nabuco (1897-9, p. 828); Pereira da Silva (1895-6, pp. 88-9).

2. Machado de Assis (GN, 10 maio 1885).

3. ACD, 3 ago. 1885.

4. Projeto 1B, 1885, artigos 1º, 4º, 8º e 13; Barbosa (7 jun. 1885, CA, 1885, p. 150); ASI, 23 set. 1886. O registro de escravos seria concluído apenas em 1887 (RN, 4 maio 1887). Dizia-se, ainda, que a matrícula era "manobra para que os ingênuos [livres pela Lei do Ventre Livre] sejam registrados com nome de escravos falecidos" (A. P. de A., 1885, p. 62).

5. ASI, 21, 23 set. 1885. Várias denúncias foram feitas também na Câmara, por exemplo, ACD, 11 maio 1885. A tabela de preços está na lei 3270, artigo 1º, parágrafo 3. Segundo o *Rio News* (15 mar. 1887), 7522 emancipações pelo Fundo de Emancipação tinham ocorrido desde 1883. A maioria, provavelmente, iniciativa de associações abolicionistas.

6. Barbosa (7 jun. 1885, CA, 1885, p. 41); ACD, 3 ago. 1885; carta de Joaquim Nabuco a Charles Allen, 6 ago. 1885; Carvalho e Bethell (2008).

7. O bloco parlamentar contava com Nabuco, Aristides Zama, Francisco Sodré, José Viana Vaz, Ulisses Viana, Antônio Bezerra, Silva Maria, Amaro Bezerra, Bernardo M. Sobrinho, Carneiro da Rocha, Aristides Spínola, Frederico Borges, José Mariano Carneiro da Cunha, Álvaro Caminha e Leopoldo Bulhões (DJN, 8 jul. 1885). Os cinco últimos assinaram projeto de equalização de tratamento a ex-escravo e imigrante. Carlos Afonso propôs outro, retomando cláusulas do projeto Dantas, e vários deputados apresentaram emendas desfiguradoras do Projeto de Saraiva, caso do substitutivo 1C, de 9 de julho, com abolição imediata, com cinco anos de prestação de serviço para escravos com menos de cinquenta anos (Senado Federal, 1988, v. II, pp. 836-55; ACD, 3, 9, 13, 14, 18, 20, 24, 25, 30 jul.; 4, 8, 24 ago. 1885). Exemplo de notas sobre o Brasil no *Anti-Slavery Reporter* (4 jun. 1885): "Uma carta há pouco recebida por nós do SENHOR JOAQUIM NABUCO [...] declara: 'Nós lutaremos contra o princípio de indenização [...]. A publicidade dada ao movimento nas colunas do *The Times* sempre em muito auxilia os esforços dos abolicionistas, já que os fazendeiros são particularmente sensíveis às críticas do povo inglês".

8. Toplin (1972, p. 105); ACD, 30 jul. 1885.

9. Nabuco (ACD, 3 ago. 1885); Prado (ACD, 18 maio e 6 ago. 1885).

10. Saraiva (ASI, 24 ago. 1885). Votaram com Saraiva os abolicionistas Aristides Zama, Viana Vaz e Ulisses Viana.

11. JC, 3 set. 1884.

12. O panfleto era apócrifo (A. P de A., 1885, p. 10). Barman (2010).

13. ASI, 12 maio 1888, 6 maio 1885.

14. Otoni (ASI, 23 set. 1886); Correia de Oliveira (ASI, 23 set. 1885). Lei 3270, artigo 3º, parágrafos 10 e 13.

15. Cotegipe, apud Pinho (1937, p. 181).

16. O deputado dantista era Bezerra de Menezes (ACD, 8 jun.; 20 jul. 1885).

17. Frederico Borges (Ceará) e Frederico Lisboa (Bahia) saíram a deputado, e Sizenando Nabuco e João Brasil Silvado, do grupo Gama, à vereança da Corte. A CA fez circular pedindo voto para todos. GT, 16 dez. 1886; Fonseca (1887, p. 311); DNAAR, 9 ago. 1886.

18. DNAAR, 1 jul. 1886; Carvalho (1886); GT, 13 jul. 1886. Nabuco (carta a Charles Allen, 23 jan. 1886, Carvalho e Bethell, 2008) acusou: "A maioria que o candidato Conservador [Pereira da Silva] obteve sobre mim foi inteiramente devida à pressão que o governo exerceu sobre os *funcionários* públicos, que forma uma grande parte do pequeno eleitorado desta cidade e também às promessas de emprego que foram profusamente distribuídas entre as classes mais pobres de nossa população". Cf. resultados da eleição em Javary (1962, p. 398).

19. Decreto 9517, 14 nov. 1885. A matrícula está no artigo 1º, parágrafo 1. A interpretação de Prado se refere ao artigo 2º, parágrafo 1. Patrocínio (GT, 21 jun. 1886); o outro abolicionista é Anselmo Fonseca (1887, pp. 343, 345).

20. Carta de André Rebouças a Joaquim Nabuco, 9 fev. 1886, CIJN; DNAAR, 14 e 15 jun. 1885.

21. Prosseguia: o imperador deveria "assumir o papel de um déspota civilizador em vez de governar sem qualquer compaixão por mais de 45 anos um grande mercado de escravos" (carta de Joaquim Nabuco a Charles Allen, 23 jan. 1886; Carvalho e Bethell, 2008). Argumento similar está em escritos positivistas, cf. Lemos (1884). Os panfletos de Nabuco *O erro do imperador*, *O eclipse do abolicionismo*, "Eleições Liberais e eleições Conservadoras", *Escravos* (versos) saíram sob o título "Propaganda Liberal".

22. Carta de d. Pedro II ao barão de Cotegipe, 18 set. 1886 em Pinho (1933, p. 271); RN, 24 mar., 26 e 29 jun., 25 set. 1887; *A Redempção*, 21 abr. e 1 ago. 1887. Dos escravos, 238 mil estavam no Rio, 107 329 em São Paulo (Rodrigues Alves, 1887, p. 16).

23. A Lei Saraiva-Cotegipe (lei 3270, artigo 4º, parágrafo 3) punia o "açoitamento de escravos", conforme o artigo 260 do Código Criminal: prisão de um mês a dois anos ou multa de 5% a 20% "do valor da coisa".

24. Três cartas saíram no *Jornal do Commercio* e nove em *O Brasil*, sob o pseudônimo Um Lavrador (1884, pp. 11, 50-1).

25. A afirmação de comunismo foi feita por Goldwin Smith. Nabuco respondeu, em carta ao editor do *Times*, em 18 de abril de 1886, sem efeito. A carta de desagravo acabou saindo no *Anti-Slavery Reporter* (ago.-set. 1886). Dent (1886, pp. 285-6).

26. Fonseca (1887, pp. 569-70).

27. Barbosa, 7 jun. 1885; *Revista Ilustrada*, n. 422, 1885; CR, 18 out. 1887; Duque-Estrada (1918, p. 88).

28. Cartas de d. Pedro ao barão de Cotegipe, 31 jan. e 7 abr. 1886; Pinho (1933, p. 271). Sobre a relação de d. Pedro com os gabinetes, ver Schwarcz (1998), Barman (2010), Carvalho (2007), Needell (2006).

29. *A Redempção*, 27 jan. e 6 fev. 1887; carta de Joaquim Nabuco a Charles Allen, 23 jan. 1886; Carvalho e Bethell (2008).

30. CR, 11 dez. 1887.

31. Eduardo Carigé e Abdon de Morais Vieira foram os principais abolicionistas a usar o expediente na Bahia (Caires Silva, 2009, pp. 19 ss.); Dent (1886, p. 287).

32. *The Times*, 2 out. 1885. Segundo Conrad (1972, p. 226), um jovem adulto saudável, na zona do café paulista, passou a custar novecentos mil-réis.

33. DJN, 29 jun. 1885; Barbosa, 7 jun. 1885, CA, 1885; Barbosa, 2 ago. 1885, CA 1885b; *O País*, 11 ago. 1886; Serra (1986, p. 54).

34. O pupilo de Patrocínio era Coelho Neto (1899, p. 387), que descreveu a atuação da roda de Patrocínio na campanha abolicionista. Outro poema de Cruz e Sousa trazia por título a data de libertação do Ceará "25 de março" (em *O livro derradeiro*, 1885), onde se lia: "O inseto do terror, a treva que amortalha,/ as lágrimas do rei e os bravos da canalha,/ o velho escravagismo estéril que sucumbe".

35. Jasper (1997, p. 106), Halfmann e Young (2010, p. 3).

36. Sizenando Nabuco foi o advogado das escravas (GT, 15 dez. 1886). A citação é do relatório do delegado João Manuel Carlos de Gusmão, de 11 de março, transcrito na íntegra em GT, 13 mar. 1886. A cobertura do caso está em GT, 19, 24 out., 23 maio e 25 out. 1886; CR, 25 out. 1887 e edições subsequentes.

37. GT, 14 dez. 1886; AR, 15 maio e 5 jun. 1887; CR, 17 fev. 1888; Andrada (1918, p. 218). A campanha de *O País* foi bem-sucedida; o *Rio News* (4 maio 1887), porém, ironizou o tom católico e sugeriu trocar para o laico "em nome da abolição". Sobre os museus: em Campos, o *Vinte Cinco de Março* expôs fotos de escravos torturados e o Clube Abolicionista planejou um "museu ceroplástico" de tortura (Monnerat, 2012, pp. 92-3). O Clube do Cupim ideou "monumento" com "instrumentos de tortura", em Recife, que "farão corar de indignação e pejo os nossos vindouros, pelos erros e infâmias da escravidão!" (Clube do Cupim, sessão, 3 set. 1885).

38. Para uso da noção goffmaniana de performance na análise política, ver Tilly (2008).

39. Magalhães Jr. (1969, p. 195). Nas províncias também se usaram cortejos fúnebres de escravos para manifestações abolicionistas, caso de Cachoeiro do Itapemirim, Espírito Santo, em outubro de 1887 (Novaes, 2010, p. 107).

40. *O País*, 29 jul. 1886.

41. ASI, 30 jul. 1886; Ignácio Martins, ASI, 2 ago. 1886; Cotegipe, ASI, 12 maio 1888.

42. Lei 3310. O único artigo a respeito dos açoites é de Needell (2010). Sua argumentação, contudo, vai noutra direção: o chefe de governo teria calculado abafar a oposição abolicionista, com uma concessão.

43. DNAAR, 26 out. 1886; DJN, 26 out. 1886; Duque-Estrada (1918, p. 163). Os deputados Liberais eram o barão Homem de Melo e Afonso Celso Jr.; dentre os abolicionistas paulistas estavam Francisco Rangel Pestana, Francisco Glicério, Ciro Azevedo, Clímaco Barbosa e Fernandes Coelho. As homenagens se transformaram em manifestações abolicionistas em outras cidades, como Caçapava (GT, 6, 8, 10, 22 dez. 1886).

44. RN, 29 jun. 1886; AR, 6 mar. e 23 ago. 1887; Machado (2006); carta do

barão de Cotegipe a d. Pedro II, 22 nov. 1886; Pinho (1933, p. 286). "Mudança de escala" é o mecanismo pelo qual movimentos sociais, ao encontrarem oposição forte num nível de ação — local, nacional, global —, deslocam seus esforços para outro nível (McAdam, Tarrow, Tilly, 2001).

45. AR, 27 mar. 1887; Conrad (1975, p. 292).

46. O decano da CA, Nicolau Moreira, liderou a campanha na Corte — a província tinha ainda 238 631 escravos (RN, 17 fev. 1887, 30 jun. 1886). GT, 15 e 29 dez. 1886; AR, 29 abr. 1887; Cota (2013).

47. AR, 9 jun., 14 ago.; CR, 23 out.; AR, 24 nov. 1887; CR, 21 jan., 8 e 27 fev., 14, 15, 16, 28 fev., 7 e 15 mar., 2 e 19 abr. 1888; AR, 1, 5 e 12 fev., 22 e 25 mar., 19, 26, 29 abr. 1888.

48. CR, 6 fev. 1888.

49. Magalhães Jr. (1969, p. 192); Lana (1981, pp. 139 ss.), Monnerat (2012, pp. 95-6). Carta de Joaquim Nabuco a José do Patrocínio, 3 maio 1886, CAI. A forma de expressão dos movimentos sociais depende de sua percepção da balança entre oportunidades para a ação (como existência de aliados no interior das instituições) e chances de coerção. Sob governos repressivos, os ativistas tendem a trocar manifestações públicas que os vulnerabilizam por ações menos visíveis ou clandestinas. Ante repressão violenta, podem responder violentamente (Tarrow, 2005).

50. Gomes (2006, pp. 49-107, 209-303); Reis (1995-6, pp. 18, 19, 31, 33); Machado (1995) A estratégia se intensificou nos anos 1880, com "fugas em massa", "com ou sem o concurso de agentes abolicionistas" (Reis, 1995-6, pp. 29-30). Ver também a coletânea Reis e Gomes (1996), Silva (2009, p. 72). Menciono apenas eventos nos quais identifiquei participação direta do movimento abolicionista. O artigo de Patrocínio sobre a *underground railroad* está em GT, 21 maio 1883.

51. AR, 21 jul. 1887.

52. CR, 30 abr. 1888.

53. Fonseca (1887, pp. 341-2, 344-5, 350); DNAAR, 18 set. 1885.

54. Silva (2009, pp. 19 ss.); AR, 21 jul. 1887.

55. Rebouças (1889), apud Silva (2003). Conrad (1972, pp. 189-90) fala de um sistema com origem em São Paulo, Minas Gerais e Rio de Janeiro com destino ao Ceará, mas não o detalha.

56. O Clube do Cupim surgiu em outubro de 1884 (Clube do Cupim, ata da sessão de 5 dez. 1884). Os membros originais eram João Ramos (Ceará), Numa Pompílio (Mato Grosso), Alfredo Vieira de Melo (Minas Gerais), Antônio Farias (Rio Grande do Sul), Gaspar da Costa (Rio de Janeiro), Guilherme Pinto (Goiás), Nuno Alves da Fonseca (Alagoas), J. Lages (Amazonas), Luís Amaral (Pernambuco), Joaquim Pessoa (Rio Grande do Norte), Fernando Castro (Ma-

ranhão), Alfredo Pinto (Bahia). Cf. Clube do Cupim, atas das sessões de 8 out. 1884, 30 ago. 1885, 21 nov. 1884 e 22 ago. 1885.

57. Clube do Cupim, 21 nov. 1884, 22 ago. 1885; Vilela, 13 maio 1905, apud Silva (1988, pp. 31-2).

58. Clube do Cupim, 3 set. 1885.

59. Vários outros participavam, caso de Martins Jr. e de Aníbal e Júlio Falcão (Castilho, 2008, p. 225). DJN, 1 nov. 1886; Nabuco, *O País*, 19 abr. 1887.

60. Gaspar (2009, p. 1); Castilho (2008, p. 77); Vilela, 13 maio 1905, apud Silva (1988, p. 33); Medeiros (1925), apud Silva (1988a, p. 44); Gaspar (2009, p. 1). Ventilou-se a "fundação de uma 'colônia inglesa' no Amazonas" em outubro de 1885 (Clube do Cupim, 15 out. 1885). Clube do Cupim, 3 set. 1885, 27 nov. 1884, 22 ago. 1885; Castilho (2008, p. 202).

61. O sítio era da família de Dunshee de Abranches (1941, pp. 169, 170, 179-80).

62. Abranches (1941, pp. 182-3, 185).

63. O telegrafista era o abolicionista Júlio Falcão; Vilela, 13 maio 1905, apud Silva (1988, pp. 31-2). O deputado escravista era Rodrigues Jr. (GT, 11 maio 1885); Um Lavrador (1884, p. 22).

64. Rebouças reporta ainda a conexão com o Clube do Cupim, que remetia fugidos também para o Rio Grande do Norte (DNAAR, 4 fev. 1889).

65. Pompeia, GN, 27 ago. 1888. Mencionados como caifazes: José Mariano Garcia, Antonio Paciência e João Antonio Ribeiro de Lima (AR, 5 maio 1887; CR, 17 fev. 1888; Duque-Estrada, 1918, p. 82, nota 23; GN, 27 ago. 1888; Andrada, 1918, pp. 213, 216, 219). O único estudo sobre o grupo é de Fontes (1976), que distingue fase de ação legal (1882-7) e clandestina (1887-8).

66. Andrada (1918, pp. 217, 219, 221); Conrad (1975, p. 296); Fontes (1976, p. 76).

67. Andrada (1918, p. 217); Silva (2009, pp. 12, 72).

68. Schmidt (1981); Sampaio Azevedo (1890, p. 9).

69. Andrada (1918, p. 217); Duque-Estrada (1918, pp. 86-7).

70. O aniversariante era o português José de Seixas Magalhães, da CA, que comandava o quilombo e organizara a quermesse comemorativa da libertação do Ceará em 1884 (Brício Filho, 1928, p. 106). Nabuco, apontado como distante dos "radicais", estava presente e se relacionava, portanto, com as redes clandestinas do Norte e do Sul.

71. GT, 11 dez. 1883. Havia o Senna, em São Cristóvão, da sogra de Patrocínio, o Miguel Dias, no Catumbi, de membro da CA, o Camorim, na Serra, o Raymundo, no Engenho Novo, o Padre Ricardo e a Tipografia Central de Evaristo da Costa, que não era quilombo, mas era como se fosse (Rebouças, 1889, apud Silva, 2003, pp. 98-101).

72. Rebouças (1889), apud Silva (2003, p. 96).

73. Há notícias de fugas no período em Belém do Descalvado, Pirassununga, Rio Claro, Santa Rita do Passa Quatro, Campinas, Amparo, Casa Branca, Taubaté, São José dos Campos, Moji das Cruzes, Guaratinguetá, Caçapava, Santa Isabel, Pindamonhangaba, Jundiaí, Itatiba, Tatuí, Itu, Atibaia, Serra Negra, Penha do Rio Peixe, Mogi-Mirim, Botucatu, Limeira, Araras, Jacareí, Capivari (Machado, 2009, pp. 376-7; Andrada, 1918, p. 216; Fontes, 1976; Sampaio Azevedo, 1890, pp. 9 ss., e Fonseca, 1887, p. 602).

74. Fonseca (1887, p. 602); Toplin (1972, pp. 182 ss.); Ianni (1988, pp. 228-9). Abolicionistas já tinham sido demitidos de jornais, caso de Joaquim Serra, que deixou a *Folha Nova* "por exigência dos escravocratas" (DNAAR, 5 ago. 1884). O abolicionista destemido em Minas era Américo Luz (Cota, 2013, p. 232).

75. Toplin (1972, p. 185) registra o apoio da população a fugas promovidas por abolicionistas em 1887 e 1888, em reação ao Regulamento Negro. O episódio da Bíblia está em Schmidt (1981).

76. O elogio a Nabuco é do jornal *A Redempção*. No mesmo ano, em outras eleições avulsas, os abolicionistas lançaram Artur Silveira da Mota e apoiaram Homem de Melo na Corte (AR, 3 fev., 24 mar. 1887). O mesmo se deu em São Paulo, onde saiu Antônio Bento, pelo Partido Conservador (CP, 7 jul. 1887).

77. Carta de Joaquim Nabuco ao barão de Penedo, 15 set. 1887, CAI; DJN, 15, 26, 29 set. 1887; AR, 18 set. 1887. Sobre a Questão Militar, ver Schulz (1994) e Castro (1995).

78. AR, 24 abr. e 11 ago. 1887.

79. DJN, 24 set. 1887; ACD, 7 out. 1887.

80. "Uma situação revolucionária começa quando um governo previamente sob o controle de uma única soberania política se torna o objeto de reivindicações efetivas, competitivas, mutuamente exclusivas por parte de dois ou mais grupos políticos distintos. Isto acaba quando um único poder político soberano ganha controle sobre o governo" (Tilly, 1978, p. 191). Ver também Bennani--Chraïbi e Fillieule (2012).

81. DNAAR, 27 fev. 1887; Coelho Neto (CR, 7 dez. 1887). Barman (2010) descreve d. Pedro na velhice como apegado a minudências, sem visão de conjunto sobre o país e o governo. Suas teimosia e cautela exacerbadas teriam gerado imobilismo político. Ver também Schwarcz (1998) e Carvalho (2007).

82. Del Priore (2007).

83. Isabel, memorando de dezembro de 1888, apud Barman (2002, p. 243); carta do conde d'Eu à marquesa D'Oraison, 11 jul. 1887 (apud Rangel, 1935, p. 360); carta de Isabel à condessa de Barral, 14 jul. 1887 (apud Barman, 2002, p. 243).

84. Sobre o clima do mercado, ver Pedro Mello, apud Slenes (2004, p. 359). Nabuco, *O País*, 16 out. 1887.

85. CR, 18 out. 1887; Duque-Estrada (1918, pp. 168-99).

86. AR, 1 e 3 ago., 4 set., 7 ago. 1887; Vilela, 13 maio 1905, apud Silva (1988, p. 34); *O País*, 16 out. 1887; AR, 25 ago. 1887; Fontes (1976, p. 66); AR, 11 ago. 1887.

87. Monnerat (2012, p. 145); CR, 26, 27, 30 out., 2 nov. 1887.

88. Sobre os eventos em Campos, ver CR, 28 out. e 7, 16, 21, 22, 23 nov. 1887. O abolicionista baiano é Anselmo Fonseca (1887, p. 604); Fonseca (1887, pp. 569-70). O artigo de Patrocínio saiu em CR, 21 nov. 1887.

89. Machado (2009, p. 394) documentou o planejamento da fuga na região de Campinas na véspera de Natal. Relatório do chefe de polícia de São Paulo, 31 dez. 1887, pp. 4, 10; Rodrigues Alves (1887, pp. 22-3); carta do barão de Cotegipe a Rodrigues Alves, 12 dez. 1887, IHGB; AR, 14 jun. 1887.

90. Um Lavrador (1884, pp. 50-1); Pang (1981, pp. 338 ss.); Nabuco, *O País*, 16 out. 1887.

91. Schmidt (1981), em novela *à clef*, *A marcha, romance da abolição*, narra os eventos. Fonseca (1887, p. 603) os documentou. CR, 22, 24 out. 1887; *O País*, 21 out. 1887.

92. Relatório do chefe de polícia de São Paulo, 1887, p. 8, grifo no original; CR, 24 e 26 out. 1887.

93. Toplin (1972) e Machado (2009) documentaram esse uso da violência nos anos finais da escravidão. Patrocínio, CR, 31 out. 1887; AR, 14 jul. 1887.

94. Duque-Estrada (1918, p. 89); CR, 13, 24 jan. 1888.

95. Notas do conselheiro Paulino José Soares de Sousa sobre a organização do Ministério, 10 mar. 1888, IHGB; arquivo Wanderley Pinho, DL 1593-02. Agradeço a Filipe Nicoletti a cópia desse documento. Toplin (1972, p. 206); Pang (1981, p. 338). O episódio da Penha do Rio Peixe está narrado em CR, 8 fev. 1888, AR, 1 mar. 1888. Os trechos citados são de CR, 21 fev. 1888. As falas dos algozes americanos, James Ox Warne e John Jackson Clink, estão em JC, 21 fev. 1888. Segundo Machado (2009, pp. 389-90), Firmino, de fato, dava "guarita em sua casa a dois escravos em processo de emancipação, além de participar de eventos abolicionistas". Não há contagem sistemática de assassinados e feridos nos enfrentamentos de abolicionistas e escravistas, mas as pesquisas de Toplin (1972) e Machado (2009) indicam que o número foi elevado entre 1885 e 1887. Conrad (1972, p. 257) subestima essa violência, ao supô-la "excepcional".

96. CR, 21, 27, 29 fev. 1888. Brasílio Machado, tido por abolicionista, defendeu os acusados de matar Firmino, ganhando a ira dos ex-correligionários (CR, 2 mar. 1888).

97. Sobre o evento no Mato Grosso, ver Frick (1885, p. 15). As citações de Patrocínio estão em CR, 16 fev. 1888, 26 out. 1887. Sobre Brown, ver Reynolds (2006).

9. A MARCHA DA VITÓRIA [pp. 330-60]

1. DNAAR, 1 jan. 1888, 28 ago. e 11 dez. 1887.
2. Charles Tilly, Maurice Dobry, Sidney Tarrow elencam as características das crises políticas. Para sistematização desse debate, ver Chraïbi e Fillieule (2012).
3. Ocorreram, a partir de fins de 1887, simultaneamente "certificação", adesão de autoridades políticas e sociais, legitimando reivindicações do movimento em face do governo, e "decertificação", perda de apoio do governo entre seus aliados, de sua capacidade de comandar o aparelho de Estado e legitimidade entre aliados e população em geral (Tilly, Tarrow e McAdam, 2001, p. 121).
4. Fonseca, 25 out. 1887; CR, 30 out. 1887.
5. DJN, 27 dez. 1887; carta de Wendell Phillips Garrison a Joaquim Nabuco, 9 jan. 1888, CIJN; carta de Joaquim Nabuco a Victor Schoelcher, 15 fev. 1888; cartas de Victor Schoelcher a Joaquim Nabuco, 11 abr., 29 nov. 1887, CIJN. Havia precedente: o protestante Thomas Buxton usara, em 1839, a estratégia de pedir ao papa encíclica contra o tráfico negreiro (Davis, 1984, p. 304). Nabuco contou com a ajuda de amigo diplomata na Itália, a quem escreveu: "Para o abolicionismo seria um imenso auxílio se o papa [...] recomendasse [...] aos católicos a extinção completa do cativeiro" (carta de Joaquim Nabuco a Sousa Correia, 14 dez. 1887, CIJN). Narrou a visita ao papa em suas colunas em *O País*, e os demais jornais repercutiram. Carta do barão de Cotegipe a Artur de Sousa Correia, 23 mar. 1888 (Oliveira Lima Library, II, 18). Sousa Correia levou ao Vaticano o veto de Cotegipe e recebeu de um cardeal a promessa de retardo da publicação da encíclica, "declarando em que o papa não desejava de modo algum intervir em negócios internos do Brasil" (carta de João Artur de Sousa Correia ao barão de Cotegipe, 5 maio 1888, Oliveira Lima Library, II).
6. Brito (2003, p. 106), Oliveira (1980, p. 322), AR, 5 maio, 9 e 23 jun. 1887, CR, 7 nov., 24 dez. 1887. Declarações pró-abolição apareceram também em jornais católicos, em 1888, como *O Apóstolo*. Toplin (1972, p. 197) reporta a mudança nos processos judiciais, AR, 7 jul. 1887. Sobre inflexões na imprensa, ver, por exemplo, os jornais pernambucanos coligidos por Leonardo Dantas (1988) e os fluminenses, analisados no último capítulo de Hebe Mattos (1998).
7. AR, 27 mar. 1887. Os projetos de número 5 e 1 foram apresentados à

Câmara respectivamente por Jaguaribe e Afonso Celso Jr. (ACD, 4 maio 1887). Dantas, que ganhara endosso coletivo dos Liberais da Bahia, em 1886 (Brito, 2003, p. 106), apresentou o Projeto B, que reproduzia trechos inteiros de seu Projeto 48, de 1884, e que foi endossado por Afonso Celso pai, Gaspar Silveira Martins, Franco de Sá, J. R. de Lamare, Francisco Otaviano, C. de Oliveira, Henrique d'Avila, Lafaiete Rodrigues Pereira, visconde de Pelotas, Castro Carreira, Silveira da Mota, Inácio Martins e Lima Duarte (ASI, 3 jun. 1887).

8. Projeto O, do deputado Joaquim Floriano de Godói, e o Projeto P, de A. Taunay, o amigo de Rebouças e dos poucos Conservadores que apoiaram Dantas (ACD, 24 set. 1887). Carta do barão de Cotegipe a Rodrigues Alves, 12 dez. 1887, IHGB.

9. AR, 29 set. 1887. Pang (1981, pp. 366-7), Mattos (1998, pp. 230 ss.).

10. Slenes (2004). Para argumentação contrária, ver Conrad (1972, p. 257). ASI, 12 maio 1888.

11. Carta de Cotegipe a Rodrigues Alves, 12 dez. 1887; IHGB, *Correio Paulistano*, 11 nov. 1887; Andrada (1918, p. 217).

12. ASI, 26 set. 1887; CR, 13 dez. 1887.

13. Bento, GT, 11 dez. 1886; Machado de Assis, GN, 19 maio 1888.

14. GT, 21 dez. 1886; AR, 5 jan., 11 ago., 10 abr., 23 out. 1887; CR, 18 nov., 7 dez. 1887.

15. V.P.A.S, 17 fev. 1888, pp. 1-2.

16. CR, 21 e 30 jan., 10 fev. 1888.

17. Para mangar mais, o pseudônimo era menção ao primeiro-ministro: conde de Cotegipe (1888, p. 27).

18. Conferência do barão de Cotegipe com sua alteza, 14 fev. 1885, IHGB.

19. DNAAR, 12 fev. 1888; carta da princesa Isabel à condessa de Barral, 22 fev. 1888, apud Barman (2002, p. 246).

20. Carta do conde D'Eu a d. Pedro II, 14 abr. 1888, apud Rangel (1935, p. 367). Grifos meus.

21. Carta do ministro da Justiça Samuel Wallace Mac-Dowell à princesa regente, 3 mar. 1888, IHGB. Carta do barão de Cotegipe à princesa Isabel, 5 mar. 1888, IHGB.

22. CR, 3 mar. 1888. Carta da princesa Isabel a Samuel Wallace Mac-Dowell, 4 mar. 1888, IHGB; carta de Samuel Wallace Mac-Dowell à princesa Isabel, 5 mar. 1888, IHGB; carta do barão de Cotegipe a João Ferreira de Araújo Pinho, 19, 30 mar. 1888, IHGB; carta do barão de Cotegipe à princesa Isabel, 7 mar. 1888, IHGB; ASI, 12 maio 1888.

23. Defecção aliás, tripla, pois Rodrigo Silva permaneceria ministro. Notas

do conselheiro Paulino José Soares de Sousa sobre a organização do ministério, 10 mar. 888, IHGB. Arquivo Wanderley Pinho, DL 1593-02.

24. Notas do conselheiro Paulino José Soares de Sousa sobre a organização do ministério, 10 mar. 1888, IHGB; arquivo Wanderley Pinho, DL 1593-02; carta do barão de Cotegipe a João Ferreira de Araújo Pinho, 30 mar. 1888; ACD, 7 maio, 10 mar. 1888; DNARR, 1, 7, 9 abr. 1888. CR, 1 maio 1888.

25. Sampaio (1890, p. 98); CR, 16 e 17 fev. 1888; Pang (1981, p. 368).

26. Carta de Joaquim Nabuco a Custódio Ferreira Martins, 5 maio 1888, CIJN. No Recife, Nabuco conversou sobre isso com José Mariano, João Ramos e os irmãos Falcão (DJN, 31 mar., 11, 12 e 21 abr. 1888).

27. Caso também dos positivistas abolicionistas Teixeira Mendes, Miguel Lemos, Silva Jardim, os irmãos Falcão, os irmãos Azevedo, Coelho Neto etc. A lista é longa.

28. Sobre as brigas em torno da República, ver CR, 23 e 30 abr. 1888, DJN, 21 e 23 abr. 1888, e, em torno da Igreja, Lemos e Mendes (1888).

29. CR, 3 maio 1888.

30. Nabuco, ACD, 7 maio 1888. DNAAR, 8 maio 1888. Nabuco, ACD, 8 maio 1888.

31. O aparte pró-abolição foi de Afonso Celso Jr., ACD, 9 maio 1888. A reação escravista foi de Lourenço de Albuquerque, ACD, 10 maio 1888.

32. CR, 10 maio 1888, ACD, 9 e 10 maio 1888. "Chegou ao Rio telegrama dando Pedro II como moribundo" (DNARR, maio 1888).

33. ASI, 12 e 13 maio 1888.

34. A descrição do ato de Patrocínio é de João Marques, apud Sena (1909, p. 705). Isabel, ASI, 13 maio 1888.

35. Tilly (2005, p. 308). Drescher (2009, p. 43) caracteriza o abolicionismo anglo-americano como um movimento social.

36. Certos estudiosos seccionaram os abolicionistas em "moderados" e "radicais", por exemplo Toplin (1972), sem explicar a origem da partição, que parece se referir à posição de classe. A literatura sobre movimentos sociais criticou essa tese, mostrando que movimentos extraem ativistas de diferentes estratos sociais, o que torna a distinção entre povo e elite e a noção de "movimento popular" pouco rentáveis. De outro lado, a suposição de que os menos afortunados seriam os mais radicais também já foi contestada, pois os sem recurso são incapazes de se organizar (por exemplo, Zald e McCarthy, 1977). No caso brasileiro, há um contrafactual: Antônio Bento, sempre mencionado como "radical", era homem de posses. Foi o uso dessa distinção povo/elite que cindiu o estudo do abolicionismo no Parlamento, no espaço público e na clandestinidade, tomados como movimentos autônomos, quando eram arenas de atuação de um mesmo movimento. Tilly, Tarrow e McAdam (2001) argumentam que a

política institucional (como partidos) e a não institucional (como movimentos sociais e revoltas) conformam um continuum de formas de "política confrontacional", que variam em grau de violência e institucionalização, não em natureza. Tampouco há correspondência entre tipos de atores e formas de ação — pacíficos/violentos, local/nacional, parlamentar/ "de base", moderados/radicais. As formas de ação dependem não dos princípios morais dos atores, mas das possibilidades conjunturais com que deparam e das opções de seus adversários.

37. O que Conrad (1975, p. 245) supõe como anárquico — "a caótica última fase do abolicionismo" — é aqui explicado como mudança de estratégia.

38. Tarrow (1995) argumenta que a difusão de formas de ação opera do centro para a periferia. No entanto, no Brasil, houve vetor a partir do centro político, a Corte, em direção às localidades, mas também a partir de polos regionais, como o Ceará.

39. Articuladores políticos ("*brokers*") são ativistas que funcionam como correias transmissoras entre diferentes facções de um movimento (Diani, 2003). Os espaços de agregação e planejamento do movimento abolicionista incluíram associações, teatros, imprensa, como cafés e locais de trabalho e residências dos ativistas.

40. Nabuco (1901, pp. 249-50). Rebouças é um tipo peculiar e crucial de ativista, daqueles que "não tentam ser os porta-vozes principais, eles declinam em favor de companheiros" (Gamson e Meyer, 1996, p. 289).

41. As informações deste item foram extraídas, respectivamente, de CR, 1 maio 1888; DNARR, 3, 4 e 15 maio 1888; CR, 11 maio 1888; GT, 15 maio 1888; DNAAR, 15 maio 1888; GN, 14 maio 1888; DRJ, 13 maio 1888; GN, 14 maio 1888; *O País*, 14 maio 1888; Carvalho (1891, p. 17); Davis (1984, p. 298); CR, 18 maio 1888; *O País*, 15 maio 1888; João Marques, apud Magalhães Jr. (1969, p. 244); Machado de Assis, *A Semana*, 14 maio 1893.

O FUTURO DO PRETÉRITO [pp. 361-9]

1. DNAAR, 14 maio 1888; carta do visconde de São Laurindo a Rodrigues Alves, reservada, 15 maio 1888, IHGB; dom Pascal (1888, pp. 11-2, 17, 121).

2. Projeto n. 10, ACD, 24 maio 1888, Projeto C, ASI, 19 jun. 1888. As petições eram três do Rio de Janeiro, uma de Santa Catarina e sete de Minas Gerais (Pang, 1981, p. 372).

3. Carta de Joaquim Nabuco a Faelante Câmara, 10 jan. 1905, CAII.

4. Os positivistas abolicionistas eram anti-imigrantistas, preocupados exclusivamente com os ex-escravos (Lemos e Mendes, 21 abr. 1889, p. 21).

5. DNAAR, 31 mar. 1889.
6. Coelho Neto (1906).
7. DNAAR, 26 jun. 1888; CR, 27 jun. 1888; DNAAR, 23 out. 1888. Manifesto assinado também por Taunay, o amigo Conservador de Rebouças.
8. Ofício de José do Patrocínio ao barão Homem de Melo, 2 ago. 1889, IHGB.
9. DNAAR, 17 jul. 1888; GN, 13 maio 1889.
10. DNAAR, 13, 14 maio 1889. Schwarcz (2007, p. 25) chamou a atenção para esta dimensão: "A abolição foi entendida e absorvida como uma dádiva [...]. [...] Isabel converteu-se em 'A Redentora' e o ato da abolição transformou-se em mérito de 'dono único' e não no resultado de um processo coletivo de lutas e conquistas". DNAAR, 13 e 14 maio 1889.
11. Carta de Carlos Gomes a Giulio Ricordi, 16 jul. 1884, apud Vetro (1982).
12. Edear, 13 e 14 jan., 9 e 12 jun., 11 e 13 jul., 24, 26, 27 e 28 set. 1889.
13. Edear, 26 e 28 set. 1889.
14. Carta de Carlos Gomes à princesa Isabel, apud Taunay, Paravici, s.d., apud Vetro (1982).
15. Gomes contou a Taunay: "O poeta [Rodolfo Paravicini], autor dos versos do libreto do *Escravo* teve de fazer *mudanças radicais* no teu esboço" (carta de Carlos Gomes a Alfredo Taunay, 16 abr. 1887, grifos de Gomes, Taunay, 1910). Taunay desgostou-se, mas, ante apelos de Gomes, arranjou fundos para a encenação.

ANEXOS

Tabelas

1. Votação do projeto de Lei do Ventre Livre na Câmara e no Senado, 1871

PROVÍNCIA	A FAVOR		CONTRA	
	Deputado	Senador	Deputado	Senador
Alagoas	4	1	0	0
Amazonas	1	0	0	0
Bahia	9	3	2	1
Ceará	6	2	0	0
Espírito Santo	0	1	2	0
Goiás	1	1	1	0
Maranhão	2	2	1	0
Mato Grosso	2	1	0	0
Minas Gerais	6	5	7	2
Município Neutro	0	0	3	0
Pará	3	1	0	0
Paraíba	3	1	0	0
Paraná	1	0	0	0
Pernambuco	8	4	2	0
Piauí	2	1	0	0
Rio de Janeiro	0	3	6	0
Rio Grande do Norte	2	1	0	0
Rio Grande do Sul	2	3	4	0
Santa Catarina	2	0	0	0
São Paulo	4	1	6	1
Sergipe	3	1	0	0
Sem identificação	0	0	1	0
TOTAL	61	32	35	4

FONTE: ACD, 28 ago. 1871; ASI, 27 set. 1871.

2. Fundação de associações abolicionistas por conjuntura, 1878-88

CONJUNTURA	Associações fundadas	Associação/ ano
Radicalização Liberal/Situação Conservadora Pré-Ventre Livre (1868-71)	25	6,5
Situação Conservadora pós-Ventre Livre (1872-77)	6	1
Situação Liberal (1/1878-7/1885)	227	29,9
Situação Conservadora (8/1885-2/1888)	38	13,4
TOTAL	296	

3. Manifestações públicas abolicionistas por conjuntura, 1878-88

CONJUNTURA	Espaço fechado	Espaço aberto	TOTAL
Situação Liberal (1/1878-7/1885)	469	128	597
Situação Conservadora (8/1885-2/1888)	146	41	187

4. Repertório de estratégias do movimento abolicionista, 1868-88

TIPO DE ESTRATÉGIA	TOTAL
Ação institucional	200
Manifestação pública em espaço fechado	646
Manifestação pública em espaço aberto	189
Ação de difusão	442
Ação simbólica	89
Ação direta	407
Ação de confrontação	71
TOTAL GERAL	2214

5. Petições antirreforma Dantas enviadas ao Parlamento, 1884-5

PROVÍNCIA	PETIÇÕES
Minas Gerais	12
Rio de Janeiro	4
São Paulo	4
Espírito Santo	2
Bahia	1
Pernambuco	1
TOTAL	24

FONTES: Conrad, 1975; Pang, 1981, Saba, 2008, Fonseca, 1887, ASI, 1884.

6. Candidatos abolicionistas na eleição de 1884, por partido

PARTIDO	NÚMERO DE CANDIDATOS
Partido Liberal	29
Partido Conservador	9
Partido Republicano	5
Sem partido	8
TOTAL	51

Fundação de Associação

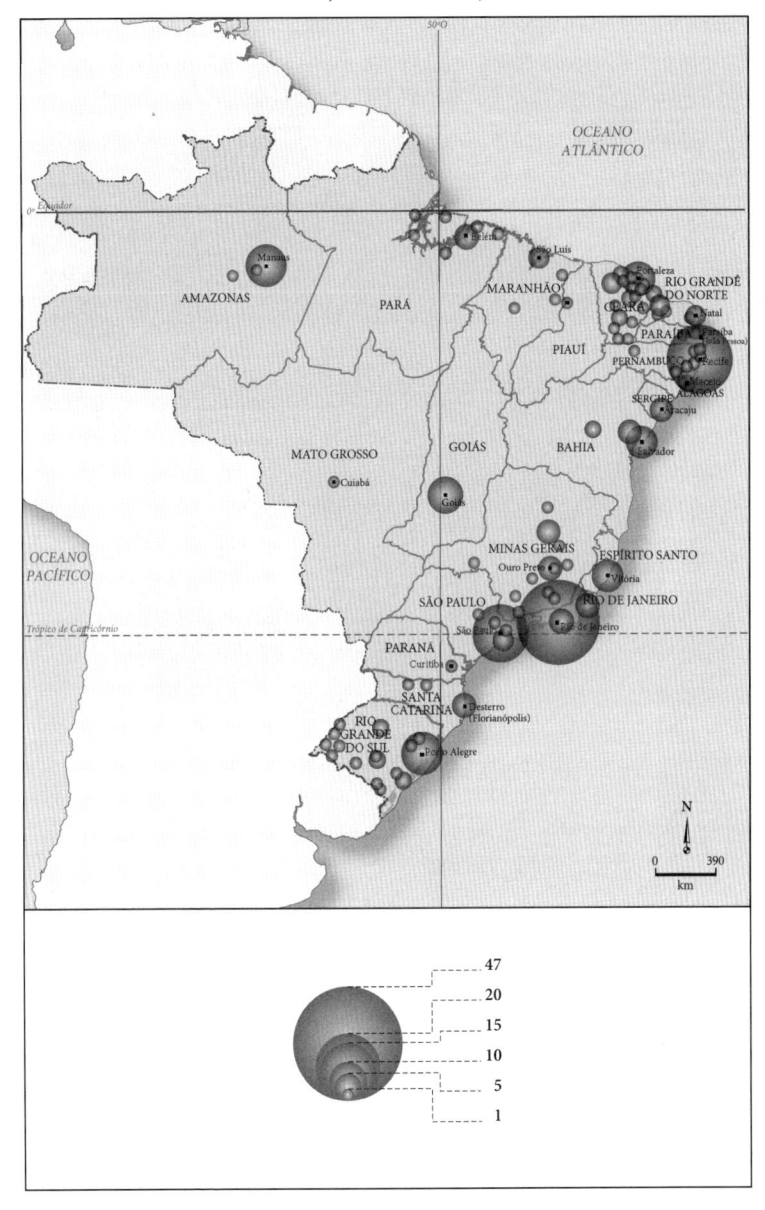

MAPA 1: DISTRIBUIÇÃO NACIONAL
DO ASSOCIATIVISMO ABOLICIONISTA

Conferências

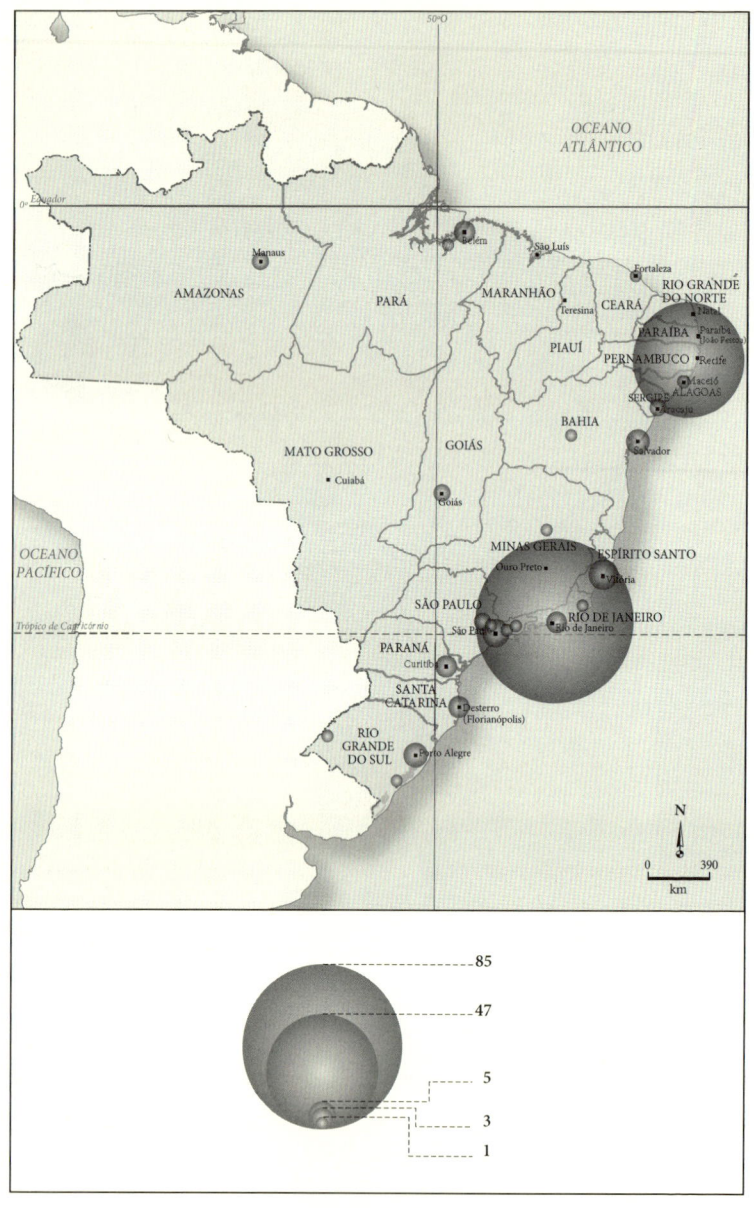

MAPA 2: DISTRIBUIÇÃO NACIONAL
DA CAMPANHA DE LIBERTAÇÃO DE TERRITÓRIOS

Campanha de libertação de território

MAPA 3: DISTRIBUIÇÃO NACIONAL
DAS MANIFESTAÇÕES PÚBLICAS ABOLICIONISTAS

Associações abolicionistas brasileiras (1850-88)*

1850

BAHIA: Sociedade Philantropica Estabelecida na Capital da Bahia em Benefício dos Brasileiros que Tiveram a Infelicidade de Nascer Escravos

RIO DE JANEIRO: Sociedade contra o Tráfico de Africanos e Promotora da Colonização e Civilização dos Índios

1852

BAHIA: Sociedade Libertadora 2 de Julho

1857

RIO DE JANEIRO: Sete de Setembro — Sociedade Ypiranga

1859

PERNAMBUCO: Associação de Socorros Mútuos e Lenta Emancipação

---

* Não foram incluídas associações formadas depois do anúncio do projeto de lei de abolição da escravidão, em março de 1888.

1860
PERNAMBUCO: Associação Acadêmica Protetora de Remissão dos Cativos

1864
SÃO PAULO: Sociedade Abolicionista Fraternização

1867
SÃO PAULO: Sociedade Esperança

1869
BAHIA: Sociedade Humanitária Abolicionista; Sociedade Libertadora 7 de Setembro

ESPÍRITO SANTO: Sociedade Abolicionista do Espírito Santo

MARANHÃO: Sociedade Manumissora 28 de Julho

PERNAMBUCO: Sociedade Humanitária e Emancipadora Nazarena; Sociedade Emancipadora Pernambucana

RIO GRANDE DO SUL: Sociedade Promotora de Emancipação de Escravos na Província do Rio Grande do Sul

1870
AMAZONAS: Sociedade Emancipadora Amazonense

BAHIA: Sociedade Abolicionista Comercial

CEARÁ: Sociedade Abolicionista de Baturité; Sociedade Manumissora Sobralense

MINAS GERAIS: Sociedade Obreiros da Liberdade

PERNAMBUCO: Sociedade Jovem América

PIAUÍ: Sociedade Emancipadora do Piauí

RIO DE JANEIRO: Associação Central Protetora dos Emancipados; Emancipadora Campista

SÃO PAULO: Sociedade Emancipadora Fraternização Primeira; Sociedade Redentora da Criança Escrava

RIO GRANDE DO SUL: Sociedade Libertadora Cruz-Altense

1871
BAHIA: Sociedade Libertadora 13 de Março; Sociedade Libertadora dos Lençóis
MINAS GERAIS: Sociedade Libertadora de Barbacena
PERNAMBUCO: Clube Popular; Sociedade da Libertação

1872
PERNAMBUCO: Anjo da Liberdade; Sociedade Libertadora de Pernambuco
RIO GRANDE DO SUL: Sociedade Libertadora da Cidade de Porto Alegre

1873
PARAÍBA: Emancipadora Parahybana

1874
ESPÍRITO SANTO: Associação Emancipadora 1º de Janeiro

1877
RIO DE JANEIRO: Sociedade Emancipadora 28 de Setembro

1878
PARÁ: Liga Libertadora

1879
GOIÁS: Sociedade Emancipadora Goyana
PERNAMBUCO: Clube Democrata pela Manumissão dos Escravos
CEARÁ: Sociedade Emancipadora Perseverança e Porvir

1880
CEARÁ: Emancipadora Cearense
PARANÁ: Sociedade Emancipadora de Campo Largo**
PERNAMBUCO: Sociedade Nova Emancipadora

RIO DE JANEIRO: Associação Central Emancipadora; Sociedade para Libertação dos Escravos da Escola Militar do Rio de Janeiro; Sociedade Brasileira Contra a Escravidão; Sociedade Emancipadora da Escola Politécnica

RIO GRANDE DO SUL: Sociedade Beneficente Feliz Esperança

SANTA CATARINA: Sociedade Abolicionista Catharinense

SÃO PAULO: Sociedade Abolicionista Acadêmica de São Paulo

1881

AMAZONAS: Clube Abolicionista do Amazonas**

CEARÁ: Associação Libertadora de Aracaty;** Sociedade Libertadora de Quixeramobim; Sociedade Aquirense Libertadora; Sociedade Cearense Libertadora; Sociedade Libertadora Icoense; Sociedade Libertadora Maranguapense

MARANHÃO: Centro Artístico Abolicionista Maranhense; Sociedade Abolicionista Maranhense; Sociedade Abolicionista Centro Emancipador

MINAS GERAIS: Sociedade Abolicionista Ouropretana

PARÁ: Clube Abolicionista Patroni; Sociedade Emancipadora de Escravos**

PERNAMBUCO: Clube Abolicionista de Pernambuco

RIO DE JANEIRO: Caixa Emancipadora José do Patrocínio; Clube Abolicionista do Riachuelo; Sociedade Campista Libertadora; Sociedade Abolicionista dos Alunos da Escola Militar

RIO GRANDE DO SUL: Associação Emancipadora Jaguarense

SÃO PAULO: Caixa Emancipadora Luís Gama; Sociedade Abolicionista Acadêmica**; Grande Sociedade Libertadora;** Recreio Dramático Abolicionista

1882

AMAZONAS: Sociedade Abolicionista Filial da Libertadora Cearense; Sociedade Libertadora Paranaguá

CEARÁ: Centro Abolicionista 25 de Dezembro; Clube Abolicionista do Ceará; Clube dos Libertos do Ceará;** Sociedade Libertadora de Barbalha; Sociedade Redentora Acarapense

MARANHÃO: Sociedade Libertadora 28 de Julho da Vila da Barra do Corda

MINAS GERAIS: Sociedade Abolicionista Diamantinense; Sociedade Abolicionista de Juiz de Fora; Sociedade Abolicionista de Tamanduá

PARÁ: Clube Abolicionista do Pará**

PERNAMBUCO: Caixa Emancipadora Pedro Pereira; Sociedade Musical 28 de Setembro

RIO GRANDE DO NORTE: Libertadora Natalense

RIO GRANDE DO SUL: Centro Abolicionista de Porto Alegre

SÃO PAULO: Associação Protetora dos Escravos; Centro Abolicionista de São Paulo; Clube Abolicionista do Brás*

SERGIPE: Sociedade Libertadora Aracajuana Cabana do Pai Thomaz

1883

ALAGOAS: Associação Philantropica de Emancipação d'Escravos

BAHIA: Clube José Bonifácio;* Clube Francisco do Nascimento; Clube Luís Álvares; Clube Luís Gama;* Sociedade Libertadora Bahiana

CEARÁ: Associação Artística Fraternidade e Trabalho; Associação Abolicionista do 15º Batalhão de Infantaria do Ceará; Associação Libertadora do Ceará; Associação Redemptora Assareense; Aurora Redentora; Clube Abolicionista Pacatubano; Caixa Abolicionista do Reform Clube;** Cearense Abolicionista;** Centro Libertador de Fortaleza;** Clube Abolicionista da Escola Pública do Sexo Masculino da Vila de Soure; Clube Abolicionista de Caxeiral; Clube Abolicionista de Soure; Clube Emancipador Aracatyense; Clube Libertador de Morada Nova;** Clube Caxeiral Cearense; Dezenove de Outubro; Libertadoras Russas;** Libertadoras Messejanenses*; Sociedade Libertadora Dramática de Sobral; Sociedade Libertadora Pereirense;** Sociedade Libertadora Saboeirense; Sociedade Libertadora de Boa Viagem; Sociedade Libertadora de Independência;** Libertadora Sanct'Annense; Sociedade Libertadora Cretense;** Sociedade Libertadora de Ipueiras;** Sociedade Libertadora Pentecostes; Sociedade Libertadora de São Francisco; Sociedade Libertadora de Senhoras de São Francisco; Sociedade Baturiteenses Libertadoras; Sociedade Libertadora Estudantil; Sociedade Emancipadora Tutti Quanti

ESPÍRITO SANTO: Centro Abolicionista do Espírito Santo; Sociedade Abolicionista Espírito-Santense; Sociedade Libertadora Domingos Martins

MARANHÃO: Sociedade Maranhense d'Abolição da Escravidão e Organização do Trabalho; Sociedade Libertadora Brejense; Clube Abolicionista do Maranhão

MINAS GERAIS: Clube Abolicionista Mineiro Visconde de Rio Branco; Sociedade Libertadora Mineira

PARÁ: Central Abolicionista do Pará;** Comissão Central Emancipadora de Belém;** Sociedade Libertadoras do Pará; Sociedade Abolicionista 28 de Setembro; Sociedade Abolicionista 29 de Junho; Sociedade Abolicionista Cametaense; Sociedade Abolicionista de Mazagão;** Sociedade Artística Abolicionista Paraense;** Sociedade Emancipadora de Escravos;** Clube Abolicionista da Vila de Gurupá

PARAÍBA: Clube Libertador da Parahyba**

PARANÁ: Associação Emancipadora Paranaense;** Sociedade Libertadora do Paraná**

PERNAMBUCO: Central Emancipadora do Município do Recife; Centro Abolicionista Pernambucano;** Clube Abolicionista de Escada; Emancipadora Pernambucana; Emancipadora Salgueirense; Sociedade Abolicionista Acadêmicos de Pernambuco; Sociedade Abolicionista Aves Libertas; Sociedade dos Cativos; União Abolicionista Comercial

PIAUÍ: Sociedade Abolicionista do Piauí

RIO DE JANEIRO: Associação de Senhoras Abolicionistas;* Caixa Emancipadora do Clube Vasques; Centro Abolicionista Comercial; Centro Abolicionista Ferreira de Menezes; Centro Abolicionista Forense;** Clube 3 de Março; Clube Abolicionista dos Cozinheiros e Copeiros Confederados; Clube Abolicionista Gutemberg; Clube Abolicionista Preparatoriano; Clube Carlos Gomes; Clube das Senhoras Abolicionistas; Clube dos Abolicionistas Empregados do Comércio; Clube dos Libertos de Niterói; Clube Sete de Novembro; Clube Infantil Libertador; Clube José do Patrocínio; Comissão Central de Emancipação; Confederação Abolicionista; Confederação Infantil Abolicionista; Libertadora 28 de Setembro; Sociedade Abolicionista Luso-Brasileira; Sociedade Abolicionista de Senhoras do Clube Mozart; Sociedade Libertadora Acadêmica, Caixa de Donativos do Congresso Literário Guarany

RIO GRANDE DO NORTE: Sociedade Abolicionista do Triunfo; Sociedade Abolicionista Libertadora Natalense; Sociedade Auxiliadora da Redempção; Sociedade Libertadora de Assu; Sociedade Libertadora Mossoroense; Sociedade Libertadora Norte Rio-Grandense; Sociedade Interservil Os Trabalhadores do Mar; Sociedade Imperatriense

RIO GRANDE DO SUL: Clube Abolicionista Internacional 14 de Julho; Sociedade Abolicionista de Uruguayana; Sociedade Emancipadora Esperança e Caridade; Sociedade Abolicionista Parthenon Literário

SANTA CATARINA: Sociedade Abolicionista Desterrense

SÃO PAULO: Clube Abolicionista de Campinas; Sociedade Artística Emancipadora

SERGIPE: Sociedade Libertadora Aracajuana

1884

ALAGOAS: Clube Abolicionista Estudantesco Alagoano; Sociedade Libertadora Artística Alagoana

AMAZONAS: Clube Abolicionista Manacapuruense; Clube Escolar Abolicionista; Clube Juvenil Emancipador; Comissão Central Abolicionista Amazonense; Cruzada da Libertação; Cruzada Amazonense; Libertadora Codajaense; Sociedade Abolicionista 1º de Janeiro; Sociedade Abolicionista de Alunos do Lyceu e da Escola Normal; Sociedade Amazonense Libertadoras; Sociedade Libertadora 25 de Março

BAHIA: Amigos dos Escravos; Associação Abolicionista Bahiana; Clube Abolicionista 24 de Maio;** Sociedade Libertadora Cachoeirana

CEARÁ: Clube Ceará Livre; Confederação Abolicionista Cearense; Sociedade Dramática 25 de Março

ESPÍRITO SANTO: Associação Abolicionista de Vitória;** Clube Abolicionista João Clímaco; Sociedade Emancipadora Visconde de Caravelas

MARANHÃO: Associação Abolicionista de Artistas;** Caixa Emancipadora Maranhense Marques Rodrigues; Sociedade Libertadora de Parnahiba

MATO GROSSO: Sociedade Abolicionista de Mato Grosso

MINAS GERAIS: Clube Abolicionista de Diamantina; Sociedade Abolicionista Dramática de Diamantina; Sociedade Abolicionista de Minas Gerais; Sociedade Abolicionista Filhas do Calvário; Sociedade de Libertados Viscondessa do Rio Novo

PARÁ: Associação Abolicionista de Marapanim;* Clube Abolicionista dos Libertos; Clube Abolicionista dos Patriotas;** Clube

Abolicionista Queimadense;** Clube dos Libertos do Pará; Grêmio Abolicionista Agostinho dos Reis;** Sociedade Abolicionista dos Fazendeiros, Comerciantes e Funcionários Públicos de Chaves; Sociedade Libertadora de Benevides**

PARAÍBA: Libertadora Paraybana

PARANÁ: Centro Abolicionista do Paraná;** Centro Português Redemptor de Escravos;** Libertadora de Chopim; Libertadora de Palmas do Sul

PERNAMBUCO: Associação Libertadora 25 de Março; Associação Mista Redemptora dos Cativos e Protetora da Educação dos Ingênuos; Clube Abolicionista do Recife;** Clube Abolicionista Goyanense; Clube Abolicionista Martins Jr.; Clube Dramático Emancipador Rodrigo Silva; Clube Emancipador Castro Alves; Clube Uncle Tom; Clube Abolicionista São José; Clube Abolicionista Tavares Bastos; Clube do Cupim; Emancipadora Acadêmica; Comissão Central Emancipadora do Recife; Grêmio Emancipador; Nova Libertadora; Sociedade Emancipadora de Palmares

PIAUÍ: Caixa Emancipadora Piauhyense

RIO DE JANEIRO: Clube Abolicionista Abrahão Lincoln; Clube Abolicionista Carlos de Lacerda; Clube Abolicionista Sete de Novembro; Clube da Mocidade Abolicionista; Clube dos Advogados Contra a Escravidão

RIO GRANDE DO NORTE: Clube dos Spartacus

RIO GRANDE DO SUL: Associação Abolicionista de Alegrete; Associação Abolicionista das Senhoras de Caçapava; Centro Abolicionista de Pelotas; Clube Abolicionista de Canguçu; Clube Abolicionista de Herval;** Clube Abolicionista de Laranjeiras; Clube Abolicionista do Rio Grande do Sul; Clube Abolicionista de Senhoras de São Sepé;** Clube Abolicionista de Dom Pedrito; Clube Abolicionista de Taquari; Clube Libertador Vinte e Oito de Setembro; Comissão Popular; Diretório Abolicionista de São João de Montenegro;** Sociedade Abolicionista dos Funcionários Públicos;* Sociedade Abolicionista de Quaraí; Sociedade Abolicionista de Livramento; Sociedade Abolicionista São Borjense; Sociedade Abolicionista 28 de Novembro;* Sociedade Abolicionista de São Gabriel

SANTA CATARINA: Sociedade Abolicionista e Carnavalesca Diabo a Quatro e Bons Arcanjos**

SÃO PAULO: Associação Abolicionista dos Tipógrafos de São Paulo;* Caixa Abolicionista Joaquim Nabuco

SERGIPE: Clube Libertador Sergipense; Libertadora Sergipana; Sociedade Abolicionista de Aracajú**

1885
BAHIA: Caixa Libertadora Cesário Mendes

GOIÁS: Centro Libertador de Goyaz;** Sociedade Abolicionista Centro Libertador

MINAS GERAIS: Associação Marianense Redentora dos Cativos; Clube Libertador 16 de Março

PARANÁ: Centro Abolicionista de Corityba;** Clube Abolicionista Paranaense

RIO DE JANEIRO: Centro Abolicionista Seis de Junho; Clube Abolicionista Feminino

RIO GRANDE DO SUL: Clube Abolicionista 18 de Abril**

1886
CEARÁ: Clube Abolicionista da Escola de Pharmacia*

ESPÍRITO SANTO: Centro Abolicionista Seis de Junho;** Libertadora Beneficente do Rosário

MARANHÃO: Caixa Emancipadora José Bonifácio e Martinus Hoyer

MATO GROSSO: Sociedade Emancipadora Galdino Pimentel

MINAS GERAIS: Sociedade Abolicionista Sete de Setembro

PERNAMBUCO: Sociedade Pernambucana Contra a Escravidão

RIO DE JANEIRO: Associação Abolicionista do Rio de Janeiro*
SÃO PAULO: Sociedade Emancipadora 27 de Fevereiro

1887
ALAGOAS: Sociedade Abolicionista de Carrapatinho**

BAHIA: Clube Abolicionista Castro Alves; Clube Abolicionista Eduardo Carigé

ESPÍRITO SANTO: Associação Libertadora Beneficente; Sociedade Libertadora Rosariense**

GOIÁS: Confederação Abolicionista Félix de Bulhões; Sociedade Abolicionista de Formosa;** Sociedade Abolicionista dos Inferiores e Cadetes;* Sociedade Emancipatória Preparatória

MARANHÃO: Associação Libertadora do Maranhão;** Sociedade Libertadora Caxiense

MINAS GERAIS: Sociedade Beneficente Emancipadora

PERNAMBUCO: Sociedade Abolicionista de Micróbios; Clube Dom José

RIO DE JANEIRO: Congresso Abolicionista Niteroiense

RIO GRANDE DO NORTE: Clube Abolicionista Padre Estevão Dantas

RIO GRANDE DO SUL: Clube Rio Branco;** Comissão Abolicionista do Rio Grande do Sul**

SANTA CATARINA: Clube Abolicionista de Desterro

SÃO PAULO: Associação Abolicionista de Mulheres de São Paulo; Associação Emancipadora de Santos;** Associação Libertadora e Organizadora do Trabalho; Associação Libertadora de São Paulo; Caixa Auxiliadora da Redempção dos Cativos;** Clube Abolicionista de Jacareí;** Clube José de Alencar; Clube QRC; Comissão Abolicionista de Serra Negra;** Congresso Abolicionista Acadêmico;** Sociedade Abolicionista de Limeira;** Sociedade Violeta de Senhoras

1888
ALAGOAS: Libertadora Alagoana
BAHIA: Comissão Central Emancipadora da Bahia**
GOIÁS: Sociedade Abolicionista João Clapp
MINAS GERAIS: Comissão Libertadora; Diretório Abolicionista de Caldas; Sociedade Emancipadora de Sabará
PARÁ: Associação Abolicionista Curralhiense — Castro Alves;
PARAÍBA: Centro Libertador Rui Barbosa
PARANÁ: Confederação Abolicionista Paranaense

* Não foi possível identificar o ano preciso de fundação. Ano atribuído a partir do início de atividades.
** Não foi possível identificar o nome preciso. Designação atribuída a partir de informações existentes.

Bibliografia

FONTES PRIMÁRIAS

Jornais

A Redempção, jan. 1887 a maio 1888.
A Semana, 1885-6, números esparsos.
Cidade do Rio, out. 1887 a maio 1888.
Gazeta da Tarde, jan. 1883 a dez. 1886.
Jornal do Commercio, jun. 1882 a abr. 1885.
O Abolicionista, Salvador, 1869, 1871, números esparsos.
O Abolicionista. Órgão da Sociedade Brasileira contra a Escravidão, novembro de 1880 a dezembro de 1881. Org. de Leonardo Dantas Silva. Recife: Fundaj, 1988.
O País, mar. 1885 a dez. 1888.
Libertador, Fortaleza, jan. 1881 a jul. 1885.
The Anti-Slavery Reporter, 1865-7, números esparsos.
The New York Times, 1884-7, números esparsos.
The Rio News, jan. 1887 a maio 1888.
The Times, 1867-88, números esparsos.

Atas e documentos oficiais

Acta da Conferência das Secções dos Negócios da Fazenda, Justiça e Império do Conselho de Estado. Rio de Janeiro: [s.n.], 1884.

Anais do Senado do Império. 1871, 1878-88. Disponível em: <www.senado.gov.br/anais>.

Annaes do Parlamento Brasileiro, Câmara dos Srs. Deputados. Rio de Janeiro: Tipographia do Imperial Instituto Artístico, 1871, 1874-89.

Atas do Terceiro Conselho de Estado do Império do Brasil, 1867, 1869, 1871, 1884, 1888. Disponível em: <www.senado.gov.br/publicacoes/anais/asp/AT_AtasDoConselhoDeEstado.asp>.

ARAGÃO, Salvador Antonio Moniz Barreto de. *Relatório apresentado ao Ilm. e Exm. sr. dr. Paulo Francisco de Paula Rodrigues Alves, presidente da província de São Paulo pelo chefe de polícia interino o juiz de direito Salvador Antonio Moniz Barreto de Aragão*, 31 dez. 1887.

BARBOSA, Rui. 1884. Parecer n. 48A — Emancipação dos escravos, parecer formulado pelo deputado Ruy Barbosa como relator das Comissões reunidas de orçamento e justiça civil, *Obras completas de Rui Barbosa*, v. XI, t. I. [Também como Parecer n. 48 formulado em nome das Comissões Reunidas de Orçamento e Justiça Civil acerca do Projeto de Emancipação dos Escravos pelo sr. Ruy Barbosa. In: *Abolição no Parlamento: 65 anos de lutas*. Senado Federal, 1988, v. II.]

CALMON, P. (Org.). *Falas do trono — desde o ano de 1823 até o ano de 1889*. São Paulo: Melhoramentos, 1977.

CÂMARA MUNICIPAL DO RIO DE JANEIRO. *Emancipação pelo Livro de Ouro da Ilma. Câmara Municipal no dia 29 de julho de 1885*. Rio de Janeiro: J. A. F. Villas Boas, 1885.

DIAS, Sátiro. *Relatório com que o exm. sr. Satyro Dias passou a administração da província do Ceará ao segundo vice-presidente*. Fortaleza, 1884, n. 4.

DOCUMENTOS DA ESCRAVIDÃO. CATÁLOGO SELETIVO DE CARTAS DE LIBERDADE. Acervo dos tabelionatos de municípios do interior do Rio Grande do Sul, Porto Alegre, nov. 2006, v. 2.

DRESCDS. *Discussão da reforma do Estado servil na Câmara dos Deputados e no Senado*, 1871, parte II, de 1º de agosto a 27 de setembro. Rio de Janeiro: Typographia Nacional, 1871.

JAVARY, Barão de [1889]. *Organizações e programas ministeriais*. Regime parlamentar do Império. Rio de Janeiro: Ministério da Justiça e Negócios Interiores, 1962.

LEGATION OF THE UNITED STATES. *Foreign Relations. Brazil*. N. 3, 24 out., n. 64, 1861 a 9 ago. 1888. Legation of the United States: Rio de Janeiro, HeinOnline, Morris Law Library, Yale University. Disponível em: <www.heinonline.org>.

PHILLIP, George (Org.). *British Documents of Foreign Affairs. Reports and Papers from the Foreign Office Confidential Print*. Part 1. Serie D Latin America, v. 3, *Brazil, 1845-1914*. University Publications of America, s.d.

PROJETO N. 1-1885. Extinção gradual do elemento servil. 12 maio 1885. *Abolição no Parlamento: 65 anos de luta, 1823-1888*. Brasília: Senado Federal, Subsecretaria de Arquivo, 1988, v. II.

PROJETO N. 1A-1885. Extinção gradual do elemento servil. 18 maio 1885. *Abolição no Parlamento: 65 anos de luta, 1823-1888*. Brasília: Senado Federal, Subsecretaria de Arquivo, 1988, v. II.

PROJETO N. 1B-1885. Redação para a terceira discussão do projeto n. 1-A de 1885 sobre a extinção gradual do elemento servil, com as emendas aprovadas em segunda discussão. *Abolição no Parlamento: 65 anos de luta, 1823-1888*. Brasília: Senado Federal, Subsecretaria de Arquivo, 1988, v. II.

PROJETO N. 1C-1885. Elemento servil. Projeto substitutivo ao de n. 1B-1885, apresentado na sessão de 9 de julho do corrente ano. *Abolição no Parlamento: 65 anos de luta, 1823-1888*. Brasília: Senado Federal, Subsecretaria de Arquivo, 1988, v. II.

PROJETO N. 48-1884. Projeto apresentado por Rodolfo Dantas, em 15 de julho de 1884 à Câmara dos Deputados. In: *Abolição no Parlamento: 65 anos de luta, 1823-1888*. Brasília: Senado Federal, Subsecretaria de Arquivo, 1988, v. II.

RIO BRANCO, J. M. Paranhos, Visconde do. *Discursos do sr. Conselheiro de Estado e senador do Império J. M. da Silva Paranhos proferidos no Senado em 1870, sendo ministro dos Negócios Estrangeiros (Gabinete de 16 de julho de 1868), e nas duas casas do Parlamento em 1871, sendo presidente do Conselho de Ministros (Gabinete de 7 de março de 1871)*. Rio de Janeiro: Tipographia Nacional, 1872.

RODRIGUES ALVES, F. P. Relatório do presidente da província de São Paulo Francisco de Paula Rodrigues Alves aos srs. membros da Assembleia Legislativa Provincial, 1887.

SENADO FEDERAL. *Abolição no Parlamento: 65 anos de luta, 1823-1888*. Brasília: Senado Federal, Subsecretaria de Arquivo, 1988, v. I e II.

Fontes manuscritas

ARQUIVO DO INSTITUTO HISTÓRICO E GEOGRÁFICO BRASILEIRO, RIO DE JANEIRO

AMARAL, José Avelino Gurgel do. Carta de José Avelino Gurgel do Amaral ao conselheiro Paulino José Soares de Sousa, sobre sua candidatura a deputado geral pelo Ceará, 1884. Acervo Geral, lata 351, doc. 68.

CLUBE ARTÍSTICO ABOLICIONISTA MARANHENSE. Requerimento de Joaquim Ferreira Reis e Avelino José da Cruz ao chefe de polícia do Maranhão solicitando licença para a criação de uma sociedade sob a denominação "Clube Artístico Abolicionista Maranhense", 28 fev. 1885. DL 741.64.

COTEGIPE, João Maurício Vanderlei, barão de. Carta do barão de Cotegipe a Francisco de Paula Rodrigues Alves, 12 dez. 1887. Coleção Rodrigues Alves, lata 808, pasta 64. DL 960.31.

_____. Carta do barão de Cotegipe à princesa Isabel, 7 mar. 1888. Coleção Barão de Cotegipe. DL 960.31.

_____. Cartas do barão de Cotegipe a João Ferreira de Araújo Pinho sobre sua retirada do Ministério e Abolição, 19 mar. 1888, 30 mar. 1888, 14 abr. 1888. Coleção Araújo Pinho. DL. 548.83.

_____. *Conferência com S.A. Paço Isabel*, 14 jan. 1888. Coleção Barão de Cotegipe, lata 960, pasta 28.

MAC-DOWELL, Samuel Wallace. Carta do ministro da Justiça, Samuel Wallace Mac-Dowell, à princesa Isabel sobre acontecimentos violentos ocorridos na cidade do Rio de Janeiro, na antevéspera da escrita da carta, 3 mar. 1888. IHGB, Coleção Barão de Cotegipe. DL 960.31.

_____. Telegrama do ministro da Justiça, Samuel Wallace Mac-Dowell, à princesa Isabel, 4 mar. 1888. Coleção Barão de Cotegipe. DL 960.31.

_____. Carta do ministro da Justiça, Samuel Wallace Mac-Dowell, à princesa Isabel, 5 mar. 1888. Coleção Barão de Cotegipe. DL 960.31 (cartas 1 e 2).

ORLEANS E BRAGANÇA, Isabel. Correspondências da princesa Isabel sobre a exoneração do gabinete Cotegipe. 3 mar. 1888, 4 mar. 1888, 5 mar. 1888, 7 mar. 1888. Coleção Barão de Cotegipe. DL 960.31.

PATROCÍNIO, José do. Ofício ao barão Homem de Melo, 2 ago. 1889. Acervo Geral, lata 331, pasta 17.

PENIDO, José. *A abolição e o crédito*. Rio de Janeiro: Typographia da Escola, 1885.

REBOUÇAS, André. Diários de André Rebouças. Inéditos (Diar).

ROMANUS. *A lavoura e o trabalho. Da emancipação ao abolicionismo. 1881 a 1884. Analyse e descripção enriquecida com os documentos concernentes a formação dos clubs de lavoura, suas representações ao parlamento e attitude official*. Rio de Janeiro: Typographia Moreira, 1884.

SÃO LAURINDO, Visconde de. Carta do visconde de São Laurindo a Rodrigues Alves, reservada, 15 maio 1888. Coleção Rodrigues Alves. DL 1113.95.

SOARES DE SOUSA, Paulino. Carta de Paulino José Soares de Sousa ao barão de Cotegipe, s.d. Coleção Barão de Cotegipe, lata 938, docs. 73, 75, 83, 85, 87.

V.P.A.S. Resolução do problema servil, sem prejuízo do interesse particular, geral, moral e social, oferecido ao governo na pessoa do eminente estadista. Exmo. senador barão de Cotegipe. Acervo Geral, lata 960, pasta 30, 17 fev. 1888.

ARQUIVO DA FUNDAÇÃO JOAQUIM NABUCO, RECIFE

NABUCO, Joaquim. Correspondência ativa e passiva de Joaquim Nabuco, 1871-88.

REBOUÇAS, André. Registro da Correspondência (RCAR), v. 1: jun. 1873 a jan. 1891.

ARQUIVO DA BIBLIOTECA NACIONAL, RIO DE JANEIRO

APÓCRIFO. *A escravidão examinada à luz da santa Bíblia*, 1871.

CHAMEROVZOW, Louis Alexis. Carta de Louis Alexis Chamerovzow a Manuel da Cunha Galvão, 8 maio 1865. Manuscritos I-03,31,47A.

ARQUIVO DIGITAL DO MUSEU IMPERIAL, PETRÓPOLIS

REBOUÇAS, André. Excertos dos diários do engenheiro André Rebouças, 1870, 1873, 1876, 1878, 1879, 1880, 1889.

_____. Cartas de André Rebouças a Sílio Bocanera Jr., 11 abr. e 24 abr. 1897, I-DIG-21_10_1896.

_____. Cartas de André Rebouças a Carlos Gomes, 26 jun., 11 jul., 6 set., 9 out. 1896, I-DIG-09_06_1896.

_____. Carta de André Rebouças a Joaquim Nabuco, 21 nov. 1896, I-DIG-21_10_1896.

ARQUIVO DA FUNDAÇÃO CASA DE RUI BARBOSA, RIO DE JANEIRO

Carta de Rodolfo E. S. Dantas a Rui Barbosa, 12 abr. 1878.

Cartas de Gusmão Lobo para Rodolfo E. S. Dantas, 5, 14, 15, 22 jan.; 13, 14 fev.; 3 jun.; 16 jul. 1885; 23 ago.; 28 set.; 22 nov. 1889; 29/sem mês/sem ano; 25 maio sem ano; 2 out. sem ano.

Cartas de "Fr.co" para Rodolfo E. S. Dantas; s.d.; 5 fev./sem ano; 12 dez./sem ano.

ARQUIVO DA OLIVEIRA LIMA LIBRARY, WASHINGTON

COTEGIPE, João Maurício Vanderlei, barão de. Cartas do barão de Cotegipe a Artur de Sousa Correia, Rio de Janeiro, 9 jan. 1888 (II-8) e 23 mar. 1888 (II).

SOUSA CORREIA, Artur de. Rascunho de carta de Artur de Sousa Correia ao barão de Cotegipe, Roma, 5 maio 1888 (II-15).

Documentos impressos

A. P de A. *A monarchia brasileira se agarrando à tabua da escravidão. Obra cristã e philosophica por A. P. de A.* Bahia: Typografia do Bazar, 1885.

ABRANCHES, Dunshee de. *O captiveiro (Memórias)*. Rio de Janeiro: [s.n.], 1941.

ALBUQUERQUE, Raymundo Ulisses de. *A Egreja Catholica em face da escravidão ou resposta às acusações do snr. conselheiro Joaquim Nabuco feitas ao clero brasileiro pelo pe. Raymundo Ulisses de Albuquerque. Ex-lente do seminário do Pará e pároco da freguesia de Bragança e encarregado das de Vezeu e Quatipuru*. Bragança: Edição Luiz R. Barbosa, 1885.

ALENCAR, José Almino de; SANTOS, Maria Pessoa dos (Orgs.). *Meu caro Rui, meu caro Nabuco*. Rio de Janeiro: Casa de Rui Barbosa, 1999.

ALENCAR, José de [Senio]. *O tronco do ipê, romance brasileiro*. Tomos 1 e 2. Rio de Janeiro: B. L. Garnier, 1871.

_____. *Como e por que sou romancista*. Rio de Janeiro: Typ. de G. Leuzinger & Filhos, 1893.

_____. *Cartas de Erasmo*. Org. de José Murilo de Carvalho. Rio de Janeiro: ABL, 2009.

_____. *Discursos proferidos na sessão de 1871 na Câmara dos Deputados*. Rio de Janeiro: Typographia Perseverança, s.d.

_____. *O demônio familiar* (1856). Virtual Books Online M&M Editores Ltda. Disponível em: <www.virtualbooks.com.br>.

ALENCAR, José de [Erasmo]. Ao imperador: novas cartas políticas de Erasmo (24 jun. 1867; 15 jul. 1867; 20 jul. 1867; 26 jul. 1867; 3 set. 1867; 20 set. 1867; 15 mar. 1868). In: PARRON, Tamis (Org.). *Alencar. Cartas a favor da escravidão*. São Paulo: Hedra, 2008.

ALENCAR, Mário. Discurso de posse do sr. Mário de Alencar. Academia Brasileira de Letras, 14 ago. 1906. Disponível em: <www.academia.edu>.

ÁLVARES GUIMARÃES, Augusto. *Propaganda abolicionista*. Edição *Diário da Bahia*, 1875.

AMERICANO. *A viagem imperial e o ventre livre*. Rio de Janeiro: Typografia J. Vianna, 1871.

ANDRADA, Antônio Manuel Bueno de. Depoimento de uma testemunha [a Evaristo de Morais]. Transcrito de *O Estado de S. Paulo*, 13 maio 1918. *Revista do Instituto Histórico e Geográfico de São Paulo*. São Paulo, XXVI, [1918] 1939.

ASSOCIAÇÃO CENTRAL EMANCIPADORA. *Boletim n. 1*, Rio de Janeiro, Typografia Primeiro de Janeiro, 28 set. 1880.

_____. *Boletim n. 2*, Rio de Janeiro, Typografia Primeiro de Janeiro, 28 out. 1880.

_____. *Boletim n. 3*, Rio de Janeiro, Typografia Primeiro de Janeiro, 28 nov. 1880.

_____. *Boletim n. 4*, Rio de Janeiro, Typografia Primeiro de Janeiro, 28 dez. 1880.

_____. *Boletim n. 5*, Rio de Janeiro,Typografia Primeiro de Janeiro, 28 jan. 1881.

_____. *Boletim n. 8*, Rio de Janeiro, Typografia Primeiro de Janeiro, 20 mar. 1881.

AZEVEDO, Aluísio. *O mulato*, 1881. Disponível em: <www.ebooksbrasil.org/eLibris/omulato.html>.

AZEVEDO, Artur; DUARTE, Urbano. *O escravocrata. Drama em 3 atos*, 1884. Disponível em: <http://www.biblio.com.br/defaultz.asp?link=http://www.biblio.com.br/conteudo/arturazevedo/oescravocata.htm>.

BARBOSA, Rui. 1884. Comemoração da Lei Rio Branco (conferência no Teatro Polytheama do Rio de Janeiro a 7 de novembro). In: *Obras completas de Rui Barbosa*, v. XII. Rio de Janeiro: Ministério da Cultura; Fundação Casa de Rui Barbosa, 1988.

_____. 1885. A situação abolicionista. Conferência no Teatro Polytheama do Rio de Janeiro a 2 de agosto de 1885. In: *Obras completas de Rui Barbosa*, v. XII, t. 1: Abolicionismo, 1885. Rio de Janeiro: Ministério da Cultura; Fundação Casa de Rui Barbosa, 1988.

BARBOSA, Rui. 1884. *Abolicionismo. Obras completas de Rui Barbosa*, v. XII, t. 1. Rio de Janeiro: Ministério da Cultura/ Fundação Casa de Rui Barbosa, 1988.

_____. 1884. Emancipação dos escravos. In: MORAES FILHO, E. (Org.). *Rui Barbosa. Discursos parlamentares*. Brasília: Câmara dos Deputados, 1985. Coleção Perfis Parlamentares, n. 28.

_____. *Abolição no Brasil. Discurso pronunciado pelo sr. conselheiro Ruy Barbosa no* meeting *convocado pela Confederação Abolicionista no Theatro Polytheama a 28 de agosto de 1887 e mandado publicar pelos alumnos da Escola Militar da Corte*. Rio de Janeiro: Imprensa Mont'Alverne, 1887.

BARROSO, J. Liberato. *Discurso do conselheiro dr. J. Liberato Barroso na sessão solene da Sociedade Abolicionista Cearense no dia 25 de março de 1884 para festejar a emancipação total dos escravos na Província do Ceará*. Rio de Janeiro: Typografia Laemmert, 1884.

BASTOS, Aureliano Cândido Tavares. *Cartas do solitário: estudos sobre reforma administrativa, ensino religioso, africanos livres, tráfico de escravos, liberdade da cabotagem, abertura do Amazonas, comunicações com os Estados Unidos etc*. Rio de Janeiro: Livraria Popular de A. A. da Cruz Coutinho, 1863.

BASTOS, Filinto Justiniano F. *Discurso que tinha de ser pronunciado por Filinto Justiniano F. Bastos, estudante do 5º anno da Faculdade de Direito do Recife no Festival do Clube Abolicionista em a noite de 28 de setembro de 1882 no Theatro Santa Isabel*. Recife: Typographia Mercantil, 1882.

BELTRÃO, Pedro. *Discurso pronunciado na 2ª sessão do Congresso Agrícola pelo sr. Pedro Beltrão*. Recife: Typografia de M. Figueiroa de Faria & Filhos, 1884.

BERENGER, Paul. "Le Brésil en 1879". *Revue des Deux Mondes*, n. 37, pp. 434-57, 1880.

BEZERRA DE MENEZES, Adolfo. *A escravidão no Brasil e as medidas que convém tomar para extingui-la sem dano para nação*. Rio de Janeiro: Progresso, 1869.

BOCAIUVA, Quintino. "A questão social. 1879". In: SILVA, Eduardo da (Org.). *Ideias políticas de Quintino Bocaiuva*. Brasília: Senado Federal; Fundação Casa de Rui Barbosa, 1986.

BORGES, Abílio César. *Collecção de discursos proferidos no gymnasio Bahiano*. Paris: Aillaud, Guillard, 1866.

BRANDÃO JR., Francisco. *A escravatura no Brasil precedida de um artigo sobre a agricultura e colonização no Maranhão*. Bruxelas: H. Thiryvan Buggenhoudt, 1865.

BRITISH AND FOREIGN ANTI-SLAVERY SOCIETY. *Special Report of the Anti-Slavery Conference: Held in Paris in the Salle Herz, on the Twenty-Sixth and Twenty- -Seventh August, 1867, under the Presidency of Mons. Edouard Laboulaye*. Committee of the British and Foreign Anti-Slavery Society, 1867.

CANDLER, John; BURGESS, Wilson. *Narrative of a Recent Visit to Brazil, by John Candler and Wilson Burgess; to Present an Address on the Slave-Trade and Slavery, Issued by the Religious Society of Friends*. Londres: E. Marsh, 1853.

_____. "Report of the Visit of John Candler and Wilson Burgess to the Brazils in Society of Friends". In: *Society of Friends. Narrative of the Presentation to the Sovereigns and Those in Authority of the Address of the Yearly Meeting on the Slave-Trade and Slavery*. Londres: Eduard Newman, 1854.

CARVALHO, Alberto. *Monarquia e República dictatorial*. Capital Federal: Imprensa Monteverde, 1891.

CARVALHO, Joaquim Cândido da Silveira. *José Mariano ou a vítima glorificada. Apotheose em 5 quadros*. Recife: Typographia Mercantil, 1886.

CASSIO. *A escravidão. Questão da atualidade*. Rio de Janeiro: Livraria da Casa Imperial de E. Dupont Editor, 1871.

CASTILHOS, Júlio de. *Propaganda abolicionista* (artigos de *A Federação* 1884-7). In: CARNEIRO, Paulo (Org.). *Ideias políticas de Júlio de Castilhos*. Brasília: Senado Federal; Fundação Casa de Rui Barbosa, 1981.

CASTRO, Fernando de. *Conferência abolicionista. Theatro Sta. Isabel a 25 de março de 1885, mandada publicar pela Sociedade Aves Libertas*. Pernambuco: Typografia Apollo, 1885.

_____. "Discurso inaugural de las conferencias antiesclavistas. 5 de enero de 1872". In: VILAR, E. Vila; VILAR, L. (Orgs.). *Los abolicionistas españoles. Siglo XIX*. Madri: Ediciones de Cultura Hispánica, 1996.

CASTRO, Francisco. *Marquês de Paranaguá. Ensaio biográfico*. Brasília: Centro de Documentação e Informação Edições Câmara dos Deputados, 2009. Série Perfis Parlamentares, n. 55.

CASTRO ALVES, Antônio. *A cachoeira de Paulo Affonso — Fragmento dos escra-*

vos — sob o título de Mss. de Stenio. 2. ed. aum. Bahia: Imprensa Econômica, 1876.
CASTRO ALVES, Antônio. *Os escravos: poesias*. Lisboa: Tavares Cardoso & Irmão, 1884.
CELSO JR., Afonso. *Discurso proferido na sessão de 17 de julho de 1884 pelo deputado dr. Afonso Celso Jr*. Rio de Janeiro: Typografia Nacional, 1884.
_____. *Oito anos de Parlamento*. Brasília: Senado Federal, [1901] 1998.
CHRISTIE, William D. *Notes on Brazilian Questions*. Londres: Macmillan, 1865.
CLUBE AMAZÔNIA. *Manifesto do Clube Amazônia fundado em 24 de abril de 1884*. Pará: Typografia do *Diário do Pará*, 1884.
CLUBE DOS LIBERTOS CONTRA A ESCRAVIDÃO. *Homenagem a José do Patrocínio em 8 de outubro de 1883. A festa dos livres. Quarenta cidadãos restituídos à sociedade*. Rio de Janeiro: Typografia Central de Evaristo da Costa, 1883.
CLUBE DO CUPIM. *Livro de atas*. Reimpressão fac-similar. In: SILVA, Leonardo (Org.). *A abolição em Pernambuco*. Recife: Fundaj; Massangana, 1988.
CLUBE VINTE DE SETEMBRO. *Apelo à Província do Rio Grande do Sul pelo Clube Vinte de Setembro*. São Paulo, 20 set. 1886, 51º aniversário da República Rio--Grandense. Redactor Bartholomeu Brazil. São Paulo: Typografia Leroy, MDCCCLXXXVI (1886).
COCHIN, Augustin. Carta de Augustin a A. M. G. Faugere, 17 maio 1866. In: COCHIN, Henry. *Augustin Cochin, 1823-1872, ses lettres et sa vie*. Paris: Bloud & Gay, 1926, v. 2.
COELHO NETO, Henrique Maximiano. *A conquista*. Virtualbooks (1899), 2003.
_____. Discurso de recepção ao acadêmico Mário de Alencar, 14 ago. 1906. Disponível em: <www.abl.br>.
CONFEDERAÇÃO ABOLICIONISTA. *Manifesto da Confederação Abolicionista do Rio de Janeiro* [redigido por José do Patrocínio e André Rebouças]. Rio de Janeiro: Typografia da *Gazeta da Tarde*, 1883.
_____. *Banquete dado pela Confederação Abolicionista por alguns amigos da ideia no dia 19 de agosto de 1884 em homenagem à libertação do Amazonas e aos deputados que apoiaram o gabinete de 6 de junho*. Folheto n. 7. Rio de Janeiro: Typografia Central de Evaristo da Costa, 1884a.
_____. *Discurso pronunciado na sessão do Senado de 9 de junho de 1884 pelo exm. sr. senador Christiano Benedicto Ottoni, acompanhado de uma declaração da Confederação*. Rio de Janeiro: Typografia Central de Evaristo da Costa, 1884b.
_____. *Relatório do estado e das operações da Confederação Abolicionista apresentado à assembleia geral annual de seus membros em 12 de maio de 1884 por seu presidente João F. Clapp acompanhado do parecer da Comissão de Exame de Contas e Balanço do movimento de capitaes* [por André Rebouças]. Rio de Janeiro: Typografia Central de Evaristo da Costa, 1884c.

CONFEDERAÇÃO ABOLICIONISTA. *Homenagem ao patriótico Ministério Dantas. Sessão pública solene realizada no dia 7 de junho de 1885 no Teatro Polytheama, orador oficial conselheiro Ruy Barbosa.* Folheto n. 10. Rio de Janeiro: Typografia Central de Evaristo da Costa, 1885a.

_____. *A situação abolicionista. Conferência do conselheiro Ruy Barbosa em 2 de agosto de 1885 no Teatro Polytheama sob presidência da Confederação Abolicionista.* Folheto n. 11. Rio de Janeiro: Typografia Central de Evaristo da Costa, 1885b.

_____. *A segunda phase. Discurso do sr. Quintino Bocayuva proferido em 3 de abril de 1887 no Teatro Polytheama.* Folheto n. 12. Rio de Janeiro: Typografia Central de Evaristo da Costa, 1887.

COTEGIPE, CONDE DE. *Os orçamentívoros ou Comédia dos deuses pelo conde de Cotegipe.* São Paulo; São Cristóvão: Typografia Bragancas & Orleans; Typografia King, 1888.

COUTY, Louis. *A escravidão no Brasil.* Rio de Janeiro: Ministério da Cultura; Fundação Casa de Rui Barbosa, 1988.

CRUZ E SOUSA, João. *Poesia completa.* Org. de Zahidé Muzart. Florianópolis: Fundação Catarinense de Cultura; Fundação Banco do Brasil, 1993.

D. PEDRO II. Cartas ao barão de Cotegipe. In: PINHO, Wanderley (Org.). *Cartas do imperador d. Pedro II ao barão de Cotegipe.* Ordenadas e anotadas por Wanderley Pinho. São Paulo: Companhia Editora Nacional, 1933.

DANTAS, Manuel de Sousa. Cartas. In: LACOMBE, A. Jacobina (Org.). *Correspondência do conselheiro Manuel P. de Sousa Dantas.* Rio de Janeiro: Fundação Casa de Rui Barbosa, 1962.

DANTAS, Rodolfo. Cartas. In: LACOMBE, A. Jacobina (Org.). *Correspondência de Rodolfo E. de Sousa Dantas.* Rio de Janeiro: Fundação Casa de Rui Barbosa, 1973.

DAUNT, Ricardo Gumbleton (Org.). *Diário da princesa Isabel (excursão dos condes D'Eu à província de São Paulo em 1884).* São Paulo: Anhembi, 1957.

DENT, Hasting Charles. *A Year in Brazil, with Notes on the Abolition of Slavery, the Finances of the Empire, Meteorology, Natural History etc.* Londres: Kegan P., Trench & Co., 1886.

DIAS, Sátiro. *A libertação do Ceará (25 de março de 1884). Nota para a história pelo dr. Satyro de Oliveira Dias.* Bahia: Typografia do Diário da Bahia, 1911. [Reproduzida em *Da senzala para os salões* (coletânea). Fortaleza: Secretaria de Cultura, Turismo e Desporto, 1988.

DOM PASCAL (pseudônimo). *O abolicionismo perante a história ou o diálogo das três províncias.* Rio de Janeiro: Typographia e Lithografia de Carlos Gaspar da Silva, 1888.

DUQUE-ESTRADA, Osório. *A abolição: esboço histórico, 1831-1888*. Rio de Janeiro: Leite Ribeiro & Murillo, 1918.

DUROCHER, Marie-Josephine. *Ideias por coordenar a respeito da emancipação por M. J. Durocher*. Rio de Janeiro: Typografia do Diário do Rio de Janeiro, 1871.

FALCÃO, Aníbal *Fórmula da civilização brasileira (deduzida da apreciação dos seus elementos essenciais definitivamente reunidos pela luta holandesa)*. Rio de Janeiro: Guanabara, [1883] 1933.

_____. Prefácio a Joaquim Nabuco. In: NABUCO, Joaquim. *Campanha abolicionista no Recife: Eleições de 1884*. Recife: Fundação Joaquim Nabuco; Massangana, [1885] 1988.

FERREIRA, Francisco Ignacio. *Projeto para abolição do elemento servil por Francisco Ignacio Ferreira, ex-membro da Assemblea Provincial do Rio de Janeiro. Distribuição gratuita*. Rio de Janeiro: Typographia Perseverança, 1887.

FILHO, Albano. "Resposta ao brinde. Jantar dos brasileiros em Londres, 9 de junho de 1883". In: *A emancipação no Ceará e os brasileiros em Londres*. Rio de Janeiro: Typografia Central de Evaristo da Costa, 1883.

FONSECA, Luis Anselmo. *A escravidão, o clero e o abolicionismo*. Bahia: Imprensa Econômica; Fundaj; Massangana, 1887. Ed. fac-similar, 1988.

FONSECA, Manuel Deodoro da. Carta ao ilm. exmo. snr. marechal do Exército visconde da Gávea encaminhando petição à princesa regente, 25 de outubro de 1887. In: *A abolição no Parlamento. 65 anos de lutas*. Brasília: Senado Federal, 1988, v. II.

FRANCO, Tito. *Monarquia e monarquistas*. Recife: Massangana, 1990.

FREYRE, Gilberto (Org.). *Perfis parlamentares. Joaquim Nabuco. Discursos parlamentares*. Brasília: Câmara dos Deputados, 1983.

FRICK, João. *Abolição da escravatura. Breve notícia sobre a primeira sociedade de emancipação no Brasil (fundada na cidade do Rio Grande do Sul em março de 1869)*. Lisboa: Lallemant Freres, 1885.

FURTADO, J. I. Arnizaut. *Estudos sobre a libertação dos escravos no Brasil*. Pelota: Typografia da Livraria Americana de Carlos Pinto e A. C., 1883.

GAMA, Luís. *Primeiras trovas burlescas de Getulino*. 2. ed. Rio de Janeiro: Typ. de Pinheiro & C., 1861.

GOMES, Antônio Carlos. *Correspondências italianas I*. Trad. Paulo Guanaes. Rio de Janeiro: Cátedra, 1982.

GONÇALVES, Georgino. *Discurso de Georgino Horacio Gonçalves, orador do 1º anno da Faculdade de Direito na sessão magna do Clube Abolicionista do Recife*, Pernambuco, 1881.

HILLIARD, Henry Washington. *Politics and Pen Pictures at Home and Abroad*. Londres; Nova York: Putnam's Son Publishers, 1892.

HOMEM DE MELO, Barão. *Discursos pronunciados pelo barão Homem de Melo na sessão cívica em homenagem a José Bonifácio, em 8 de dezembro de 1886, e outro, por ocasião da inauguração da estátua de José Bonifácio de Andrada e Silva no dia 7 de setembro de 1872.* São Paulo: Typografia King, 1887.

JAGUARIBE, Domigos. *Os herdeiros de Caramuruu: romance histórico.* Rio de Janeiro: Confederação Abolicionista, 1890.

JEQUITINHONHA, Visconde de. *Sobre a escravidão. Carta do bispo de Orleans ao clero de sua diocese sobre a escravidão. Traduzida e oferecida ao clero brasileiro pelo visconde de Jequitinhonha.* Rio de Janeiro: Typografia Laemmert, 1865.

KOSERITZ, Carl von. *Imagens do Brasil.* São Paulo: Itatiaia; Edusp, [1883] 1980.

LEMOS, Miguel (Org.). *O positivismo e a escravidão moderna; trechos extrahidos das obras de Augusto Comte, seguidos de documentos pozitivistas relativos à questão da escravatura no Brazil.* Rio de Janeiro: Apostolado Positivista do Brasil, 1884.

_____. *Ao Ilm. conselheiro Manuel Pinto de Sousa Dantas (03/06/1886).* Rio de Janeiro: Typografia do Centro Positivista do Brasil, 1886.

_____. "Imigração chineza — mensagem a S. Exc. o Embaixador do Celéste Império junto aos governos de França e Inglaterra". 1881. *Boletim do Centro Positivista do Brasil,* Rio de Janeiro, n. 5, 1927.

_____. "A incorporação do proletariado escravo e as próssimas eleições". 19 nov. 1884. *Boletim do Centro Positivista do Brasil,* Rio de Janeiro, n. 23, 1936.

_____. *Cartas a Teixeira Mendes (1878-81).* Rio de Janeiro: Igreja Positivista do Brasil, 1965.

LEMOS, Miguel; TEIXEIRA MENDES, Raimundo. *Abolissionismo e clericalismo.* Rio de Janeiro: Typographia da Igreja Positivista do Brasil, 1888.

_____. *A liberdade espiritual e a organização do trabalho — Considerações histórico-filosóficas sobre o movimento abolicionista. Exame das ideias relativas a leis de organização do trabalho e locação de serviços. Programa das reformas mais urgentes,* 21 abr. 1888. Rio de Janeiro: Apostolado Positivista do Brasil, n. 54, 1902.

LIVRAMENTO, Barão de. *Discurso pronunciado na primeira sessão magna da Sociedade Emancipadora de Pernambuco pelo presidente da Assembleia Geral Barão do Livramento no dia 25 de setembro de 1870.* Recife: Typografia do Jornal do Recife, 1870.

MACEDO, Joaquim Manuel de. *As vítimas-algozes: quadros da escravidão.* Rio de Janeiro: Fundação Casa de Rui Barbosa; São Paulo: Scipione, [1869] 1991.

MACHADO DE ASSIS, Joaquim Maria. *Crônicas. Obras completas.* Rio de Janeiro: W. M. Jackson, 1959.

MACHADO DE ASSIS, Joaquim Maria de. Evolução (1884). In: *Relíquias de Casa Velha*. Rio de Janeiro: Garnier, 1990.

_____. O velho Senado. In: NABUCO, Joaquim. *O estadista do Império*. Rio de Janeiro: Topbooks, 1997, v. II.

MALHEIROS, Agostinho Marques Perdigão. *A escravidão no Brasil. Ensaio histórico-jurídico-social*. Rio de Janeiro: Typografia Nacional, 1866.

MARIANO, Olegário. *Discurso de posse na Academia Brasileira de Letras*, 1927. Disponível em: <www.abl.org.br>.

MONTEIRO, Tobias. *Pesquisas e depoimentos para a História*. Belo Horizonte: Itatiaia, [1913] 1982.

MORAES, Evaristo de. *A campanha abolicionista (1879-88)*. Brasília: Ed. da UnB, [1924] 1986.

MOREIRA DE AZEVEDO, Duarte. "Sociedades fundadas no Brasil desde os tempos coloniais até o começo do atual reinado. Memória lida nas sessões do Instituto Histórico em 1884". *Revista do Instituto Histórico e Geográfico Brasileiro*, Rio de Janeiro, v. 48, n. 2, 1885.

NABUCO, Carolina (Org.). *Joaquim Nabuco: cartas a amigos*. v. I (1864-98), v. II (1899-1909) e *Obras completas*, v. XIII. São Paulo: Instituto Progresso Editorial, 1949.

NABUCO, Joaquim (Org.). *A emancipação no Ceará e os brasileiros em Londres*. Rio de Janeiro: Typografia Central de Evaristo da Costa, 1883.

_____. *Henry George. A nacionalização do solo. Apreciação da propaganda para abolição do monopólio territorial na Inglaterra*. Rio de Janeiro: Lamoureux, 1884.

_____. *Conferência do sr. Joaquim Nabuco a 22 de junho de 1884 no Teatro Polytheama*. Rio de Janeiro: Confederação Abolicionista; Typografia de G. Leuzinger & Filhos, 1884.

_____. *O erro do imperador*. Rio de Janeiro: Typografia de G. Leuzinger & Filho, 1886A.

_____ (1886B). "Eleições Liberais e eleições Conservadoras, Rio de Janeiro". In: *Campanhas de imprensa (1884-7). Obras completas*. São Paulo: Instituto Progresso Editorial, 1949, v. XII.

_____. *Escravos! Versos franceses a Epicteto*. Rio de Janeiro: Typografia de G. Leuzinger & Filhos, 1886C.

_____. *O eclipse do abolicionismo*. Rio de Janeiro: Typografia. de G. Leuzinger & Filhos, 1886D.

_____. *Minha formação*. São Paulo: W. M. Jackson Inc. Editores. [1900] 1949.

_____. *Campanhas de imprensa (1884-7). Obras completas*. São Paulo: Instituto Progresso Editorial, 1949. v. XII.

_____ (1883). *O abolicionismo*. Petrópolis: Vozes, 1988.

NABUCO, Joaquim (Org.). (1885). *Campanha abolicionista no Recife: eleições de 1884: Discursos de Joaquim Nabuco*. 2. ed. Recife: Fundação Joaquim Nabuco; Massangana, 1988.

_____. "Conferências de 12 e 26 de outubro de 1884, 1, 5, 9, 16, 28, 29 e 30 de novembro de 1884, 1 e 18 de janeiro de 1885". In: _____ (1884B). *Campanha abolicionista no Recife: eleições de 1884: discursos de Joaquim Nabuco*. 2. ed. Recife: Fundação Joaquim Nabuco; Massangana, 1988.

_____. *Discursos parlamentares. Obras completas de Joaquim Nabuco*. São Paulo: Instituto Progresso Editorial, 1988, v. XI.

_____. "Aos eleitores do 1º distrito", 25 dez. 1885; "Aos eleitores do 5º distrito", 18 maio 1885. In: GOUVÊA, Fernando da Cruz. *Joaquim Nabuco entre a monarquia e a república*. Recife: Fundaj, 1989.

_____. "Circular eleitoral de 1888". In: GOUVÊA, Fernando da Cruz. *Joaquim Nabuco entre a monarquia e a república*. Recife: Fundaj, 1989.

_____ (1897-9). *Um estadista do Império: Nabuco de Araújo: sua vida, suas opiniões, sua época*. Rio de Janeiro: Topbooks, 1997, 2 v.

_____. (1870). *A escravidão*. Rio de Janeiro: Nova Fronteira, 1999.

_____. *Diários de Joaquim Nabuco*. Org. de Evaldo Cabral de Mello. Recife: Bem Te Vi Produções Literárias; Massangana, 2005, 2 v.

NUNES, Joaquim. *Corja opulenta, drama abolicionista em 3 atos. Representado em todas as províncias do Norte*. Rio de Janeiro: Typografia Polytechnica de Moraes e Filhos, [1884] 1887.

O AUXILIADOR DA INDÚSTRIA NACIONAL. Periódico da Sociedade Auxiliadora da Indústria Nacional, 1871, v. XXIX.

OCTAVIANO, Francisco. Cartas. In: PINHO, Wanderley (Org.). *Cartas de Francisco Octaviano*. Rio de Janeiro: Civilização Brasileira; MEC, 1977.

OTONI, Cristiano. *A emancipação dos escravos. Parecer de C. B. Ottoni*. Rio de Janeiro: Typografia Perseverança, 1871.

PAES BARRETO, Fernando de Castro. *Reforma social: versos abolicionistas*. Rio de Janeiro: [s.n.], 1883.

PATROCÍNIO, José do. "Conferência n. 27. Teatro São Luís, domingo, 30 jan. 1881". In: Associação Central Emancipadora, *Boletim n. 8*, 20 mar. 1881.

_____. *L'Affranchissement des esclaves de la province de Ceará au Brésil; notes par José do Patrocínio*. Paris; Rio de Janeiro: Bureaux de la *Gazeta da Tarde*, 1884.

_____. *Conferência pública do jornalista José do Patrocínio feita no Theatro Polytheama em sessão da Confederação Abolicionista, de 17 de maio de 1885*. Confederação Abolicionista, Folheto n. 8. Rio de Janeiro: Typografia Central de Evaristo da Costa, 1885.

PATROCÍNIO, José do. *Mota Coqueiro ou A pena de morte*. São Paulo: Três, [1877] 1973. Coleção Obras Imortais da Nossa Literatura.
_____ (1879). *Os retirantes*. São Paulo: Três, 1973. Coleção Obras Imortais da Nossa Literatura.
_____ (1882). "A ponte do Catete". In: GOES DE PAULA, Sergio (Org.). *Um monarca da fuzarca. Três versões para um escândalo na Corte*. Rio de Janeiro: Relume-Dumará, 1993.
_____. "Campanha abolicionista — coletânea de artigos". In: CARVALHO, José Murilo de (Org.). Rio de Janeiro: Biblioteca Nacional, 1996.
PATROCÍNIO, José do; FONSECA, Demerval da. *Os Ferrões*. In: NASCIMENTO, Leonardo (Org.). *Os Ferrões, 1 de junho a 15 de outubro de 1875/ José do Patrocínio, Demerval da Fonseca*. São Paulo: Ed. da Unesp, 2013.
PEREIRA, Baptista. *Figuras do Império e outros ensaios*. São Paulo: Companhia Editora Nacional, 1931.
PEREIRA BARRETO, Luís. *As três filosofias: filosofia metafísica*. Jacareí: Tipografia Comercial, 1876.
_____. *Os abolicionistas e a situação do país*. São Paulo: Typographia *A Província de São Paulo*, 1880.
PEREIRA DA COSTA, Francisco Augusto. *A ideia abolicionista em Pernambuco. Conferência por Francisco Augusto Pereira da Costa*. Recife: Typografia Boultreau, 1892.
PEREIRA DA SILVA, J. M. *Memórias do meu tempo*. Rio de Janeiro: Garnier. 1895-6, 2 v.
PINTO, Antônio. *Discurso proferido pelo deputado Antonio Pinto no Theatro Polytheama em 29 de junho de 1884*. Confederação Abolicionista. Rio de Janeiro: Typografia Central de Evaristo da Costa, 1884.
POMPEIA, Raul. *O ateneu*. Brasília; Rio de Janeiro: Ministério da Cultura; Fundação Biblioteca Nacional; Departamento Nacional do Livro, 1888.
_____ 1882. "Crônicas". In: COUTINHO, A. (Org.). *Raul Pompeia: escritos políticos*. Rio de Janeiro: Civilização Brasileira, 1982, v. v.
PORTO ALEGRE, Manuel de Araújo. *Colombo. Poema*. Rio de Janeiro: B. L. Garnier, 1866.
PUJOL, Alfredo. Discurso de posse na Academia Brasileira de Letras a 23 de julho de 1919. Disponível em: <www.abl.com.br>.
REBOUÇAS, André. "Charles Darwin e a escravidão no Brasil". *Boletim da Associação Central Emancipadora*, n. 8, 1881.
_____. "Abolição da miséria". *Revista de Engenharia*, v. 10, 1888.
_____. *Orphelinato Goncalves D Araújo. Lemmas e contribuições para abolição da miséria*. Rio de Janeiro: Typografia Leuzinger, 1889.

REBOUÇAS, André. "Ephemérides de Carlos Gomes (Notas para o Taunay)". *Revista do Instituto Histórico e Geográfico Brasileiro*, tomo LXXIII, parte II, 1910.

_____. *Diários e notas autobiográficas de André Rebouças*. Texto escolhido e anotações de Ana Flora e Inacio José Verissimo. Rio de Janeiro: José Olympio, 1938.

_____ (1889). "Depoimento de André Rebouças sobre o Quilombo do Leblon e outros quilombos apoiados pelo movimento abolicionista". In: SILVA, Eduardo. *As camélias do Leblon*. São Paulo: Companhia das Letras, 2003.

REIS, Aarão Leal de Carvalho. "Introdução". In: CONDORCET, Marquês de. *Escravidão dos negros (reflexões)*. Rio de Janeiro: Typographia Serafim José Alves, 1881.

REIS, Maria Firmina. *Úrsula, romance original brasileiro. Por uma maranhense*. São Luís: Typographia do Progresso, 1859. [Ed fac-similar. Rio de Janeiro, 1975].

ROMERO, Sílvio. "A questão da emancipação dos escravos". *Revista Brasileira*, Rio de Janeiro, v. 7, 1881.

SAMPAIO, Antonio Gomes de Azevedo. *Abolicionismo. Considerações geraes do movimento antiesclavista e sua historia limitada a Jacarehy, que foi um centro de acção no norte do Estado de São Paulo*. São Paulo: Typografia a Vapor Louzada & Irmão, 1890.

SANTOS, Luís Álvares. *A emancipação. Ligeiras e decisivas considerações sobre o total acabamento da escravidão*. Bahia: Typografia do *Correio da Bahia*, 1871.

SCALVINI, Carlo D'Ormeville. *Il Guarany*. Libreto. 1870. Disponível em: <http://www.librettidopera.it/guarany/guarany.html>.

SCHMIDT, Afonso. *A marcha, romance da abolição*. São Paulo: Brasiliense, 1981.

SCHOELCHER, Victor. *Polemique Coloniel, 1871-81*. Paris: Dentu Libraire-Editeur, 1882.

SCT (SOCIEDADE CONTRA O TRÁFICO DE AFRICANOS E PROMOTORA DA COLONIZAÇÃO E DA CIVILIZAÇÃO DOS ÍNDIOS). *Sistema de medidas adotáveis para a progressiva e total extinção do tráfico, e da escravatura no Brasil confeccionado e aprovado pela Sociedade Contra o Tráfico de Africanos, e Promotora da Colonização e da Civilização dos Indígenas*. Rio de Janeiro, 1852.

SENA, Ernesto. *Rascunhos e perfis. Notas de um repórter*. Brasília: Ed. da UnB, [1909] 1983.

SERRA, Joaquim de Almeida. *O abolicionista Joaquim Serra. Textos, opiniões e dados coligidos*. Rio de Janeiro: Presença, 1986.

SILVA, José Cavalcanti Ribeiro da. *Cora, a filha de Agar. Drama abolicionista em 4 atos*. Rio de Janeiro: A Fabrica Apollo, 1884.

SILVA JARDIM, Antônio. *Memórias e viagens — I. Campanha de um propagandista (1887-90)*. Lisboa: Tip. Cia. Nacional, 1891.

_____. *Propaganda republicana (1888-9)*. Rio Janeiro: MEC; Casa Rui; CFCRJ, 1978.

SILVA JR., Dias da. *O gabinete sete de março. O sr. conselheiro Joao Alfredo. Perfil histórico-biográfico publicado*. Rio de Janeiro: Typografia Carioca, 1876.

SILVADO, Brazil. *Discurso pronunciado na conferência 21 de 12 de dezembro de 1889 pelo quartanista de S. Paulo Brazil Silvado, sócio fundador da Sociedade Abolicionista Acadêmica de São Paulo*, 1889.

SILVEIRA DA MOTA, Artur. Discurso no banquete em homenagem à libertação do Amazonas. Confederação Abolicionista. 1884. *Banquete dado pela Confederação e alguns amigos da ideia no dia 19 de agosto de 1884 em homenagem à libertação do Amazonas e aos deputados que apoiaram o gabinete 6 de junho*. Rio de Janeiro: Typografia Central de Evaristo da Veiga, 1884.

SISSION, Sébastien Auguste. *Galeria dos brasileiros ilustres*. Brasília: Senado Federal, [1861] 1999, v. I e II. Coleção Brasil 500 Anos.

SOARES, Caetano Alberto. *Memória para melhorar a sorte dos nossos escravos. Lida na sessão geral do Instituto dos Advogados Brasileiros no dia 7 de setembro de 1845 pelo dr. Caetano Alberto Soares*. Rio de Janeiro: Typografia Imparcial de Francisco de Paula Brito, 1847.

SOARES DE SOUSA, Paulino José. *Discurso proferido na sessão de 23 de agosto de 1871 sobre a proposta do governo relativa ao elemento servil pelo conselheiro Paulino José Soares de Sousa, deputado pelo 3º distrito da província do Rio de Janeiro*. Rio de Janeiro: Typografia Villeneuve, 1871.

_____. Cartas de Paulino Soares de Sousa a Maria Amelia, 5 fev. 1877; 2 nov. 1866; carta de Paulino Soares de Sousa a João Alvares Soares de Sousa, 25 set. 1877. In: SOARES DE SOUSA, Álvaro Paulino. *Três brasileiros ilustres. Dr. José Antônio de Soares de Sousa, visconde do Uruguai, conselheiro Paulino José Soares de Sousa. Contribuições biográficas por ocasião do centenário da Independência*. Rio de Janeiro: Typo. Leuzinger, 1923.

SOCIEDADE ABOLICIONISTA BAHIANA. *Manifesto que vai ser apresentado ao Corpo Legislativo pela Sociedade Abolicionista Bahiana*, 1876.

SOCIEDADE BRASILEIRA CONTRA A ESCRAVIDÃO. *Manifesto da Sociedade Brasileira contra a Escravidão, 7 de setembro de 1880*. Rio de Janeiro: Typografia de G. Leuzinger & Filhos, 1880a.

_____. *Cartas do presidente Joaquim Nabuco e do ministro americano H. W. Hilliard sobre a emancipação nos Estados Unidos*. Rio de Janeiro: Typografia de G. Leuzinger & Filhos, 1880b.

_____. *Sociedade Brasileira contra a Escravidão oferece um banquete em honra* ao ministro americano Henry Washington Hilliard, 20 de novembro, 1880. Rio de Janeiro: Typografia Primeiro de Janeiro, 1880c.

SOUSA, Vicente de. *Conferência realizada no Theatro S. Luís em benefício da Associação Typhografica Fluminense, em 23 de março de 1879*. Tese: O Império e a escravidão; o Parlamento e a pena de morte. Rio de Janeiro: Typ. de Molarinho & Montalverne, 1879. Ed. fac-símile São Paulo: Centro de Memória Sindical; Arquivo do Estado de São Paulo, 1993.

SWIFT (BARBOSA, Rui). *Uma escaramuça Conservadora em 1883. O crime de 25 de outubro, artigos de Swift*. Rio de Janeiro: Typografia Nacional, 1884.

TAUNAY, Afonso (Org.). "Algumas cartas de Carlos Gomes ao visconde de Taunay". *Revista do Instituto Histórico e Geográfico Brasileiro*, tomo LXXIII, parte II, 1910.

TAUNAY, Alfredo. *As memórias do Visconde de Taunay (1892-3)*. Org. de Afonso Taunay e Raul Taunay. São Paulo: Instituto Progresso Editorial, 1948.

_____. "André Rebouças". *Revista do Instituto Histórico e Geográfico Brasileiro*, 1916, tomo LXXVII.

_____. *Reminiscências*. Rio de Janeiro: Francisco Alves, 1980.

TOSTA, Joaquim Ignacio. *Discurso proferido na sessão de instalação da Sociedade Emancipadora Onze de Agosto*. Recife: Typografia Industrial, 1877.

TROVÃO, José Lopes da Silva. *Conferência republicana*. Rio de Janeiro: Typografia Machado Costa, 1879.

UM LAVRADOR. *Manual do súdito fiel ou Cartas de Um Lavrador à sua majestade o imperador sobre a questão do elemento servil*. Rio de Janeiro: Typografia e Lith. de Moreira, Maximino & C., 1884.

UM PATRIOTA. *O erro do sr. Joaquim Nabuco, O eclipse do patriotismo, propaganda da verdade*. Rio de Janeiro: [s.n.], 1885.

VARELLA, Busch. *Conferência sobre a lei 7 de novembro de 1831 realizada no dia 9 de março de 1884 a convite do Clube Abolicionista 7 de Novembro*. Rio Janeiro: Typografia Central de Evaristo da Costa, 1884.

VINDEX [Augusto Álvares Guimarães]. *Cartas de Vindex ao dr. Luís Álvares dos Santos publicadas no Diário da Bahia*. Bahia: Typographia do *Diário*, 1875.

REFERÊNCIAS BIBLIOGRÁFICAS

ACEBRÓN, M. Dolores Domingo. *Rafael María de Labra: Cuba, Porto Rico, Las Filipinas, Europa y Marruecos, en la España del sexenio democrático y la restauración (1871-1918)*. Madri: Consejo Superior de Investigaciones Científicas, 2006.

AFFONSO, Almino (Org.). *Polianteia: Almino Affonso, tribuno da abolição*. Brasília: Senado Federal, 1998.

ALBUQUERQUE, Wlamyra R. de. *O jogo da dissimulação. Abolição e cidadania negra no Brasil*. São Paulo: Companhia das Letras, 2009.

ALENCASTRO, Luiz Felipe de. *Trabalho escravo e trabalho compulsório no Brasil: 1870-1930*. Relatório de pesquisa. São Paulo: Cebrap, 1989.

_____. "A evangelização numa só colônia". In: *O trato dos viventes. Formação do Brasil no Atlântico Sul*. São Paulo: Companhia das Letras, 2000.

ALONSO, Angela. "O epílogo do romantismo. A polêmica Alencar-Nabuco". *Dados. Revista de Ciências Sociais*, Rio de Janeiro, v. 39, n. 2, 1996.

ALONSO, Angela. *Ideias em movimento: a geração 1870 na crise do Brasil-Império*. São Paulo: Anpocs; Paz e Terra, 2002.

_____. *Joaquim Nabuco: os salões e as ruas*. São Paulo: Companhia das Letras, 2007.

_____. "O abolicionista cosmopolita. Joaquim Nabuco e a rede abolicionista transnacional". *Novos Estudos Cebrap*, São Paulo, n. 88, 2010.

_____. A teatralização da política: a propaganda abolicionista. *Tempo Social, Revista do Departamento de Sociologia da USP*, v. 24, n. 2, 2012.

_____. "O abolicionismo como movimento social". *Novos Estudos Ceprab*, São Paulo, n. 100, 2015.

ALVES, Isaias. *Vida e obra do barão de Macahubas*. São Paulo: Companhia Editora Nacional, 1942.

ALVES, Uelinton F. *José do Patrocínio. A imorredoura cor do bronze*. Rio de Janeiro: FBN; Garamond, 2009.

ANDERSON, Benedict. *Under Three Flags: Anarchism and the Anti-Colonial Imagination*. Rio de Janeiro: Verso, 2007.

AZEVEDO, Célia. "Quem precisa de são Nabuco?". *Estudos Afro-Asiáticos*, Rio de Janeiro, v. 23, n. 1, jan.-jun. 2001.

_____. *Abolicionismo. Estados Unidos e Brasil, uma história comparada (século XIX)*. São Paulo: Annablume, 2003.

_____. *Onda negra, medo branco: o negro no imaginário das elites do século XIX*. São Paulo: Annablume, [1987] 2004.

AZEVEDO, Elciene. *Orfeu de carapinha. A trajetória de Luís Gama na imperial cidade de São Paulo*. Campinas: Ed. da Unicamp, 1999.

_____. "Antônio Bento, homem rude do sertão: um abolicionista nos meandros da justiça e da política". *Locus: Revista de História*, Juiz de Fora, v. 13, n. 1, 2007.

_____. *O direito dos escravos. Lutas jurídicas e abolicionismo na província de São Paulo*. Campinas: Ed. da Unicamp, 2010.

BAKOS, Margaret M. *RS: escravismo & abolição*. Porto Alegre: Mercado Aberto, 1982.

BARMAN, Roderick J. *A princesa Isabel do Brasil. Gênero e poder no século XIX*. São Paulo: Ed. da Unesp, 2002.

_____. *Imperador cidadão*. São Paulo: Ed. da Unesp, 2010.

BASTOS, M. H. C. "As conferências populares da Freguesia da Glória". In: *II Congresso Brasileiro de História da Educação*, 2002, Natal, RN. História e memória da educação brasileira. Natal: Núcleo de Arte e Cultura da UFRN, 2002, v. 1.

BENNANI-CHRAÏBI, Mounia et al. "Towards a Sociology of Revolutionary Situations. Reflections on the Arab Uprisings". *Revue Française de Science Politique*, v. 62, pp. 1-29, 2012-5.

BERGSTRESSER, Rebecca B. *The Movement for the Abolition of Slavery in Rio de Janeiro, Brazil. 1880-1889*. Tese de doutotado. Stanford: Stanford University, 1973.

BESOUCHET, Lídia. *José Maria Paranhos, visconde do Rio Branco: ensaio histórico-biográfico*. Rio de Janeiro: Nova Fronteira, 1985.

BETHELL, Leslie. *The Abolition of the Brazilian Slave Trade: Britain, Brazil and the Slave Trade Question, 1807-69*. Cambridge: Cambridge University Press, 1970.

_____. "Joaquim Nabuco e os abolicionistas britânicos. Correspondência, 1880--1905". *Estudos Avançados*, São Paulo, v. 23, n. 65, 2009.

_____. "O Brasil da Independência a meados do século XIX". In: _____. (Org.). *História da América Latina*. São Paulo: Edusp; Funag, 2009, v. III: Da Independência a 1870.

_____; CARVALHO, José Murilo de Carvalho (Orgs.). *Joaquim Nabuco e os abolicionistas britânicos (correspondência 1880-1905)*. Rio de Janeiro: Topbooks, 2008.

BLAKE, Augusto Victorino Sacramento. *Dicionário bibliográfico brasileiro*. Rio de Janeiro: Typographia Nacional; Conselho Federal de Cultura, 1970, v. II, III, V, VI, VII.

BOEHRER, George. *Da monarquia à república: história do Partido Republicano do Brasil (1870-1889)*. Rio de Janeiro: MEC, 1954.

BOURDIEU, Pierre. *A distinção: crítica social do julgamento*. São Paulo/Porto Alegre: Edusp; Zouk, 2007.

BRÍCIO FILHO, Jaime. 1928." Depoimento do jornalista Brício Filho sobre o Quilombo do Leblon". In: SILVA, Eduardo. *As camélias do Leblon*. São Paulo: Companhia das Letras, 2003.

BRITO, Jailton Lima. *A abolição na Bahia, 1870-1888*. Salvador: Centro de Estudos Baianos da UFBA, 2003.

BROOKSHAW, David. *Raça e cor na literatura brasileira*. Porto Alegre: Mercado Aberto, 1983.

BROWN, Christopher Leslie. *Moral Capital: Foundations of British Abolitionism*. Chapel Hill: Universisty of North Carolina Press, 2006.

BUESCU, Mircea. "No centenário da Lei Saraiva". *Revista do Instituto Histórico e Geográfico*, Rio de Janeiro, n. 330, pp. 179-86, jan.-mar. 1981.

BRAGA-PINTO, César. "The Honor of the Abolitionist and the Shamefulness of Slavery: Raul Pompeia, Luiz Gama, and Joaquim Nabuco". *Luso-Brazilian Review*, v. 51, n. 2, inverno 2014.

CAIRES SILVA, Ricardo Tadeu. "Memórias do tráfico ilegal de escravos nas ações de liberdade: Bahia, 1885-1888". *Afro-Ásia*, Salvador, n. 35, pp. 37-82, 2007.

_____. *As ações das sociedades abolicionista na Bahia (1869-1888)*. 4º Encontro Escravidão e Liberdade no Brasil Meridional. Curitiba, maio 2009.

CAMPBELL, Courtney Jeanette. *Culture, Nation and Imperialism: Iseb and U.S. Cultural Influence in Cold-War Brazil and Joaquim Nabuco, British Abolitionists and the Case of Morro Velho*. Master of Arts Thesis. Nashville: Vanderbilt University, 2010.

CARDOSO, Fernando Henrique. *Capitalismo e escravidão no Brasil meridional. O negro na sociedade escravocrata do Rio Grande do Sul*. São Paulo: Paz e Terra, 1977.

CARVALHO, José Murilo de. *A construção da ordem. A elite política imperial*. Rio de Janeiro: Campus, 1980.

_____. *Teatro de sombras. A política imperial*. Rio de Janeiro: Iuperj; Vértice, 1988.

_____. *Cidadania no Brasil. O longo caminho*. Rio de Janeiro: Civilização Brasileira, 2003.

_____. "Escravidão e razão nacional". In: _____. *Pontos e bordados. Escritos de história e política*. Belo Horizonte: Ed. da UFMG, 2005.

_____. "As conferências radicais do Rio de Janeiro: novo espaço de debate". In: _____. (Org.). *Nação e cidadania no Império: novos horizontes*. São Paulo: Civilização Brasileira, 2007.

_____. *D. Pedro II. Ser ou não ser*. São Paulo: Companhia das Letras, 2007.

_____. "Apresentação". In: ALENCAR, José de. *Cartas de Erasmo*. Rio de Janeiro: ABL, 2009.

CARVALHO, Maria Alice Rezende de. *O quinto século: André Rebouças e a construção do Brasil*. Rio de Janeiro: Revan; Iuperj-Ucam, 1998.

CASTILHO, Celso T. *Abolitionism Matters: the Politics of Antislavery in Pernambuco, Brazil. 1869-1888*. Tese de doutorado, Universidade da Califórnia, Berkeley, 2008.

CHALHOUB Sidney. *Visões da liberdade: uma história das últimas décadas da escravidão na Corte*. São Paulo: Companhia das Letras, 1990.

_____. População e sociedade. In: CARVALHO, José Murilo de (Org.). *História do Brasil nação: 1808-2010*. Madri; Rio de Janeiro: Fundación Mapfre; Objetiva, 2012, v. 2: A construção nacional 1830-1889.

CHILDS, Matt D. "A Case of 'Great Unstableness': A British Slaveholder and Brazilian Abolition". *The Historian*, v. 60, n. 4, pp. 717-40, 1998.

CONNIFF, Michael L. "Voluntary Associations in Rio, 1870-1945: A New Approach to Urban Social Dynamics". *Journal of Interamerican Studies and World Affairs*, v. 17, n. 1, pp. 64-81, fev. 1975.

CONRAD, Robert. "The Contraband Slave Trade to Brazil, 1831-1845". *Hispanic American Historical Review*, v. XLIX, n. 2, 1969.

_____. *The Destruction of the Brazilian Slavery. 1850-1888*. Oakland: University of California Press, 1972.

_____. *Os últimos anos da escravatura no Brasil*. Rio de Janeiro: Civilização Brasileira, 1975.

CORWIN, Arthur F. *Spain and the Abolition of Slavery in Cuba, 1817-1886*. Austin: Institute of Latin American Studies, University of Texas Press, 1968.

COSTA, Emília Viotti da. *Da senzala à colônia*. São Paulo: Livraria de Ciências Humanas, [1966] 1982.

_____. *Da monarquia à república: momentos decisivos*. São Paulo: Grijalbo, 1977.

_____. *The Brazilian Empire*. Chicago: University of Chicago Press, 1985.

COSTA E SILVA, Alberto. *Castro Alves*. São Paulo: Companhia das Letras, 2006.

COTA, Luis Gustavo Santos. *Ave Libertas: abolicionismo e luta pela liberdade em Minas Gerais na última década da escravidão*. Tese de doutorado. Niterói: UFF, 2013.

COUTINHO, Afrânio (Org.). *A polêmica Alencar-Nabuco*. Rio de Janeiro: Tempo Brasileiro, 1965.

DAVIS, David. *The Problem of Slavery in Western Culture*. Nova York: Oxford University Press, 1966.

_____. *Slavery and Human Progress*. Nova York: Oxford University Press, 1984.

_____. "The Problem of Slavery in the Age of Evolution 1770-1823". In: BENDER, Thomas (Org.). *The Antislavery Debate. Capitalism and Abolitionism as a Problem in Historical Interpretation*. Berkeley: University of California Press, 1992.

_____. *Inhuman Bondage. The Rise and Fall of Slavery in the New World*. Oxford: Oxford University Press, 2006.

DEL PRIORE, Mary. *Príncipe maldito — traição e loucura na família imperial*. Rio de Janeiro: Objetiva, 2007.

DIANI, Mario. "Networks and Social Movements: a Research Programme". In: DIANI, Mario; MCADAM, Doug (Orgs.). *Social Movements and Networks. Relational Approaches to Collective Action*. Oxford: Oxford University Press, 2003.

DORATIOTO, Francisco. *Maldita guerra: nova história da Guerra do Paraguai*. São Paulo: Companhia das Letras, 2002.

_____. "O visconde do Rio Branco: soberania, diplomacia e força". In: PIMENTEL, José Vicente de Sá (Org.). *Pensamento diplomático brasileiro. Formuladores e agentes da política externa (1750-1965)*. Brasília: Funag, 2013, v. I.

DRESCHER, Seymour. *Econocide: British Slavery in the Era of Abolition*. Pittsburgh: University of Pittsburgh Press, 1977.

_____. "Two Variants de Anti-Slavery: Religious Organization and Social Mobilização in Britain and France, 1780-1870". In: BOLT, Christine; DRESCHER, Seymour. *Anti-Slavery, Religion and Reform: Essays in Memory de Roger Anstey*. Folkestone, Engle: W. Dawson, 1980.

_____. *Capitalism and Antislavery*. Oxford: Oxford University Press, 1986.

_____. "Brazilian Abolition in Comparative Perspective". In: ANDREWS, G. R. *The Abolition of Slavery and the Aftermath of Emancipation in Brazil*. Durham: Duke University Press, 1988.

_____. *Abolition. A History of Slavery and Antislavery*. Cambridge: Cambridge University Press, 2009.

DURHAM, David I.; PRUITT JR., Paul M. *A Journey in Brazil: Henry Washington Hilliard and the Brazilian Anti-slavery Society*. Occasional Publications of the Bounds Law Library, n. 6. Tuscaloosa: University of Alabama School of Law, 2008.

ELIAS, Norbert. *O processo civilizador*. Rio de Janeiro: Zahar, 1996, v. I e II.

FALCI, Miridan B.; MELO, Hildete Pereira de. *A sinhazinha emancipada. Eufrásia Teixeira Leite (1850-1930). A paixão e os negócios na vida de uma ousada mulher do século XIX*. Rio de Janeiro: Vieira & Lent, 2012.

FARIA, João Roberto. "José de Alencar: a polêmica em torno da adaptação teatral de *O guarani*". *Revista Letras*, Curitiba, v. 30, 1982.

_____. *José de Alencar e o teatro*. São Paulo: Perspectiva; Edusp, 1987.

FERNANDES, Florestan. *A integração do negro na sociedade de classes*. São Paulo: Ática, 1978.

FERREIRA, Ligia Fonseca. *Luiz Gama (1830-1882): étude sur la vie et l'oeuvre d'un noir citoyen, militant de la lutte anti-esclavagiste au Brésil*. Tese de doutorado. Paris: Universidade de Paris 3; Sorbonne Nouvelle, 2001, 4v.

_____. "Luiz Gama: um abolicionista leitor de Renan". *Estudos Avançados*, São Paulo, v. 21, n. 60, maio-ago. 2007.

FERREIRA, Ligia Fonseca. *Com a palavra, Luiz Gama. Poemas, artigos, cartas, máximas*. São Paulo: Imprensa Oficial, 2011.

FERREIRA, Luzilá Gonçalves et al. *Suaves Amazonas: mulheres e abolição da escravatura no Nordeste*. Recife: Ed. da UFPE, 1999.

FIGUEROA, Meirevandra Soares. *Matéria livre... espírito livre para pensar. Um estudo das práticas abolicionistas em prol da instrução e educação de ingênuos na capital da província sergipana (1881-1884)*. Dissertação de mestrado, Universidade Federal de Sergipe, 2007.

FONSECA, Dante Ribeiro. "O trabalho do escravo de origem africana no Amazonas". *Revista Veredas Amazônicas*, Porto Velho, v. 1, n. 1, 2011.

FONTES, Alice Aguiar de Barros. *A prática abolicionista em São Paulo: os Caifases (1882-1888)*. Dissertação de mestrado do Departamento de História da USP, São Paulo, 1976.

FRAGA FILHO, Walter. *Encruzilhadas da liberdade: histórias de escravos e libertos na Bahia (1870-1910)*. Campinas: Ed. da Unicamp, 2006.

FRANCO, Sergio da Costa. *Júlio de Castilhos e sua época*. Porto Alegre: Globo, 1967.

FREYRE, Gilberto. *Sobrados e mucambos: decadência do patriarcado rural e desenvolvimento do urbano*. São Paulo: Global, 2003.

FUNDAÇÃO CASA DE RUI BARBOSA. *Arquivo de Rui Barbosa: repertório da série Correspondência Geral*. Rio de Janeiro: Fundação Casa de Rui Barbosa, 1983.

GAMSON, Willian. *Power and Discontent*. Homewood: Dorsey, 1968.

_____; MEYER, D. S. "Framing Political Opportunity". In: MCADAM, Doug; MCCARTHY, John D.; ZALD, Mayer N. (Orgs.). *Opportunities, Mobilizing Structures and Framing*. Cambridge: Cambridge University Press, 1996.

GASPAR, Lúcia. *Clube do Cupim*. Recife: Fundação Joaquim Nabuco, 2009. Disponível em: <http://basilio.fundaj.gov.br/pesquisaescolar/index.php?option=com_content&view=article&id=558&Itemid=182>.

GIRÃO, Raimundo. *A abolição no Ceará*. 2. ed. rev. Fortaleza: Secretaria de Cultura do Ceará, 1969.

_____. "A abolição no Ceará". In: *Da senzala para os salões* (coletânea). Fortaleza: Secretaria de Cultura, Turismo e Desporto, 1988.

GOÉS, Marcus. *Carlos Gomes. Documentos comentados*. São Paulo: Algol, 2008.

GOFFMAN, Erving. *Estigma: notas sobre a manipulação da identidade deteriorada*. Rio de Janeiro: LTC, 1988.

GOMES, Flávio dos Santos. "Jogando a rede, revendo as malhas: fugas e fugitivos no Brasil escravista". *Tempo: Revista do Departamento de História da UFF*, n. 1, pp. 89-90, 1996.

_____. *Histórias de quilombolas: mocambos e comunidades de senzalas no Rio de Janeiro — século XIX*. São Paulo: Companhia das Letras, 2006.

GONDRA, José Gonçalves; SAMPAIO, Thiago. "Ciência pela força? Dr. Abílio César Borges e a propaganda contra o emprego da palmatória e outros meios aviltantes no ensino da mocidade (1856-1876)". *Acta Scientiarum Education*, Maringá, v. 32, n. 1, pp. 75-82, 2010.

GORENDER, Jacob. *A escravidão reabilitada*. São Paulo: Ática, 1990.

GOUVÊA, Fernando da Cruz. *Joaquim Nabuco entre a monarquia e a república*. Recife: Fundaj, 1989.

GRADEN, Dale Torston. *From Slavery to Freedom in Brazil. Bahia, 1835-1900*. Albuquerque: University of New Mexico Press, 2006.

GRAHAM, Richard. *Clientelismo e política no Brasil do século XIX*. Rio de Janeiro: UFRJ, 1997.

GRAHAM, Sandra L. "The Vintem Riot and Political Culture: Rio de Janeiro, 1880". *Hispanic American Historical Review*, Durham, v. 60, n. 3, ago. 1980.

GRINBERG, Keila. *Liberata, a lei da ambiguidade*. Rio de Janeiro: Relume-Dumará, 1994.

_____. *O fiador dos brasileiros — cidadania, escravidão e direito civil no tempo de Antônio Pereira Rebouças*. Rio de Janeiro: Civilização Brasileira, 2002.

HABERLY, David T. "Abolitionism in Brazil; Anti-Slavery and Anti-Slave". *Luso-brazilian Review*, Madison, v. 2, n. 2, 1972.

HAHRNER, June. *Emancipating the Female Sex. The Struggle for Women's Rights in Brazil 1850-1940*. Durham: Duke University Press, 1990.

HALFMANN, Drew; YOUNG, M. P. "War Pictures: the Grotesque as Moral Repertoire in the Antislavery and Antiabortion Movements". *Mobilization: An International Quarterly Issue*, pp. 1-24, 15 jan. 2010.

HASKELL, Thomas. "Capitalism and the Origins of the Humanitarian Sensibility, Part 1 and Part 2". In: BENDER, Thomas (Org.). *The Antislavery Debate. Capitalism and Abolitionism as a Problem in Historical Interpretation*. Berkeley: University of California Press, 1992.

HIRSCHMAN, Albert. *The Rhetoric of Reaction. Perversity, Futility, Jeopardy*. Cambridge: Harvard University Press, 1991.

HOCHSCHILD, Adam. *Bury the Chains: Prophets and Rebels in the Fight to Free an Empire's Slaves*. Boston: Houghton Mifflin Harcourt, 2005.

HOFFNAGEL, Marc J. "O Partido Liberal de Pernambuco e a questão abolicionista, 1880-1888". *Cadernos de Estudos Sociais de Recife*. Recife, v. 4, n. 2, jul.-dez. 1988.

HOLANDA, Sérgio Buarque. *O Brasil monárquico — Do Império à República. História geral da civilização brasileira*. São Paulo: Difel, 1972.

_____. *Capítulos de história do Império*. São Paulo: Companhia das Letras, 2010.

HOLLOWAY, Thomas H. *Imigrantes para o café: café e sociedade em São Paulo, 1886-1934*. Rio de Janeiro: Paz e Terra, 1984.

HOLLOWAY, Thomas H. "The Defiant Life and Forgotten Death of Apulco de Castro: Race, Power, and Historical Memory". *Estudios Interdisciplinarios de América Latina y el Caribe*, 2007. Disponível em: <http://www1.tau.ac.il/eial>.

_____. *Caught in the Middle: Race and Republicanism in the Writings of Apulco de Castro, Journalist and "Man of Color", 1880-1883*. Paper apresentado na American Historical Association, Nova York, 2009.

IANNI, Octávio. *As metamorfoses do escravo*. São Paulo: Hucitec, 1988.

JASPER, James. *The Art of Moral Protest. Culture, Biography, and Creativity in Social Movements*. Chicago: University of Chicago Press, 1997.

JENNINGS, Lawrence C. *French Anti-Slavery. The Movement for the Abolition of Slavery in France, 1802-1848*. Cambridge: Cambridge University Press, 2006.

JESUS, Ronaldo Pereira de. "Associativismo no Brasil do século XIX: repertório crítico dos registros de sociedades no Conselho de Estado (1860-1889)". *Locus: Revista de História*, Juiz de Fora, v. 13, n. 1, 2007.

JUCÁ, Joselice. *André Rebouças: reforma e utopia no contexto do Segundo Reinado*. Rio de Janeiro: Odebrecht, 2001.

KECK, Margareth; SIKKINK, Kathyrin. *Activists Beyond Borders*. Ithaca: Cornell University Press, 1998.

KITTLESON, Roger A. *The Practice of Politics in Postcolonial Brazil: Porto Alegre, 1845-1895*. Pittsburgh: University of Pittsburgh Press, 2005.

KODAMA, Kaori. "Os debates pelo fim do tráfico no periódico O Philantropo (1849-1852) e a formação do povo: doenças, raça e escravidão". *Revista Brasileira de História*, São Paulo, v. 28, n. 56, 2008.

KRAAY, Hendrik. "Between Brazil and Bahia: Celebrating Dois de Julho in Nineteenth-Century Salvador". *Journal of Latin American Studies*, Cambridge, v. 31, 1999.

LAMOUNIER, Maria Lúcia. *Da escravidão ao trabalho livre (a Lei de Locação de Serviços de 1879)*. Campinas: Papirus, 1988.

LAYTANO, Dante de. *Manual de fontes bibliográficas para o estudo da história geral do Rio Grande do Sul*. Porto Alegre: UFRGS, 1979.

LIMA, Lana L. G. *Rebeldia negra e abolicionismo*. Rio de Janeiro: Achiamé, 1981.

LIMA, Raul. "A abolição à luz de documentos". *Revista do Instituto Histórico e Geográfico Brasileiro*. Rio de Janeiro, n. 335, pp. 133-4, abr.-jun. 1982.

LINS, Ivan. *História do positivismo no Brasil*. São Paulo: Companhia Editora Nacional, 1964.

LONER, Beatriz Ana. "Negros: organização e luta em Pelotas". *História em Revista*, Pelotas, v. 5, pp. 7-27, 1999.

LYRA, Heitor. *História de d. Pedro II*. Belo Horizonte: Itatiaia, 1977, v. 2: Fastígio, 1870-1880.

MACHADO, Maria Helena. *O plano e o pânico: os movimentos sociais na década da abolição*. Rio de Janeiro; São Paulo: UFRJ; Edusp, 1994.

_____. "From Slave Rebels to Strikebreakers: The Quilombo of Jabaquara and the Problem of Citizenship in Late-Nineteenth-Century Brazil". *Hispanic American Historical Review*, v. 86, n. 2, 2006.

_____. "Teremos grandes desastres, se não houver providências enérgicas e imediatas: a rebeldia dos escravos e a abolição da escravidão". In: GRINBERG, Keila; SALLES, Ricardo (Orgs.). *O Brasil Imperial*. Rio de Janeiro: Civilização Brasileira, 2009, v. III, 1870-1889.

MAGALHÃES JR., Raymundo. *A vida turbulenta de José do Patrocínio*. Rio de Janeiro: Sabiá, 1969.

MAMIGONIAN, Beatriz. "O Estado Nacional e a instabilidade da propriedade escrava: a Lei de 1831 e a matrícula dos escravos de 1872". *Almanack*. Guarulhos, n. 2, pp. 20-37, 2º sem. 2011.

MARQUESE, Rafael; SALLES, Ricardo. *Escravidão e capitalismo histórico: Brasil, Cuba e Estados Unidos, século XIX*. Rio de Janeiro: Civilização Brasileira, 2015 [no prelo].

MATTOS, Hebe. *Das cores do silêncio: os significados da liberdade no Sudeste escravista, Brasil século XIX*. 2. ed. Rio de Janeiro: Nova Fronteira, 1998.

MATTOS, Ilmar R. *Tempo saquarema*. São Paulo; Brasília: Hucitec; INL, 1987.

MATTOS, Marcelo Badaró. "Trajetórias entre fronteiras: o fim da escravidão e o fazer-se da classe trabalhadora no Rio de Janeiro". *Revista Mundos do Trabalho*, Florianópolis, v. 1, n. 1, jan.-jun. 2009.

MCADAM, Doug. "Biographical Consequences of Activism". *American Sociological Review*, Washington, DC, v. 54, 1986.

_____; TARROW, Sidney; TILLY, Charles. *Dynamics of Contention*. Nova York: Cambridge University Press, 2001.

MCCARTHY, John D.; ZALD, Mayer N. "Resource Mobilization and Social Movements: a Partial Theory". *American Journal of Sociology*, v. 82, n. 6, 1977.

MEDEIROS, Coriolano de. "O movimento abolicionista no Nordeste, 1925". In: DANTAS, Leonardo. *A abolição em Pernambuco*. Recife: Fundaj; Massangana, 1988.

MENUCCI, Sud. *O precursor do abolicionismo no Brasil (Luiz Gama)*. São Paulo: Companhia Editora Nacional, 1938.

MEYER, David; STAGGENBORG, Suzanne. "Movements, Countermovements, and the Structure of Political Opportunity". *American Journal of Sociology*, Chicago, v. 101, n. 6, maio 1996.

MONNERAT, Tanize do Couto Costa. *Abolicionismo em ação: o jornal Vinte e Cinco de Março em Campos dos Goytacazes 1884-1888*. Dissertação de mestrado. Rio de Janeiro: UniRio, 2012.

MONTI, Verônica. M. *O abolicionismo: sua hora decisiva no Rio Grande do Sul 1884*. Porto Alegre: Martins, 1985.
MORAES. Maria Augusta de S. *História de uma oligarquia: os Bulhões*. Goiânia: Oriente, 1974.
MOREL, Edgar. *Dragão do Mar. O jangadeiro da abolição*. Rio de Janeiro: Ed. do Autor, 1949.
_____. *Vendaval da liberdade. A luta do povo pela abolição*. São Paulo: Global, 1967.
MOTT, Maria Lúcia. *Submissão e resistência: a mulher na luta contra a escravidão*. São Paulo: Contexto, 1988.
MOURA, Clóvis. *Dicionário da escravidão negra*. São Paulo: Edusp, 2004.
NABUCO, Carolina. *Vida de Joaquim Nabuco, por sua filha Carolina Nabuco*. São Paulo: Companhia Editora Nacional, 1929.
NEEDELL, Jeffrey D. *The Party of Order: The Conservatives, the State and Slavery in the Brazilian Monarchy, 1831-1871*. Stanford: Stanford University Press, 2006.
_____. "Brazilian Abolitionism, Its Historiography, and the Uses of Political History". *Journal of Latin American Studies*, v. 42, n. 2, pp. 231-61, maio 2010.
_____. "Politics, Parliament, and the Penalty of the Lash: The Significance of the End of Flogging in 1886". *Almanack*, Guarulhos, n. 4, pp. 91-100, 2º sem. 2012.
NOBRE, Freitas. *João Cordeiro: abolicionista e republicano*. São Paulo: Letras, 1943.
NOVAES, Maria Stella de. *A escravidão e a abolição no Espírito Santo: história e folclore*. 2. ed. Vitória: Prefeitura Municipal de Vitória, Secretária de Cultura, 2010.
NOVAIS, Fernando A. *Portugal e Brasil na crise do antigo sistema colonial (1777- -1808)*. São Paulo: Hucitec, 1985.
OLIVEIRA, Dom Oscar de. "O que fez a Igreja no Brasil pelo escravo africano". *Revista do IHGB*, Rio de Janeiro, n. 326, jan.-mar. 1980.
PAIVA, Clotilde A. et al. *Publicação crítica do recenseamento geral do Império do Brasil de 1872 (Relatório Provisório)*. Núcleo de Pesquisa em História Econômica e Demográfica, Cedeplar, 2012.
PANG, Laura Jarnagin. *The State and Agricultural Clubs of Imperial Brazil, 1860- -1889*. Tese de doutorado. Nasville: Vanderbilt University, 1981.
PARRON, Tâmis. *A política da escravidão no Império do Brasil, 1826-1865*. Rio de Janeiro: Civilização Brasileira, 2011.
PENA, Eduardo Spiller. "Resenha de Liberata: a lei da ambiguidade". *Afro-Ásia*,

Revista do Centro de Estudos Afro-Orientais da Universidade Federal da Bahia, n. 17, 1996.

PENA, Eduardo Spiller. *Pajens da casa imperial: jurisconsultos, escravidão e a Lei de 1871*. Campinas: Ed. da Unicamp, 2001.

PERUSSATTO, Melina Kleinert. "Rosa vai à justiça: agência, abolicionismo e direitos nos últimos anos do cativeiro, Rio Pardo/RS". In: *Mostra de pesquisa do Arquivo Público do Estado do Rio Grande do Sul 7*, Porto Alegre: Companhia Rio-grandense de Artes Gráficas, 2009.

PINHO, Wanderley. *Cotegipe e seu tempo*. São Paulo: Companhia Editora Nacional, 1937.

PROENÇA FILHO, Domício. "A trajetória do negro na literatura brasileira". *Estudos Avançados*, São Paulo, v. 18, n. 50, pp. 161-93, 2004.

RANGEL, Alberto. *Gastão de Orléans (o último conde D'Eu)*. São Paulo: Companhia Editora Nacional, 1935.

REIS, João José. "Quilombos e revoltas escravas no Brasil". *Revista USP*, n. 28, 1995-6.

_____. "Presença negra: conflitos e encontros". In: *Brasil: 500 anos de povoamento*. Rio de Janeiro: IBGE, 2000.

_____. *Rebelião escrava no Brasil: a história do levante dos malês em 1835*. São Paulo: Companhia das Letras, 2003.

_____; GOMES, Flávio dos Santos (Orgs.). *Liberdade por um fio — história dos quilombos no Brasil*. São Paulo: Companhia das Letras, 1996.

_____; SILVA, Eduardo. *Negociação e conflito: a resistência negra no Brasil escravista*. São Paulo: Companhia das Letras, 2009.

REYNOLDS, David S. *John Brown, Abolitionist: the Man who Killed Slavery, Sparked the Civil War, and Seeded Civil Rights*. Nova York: Vintage, 2006.

RIBEIRO, Maria Thereza Rosa. *Controvérsias da questão social — liberalismo e positivismo na causa abolicionista no Brasil*. Porto Alegre: Zouk, 2012.

RIZZO, Ricardo. *Sobre rochedos movediços: deliberação e hierarquia no pensamento político de José de Alencar*. São Paulo: Fapesp; Hucitec, 2012.

ROCHA PENALVES, Antônio. *Abolicionistas brasileiros e ingleses: a coligação entre Joaquim Nabuco e a British and Foreign*. São Paulo: Ed. da Unesp, 2008.

ROLIM, I. E. (Coord.). *A saga da abolição mossoroense*. Ed. especial para o Acervo Virtual Oswaldo Lamartine de Faria, 2002, Livro I.

RUGEMER, Edward. *The Problem of Emancipation: The Caribbean Roots of the American Civil War*. Baton Rouge: Louisiana State University Press, 2008.

SABA, Roberto. "A lei dos sexagenários e a derrota política dos abolicionistas no Brasil-Império". *História Social*, Campinas, n. 14-15, pp. 21-33, 2008.

SALLES, Ricardo. *Guerra do Paraguai: escravidão e cidadania na formação do exército*. Rio de Janeiro: Paz e Terra, 1990.

SALLES, Ricardo. "As águas do Niágara. 1871: crise da escravidão e o ocaso saquarema". In: GRINBERG, K.; SALLES, R. (Orgs.). *O Brasil imperial*. Rio de Janeiro: Civilização Brasileira, 2009, v. III — 1870-89.

SANTOS, Francisco Martins dos. *História de Santos*. São Vicente: Caudex, 1986.

SANTOS, José Maria. *Os Republicanos paulistas e a abolição*. São Paulo: Martins, 1942.

SANTOS, Wellington Barbosa dos. *Confederações abolicionistas no Maranhão na segunda metade do séc. XIX (1870-1888)*. Monografia (Licenciatura em História). São Luís: Universidade Estadual do Maranhão, 2008.

SAYERS, R. S. *The Negro in Brazilian Literature*. Nova York: Hispanic Institute in the United States, 1956.

SCHIAVON, Carmem G. Burgert. *A primeira Sociedade de Emancipação de Escravos do Brasil*. Paper apresentado no 4º Encontro Escravidão e Liberdade no Brasil Meridional, Curitiba, 13-15 maio 2009.

SCHMIDT-NOWARA, Christopher. *Empire and Anti-Slavery: Spain, Cuba, and Porto Rico, 1833-1874*. Pittsburgh: University of Pittsburgh Press, 1999.

_____; FRADERA, Josep M. (Orgs.). *Slavery and Antislavery in Spain's Atlantic Empire*. Nova York: Berghahn, 2013.

SCHULZ, John. *O exército na política. Origens da intervenção militar, 1850-1894*. São Paulo: Edusp, 1994.

SCHWARCZ, Lilia Moritz. *Retrato em branco e preto. Jornais, escravos e cidadãos em São Paulo no final do século XIX*. São Paulo: Companhia das Letras, 1987.

_____. *As barbas do imperador. D. Pedro II, um monarca nos trópicos*. São Paulo: Companhia das Letras, 1998.

_____. "Dos males da dádiva: sobre as ambiguidades no processo da abolição brasileira". In: CUNHA, Olívia Maria Gomes da; GOMES, Flávio dos Santos (Orgs.). *Quase cidadão. Histórias e antropologias da pós-emancipação no Brasil*. Rio de Janeiro: Ed. da FGV, 2007.

SCHWARZ, Roberto. *Ao vencedor as batatas. Forma literária e processo social*. São Paulo: Duas Cidades; Ed. 34, 2000.

SCOTT, Rebecca J. *Emancipação escrava em Cuba: a transição para o trabalho livre, 1860-1899*. Rio de Janeiro; Campinas: Paz e Terra; Ed. da Unicamp, 1991.

SILVA, Eduardo. *As camélias do Leblon e a abolição da escravatura — uma investigação de história cultural*. São Paulo: Companhia das Letras, 2003.

_____. *Resistência negra, teatro e abolição da escravatura*. Paper apresentado na sessão Sociedade, Cultura e Poder no Império. 26ª reunião da Sociedade Brasileira de Pesquisa Histórica, 2006.

_____. "Fugas, revoltas e quilombos: os limites da negociação". In: REIS, João

José; SILVA, Eduardo. *Negociação e conflito: a resistência negra no Brasil escravista*. São Paulo: Companhia das Letras, 2009.

SILVA, Leonardo Dantas (Org.). *Cinquentenário da abolição em Pernambuco*. Catálogo da Exposição realizada no Teatro Santa Isabel de 13 a 31 de maio de 1938. Recife: Imprensa Oficial, 1939, 76p. il. Reimpressão fac-similar. Apud SILVA, Leonardo Dantas. *A abolição em Pernambuco*. Recife: Fundaj; Massangana, 1988a.

_____. *A imprensa e a abolição*. Recife: Fundaj; Massangana, 1988b.

_____. *A abolição em Pernambuco*. Recife: Fundaj/Massangana, 1988c.

SILVA, Rafael Santos da. Camélias e *Revista Ilustrada*: o movimento abolicionista em litografias de Ângelo Agostini. XII Encontro Regional de História — Anpuh, Rio de Janeiro, 2006.

SLENES, Robert. "The Brazilian Internal Slave Trade, 1850-1888. Regional Economies, Slave Experience, and the Politics of a Peculiar Market". In: JOHNSON, Walter (Org.). *The Chattel Principle: Internal Slave Trades in the Americas*. New Haven: Yale University Press, 2004.

SNOW, David; BENFORD, Robert. "Master Frames and Cycles of Protest". In: MORRIS, Aldon D.; MUELLER, Carol McClurg. *Frontiers in Social Movement Theory*. New Haven: Yale University Press, 1992.

_____. "Framing Processes and Social Movements: an Overview and Assessment". *Annual Review of Sociology*, n. 26, pp. 611-39, 2000.

SODRÉ, Nelson Werneck. *A história da imprensa no Brasil*. Rio de Janeiro: Civilização Brasileira, 1966.

SPITZER, Leo. *Lives in Between: Assimilation and Marginality in Austria, Brazil, West Africa 1780-1945*. Cambridge: Cambridge University Press, 1989.

STAMATOV, Peter. "Activist Religion, Empire, and the Emergence of Modern Long-Distance Advocacy Networks". *American Sociological Review*, n. 75, pp. 607-28, 2010.

STEINBERG, Marc. "The Roar of the Crowd: Repertoires of Discourse and Collective Action among the Spitafields Silk Weavers in Nineteenth-century London". In: TRAUGOTT, Mark (Org.). *Repertoires and Cycles of Collective Action*. Durham: Duke University Press, 1995, pp. 57-88.

STUDART, Barão de. *Diccionario Bio-bibliographico Cearense, de 1910, 1913, 1915*. Fortaleza: Universidade Federal Cearense; Imprensa Universitária, 1980, v. 1, 2, 3.

SUMMERHILL, William R. *Party and Faction in the Imperial Brazilian Parliament*. Haber: Hoover Press, 2012.

SURWILLO, Lisa. "Representing The Slave Trader: Haley and the Slave Ship; or, Spain's Uncle Tom's Cabin". *PMLA*, v. 120, n. 3, maio 2005.

SUSSEKIND, Flora. "As vítimas-algozes e o imaginário do medo". In: MACEDO,

Joaquim Manuel. *As vítimas-algozes: quadros da escravidão*. Rio de Janeiro; São Paulo: Fundação Casa de Rui Barbosa; Scipione, 1991.

SWIDLER, Ann. "Cultural Power and Social Movements". In: JOHNSTON, Hank; KLANDERMANS, Bert (Orgs.). *Social Movements and Culture*. Minneapolis: University of Minnesota Press, 1995, pp. 25-40.

_____. *Talk of Love. How Culture Matters*. Chicago: University of Chicago Press, 2001.

TARROW, Sidney. "Modular Collective Action and the Rise of the Social Movement: Why the French Revolution Was Not Enough". *Politics & Society*, pp. 69-90, 21 jan. 1993.

TARROW, Sidney. "Cycles of Collective Action: Between Moments of Madness and the Repertoire of Contention". In: TRAUGOTT, Mark (Org.). *Repertoires and Cycles of Collective Action*. Durham: Duke University Press, 1995, pp. 89-116.

_____. *Power in Movement. Social Movements and Contentious Politics*. Cambridge: Cambridge University Press, 1998.

_____. *The New Transnational Activism*. Cambridge: Cambridge University Press, 2005.

_____. "Dynamics of Diffusion: Mechanisms, Institutions, and Scale Shift". In: GIVAN, Rebecca Kolins; ROBERTS, Kenneth M.; SOULE, Sarah A. *The Diffusion of Social Movements: Actors, Mechanisms, and Political Effects*. Cambridge: Cambridge University Press, 2010.

TEMPERLEY, Howard. "Ideology of Antislavery". In: ELTIS, D.; WALVIN, James. *The Abolition of the Atlantic Slave Trade. Origins and Effects in Europe, Africa and the Americas*. Madison: University of Wisconsin Press, 1981.

TILLY, Charles. *From Mobilization to Revolution*. Boston: Wesley Publishing Co., 1978.

_____. "Contentious Repertoires in Great Britain, 1758-1834". *Social Science History*, Durham, n. 17, pp. 253-80, 1993.

_____. "Social Movement as Historically Specific Clusters of Political Performances". *Berkeley Journal of Sociology*, v. 38, pp. 1-30, 1993-4.

_____. *Social Movement 1768-2004*. Londres: Paradigm, 2004.

_____. "Introduction to Part II: Invention, Diffusion, and Transformation of the Social Movement Repertoire". *European Review de History: Revue Europeenne d'Histoire*, Florença, v. 12, n. 2, pp. 307-20, 2005.

_____. *Regimes and Repertoires*. Chicago: University of Chicago Press, 2006.

_____. *Contentious Performances*. Cambridge: Cambridge University Press, 2008.

TOPLIN, Robert Brent. "Upheaval, Violence, and the Abolition of Slavery in Brazil: The Case of São Paulo". *The Hispanic American Historical Review*, Durham, v. 49, n. 4, nov. 1969.

TOPLIN, Robert Brent. *The Abolition of Slavery in Brazil*. Nova York: Atheneum, 1972.

TREECE, David. *Exilados, aliados, rebeldes — O movimento indianista, a política indigenista e o Estado-nação imperial*. São Paulo: Nankin; Edusp, 2008.

TRINDADE, Alexandro Dantas. *André Rebouças. Um engenheiro do Império*. São Paulo: Hucitec, 2011. Coleção Pensamento Político.

VAINFAS, Ronaldo. *Ideologia e escravidão*. Petrópolis: Vozes, 1986.

_____. "Escravidão, ideologias e sociedade". In: CARDOSO, Ciro Flamarion (Org.). *Escravidão e abolição no Brasil: novas perspectivas*. Rio de Janeiro: Jorge Zahar, 1988.

_____. *Antônio Vieira: jesuíta do rei*. São Paulo: Companhia das Letras, 2011.

VALDEZ, Diane, *A representação de infância nas obras pedagógicas do dr. Abílio César Borges: o barão de Macahubas (1856-1891)*. Tese de doutorado. Campinas: Unicamp, 2006.

VALLE, Daniel Simões do. *Intelectuais, espíritas e abolição da escravidão: os projetos de reforma na imprensa espírita (1867-1888)*. Dissertação de mestrado. Rio de Janeiro: Universidade Federal Fluminense, 2010.

VAMPRÉ, Spencer. *Memórias para a história da Academia de São Paulo*. São Paulo: Saraiva, 1924, v. I e II.

VETRO, Gaspare Nello. *Antônio Carlos Gomes: Cartegi Italiani Racollti e Commentati*. Rio de Janeiro: Cátedra; INL, 1982.

VIANNA FILHO, Luis. *A vida de Joaquim Nabuco*. São Paulo: Martins; MEC, 1969.

VILA-MATAS Enrique. *História abreviada da literatura portátil*. São Paulo: CosacNaify, 2011.

VILAR, Enriqueta Vila; VILAR, Luisa Vila. "La Abolición en España en el siglo XIX". In: *Los abolicionistas españoles. Siglo XIX*. Madri: Ediciones de Cultura Hispánica, 1996.

WILLIAMS, Eric. *Capitalism and Slavery*. Chapel Hill: University of North Carolina, 1994.

WILLIAMS, Raymond. *Cultura e sociedade*. São Paulo: Companhia Editora Nacional, 1969.

WOOD, Marcus. "Creative Confusions: Angelo Agostini, Brazilian Slavery and the Rhetoric of Freedom". *Patterns of Prejudice*, v. 41, n. 3-4, 2007.

XAVIER, Janaina Silva. *Saneamento de Pelotas (1871-1915): o patrimônio sob o signo de modernidade e progresso*. Dissertação de mestrado em Memória Social e Patrimônio Cultural. Pelotas: Universidade Federal de Pelotas, 2010.

Sobre as fontes*

Este livro se baseou em ampla pesquisa de fontes primárias. Panfletos, manifestos, discursos, obras literárias e peças de teatro de abolicionistas e contra-abolicionistas, achei na Biblioteca Nacional, na Biblioteca Brasiliana Mindlin e no Instituto de Estudos Brasileiros, ambos da Universidade de São Paulo (USP), na Biblioteca do Senado Federal e na Oliveira Lima Library.

Consultei atas do Parlamento (1868-88) e do Conselho de Estado do Império (1866-88) disponíveis on-line; projetos de leis abolicionistas (publicados nos volumes de *A abolição no Parlamento: 65 anos de lutas*, Brasília, Senado Federal, 1988); registros

---

* Sobretudo Castilho (2008); Monti (1985); Schiavon (2009); Loner (1999). Para alguns eventos avulsos, vali-me também de Azevedo (1999); Albuquerque (2009); Brito (2003); Caires Silva (2007); Conrad (1975); Cota (2013); Silva (1988c); *Documentos da escravidão* (2006); Ferreira (1999); Figueroa (2007); Fraga Filho (2006); Fonseca (2011); Gouvêa (1989); Graden (2006); Hahrner (1990); Machado (1994); Monnerat (2012); Moraes (1924); Morel (1967); Mott (1988); Moura (2004); Moraes (1974); Novaes (2010); Rolim (2002); Santos (2008); Silva (1988c).

de ministros ingleses (1850-88) e estadunidenses (1862-88) no Brasil (disponíveis na Morris Law Library, Universidade Yale); memórias, relatos de viagem de estrangeiros, relatórios de presidentes de província e extensa literatura secundária sobre trajetórias de abolicionistas e episódios particulares.

A pesquisa sobre o abolicionismo cearense valeu-se dos acervos do Instituto Histórico do Ceará, do Arquivo Público do Estado do Ceará e da Biblioteca do Centro Cultural Dragão do Mar.

Usei toda a correspondência publicada que localizei e a inédita de alguns atores-chave. De André Rebouças, consultei o Registro de Correspondência, volume 1, de junho de 1873 a janeiro de 1891 (RCAR), do acervo da Fundação Joaquim Nabuco (Fundaj), Recife, parte dos Diários de André Rebouças (Diar), inéditos, no Instituto Histórico e Geográfico Brasileiro (IHGB), Rio de Janeiro. Cartas e outros excertos dos Diários do Engenheiro André Rebouças (Edear) vieram do Arquivo do Museu Imperial, Petrópolis. Da Fundaj veio correspondência ativa e passiva inédita de Nabuco com diversos abolicionistas, e da Casa de Rui Barbosa, cartas inéditas de Rui Barbosa, Rodolfo Dantas e Manuel de Sousa Dantas. No IHGB localizei algumas cartas de José do Patrocínio; de lá e da Oliveira Lima Library vieram as correspondências de Paulino Soares de Sousa e do barão de Cotegipe.

A fonte principal deste livro foi a imprensa da época. A pesquisa de jornais das vinte províncias do Império, base para um banco de dados de eventos de protesto abolicionista, foi realizada na Sterling Memorial Library da Universidade Yale e completada na hemeroteca da Biblioteca Nacional. Foram consultados os seguintes periódicos:

ALAGOAS: *A Escola* (jan.-abr. 1884); *Diário da Manhã* (jan. 1883); *Grêmio Beneficente* (abr. 1887); *Gutenberg* (jul. 1883-dez.

1887); *José de Alencar* (out. 1883); *Lincoln* (abr. 1888); *O Orbe* (set. 1881-dez. 1887).

AMAZONAS: *Almanach Administrativo Historico Estatistico e Mercantil da Provincia do Amazonas* (jan.-dez. 1884); *Commercio do Amazonas* (jan.-dez. 1881); *Jornal do Amazonas* (jan.-dez. 1885).

BAHIA: *Diário de Notícias* (mar. 1883-ago. 1884); *Gazeta da Bahia* (nov. 1883-dez. 1886); *O Abolicionista* (jan.-abr. 1874); *O Asteroide* (set. 1887-dez. 1888); *O Democrata* (jan.-dez. 1871); *O Direito* (jan.-dez. 1883); *O Guarany* (abr. 1884-abr. 1885); *O Horisonte* (jan.-dez. 1872); *O Monitor* (ago. 1876-maio 1881); *O Prenúncio* (jan.-dez. 1871).

CEARÁ: *A Constituição* (jun. 1882-maio 1888); *Gazeta do Norte* (fev. 1881-maio 1888); *Libertador* (fev. 1881-abr. 1887); *Pedro II* (jun. 1881-jun. 1888).

ESPÍRITO SANTO: *A Folha da Victoria* (ago. 1883-fev. 1888); *A Província do Espírito Santo* (jan. 1882-maio 1888); *O Cachoeirano* (maio 1883-dez. 1887); *O Horizonte* (jan. 1883-maio 1884).

GOIÁS: *A Tribuna Livre* (mar. 1881-dez. 1884); *Correio Oficial de Goyaz* (fev. 1880-fev. 1887); *Goyaz: Órgão Democrata* (mar. 1887); *Goyaz: Órgão do Partido Liberal* (nov. 1886-mar. 1893); *O Publicador Goyano* (jul. 1886-jul. 1887).

MARANHÃO: *Brado Conservador* (jan.-dez. 1881); *Diário do Maranhão* (jan. 1880-dez. 1887); *O Paiz* (jan.-mar. 1881); *Pacotilha* (jan. 1881-dez. 1888); *Publicador Maranhense* (jan.-dez. 1884); *Tribuna Liberal* (jan.-dez. 1889).

MATO GROSSO: *A Província do Mato Grosso: Órgão do Partido Liberal* (mar. 1886); *A Situação* (jan. 1880-dez. 1889); *O Iniciador* (mar. 1881-nov. 1883); *Oasis, Órgão do Povo* (maio 1888).

MINAS GERAIS: *17º Districto* (jan.-dez. 1885); *A Actualidade* (jan.-dez. 1881; *A Província de Minas* (jan. 1881-dez. 1888); *A*

União (jan. 1887-dez. 1888); *José Bonifácio* (fev. 1887); *Liberal Mineiro* (jan. 1883-dez. 1886); *O Arauto de Minas* (jan.-dez. 1884); *O Baependyano* (jan. 1880-dez. 1885); *O Lábaro do Futuro* (jan.-dez. 1882).

PARÁ: *A Constituição: Órgão do Partido Conservador* (abr. 1883--out. 1884); *Diário de Belém* (abr. 1882-maio 1885); *Diário de Notícias PA* (jul. 1881-ago. 1888); *Gazeta de Notícias PA* (nov. 1881); *O Liberal do Pará* (ago. 1881-nov. 1884).

PARAÍBA: *Diário da Parahyba* (jan. 1884-dez. 1885); *Gazeta da Parahyba* (jan.-dez. 1888).

PARANÁ: *Dezenove de Dezembro* (jun. 1880-dez. 1889); *Gazeta Paranaense* (jul. 1883-jun. 1888); *Jornal do Commercio* (jul. 1883-set. 1884); *Livre Paraná* (jan.-dez. 1884).

PERNAMBUCO: *Jornal do Recife* (jun. 1880-mar. 1886); *Libertador* (abr.-jun. 1883); *O Binóculo* (mar.-jul. 1883); *O Ensaio* (jan.--ago. 1883); *O Propulsor* (jan.-abr. 1883).

PIAUÍ: *A Época Orgão Conservador* (jan.-dez. 1883).

RIO DE JANEIRO: *A Marmota Fluminense* (jan.-ago. 1857); *A Vanguarda* (jan.-dez. 1886); *Cidade do Rio* (out. 1887-maio 1888); *Folha Nova* (jan.-dez. 1884); *Gazeta da Tarde* (jan. 1883-dez. 1886); *Jornal da Tarde* (jan.-dez. 1885); *O Abolicionista* (nov. 1880-dez. 1881); *O País* (jan. 1883-dez. 1888), *Rio News* (jan.--jul. 1886; 1887-8); *A Semana* (1885-6); *Jornal do Commercio* (1882-5).

RIO GRANDE DO NORTE: *Boletim da Sociedade Libertadora Norte Rio--Grandense* (jan.-abr. 1888); *Gazeta do Natal* (jan.-dez. 1888).

RIO GRANDE DO SUL: *A Federação* (jul. 1883-jun. 1888) [*Documentos da escravidão. Catálogo seletivo de cartas de liberdade* (2006)].

SÃO PAULO: *Correio Paulistano* (jan.-dez. 1882); *Gazeta de Notícias* (jan.-dez. 1884); *A Redempção* (jan. 1887-maio 1888).

SANTA CATARINA: *A Regeneração* (nov. 1880-jun. 1888); *Conservador* (jan.-dez. 1885); *Gazeta de Joinville* (jun. 1880-dez. 1885); *O Despertador* (fev. 1883-ago. 1885); *República* (jan.--dez. 1884).

SERGIPE: *A Marselheza* (jan.-dez. 1881); *A Reforma* (jan.-abr. 1887); *Gazeta do Aracaju* (dez. 1880); *O Democrata* (nov. 1882); *O Espião* (dez. 1882); *Libertador* (mar.-jun. 1883); *O Maroinense* (jun. 1887); *Sergipe* (nov. 1882).

Essa seleção de jornais e períodos obedeceu à disponibilidade de material existente. Para eventos específicos, usei também a imprensa estrangeira (*The Times*, 1867-88, *The Anti-Slavery Reporter*, 1865-87, *The New York Times*, 1884-7) e números avulsos e esparsos de outros jornais.

Recorri ainda, como fonte primária para o banco de dados, a resumos de atividades da Associação Central Emancipadora (seis boletins), da Confederação Abolicionista (dois boletins, 1884) e da Sociedade Brasileira contra a Escravidão (um boletim, 1880), localizados na Oliveira Lima Library; ao Boletim da Sociedade Libertadora Norte Rio-Grandense (jan.-abr. 1888); aos diários de André Rebouças (DNAAR), depositados no IHGB, no Rio de Janeiro, e aos publicados de Joaquim Nabuco (DJN); e, como complementação, a relatos de alguns participantes da campanha (Frick, 1885; Fonseca, 1887; Duque-Estrada, 1918, p. 486).

Esse material primário alimentou um banco de dados com 1762 eventos. Para completar lacunas de informação em algumas províncias, sobretudo em duas mais importantes para o assunto, Pernambuco e Rio Grande do Sul, recorri a informações da literatura secundária. Somando fontes primárias e secundárias, o banco de dados chegou a 2046 registros, dos quais considerei 2214 como eventos de protesto abolicionista. Os demais dizem respeito às reações de governos e contramovimento aos abolicionistas, ao apoio que angariaram e a alguns eventos celebrativos da abolição, quando alcançada. A não ser quando indicado de outro modo, esse banco de dados é a fonte para todas as informações deste livro. A partir dele reconstruí o repertório de estratégias do movimento abolicionista brasileiro, conforme a categorização a seguir:

TIPO	ESTRATÉGIAS
Ação institucional (de/ou com apoio de abolicionistas)	*Lobby*: ação de lobby; junto a autoridades políticas, econômicas e sociais. *Petição*: representação; ofício ou petição aos poderes Executivo e Legislativo nacional; provincial ou municipal. *Ação judicial*: ações judiciais de liberdade; habeas corpus; processos cíveis. *Ação parlamentar*: discursos; projetos de lei nacional e/ou provincial; interpelação; formação de bloco parlamentar; formação de coalizão; representação. *Candidatura*: lançamento de/ou apoio a candidaturas eleitorais; reunião para definir candidatura. *Ação do Poder Executivo*: promulgação ou revogação de projeto; medida; regulamento ou lei nacional, provincial ou municipal; ato do Poder Executivo.
Manifestação pública em espaço fechado	*Conferência*: assembleia; conferência pública; conferência-concerto; festival; *meeting* em salão; pronunciamento; manifestação; manifestação cívica; matinê; soirée; reunião; reunião pública; reunião popular; celebração; cerimônia; homenagem; comemoração; sessão; sessão solene. *Evento artístico*: concerto; peça de teatro; exposição. *Festa*: festa; banquete; recepção. *Reunião*: reunião; reunião pública; assembleia; congresso.
Manifestação pública em espaço aberto	*Meeting*: meeting-embarque; *meeting* de desembarque; *meeting* eleitoral; comício; quermesse; bazar; feira; festa; serenata; alvorada. *Passeata*: desfile; parada; marcha; *marche aux flambeaux*; cortejo; préstito; procissão cívica; caravana; regata.

Ação de difusão	*Arregimentação*: organização de associação (sociedade; centro; central; clube; caixa; confederação; sessão; diretório; grêmio; liga; união); confederação; congresso. *Proselitismo*: publicação e distribuição de artigo; boletim; carta aberta; declaração; discurso; jornal, manifesto.
Ação simbólica	*Ação artística*: artes visuais; hino; ornamentação (decoração com flores, embandeiramento, iluminação) de casas, teatros, edifícios comerciais, jardins e ruas; salva de tiros. *Atribuição de prestígio ou estigma*: criação e outorga de títulos e registros honoríficos (sócio benemérito, Livro de Ouro e Livro de Honra) ou depreciativos (Livro Negro); produtos com nome de abolicionistas. *Politização de rituais da vida privada*: batizado; cortejo fúnebre; missa fúnebre; funeral.
Ação direta	*Arrecadação de fundos*: coleta de fundos; donativos; esmolas; óbolos de porta em porta, listas de subscrição. *Libertação de territórios*: criação de comissões libertadoras; libertações coletivas de escravos; compra de cartas de liberdade individuais; visitas de persuasão com vistas à concessão de manumissão em sequência espacial (casa/fazenda, quarteirão, rua, bairro, município, província).
Ação de confrontação	*Desobediência civil*: desrespeito à legislação escravista; fugas orientadas (incitação, promoção, auxílio a fugas de escravos, transporte e acoitamento de escravos); obstrução da prisão de escravos e abolicionistas; tentativa de insurreição. *Enfrentamento*: obstrução de embarque de escravos (em portos e estações ferroviárias); perturbação de procedimentos institucionais (invasão de prédio ou evento); declaração pública de disposição ao uso da força; enfrentamento com Exército, polícia, cavalaria, milícia civil, capitão do mato, feitor ou proprietário de escravo; incitação à greve; incitação à violência; incêndio.

Repressão a abolicionistas	*Repressão institucional*: ameaça/ intimação policial/ censura/ delação/ demissão; bloqueio institucional/ discurso parlamentar; fraude eleitoral; invasão de domicílio; revista; legislação repressiva; processo judicial; repressão policial; prisão. *Denúncia*: recusa de espaço público; difamação; denúncia contra abolicionistas. *Repressão privada*: ameaça de morte; agressão física; organização de milícias; assassinato; empastelamento de jornal; invasão de domicílio; expulsão da cidade; perturbação de evento.
Ações escravistas	*Ação parlamentar*: discursos; projetos de lei nacional e/ou provincial; interpelação; formação de bloco parlamentar; formação de coalizão; representação pró-escravidão; petições. *Reunião*: reunião; reunião pública; assembleia; recepção; congresso pró-escravidão.
Certificação ao movimento abolicionista	*Apoio*: apoio de artistas e de autoridade política, militar, policial, religiosa; apoio da imprensa e apoio internacional.

Cronologia

1823 Projeto de José Bonifácio de Andrada e Silva, à Assembleia Constituinte, de emancipação progressiva dos escravos.

Proibição da escravidão no Chile.

1826 Em 23 de novembro, o Brasil assina tratado com a Inglaterra para extinção do tráfico negreiro.

Proibição da escravidão na Bolívia.

1829 Proibição da escravidão no México.

1831 Em 7 de novembro, o Brasil assina novo tratado com a Inglaterra, que torna livres os africanos entrados no país desde então.

1833 Proibição da escravidão na Guiana Britânica.

1838 Proibição da escravidão nas ilhas Maurício.

1850 Fundação da Sociedade Libertadora 2 de Julho, em Salvador.

Em 4 de setembro, o gabinete do Partido Conservador aprova a lei 581 (Eusébio de Queirós), que proíbe o tráfico de escravos para o Brasil.

Fundação da Sociedade contra o Tráfico de Africanos e Promotora da Colonização e da Civilização dos Índios, no Rio de Janeiro.

1851 Proibição da escravidão na Colômbia e no Panamá.

1852 Primeira manifestação abolicionista no Rio de Janeiro.

Manifesto da Sociedade contra o Tráfico de Africanos e Promotora da Colonização e da Civilização dos Índios pede a emancipação progressiva dos escravos, imigração e pequena propriedade.

1853 Proibição da escravidão na Argentina.

1854 Proibição da escravidão no Peru e na Jamaica.

1855 Proibição da escravidão na Moldávia.

1860 Questão Christie: conflito entre Brasil e Inglaterra envolvendo a escravidão leva à ruptura de relações diplomáticas.

Proibição da servidão na Índia.

1861 Proibição da servidão na Rússia.

Começa a Guerra Civil Americana. O motivo principal é a permanência da escravidão no Sul dos Estados Unidos.

1862 Sociedade Libertadora 2 de Julho faz a primeira passeata abolicionista do Brasil.

1863 Probição da escravidão nas colônias bávaras.

No dia 1º de janeiro, o presidente Lincoln lança a Emancipation Proclamation, abolindo a escravidão nos Estados Unidos.

1864 Petição da British and Foreign Anti-Slavery Society dirigida ao imperador d. Pedro II pede o fim da escravidão no Brasil.

Em dezembro, o Brasil entra em guerra com o Paraguai.

1866 Discussão no Conselho de Estado sobre a escravidão. O visconde de São Vicente prepara cinco projetos de abolição progressiva.

Abílio Borges pede ajuda aos abolicionistas franceses, e uma petição, assinada por políticos franceses eminentes, é enviada em julho a d. Pedro II, pedindo o fim da escravidão no Brasil.

Em 11 de novembro, o decreto 3725-A concede liberdade gratuita aos escravos da nação, designando-os para serviço no Exército.

O Partido Liberal assume o poder.

Em 3 de agosto, o Liberal Zacarias de Góis e Vasconcelos assume a chefia do governo.

1867 O gabinete Zacarias põe a escravidão na agenda institucional. O assunto é incluído na fala do trono.

O Conselho de Estado volta a discutir a emancipação.

1868 André Rebouças se engaja na campanha abolicionista.

Em 16 de julho, o imperador substitui o Liberal Zacarias e nomeia o visconde de Itaboraí, do Partido Conservador, o que gera uma crise política.

Rebouças leva projetos pró-emancipação ao chefe de governo.

1869 Castro Alves publica *Navio negreiro*.

Manifesto da facção moderada do Partido Liberal demanda uma Lei do Ventre Livre.

Manifesto da facção radical do Partido Liberal demanda emancipação progressiva dos escravos.

A Associação Abolicionista Internacional envia moção antiescravista a d. Pedro II.

Luís Gama inicia ações judiciais de constestação da propriedade de escravos em São Paulo.

Abílio Borges funda a Sociedade Libertadora 7 de Setembro, em Salvador, que promove cerimônias públicas pró-abolição.

Em 15 de setembro, o decreto 1695 proíbe a venda de escravos em pregões e em exposição pública.

O conde D'Eu, que comanda a intervenção militar brasileira no Paraguai, proíbe a escravidão no território paraguaio.

Nova petição da British and Foreign Anti-Slavery Society é dirigida ao imperador d. Pedro II pelo fim da escravidão no Brasil.

1870 Abílio Borges pede intervenção do papa pelo fim da escravidão no Brasil.

O Liberal Manuel de Sousa Dantas é o novo presidente da Sociedade Libertadora Bahiana, sucedendo Abílio Borges.

Acaba a guerra brasileira com o Paraguai.

André Rebouças inicia tratativas para fundar a Associação Central Protetora dos Emancipados, no Rio de Janeiro.

Aprovada, em 4 de julho, a Lei Moret, na Espanha, que decreta liberdade para filhos de escravas e escravos com mais de sessenta anos, para viger em suas colônias de Cuba e Porto Rico.

Inicia-se, em 29 de setembro, o gabinete chefiado por José Pimenta Bueno (visconde de São Vicente), do Partido Conservador, que repõe o tema da emancipação na agenda.

Lançado, em 4 de dezembro, o Manifesto Republicano no Rio de Janeiro.

1871 A Sociedade Libertadora 7 de Setembro, de Salvador, lança o jornal *O Abolicionista*.

Começa, em de março, o Gabinete 7 de Março, chefiado por José Maria da Silva Paranhos (visconde do Rio Branco, do Partido Conservador), que lança um programa de modernização, em que se inclui um projeto de Lei do Ventre Livre.

André Rebouças leva projetos pró-emancipação ao visconde do Rio Branco.

O gabinete Rio Branco, em 12 de maio, apresenta à Câmara um projeto de libertação do ventre escravo, inspirado nos projetos de São Vicente e na Lei Moret espanhola.

O imperador deixa o país rumo à Europa em licença de um ano. A princesa Isabel assume a regência do trono.

Fundado o Clube da Lavoura e do Comércio do Rio de Janeiro, com o intuito de combater o ventre livre. Chegam 33 petições à Câmara e onze ao Senado contra tal projeto.

Em 28 de setembro, é promulgada a lei 2040 — a Lei do Ventre

Livre —, que liberta os nascidos de mãe escrava a partir de então, com a condição de ficarem sob protetorado do senhor da mãe obrigatoriamente até os oito anos de idade e condicionalmente até os 21. A lei cria ainda o Fundo de Emancipação, com verba a ser revertida para a compra de alforrias.

1872 Primeiro censo demográfico da população brasileira revela que o país tem 1 524 000 escravos, 10% da população total.

1875 Tem início o Gabinete 25 de Junho, chefiado por Luís Alves de Lima (o Duque de Caxias, do Partido Conservador).

1877 José do Patrocínio escreve artigos antiescravistas na imprensa.

1878 Proibição da escravidão em Gana.

Depois de uma década na oposição, o Partido Liberal volta ao poder com o Gabinete 5 de Janeiro, chefiado por João Lins Vieira Cansanção de Sinimbu (visconde de Sinimbu).

Fazendeiros organizam congressos agrícolas no Rio de Janeiro e em Recife para discutir os "braços" que faltariam à lavoura.

Decretos 6966 e 6967 alteram o prazo estabelecido na Lei do Ventre Livre para que os senhores matriculem seus escravos e os filhos de escravas nascidos depois de 1871.

Eleições parlamentares: o Partido Liberal faz a maioria da Câmara, mas o Partido Conservador elege minoria robusta.

1879 Proibição da escravidão na Bulgária.

Em 5 de março, Jerônimo Sodré Pereira, membro da Sociedade Libertadora 2 de Julho, da Bahia, e do Partido Liberal, discursa no Parlamento em favor da abolição.

Em 22 de março, Joaquim Nabuco, deputado eleito pelo Partido Liberal de Pernambuco, defende a abolição no Parlamento.

Em 7 de setembro, João Cordeiro e José Correia do Amaral fundam, em Fortaleza, a associação Perseverança e Porvir, que se converte, em janeiro do ano seguinte, em Sociedade Cearense Libertadora (SCL).

Nabuco estabelece relação com a British and Foreign Anti-Slavery Society.

1880 Nabuco obtém apoio do ministro plenipotenciário estadunidense no Brasil à abolição progressiva. Viaja à Europa e lá tece alianças com abolicionistas da Espanha, França e Inglaterra.

José do Patrocínio é um dos insufladores da Revolta do Vintém contra imposto sobre a passagem de bonde.

Em 28 de março começa o gabinete chefiado por José Antônio Saraiva, do Partido Liberal.

Rebouças, Patrocínio e Vicente de Sousa criam, em agosto, a Associação Central Emancipadora (ACE), que passa a organizar "conferências-concerto" em prol da abolição.

Em agosto, Nabuco apresenta ao Parlamento projeto de abolição indenizada e gradual, que extinguiria a escravidão em 1º de janeiro de 1890. Forma-se um bloco abolicionista na Câmara, com dezoito deputados, de nove províncias, em apoio ao projeto.

Nabuco funda, no dia 7 de setembro, em parceria com Rebouças, a Sociedade Brasileira contra a Escravidão (SBCE), que lança manifesto e cria um jornal, *O Abolicionista*.

Morre, em 1º de novembro, o visconde do Rio Branco. Os abolicionistas tentam transformar o funeral em um evento abolicionista.

1881 Joaquim Nabuco é candidato à reeleição pelo Partido Liberal, com apoio dos abolicionistas do espaço público. Não se elege. Vai viver em Londres e aprofunda relações com abolicionistas europeus.

Reestruturação da Sociedade Brasileira contra a Escravidão, para contemplar três facções de ativismo abolicionista: a parlamentar, de Nabuco; a do espaço público, de Patrocínio; e o ativismo judicial de Luís Gama.

Em janeiro, em Fortaleza, a SCL impede o embarque de escravos que seriam vendidos para fora da província.

Em 17 de março, o decreto 8067 regulamenta declarações de fuga e apreensão dos escravos.

1881   A SCL inicia "festas da libertação" e estabelece conexões com a ACE e com a SBCE.

Em agosto, com apoio do batalhão militar local, a SCL faz passeata sob a palavra de ordem: "No porto do Ceará não embarcam mais escravos".

1882   Fundação do Centro Abolicionista de São Paulo, pelo grupo de Luís Gama.

Proibição da escravidão no Império Otomano.

O jornal *Gazeta da Tarde*, dirigido por José do Patrocínio, torna-se porta-voz da ACE e da SBCE.

O abolicionista francês Victor Schoelcher critica o imperador d. Pedro II e declara apoio aos abolicionistas brasileiros.

Sancho de Barros Pimentel, membro da SBCE, assume a presidência do Ceará e aprova lei provincial de punição fiscal ao comércio interprovincial de escravos.

Em 21 de janeiro, assume a chefia de governo Martinho Álvares da Silva Campos, do Partido Liberal, que se declara "escravista da gema".

Em 3 de julho, assume a chefia de governo João Lustosa da Cunha (marquês de Paranaguá, do Partido Liberal), que admite o crescimento do ativismo abolicionista e repõe a questão na agenda institucional.

Morre Luís Gama, em 24 de agosto. O funeral em São Paulo se transforma em ato abolicionista.

José do Patrocínio viaja a Fortaleza e inicia com a SCL campanha de libertação de territórios no Ceará.

1883   Em 1º de janeiro, José do Patrocínio declara Acarape o primeiro município livre do Império.

Fundação da Confederação Abolicionista (CA), reunindo as associações em atividade no Rio de Janeiro. A CA envia delegados ao Ceará, Pará, Pernambuco, Alagoas, Bahia e Rio Grande do Sul para acelerar a campanha.

Em Santos, abolicionistas incitam fugas coletivas de escravos e a criação de quilombos.

O governo central envia o 7º Batalhão de Infantaria para conter as ações abolicionistas no Ceará.

Em 21 de maio, os abolicionistas declaram Fortaleza, capital provincial, "libertada" da escravidão.

Em 24 de maio, Lafaiete Rodrigues Pereira, do Partido Liberal, assume a chefia de gabinete.

Joaquim Nabuco publica, na Inglaterra, *O abolicionismo*.

Nabuco organiza banquete em Londres, no dia 9 de junho, com abolicionistas e autoridades internacionais, em apoio à libertação de Fortaleza.

O gabinete Lafaiete encaminha à Câmara, no dia 2 de agosto, projeto com vistas a fixar o domicílio dos escravos e aumentar o Fundo de Emancipação.

Em 11 de agosto, Manifesto da Confederação Abolicionista pede a abolição imediata da escravidão sem indenização. A CA distribui 18 mil cópias do manifesto.

Mossoró é a primeira cidade do Rio Grande do Norte decretada "libertada" pelos abolicionistas.

O jornalista Apulco de Castro é assassinado no Rio de Janeiro. A Sociedade Abolicionista Luso-Brasileira, da qual era membro, transforma sua missa de sétimo dia em ato abolicionista, com a presença de cerca de mil pessoas.

1884 A Associação Central Emancipadora cria, em janeiro, a Comissão Central Emancipadora (CCE) para fazer a campanha de libertação de territórios na capital do Império.

A SCL envia o abolicionista Almino Affonso para acelerar a campanha em Manaus. Formam-se várias associações abolicionistas no Amazonas.

Sátiro Dias assume a presidência do Ceará e eleva impostos sobre a propriedade de escravos.

Abolicionistas fazem grandes eventos pelo país em 25 de março para declarar o Ceará a primeira província livre da escravidão no país.

Teodureto Carlos de Faria Souto assume o governo do Amazonas e proíbe a entrada e a saída de escravos da província.

Os abolicionistas declaram "libertada", em abril, a capital da província do Espírito Santo, Vitória.

Os abolicionistas declaram o Amazonas a segunda província "libertada" do Império, 11 de maio.

Em 6 de junho, Manuel de Sousa Dantas, do Partido Liberal, assume a chefia de governo.

Em 15 de julho, o gabinete Dantas apresenta à Câmara o projeto 48, formulado com a ajuda de abolicionistas e que previa: o fim do tráfico interprovincial e da escravidão para escravos maiores de sessenta anos; a libertação progressiva dos demais escravos mediante o Fundo de Emancipação, que teria seus recursos aumentados; o estabelecimento de salário mínimo e lotes de terra para libertos.

Os abolicionistas defendem seu projeto Dantas em conferências, publicações e jornais.

Fundação da Comissão Central Abolicionista Amazonense, que inicia campanha de libertação de territórios em Manaus

A Reforma Dantas sofre oposição na Câmara. Formam-se 49 Clubes da Lavoura em oposição.

O gabinete Dantas sofre voto de desconfiança da Câmara.

O imperador convoca o Conselho de Estado, em 29 de julho, para discutir o destino do gabinete Dantas. A maioria dos conselheiros posiciona-se contra o ministro, mas o imperador decide mantê-lo no poder. Convocam-se eleições e candidaturas eleitorais abolicionistas são lançadas em todo o país.

Os abolicionistas declaram "libertada", em 7 de setembro, a capital da província do Rio Grande do Sul, Porto Alegre.

Nas eleições parlamentares de 3 de dezembro ocorrem fraudes, confrontos e contestação dos mandatos de vários deputados declarados eleitos. Os principais abolicionistas não se elegem e o gabinete Dantas cai.

1885   Em 6 de maio, José Antônio Saraiva, do Partido Liberal, assume a chefia de gabinete.

O gabinete Saraiva faz drásticas alterações no Projeto Dantas e, com o apoio dos Conservadores, aprova-o na Câmara e se demite.

Em 20 de agosto, tem início o Gabinete 20 de Agosto, chefiado por João Maurício Vanderlei, o barão de Cotegipe, do Partido Conservador, que aprova o projeto de Saraiva no Senado e adota política de repressão ao movimento abolicionista.

A *Gazeta da Tarde*, de José do Patrocínio, é depredada, assim como outros jornais abolicionistas pelo país.

Em 7 de junho, a eleição extemporânea em Pernambuco torna-se o foco do movimento abolicionista, que relança Joaquim Nabuco, eleito em meio a grande manifestação popular.

Joaquim Nabuco funda o Grupo Parlamentar Abolicionista (GPA), com catorze deputados sobreviventes da base Dantas.

Promulgada, em 28 de setembro, a lei 3270 ou Lei Saraiva-Cotegipe (conhecida como "dos Sexagenários"), que concede liberdade aos escravos com mais de sessenta anos de idade, mediante três anos adicionais de trabalho a título de indenização ao proprietário.

Em 14 de novembro, o decreto 9517 regulamenta nova matrícula de escravos, que retarda o início de vigência da Lei dos Sexagenários e institui pena para ajuda a fugas e acoitamento de escravos.

1886   Cotegipe dissolve a Câmara em 15 de janeiro nas novas eleições. A CA lança candidatos no Ceará, Bahia, São Paulo, Pernambuco e Rio de Janeiro. O governo usa fraude e violência para controlar os resultados. Dentre os abolicionistas, apenas Patrocínio se elege vereador no Rio de Janeiro.

A CA faz desfile, em fevereiro, com escravas torturadas por sua proprietária no Rio de Janeiro. A estratégia se repetiria noutras partes do país.

Sob repressão, abolicionistas recorrem a apoios internacionais e a eventos artísticos para seguir em campanha.

Por meio da British and Foreign Anti-Slavery Society, Nabuco obtém declaração do primeiro-ministro inglês William Gladstone, em favor da abolição no Brasil.

Os abolicionistas tornam sistemática a estratégia de fugas coletivas orientadas, que funciona em várias partes do país.

Dantas denuncia no Senado a morte de escravos por chibatadas. Os abolicionistas fazem campanha pelo fim da pena de açoites e o bloco Liberal pressiona o gabinete no Senado no mesmo sentido.

Em 7 de outubro termina o período de transição para o trabalho livre em Cuba.

Promulgada, em 15 de outubro, a lei 3310, que revoga o artigo 60 do Código Criminal, e a lei 4, de 10 de junho de 1835, extinguindo a pena de açoites.

1887 O imperador adoece em fevereiro e vai para a Europa em tratamento. A princesa Isabel assume a regência da Coroa.

Reunião do Partido Liberal, em março, propõe a abolição em cinco anos. Deputados abolicionistas apresentam projetos de abolição imediata à Câmara.

Sob liderança de Dantas, catorze senadores subscrevem, em junho, prevendo o fim da escravidão em 31 de dezembro de 1889.

Intensifica-se campanha de libertação de territórios em São Paulo e em Salvador.

O delegado de Recife envia, no mês de julho, circular proibindo policiais de caçarem escravos fugidos.

Em julho, Joaquim Nabuco concorre à eleição em Pernambuco. É eleito e celebrado nacionalmente pelos abolicionistas.

O governo proíbe, em agosto, aglomerações nas ruas e em edifícios públicos à noite e demite abolicionistas de empregos públicos. Abolicionistas são presos, processados ou perseguidos em várias partes do país.

A CA apela à princesa contra a violência e pela abolição. Isabel encerra o ano parlamentar sem mencionar a questão servil.

Começa o conflito entre Gabinete e Exército (a Questão Militar). Os abolicionistas pedem apoio aos militares contra o governo.

Confronto violento em outubro entre autoridades e abolicionistas em Campos, Rio de Janeiro. Abolicionistas são presos. A CA busca apoio internacional. Dantas, no Senado, pede ao ministro da Justiça garantia de vida para os abolicionistas.

Fuga em massa de escravos começa, em outubro, em Capivari, atravessa Itu e ruma para Santos. O Exército reprime a marcha na serra de Cubatão, deixando vários mortos. Os abolicionistas acolhem os remanescentes e reagem com indignação nos jornais.

Em 25 de outubro, o presidente do Clube Militar, Manuel Deodoro da Fonseca, leva petição à regente em nome do Exército, recusando-se a capturar escravos fugidos.

Bispos de Minas, Bahia, Pernambuco, Cuiabá e São Paulo lançam cartas públicas pró-abolição.

O presidente de São Paulo pede reforço militar ao governo central para conter fugas e rebeliões. Sem o apoio do Exército, não há como atender o pedido.

O ministro Antônio da Silva Prado sai do governo para tentar controlar o processo de libertação em sua província, São Paulo.

Em dezembro, ocorre concessão em massa de cartas de liberdade por proprietários nas províncias de São Paulo e do Rio de Janeiro, a fim de evitar a desorganização do trabalho.

1888   Em janeiro, abolicionistas declaram "libertadas" as capitais de Paraná e do Rio Grande do Norte. Abolicionistas de Santos e da Corte referendam moção da Câmara Municipal de São Borja, que demanda plebiscito sobre a sucessão dinástica. Patrocínio defende uma Constituinte que decida a forma de governo.

Em fevereiro, Nabuco pede apoio à abolição ao papa, que promete encíclica antiescravista ao episcopado brasileiro. O gabinete Cotegipe evita a emissão do documento. Dois ex-combatentes da Guerra Civil Americana e membros do Clube da Lavoura de Penha do Rio do Peixe (atual Itapira) lincham um delegado acusado de esconder escravos. Rebouças consegue apoio da princesa Isabel para a campanha de libertação de territórios em Petrópolis.

Em março, abolicionistas declaram "libertadas" as capitais das províncias de Goiás e de São Paulo.

Conflitos entre a polícia e Marinha acontecem no Rio de Janeiro, no dia 1º de março. Duas mil pessoas protestam na rua contra Cotegipe e a favor dos militares. Cotegipe deixa o governo.

Em 10 de março, João Alfredo Correia de Oliveira, do Partido Conservador, assume o governo. Rebouças encaminha a ele projetos de democracia rural e abolição sem indenização.

Em 8 de maio, o governo encaminha à Câmara dos Deputados projeto de abolição não indenizada. A CA leva cerca de 5 mil pessoas em passeata até a Câmara.

Projeto de lei extinguindo a escravidão é aprovado na Câmara, em 10 de maio, e no Senado, no dia 13.

A lei 3353, a Lei Áurea, é promulgada em 13 de maio. Comemorações, com cerca de 10 mil pessoas, tomam o Rio de Janeiro. Celebrações se repetem em várias cidades do país durante dias.

Ainda em maio Cotegipe apresenta no Senado projeto demandando indenização a ex-senhores de escravos. Projeto similar é apresentado na Câmara. Começa o movimento "indenizista".

Em 15 de novembro, golpe republicano, com a participação de muitos abolicionistas. Patrocínio proclama a República na Câmara Municipal do Rio de Janeiro.

1890 Em 14 de dezembro, o abolicionista Rui Barbosa, ministro da Fazenda do governo provisório, com o apoio da CA, queima os registros da escravidão, para evitar a concessão de indenizações a ex-proprietários.

Créditos das imagens

Todos os esforços foram feitos para determinar a origem das imagens publicadas neste livro, porém isso nem sempre foi possível. Teremos prazer em creditar as fontes, caso se manifestem.

1, 3, 6, 8, 10, 13, 27, 28, 31, 32, 33, 36, 37, 38, 40, 43 e 44: Acervo da Fundação Biblioteca Nacional – Brasil

2: Museu Afro-Brasileiro/ Reprodução

4 e 30: Acervo da Fundação Biblioteca Nacional – Brasil. Reprodução de Jaime Acioli.

5: In *Castro Alves: poesia e biografia*, Projeto Memória 1997/ Cortesia Odebrecht

7 e 29: Biblioteca Brasiliana Guita e José Mindlin

9: Autor desconhecido. Acervo do Arquivo Público Mineiro

12 e 46: Acervo Iconographia

14, 22, 34 e 41: Acervo Fundação Joaquim Nabuco — Ministério da Educação

16: Library of Congress, Prints & Photographs Division, LC-USZ62--10320

17: Sir Thomas Lawrene, 1828, óleo sobre tela (National Portrait Gallery, Londres)/ Getty Images

19: Library of Congress, Prints & Photographs Division, LC-USZ62--21600

20: Classic Image/ Alamy/ Glow Images

21: The Print Collector/ Heritage Images/ Glow Images

23: Arquivo Nirez

26: *Fortaleza liberta*, José Irineu de Sousa, óleo sobre tela, 40 x 30 cm

35: Príncipes da Liberdade. Rótulo de cigarros. Coleção Brito Alves. Litogravura, 9,2 x 17,8 cm. Século XIX. Acervo Fundação Joaquim Nabuco — Ministério da Educação

39: Alberto Henschel J.Cª. Photografia Alemã, 1865-1875. Acervo do Arquivo Público Mineiro

42: DR

48: Museu Mariano Procópio

49: Antônio Luiz Ferreira/ Instituto Moreira Salles

Índice remissivo

"À memória de Tiradentes" (José do Patrocínio), 115
abolicionismo das ruas, 151, 163, 232, 268
Abolicionismo, O (Nabuco), 204-7, 236, 264, 496
Abolicionista do Amazonas, O (jornal), 214, 412n
Abolicionista Español, El (jornal), 163, 166
Abolicionista, O (jornal), 40-1, 43, 163-4, 166-7, 169, 174, 176, 180, 184, 206-7, 378n, 382n, 394n, 404n, 412n, 492, 494
Abranches, Dunshee de, 403n, 419n
Academia Madrileña de Legislación y Jurisprudencia, 166
Ação, reação, transação (Rocha), 411n
Acarape, 196, 213, 230, 308, 495
ACE (Associação Central Emancipadora), 132, 134, 138, 150, 163, 165, 170-2, 176, 180, 191, 202, 390n, 394n, 494-5
acoitamento de escravos, 109, 173, 291, 302, 305-6, 312-5, 416n, 498
açoites de escravos, 104, 114, 297, 300, 325, 332, 417n, 499
Affonso, Almino, 213, 215, 396n, 496
África, 57, 70, 168-9, 283, 360, 374n, 380n, 395n
Agostini, Angelo, 88-9, 143, 179, 293, 320, 384n, 394n
agrarismo, 98
agricultura, 29, 37, 92, 145, 282
Aida (ópera de Verdi), 14-5, 18, 295
Alabama, O (jornal), 217, 404n
Alagoas, 121, 195, 209, 303, 309, 383n, 403n, 418n, 495
Alasca, 46
Albuquerque, Lourenço de, 413n, 424n
Alemanha, 35
Alencar, José de, 18, 38, 47-8, 50, 55,

57-9, 61-2, 65-6, 91, 94-5, 97,
142, 150, 154-5, 261, 268, 367,
378n
Alencastro, Antônio Pedro de, 394n
alfabetização, índice de, 126, 389n
Alfândega, 25
alforrias, 31-3, 43, 56, 78, 104-5, 107,
130, 137, 159, 171, 193, 199, 225,
243, 249, 267, 294-5, 303, 378n,
400n, 407n, 493
alistamento eleitoral, 176, 269
Alliance e Imperance Mission, 188
Almeida, F., 403n, 406n
Alves, Antônio Castro, 41, 69, 92, 95,
97-8, 140, 147, 164, 171, 184,
382n, 411n, 491
Alves, Francisco de Paula Rodrigues,
323, 361
Amaral, José Correia do, 170, 174,
195, 396n, 400n, 402-9n, 493
Amaral, Ubaldino do, 224-5, 391n,
394n, 405n, 412n
amas de leite, 407n
Amazonas, 39, 68, 147, 175, 194, 210-
2, 214-6, 219-21, 233, 238, 248-9,
257, 259, 265-7, 270-1, 295, 303,
305, 307-9, 356, 383n, 397-8n,
400n, 403-4n, 411-2n, 418-9n,
496-7, 499
Amazônia, 216
América, 31, 36, 58, 59, 73, 107, 137,
167, 169, 243
América do Sul, 36
América espanhola, 27, 37, 91
América, loja maçônica, 106
analfabetos, proibição de votos de,
176, 271
anglo-americano, abolicionismo, 18,
29, 41-2, 93, 125-6, 128, 133, 169,
385n, 424n

anticlericalismo, 88, 118, 183, 197,
389n
Antiguidade, escravismo na, 57, 98,
108
Anti-Slavery Reporter, 46, 169, 188,
198, 279, 284, 375n, 414-6n
Anti-Slavery Society *ver* British and
Foreign Anti-Slavery Society
anúncios de escravos fugidos, 192
Apóstolo, O (jornal), 422n
Aquiraz, 197
Aracaju, 210
Aracati, 308
Aranha, Temístocles, 398n
Araraquara, 324, 406n
Araripe Júnior, Tristão de Alencar,
391n, 399n, 405n, 407n
Araújo, José Ferreira de, 116-8, 225,
394n
Araújo, Nabuco de, 37, 46, 152, 155-
6, 161, 190, 375n, 377-9n, 384n,
389n, 407n
Argentina, 30-1, 35-6, 198, 490
aristocracia, 35, 52, 83, 87-8, 110-1,
152, 365
Aristóteles, 57, 100
Arles, 24
articuladores políticos, 355, 425n
artistas, 13, 122, 128, 133-4, 136, 139,
145, 147, 193, 226, 271, 340, 390n
Ásia, 169
Asilo dos Meninos Desvalidos, 137
Assembleia Constituinte (1823), 28,
489
Assembleia Provincial, 171, 195, 211,
213, 215, 324, 339, 412n
Assis Brasil, Francisco de, 404n
Assis, Machado de, 86, 88, 116, 126,
129, 142, 268, 280-1, 295, 313,

338, 359-60, 389n, 411n, 414n, 423n, 425n
Associação Abolicionista Artística, 139
Associação Abolicionista da Pensilvânia, 47
Associação Abolicionista Internacional (Paris), 46, 491
Associação Central Protetora dos Emancipados, 44-5, 132, 492; *ver também* ACE
Associação Comercial de Fortaleza, 170
Associação Comercial do Rio de Janeiro, 191, 252, 272
Associação Emancipadora 25 de Março, 213
Asteroide, O (jornal), 321
Ateneu, O (Raul Pompeia), 34
Atibaia, 218, 420n
ativismo judicial, 106, 119, 125, 154, 166, 171, 184, 216-7, 221, 294, 297, 334, 35-5, 494
ativismo portátil, 207-9, 213, 215, 293-4, 306, 355
Áustria, 27
Azevedo, Aluísio, 116, 139, 142-3, 147, 310
Azevedo, Artur, 139, 141-2, 310, 388n
Azevedo, Ciro, 417n
Azevedo, José da Costa, 393-4n, 396n

Bahia, 23, 33-4, 39, 68-9, 85, 121, 131, 147, 156, 194, 208, 216-7, 219, 245, 254, 267, 269-70, 288, 294, 321, 323, 333, 349, 363, 375-7n, 383n, 393n, 397-8n, 403-4n, 409-10n, 415-6n, 419n, 423n, 493, 495, 498, 500

Bananal, 361
Banco do Brasil, 135, 191
Banda dos Meninos Desvalidos, 14, 137
"Bandido negro" (Castro Alves), 97
Barbosa, Clímaco, 398n, 417n
Barbosa, Rui, 107, 177, 179, 190, 240-2, 246, 255-6, 260-1, 269-71, 276, 278, 283, 292, 29-9, 301, 306, 317, 331, 363, 367, 380n, 397n, 400n, 402n, 407-8n, 410-1n, 414n, 501
Barcelos, Ramiro, 404n, 412n
Barral, condessa de, 200
Barreto, José Alves Branco Muniz, 378n, 390-1n, 394n
Barreto, Tobias, 139
Barros, Adolfo de, 394n, 399n
Barros, Antônio Moreira, 254, 256, 276-7, 316, 334, 394n, 413n
Barros, José Júlio de Albuquerque, 266
Bastos, Aurélio Cândido Tavares, 32, 39, 43, 88, 120, 155-7, 159, 243
Bastos, João Coelho, 293, 317, 320
Batista, Homero, 404n
Baturité, 196
Belém, 200, 210, 271, 309-10, 312, 324, 344, 360, 404n, 420n
Bélgica, 35
Benedito, são, 333
Bergstresser, Rebecca B., 392n
Besouro, O (jornal), 118
Betances, Ramón, 22-9, 395n
Bezerra de Menezes *ver* Menezes, Adolfo Bezerra de
Bibi (Maria Henriqueta, esposa de José do Patrocínio), 115, 117-8, 146, 195, 400n
Bíblia, 57, 94, 315, 380n, 420n
Biblioteca Fluminense, 338

Bizet, Georges, 136
Boa Viagem, 324
Bocaiuva, Quintino, 145, 185, 222, 269, 290, 301, 317, 319, 331, 339, 345-6, 364, 411-3n
Bolívia, 27, 489
bom selvagem, tópica do, 93-4
Bonifácio, José *ver* Silva, José Bonifácio de Andrada e
Borges, Abílio, 19, 34-6, 38, 40-2, 49, 68-9, 90-1, 95, 101, 106-8, 120, 125-8, 130-1, 137, 145, 148, 158, 163-5, 169, 171, 179, 210, 217, 231, 239, 332, 347, 354-5, 382n, 395-6n, 404n, 490-2
Borges, Frederico, 171, 173-4, 396n, 407n, 414-5n
Borges, Pedro, 396n
Bourdieu, Pierre, 86, 152, 388n
Brabant, Le (Paris), 229
Brandão Júnior, Francisco, 99, 386n
Brasil, O (jornal), 233, 238, 253, 416n
Brazil, Tomás Pompeu de Sousa, 397n
Brest, 24
Brighton, 169, 189
British and Foreign Anti-Slavery Society, 32-5, 44, 64, 158, 161, 163, 167-9, 188-9, 207, 228, 270, 278, 283, 322, 333, 490-1, 494, 499
Broglie, Albert de, duque de, 64, 376n
Brotas, 324
Brown, John, 108-9, 312, 323, 329
Buenos Aires, 360
Bulgária, 30, 493
Bulhões, Leopoldo de, 397-8n, 405n, 411n, 415n
Bulicioff, Nadina, 13-6, 19, 295
Buxton, Thomas, 247, 422n

CA (Confederação Abolicionista), 13, 15, 19, 199, 203-5, 207-10, 212, 214-6, 218-9, 221-7, 230-1, 233, 236-7, 240, 248-9, 252-3, 263, 265-6, 269, 271, 277-8, 283, 288, 290-1, 293-4, 296-7, 299, 301, 303, 306-7, 313-4, 320-2, 326, 330, 338, 345, 347, 358-9, 364, 367, 401n, 411n, 419n, 495-6, 498, 500-1
Cabana do pai Tomás, A (Stowe), 95, 142, 164
Cabrião, O (jornal), 88
Caçapava, 321, 417n, 420n
Cachoeira (Bahia), 23, 321
café, economia do, 31, 38, 53, 106, 178, 192, 250-3, 259, 290, 313, 398n, 410n, 416n
Caifazes (grupo abolicionista), 298, 311-3, 325, 419n
Caim (personagem bíblico), 57
Ça-Ira (jornal), 181
Caixa Abolicionista Joaquim Nabuco, 401n
Caixa Emancipadora José do Patrocínio, 148, 401n
Caixa Emancipadora Luís Gama, 138, 181, 183
Caixa Emancipadora Piauiense, 216
Cam (personagem bíblico), 380n
Câmara dos Deputados, 29, 37-9, 46, 59, 61, 67, 70-3, 75, 79-80, 83, 161, 165-6, 187, 189, 221, 228, 244, 251, 254, 262, 276, 277, 284, 311, 339, 347, 358, 362, 423n, 492, 501
Câmara Municipal (Porto Alegre), 266, 382n
Câmara Municipal (Recife), 344

Câmara Municipal (Rio de Janeiro), 191, 321, 359, 501
Câmara Municipal (São Borja), 339, 500
Câmara Municipal (São Paulo), 274
camélias, símbolo do movimento abolicionista, 137, 231, 311, 313-4, 346, 367; *ver também* flores
Campinas, 85, 131, 200, 323, 327, 336, 339, 374n, 398n, 420-1n, 500
Campos (Rio de Janeiro), 116, 238, 288, 292, 298, 303-4, 314, 321-2, 327-8, 336, 343-4, 417n, 500
Campos, Américo de, 88, 106, 412n
Campos, Bernardino de, 106, 269, 412n
Campos, Martinho, 66-7, 158-9, 161, 178-9, 182, 186, 191, 223, 232, 240, 245, 250-1, 253, 261, 320, 495
Canaã (personagem bíblico), 380n
Canadá, 192, 305
Cantagalo, 52, 83, 336
Capivari, 324-5, 420n, 500
capoeiras, 234, 326, 342
Cardim, Gomes, 391n
Carigé, Eduardo, 217, 406n, 416n
Carmen (ópera de Bizet), 136
"Carta às senhoras" (Castro Alves), 171
Cartas de Erasmo (Alencar), 59
Carvalho, Dias, 378n
Carvalho, José Carlos de, 394n
Cassal, Barros, 404n
Cassino Fluminense, 234
Castilhos, Júlio de, 214, 266, 269
Castro, Antônio Bento de Sousa e, 183-4, 218, 231, 298, 301, 303, 306, 312, 321, 329, 333, 337, 346, 354, 398n, 404n, 420n, 424n
Castro, Apulco de, 233-4, 237, 253, 298, 406n, 496
Castro, Francisca da Silva, 297, 328
"Cativo, O" (Mendonça), 41, 377n
catolicismo, 40, 93-4, 98-9, 127, 333, 346, 356, 360; *ver também* Igreja católica
Caxias, Duque de, 119, 493
CCE (Comissão Central Emancipadora), 191-4, 203, 266-7, 271, 413n, 496
Ceará, 24, 39, 68, 117, 124, 147, 170, 173-4, 176, 180-1, 194-8, 200, 203, 206-13, 215-6, 219-21, 223-4, 227-9, 231-3, 237-9, 255, 257, 259, 264-7, 269-71, 288, 295, 302-3, 305-11, 313-4, 321-2, 331, 345, 356, 360, 363, 367, 374n, 383n, 397-400n, 402-4n, 406-7n, 412n, 415n, 417-9n, 425n, 495-8, 499
Celso Júnior, Afonso, 232, 408n, 410n, 417n, 423-4n
censo de 1872, 33, 126, 375n, 384n, 493
Centenário da Lei Áurea (1988), 16
Central Emancipadora do Município do Recife, 217
Centro Abolicionista Comercial, 136, 137
Centro Abolicionista da Escola Politécnica, 254, 402-3n
Centro Abolicionista de Porto Alegre, 214, 223, 265
Centro Abolicionista de São Paulo, 181, 397n, 495
Centro Abolicionista Ferreira de Menezes, 401n
Centro Abolicionista Forense, 221

Centro Artístico Abolicionista Maranhense, 310
Centro Liberal (facção do Partido Liberal), 39; ver também Partido Liberal
Centro Positivista da Corte, 220
Chalhoub, Sidney, 105, 373n, 375n, 387-8n
Charing Cross Hotel (Londres), 169, 188
Chatham, conde de, 247
Chico da Matilde, 173, 196, 228, 396n
Chico, operário, 26
Chile, 27, 31, 198, 489
chineses, 121, 156, 166, 253, 362, 411n
choque moral, estratégia do, 109, 296, 298, 387-8n
Christie, William, 29
ciclo de protesto abolicionista, 149, 230, 392n
Cidade do Rio, A (jornal), 290, 294, 297-8, 319, 322, 330, 338, 345-6, 358-9, 365
ciência, escravismo e, 100
Clapp, João, 15, 135, 144-5, 147-50, 191, 197, 202-3, 219, 225-6, 230, 248, 268, 276-8, 289, 294, 297, 299, 301, 303, 314, 321-2, 329, 345-6, 359, 364, 391n, 394n, 401n, 404n, 411n, 414n, 497
Clarkson, Thomas, 208, 247, 329
classe média, 144, 204
clérigos antiescravistas, 127, 333
clientelismo, 177
Clube Abolicionista da Classe Culinária Confederada, 146
Clube Abolicionista de Riachuelo, 394n
Clube Abolicionista do Recife, 220

Clube Abolicionista dos Empregados do Comércio, 401n
Clube Abolicionista Gutenberg, 392n, 401n
Clube Abolicionista Militar, 173
Clube Amazônia, 216
Clube Bittencourt Sampaio, 401n
Clube Carlos Gomes, 401n
Clube da Reforma, 88
Clube do Cupim, 273, 307-10, 345, 413n, 417-9n
Clube dos Advogados Contra a Escravidão, 221
Clube dos Libertos de Niterói, 148, 198, 222, 231, 401n
Clube dos Mortos (Diretório dos Cinco), 310
Clube Ginástico Português, 183
Clube José do Patrocínio, 146
Clube Militar, 331, 500
Clube Radical Paulistano, 88
Clube Sete de Novembro, 401n
Clube Tiradentes, 401n
Clubes da Lavoura, 66-7, 75, 91, 179, 220, 252-3, 257, 264, 267, 291-2, 324-5, 327, 381n, 409n, 501, 492, 497
Coari, 213
Codajás, 213
Coelho Neto, 139, 388n, 391n, 417n, 420n, 424n, 426n
Coelho, Fernandes, 417n
Colégio Abílio, 34, 376n
Colégio Pedro II, 51, 129, 153
Colômbia, 30, 32, 490
"Colombo" (Araújo de Porto Alegre), 380n
comerciantes, 53, 67, 106, 145, 171, 193, 258, 271, 313, 376n
comícios abolicionistas, 128, 134,

271-2, 310, 316, 322-3, 403n; ver também *meetings*
Comissão Central Emancipadora *ver* CCE
Comissão de Abolição da Escravidão nas Colônias Francesas, 168
Comissão Especial de Emancipação, 46-7
Comissão Libertadora Acadêmica, 218-9
Comissão Mista Brasil-Inglaterra, 374n
Comissões Reunidas de Orçamento e Justiça Civil, 260-2
Commonwealth britânica, 305
compaixão, retórica da, 116, 120, 135, 137, 164, 193, 204-5, 240, 272, 284, 332, 356
Companhia das Águas, 69
Companhia das Docas, 43, 122, 389n
Companhia Fênix Dramática, 69
Comte, Auguste, 98-9, 386n
comunismo, 72, 262, 272, 416n
Conde d'Eu R. W. (companhia), 188
Confederação Abolicionista *ver* CA
Confeitaria Pascoal, 115, 118, 180
Conferência Radical, 89, 120
Conferências Emancipadoras, 132
Conferências Populares, 128
Congresso Abolicionista (Manaus), 214
Congresso Abolicionista (Rio de Janeiro), 202
Congresso Agrícola do Recife, 233
Congresso de Lavradores, 340
Conrad, Robert, 336, 373n, 381n, 398-9n
Conselho de Estado, 24, 36-7, 46-7, 54, 59, 63, 70, 83, 200, 257-60, 340, 377n, 379n, 410n, 490-1, 497

Conservatório Dramático Brasileiro, 142
Constant, Benjamin, 392n
Cora, a filha de Agar: drama abolicionista em 4 atos (Ribeiro da Silva), 391n
Cordeiro, João, 170, 172, 196, 217, 224, 309, 329, 345, 363, 403n, 493
Corja opulenta: drama abolicionista em 3 atos (Nunes), 140, 142, 148, 250
Coroa e a emancipação do elemento servil, Estudos sobre a emancipação dos escravos no Brasil (Silva Neto), 386n
Corsário, O (jornal), 233, 406n
Costa Rica, 27
Costa, Gaspar da, 418n
Costa, Pereira da, 404n
Cotegipe, barão de, 20, 38, 46, 52, 55, 65, 67, 119, 124, 138, 178, 184, 217-8, 223, 245, 256, 280-1, 285-96, 299-305, 307, 311, 315-20, 322, 324, 328-9, 332-3, 335-45, 348-50, 357, 361-2, 364, 368, 373-4n, 378-9n, 381n, 404n, 415-8n, 421-4n, 498, 501
crianças escravas, 40, 94, 131, 146, 148, 325
Cristo *ver* Jesus Cristo
Cruz e Sousa, 140, 296, 417n
Cuba, 17, 40, 47, 49, 50, 127, 156, 166-7, 175, 186, 243, 300, 357, 375n, 492, 499
Cubatão, 325, 500
Cuiabá, 271, 333, 500
Cunha, João Lustosa da *ver* Paranaguá, marquês de
Cunha, Joaquim Firmino de Araújo, 328

Cunha, José Mariano Carneiro da, 179, 181, 216, 231, 270-1, 273-4, 285, 288-9, 299, 304, 306-9, 316, 322, 345, 363, 393n, 396-7n, 406n, 411n, 415n, 424n
Curitiba, 210, 303, 324

D'Eu, conde, 44-5, 54, 319, 320, 340-1, 491
Dantas, Manuel de Sousa, 15, 19, 49, 138, 156, 175, 179, 201, 211, 239-41, 244-6, 248-51, 253, 255-60, 262-6, 268-9, 295, 299, 362, 407-8n, 410n, 412n, 492, 497
Dantas, Rodolfo, 190, 240-1, 245-7, 254-5, 269, 275-6, 278, 299, 394n, 400n, 402n, 407-9n, 411n, 413-4n
Davis, David Brion, 57, 93
Del-Negro (companhia lírica), 136
democracia rural, 133, 162, 205, 237, 244, 261-2, 334, 344, 363-4, 366, 501
Demônio familiar, O (Alencar), 58, 94-5, 97, 143, 154
Descalvado, 312, 324, 420n
Desenho linear ou Elementos de geometria prática popular (Borges), 130
desobediência civil, 15, 19, 259, 304, 306, 315, 318, 353
Desterro (Florianópolis), 140, 210, 271, 412n
Diabo Coxo (jornal), 88, 107
Diamantina, 344
Diário da Bahia, 240, 247, 412n
Diário Oficial, 223
Dias, Sátiro de Oliveira, 210, 213, 219-20, 228, 232-3, 239, 270, 411n, 414n, 496
Dinamarca, 73, 374n

direito de propriedade, 76, 101, 187, 206, 240, 261, 362; *ver também* propriedade privada
direito natural, 100-1, 154, 205, 221
direito, retórica do, 164, 204-5, 221, 356
direitos civis e políticos, 363
Diretório dos Cinco *ver* Club dos Mortos
"Dobrado abolicionista" (marcha), 304
Donizetti, Gaetano, 134
Doria, Franklin Américo de Menezes, 397n
Douglass, Frederick, 112, 125, 129, 150, 160, 188, 192, 208, 247, 329, 389n, 393n, 399n, 405n
Duarte, Urbano, 141-2
Durocher, Maria Josephina Mathilde, 382n

Eduarda (escrava), 297
Egydio (escravo), 192
eleição direta, 176-7
eleições de 1878, 493
eleições de 1879, 124
eleições de 1881, 175, 187
eleições de 1884, 268, 274, 316, 497
eleições de 1887, 316
eleitores, 52, 176, 268, 271, 273-4, 405n, 413n
elite imperial, 31, 34, 49, 64, 66, 87, 109, 128, 140, 233, 278, 319, 367, 369
Emancipation Proclamation (Estados Unidos), 31, 108, 490
Emperrados (facção do Partido Conservador), 18, 38, 47-8, 71, 83, 341; *ver também* Partido Conservador

engenharia, 24, 89, 92, 110
Ensaios Literários (sociedade), 131
ensino superior, 18, 89
Equador, 28, 32
Escola Central (Rio de Janeiro), 24-6
Escola Militar (Rio de Janeiro), 53-4, 145, 263, 276, 317, 331
Escola Politécnica (Rio de Janeiro), 55, 99, 123-4, 145, 198, 237, 254, 263, 330, 360, 392n, 402-3n, 413n
Escrava Isaura, A (Guimarães), 141, 386n
Escravatura no Brasil precedida de um artigo sobre a agricultura e colonização no Maranhão, A (Brandão Júnior), 99
Escravidão examinada à luz da Santa Bíblia, A, 94
Escravidão no Brasil e as medidas que convém tomar para extingui-la sem dano para a nação, A (Bezerra de Menezes), 100
Escravidão no Brasil: ensaio histórico, jurídico, social, A (Perdigão Malheiros), 32
Escravidão, A (Nabuco), 154
escravismo de circunstância, 59, 61, 66, 91, 95-6, 98, 100, 102, 136-7, 142, 154, 159, 178, 227, 232, 237, 245, 249, 255, 258, 261, 282, 284, 300, 338, 343, 348-9, 395n
Escravo, O (ópera de Carlos Gomes), 14, 367-9, 426n
Escravocrata, O (Duarte; Azevedo), 141
"Escravocratas" (Cruz e Sousa), 140
Escravos, Os (Castro Alves), 386n
espaço público, 15, 17, 19, 39-40, 42-3, 68, 89, 91, 107, 120, 122, 125-6, 130, 149-50, 156, 159-60, 164-8, 170, 175, 178, 180, 182, 192, 230-2, 239-40, 251, 265, 295-6, 301, 305, 320, 324, 331, 352, 354-5, 373n, 389n, 392n, 409n, 424n, 494
Espanha, 14, 31-3, 36, 37, 50, 62, 73, 120, 128, 144, 160, 166-7, 175, 186, 228, 374n, 390n, 492, 494
Espartacus, 108-9
"Espelho, O" (Machado de Assis), 142, 313
espiritismo, 99, 386n
Espírito Santo, 39, 68, 194-5, 203, 267, 305, 308, 383n, 398n, 410n, 417n, 497
Espírito Santo, Justina do, 113, 299
Estados Unidos, 14, 17, 27, 31-3, 35, 37, 46, 57, 68, 73, 91, 93, 95, 98, 101, 108, 110-2, 122, 124, 126, 149, 155, 157-8, 165, 169, 175, 186, 188, 193, 198, 208, 248, 260, 291-2, 305-6, 323, 327, 350, 356, 374-5n, 380n, 395n, 398n, 407n, 490
estadunidense, escravismo, 57, 59
estudantes, 41, 88, 90, 99, 106, 145, 147, 154, 180, 216, 226, 271, 276, 299, 308, 310, 313, 323, 355, 364, 377n, 385n
Europa, 24, 35-7, 55, 62, 81, 91-2, 98, 110-1, 128, 143, 154, 168, 170, 175-6, 188, 207, 224-5, 236, 318, 332, 339, 347, 360, 389n, 492, 494, 499
Executivo, Poder, 328, 344
Exército brasileiro, 145, 166, 173, 233, 317, 324-5, 331-2, 335, 341, 354, 368, 392n, 491, 500
ex-escravos, 22, 28, 70, 137, 183, 203,

225-6, 243, 270, 349, 362, 36-5, 377n, 425n; ver também libertos
Faculdade de Direito (Recife), 139, 216, 266, 307-8, 316
Faculdade de Direito (São Paulo), 51, 86, 99, 106, 183, 214
Faculdade de Medicina (Bahia), 34
Faculdade de Medicina (Rio de Janeiro), 69, 114, 116, 129, 132, 145, 147, 156
Falcão, Aníbal, 266, 272, 394n, 398n, 419n
Falcão, Júlio, 419n
família real, 139, 188
Família Salazar, A (Duarte; Azevedo), 391n
Farias, Antônio, 418n
Fausto (ópera de Gounod), 136
Fazenda Simão, alforria coletiva na, 303
fazendeiros, 53, 64, 67, 83, 121, 205, 224, 250, 252, 284, 313, 327, 336-8, 362, 376n, 415n; ver também proprietários de terras
Federação Operária, 130
Federação, A (jornal), 214, 412n
federalismo, 214, 239
feitores, 114, 238, 299, 304
Ferrões, Os (revista), 116, 388n
Figueira, Andrade, 55, 63-4, 67, 74, 245, 250, 253, 255, 261, 268, 285, 338, 347-8
Filadélfia (Pensilvânia), 111
filantropia, 35, 139, 146, 381n
flores, 14-6, 18-9, 50, 80, 131, 136-8, 147, 149, 151, 172, 191, 196, 213, 220, 226, 230-1, 234, 248, 266, 276, 279, 296, 301, 304, 306, 314, 326, 331, 341, 344, 346-7, 349, 358-60; *ver também* camélias, símbolo do movimento abolicionista
Flotow, Friedrich von, 134
Fonseca, Antônio Henrique da, 406n
Fonseca, Aquino da, 403n, 406n
Fonseca, Manuel Deodoro da, marechal, 331, 500
Fonseca, Nuno Alves da, 418n
Forças Armadas, 318, 331, 342
Fortaleza, 170-3, 175, 195-7, 199-200, 203, 206, 210-1, 213-4, 223, 226, 228-9, 231, 267, 271, 309, 311, 317, 360, 493
Fragoso, Arlindo, 403n, 406n
França, 14, 27, 35-6, 76, 167, 175, 260, 350, 374n, 494
Franklin, Benjamin, 47
Franklin, Leocádio Gomes, 192
Freyre, Gilberto, 92
Friburgo, 278
Frick, João Driesel, 382n
fugas de escravos, 16, 159, 192, 220, 249, 304-7, 311, 314-5, 335-6, 354
fugidos, escravos, 192, 292-3, 302-3, 325, 327, 331, 334, 337, 343, 499-500
Fugitive Slave Act (Estados Unidos), 291
funcionários públicos, 77, 145, 173, 193, 253, 271, 289, 316, 415n
Fundo de Emancipação, 56, 82, 107, 159, 186, 211, 213, 222, 238, 242-3, 252, 274, 283, 339, 391-2n, 414n, 493, 496-7

Gales, príncipe de, 270
Galvão, Argemiro, 404n
Gama, Chichorro da, 378n

Gama, Luís, 19, 85-91, 93, 101, 103, 106-10, 114-6, 119-20, 125, 141, 143, 149, 154, 160, 166, 171, 181, 183-5, 191, 205, 218, 221-2, 224, 226, 231, 266, 269, 293-4, 297-8, 301, 306, 312, 323, 329, 334, 354, 359, 365, 369, 384n, 386-7n, 391-2n, 394n, 398n, 411n, 491, 494-5

Gana, 30, 493

Garrison, William, 165, 169, 247, 329, 332, 409n, 422n

Gazeta da Tarde, A, 89, 118-9, 125, 129, 131-2, 134-5, 143, 145-8, 150, 162, 164, 166-7, 174, 180-1, 184, 191-3, 196-8, 200-1, 203, 205-8, 212, 217-8, 221, 226-7, 232-4, 237, 246, 249, 254, 275, 290, 296, 305, 314, 375n, 389-90n, 396n, 401n, 412n, 495, 498

Gazeta de Notícias, A, 89, 99, 116-8, 158, 180, 246, 411n

Gazeta do Povo, 183, 322, 387n

Gazetinha, 180

George, Henry, 236, 261

Ginásio Baiano, 35, 40-1, 171, 210, 376n

Giaconda, La (ópera de Ponchielli), 13

Gladstone, William, 237, 261, 322, 499

Glicério, Francisco, 412n, 417n

Globo, O, 124, 145, 154, 180, 222, 393n

Goiânia, 138, 344

Goiás, 181, 194, 265, 267, 270, 303, 309, 333, 383n, 397-8n, 418n, 501

Góis e Vasconcelos, Zacarias de, 25, 33, 37-8, 43, 47, 79, 88, 120, 156, 285, 377-8n, 384n, 491

Gomes, Carlos, 14, 48, 50, 110, 131-2, 139, 227, 367-9, 373n, 406n, 426n

Gomes, Flávio, 305

Gonzaga, Chiquinha, 131, 136, 147

Gounod, Charles, 136

GPA (Grupo Parlamentar Abolicionista), 284, 498

Gran Opera House (Nova York), 111

Granja (Ceará), 197

Grant, Ulysses S., 112

greves, 172, 238, 307, 403n, 407n

Grey, Charles, conde, 64, 247

"Grito de guerra" (Cruz e Sousa), 296

Grupo Parlamentar Abolicionista *ver* GPA

GT *ver Gazeta da Tarde, A*

Guarani, O (Alencar), 49-50, 58, 207, 378n

Guarani, O (ópera de Carlos Gomes), 48, 50, 131, 137, 227, 366-9, 378n

Guarda Negra, 364

Guatemala, 27

Guerra Civil Americana, 31-2, 62, 65, 70, 100, 157, 164-5, 327, 331, 490, 501

Guerra do Paraguai, 25, 36, 38, 44, 46, 48, 54, 65, 90, 319, 374n, 376-7n, 392n, 490-2; *ver também* Paraguai

Guiana Inglesa, 27

Guimarães, Bernardo, 386n

Gymnasio, O (jornal), 35

habeas corpus, 104-5, 322, 387n

Haiti, 27, 65, 97, 100, 125, 220, 228, 331

Havaí, 30

Henry George. *Naturalização do solo, apreciação da propaganda para*

abolição do monopólio territorial na Inglaterra (panfleto), 236
Herdeiros de Caramuru, Os (Jaguaribe Filho), 391n
hierarquia social, 29, 88, 91
Hilliard, Henry, 164-6, 393-4n
Hino Abolicionista (Goiânia), 138
Hino da Abolição (São Paulo), 138
Hino da Cearense, 137, 391n
Hino da Libertação, 228
Hino Nacional brasileiro, 14, 48, 226
História abreviada da literatura portátil (Vila-Matas), 207
Holanda, 73, 374n
Holanda, Sérgio Buarque de, 377n, 399n, 410n
Homem de Melo, barão, 417n, 420n, 426n
Homem, Torres, 79
Homenagem ao Patriótico Ministério Dantas, 278
Honduras, 27
Hotel Bragança (Petrópolis), 330
Hotel do Globo (Rio de Janeiro), 265
Hotel dos Estrangeiros (Rio de Janeiro), 165, 170
Hugo, Victor, 135, 227, 229
Hume, David, 57

Icó, 196
Ideias por coordenar a respeito da emancipação (Durocher), 70
Igreja católica, 40, 127, 197, 332-3, 346, 354, 356, 366, 377n, 422n; *ver também* catolicismo
Iluminismo, 93, 100
iluministas, escravismo e, 57
imigrantes, 22, 121, 148, 156, 363, 411n

Imperial Associação Tipográfica Fluminense, 131
Império Britânico, 27, 247
Império do Brasil, 15, 229, 249, 267, 269, 340, 343, 351, 359, 369
Império Otomano, 30, 495
imposto territorial, 143, 158-9, 161, 237, 246, 249, 272, 290
imprensa, 18-9, 35, 66, 70, 81, 86, 89-90, 99, 106, 114, 116, 119, 122, 124-5, 145, 159-60, 162, 165-6, 180, 182, 188, 190, 192-3, 197, 206, 228-9, 232-3, 249, 257, 268, 291, 295, 298-300, 317-8, 328, 334, 341, 348, 356, 359, 368, 373n, 384n, 392n, 394n, 399n, 422n, 425n, 493
indenizações a ex-proprietários de escravos, 30, 32, 34, 47, 56, 78-9, 105, 121, 133, 193, 205-6, 216, 240, 242, 244, 262, 269-70, 275, 277, 282-3, 339, 344, 348-50, 354, 362, 365-6, 374n, 401n, 408n, 415n, 496, 498, 501
Independência do Brasil, 27, 356
Índia, 30, 490
indianista, literatura, 154, 367
índios, 94, 369
industrialização, 98, 100, 272, 363
infraestrutura urbana, 38, 89, 92, 119
Inglaterra, 14, 27-8, 31, 35, 68, 76, 93, 101, 103-4, 126, 168, 178, 191, 208, 217, 221, 236, 260, 271, 340, 374n, 395n, 399n, 489-90, 494, 496
iniciativa privada, 194
instituições políticas, 15-7, 19, 29, 33, 43, 45, 51, 66, 90, 110, 121, 149, 160, 167, 180-1, 190, 194, 197,

206, 214, 222, 235, 240, 245, 247, 309, 329, 353, 355, 377n, 409n
Instituto Histórico e Geográfico Brasileiro, 365
interprovincial, comércio/tráfico negreiro, 145, 159, 195, 202, 217, 241, 285, 289, 495, 497
Ipioca, 173
Irlanda, 237, 261
Irmandade de Nossa Senhora dos Remédios, 183, 298
irmandades, 127, 333
Isabel, princesa, 16-7, 20, 26, 274, 318-9, 320, 322-3, 325, 328, 330, 332, 339, 340-1, 343-7, 350-1, 358, 360, 364-7, 369, 379n, 426n, 492, 499-501
Isabel, santa (rainha da Hungria), 23
Itaboraí, visconde de, 37-9, 45-7, 49, 51-2, 63, 65, 79-80, 83, 104, 110, 156, 285, 378n, 382n, 491
Itacoatiara, 213
Itália, 35, 227, 422n
Itapira, 327, 501
Itu, 325, 420n, 500

Jabaquara, Quilombo do, 313, 325, 326
Jacareí, 321, 336, 344, 406n, 420n
Jaguaribe Filho, Domingos, 391n
Jamaica, 30, 490
Jardim, José Leopoldo de Bulhões, 397n
Jardim, Silva, 320, 331, 339, 366, 424n
Jaú, 336
Jequitinhonha, visconde de, 32, 34, 76
Jesus Cristo, 94, 298
Joana (escrava), 297

João Carpinteiro, escravo, 105
John Bill (codinome de Sancho Pimentel), 247
Jornal do Commercio, 54, 72, 118, 133, 143, 162, 178, 207, 223, 246-7, 265, 334, 383n, 388n, 414n, 416n
Jornal do Recife, 266
jornalistas, 90, 145, 164-5, 193, 226, 229, 265, 271, 342, 394n
Juanita (peça de teatro), 232
Judiciário, Poder, 222, 328, 341
Júlia (escrava de Rebouças), 45
Justina (mãe de José do Patrocínio) *ver* Espírito Santo, Justina do
Justino Monteiro (pseudônimo de José do Patrocínio), 113
Juvêncio (escravo), 137

Kansas (Estados Unidos), 329
Kant, Immanuel, 57
Kardec, Allan, 386n
Koseritz, Carl von, 234, 406n
Ku-klux-klan, 327

Lábaro, O (jornal), 115
Labra y Cadrana, Rafael Maria de, 166-7, 169, 188
Lacerda, Carlos de, 238, 292, 303, 323, 329, 344, 388n
Lages, J., 418n
Lagos (Nigéria), 360
laicização do Estado, 146, 349
Lamoureux, A. J., 394n
Lampedusa, Giuseppe Tomasi di, 70
latifúndio, 117, 143, 204-5, 272, 349
Latifúndios, Os (novela versificada), 143
lavoura de exportação, 204
Leão XIII, papa, 332-3, 500

Leblon, Quilombo do, 314, 346, 367, 406n
Legislativo, Poder, 19, 240, 293
Lei Áurea (1888), 16, 81, 351, 358-9, 362, 501
Lei de 1831 *ver* Tratado bilateral de proibição do comércio negreiro (1831 — Brasil/Inglaterra)
Lei de 1871 *ver* Lei do Ventre Livre (1871)
Lei de Locação de Serviços (1879), 121
Lei de Lynch (linchamento), 253, 327
Lei do Ventre Livre (1871), 18, 81, 89-90, 96, 99, 104-5, 107, 116, 119-21, 128, 133, 140, 150, 156, 159, 163, 170-1, 173, 175, 186, 189-90, 211, 214, 222, 241-2, 249-50, 261, 287, 291, 300, 353, 357, 364, 367, 373n, 387n, 393n, 414n, 492-3
Lei dos Sexagenários *ver* Lei Saraiva-Cotegipe
Lei Eusébio de Queirós (1850), 28, 375-6n
Lei Moret (Cuba e Porto Rico — 1870), 47, 49, 56, 223, 241, 292, 492
Lei Saraiva-Cotegipe (Lei dos Sexagenários — 1885), 287, 289, 291, 295, 299, 357, 396n, 416n, 498
Leite, Eufrásia Teixeira, 154, 177, 393n
Leopardo, O (Lampedusa), 70
Liberal Radical (facção do Partido Liberal), 39, 68, 80, 88, 90, 103-4, 115, 120, 124, 128, 149, 155, 204; *ver também* Partido Liberal
Liberator, The (jornal estadunidense), 247
Libéria, 70
Libertad de Vientres (América espanhola), 31
Libertador (jornal), 172, 175, 404n, 412n
libertos, 36, 78, 80, 100, 121, 148, 196, 200, 243-4, 248, 274, 282, 334, 348, 360, 366, 383n, 497
Liceu Literário Português, 148
Liga Patriótica da Internação dos Retirantes da Escravidão, 307, 314
Liga Progressista, 33
Lima, Alcides, 398n, 404n
Lima, João Antonio Ribeiro de, 419n
Limeira, 324, 420n
Lincoln, Abraham, 33, 108-9, 163, 165, 247, 490
Lincoln: órgão de propaganda abolicionista (jornal), 412n
literatura abolicionista, 95, 125, 298, 391n
Livro de Ouro (*Abolicionista do Amazonas*), 214
Livro de Ouro (CCE), 192
Livro de Ouro (Ceará), 197
Livro de Ouro (Club Amazônia), 216
Livro de Ouro (São Paulo), 338
Livro de Ouro (Sociedade Abolicionista Sul-Rio-grandense), 266
Livro Negro (*Abolicionista do Amazonas*), 214
Livro Negro (*Gazeta da Tarde*), 192
Livros de Ouro, 224, 231, 295, 338
Livros Negros, 231, 338
lobby, 25, 40, 44-5, 110, 122, 125, 129, 189, 191, 352, 354, 378n, 389n
Lobo, Aristides, 203, 401n
Lobo, Gusmão, 164, 246-7, 275, 394-5n, 397n, 400n, 408-9n, 413-4n

Londres, 24, 35, 51, 58, 110, 155, 162, 169, 178-9, 188-90, 204, 226, 228-9, 231, 247, 275, 360, 399n, 494, 496
Lorena, 324
lundus, 136

Macaé, 117
Macaúbas, barão de, 148
Macedo, Joaquim Manuel de, 96, 386n
Maceió, 208, 210, 231, 271, 412n
Machado, Ângelo Pinheiro, 404n
Machado, Maria Helena, 305
maçonaria, 106, 214
Madagascar, 30
Madri, 31, 127-8, 166-7, 188, 390n
Madureira, Sena, tenente-coronel, 317
Magalhães, José de Seixas, 419n
Mahin, Luísa, 85
maioridade, 74
Malheiros, Agostinho Marques Perdigão, 32, 75, 380n, 382-3n
Manacapuru, 213
Manaus, 130, 175, 213-4, 248, 267, 271, 309, 403n, 496-7
Manicoré, 213
Manifesto da CA, 204-7, 210, 222, 236, 240, 277, 496
Manifesto Republicano (Liberais Radicais), 49, 80, 492
Maranguape, 197
Maranhão, 24, 39, 68, 139, 181, 194, 215, 270, 303-4, 307, 344, 383n, 397-8n, 403-4n, 419n, 499
marche aux flambeaux (procissão com archotes), 230, 298, 304
Marinha brasileira, 145, 316, 342, 501
Marinha britânica, 28

Marinho, Saldanha, 394n, 396n, 403n
Marrocos, 271
"Marselhesa dos escravos" (marcha sinfônica), 137, 227, 391n
Marselhesa, A (hino nacional da França), 133
Martha (Flotow), 134
Martins Júnior, 266, 398n, 419n
Martins, Francisco da Rocha, 406n
Martins, Silveira, 404n, 423n
Matias (escravo), 311
Mato Grosso, 138, 267, 304, 328, 362, 383n, 398n, 400n, 418n, 422n
Matos, João Paulo Gomes de, 401n
matrícula de escravos (censo da escravaria), 56, 105, 289, 291, 498
Mauá, barão de, 38, 123
Maurício, ilhas, 27, 489
maxixe, 136
Mecejana, 197
Medjidie, ordem turca de, 51
meetings, 34, 125, 128, 230-1, 271, 274, 292, 316, 321, 413n, 421n; *ver também* comícios abolicionistas
Melo, Alfredo Vieira de, 418n
Mendes, Raimundo Teixeira, 99, 115, 181, 246, 394n, 424n
Mendonça, Antônio Augusto de, 377n
Meneses, Cardoso de, 391n
Menezes, Adolfo Bezerra de, 99, 386n, 396-7n, 399n, 408n, 415n
Mequetrefe, O (jornal), 89, 116
método bumerangue ("pressão externa contra resistência interna"), 68, 158, 165-6, 169, 178, 224, 229, 322, 332, 354
México, 27, 489
Milão, 48, 110, 188, 207

Mill, Stuart, 25
Minas Gerais, 24, 33, 39, 67, 194, 267, 270-1, 291, 303, 305, 315, 327, 335, 344, 362, 397-8n, 418n, 425n
Minha formação (Nabuco), 143, 369
Ministério de Assuntos Estrangeiros da França, 36
mobilização social, 20, 43, 165, 222, 246, 271, 351, 353, 355-7, 377n
Moderador, Poder, 37, 64, 76, 89, 200-1, 259, 277, 290, 318, 357, 381n
Moldávia, 30, 490
monarquia, 38, 49-50, 53, 65, 70, 77, 98, 120, 155, 269, 286, 318, 319, 339, 343, 349, 364-7, 369, 400n
monocultura, 143, 204-5, 272
Monteiro, João Carlos, 113
Montesquieu, barão de La Brède e de, 93, 100
Montevidéu, 223, 309
Morais, Prudente de, 269, 299, 412-3n
Moreira, Nicolau Joaquim, 132-3, 191, 268, 378n, 393-5n, 399n, 418n
Mossoró, 170, 215, 309, 311, 496
Mota Coqueiro ou a Pena de morte (Patrocínio), 388n
Mota Coqueiro, Manuel da, 388n
Mota, Silveira da, 79-81, 88, 132, 175, 181, 190, 222-3, 239, 256, 265, 287, 301, 316, 383-4n, 396-7n, 400n, 405n, 407-8n, 411n, 414n, 420n, 423n
Moura, Marcolino, 394-6n, 413-4n
mulatos, 86, 88, 111-2, 116, 124, 131, 139, 142, 200, 233, 324, 369, 402n
mulheres abolicionistas, 40, 146-7, 196, 198, 271

mulheres escravas, 40, 94, 146, 148, 407n
Muzambinho, 327

Nabuco, Joaquim, 15-6, 19, 54, 82, 107, 122, 142-3, 152-70, 174-80, 182, 184-5, 187-91, 195, 198-9, 202, 204, 206-7, 212, 223-6, 228-9, 231, 233, 236-8, 243, 245-7, 252-6, 261, 264-5, 268-79, 283-5, 288-91, 293-5, 299, 301, 304, 306, 309, 314, 316-7, 320, 322, 325, 329, 331-3, 345-8, 351, 354-5, 358-60, 362, 364-5, 367, 369, 378n, 393-409n, 411-6n, 418-20n, 422n, 424-5n, 493-4, 496-500
Nabuco, Sizenando, 405n, 415n, 417n
Napoleão, Arthur, 134
Nascimento, Francisco José do *ver* Chico da Matilde
Nation, The (jornal estadunidense), 332
"Navio negreiro" (Castro Alves), 95, 137, 386n, 491
New York Times, 228, 406n
Nigéria, 360
Niterói, 148, 198, 224, 401n, 405n
Noé (personagem bíblico), 380n
Nova York, 110-1, 124, 142
Novo Mundo (jornal), 124, 143
Novos estudos sobre a emancipação dos escravos no Brasil (Silva Neto), 386n

Ocidente, 17, 57
Olegarinha, d. (mulher de Carneiro da Cunha), 308
Olinda, 324, 381n

Oliveira, João Alfredo Correia de, 71, 73, 75, 177, 245, 257, 272, 286-7, 337, 343-5, 350-1, 364-5, 501
Oliveira, Josefa Mercedes de, 147
Opinião Liberal (jornal), 36, 377n
opinião pública, 14, 18, 36, 43, 55, 68, 73, 95, 130, 144, 155, 162, 164, 205-6, 220, 230, 260, 341-2
Ordem dos Advogados, 32, 382n
Oriente Brasileiro, Loja Maçônica, 401n
Otaviano, Francisco, 378n
Otoni, Cristiano, 222, 253, 256, 263, 283, 286-7, 316, 411n
Ouro Preto, 210, 271, 303, 315, 317, 367, 412n

Pacatuba, 196
Paciência, Antonio, 419n
padres proprietários de escravos, 127
País, O (jornal), 145, 290, 298, 301, 317, 332, 358-9, 373n, 412n, 417n, 419n, 421-2n, 425n
Panamá, 27, 490
Pará, 24, 147, 194, 209, 216, 267, 270, 305, 383n, 398n, 404n, 495
Paraguai, 32, 44-5, 54, 491
Paraíba, 117, 147, 195, 215, 271, 307, 309, 374n, 383n, 398n, 499
Paraíba do Sul (Rio de Janeiro), 220, 299, 325
Paraná, 54, 124, 147, 194, 265, 267, 303, 315, 344, 383n, 398n, 404n, 500
Paranaguá, marquês de, 18-7, 189, 191, 195, 200-2, 245, 257, 378n, 495
Paranhos, José Maria *ver* Rio Branco, visconde de
Paravicini, Rodolfo, 426n

Paris, 24, 46, 51, 72, 110, 158, 168, 226, 228-9, 360, 395n, 406n, 495
Parlamento, 45-6, 52, 63, 68, 70, 87, 90, 94, 102, 117, 119, 122, 145, 149, 151, 155, 157, 160-4, 166, 167-8, 170, 176-81, 189-90, 202, 206, 229, 232, 238, 240, 244, 248, 250, 253, 257-8, 260, 262-3, 272, 281, 291, 304, 320, 324, 331, 340, 358, 362, 365, 375n, 377n, 396n, 410n, 412n, 424n, 493-4
Partido Conservador, 15, 18-9, 25, 27-8, 33, 47-8, 51-3, 59, 63, 65, 71, 82, 120, 184, 217-8, 256, 260, 335, 343, 353, 377n, 397n, 420n, 489, 491-3, 498, 501
Partido Liberal, 15, 18-9, 32, 54, 82, 86, 99, 156, 158, 161, 175, 181, 190, 201, 211, 247, 270, 334, 373n, 394n, 397n, 491, 493-9
Partido Republicano, 82, 89, 106, 115, 120, 135, 202, 214, 222, 270, 301, 339, 345, 394n, 412n
Partido Socialista Coletivista, 130
passeatas abolicionistas, 50, 128, 230, 232, 263, 267, 271-2, 276, 317, 358, 360, 368, 403n
patriarcalismo, 58, 92
patriotismo, 40, 284, 291
Patrocínio, José do, 13-5, 19, 50, 113-20, 122-39, 141, 143, 145-51, 153, 156-8, 160, 162-3, 165-7, 170, 174, 178-82, 184-5, 190-1, 195-200, 202-4, 206-8, 210, 213, 216-8, 222, 224-6, 228-9, 231-3, 235, 238, 246-9, 251, 253-4, 256, 260, 263-4, 266-7, 269, 271-2, 277-8, 288-90, 294-5, 297, 299, 301, 304-6, 310, 314, 317, 319, 321-3, 325-6, 328-9, 339, 345-6, 351,

354-5, 358-60, 362, 364-5, 367, 369, 388n, 392n, 397n, 399n, 401n, 403n, 406n, 408n, 411n, 417-8n, 426n, 493-5, 498
Patrocínio Filho, José do, 122
Pedra Branca, 197
Pedro Augusto, príncipe, 319, 360
Pedro II, d., 33, 36-7, 44, 46-9, 55, 81, 120-3, 168, 200-2, 227, 234, 241, 257, 259-60, 264, 268, 277-8, 281, 285-6, 288-90, 293, 318-20, 322, 332, 339, 345, 367, 375-8n, 380n, 410n, 414n, 416n, 418n, 420n, 490-2, 495, 497, 499
Pelotas, 209, 266, 382n, 403n, 423n
Pena, Eduardo, 107
Penedo, barão de, 168, 178, 379n, 401-2n, 412-4n, 420n
Penha do Rio do Peixe, 324, 327, 335, 420-1n, 501
Penido, João, 410n, 413n
Pensilvânia (Estados Unidos), 47, 111
Pentecoste (Ceará), 197
Pequim, 121
Pereira, Jerônimo Sodré, 156, 394n, 408n, 493
Pereira, Lafaiete Rodrigues, 201, 211, 220-2, 227, 233, 238, 245, 257, 423n, 496
Pernambuco, 15, 28, 34, 39, 68, 117, 148, 179, 181, 188, 194, 203, 209, 215-6, 219, 233, 245, 247, 252, 265, 270, 274, 278, 288-9, 291, 294, 304, 309, 316, 322, 324, 333, 335, 363, 375n, 381n, 383n, 391n, 394n, 396-8n, 404n, 408n, 412n, 418n, 493, 495, 498-500
Peru, 27, 30, 32, 349, 490
Pessoa, Joaquim, 418n

Pestana, Francisco Rangel, 417n
Petrópolis, 164, 330, 341-2, 344, 358, 360, 405n, 501
Piauí, 39, 68, 138, 194, 215, 267, 330, 374n, 383n, 397-8n
Pimentel, Adriano, 397n, 403n, 411n, 414n
Pimentel, Sancho de Barros, 195, 201, 206, 210, 235, 247, 270, 274, 279, 393-4n, 396n, 400-2n, 414n, 495
Pinhal, 324
Pinheiro, Rafael Bordalo, 118
Pinto, Alfredo, 419n
Pinto, Antônio, 196, 263, 322, 391n, 397n, 399n, 407-8n, 410-1n, 413n
Pinto, Guilherme, 418n
Pio (escravo), 325, 326
Pio IX, papa, 69
Piracicaba, 314, 327
Poço da Panela (chácara de d. Olegarinha), 308
político, escravismo, 20, 66, 217, 252
Pompeia, Raul, 34-5, 106, 129, 138, 143, 181, 183, 312-3, 405n, 409n
Pompílio, Numa, 418n
população brasileira, 29, 33, 493
população escrava, 28, 33, 62, 187, 213, 215, 222, 241, 249-50, 384n, 403n, 493
Porangabuçu, 173
Porto Alegre, 90, 130, 139, 210, 214, 223, 265-7, 271
Porto Alegre, Manuel Araújo de, 380n
porto de Fortaleza, fechamento do (1881), 172-3, 195, 213, 228, 231, 396n, 495
Porto Rico, 40, 47, 127, 128, 166, 395n, 492
Porto, Campos, 394n, 405n

Portugal, 27, 166, 169, 228
positivismo, 99, 115, 128, 141, 145, 166, 180-1, 214, 246, 266, 270, 272, 290, 339, 346, 354, 364, 386n, 394n, 397-8n, 408n, 411n, 413n, 416n, 424-5n
Prado, Antônio, 284, 286, 289, 299, 303, 337, 343, 348-50, 380n, 500
Primeiras trovas burlescas de Getulino (Luís Gama), 86
Príncipe Imperial (Ceará), 197
Proclamação da República, 340, 366, 501
professores, 41, 145, 148, 180, 193, 216, 266, 271, 392n
profissionais liberais, 28, 88, 145, 171, 176, 226
Progress and Poverty (George), 236
progresso, retórica do, 106, 110, 120, 133, 145, 164, 180, 204-5, 240, 332, 356
Projeto Dantas, 242-3, 250, 261-2, 264, 268, 270, 335, 498
propaganda abolicionista, 15, 18, 26, 39-40, 42, 47, 70, 95, 104, 124, 127, 130-1, 133-4, 139, 144, 149, 162, 181, 186, 190-1, 204, 206-8, 212, 226, 234, 236-7, 248, 251, 254, 259, 263, 271, 285, 291, 295, 298, 310-1, 326, 330, 353, 355-6, 365, 367, 411n, 499
Propaganda evolucionista democrática (Democracia rural — liberdade de consciência — liberdade de comércio) (Rebouças), 361
propriedade privada, 237
proprietários de escravos, 29, 32, 64, 177, 206, 242, 249, 262, 286, 291, 335

proprietários de terras, 28, 52, 82, 89, 205, 410n
proselitismo abolicionista, 134, 164, 172, 203, 230
protestantismo, 29, 40, 93-4, 127
Prudhomme (pseudônimo de José do Patrocínio), 117, 119
Proudhon, Pierre-Joseph, 70, 117, 261
Província de São Paulo, A (jornal), 89, 345, 412n

quakers, 29, 40, 93, 126, 356, 385n
Queen Anne's Mansions (Londres), 198
Queirós, Eusébio de, 27-8, 287, 408n, 489
"Quem sou eu?" (Luís Gama), 87
"Questão do dia — a emancipação dos escravos, A" (Romero), 150
Quilombo dos Palmares (Araripe Júnior), 391n
quilombolas, 314, 346
quilombos, 192, 219, 225, 302, 304, 309-10, 314, 346, 419n, 496, 499
Quixadá, 197

Rabelo, Francisco Correia Ferreira, 393n
Radical Paulistano (jornal), 88, 103
Ramos, João, 307-8, 311, 406n, 418n, 424n
Razón, La (jornal uruguaio), 223
reação, retórica da, 59, 61, 102, 250, 380n
Rebouças, André, 13-6, 19, 23-6, 38, 43-50, 55, 68-70, 75, 80, 85, 87, 89, 91-3, 99, 103, 106, 109-12, 114, 116-7, 119, 122-5, 128-33, 135-6, 139, 142-3, 145, 147-51,

154-7, 159-67, 169-70, 172, 174-6, 180-2, 184-5, 188-92, 198-200, 202-8, 210, 215, 219-20, 222-5, 227, 230-1, 233-4, 237-8, 243, 244, 246-7, 249, 253, 260-4, 268, 271-2, 276, 278, 290, 299, 306-7, 314, 318-9, 323, 330, 334, 341, 344-5, 347-9, 351, 354-5, 359-69, 378n, 388n, 392n, 394-5n, 398-409n, 411n, 416n, 491-2
Rebouças Filho, Antônio Pereira, 23-4, 123, 161, 374n
Rebouças, Antônio Pereira, dr., 24, 87, 150, 161
Recife, 89, 92, 99, 121, 130, 139, 146, 152-3, 208, 210, 216-7, 220, 231, 233, 241, 252, 266, 270-1, 273, 276, 278, 289, 298, 307, 309-11, 316-7, 321, 324, 334, 344-5, 360, 406n, 413n, 417n, 424n, 493, 499
Redempção, A (jornal), 142-3, 290, 293, 303, 307, 312, 391n, 416n, 420n
redenção, retórica da, 144
reforma eleitoral, 55, 74, 157, 177, 271, 288
Reforma, A (jornal), 115, 164, 180
Regadas, Luísa, 136, 139, 147
Regência, 28, 31, 323, 339
Regulamento Negro, 289, 291, 294-5, 305, 315, 337, 420n
Rei phantasma, O (folhetim), 319
Reis, João José, 305
Reis, José Agostinho dos, 403n, 406n
religião, escravismo e, 57, 93, 380n
rentabilidade da escravidão, 336
repertório moral abolicionista, 59, 91, 93, 102, 109, 142-3
repertório moral escravista, 57

repertório político, 17, 30, 172, 189, 375n
Representação à Constituinte (José Bonifácio), 184
República, A (jornal), 89, 115, 120
republicanismo, 49, 103, 106, 115, 140, 146, 222, 250, 269, 299, 365
Restaurante Lardhy (Madri), 167
retórica abolicionista, 91, 101, 107, 126, 141, 154, 175, 204, 211, 214, 248, 260, 298, 331-2, 350, 356
retórica da mudança, 91, 102-3, 163-4
retórica escravista, 56, 72, 193
Revista Brasileira, 150
Revista Ilustrada, 89, 143, 145, 179, 293, 358, 404n, 416n
Revolta do Vintém, 150, 393n, 494
Revolta Malê, 85
Revolução Francesa, 133, 172, 263, 339, 380n
Revue des Deux Mondes, 36, 158
Ribeiro, Severino, 397n, 404-5n, 408-10n
Rio Branco, visconde de, 25, 49, 53-6, 60, 62-5, 67-8, 70-2, 74, 76-7, 79, 81-2, 88-9, 109, 119, 121-3, 125, 130, 156, 163, 174, 177, 184, 198, 226, 235, 244, 260, 287, 298, 301, 359, 379n, 382n, 389n, 392n, 404n, 492, 494
Rio de Janeiro, 13, 15, 25, 30, 33-4, 39, 44, 51, 67, 69, 70, 85, 99, 113, 121, 131, 133, 146, 148, 156-7, 168, 181, 193-4, 198, 202-3, 209-10, 216, 219, 229, 231, 234, 241, 252, 267, 270-1, 289, 291, 303, 305, 309, 313-4, 317, 320-1, 335, 344-5, 348, 358-9, 361-2, 367, 375n, 418n, 490, 492-3, 495-6, 498-501

Rio Grande do Norte, 148, 181, 194, 211, 215, 265, 267, 270, 303, 307, 309, 344, 374n, 383n, 398n, 418-9n, 496, 499-500
Rio Grande do Sul, 39, 68-9, 148, 188, 194, 203, 209-10, 212, 214, 220, 257, 265-7, 269-70, 303-5, 309, 363, 382-3n, 391n, 397-8n, 403n, 409n, 418n, 495, 497
Rio News, 158, 394n, 407n, 414n, 417n
Rio Preto, 336
Rocha, Justiniano José da, 411n
Rodrigues Júnior, 419n
Rodrigues, José Carlos, 124, 260, 399n
Rohan, Beaurepaire, 390n, 394n
Roma antiga, 108
romantismo, 93-4, 96, 100, 115, 127, 356, 367, 386n
Romão, João, 309
Romero, Sílvio, 150
Roque (escravo de Rebouças), 45
Rússia, 27, 30, 32, 46, 76, 490

Sabinada, 23-4, 85, 161
Sain (Sociedade Auxiliadora da Indústria Nacional), 55, 68, 131-2, 182, 376n, 390n
salário mínimo, 243-4, 261, 497
Sales, Campos, 299, 413n
Salvador, 34-5, 40, 85, 89, 130, 217, 228, 233, 239, 251, 271, 303, 376n, 406n, 412n, 489, 491, 499
Sampaio, Teodoro, 406n
Santa Catarina, 24, 194-5, 265, 267, 270, 303, 383n, 397n, 404n, 425n
Santa Maria Madalena (Rio de Janeiro), 325
Santo Antônio de Pádua (Rio de Janeiro), 336
Santos, 24, 219, 231, 301-3, 305, 309, 313-4, 323-5, 327, 339, 356, 360, 496, 499-500
Santos, José Américo dos, 394n
Santos, Rocha dos, 411n
São Borja, 339, 500
São Cristóvão, campo de, 360, 366
São Domingos (Haiti), 27, 47, 331
São Fidélis (Rio de Janeiro), 336
São Francisco (Ceará), 173, 196
São João del-Rei, 158, 344
São Laurindo, visconde de, 361, 425n
São Luís, 210, 271, 310
São Paulo, 15, 33, 39, 41, 51, 67-8, 85-6, 89-90, 99, 111, 115, 120, 131, 138-9, 146, 148, 153, 157, 181, 183-5, 194, 205, 210, 214, 216, 218-9, 231, 233, 241, 251, 256, 267, 269-71, 274, 284, 288, 290, 301, 303, 305-6, 312-4, 317, 321, 323-4, 326-7, 333, 335-6, 338, 344-5, 360-2, 400n, 410n, 420n, 491, 495, 498-501
São Vicente, visconde de, 36-7, 56, 62, 79, 156, 377n, 490, 492
Saraiva, José Antônio, 158-60, 162, 238, 245, 281, 283, 399n, 494, 498
"Saudação abolicionista" (marcha), 170
SBCE (Sociedade Brasileira Contra a Escravidão), 163-7, 169, 180, 188, 190, 192, 195, 260, 394-5n, 401n, 403n, 494-5
Schoelcher, Victor, 168, 228-9, 332, 395n, 398n, 406n, 422n, 495
Schwarcz, Lilia Moritz, 426n
SCL (Sociedade Cearense Libertadora), 171-4, 176-7, 180-1, 184,

195-200, 202, 208, 211, 213, 215, 217, 223-4, 226, 228, 237, 269, 311, 400-1n, 403n, 405n, 412n, 493-6
SCT (Sociedade Contra o Tráfico de Africanos e Promotora da Colonização e da Civilização dos Índios), 34, 36, 40, 43, 100, 132, 149, 376n, 378n, 489-90
Seca nas províncias do Norte, A (Rebouças), 124
Secretaria de Polícia, 86, 104, 233
secularização, 89-90, 98
Século, O (jornal), 276
Segundo Reinado, 23, 28, 38, 51, 55, 58, 65-6, 82, 84, 94, 109, 194, 199, 203, 233, 304, 319, 341, 368, 379n, 384n, 397n
Semana Política (crônica do Parlamento), 117
Semanário (jornal paraguaio), 36
Senado, 37-8, 52, 54, 60-1, 67, 72, 78-80, 83, 138, 199, 218, 222-3, 253-4, 256-8, 260, 268, 284-6, 291, 299, 301, 316, 320, 322, 325, 337-8, 348, 351, 358-60, 362, 368, 381-4n, 415n, 492, 498-501
Sergipe, 194, 253, 270, 383n, 398n, 404n
Serra, Joaquim, 164, 180, 191, 392-400n, 407n, 420n
Sete de Setembro — Sociedade Ypiranga, 33-4
sexagenários, escravos, 33, 47, 241-2, 244, 249, 264, 282, 287, 292, 408n, 492, 497-8; *ver também* Lei Saraiva-Cotegipe (Lei dos Sexagenários — 1885)
Silva Neto, Antônio da, 386n
Silva, Eduardo, 305

Silva, José Bonifácio de Andrada e, 27, 73, 100, 184, 489
Silva, José Bonifácio de Andrada e (o Moço), 201, 286, 291, 300-1, 316
Sinimbu, Cansanção de, 121, 156, 158, 258, 378n, 407n, 493
Slenes, Robert, 336, 398n
Smith, Adam, 93
Smith, Goldwin, 416n
Sobrados e mucambos (Freyre), 92
Sobre a abolição da escravatura — Carta aos bispos do Brasil (encíclica papal), 333
Sociedade 2 de Julho, 69
Sociedade Abolicionista Cearense da Corte, 197, 227, 401n
Sociedade Abolicionista de Cadetes e Inferiores, 317
Sociedade Abolicionista Espanhola, 31, 128, 166, 188, 390n
Sociedade Abolicionista Espírito-Santense, 401n
Sociedade Abolicionista Luso-Brasileira, 233-4, 496
Sociedade Abolicionista Maranhense, 215
Sociedade Abolicionista Perseverança e Porvir, 171, 403n, 493; *ver também* SCL (Sociedade Cearense Libertadora)
Sociedade Abolicionista Sul-Rio-grandense, 265, 401n, 411n
Sociedade Aves Libertas, 146, 271, 278, 413n
Sociedade Brasileira Contra a Escravidão *ver* SBCE
Sociedade Cearense Libertadora *ver* SCL
Sociedade Central de Imigração, 234, 408n, 411n

Sociedade Contra o Tráfico de Africanos e Promotora da Colonização e da Civilização dos Índios *ver* SCT
Sociedade de Instrução Pública, 128
Sociedade Emancipacionista 27 de Fevereiro, 302
Sociedade Emancipadora do Recife, 307
Sociedade Emancipadora Goiana, 398n
Sociedade Euterpe Comercial Tenentes do Diabo (carnavalesca), 134, 227
Sociedade Francesa pela Abolição da Escravidão, 35
Sociedade Libertadora 2 de Julho, 34, 156, 394n, 397n, 489-90, 493
Sociedade Libertadora 7 de Setembro, 40, 68-9, 121, 138, 163, 175, 239, 491-2
Sociedade Libertadora Acarajuense, 215, 253
Sociedade Libertadora Bahiana, 49, 217, 228, 294, 492
Sociedade Libertadora da Escola de Medicina, 401n
Sociedade Libertadora da Escola Militar, 401n
Sociedade Libertadora Pernambucana, 217, 401n
Sociedade Nova Emancipadora, 139, 216
Sociedade Promotora de Emancipação de Escravos na Província do Rio Grande do Sul, 382n
Sociedade Redentora da Criança Escrava, 146
Sodré, Jerônimo, 156, 240, 378n, 393-4n, 396n, 404n, 408n, 493

Soure, 197
Sousa, Cacilda de, 134
Sousa, Inglês de, 387n
Sousa, Maria Amélia de, 52, 81, 83, 155
Sousa, Paulino Soares de, 20, 38, 46-7, 49-53, 55-7, 59-64, 66-7, 70-8, 81-4, 91, 98, 103, 113, 119, 150, 154-6, 158, 177-9, 182, 187, 196, 220, 232-3, 238, 245-6, 248-50, 252-3, 255-6, 258-62, 267-8, 272, 274, 276-7, 281, 284-6, 291, 307, 320, 322, 327, 335-6, 338, 343-5, 348-50, 361-2, 368, 411n
Sousa, Vicente Ferreira de, 129-35, 137, 145-6, 163, 165, 170-1, 191, 202, 208, 233-4, 345, 364, 369, 390n, 392n, 394n, 494
Souto, Teodureto Carlos de Faria, 213, 220, 238, 248-9, 265, 270, 276, 412n, 497
spencerianismo, 98
Spínola, Aristides, 386n, 397n, 411n, 413-5n
Suécia, 27, 73
Suíça, 35
Sumner, Charles, 393n

tangos, 136, 227
Taunay, Alfredo Escragnolle, visconde de, 368-9, 388n, 397n, 408n, 411n, 426n
Teatro Empyreo (Rio de Janeiro), 322
Teatro Ginásio (Rio de Janeiro), 172
Teatro Lírico (Rio de Janeiro), 13-4, 16, 48-9, 69, 130, 367
Teatro Pedro II (Rio de Janeiro), 172, 232, 278
Teatro Polytheama (Rio de Janeiro),

130, 133, 136, 144, 226, 228, 263, 278, 289, 320
Teatro Recreio Dramático (Rio de Janeiro), 133, 197, 226
Teatro Santa Isabel (Recife), 130, 271, 279
Teatro Santo Antônio (Recife), 271
Teatro São José (São Paulo), 138, 301
Teatro São Luís (Rio de Janeiro), 131-3, 172, 197
Teatro São Pedro (Rio de Janeiro), 69, 170
Teixeira, Alípio, 403n
telégrafo, 73, 89, 92-3, 174, 266
Terceiro Reinado, 319, 364-5, 367
territórios, libertação de, 191, 193-6, 200, 206, 209-10, 214-7, 219-21, 226, 231, 233, 237, 247, 265-7, 295, 301, 303, 337, 341, 344, 353-4, 495-7, 499, 501
Tilly, Charles, 318, 351, 422n
Times (jornal de Londres), 169, 228, 260, 270, 278, 292, 415-6n
Tocqueville, Alexis de, 64
Toplin, Robert Brent, 327, 424n
Tosca (ópera de Puccini), 13
Toscanini, Arturo, 13
Toussaint-Louverture, François-Dominique, 27, 220, 228
trabalho livre, 27, 55, 70, 98, 100, 102, 121, 156, 165, 376n, 412n, 499
tráfico negreiro, 25, 27-31, 33, 37-9, 54-6, 59, 73, 86, 92, 95, 103, 111, 145, 154, 157, 159-60, 164, 166, 188, 202, 204, 241, 250, 260, 285, 287, 289, 351, 369, 374n, 376n, 402n, 422n, 489, 497
"Tragédia no lar" (Castro Alves), 41
Tragédia no mar (Castro Alves), 386n
Tratado bilateral de proibição do comércio negreiro (1826 — Brasil/Inglaterra), 27, 217, 489
Tratado bilateral de proibição do comércio negreiro (1831 — Brasil/Inglaterra), 27, 30, 32, 86, 101, 103-5, 205, 217, 221-2, 242, 282, 294, 308, 489
Três Barras, barão de, 79, 381n
Trial, Charles, 249
Tronco do ipê, O (Alencar), 58, 140, 380n
Trovão, Lopes, 150, 390n
Trovas burlescas (Luís Gama), 386n
Turquia, 158

Ulisses (personagem mitológico), 273, 279
underground railroad (Estados Unidos), 192, 305, 312, 356, 418n
União Acadêmica, 132
urbanização, 17, 92, 98
Úrsula, romance original brasileiro (Maria Firmina dos Reis), 95-6, 140, 386n
Uruguai, 32, 36, 51, 54
Uruguai, visconde de, 73, 84

Vale do Paraíba, 31, 38, 52, 70, 251-2, 307, 311, 336, 344
Vanderlei, João Maurício Mariani ver Cotegipe, barão de
Vasques, Francisco Correia, 131, 136, 139
Vassouras, 154, 178-9, 200, 233, 252
Vaz, José Viana, 397n, 415n
Veneza, 110
Venezuela, 30, 32
Verdi, Giuseppe, 14, 134
Viana, Antônio Ferreira, 249-50, 252,

260, 262, 297, 345-6, 365, 380n, 401n, 408n
Vieira, Abdon de Morais, 416n
Vieira, Antônio, padre, 57
Viena, 21, 27, 51, 110
Vila-Matas, Enrique, 207
Vinte e Cinco de Março (jornal), 267, 292, 304, 322, 417n
Vítimas-algozes: quadros da escravidão, As (Macedo), 96
Vitória (Espírito Santo), 271, 497
Vitória, rainha da Inglaterra, 340
Voltaire, 57
"Vozes d'África" (Castro Alves), 137

Washington Hotel (Nova York), 111
Washington, DC, 112, 155
Wilberforce, William, 160, 165, 184, 189, 235, 247, 329, 393n

Zanzibar, 30
zarzuelas, 136
Zé do Pato (pseudônimo de José do Patrocínio), 116, 119, 122, 196, 232, 329
Zona da Mata, 31, 241, 251-2
zona rural, 242
Zumbi dos Palmares, 16

1ª EDIÇÃO [2015] 3 reimpressões

ESTA OBRA FOI COMPOSTA EM MINION PELO ESTÚDIO O.L.M. / FLAVIO PERALTA
E IMPRESSA EM OFSETE PELA GRÁFICA PAYM SOBRE PAPEL PÓLEN SOFT DA
SUZANO S.A. PARA A EDITORA SCHWARCZ EM JANEIRO DE 2022

A marca FSC® é a garantia de que a madeira utilizada na fabricação do papel deste livro provém de florestas que foram gerenciadas de maneira ambientalmente correta, socialmente justa e economicamente viável, além de outras fontes de origem controlada.